Christoph Kölbl

Grundlagen des EU-Beihilferechts

Grundlagen des EU-Beihilferechts

von

Christoph Kölbl

2., überarbeitete Auflage

Wien 2024

facultas

Bibliografische Information Der Deutschen Nationalbibliothek

Die Deutsche Nationalbibliothek verzeichnet diese Publikation in der Deutschen Nationalbibliografie; detaillierte bibliografische Daten sind im Internet über http://dnb.d-nb.de abrufbar.

2., überarbeitete Auflage 2024

facultas, Stolberggasse 26, 1050 Wien, Österreich

Satz: Wandl Multimedia-Agentur
Druck: Facultas Verlags- und Buchhandels AG
Printed in Austria
ISBN 978-3-7089-2448-9

Vorwort zur zweiten Auflage

Die erste Auflage des Werkes „Grundlagen des EU-Beihilferechts“ liegt nun bereits zwei Jahre zurück. Seit der Erstauflage durchlief das EU-Beihilferecht eine rasante Weiterentwicklung. Auslöser dafür waren die wirtschaftlichen Auswirkungen diverser Krisensituationen, die Überarbeitung zahlreicher Mitteilungen und Leitlinien der Europäischen Kommission aufgrund neuer Programmperioden und die Brisanz drittstaatlicher Subventionen.

Die sehr positive Resonanz diverser Fachzeitschriften wie der Zeitschrift für Beihilferecht (BRZ) und der Zeitschrift für Öffentliches Recht (ZöR) – an dieser Stelle sei herzlichst gedankt – sowie vieler positiver Rückmeldungen diverser Beihilfeexperten haben mich zur vorliegenden Neuauflage veranlasst.

Die zweite Auflage berücksichtigt zahlreiche Änderungen im EU-Beihilferecht: Behandelt werden ua die Novellierungen der Allgemeinen Gruppenfreistellungsverordnung, die Foreign Subsidies Regulation und der Ukraine-Krisenrahmen. In der Neuauflage finden sich nun auch weitere Freistellungstatbestände, dargestellt in bewährter Kürze. Der Foreign Subsidies Regulation, die im Juli 2023 in Kraft getreten ist, ist ein eigenes Kapitel gewidmet. Einzelne Kapitel wurden aktualisiert und die Rechtsprechung des Gerichtshofs der Europäischen Union bis Stand September 2023 berücksichtigt. Einzelne Abschnitte sind aufgrund hoher Praxisrelevanz erweitert worden.

In didaktischer Hinsicht habe ich mich wiederum bemüht, durch umfassende Beispiele, Hinweise und grafische Darstellungen den Lernprozess zu erleichtern und die Systematik anschaulicher zu machen. Zusammen mit den weiterführenden Hinweisen in den Fußnoten soll auch die Neuauflage Praktikern Anhaltspunkte für die Lösung bestimmter Probleme offerieren. Neu hinzugekommen sind Praxishinweise und Rechtsprechungsbeispiele – an einzelnen Stellen unter den Rubriken „Aus der Rechtsprechung“ bzw „Praxistipps“ zu finden.

Mein Dank gilt allen voran dem Verlag Facultas, im Besonderen Herrn *Peter Wittmann* , Frau Mag. *Katharina Echerer* und Frau *Carina Glitzner, MA* für die tatkräftige Unterstützung bei der Begleitung der zweiten Auflage. Ich möchte mich an dieser Stelle besonders für die angenehme und herzliche Zusammenarbeit bedanken.

Zudem möchte ich den Partnern der Eisenberger Rechtsanwälte GmbH, *Univ.-Prof. Dr. Georg Eisenberger, Mag. Alexander Brenneis* und *DDr. Kathrin Bayer* für die Unterstützung, insb der Einräumung der nötigen zeitlichen Ressourcen zur Umsetzung der zweiten Auflage danken.

keit einer grds unzulässigen staatlichen Beihilfe mit dem Binnenmarkt führen (Legalausnahmen, Ermessensausnahmen, Dienstleistungen von allgemeinem wirtschaftlichem Interesse und AGVO). Der dritte Teil umfasst schließlich das Beihilfeverfahrensrecht und gibt einen Überblick über die unterschiedlichen Beihilfeverfahren sowie den Rechtsschutz im EU-Beihilferecht.

In didaktischer Hinsicht habe ich mich bemüht, durch umfassende Beispiele, Hinweise und grafische Darstellungen den Lernprozess zu erleichtern und die Systematik anschaulich zu machen. Zusammen mit den weiterführenden Hinweisen in den Fußnoten sollen auch Praktikern Anhaltspunkte für die Lösung bestimmter Probleme offeriert werden.

Mein Dank gilt allen voran dem Verlag Facultas, im Besonderen Herrn *Peter Wittmann* für die tatkräftige Unterstützung bei der Begleitung der ersten Auflage. Ich möchte mich an dieser Stelle besonders für die angenehme und herzliche Zusammenarbeit bedanken.

Über Anregungen und Kritik würde ich mich sehr freuen. Für Hinweise auf etwaige Fehler bin ich ebenso dankbar. Zu richten sind sie am besten an koelbl@beihilfepraxis.eu

Linz, am 01.09.2021 *Christoph Kölbl*

Über den Autor

Dr. Christoph Kölbl aus Österreich hat das Studium der Rechtswissenschaften an der Karl-Franzens-Universität in Graz absolviert. Bereits während seines Studiums war er als Studienassistent an mehreren Instituten tätig.

Von 2017 bis 2019 war er Universitätsassistent am Institut für Unternehmensrecht und Internationales Wirtschaftsrecht an der Karl-Franzens-Universität in Graz. In dieser Zeit war er auch in einer renommierten österreichischen Großkanzlei als Jurist tätig. Nach einjähriger Tätigkeit als juristischer Referent am Amt der oberösterreichischen Landesregierung, in der Abteilung Wirtschaft und Forschung, übte er bis Ende 2022 die Funktion als qualifizierter juristischer Referent am Amt der oberösterreichischen Landesregierung aus, wo er sich vertieft mit wettbewerbsrechtlichen Agenden, insbesondere mit dem EU-Beihilferecht, befasst. Er promovierte im EU-Beihilferecht und verfasste seine Dissertation zum nationalen Rechtsschutz im EU-Beihilferecht mit Schwerpunkt des Private Enforcement. Das Werk wurde mehrfach ausgezeichnet, ua mit dem Jean Monnet Wissenschaftspreis für Europarecht 2023.

Mit Jänner 2023 wechselte er in das auf Öffentliches Recht und Europarecht spezialisierte Rechtsanwaltsbüro Eisenberger Rechtsanwälte.

Er war Mitglied in mehreren Komitees, wie dem Investitionskontrollkomitee sowie stellvertretendes Mitglied für das Land Oberösterreich in der Steuerungsgruppe für den Europäischen Fonds für Regionale Entwicklung (EFRE). Der Autor ist weiters durch zahlreiche Veröffentlichungen im EU-Beihilferecht bekannt. Er ist ua Herausgeber der FlexLex Gesetzessammlung EU-Beihilferecht.

Der Autor vertritt in vorliegendem Werk ausschließlich seine persönliche Meinung und verpflichtet in keiner Weise seinen ehemaligen Dienstgeber, das Land Oberösterreich.

Inhaltsverzeichnis

Erster Teil: Einführung

Zweiter Teil: Materielles Beihilferecht

Dritter Teil: Beihilfeverfahrensrecht

Anhang

Abkürzungsverzeichnis

aA	anderer Ansicht
ABl	Amtsblatt
Abs	Absatz
ASCM	Agreement on Subsidies and Countervailing Measures
AEUV	Vertrag über die Arbeitsweise der Europäischen Union
A-Fördergebiet	Regionen gemäß Art 107 Abs 3 lit a AEUV
AG	Aktiengesellschaft
AGVO	Allgemeine Gruppenfreistellungsverordnung
AHG	Amtshaftungsgesetz
Alt	Alternative
AMA	AgrarMarkt Austria
Art	Artikel
AVG	Allgemeines Verwaltungsverfahrensgesetz
AWS	Austria Wirtschaftsservice GmbH
BayVBL	Bayrische Verwaltungsblätter, Zeitschrift für öffentliches Recht und öffentliche Verwaltung
BeihilfenR	Beihilfenrecht
BGBl	Bundesgesetzblatt
BGH	Bundesgerichtshof
BHG	Bundeshaushaltsgesetz 2013
BIP	Bruttoinlandsprodukt
BMWi	Deutsches Bundesministerium für Wirtschaft und Energie
BRD	Bundesrepublik Deutschland
BRZ	Zeitschrift für Beihilfenrecht
BSE	Bovine spongiforme Enzephalopathie (BSE)
bspw	beispielweise
B-VG	Bundes-Verfassungsgesetz
bzw	beziehungsweise
Causa Sport	Die Sport Zeitschrift CausaSport
C-Fördergebiet	Regionen gemäß Art 107 Abs 3 lit c AEUV
CMLR	Common Market Law Review
COVID-19	Coronavirus SARS-CoV-2
CO_2	Kohlen(stoff)dioxid
CPN	Competition Policy Newsletter
DAWI	Dienstleistung von allgemeinem wirtschaftlichem Interesse
DDR	Deutsche Demokratische Republik
dh	das heißt
DigiNetzG	DigiNetz-Gesetz
DÖV	Die Öffentliche Verwaltung, Zeitschrift für Öffentliches Recht und Verwaltungswissenschaften
DStR	Zeitschrift Deutsches Steuerrecht
DVBl	Deutsches Verwaltungsblatt
EBITDA	Earnings Before Interest, Taxes, Depreciation and Amortization
ECLR	European Competition Law Review
ecolex	„ecolex, Fachzeitschrift für Wirtschaftsrecht“

EEG	Bundes-Energieeffizienzgesetz
EFRE	Europäischer Fonds für regionale Entwicklung
EG	Europäische Gemeinschaft(en)
EGV	Vertrag zur Gründung der Europäischen Gemeinschaft
EIB	Europäische Investitionsbank
EIF	European Investment Fund
ELER	Europäischer Landschaftsfonds für die Entwicklung des ländlichen Raums
ELR	European Law Reporter
endg	endgültig
ErwGr	Erwägungsgrund/-gründe
ESF	Europäischer Sozialfonds
ESM	Europäischer Stabilitätsmechanismus
EStG	Einkommenssteuergesetz
EStAL	European State Aid Law Quarterly
etc	et cetera
EL	Ergänzungslieferung
EPPPL	European Procurement & PPP Law Review
ERC	European Research Council Magazine
ETZ	Europäische territoriale Zusammenarbeit
EU	Europäische Union
EuG	Europäisches Gericht
EuGH	Europäischer Gerichtshof
EuR	Zeitschrift Europarecht
EUV	Vertrag über die Europäische Union
EuZW	Europäische Zeitschrift für Wirtschaftsrecht
EWR	Europäischer Wirtschaftsraum
EWS	Europäisches Wirtschafts- und Steuerrecht
f	der, die folgende
ff	und die folgenden
fin	final
FFG	Forschungsförderungsgesellschaft
FN	Fußnote(n)
FS	Festschrift
FSR	Foreign Subsidies Regulation
FTI	Forschung, Technologieentwicklung und Innovation
FuE	Forschung und Entwicklung
FuEuI	Forschung, Entwicklung und Innovation
GA	Generalanwalt/-anwältin
GATT	General Agreement on Tariffs and Trade
GBER	General Block Exemption Regulations
GD	Generaldirektion
GES	Zeitschrift für Gesellschaftsrecht
ggf	gegebenenfalls
GmbH	Gesellschaft mit beschränkter Haftung
GewA	Gewerbearchiv GewArch
GRC	Grundrechte-Charta

grds	grundsätzlich
GZ	Geschäftszahl
Hrsg	Herausgeber
idF	in der Fassung
idgF	in der geltenden Fassung
iHv	in Höhe von
insb	insbesondere
INTERREG	Europäische Territoriale Zusammenarbeit
IPCEI	Important Projects of Common European Interest
IRR	Internal Rate of Return
iSd	im Sinne des/r
iZm	im Zusammenhang mit
IWF	Internationaler Währungsfonds
JBl	„Juristische Blätter“
JECL&P	Journal of European Competition Law & Practice
JRP	Journal für Rechtspolitik
Jura	Zeitschrift Juristische Ausbildung
KMU	Kleine und mittlere Unternehmen
KMU-Definition	Definition der Kleinstunternehmen sowie der kleinen und mittleren Unternehmen nach der Empfehlung der Kommission vom 6. Mai 2003, ABl L 2003/124, 36.
KMU-Leitfaden	Benutzerleitfaden zur Definition von KMU
KOM	Dokumente der Kommission der Europäischen Gemeinschaft; Europäische Kommission
KommJur	Zeitschrift Kommunaljurist
KöSt	Körperschaftssteuer
KPC	Kommunalkredit Public Consulting GmbH
krit	kritisch
KWK	Kraft-Wärme-Kopplung
leg cit	legis citatae
LGBl	Landesgesetzblatt
lit	litera (Buchstabe)
Lit	Literatur
Mat	Materialien
MaW	Mit anderen Worten
Mio	Millionen
MMR	Zeitschrift Multimedia und Recht
Mrd	Milliarden
MüKoWettbR	Münchner Kommentar: Europäisches und Deutsches Wettbewerbsrecht
MR	Zeitschrift Medien und Recht
mwN	mit weiteren Nachweisen
NACE	Nomenclature statistique des activités économiques dans la Communauté européenne
NJOZ	Neue Juristische Online-Zeitschrift
NJW	Neue Juristische Wochenzeitschrift
npoR	Zeitschrift für das Recht der Non Profit Organisationen

NPV	Net Present Value
Nr	Nummer
NuR	Zeitschrift Natur und Recht
NUTS	Nomenclature des unités territoriales statistiques
NVwZ	Neue Zeitschrift für Verwaltungsrecht
NZKart	Neue Zeitschrift für Kartellrecht
ÖBA	BankArchiv
OeMAG	OeMAG Abwicklungsstelle für Ökostrom AG
OGH	Oberster Gerichtshof
ÖJZ	Österreichische Juristenzeitung
OLG Wien	Oberlandesgericht Wien
ÖStZ	Österreichische Steuer-Zeitung
ÖZW	Österreichische Zeitschrift für Wirtschaftsrecht
PIT	Private Investor Test
RL	Richtlinie
RMUE	Revue du Marché Unique Européenne
Rn	Randnummer
Rs	Rechtssache
Rsp	Rechtsprechung
Rz	Randzahl
S	Siehe; Satz
SA	State Aid; Société Anonyme; Sociedad Anonima
SANI	State Aid Notification Interactive
SARI	State Aid Reporting Interactive
SAM	State Aid Modernisation
SGEI	Services of General Economic Interest
SME	Small Medium Enterprise
SMEs	Small Medium Enterprises
sog	sogenannte, -r, -s
stRsp	ständige Rechtsprechung
SWK	Zeitschrift Steuer- und WirtschaftsKartei
TAM	Transparency Award Modul
TBR	Trade Barrier Regulation
tw	teilweise
Tz	Teilzahl
ua	und andere, -s; unter anderem
UAbs	Unterabsatz
udgl	und dergleichen
UFSjournal	Zeitschrift UFSjournal, „UFS-Entscheidungen aus erster Hand aktuell & praxisnah“
USD	US-Dollar
usw	und so weiter
uU	unter Umständen
UWG	Bundesgesetz gegen den unlauteren Wettbewerb
verb Rs	verbundene Rechtssache(n)
Verf-VO	(Beihilfe-)Verfahrensverordnung VO (EU) 2015/1589
Verf-DVO	(Beihilfe-)Verfahrens-DurchführungsVO (EU) 794/2014 und (EU) 2015/2282

VfGH	Verfassungsgerichtshof
VwG	Verwaltungsgericht(e)
VwGG	Verwaltungsgerichtshofgesetz
VwGH	Verwaltungsgerichtshof
vgl	vergleiche
wbl	wirtschaftsrechtliche Blätter
WHO	World Health Organization
WiPolBl	Wirtschaftspolitische Blätter
WiVerw	Zeitschrift Wirtschaft und Verwaltung
WPg	Die Wirtschaftsprüfung
WTO	World Trade Organization
Z	Ziffer
zB	zum Beispiel
ZEuS	Zeitschrift für europarechtliche Studien
ZFR	Zeitschrift für Finanzmarktrecht
ZfRV	Zeitschrift für Rechtsvergleichung
ZfV	Zeitschrift für Verwaltung
ZfW	Wirtschaftsdienst – Zeitschrift für Wirtschaftspolitik
ZGR	Zeitschrift für Unternehmens- und Gesellschaftsrecht
ZHR	Zeitschrift für das gesamte Handels- und Wirtschaftsrecht
ZIAS	Zeitschrift für ausländisches internationales Arbeits- und Sozialrecht
ZIP	Zeitschrift für Wirtschaftsrecht
ZPO	Zivilprozessordnung
ZRP	Zeitschrift für Rechtspolitik
ZUR	Zeitschrift für Umweltrecht
zT	zum Teil
ZWeR	Zeitschrift für Wettbewerbsrecht

Erster Teil

Einführung

I. Einleitung

Ein freier Wettbewerb soll sich im Binnenmarkt in einem System vollziehen, das ihn vor Verfälschungen schützt.[1] Der angestrebte Wettbewerb soll von Verfälschungen durch heteronome wettbewerbsfremde Steuerungen freigehalten werden. Ein freier Binnenmarkt erfordert jedenfalls faire Wettbewerbsbedingungen zwischen den Unternehmen und den Mitgliedstaaten.

Durch das EU-Beihilferecht wird sichergestellt, dass einzelne Mitgliedstaaten bestimmte Unternehmen oder Produktionszweige nicht etwa durch gezielte staatliche finanzielle Zuwendungen begünstigen, um ihnen gegenüber anderen (europäischen) Unternehmen einen wettbewerblichen Vorteil zu verschaffen. Andernfalls würde eine Wettbewerbsverfälschung erreicht und der freie Handel zwischen den Mitgliedstaaten beeinträchtigt werden. Wirksame beihilferechtliche Regelungen sind somit notwendige Konsequenz, um zu erreichen, dass sich alle Unternehmen auf dem Gebiet der Europäischen Union aus wettbewerbsrechtlicher Sicht auf Augenhöhe begegnen.

Ein wirkungsloser Einsatz staatlicher Beihilfen kann mitunter sogar die Entwicklung neuer bzw innovativer Unternehmen verhindern, die Marktaktivität ineffizienter Unternehmen künstlich aufrechterhalten,[2] oder eine gut funktionierende Wirtschaft insgesamt schwächen.

Der Vertrag über die Arbeitsweise der Europäischen Union normiert ein allgemeines Beihilfeverbot mit einem Genehmigungsvorbehalt, womit staatliche Beihilfen grds mit dem Binnenmarkt unvereinbar sind. Um eine Vereinbarkeit mit dem Binnenmarkt und damit eine erlaubte Beihilfe zu erzielen, bedarf es entweder einer Genehmigung durch die Europäische Kommission als Hüterin des EU-Wettbewerbsrechts oder einer geeigneten Rechtfertigungslösung.

In den folgenden Kapiteln werden die Grundlagen des EU-Beihilferechts, das materielle Beihilferecht sowie das Beihilfeverfahrensrecht dargestellt.

---

1 *Müller-Graff*, Europäisches Binnenmarkt- und Wirtschaftsordnungsrecht: Das System, in Müller-Graff (Hrsg), EnzEuR IV² § 1 Rz 61.

2 *BMWi*, Handbuch staatliche Beihilfen, 8.

II. Beihilferechtliche Grundlagen

Literatur: *Bartosch*, EU-Beihilfenrecht[3] (2020); *Birnstiel/Bungenberg/Heinrich*, Europäisches Beihilfenrecht (2013); *Dreher/Lübbig/Wolf-Posch*, Praxis des EU-Beihilferechts in Österreich (2017); *Fehling*, Das europäische Beihilfenrecht in der Wirtschaftskrise, EuR 2010, 598; *Frenz*, Handbuch Europarecht III; Beihilferecht[2] (2021); *Hodik*, Europäisches Beihilfenrecht: European State Aid Law (2022); *Immenga/Mestmäcker*, Wettbewerbsrecht V: Beihilfenrecht[6] (2022); *Jaeger*, Beihilfe- und Förderungsrecht, in Holoubek/Potacs (Hrsg), Öffentliches Wirtschaftsrecht I[4] (2019) 717; *König/Hellstern*, Das materielle binnenmarktrechtliche Beihilfenaufsichtsrecht, in Müller-Graff (Hrsg), Enzyklopädie Europarecht IV: Europäisches Binnenmarkt- und Wirtschaftsordnungsrecht[2] (2021); *Müller-Graff*, Europäisches Binnenmarkt- und Wirtschaftsordnungsrecht: Das System, in Hatje/Müller-Graff (Hrsg), Enzyklopädie Europarecht IV: Europäisches Binnenmarkt- und Wirtschaftsordnungsrecht[2] (2021); *Fuchs/Thalmann*, Förderungs- und Beihilferecht, in B. Raschauer/Ennöckl/N. Raschauer (Hrsg), Grundriss des österreichischen Wirtschaftsrecht[4] (2021) 627; *Schwarze*, EU-Kommentar[4] (2019) *Streinz*, EUV/AEUV[3] (2018).

A. Bedeutung des EU-Beihilferechts

Die Europäische Union zielt gemäß Art 3 Abs 3 zweiter Satz EUV mit der Errichtung des Binnenmarkts mitunter auf, *„eine in hohem Maße wettbewerbsfähige, soziale Marktwirtschaft.“*[3]

So sieht das Protokoll (Nr 27) über den Binnenmarkt und den Wettbewerb zum Vertrag von Lissabon vor, dass der Binnenmarkt „ein System umfasst, das den Wettbewerb vor Verfälschungen schützt […]“.[4] Art 3 Abs 1 lit b AEUV gibt der Europäischen Union die Kompetenz zur Festlegung von Wettbewerbsregeln, die für ein Funktionieren des Binnenmarkts erforderlich sind.[5]

Staatliche Beihilfen können den freien Wettbewerb erheblich beeinträchtigen und die Wettbewerbsgleichheit zwischen den Unternehmen ebenso wie durch Kartelle bzw anti-kompetitive Fusionen oder Missbrauch von Marktmacht verzerren.[6] Der Unionsgesetzgeber will zudem verhindern, dass Mitgliedstaaten nationalen Unternehmen in konjunkturell schwierigen Zeiten Vergünstigungen gewähren.[7] Staatliche Beihilfen spielen allerdings auch eine entscheidende Rolle öffentlicher Regulierung der Mitgliedstaaten und zur Korrektur von Marktversagen.

---

3 Weiterführend *Müller-Graff* in Müller-Graff, EnzEuR IV[2] § 1 Rz 48, 57.

4 Protokoll (Nr 27) über den Binnenmarkt und den Wettbewerb, ABl C 2008/115, 309.

5 *Kühling* in Streinz, EUV/AEUV[3] Art 107 AEUV Rz 1.

6 *Lehr*, Europäisches Wettbewerbsrecht und kommunale Daseinsvorsorge, DÖV 2005, 542 (546); *Koenig/Hellstern* in Müller-Graff, EnzEuR IV[2] § 14 Rz 1.

7 vgl *Wallenberg/Schütte* in Grabitz/Hilf/Nettesheim, Das Recht der Europäischen Union: EUV/AEUV Art 107 Rn 10 (Werkstand: 78. EL Februar 2021).

So belief sich das Volumen an gewährten Beihilfen durch die 28 Mitgliedstaaten in den Jahren 2014 und 2015 auf € 91 Mrd, im Jahr 2018 sogar auf € 121 Mrd.[8] Auch die Europäische Union gewährte im Rahmen etlicher Finanzierungsinstrumente in vielen Bereichen Förderungen.

Die EU-Beihilfekontrolle als Kontrollmechanismus zielt darauf ab, gleiche Wettbewerbsbedingungen im Binnenmarkt herzustellen und nimmt an Stellenwert stetig zu.[9]

Die Hauptaufgabe der Kommission besteht darin, einem Förderungswettlauf der Mitgliedstaaten entgegenzusteuern,[10] um zum eigentlichen Grundgedanken eines unverfälscht funktionierenden Marktes zurückzukehren.

1. Marktversagen

Grds sind staatliche Beihilfen an Unternehmen unzulässig, soweit in den Verträgen (der EU) nichts anderes bestimmt ist. Beihilfen sind lediglich zum Ausgleich von **Marktversagen** ausnahmsweise zulässig. Neben den Legalausnahmen[11] in Art 107 Abs 2 AEUV eröffnen die Vereinbarkeitstatbestände in Art 107 Abs 3 AEUV ein weites Feld für die Beihilfepolitik,[12] und regeln Fälle, in denen Beihilfen mit dem Binnenmarkt vereinbar sind, wo ein Marktversagen besteht, dessen Ausgleich mit der Beihilfe bewirkt werden soll.

Dies gilt für Beihilfen zur Förderung der wirtschaftlichen Entwicklung in Gebieten in äußerster Randlage, Beihilfen zur Förderung wichtiger Vorhaben von gemeinsamem europäischem Interesse, Beihilfen zur Behebung einer beträchtlichen Störung im Wirtschaftsleben eines Mitgliedstaats, Beihilfen zur Förderung der Entwicklung bestimmter Wirtschaftszweige und Wirtschaftsgebiete sowie Kulturbeihilfen.[13]

Ein Marktversagen liegt vor, wenn der freie Markt kein wirtschaftlich effizientes Ergebnis hervorbringt und durch staatliche Beihilfen korrigiert werden soll.

Ursachen eines Marktversagens können externe Effekte, öffentliche Leistungen, asymmetrische Informationen, Marktmacht und Abstimmungsprobleme sein.[14]

Zusätzlich zum Marktversagen ist zu prüfen, ob ein Marktversagen allenfalls durch weniger wettbewerbsschädigende Maßnahmen korrigiert werden kann. Diese Prüfung erfolgt durch eine Abwägung zwischen den negativen Auswir-

[8] KOM, State Aid Scoreboard 2019, 11.

[9] *Kühling* in Streinz, EUV/AEUV³ Art 107 AEUV Rn 2.

[10] Mit positiver Bilanz siehe dazu *Fehling*, EuR 2010, 598 (616).

[11] S zu den Legalausnahmen ausführlich: Zweiter Teil Kapitel III Abschnitt A.

[12] *Schweitzer/Mestmäcker*, Die Beihilfenregeln im System des EU-Vertrags, in Immenga/Mestmäcker, WettbR V: BeihilfenR⁶ Rn 22.

[13] Ausführlich zu den Ermessensausnahmen s Zweiter Teil Kapitel III Abschnitt B.

[14] S dazu die Leitlinien für staatliche Klima-, Umweltschutz- und Energiebeihilfen 2022, ABl C 2022/80, 1 oder die Leitlinien für staatliche Beihilfen zur Förderung von Risikofinanzierungen, ABl C 2021/508, 1.

kungen staatlicher Beihilfen auf den Wettbewerb und den positiven Auswirkungen auf die Ziele im gemeinsamen Interesse.[15]

2. Finanz- und Wirtschaftskrise

Besondere Brisanz erlangte das EU-Beihilferecht erstmals durch die Finanzkrise im Jahr 2008, die es erforderlich machte, den Bankensektor sowie viele Unternehmen finanziell zu stützen.[16] Jüngst zwang die ausgebrochene COVID-19-Krise[17] die EU-Kommission, die beihilferechtlichen Regelungen zur Rettung der Wirtschaft zu lockern. Etliche Finanzierungsmaßnahmen wurden dabei zur Bekämpfung der wirtschaftlichen Schäden seitens vieler EU-Mitgliedstaaten, auf Basis beihilferechtlicher Regelungen, der EU-Kommission zur Genehmigung angemeldet.[18]

Beispiel: *In der Finanzkrise gewährt die Republik Österreich einem heimischen Großunternehmen ein Wandeldarlehen in der Höhe von € 150 Mio. Die Kommission erklärt diese Beihilfe als mit dem Binnenmarkt vereinbar und übermittelt der Republik Österreich den positiven Genehmigungsbeschluss. Ein französisches Großunternehmen sieht darin eine erhebliche Wettbewerbsverfälschung und will gegen den Kommissionsbeschluss rechtlich vorgehen.*

3. Förderpraxis in Österreich

Literatur: *Barbist/Kröll*, Beihilfegewährung durch die Bundesländer, in Haslinger/Jaeger (Hrsg), Jahrbuch Beihilferecht (2018) 485; *Dreher/Lübbig/Wolf-Posch*, Praxis des EU-Beihilferechts in Österreich (2017); *Jaeger*, Beihilfe- und Förderungsrecht, in Holoubek/Potacs (Hrsg), Öffentliches Wirtschaftsrecht I^4 (2019) 717; *Kölbl*, FuEuI-Bei-

---

15 S zum Abwägungserfordernis bspw die Breitbandleitlinien, ABl C 2013/25, 1: Punkt 2.5. Unterpunkt 8; sowie KOM 26.07.2018, SA.48325: NGA-broadband project in Upper Austria, ABl C 2018/339, 2 Unterpunkt 4.2.8 Rn 122 ff.

16 Vgl dazu KOM, Bericht der Kommission über staatliche Beihilfen der EU-Mitgliedstaaten – Herbstausgabe 2011 – KOM(2011) 1487 endg, 9: Während sich im Zeitraum 2008 bis 2010 das tatsächlich von den Mitgliedstaaten verwendete Beihilfevolumen auf € 1.608 Mrd bzw 13,1 % des EU-BIP belief, genehmigte die Kommission in der Zeit vom 1. Oktober 2008 bis zum 1. Oktober 2011 Beihilfen in Höhe von € 4506,5 Mrd bzw 36,7 % des EU-BIP für den Finanzsektor; KOM 12.12.2008, N 625/2008, *Deutschland Rettungspaket für Finanzinstitute in Deutschland*, K(2008) 8629; KOM 18.12.2008, N 615/2008, *Deutschland Staatliche Beihilfe an die BayernLB*, K(2008) 8839 endg; KOM 18.07.2011, C 15/2009 (ex N 196/2009) – *Hypo Real Estate*, K(2011) 5157 endg; EuGH 19.07.2016, C-526/14, *Kotnik/Slowenien ua*; EuG 28.01.2016, T-427/12, *Österreich/Kommission.*

17 COVID-19 = Corona Virus Disease wurde am 11.03.2020 von der WHO als Pandemie eingestuft. Ausführlich dazu: <https://www.who.int/health-topics/coronavirus#tab=tab_1>.

18 Statt vieler KOM 30.03.2020, SA.56863, *Federal framework for subsidised loans 2020*; KOM 30.03.2020, SA.56860, *Government guarantee programme for companies*; KOM 26.03.2020, SA.56845, *Repayable Advances Scheme – COVID-19*; KOM 13.03.2020, SA.56708, *Danish guarantee scheme for SMEs affected by COVID-19.*

hilfen in Österreich: Beihilferechtliche Rahmenbedingungen & aktuelle Entwicklungen, in Jaeger/Haslinger (Hrsg), Jahrbuch Beihilferecht (2023) 383; *B. Raschauer/Ennöckl/N. Raschauer*, Grundriss des österreichischen Wirtschaftsrecht[4] (2021) 627; *Rüffler*, Privatrechtliche Probleme der Subventionsgewährung: Der Einfluss des Gleichheitssatzes auf den Rechtsschutz im Subventionsrecht, JBl 2005, 409; *Wenger*, Förderungsverwaltung (1973).

Für die beihilferechtliche Bewertung einer finanziellen Zuwendung durch eine staatliche Stelle ist es zunächst erforderlich, den Begriff „Förderung" vom Begriff „Beihilfe" zu trennen. Denn nicht jede Förderung ist automatisch auch eine Beihilfe. In Österreich existiert weder auf Bundes- noch auf Landesebene ein Gesetz, das allgemeine Fragen der Fördervergabe einheitlich regelt.[19]

a. Förderung

Die Begriffe **Förderung**, **Subvention** und **Beihilfe** werden oftmals miteinander vermengt. Bei näherer Betrachtung sind diese allerdings voneinander zu trennen.

Unter einer **Subvention** versteht die Rechtsprechung eine vermögenswerte Zuwendung aus öffentlichen Mitteln, die ein Verwaltungsrechtsträger einem Privatrechtssubjekt zukommen lässt, sofern sich dieses statt zur Leistung eines marktmäßigen Entgelts zu einem im öffentlichen Interesse gelegenen subventionsgerechten Verhalten bereit erklärt.[20]

Der Subventionsbegriff findet sich allerdings auch im internationalen Kontext auf WTO-Ebene bzw im Rahmen der Foreign Subsidies Regulation.[21]

Im WTO-Recht werden Subventionen nach dem „traffic lights approach" in verbotene (rote), anfechtbare (gelbe) und erlaubte (grüne) Subventionen eingeteilt.[22] Zwischen den Begriffen „Subvention" und „Beihilfe" lassen sich gewisse Parallelen erkennen. Das WTO-Recht verbietet Subventionen nicht generell. Auch der Terminus „nachteilige Auswirkungen" des WTO-Rechts ist mit den unionalen Kriterien der (drohenden) Wettbewerbsverfälschung sowie der Handelsbeeinträchtigung vergleichbar.

19 So auch *Jaeger* in Holoubek/Potacs, Öffentliches Wirtschaftsrecht I[4] 717 (776); *Dreher/Lübbig/Wolf-Posch*, EU-Beihilferecht Rz 48 ff.

20 S dazu OGH 30.07.1996, 7 Ob 556/95: Der 7. Senat des OGH definiert den Begriff Subvention mit explizitem Verweis auf die grundlegende Definition in der Literatur wie folgt: *„Der grundlegenden Definition Wengers* [...] *zufolge, die allgemein anerkannt wird* [...]." Vgl *Wenger*, Förderungsverwaltung (1973) 42; *Antoniolli/Koja*, Allgemeines Verwaltungsrecht[2] (1996) 43; *Schmidinger*, Subventionen aus Sicht eines Kreditinstitutes, ÖBA 1988, 19; *Wimmer/Arnold*, Wirtschaftsverwaltungsrecht in Österreich (1987) 59.

21 Verordnung (EU) 2022/2560 des Europäischen Parlaments und des Rates vom 14. Dezember 2022 über den Binnenmarkt verzerrende drittstaatliche Subventionen, ABl L 2022/330, 1.

22 *Nowak*, Subventionen, in Hilf/Oeter (Hrsg), WTO-Recht – Rechtsordnung des Welthandels[2] (2010) § 13 Rn 13.

Der Begriff „**Förderung**" ist von der „Beihilfe"[23] iSd Art 107 AEUV zu unterscheiden. Der Förderbegriff geht größtenteils über den Beihilfebegriff hinaus, bleibt aber auch in wesentlichen Aspekten hinter diesem zurück.[24]

Anders als Beihilfen setzen Förderungen keine Wettbewerbsverfälschung oder Handelsbeeinträchtigung voraus.[25] Der Förderbegriff umfasst zudem auch Privatpersonen, während der Beihilfebegriff eine Zuwendung an ein Unternehmen voraussetzt. Schließlich umfasst der Förderbegriff nur Zuwendungen durch Hoheitsträger. Beihilfen können hingegen auch dort vorliegen, wo die öffentliche Hand gar keine Förderungen gewähren wollte.[26]

Beispiel: *Eine Förderung der Gemeinde iHv € 50.000 für den Ausbau eines lokalen Kindergartenbetriebs könnte bspw rein lokal wirken und damit nicht alle Kriterien in Art 107 Abs 1 AEUV erfüllen. Im Ergebnis liegt zwar keine Beihilfe vor, sehr wohl handelt es sich dabei aber um eine direkte Förderung.*

Auf Bundesebene finden sich im BHG[27] nicht nur Vorgaben für Förderungen, sondern werden diese auch definiert (**verwaltungsrechtlicher Förderbegriff**).

Der österreichische Gesetzgeber differenziert zwischen direkten und indirekten Förderungen: Direkte Förderungen werden als Geldzuwendungen beschrieben, die von nationalen Instituten an natürliche oder juristische Personen für eine schon erbrachte oder beabsichtigte Leistung gewährt werden. Dabei muss es sich um Leistungen handeln, an der ein erhebliches öffentliches Interesse besteht.[28]

Indirekte Förderungen werden hingegen definiert als Einzahlungsverzichte, die einer natürlichen oder juristischen Person durch Ausnahmeregelungen von den allgemeinen abgabenrechtlichen Bestimmungen gewährt werden. Es muss sich wiederum um eine Leistung der natürlichen oder juristischen Person handeln, an der ein erhebliches öffentliches Interesse besteht.[29]

§ 30 Abs 5 BHG verpflichtet den BM für Finanzen in einer Verordnung einheitliche Bestimmungen über die Gewährung von Förderungen festzusetzen. Dies wird durch die allgemeinen Rahmenrichtlinien für die Gewährung von Förderungen aus Bundesmitteln („ARR 2014"[30]) umgesetzt. Der Bund hat sich dabei verpflichtet, privatrechtliche Förderungen außerhalb von Bereichen, die ihm in Gesetzgebung und Vollziehung zugewiesen sind, auf Angelegenheiten zu beschränken, die über die Interessen eines einzelnen hinausgehen. Außerdem ist jährlich ein Förderungsbericht[31] der BReg über die vom Bund gewährten direkten und indirekten Förderungen zu erstellen.

---

23 Zum Beihilfebegriff s ausführlich Zweiter Teil Kapitel I.

24 *Jaeger* in Holoubek/Potacs, Öffentliches Wirtschaftsrecht I^4 717 (772).

25 *Dreher/Lübbig/Wolf-Posch*, EU-Beihilferecht Rz 50.

26 *Jaeger* in Holoubek/Potacs, Öffentliches Wirtschaftsrecht I^4 717 (772).

27 Bundesgesetz über die Führung des Bundeshaushaltes (Bundeshaushaltsgesetz 2013 – BHG), BGBl I 139/2009 idgF.

28 § 30 Abs 5 BHG.

29 § 47 Abs 3 Z 3 BHG 2013.

30 Verordnung des Bundesministers für Finanzen über Allgemeine Rahmenrichtlinien für die Gewährung von Förderungen aus Bundesmitteln (ARR 2014), BGBl II 208/2014 idF II 190/2018.

31 Zur Übersicht aller aktueller Förderungsberichte s: https://www.bmf.gv.at/themen/budget/das-budget/foerderungsberichte.html (abgerufen am 31.07.2023).

Das BHG 2013 selbst enthält eine Vielzahl an Rechtsgrundlagen für die Gewährung von Förderungen. So sind Stundungen und Verzichte auf Förderungen des Bundes sowie Verfügungen in anderer Weise über bewegliches und unbewegliches Bundesvermögen zulässige Maßnahmen.[32] Auch in zahlreichen Einzelgesetzen[33] sind Rechtsgrundlagen für die Gewährung von Förderungen enthalten.

Direkte Förderungen (Kapitel 1.1.)

Die Förderungen im Jahr 2021 waren im besonderen Maß durch die Belastung der COVID-19 Pandemie geprägt. Für **direkte Förderungen** des Bundes wurden 11.942,0 Mio. € und für Förderungen im Namen und auf Rechnung externer Rechtsträger 8.931,2 Mio. € ausgezahlt. In Summe sind das Auszahlungen des Bundes für Fördermittel iHv. **20.873,1 Mio. €**, was einem Anteil von **19,5%** an den Gesamtauszahlungen des Bundes entspricht. Im **Jahresvergleich mit 2020** erhöhte sich das Fördervolumen um +2.990,8 Mio. € bzw. +16,7%.

Anteil der Auszahlungen für Fördermittel an den Gesamtauszahlungen des Bundes
in Mio. € (gerundet)

	Erfolg 2019	Erfolg 2020	Erfolg 2021	Veränderung 2020/2021 in %	BVA 2022
Gesamtauszahlungen des Bundes	78.869,8	100.334,3	107.138,3	6,8	107.504,3
Auszahlungen für Fördermittel	6.408,5	17.882,3	20.873,1	16,7	18.179,1
davon Förderungen des Bundes gem. § 30 Abs. 5 BHG	*5.427,0*	*12.361,9*	*11.942,0*		*14.695,3*
davon Förderungen im Namen und auf Rechnung externer Rechtsträger	*981,5*	*5.520,50*	*8.931,2*		*3.483,8*
Auszahlungen für Fördermittel (in %)	8,1	17,8	19,5		16,9

Abb. 1: Förderungsbericht 2021 gemäß § 47 Abs 3 BHG 2013, Seite 1

Indirekte Förderungen (Kapitel 1.3.)

Zusätzlich wurden quantifizierte Steuererleichterungen iHv. **20.375 Mio. €** gewährt (**indirekte Förderungen**). Gegenüber 2020 erhöhten sie sich um insgesamt 1,2 Mrd. (+6,0 %). Die höchste Steigerung geht dabei auf die SV-Rückerstattung aus sozialen Gründen bei Pensionistinnen und Pensionisten sowie Arbeitnehmerinnen und Arbeitnehmern im Ausmaß von insgesamt +550 Mio. € zurück. Die COVID-19-Förderungen bleiben hierbei unberücksichtigt, sie werden im Schwerpunktkapitel gesondert dargestellt.

Entwicklung der quantifizierten indirekten Förderungen
in Mio. € (gerundet)

	2019	2020	2021	Veränderung in % 2020 - 2021
Indirekte Förderungen (exkl. COVID-19-Förderungen)	18.436	19.214	20.375	6,0

Abb. 2: Förderungsbericht 2021 gemäß § 47 Abs 3 BHG 2013, Seite 2

32 § 73 ff BHG 2013.

33 UmweltförderungsG 1993, BGBl 185/1993, idF BGBl I 34/2023, LandwirtschaftsG 1992, BGBl 375/1992, idF BGBl I 77/2022, §§ 143 ff ForstG, § 13 ÖkostromG, Neugründungs-FörderungsG 2000, BGBl I 106/1999, idF BGBl I 100/2018, AusfuhrförderungsG 1981, BGBl 215/1981, idF BGBl I 193/2022.

Förderungen im strafrechtlichen Sinne sind Zuwendungen, die zur Verfolgung öffentlicher Interessen gewährt werden und für die keine angemessene geldwerte Leistung erbracht wird (**strafrechtlicher Förderbegriff**).

Der Förderbegriff im Strafrecht geht nach den Mat auf den verwaltungsrechtlichen Subventionsbegriff zurück und ist daher an jenen des Bundeshaushaltsgesetzes angelehnt.[34] Der Gesetzgeber hält fest, das Wesen der Förderung bestehe darin, dass der Empfänger für den Erhalt der Förderung keine marktgerechte („angemessene") Gegenleistung erbringt, sondern zu einem bestimmten Verhalten verpflichtet wird, das im öffentlichen Interesse liegt (Zweckbindung).

Die einzelnen Bundesländer haben zT eigene Wirtschaftsförderungsgesetze[35], eigene Rahmenrichtlinien, allgemeine und/oder spezielle Förderrichtlinien, die Gegenstand, Schwerpunkte oder allgemeine Grundsätze der Förderungen regeln, verabschiedet.[36]

Die Begriffe „Subvention" und „Förderung" sind somit vom Beihilfebegriff abzugrenzen. Der Begriff Subvention wird in Österreich mehrheitlich als Überbegriff für Förderungen verwendet. Der Begriff Subvention findet sich allerdings auch im internationalen Kontext (zB WTO-Recht, Foreign Subsidies Regulation). Der Begriff „Förderung" wird hingegen legaldefiniert und differenziert zwischen direkten und indirekten Förderungen.

b. Ausgestaltung der Fördervergabe

Der Staat kann sich bei der Gewährung von Förderungen hoheitlicher oder privatrechtsförmiger Mittel bedienen.[37]

Die sog „**Fiskalgeltung** der Grundrechte" für Gebietskörperschaften ist allgemein anerkannt.[38] Für den Staat und andere Gebietskörperschaften folgt daraus eine Bindung an die Grundrechte und das aus dem Gleichheitssatz abzuleitende Sachlichkeitsgebot auch bei einer Fördergabe in der Rechtsform des Privatrechts.

---

34 ErlRV 1230 BlgNR 20. GP, 19f; *Garcia Marqués/Kert*, Strafrechtsänderungsgesetz 1998: Umsetzung des EU-Betrugs-Übereinkommens in Österreich, ÖJZ 1999, 213 (217); *Kirchbacher/Sadoghi* in Höpfel/Ratz (Hrsg), Wiener Kommentar² StGB § 153b Rz 15 (Stand 1.3.2020, rdb.at).

35 zB NÖ Wirtschaft- und Tourismusfondsgesetz, LGBl 7300-0 idgF; Gesetz vom 25. September 2001 über die Wirtschaftsförderung in der Steiermark 2001 (Steiermärkisches Wirtschaftsförderungsgesetz 2001 – StWFG), LGBl 14/2012 idgF.

36 S dazu *Barbist/Kröll* in Jahrbuch Beihilferecht 2018, 485 (488).

37 Vgl dazu auch VfGH 15.12.2021, G 233/2021 ua; VfGH 15.12.2021, V 191/2021 ua: Der VfGH sah in der privatrechtlichen Ausgestaltung der Auszahlung der Leistungen durch die COFAG keine unzulässige Vermischung hoheitlicher und privatrechtlicher Handlungsformen, da es dem Staat freisteht, zur Erfüllung seiner Aufgaben hoheitliche oder privatrechtsförmige Mittel einzusetzen.

38 OGH 30.09.2009, 7 Ob 119/09i; OGH 04.08.2010, 3 Ob 104/10f; RIS-Justiz RS0038110.

Der Grundrechtsbindung via Fiskalgeltung unterliegen nicht nur Gebietskörperschaften, sondern auch privatrechtlich agierende Körperschaften und Unternehmen öffentlichen Rechts.[39] Die Festlegung des Förderungszwecks und die nach dieser Zielsetzung erfolgte Eingrenzung des Kreises der Berechtigten in den Förderungsrichtlinien haben dem Sachlichkeitsgebot zu entsprechen.[40] Die Fiskalgeltung zwingt zudem den mit der Verteilung betrauten Rechtsträger (zB Fördergeber), die Subvention ohne unsachliche Differenzierung, also grds bei Vorliegen bestimmter typischer Voraussetzungen, zu gewähren.[41] Gegen eine diskriminierende Förderungsvergabe kann allerdings grds die Erschöpfung der Subventionsmittel eingewendet werden.[42]

Tritt der Staat als Fördergeber in der Rechtsform des Privatrechts (zB Förderrichtlinien, Fördervertrag) auf, hat er das Sachlichkeitsgebot zu beachten.

Gegen eine verweigerte Förderungsvergabe können FörderwerberInnen auch Rechtsschutz bei den Zivilgerichten und beim VfGH suchen.[43]

c. Förderstellen

Förderungen können von **Bund**, **Ländern** und **Gemeinden** vergeben werden.

Auf **Landesebene** fungieren als **Förderstellen** entweder die zuständigen Abteilungen im Amt der jeweiligen Landesregierung oder ausgegliederte Förderungseinrichtungen, die mit bestimmten Aufgaben des Förderwesens vom jeweiligen Bundesland betraut wurden.

Ausgegliederte Förderstellen sind etwa die Steirische Wirtschaftsförderungsgesellschaft (SFG) oder der Kärntner Wirtschaftsförderungs Fonds (KWF).

Auf **Bundesebene** wird der Großteil der Förderungen durch eigene Bundesförderungseinrichtungen abgewickelt. Dazu zählen die Austria Wirtschaftsservice GmbH (**AWS**), die Forschungsförderungsgesellschaft (**FFG**) oder aber auch die Kommunalkredit Public Consulting GmbH (**KPC**).

Zur Abwicklung der COVID-19-Hilfszahlungen wurde die COVID-19-Finanzierungsagentur des Bundes (**COFAG**) als eigene Bundesförderstelle geschaffen.[44]

---

39 So etwa AMS: OGH 23.12.2014, 1 Ob 218/14m; oder Agrargemeinschaft: VwGH 25.06.2001, 2000/07/0021.

40 S dazu auch OGH 16.09.2020, 6 Ob 162/20x; LG St. Pölten 04.03.2020, 21 R 3/20d

41 OGH 23.05.2018, 3 Ob 83/18d.

42 OGH 23.05.2018, 3 Ob 83/18d; OGH 26.01.1995, 6 Ob 514/95.

43 Ausführlich zu den Rechtsschutzmöglichkeiten bei verweigerter Förderungsvergabe: *Eisenberger/Holzmann*, Rechtsqualität der COVID-19-Förderungsrichtlinien und Rechtsschutzmöglichkeiten bei verweigerter Förderungsvergabe, RdW 2022, 170 (174 ff).

44 Die COFAG stellte für heimische Unternehmen Garantien, Fixkostenzuschüsse, den Verlustersatz, den Ausfallsbonus sowie den Lockdown-Umsatzersatz bereit: s dazu https://www.cofag.at/ (abgerufen am 31.07.2023).

Je nach Gewährungsgrundlage bestehen auch weitere Abwicklungsstellen, die von der an sich zuständigen Behörde (meist Bundesministerium) betraut werden: zB Fonds, Banken, Unternehmen.[45]

Beispiel: *Die KPC wurde mit der Abwicklung der Förderprogramme für E-Mobilität betraut. Die AMA wurde als Abwicklungsstelle für die meisten Agrarförderungen, die OeMAG als Abwicklungsstelle für Ökostromförderungen errichtet.*

4. Relevanz für die Verwaltungspraxis

Literatur: *Brand*, Untreuestrafrechtliche Implikationen der Nürburgring-Sanierung, NZG 2016, 690; *Koenig/Meyer*, EU-Beihilfenkontrolle und nationales Strafrecht, NJW 2014, 3547.

Judikatur: BGH 26.11.2015, 3 StR 17/15, *Nürburgring*; EuGH 05.03.2019, C-349/17, *Eesti Pagar*; EuGH 07.04.2022, verb Rs C-102/21 u C-103/21, *Autonomie Bozen/KW*.

Nach der Rechtsprechung des EuGH sind sämtliche Verwaltungsbehörden und nationalen Gerichte, die im Rahmen ihrer jeweiligen Zuständigkeit die Bestimmungen des EU-Beihilferechts anzuwenden haben, gehalten, für die volle Wirksamkeit dieser Bestimmungen Sorge zu tragen. Das Unionsrecht ist somit auch von den Verwaltungsbehörden wahrzunehmen. Demzufolge sind auch die Vorschriften des EU-Beihilferechts im Rahmen der Verwaltungspraxis zu beachten.

In Bezug auf die Einhaltung beihilferechtlicher Vorschriften nimmt auch der **Rechnungshof** eine bedeutende Position ein. Im Rahmen ihrer Zuständigkeit prüfen sowohl die Landesrechnungshöfe als auch der Rechnungshof des Bundes die Einhaltung beihilferechtlicher Vorschriften.

Im Rahmen der Gebarungskontrolle prüfen sowohl der Bundes- als auch die Landesrechnungshöfe den Einsatz von öffentlichen Geldern durch Gebietskörperschaften und andere bestimmte Rechtsträger. Die Landesrechnungshöfe fungieren als Hilfsorgane für die Landtage. Der Landesrechnungshof Oberösterreich sah etwa in der Kulturförderung iZm mit einem Museum in Oberösterreich einen Verstoß gegen das EU-Beihilferecht.[46] Auch die Förderung von Sportinvestitionen mit dem Schwerpunkt Leistungssport standen bereits auf der Prüfagenda des Rechnungshofs.[47]

---

[45] So werden Umweltförderungen nicht nur von der KPC, sondern bspw auch vom Klima- und Energiefonds abgewickelt: https://www.klimafonds.gv.at/ (abgerufen am 01.09.2023).

[46] LRH OÖ, Kulturförderung der KTM Motorhall, LRH-140000-6/23-2020-MB. Die Europäische Kommission registrierte die ihr übermittelten Informationen betreffend KTM-Motohall allerdings als allgemeine Marktinformationen. Sie klassifizierte die Maßnahmen prima facie als Beihilfen zur Kulturförderung, die von der Anmeldepflicht freigestellt zu sein und unter Art 53 AGVO zu fallen scheinen: Antwort von Exekutiv-Vizepräsidentin Vestager im Namen der Europäischen Union vom 15.05.2020, Parlamentarische Anfrage – P-001596/2020(ASW).

[47] LRH OÖ, Förderung von Sportinvestitionen mit dem Schwerpunkt Leistungssport, LRH-1000000-62/9-2022-HE.

Die Nichteinhaltung beihilferechtlicher Vorschriften birgt zudem **haushaltsrechtliche Risiken** und auch die Gefahr finanzieller Berichtigungen durch die Europäische Kommission im Rahmen der Strukturfonds (EFRE, ESF).

Im Bereich der Strukturfonds (EFRE, ESF, etc) werden mit EU-Mitteln kofinanzierte Fördervorhaben von den übergeordneten Prüfstellen der EU auch auf ihre Beihilferechtskonformität hin überprüft. Es wird bei den gewährten Förderungen mit EU-Mitteln und kofinanzierten Landesmitteln auch darauf geachtet, ob das Fördervorhaben mit den beihilferechtlichen Vorschriften der EU im Einklang steht. Die Nichteinhaltung dieser Vorschriften kann auch zu Kürzungen der Mittel oder zu Programmsperren führen.

Gemäß Art 104 Abs 1 ESI-VO[48] bzw können EU-Mittel in EU-Programmen ganz oder teilweise gestrichen werden. Die Mitgliedstaaten trifft insb die Verpflichtung, Vorkehrungen für die effiziente Anwendung des EU-Beihilferechts im Bereich der ESI-Fonds zu treffen.[49]

Die Verletzung haushaltsrechtlicher Vorschriften kann mitunter sogar **strafrechtlich** relevant werden.

Der dBGH lehnte iZm der Sanierung des Nürburgrings den Tatbestand der Untreue gemäß § 266 dStGB ab.[50] In der deutschen Literatur ist die strafrechtliche Relevanz einer Verletzung beihilferechtlicher Vorschriften hingegen umstritten.[51] Koenig/Meyer halten etwa den Untreuetatbestand nach § 266 dStGB für eine Subsumtion beihilferechtwidrigen Verhaltens für denkbar.[52] In der österreichischen Literatur finden sich soweit ersichtlich keine klaren Aussagen zur strafrechtlichen Relevanz beihilferechtswidrigen Verhaltens. Denkbar wäre etwa in Anlehnung an die dt Lit eine Subsumtion unter § 153b StGB. Die Gerichte können im Zuge von Vorabentscheidungsverfahren die für den Untreuetatbestand relevante Fragen zur Auslegung der beihilferechtlichen Bestimmungen nach Art 107, 108 AEUV vorlegen.

Die Einhaltung beihilferechtlicher Vorschriften schafft zudem ein Eigeninteresse für die **politische Ebene**, um möglichen negativen Bewertungen in der politischen und medialen Öffentlichkeit vorzubeugen.

Aus Sicht des Beihilferechts wurden insbesondere der Fixkostenzuschuss der COFAG oder auch die Subvention für Wien Energie stark kritisiert.[53] In Deutschland

---

48 Verordnung (EU) 2021/1060 des Europäischen Parlaments und des Rates vom 24. Juni 2021 mit gemeinsamen Bestimmungen für den Europäischen Fonds für regionale Entwicklung, den Europäischen Sozialfonds Plus, den Kohäsionsfonds, den Fonds für einen gerechten Übergang und den Europäischen Meeres-, Fischerei- und Aquakulturfonds sowie mit Haushaltsvorschriften für diese Fonds und für den Asyl-, Migrations- und Integrationsfonds, den Fonds für die innere Sicherheit und das Instrument für finanzielle Hilfe im Bereich Grenzverwaltung und Visumpolitik, ABl L 2021/231, 159. Vgl dazu auch die Vorgängerregelung in Art 85 Abs 1 ESI-VO (EU) 1303/2013.

49 In den Jahren 2010-2014 kam es etwa zu zehn finanziellen Berichtigungen durch die GD Regio iZm beihilferechtlichen Vorschriften. Dies betraf Österreich, Tschechien, Spanien, Frankreich und Rumänien.

50 BGH 26.11.2015, 3 StR 17/15, *Nürburgring*.

51 Vgl zum Schrifttum etwa *Koenig/Meyer*, NJW 2014, 3547; *Brand*, NZG 2016, 690.

52 *Koenig/Meyer*, NJW 2014, 3547 (3552).

53 Vgl dazu https://www.derstandard.at/story/2000144246274/oesterreich-im-visier-der-eu-wegen-ueberfoerderung-mit-corona-hilfen (abgerufen am 01.09.2023); https://orf.at/stories/3308033/ (abgerufen am 01.09.2023).

sorgten die Projekte Nürburgring und Flughafen Frankfurt Hahn politisch für erhebliches Aufsehen.[54]

Nationale Verwaltungsbehörden und nationale Gerichte sind im Rahmen ihrer Zuständigkeit dazu gehalten, für die volle Wirksamkeit der beihilferechtlichen Bestimmungen zu sorgen.[55]

B. Rahmenbedingungen und Beihilfekontrolle

1. Beihilfeverbot

Literatur: *Bartosch*, EU-Beihilfenrecht[3] (2020); *Birnstiel/Bungenberg/Heinrich*, Europäisches Beihilfenrecht (2013); *Dreher/Lübbig/Wolf-Posch*, Praxis des EU-Beihilferechts in Österreich (2017); *Frenz*, Handbuch Europarecht III; Beihilferecht[2] (2021); *Immenga/Mestmäcker*, Wettbewerbsrecht V: Beihilfenrecht[6] (2022); *Jaeger*, Beihilfe- und Förderungsrecht, in Holoubek/Potacs (Hrsg), Öffentliches Wirtschaftsrecht I[4] (2019) 717; *König/Hellstern*, Das materielle binnenmarktrechtliche Beihilfenaufsichtsrecht, in Hatje/Müller-Graff (Hrsg), Enzyklopädie Europarecht IV: Europäisches Binnenmarkt- und Wirtschaftsordnungsrecht[2] (2021); *König/Kühling/Ritter*, EG-Beihilfenrecht[2] (2005); *Pache*, Rechtsfragen der Aufhebung gemeinschaftsrechtswidriger nationaler Beihilfebescheide, NVwZ 1994, 318; *Schröder*, Grundkurs Europarecht[7] (2021); *Schwarze*, Europäisches Verwaltungsrecht[2] (2005); *Säcker*, Münchner Kommentar. Europäisches und Deutsches Wettbewerbsrecht V: Beihilfenrecht[4] (2022); *Schwarze*, EU-Kommentar[4] (2019); *Streinz*, EUV/AEUV[3] (2018).

Judikatur: EuGH 11.12.1973, Rs 120/73, *Lorenz*; EuGH 22.03.1977, Rs 74/76, *Iannelli & Volpi*; EuGH 22.03.1977, Rs 78/76, *Steinike & Weinlig/Deutschland*; EuGH 14.02.1990, C-301/87, *Frankreich/Kommission (Boussac)*; EuGH 21.11.1991, C-354/90, *FNCE/Frankreich*; EuGH 09.03.1994, C-188/92, *Textilwerke Deggendorf*; EuGH 11.07.1996, C-39/94, *SFEI/Laposte*; EuGH 08.11.2001, C-143/99, *Adria Wien Pipeline*; EuGH 13.01.2005, C-174/02, *Streekgewest*; EuGH 05.10.2006, C-368/04, *Transalpine Ölleitung Österreich*; OLG Wien 05.02.2007, 2 R 150/06b; EuGH 12.02.2008, C-199/06, *CELF und Ministre de la Culture et de la Communication*; VwGH 14.06.2022, Ra 2019/04/0072; EuG 20.06.2023, T-771/22, *NO/Kommission.*

Art 107 Abs 1 AEUV:
„Soweit in den Verträgen nicht etwas anderes bestimmt ist, sind staatliche oder aus staatlichen Mitteln gewährte Beihilfen gleich welcher Art, die durch die Begünstigung bestimmter Unternehmen oder Produktionszweige den Wettbewerb verfälschen oder zu verfälschen drohen **mit dem Binnenmarkt unvereinbar**, soweit sie den Handel zwischen den Mitgliedstaaten beeinträchtigen.“

[54] https://www.kleinezeitung.at/wirtschaft/6049479/Passagiergeschaeft-eingebrochen_Rechtsstreit-um-Beihilfen_(abgerufen am 05.09.2023).
[55] EuGH 07.04.2022, verb Rs C-102/21, C-103/21, *Autonomie Bozen/KW* Rn 47.

Der Kern des EU-Beihilferechts liegt im Art 107 Abs 1 AEUV konstituierten grundsätzlichen Beihilfeverbot.[56] Dabei handelt es sich jedoch um **kein absolutes Beihilfeverbot,**[57] („[…] *mit dem Binnenmarkt unvereinbar* […]“), sondern unterstellt die staatliche Beihilfegewährung lediglich einer umfassenden Kontrolle durch die Europäische Kommission.[58] Diese sog Beihilfekontrolle erfolgt nach dem in Art 108 AEUV vorgesehenen Aufsichtsverfahren. Das Schutzgut des Beihilfeverbotes ist der Wettbewerb. Der Schutz des Wettbewerbs prägt daher auch die Reichweite des Verbotstatbestands.[59]

Der Beihilfetatbestand erklärt sämtliche Beihilfen für mit dem Binnenmarkt unvereinbar. Von diesem Verbot sieht Art 107 Abs 2 AEUV sog Legalausnahmen vor.[60] Art 107 Abs 3 AEUV wiederum normiert Ausnahmeklauseln in Form von Ermessenstatbeständen.[61] In beiden Fällen kann die Beihilfe als mit dem Binnenmarkt vereinbar erklärt werden. Außerdem normiert auch Art 106 Abs 2 AEUV eine Ausnahme vom Beihilfeverbot.[62]

In der Literatur[63] wird vereinzelt anstelle eines Beihilfeverbots auch von einem präventiven **Verbot mit Genehmigungsvorbehalt** gesprochen.

Aus dem Regel-Ausnahme-System[64] des Beihilfeverbots zu den Ausnahmen ergibt sich eine zweistufige Prüfung staatlicher Beihilfen:

Zunächst ist das Vorliegen einer **Beihilfe** zu prüfen. Der Tatbestand des Art 107 Abs 1 AEUV muss erfüllt sein. Liegt tatbestandlich eine Beihilfe vor, ist im nächsten Schritt eine **Rechtfertigungsmöglichkeit** zu prüfen. Lässt sich

56 *Schwarze*, Europäisches Verwaltungsrecht² 367; *Pache*, NVwZ 1994, 319; *Schröder*, Europarecht⁷ § 19 Rz 59.

57 EuGH 08.11.2001, C-143/99, *Adria Wien Pipeline*, Rn 30; EuGH 22.03.1977, Rs 78/76, *Steinike & Weinlig/Deutschland*, Rn 8; EuGH 11.07.1996, C-39/94, *SFEI/La Poste ua*, Rn 36: „Dieses grundsätzliche Verbot von staatlichen Beihilfen ist weder absolut noch unbedingt […]“; *Cremer* in Calliess/Ruffert, EUV/AEUV⁶ Art 107 AEUV Rn 1; vgl *von Wallenberg/Schütte* in Grabitz/Hilf/Nettesheim, EUV/AEUV Art 107 Rn 21 (Werkstand: 77. EL September 2022); *Koenig/Hellstern* in Müller-Graff, EnzEuR IV² § 14 Rz 47 mwN; *Frenz*, Handbuch EuR III² Rz 158; *Kühling* in Streinz, EUV/AEUV³ Art 107 AEUV Rz 4.

58 *Kühling* in Streinz, EUV/AEUV³ Art 107 AEUV Rz 4.

59 *Frenz*, Handbuch EuR III² Rz 160.

60 Dazu ausführlich Zweiter Teil Kapitel III, Abschnitt A.

61 Dazu ausführlich Zweiter Teil Kapitel III, Abschnitt B.

62 Zur Dienstleistung von allgemeinem wirtschaftlichem Interesse s ausführlich Zweiter Teil Kapitel III, Abschnitt C.

63 *Kühling* in Streinz, EUV/AEUV³ Art 107 AEUV Rz 4; *König/Kühling/Ritter*, EG-Beihilfenrecht² (2005) Rn 3.

64 Zum Regel-Ausnahme-System s nun auch explizit: EuG 16.11.2022, T-469/20, *Niederlande/Kommission* Rz 55: „Aus alledem ergibt sich, dass nur eine Maßnahme, die in den Anwendungsbereich von Art 107 Abs 1 AEUV fällt, also eine als staatliche Beihilfe eingestufte Maßnahme von der Kommission als mit dem Binnenmarkt vereinbar angesehen werden kann.“; vgl dazu auch *Zeller*, Ausgleichszahlung für die Schließung eines Kohlekraftwerks als mögliche (unzulässige) Beihilfe, NR 2023, 191 (194); *Bartosch*, EU-BeihilfenR³ Art 4 (EU) 2015/1589 Rn 1.

die Beihilfe unter einen Rechtfertigungstatbestand subsumieren, ist die Beihilfe materiell-rechtlich als mit den Binnenmarkt vereinbar anzusehen.

Art 107 Abs 1 AEUV enthält ein Beihilfeverbot, das aber nicht absolut wirkt. Beihilfen sind grds mit dem Binnenmarkt unvereinbar, können jedoch gerechtfertigt sein. Daraus ergibt sich eine zweistufige Prüfung: 1) Vorliegen einer Beihilfe auf Tatbestandsebene, 2) Rechtfertigungsmöglichkeit.

2. Durchführungsverbot

Als Faustregel gilt, dass Beihilfen bei der Europäischen Kommission angemeldet (notifiziert) werden müssen. Nur in Ausnahmefällen kann von einer Notifizierung Abstand genommen werden.

Beihilfen dürfen erst nach einer Genehmigung der Europäischen Kommission gewährt werden (sog „**Durchführungsverbot**“).[65] Wird eine Beihilfe unter Verstoß gegen das Durchführungsverbot gewährt, ist die Beihilfemaßnahme **formell rechtswidrig**.

Eine Beihilfemaßnahme kann damit zwar materiell-rechtlich zulässig, aber formell rechtswidrig sein.

Beispiel: *Der Mitgliedstaat S richtet einen Katastrophenfonds zur Entschädigung der vom Hochwasser betroffenen Landwirte ein. Der Katastrophenfonds wurde auf Basis der Legalausnahme in Art 107 Abs 2 lit b AEUV ausgestaltet. Auf eine Anmeldung bei der Kommission wurde aus Zeitgründen verzichtet. Die Legalausnahme erklärt Katastrophenbeihilfen unter bestimmten Voraussetzungen ex lege mit dem Binnenmarkt für vereinbar. Das bedeutet allerdings nicht, dass Katastrophenbeihilfen nicht auch bei der Kommission angemeldet werden müssen. Selbst wenn die Beihilfemaßnahme mit dem Binnenmarkt vereinbar ist (materielle Rechtmäßigkeit), wurde sie vor der Genehmigung der Kommission und somit unter Verstoß gegen das Durchführungsverbot gewährt. Die Beihilfemaßnahme ist damit formell rechtswidrig, da gegen das Durchführungsverbot verstoßen worden ist.*

3. Verjährung

Die Europäische Kommission ist befugt, nicht notifizierte Beihilfen bis zu zehn Jahre nach der Gewährung aufzugreifen und gegebenenfalls für formell rechtswidrig zu erklären.

Die Verjährungsfrist beginnt mit dem Zeitpunkt der Gewährung der Beihilfe zu laufen. Als Zeitpunkt der Gewährung wird jener Zeitpunkt angesehen, in dem der Beihilfeempfänger nach nationalem Recht einen Rechtsanspruch erwirbt.[66]

---

65 Zum Durchführungsverbot s Dritter Teil Kapitel I Abschnitt B.

66 S dazu auch EuGH 21.03.2013, C-129/12, *Magdeburger Mühlenwerke*, Rn 40-41: Nach einschlägigem nationalen Recht ist jener Zeitpunkt maßgeblich, in dem die Beihilfe als gewährt anzusehen ist. Dazu sind sämtliche im nationalen Recht für den Erhalt der Beihilfe vorgesehene Voraussetzungen zu berücksichtigen.

Beispiel: *Im September 2014 gewährt die Landesregierung von S einem heimischen Großunternehmen eine Betriebsbeihilfe. Die beihilferechtliche Abteilung des Landes S äußert ihre Bedenken zur Beihilfekonformität, verabschiedet die Beihilfemaßnahme jedoch auf der Grundlage des DAWI-Freistellungsbeschlusses. 7 Jahre später erfährt die Kommission durch Medienberichte von der Beihilfemaßnahme und erklärt sie im Nachhinein für formell rechtswidrig. Die Landesregierung von S wendet das Argument der Verjährung ein, wird aber scheitern, da die Verjährungsfrist noch nicht abgelaufen ist.*

4. Tatbestands- und Rechtfertigungslösung

Die **Notifizierungspflicht** und das damit verbundene Durchführungsverbot gilt gemäß Art 108 Abs 3 AEUV nur für **tatbestandsmäßige Beihilfen**, also für Beihilfemaßnahmen, die sämtliche Tatbestandsmerkmale nach Art 107 Abs 1 AEUV erfüllen. Kann auch nur eines dieser Tatbestandsmerkmale ausgeschlossen werden, liegt bereits auf Tatbestandsebene keine Beihilfe vor (sog **Tatbestandslösung**).

Ob eine bestimmte Maßnahme den Beihilfebegriff erfüllt, ist somit von entscheidender Bedeutung für das weitere Vorgehen.

Ist der Beihilfebegriff – also der Tatbestand nach Art 107 Abs 1 AEUV – erfüllt, liegt eine tatbestandsmäßige Beihilfe vor. In diesem Fall kann für die Beihilfe aber eine Rechtfertigung in Betracht kommen, womit die tatbestandsmäßige Beihilfe in eine mit dem Binnenmarkt vereinbare, gerechtfertigte Beihilfe „umgewandelt“ wird (sog **Rechtfertigungslösung**).

Es ist von entscheidender Bedeutung zwischen der Tatbestandsebene und der Rechtfertigungsebene zu differenzieren. Im ersten Schritt ist immer zu prüfen, ob überhaupt der Beihilfebegriff auf Tatbestandsebene erfüllt ist. Scheidet auch nur eines der Tatbestandsmerkmale aus, ist der Beihilfebegriff nicht erfüllt: Es liegt diesfalls keine Beihilfe vor! Nur wenn der Beihilfebegriff erfüllt ist, kann die Beihilfe gerechtfertigt sein, indem eine Rechtfertigungslösung greift.

C. Architektur des EU-Beihilferechts

Literatur: *Calliess/Ruffert*, EUV/AEUV[6] (2022); *Graevenitz*, Mitteilungen, Leitlinien, Stellungnahmen – Soft Law der EU mit Lenkungswirkung, EuZW 2013, 169; *Grabitz/Hilf/Nettesheim*, Das Recht der Europäischen Union: EUV/AEUV[72] (2021); *Griller*, Der Stufenbau der österr Rechtsordnung nach dem EU-Beitritt, JRP 2000, 273; *Jaeger*, Einführung in das Europarecht[2] (2018) *Müller-Graff*, Das „Soft Law“ der europäischen Organisationen, EuR 2012, 18; *Scholz*, Soft Law: Rechtsschutzpotenzial von Nichtigkeitsklage und Vorabentscheidungsverfahren, EuZW 2022, 453; *Schröder*, Grundkurs Europarecht[7] (2021); *Soria*, Die Kodizes für gute Verwaltungspraxis – ein Beitrag zur Kodifikation des Verwaltungsverfahrensrechts der EG, EuR 2001, 682; *Streinz*, EUV/AEUV[3] (2018); *von Graevenitz*, Mitteilungen, Leitlinien, Stellungnahmen – Soft Law der EU mit Lenkungswirkung, EuZW 2013, 169; *ders*, Wider die Verrechtlichung von soft law der Europäischen Kommission, ZRP 2019, 75.

Die wesentlichen Rechtsgrundlagen des EU-Beihilferechts finden sich im **Primärrecht** der Europäischen Union, dem Vertrag über die Arbeitsweise der Europäischen Union (**AEUV**) sowie in zahlreichen **Sekundärrechtsakten**. Das Beihilferecht zeichnet sich mitunter auch dadurch aus, dass der öffentliche Vollzug primär bei der Europäischen Kommission liegt. Den Leitlinien und Mitteilungen der Kommission wird deshalb in der Rechtspraxis eine entscheidende Rolle beigemessen.

1. Primärrecht

Das Primärrecht bildet das Recht der höchsten Stufe in der Rechtsordnung der Europäischen Union. Es umfasst insbesondere den Vertrag über die Europäische Union (**EUV**) und den Vertrag über die Arbeitsweise der Europäischen Union (**AEUV**). Zum Primärrecht gehören aber auch die allgemeinen Rechtsgrundsätze, zahlreiche Protokolle sowie Anhänge.

Die primärrechtlichen Grundlagen des Beihilferechts finden sich in den Artikeln 106 bis 109 AEUV. In Art 107 AEUV ist das grundsätzliche Beihilfeverbot verankert. Art 108 AEUV regelt das Prüfungs- und Durchführungsrecht der Europäischen Kommission. Art 109 AEUV enthält schließlich eine Ermächtigungsnorm, die es dem Rat der Europäischen Union erlaubt, selbst Durchführungsverordnungen zu erlassen und seinerseits die Kommission durch Verordnung zu ermächtigen, einzelne Beihilfen von der Notifizierungspflicht freizustellen.

Die primärrechtlichen Grundlagen bilden die Art 106 bis 109 AEUV.

2. Sekundärrecht

Das Sekundärrecht wird auch als abgeleitetes Recht bezeichnet, da es auf Basis primärrechtlicher Grundlagen erzeugt wurde. Unter Sekundärrecht versteht man jene Rechtsakte, die in einem Gesetzgebungsverfahren nach Art 289 AEUV generiert wurden. Dazu gehören insbesondere die in Art 288 AEUV aufgezählten Rechtsakte: Verordnungen, Richtlinien, Beschlüsse, Empfehlungen und Stellungnahmen. Aber auch sog atypische Handlungsformen.[67]

Auf der Grundlage von Art 109 AEUV wurde die sogenannte **Verfahrensverordnung VO (EU) 2015/1589**[68] verabschiedet, jene zentrale Verordnung, in

[67] Weiterführend vgl *Schröder*, Grundkurs Europarecht[6] (2019) § 6 Rz 21 ff.

[68] Verordnung (EU) 2015/1589 des Rates vom 13. Juli 2015 über besondere Vorschriften für die Anwendung von Artikel 108 des Vertrags über die Arbeitsweise der Europäischen Union, ABl L 2015/248, 9.

der das Prüf- und Kontrollverfahren der Kommission geregelt ist. Die Verfahrensverordnung konkretisiert gewissermaßen Art 108 AEUV.

Die Kommission hat auf ihre Ermächtigung durch den Rat eine Allgemeine Gruppenfreistellungsverordnung (**AGVO**)[69] erlassen, mit der einzelne Kategorien von Beihilfen mit dem Binnenmarkt für vereinbar angesehen werden. Weitere Sekundärrechtsakte sind die **De-minimis-Verordnungen**,[70] mit denen Beihilfen bis zu einem bestimmten Schwellenwert ipso iure (also „kraft Gesetzes") zulässig sind.

Ein wichtiger **Beschluss** für die öffentliche Verwaltung ist der sog „**DAWI-Freistellungsbeschluss**"[71], der die Grundlage für die weit verbreiteten Betrauungsakte zur Finanzierung von Leistungen der Daseinsvorsorge bildet.

Für das Beihilferecht maßgebliche Sekundärrechtsakte sind die Verfahrensverordnung VO (EU) 2015/1589, die AGVO, die De-minimis-Verordnungen und der DAWI-Freistellungsbeschluss.

3. Soft law

Im EU-Beihilferecht spielen neben zahlreichen Beschlüssen, vor allem **Leitlinien** und **Mitteilungen** sowie **Bekanntmachungen** der Kommission eine zentrale Rolle.

Eine Vielzahl an Mitteilungen, Bekanntmachungen und Leitlinien sind für die Rechtspraxis unausweichlich. Dazu zählen ua die Bekanntmachung zum Begriff der staatlichen Beihilfe,[72] die Rückforderungsmitteilung,[73] die Regionalbeihilfeleitlinien,[74] die DAWI-Mitteilung,[75] die Umwelt- und Energieleitlinien,[76] uva.

---

[69] Verordnung (EU) 651/2014 der Kommission vom 17. Juni 2014 zur Feststellung der Vereinbarkeit bestimmter Gruppen von Beihilfen mit dem Binnenmarkt in Anwendung der Artikel 107 und 108 des Vertrags über die Arbeitsweise der Europäischen Union, ABl L 2014/187, 1, zuletzt geändert durch VO (EU) 2021/1237, ABl L 2021/270, 39.

[70] Verordnung (EU) 2023/2831 der Kommission vom 13. Dezember 2023 über die Anwendung der Artikel 107 und 108 des Vertrags über die Arbeitsweise der Europäischen Union auf De-minimis-Beihilfen, ABl L 2013/352, 1.

[71] Beschluss der Kommission vom 20. Dezember 2011 über die Anwendung von Artikel 106 Absatz 2 des Vertrags über die Arbeitsweise der Europäischen Union auf staatliche Beihilfen in Form von Ausgleichsleistungen zugunsten bestimmter Unternehmen, die mit der Erbringung von Dienstleistungen von allgemeinem wirtschaftlichem Interesse betraut sind (2012/21/EU), ABl L 2012/7, 3. Zum DAWI-Freistellungsbeschluss s Zweiter Teil Kapitel III Abschnitt C Punkt 3. Buchstabe a.

[72] Bekanntmachung zum Beihilfebegriff, ABl C 2016/262, 1.

[73] Rückforderungsmitteilung, ABl C 2019/247, 1.

[74] Leitlinien für Regionalbeihilfen, ABl C 2021/153, 1.

[75] Mitteilung der Kommission über die Anwendung der Beihilfevorschriften der Europäischen Union auf Ausgleichsleistungen für die Erbringung von Dienstleistungen von allgemeinem wirtschaftlichem Interesse, ABl C 2012/8, 4.

[76] Leitlinien für staatliche Klima- Umweltschutz- und Energiebeihilfen 2022, ABl C 2022/80, 1.

Während Beschlüsse der Kommission gemäß Art 288 Abs 4 AEUV verbindlich sind, finden weder Mitteilungen, Leitlinien noch Bekanntmachungen im Primärrecht ihren Niederschlag. Mitteilungen sind vielmehr als unverbindliche Rechtshandlungen zu qualifizieren,[77] die die Kommission stets „revidieren und aktualisieren“[78] kann, weshalb sie auch als **„soft law“**[79] bezeichnet werden.

Im Eigenverwaltungsrecht der Europäischen Union entwickelt sich mittlerweile ein unsystematischer Korpus rechtlich unverbindlicher Mitteilungen und Verhaltenskodizes („soft law“).[80] Diese Vielzahl an unverbindlichen Instrumentarien der Kommission dient regelmäßig dazu, gleich gelagerte Sachverhalte effizienter und nach gleichen Regeln zu beurteilen.

Mit Blick auf die bestmögliche Nutzung der modernisierten Beihilfevorschriften wurde den Mitgliedstaaten, Beihilfeempfängern und anderen Beteiligten eine Orientierungshilfe für den praktischen Ablauf von Beihilfeverfahren an die Hand gegeben: Der Verhaltenskodex für die Durchführung von Beihilfeverfahren.[81]

Man wird daher eine **Selbstbindung der Kommission** an ihre Leitlinien und Mitteilungen unterstellen dürfen.

Durch den Erlass von Leitlinien beschränkt sich die Kommission selbst in der Ausübung ihres Ermessens in dem Sinne, dass sie, wenn ein Mitgliedstaat ein Beihilfevorhaben anmeldet, das mit diesen Regeln im Einklang steht, dieses Vorhaben grundsätzlich genehmigen muss. Weicht die Kommission davon ab, kann dies mitunter einen Verstoß gegen allgemeine Rechtsgrundsätze (zB Gleichbehandlung oder Vertrauensschutz) auslösen.[82]

Die Vielzahl der Leitlinien und Mitteilungen der Europäischen Kommission spielen aufgrund der Selbstbindung der Kommission in der Rechtspraxis eine entscheidende Rolle, weshalb man aus Sicht der öffentlichen Verwaltung primär die Dokumente der Europäischen Kommission heranziehen wird.

---

77 *Schröder* in in Streinz, EUV/AEUV[3] Art 288 Rn 33; vgl dazu auch Schlussanträge der GA Kokott 16.02.2017, C-74/16, *Congregación de Escuelas Pias Provincia Betania/Ayuntamiento de Getafe*, Rz 57 bezugnehmend auf den Unionsrahmen für Forschungsbeihilfen. Sie spricht im Rahmen dieser Mitteilung von einer „[…] *rechtlich unverbindlichen Mitteilung der Kommission, mit dem sie ihre Verwaltungspraxis bekannt macht und den Mitgliedstaaten bestimmte Maßnahmen vorschlägt.*

78 Vgl die Einleitung Punkt 1.3. der Leitlinien für die Beurteilung von staatlichen Beihilfen zur Rettung und Umstrukturierung von Unternehmen in Schwierigkeiten, ABl C 1994/368, 12.

79 Zur Rolle des soft-law vgl *von Graevenitz*, ZRP 2019, 75; *ders*, EuZW 2013, 169; zum Rechtsschutzpotenzial der Nichtigkeitsklage und des Vorabentscheidungsverfahrens gegen soft law s *Scholz*, EuZW 2022, 453.

80 *Graevenitz*, EuZW 2013, 169; *Müller-Graff*, EuR 2012, 18; *Soria*, EuR 2001, 682; Kodex für gute Verwaltungspraxis in den Beziehungen der Bediensteten der Europäischen Kommission zur Öffentlichkeit“, ABl L 2000/267, 64.

81 Verhaltenskodex für die Durchführung von Beihilfeverfahren, ABl C 2018/253, 14.

82 EuGH 19.07.2016, C-526/14, *Kotnik ua*, Rn 40; EuGH 31.01.2023, C-284/21 P, *Kommission/Braesch*, Rn 90; EuGH 13.07.2023, verb Rs C-73/22 P u C-77/22 P, *Grupa Azoty ua/Kommission*, Rn 59.

4. Rechtsprechung

Schließlich existiert zu beihilferechtlich relevanten Sachverhalten eine **umfassende Spruchpraxis der Europäischen Kommission**. Diese Entscheidungen sind öffentlich zugänglich.[83]

Daneben haben auch das Gericht (**EuG**) sowie der Gerichtshof der Europäischen Union (**EuGH**) zahlreiche Einzelfallentscheidungen zu Kommissionsentscheidungen judiziert, die zu einer richterlichen Rechtsfortbildung geführt haben.

Die Leitlinien und Mitteilungen der Kommission bauen regelmäßig auf der Rechtsprechung des Europäischen Gerichts und des EuGH auf.

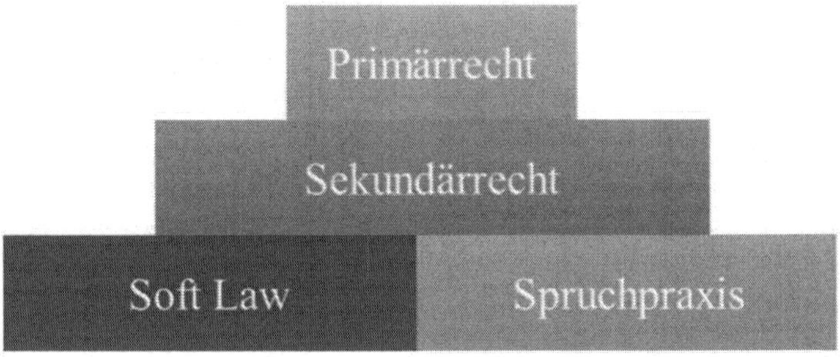

D. Entwicklungen im EU-Beihilferecht

Literatur: *Baier/Lukits*, Entwicklungen im Europäischen Beihilfenrecht: Materielles Europarecht, in Jahrbuch Europarecht (2013) 179; *Egger/Barrett*, Neue Freistellungsmöglichkeiten im Beihilfenrecht: Neue Ermächtigungsverordnung und Überarbeitung der AGVO: Vertiefung ausgewählter Themen, in Jaeger/Haslinger (Hrsg), Jahrbuch Beihilferecht (2014) 317; *Hummelbrunner/Prickartz*, Rezente Ergänzungen und Änderungen der AGVO, in Jaeger/Haslinger (Hrsg), Jahrbuch Beihilferecht (2018) 183; *Jaeger*, Zukunft des EU-Wettbewerbrechts: Signale der Konferenz, Reformbedarf und Optionen, EuZW 2022, 642; *Kanitz*, Der erste Entwurf der neuen De-minimis-Verordnung, BRZ 2013, 67; *Koenig*, Where Is State Aid Law heading to?, EStAL 2014, 611; *Lukits*, Entwicklungen im Europäischen Beihilfenrecht: Materielles Europarecht, in Jahrbuch Europarecht (2014) 171; *ders*, Die Reform der Leitlinien für Regionalbeihilfen: Vertiefung ausgewählter Themen, in Jaeger/Haslinger (Hrsg), Jahrbuch Beihilfenrecht (2014) 333; *ders*, Entwicklungen im Europäischen Beihilfenrecht, in Jahrbuch Europarecht (2015) 147; *Mickonyte*, Die neue Risikokapitalleitlinie, in Jahrbuch Beihilferecht (2015) 311; *Plank/Walch*, State Aid Modernisation: How to make better use of EU taxpayers' money? , EuZW 2012, 613; *Schindl*, Der Fitness-Check für die SAM-Maßnahmen 2021, in Haslinger/Jaeger (Hrsg), Jahrbuch Beihilferecht (2021) 301; *Soltész*, Nach der Reform ist vor der Reform – Herausforderungen für die künftige europäische Beihilfekontrolle, EuZW 2015, 277; *ders*,

[83] https://ec.europa.eu/competition/state_aid/register/.

Wichtige Entwicklungen im Europäischen Beihilferecht im Jahre 2019, EuZW 2020, 5; *Soltész/Hellstern*, Reform des Beihilfeverfahrens im Rahmen der State Aid Modernisation – Einige Überlegungen aus Sicht der Praxis, BRZ 2013, 3; *Sygusch*, Die ersten Entwürfe zur neuen Allgemeinen Gruppenfreistellungsverordnung der Kommission – Revolution oder Evolution?, BRZ 2013, 179; *Votava*, State Aid Modernisation – ein Déjá vu?, in Jahrbuch Beihilferecht (2013) 327.

1. State Aid Modernisation

Im Mai 2012 hat die Kommission ihre Reformpläne für eine Modernisierung des EU-Beihilferechts dargelegt (**State Aid Modernisation = SAM**). Die Reform zielte insgesamt darauf ab, das EU-Beihilferecht effizienter und effektiver zu machen und mit den Mitteln der Beihilfepolitik ua die Wettbewerbsfähigkeit, sowie Beschäftigung und Wachstum zu unterstützen.[84]

Zu den Eckpfeilern der Reform zählten die Überarbeitung der Allgemeinen Gruppenfreistellungsverordnung, die Bekanntmachung zum Beihilfebegriff, die Neufassung der Verfahrensverordnung[85] sowie die Überarbeitung einzelner Mitteilungen und Leitlinien.[86]

Der Abschluss eines wesentlichen Teils des „State Aid Modernisation"-Projekts wurde insgesamt positiv und als ein erheblicher Schritt nach vorne betrachtet.[87] Dennoch fanden sich auch kritische Stimmen in der Literatur, die einer flächendeckenden Anwendung des Beihilferechts auf zahlreiche Politikbereiche skeptisch gegenüberstanden und darin die Gefahr eines „over-enforcements" bzw „under-enforcements" erblickten.[88] Die ambitionierte Ausdehnung des Beihilfebegriffs und die Entscheidungsspielräume der Kommission würde mitunter zu einer enormen Machtkonzentration führen.[89]

Im Jahr 2019 startete die Kommission einen „Fitness Check", mit dem bewertet werden sollte, ob die Vorschriften über staatliche Beihilfen noch zweck-

84 *Plank/Walch*, EuZW 2012, 613.

85 Verordnung (EU) 734/2013 des Rates vom 22. Juli 2013 zur Änderung der Verordnung (EG) Nr. 659/1999 über besondere Vorschriften für die Anwendung von Artikel 93 des EG-Vertrags, ABl L 2013/204, 15; Verordnung (EU) 2015/1589 des Rates vom 13. Juli 2015 über besondere Vorschriften für die Anwendung von Artikel 108 des Vertrags über die Arbeitsweise der Europäischen Union, ABl L 2015/248, 9.

86 Mitteilung der Kommission über die Anwendung der Vorschriften für staatliche Beihilfen ab dem 1. August 2013 auf Maßnahmen zur Stützung von Banken im Kontext der Finanzkrise („Bankenmitteilung"), ABl C 2013/216, 1; Leitlinien für staatliche Beihilfen zur Rettung und Umstrukturierung nichtfinanzieller Unternehmen in Schwierigkeiten, ABl C 2014/249, 1 („Umstrukturierungsleitlinien"); Leitlinien für staatliche Beihilfen zur Förderung von Risikofinanzierungen, ABl C 2021/508, 1 sowie über Leitlinien für staatliche Beihilfen für Flughäfen und Luftverkehrsgesellschaften, ABl C 2014/198, 30.

87 *Soltész*, EuZW 2015, 277.

88 *Koenig*, EStAL 2014, 611.

89 *Soltész*, EuZW 2015, 277 (280).

mäßig sind und zur Erreichung der politischen Ziele der Strategie Europa 2020 beigetragen haben.[90] Mit dem veröffentlichten Ergebnis im Oktober 2020 bestätigte die Europäische Kommission die Zweckmäßigkeit der Regelungen für die Kontrolle staatlicher Beihilfen.[91]

2. Aktuelle Entwicklungen

Zuletzt standen noch die **COVID-19-Pandemie** und die Ökologisierung des EU-Beihilferechts durch den sog „**Grünen Deal**" im Brennpunkt des EU-Beihilferechts. Seit der Aggression Russlands gegen die Ukraine im Februar 2022 und den damit verbundenen wirtschaftlichen Folgeerscheinungen steht nun ein weiteres Ereignis im Fokus des EU-Beihilferechts.

a. Europäischer Grüner Deal

Literatur: *Burgi/Zimmermann*, Der (künftige) EU-beihilferechtliche Rahmen für die Förderung von grünem Wasserstoff, ZUR 2021, 212; *Frenz*, Klimaeuroparecht zwischen Green Deal und Corona, EuR 2020, 605; *Germelmann*, Der Investitionsschutz im Energie- und Klimaschutzrecht zwischen „European Green Deal" und Grenzen des Unionsprimärrechts, EuR 2020, 375; *Güßregen*, Green Deal: Investitionsplan für den europäischen Green Deal, EuZW 2020, 84; *López*, The Evolving Nature of the Notion of Aid under EU Law, EStAL 2016, 400; *Lukits*, Der europäische Grüne Deal, in Haslinger/Jaeger (Hrsg), Jahrbuch Beihilferecht (2021) 317; *Lünenbürger/Holtmann/Delarue*, Integrating Environmental Protection Requirements into the Design and Assessment of State Aid, EStAL 2020, 418; *Stöbener de Mora/Holtmann*, Der beihilfenrechtliche Werkzeugkasten für den Umgang mit der „Kohle" für den Kohleausstieg, EuZW 2019, 485; *Quardt/Hanke*, Die EU-Kommission auf dem Weg zum Grünen Deal – die neuen Leitlinien für staatliche Klima-, Umweltschutz- und Energiebeihilfen, BRZ 2022, 63; *Verschuur/Sbrolli*, The European Green Deal and State Aid: Regions, State Aid and the Just Transition, EStAL 2021, 41.

Besondere Bedeutung für das EU-Beihilferecht erlangte der von der EU-Kommissionspräsidentin *von der Leyen* ins Leben gerufene sog „Grüne Deal" („European Green Deal"). Mit dieser ökologischen Reform soll der Klimaschutz auf europäischer Ebene vorangebracht und die gesamte **EU bis 2050 CO_2-neutral** gemacht werden.[92]

Auch in der Corona-Pandemie konnte verstärkt der Ansatz beobachtet werden, dass Staatshilfen teils an den Klimaschutz gekoppelt wurden, um so die Unterstützungsleistungen auch nach der Pandemie für mehr Klimaschutz einzusetzen.

Die Kommission wollte das EU-Beihilferecht in Anbetracht der strategischen Ziele des europäischen Grünen Deals umfassend überarbeiten, um einen kosten-

[90] *Schindl* in Jahrbuch Beihilferecht 2021, 301 (301).
[91] *Schindl* in Jahrbuch Beihilferecht 2021, 301 (316).
[92] *Frenz*, Klimaeuroparecht zwischen Green Deal und Corona, EuR 2020, 605 (605).

effizienten und sozial integrativen Übergang zur Klimaneutralität bis zum Jahr 2020 zu fördern.[93]

Das EU-Beihilferecht erweist sich bei der Ökologisierung als wichtiges Instrumentarium, indem den Mitgliedstaaten im Rahmen weiterer Rechtfertigungsmöglichkeiten mehr Spielraum bei der Umsetzung gegeben wird, um etwa ökologisch wichtige Gebiete besser fördern oder innovative, klimapolitisch wichtige Technologien, wie zB die Wasserstofftechnologie, vorantreiben zu können.[94] Der Einfluss des Green Deals zeigt sich auch in jüngsten Novellierungen der AGVO oder in den überarbeiteten Dokumenten der Europäischen Kommission.[95] Der Beihilfetatbestand wird durch den Klimaschutz nicht aufgeweicht. Vielmehr wird am Prinzip eines freien und unverfälschten Wettbewerbs festgehalten und der Klimaschutz in die bestehende Systematik miteingebunden.

Beispiel: *Die Verbrennung von Braunkohle wurde als äußerst umweltschädlich deklariert. Ein beschleunigter Ausstieg kann durch Beihilfen gefördert werden. Zudem wurden Investitionsbeihilfen für öffentlich zugängliche Lade- oder Tankinfrastruktur für emissionsfreie und emissionsarme Straßenfahrzeuge durch die AGVO-Novelle 2021 unter bestimmten Voraussetzungen freistellungsfähig und damit für die Beihilfegewährung auch attraktiver gemacht.*

Auch die Wasserstoffstrategie[96] der Europäischen Union wirkt sich auf die beihilferechtlichen Vorschriften mittelbar aus.

Der grüne ökologische Faden zieht sich auch durch andere Regelwerke in der EU-Kohäsionspolitik. Weitere klimapolitische Anforderungen finden sich etwa bei der Mittelverwendung im EFRE[97] oder im Just Transition Fund. Sie wirken sich damit auch auf die beihilferechtliche Zulässigkeit aus, indem inhaltlich weitere klimapolitische Voraussetzungen beachtet werden müssen.

Schließlich rückten die jüngsten Naturereignisse innerhalb der Europäischen Union die Ökologisierung des EU-Beihilferechts neuerlich in den Fokus.

---

93 Mitteilung der Kommission an das Europäische Parlament, den Rat, den Europäischen Wirtschafts- und Sozialausschuss und den Ausschuss der Regionen: Investitionsplan für ein zukunftsfähiges Europa – Investitionsplan für den europäischen Grünen Deal, COM(2020) 21 fin.

94 Dazu ausführlich *Burgi/Zimmermann*, Der (künftige) EU-beihilferechtliche Rahmen für die Förderung von grünem Wasserstoff, ZUR 2021, 212.

95 Leitlinien für staatliche Klima- Umweltschutz- und Energiebeihilfen 2022, ABl C 2022/80, 1.

96 Mit der Wasserstoffstrategie soll der Erzeugung von sauberem Wasserstoff in Europa Auftrieb verliehen werden. In ihrem Aufbauplan „Next Generation EU“ hat die Kommission Wasserstoff als Investitionspriorität hervorgehoben: s dazu insb Mitteilung der Kommission an das Europäische Parlament, den Rat, den Europäischen Wirtschafts- und Sozialausschuss und den Ausschuss der Regionen – Eine Wasserstoffstrategie für ein klimaneutrales Europa, COM(2020) 301 final.

97 Europäischer Fonds für regionale Entwicklung. S dazu ausführlich die VO (EU) 2021/1058 des Europäischen Parlaments und des Rates vom 24. Juni 2021 über den Europäischen Fonds für regionale Entwicklung und den Kohäsionsfonds, ABl L 2021/231, 60.

b. *COVID-19-Krise*

Literatur: *Aldor*, Die Befristung von Beihilfen in der Covid-19-Pandemie am Beispiel der zivilen Luftfahrt, BRZ 2021, 119; *Bartosch/Berghofer*, Die Covid-19-Beihilfemaßnahmen in Deutschland, EuZW 2020, 453; *Kociubiński*, The Three Poisons of Post-Covid State Aid Control: Emerging Trends in Interpretation and Legislative Approach to Member States' Aid measures, EStAL 2023/1, 4; *Riedel/Wilson/Cranley*, Learnings from the Commission's Initial State Aid Response to the COVID-19 Outbreak, EStAL 2020, 115; *Seitz/Berne*, Die Panazee gegen COVID-19: Das EU-Beihilferecht, EuZW 2020, 591; *Stöbener de Mora*, Covid-19: Fünfte Erweiterung und weitere Verlängerung des Befristeten Rahmens, EuZW 2021, 179; *dies*, Covid-19/Beihilferecht: Vierte Änderung und Verlängerung des Covid-19-Beihilferahmens, EuZW 2020, 908; *dies*, Beihilferecht: Dritte Ausweitung des Befristeten Covid-19-Rahmens, EuZW 2020, 557; *dies*, Covid-19: Zweite Erweiterung des Befristeten Covid-19-Beihilferahmens zu Rekapitalisierungsbeihilfen, EuZW 2020, 444; *dies*, Beihilferecht: Ausweitung des befristeten Rahmens zur Bewältigung des COVID-19-Ausbruchs, EuZW 2020, 301; *dies*, Beihilferecht: Befristeter Rahmen der EU-Kommission zur Bewältigung des COVID-19-Ausbruchs, EuZW 2020, 251; *Soltész*, Kein Teilhaberecht bei COVID-Hilfen – EuG weist Ryanair-Attacke ab, EuZW 2021, 225; *Weismann*, Der COVID-19-Beihilferahmen im Vergleich zum Bankenbeihilfe-Regime: Parallelen und Unterschiede, in Haslinger/Jaeger (Hrsg), Jahrbuch Beihilferecht (2021) 257.

Durch den Ausbruch von COVID-19 ist für die Gesellschaft nicht nur eine gesundheitliche Krise, sondern auch für die Volkswirtschaften der Welt und die Europäische Union ein wirtschaftlicher Schock größten Ausmaßes entstanden. Zur Bekämpfung der wirtschaftlichen Auswirkungen von COVID-19 verabschiedete die Europäische Kommission den sog „Befristeten Rahmen für staatliche Beihilfen zur Stützung der Wirtschaft angesichts des derzeitigen Ausbruchs von COVID-19". Mit dieser Mitteilung versuchte die Kommission als ersten Schritt zur Bekämpfung der Krise, einen beihilferechtlichen Rahmen zu schaffen, unter dem eine Beihilfe im Sinne des Art 107 Abs 3 lit b AEUV zur Behebung einer beträchtlichen Störung im Wirtschaftsleben eines Mitgliedstaats mit dem Binnenmarkt vereinbar ist.

Mit dem Befristeten Rahmen legt die Kommission dar, wie sie ihr Ermessen bei der Notifizierung einzelner Beihilfenmaßnahmen ausüben wird und unter welchen Voraussetzungen die Maßnahmen zur Bekämpfung der COVID-19-Pandemie als mit dem Binnenmarkt vereinbar angesehen werden. Der Befristete Rahmen ändert jedoch nichts daran, dass Beihilfenmaßnahmen der Mitgliedstaaten nach wie vor notifiziert und genehmigt werden müssen.

Der Befristete Rahmen wurde seit seiner Annahme sechsmal geändert.[98] So wurden der Anwendungsbereich, die Geltungsdauer sowie die beihilferechtlichen Höchstbeträge mehr-

98 S dazu auch *Seitz/Berne*, Die Panazee gegen COVID-19: Das EU-Beihilferecht, EuZW 2020, 591; *Stöbener de Mora*, Covid-19: Fünfte Erweiterung und weitere Verlängerung des Befristeten Rahmens, EuZW 2021, 179; *Eisenberger/Holzmann*, Rechtsqualität der COVID-19-Förderungsrichtlinien und Rechtsschutzmöglichkeiten bei verweigerter Förderungsvergabe, RdW 2022, 170.

fach geändert bzw ausgeweitet. Der Befristete Rahmen beinhaltete bspw Beihilfen in Form von direkten Zuschüssen, rückzahlbare Vorschüsse oder Steuervorteile, wobei die Gesamtbeihilfen, die in Form von direkten Zuschüssen, Steuervorteilen, Vergünstigungen in Bezug auf Zahlungen, Garantien (100 % Garantien) usw geleistet werden, den Betrag von € 2,3 Mio je Unternehmen (Anmerkung: ursprünglich waren es € 800.000, dann wurde die Obergrenze auf € 1,8 Mio bzw zuletzt auf € 2,3 Mio erhöht) nicht übersteigen durften.[99] Zudem durften Unterstützungen für ungedeckte Fixkosten gewährt werden.[100]Zahlreiche österreichische Förderprogramme wurden auf der Grundlage des Befristeten Rahmens gewährt, da nahezu alle Handels- und Dienstleistungsunternehmen in Österreich infolge der hoheitlichen Maßnahmen zur Eindämmung der COVID-19-Pandemie mit erheblichen Grundrechtseingriffen konfrontiert waren.[101] Zu diesen Beihilfeprogrammen zählen: Fixkostenzuschuss[102], Lockdown-Umsatzersatz, Ausfallsbonus, Garantien[103], Überbrückungskredite[104], COVID-19 Kurzarbeitsbonus[105] sowie Verlustersatz[106].

Mit 30.06.2022 ließ die Kommission den Befristeten Rahmen weitgehend auslaufen.

c. Ukraine-Krise

Literatur: *Gruber*, Der Ukraine-Beihilferahmen, in Jaeger/Haslinger (Hrsg), Jahrbuch Beihilferecht (2023) 327; *Hartlieb/Hiersche*, Ukraine-Krise und Beihilfen für Energieunternehmen: Wieder mehr Staat statt privat?, in Jaeger/Haslinger (Hrsg), Jahrbuch Beihilferecht (2023) 459; *Stöbener de Mora*, Befristeter Krisenrahmen zur Stützung der Wirtschaft infolge der russischen Invasion in der Ukraine, EuZW 2022, 292; *Vincze*, Energiebeihilfen: Ukraine-Krise und Energiepreiszuschüsse für Verbraucher, in Jaeger/Haslinger (Hrsg), Jahrbuch Beihilferecht (2023) 421.

In Anbetracht der „grundlosen und ungerechtfertigten"[107] militärischen Aggression Russlands gegen die Ukraine verhängte die Europäische Union Sank-

99 Unter diesen Abschnitt sind bspw der österreichische Fixkostenzuschuss 800.000, der Lockdown-Umsatzersatz sowie der Ausfallsbonus zu subsumieren.

100 Die Gesamtbeihilfen in Form von Unterstützungen für ungedeckte Fixkosten durften den Betrag von € 12 Mio je Unternehmen nicht übersteigen. Ursprünglich waren es € 3 Mio und dann € 10 Mio) Voraussetzung waren Umsatzeinbußen von zumindest 30 %, dann durften maximal 70 % der ungedeckten Fixkosten. Zur Problematik der österreichischen Corona-Hilfen s anschaulich *Eisenberger/Holzmann*, Rechtsqualität der COVID-19-Förderungsrichtlinien und Rechtsschutzmöglichkeiten bei verweigerter Förderungsvergabe, RdW 2022, 170

101 Manche Branchen erlitten aufgrund der behördlichen Schließungsmaßnahmen Umsatzeinbußen von bis zu 100 %. Vor dem Hintergrund der verheerenden Auswirkungen der Pandemie wurden zahlreiche österreichische Förderungen gewahrt.

102 KOM 08.04.2020, SA.56840; KOM 18.09.2020, SA.58640; KOM 09.11.2020; KOM 09.02.2021, SA.61614.

103 KOM 09.06.2020, SA.57529; KOM 04.02.2021, SA.60521; KOM 12.01.2021, SA.60599.

104 KOM 17.04.2020, SA.56981; KOM 17.07.2020, SA.57640.

105 KOM 02.06.2021, SA.62569.

106 KOM 20.11.2020, SA.58661; KOM 09.02.2021, SA.61614; KOM 11.01.2022, SA.100831.

107 Mitteilung der Kommission über den Befristeten Krisenrahmen für staatliche Beihilfen zur Stützung der Wirtschaft infolge der Aggression Russlands gegen die Ukraine, ABl C 2022/131 I, 1.

tionen gegen Russland, die nicht nur große Auswirkungen auf die russische Wirtschaft haben, sondern auch die EU-Wirtschaft belasten. Infolgedessen sah sich die Europäische Kommission gezwungen, den in den Beihilfevorschriften gebotenen Spielraum zu nutzen, um diese beispiellosen Herausforderungen unter Wahrung gleicher Wettbewerbsbedingungen anzugehen.[108]

Zur Bekämpfung der wirtschaftlichen Folgen, die durch die Aggression Russlands gegen die Ukraine ausgelöst wurden, verabschiedete die Europäische Kommission den sog „Befristeten Krisenrahmen für staatliche Beihilfen zur Stützung der Wirtschaft infolge der Aggression Russlands gegen die Ukraine" (BFR)[109]. Mit dieser Mitteilung versuchte die Kommission als ersten Schritt zur Bekämpfung der Krise, einen beihilfenrechtlichen Rahmen zu schaffen, unter dem eine Beihilfe im Sinne des Art 107 Abs 3 lit b AEUV zur Behebung einer beträchtlichen Störung im Wirtschaftsleben eines Mitgliedstaats mit dem Binnenmarkt vereinbar ist.

Auf Basis des Krisenrahmens können Mitgliedstaaten etwa Unternehmen unterstützen, die mit Liquiditätsengpässen zu kämpfen haben und dringend Rettungsbeihilfen benötigen. Ebenfalls erfasst sind Entschädigungen für Verluste, die Unternehmen direkt durch ein außergewöhnliches Ereignis wie die Ukraine-Krise entstanden sind. Durch den Krisenrahmen können außerdem mögliche Kompensationen der durch die Energiekrise verursachten Mehrkosten bewirkt werden.

Beispiel: *Österreich hat auf der Grundlage des BFR eine Beihilferegelung im Umfang von 2 Mrd € bei der Kommission angemeldet, mit der Unternehmen angesichts des russischen Krieges gegen die Ukraine unterstützt werden sollen. Konkret wurde mit dieser Maßnahme auch die Wien Energie unterstützt. Im Rahmen dieser Maßnahme wurde eine Beihilfe in Form einer laufenden Kreditlinie mit vergünstigten Zinssätzen gewährt. Die Kreditlinie wurde von der Stadt Wien, der einzigen mittelbaren Eigentümerin des Unternehmens, entweder aus eigenen Mitteln oder aus Mitteln des Bundes finanziert. Bis zum 30. April 2025 können daraus Kredite abgerufen werden. Mit dieser Beihilfemaßnahme sollte sichergestellt werden, dass die Wien Energie über genügend Liquidität verfügt, um ihre Handelstätigkeiten auf den Energiemärkten abzusichern.*[110]

d. Drittstaatliche Subventionen

Literatur: *Arhold*, Foreign Subsidies Regulation – Verordnung über Drittstaatssubventionen: Neue beihilfenrechtliche Herausforderungen insbesondere in den Bereichen M&A und Vergabe, EWS 2022, 310; *Jaeger*, Russen und Chinesen, von Gaißau bis

---

[108] KOM, Staatliche Beihilfen: Kommission nimmt Befristeten Krisenrahmen zur Stützung der Wirtschaft infolge der Invasion der Ukraine durch Russland, STATEMENT/22/1949.

[109] Befristeter Krisenrahmen, ABl C 2022/131 I, 1; vgl dazu auch Befristeter Krisenrahmen für staatliche Beihilfen zur Stützung der Wirtschaft infolge der Aggression Russlands gegen die Ukraine, ABl C 2022/416, 1.

[110] Vgl dazu KOM 04.08.2022, SA.105348, *Credit line agreements between Wiener Stadtwerke and the City of Vienna*, ABl C 2023/242, 6; s dazu auch Pressemitteilung der Kommission vom 04.04.2023, IP/23/2103.

Piräus. Instrumente zum Schutz strategischer EU-Interessen gegen Einflussnahme von Drittstaaten, ecolex 2029, 286; *Müller-Ibold/Herrmann*, Die Entwicklung des Europäischen Außenwirtschaftsrechts (2020-2022), EuZW 2022, 1085; *Trapp*, Das Weißbuch der Kommission zur Gewährleistung fairer Wettbewerbsbedingungen bei Subventionen aus Drittstaaten, EuZW 2020, 964; *Wambach*, China. Zur Notwendigkeit eines neuen Wettbewerbsinstruments, ZfW 2020, 646

Die Thematik rund um drittstaatliche Subventionen im Kontext der Vorschriften des EU-Beihilferechts hat in den letzten Jahren erheblich an Bedeutung gewonnen. Die Kommission sah sich gezwungen, zunehmend Maßnahmen zu ergreifen, um sicherzustellen, dass Wettbewerbsverzerrungen durch finanzielle Interventionen von Drittstaaten vermieden und ein fairer Markt geschaffen wird.

Mit Jänner 2023 wurde eine Verordnung über den Binnenmarkt verzerrende drittstaatliche Subventionen (**„Foreign Subsidies Regulation" – FSR**)[111] im Amtsblatt veröffentlicht. Die wesentlichen Teile dieses Rahmenwerkes sind mit 12. Juli 2023 in Kraft getreten.[112]

Die Europäische Union hat erkannt, dass drittstaatliche Subventionen ein erhebliches Risiko für den Binnenmarkt darstellen können. Sie können den Wettbewerb beeinträchtigen und europäischen Unternehmen Nachteile zufügen. Um dem entgegenzusteuern, verabschiedete man die FSR als notwendiges Mittel.

Ziel der Verordnung ist es, einen harmonisierten Rahmen zu schaffen, mit dem die Verzerrungen, die direkt oder indirekt durch drittstaatliche Subventionen verursacht werden, anzugehen, um für gleiche Wettbewerbsbedingungen zu sorgen. Die FSR umfasst drittstaatliche Subventionen, die Unternehmen[113] gewährt werden, die eine wirtschaftliche Tätigkeit auf dem Binnenmarkt ausüben.[114]

Durch die FSR wurde ein Instrument zur Kontrolle drittstaatlicher Subventionen eingeführt. Damit kann die Kommission drittstaatliche Subventionen nicht nur überwachen, sondern gegebenenfalls auch entsprechende Maßnahmen ergreifen, um Wettbewerbsverzerrungen zu verhindern. Mit der FSR soll sichergestellt werden, dass Unternehmen aus Drittstaaten nicht von unfairen Vorteilen profitieren, die etwa europäische konkurrierende Unternehmen nicht haben.

Ausführlich zur Thematik drittstaatlicher Subventionen siehe: Zweiter Teil Kapitel II Abschnitt H und Dritter Teil Kapitel II Abschnitt Exkurs.

[111] Verordnung (EU) 2022/2560 des Europäischen Parlaments und des Rates vom 14. Dezember 2022 über den Binnenmarkt verzerrende drittstaatliche Subventionen, ABl L 2022/330, 1.

[112] Art 53 Abs 1 FSR.

[113] Erfasst sind auch öffentliche Unternehmen, die der direkten oder indirekten Kontrolle eines Drittstaates unterliegen.

[114] Art 1 FSR.

3. Mögliche Reformansätze

Literatur: *Böheim/Jaeger/Kopetzki/Meyer*, Vorschläge für einen zukunftsorientierten EU-Beihilfenrahmen (2022); *Jaeger*, Zukunft des EU-Wettbewerbsrechts: Signale der Konferenz, Reformbedarf und Optionen, EuZW 2022, 642; *ders*, Schwächen der Prüfung von Steuerbeihilfen am Beispiel der Urteile Fiat und Starbucks, EuZW 2020, 18; *ders*, Wirtschaftliche Betrachtungsweise im Wettbewerbsrecht, in WiR – Studiengesellschaft für Wirtschaft und Recht (Hrsg); *Hancher/Piernas López*, Research Handbook on European State Aid Law² (2021); *Koenig*, Where is State Aid Law heading to? EStAL 2014, 611; *Kühling*, State Capitalism and Level Playing Field, EStAL 2020, 403; *Lyu/Jegers*, Comparing China's Fair Competition Review System to EU State Aid Control, EStAL 2019, 37; *Schmidt*, Beihilfenrecht in der Krise – Reform des Beihilfenrechts, EuZW 2014, 49; *Stöbener de Mora*, Kommissionsbericht zu Evaluierungsergebnissen, EuZW 2020, 1051.

Im beihilferechtlichen Schrifttum[115] spricht man sich in den letzten Jahren vermehrt für eine Reform des EU-Beihilferechts und seinen Vorschriften aus. Insgesamt wird eine Modernität des EU-Wettbewerbsrechts gefordert, das den Anforderungen der aktuellen Geschehnisse standhalten kann. Globale Wettbewerbsfähigkeit kann schließlich nur durch ein modernes global ausgerichtetes Beihilferecht erreicht werden. Angesichts der sich verändernden Wirtschaftslandschaft und der globalen Herausforderungen scheint eine umfassende Modernisierung des EU-Beihilferechts dringend erforderlich zu sein.

Im Schrifttum werden daher eine Vielzahl an aufgezeigten Reformvorschlägen präsentiert, die auszugsweise dargestellt werden sollen:

– Modernisierung der Rechtsfertigungsgründe

Konkrekt gefordert wird die Nachschärfung der Rechtfertigungstatbestände an die Herausforderungen des globalen Standortwettbewerbs. Die Ermessensausnahme in Art 107 Abs 3 lit c AEUV soll um weitere modernere zeitgerechte Beihilfekategorien erweitert werden. Zudem wird eine deutlichere Abgrenzung der Legalausnahmen in Art 107 Abs 3 lit b AEUV von Art 107 Abs 3 lit b AEUV wird prolongiert.

– Belebung der Legalausnahmen

Gefordert wird die Novellierung der Legalausnahmen in Art 107 Abs 2 lit a AEUV und Art 107 Abs 2 lit c AEUV durch moderne Kategorien besonderen öffentlichen Interesses in Bereichen wie zB der Nachhaltigkeit oder Grundrechtsteilhabe;[116] die Streichung veralteter Tatbestände; die Präzisierung und Erweiterung des Tatbestands für Krisenfälle gemäß Art 107 Abs 2 lit b AEUV. Mitgliedstaaten sollen in der Lage sein, unmittelbare Schaden aufgrund von Krisen vereinfachter und rechtssicherer kompensieren zu können. Praxisrelevante neue Tatbestände sollen nach dem Vorbild bestehender Freistellungen aufgenommen werden (zB Gesundheits- und Sozialbereich oder im Nahbereich zu nichtwirtschaftlichen Tätigkeiten).[117]

---

115 S dazu etwa *Jaeger*, Zukunft des EU-Wettbewerbsrechts: Signale der Konferenz, Reformbedarf und Optionen, EuZW 2022, 642.

116 *Jaeger*, EuZW 2022, 642.

117 S dazu *Böheim/Jaeger/Kopetzki/Meyer*, Vorschläge für einen zukunftsorientierten EU-Beihilfenrahmen (2022) 144 ff.

– Berücksichtigung globaler Aspekte des Beihilferechts;

Das EU-Beihilferecht sollte globaler ausgerichtet sein. Mit der Einführung der Kontrolle drittstaatlicher Subventionen durch die Kommission wurde diesb bereits ein erster Schritt gesetzt. Die beihilferechtlichen Vorschriften sollten aber kein Hindernis für europäische Unternehmen darstellen, sondern den globalen Wettbewerb stärken. In der Literatur verweist man auf gezielte Beihilfen für strategische Branchen und Technologien oder die Förderung von Investitionen in Forschung und Entwicklung.

– Modernisierung des Durchführungsrechts;

Ausweitung bestehender Freistellungen sachlich (zB Forschungs- und Umweltbeihilfen oder betraglich, ggf Formalerfordernisse herabsetzen.

– Aufnahme marktbezogener Prüfkriterien in Art 107 Abs 1 AEUV;

zB die Marktabgrenzung als Voraussetzung der Wettbewerbsverfälschung.

– Aufgabe des bilateralen Verfahrenscharakters;

Konkret gefordert wird die Streichung der Wortfolge „in Zusammenarbeit mit den Mitgliedstaaten" in Art 108 Abs 1 AEUV.[118]

– Verhängung von Geldbußen gegen Beihilfegeber und Beihilfeempfänger;

Die EK soll die Möglichkeit erhalten, bei offenkundigen Verstößen gegen das Beihilferecht, Geldbußen gegen den Mitgliedstaat als Beihilfegeber und/oder auch gegen den Beihilfeempfänger zu verhängen.[119]

– Konkretisierung des Durchführungsverbots;

In einem neu formulierten Art 108 Abs 5 AEUV soll das Durchführungsverbot näher ausformuliert werden, indem der bestehende Art 108 Abs 3 AEUV hinsichtlich Rechtsfolgen, Ansprüchen, Berechtigten, Anspruchsgegnern, Durchsetzungswegen, Rechtsweggarantien vor den nationalen Gerichten[120] präzisiert werden soll.

– Primärrechtliche Kontrolle von Drittstaatsubventionen;

In einem neuen beihilfe- und kartellrechtsübergreifenden Artikel soll eine primärrechtliche Konturierung einer Kontrolle von Drittstaatssubventionen durch die EK eingeführt werden.[121]

– Primärrechtliche Konturierung eigener beihilferechtlicher Grundsätze;

In einem neuen Artikel sollen eigene Grundsätze für das Beihilferecht auf primärrechtlicher Ebene eingeführt werden (zB Nichtdiskriminierung, Freiverkehrs- und Wettbewerbswirkungen, Verfahren und Rechtsschutz);[122]

– Rechtsschutzmöglichkeiten für Wettbewerber auf nationaler Ebene.[123]

118 *Jaeger*, EuZW 2022, 642 (647).

119 *Jaeger*, EuZW 2022, 642 (647).

120 *Pastor-Merchante*, The private enforcement of State aid law, in Hancher/Piernas-López (Hrsg), Research Handbook on European State Aid Law² (2021) 226 ff; *Jaeger*, EuZW 2022, 642 (647).

121 *Jaeger*, EuZW 2022, 642 (647).

122 *Bondi*, State aid and free movement, in Hancher/Piernas-López (Hrsg), Research Handbook on European State Aid Law² (2021) 87 ff; vgl auch *Jaeger*, EuZW 2022, 642 (647).

123 *Kölbl*, Nationaler Rechtsschutz im EU-Beihilferecht – Private Enforcement (2023) 315 ff.

III. Überblick über das System des EU-Beihilferechts

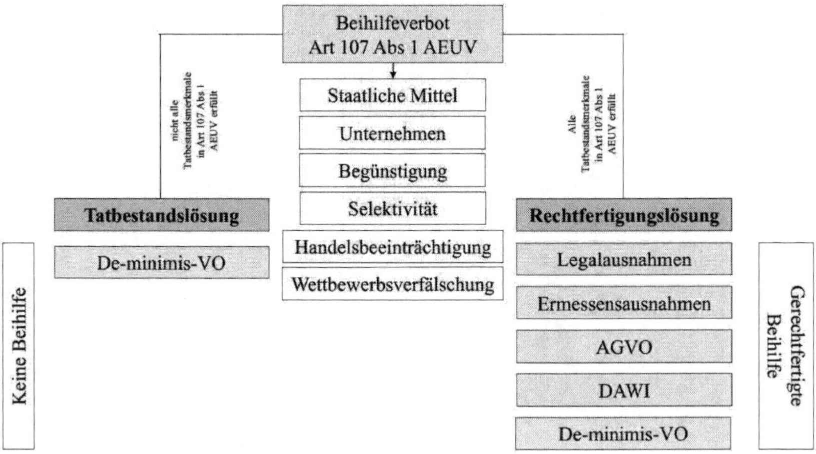

Prüfschema eines Fördervorhabens aus Sicht der beihilfegewährenden Stelle

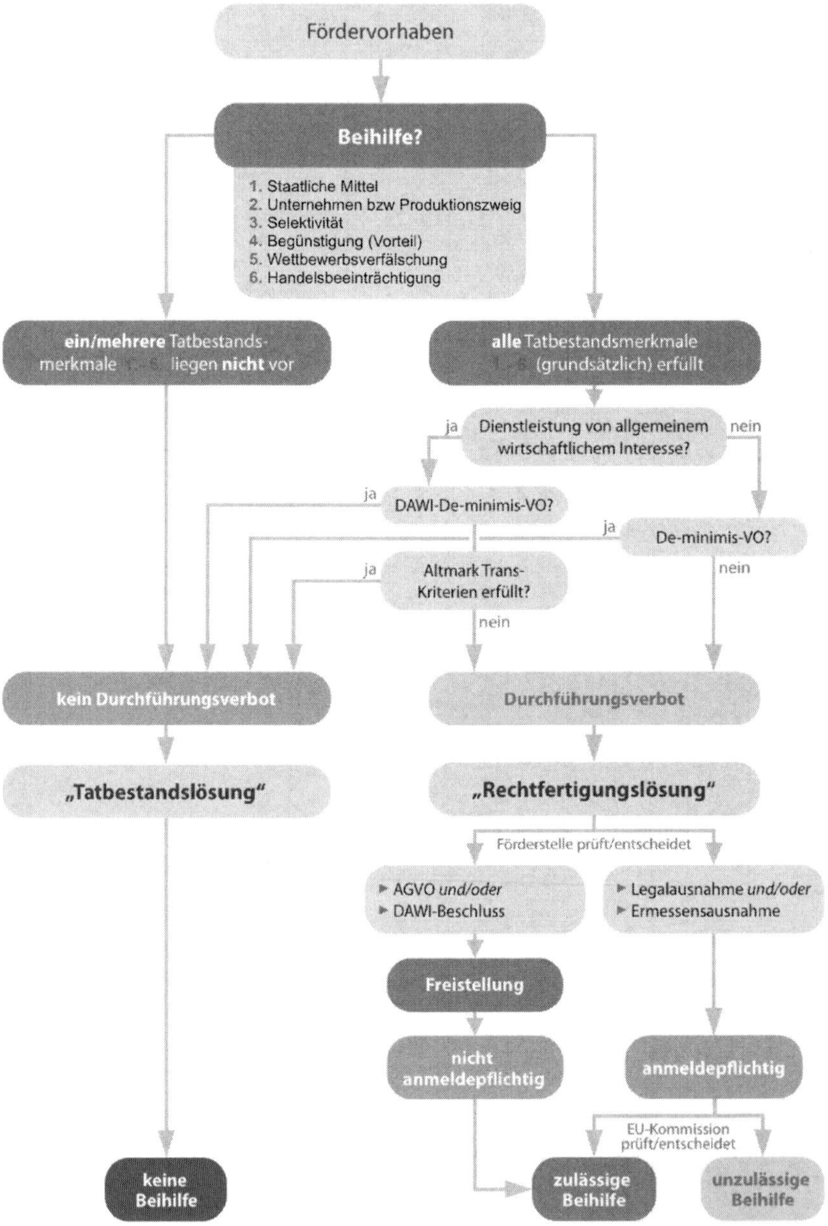

Zweiter Teil
Materielles Beihilferecht

I. Der Beihilfebegriff

Literatur: *Bartosch*, EU-Beihilfenrecht[3] (2020); *Biondi*, State Aid is Falling Down, Falling Down: An Analysis of the Case Law on the Notion of Aid, CMLR 2013, 1719; *Birnstiel/Bungenberg/Heinrich*, Europäisches Beihilfenrecht (2013); *Calliess/Ruffert*, EUV/AEUV[6] (2022); *Dekker*, The ‚Effect on Trade between the Member States' Criterion: Is It the Right Criterion by Which the Commission's Workload Can Be Managed?, EStAL 2017, 154; *Dreher/Lübbig/Wolf-Posch*, Praxis des EU-Beihilferechts in Österreich (2017); *Eder*, Mitteilung Beihilfebegriff III: Staatlichkeit, in Haslinger/Jaeger (Hrsg), Jahrbuch Beihilferecht (2017) 407; *Frenz*, Staatlichkeit durch Kontrolle: sachfremde Beihilfenerweiterung, EWS 2014, 247; *ders*, Handbuch Europarecht III; Beihilferecht[2] (2021); *Geiger/Khan/Kotzur*, EUV/AEUV[6] (2017); *Grabitz/Hilf/Nettesheim*, Das Recht der Europäischen Union: EUV/AEUV (Werkstand: 79. EL Mai 2023); *Harsdorf/Gänser*, Mitteilung Beihilfebegriff IV: Vorteilsbegriff „neu"? Eine Analyse einzelner Aspekte im Lichte der Rechtsprechung, in Haslinger/Jaeger (Hrsg), Jahrbuch Beihilferecht (2017) 433; *Herrmann*, Wann sind Beihilfen auf lokaler Ebene (nicht) geeignet, den zwischenstaatlichen Handel zu beeinträchtigen, KommJur 2016, 201; *Holtmann*, Staatliche Beihilfen: Selektivität einer Steuerregelung – Das EuG-Urteil Banco Santander ua, EWS 2015, 140; *Huber*, Mitteilung Beihilfebegriff II: Der Unternehmensbegriff, in Haslinger/Jaeger (Hrsg), Jahrbuch Beihilferecht (2017) 377; *Huber/Stangl*, Beihilferelevanz wirtschaftlicher Tätigkeit von Universitäten, in Haslinger/Jaeger (Hrsg), Jahrbuch Beihilferecht (2019) 485; *Immenga/Mestmäcker*, Wettbewerbsrecht V: Beihilfenrecht[6] (2022); *Jaeger*, Staatlichkeit der Beihilfemittel: Das Urteil EEG, in Haslinger/Jaeger (Hrsg), Jahrbuch Beihilferecht (2020) 315; *ders*, Beihilfe- und Förderungsrecht, in Holoubek/Potacs (Hrsg), Öffentliches Wirtschaftsrecht I[4] (2019) 717; *Kahl/Müller*, Vorteilsbegriff III: Konzessionsvergabe als Beihilfe, in Haslinger/Jaeger (Hrsg), Jahrbuch Beihilferecht (2016) 281; *Kirchberger*, Mitteilung Beihilfebegriff VI: Spürbarkeit, in Haslinger/Jaeger (Hrsg), Jahrbuch Beihilferecht (2017) 459; *König/Hellstern*, Das materielle binnenmarktrechtliche Beihilfenaufsichtsrecht, in Hatje/Müller-Graff (Hrsg), Enzyklopädie Europarecht IV: Europäisches Binnenmarkt- und Wirtschaftsordnungsrecht[2] (2021); *Kruse*, Das Merkmal der „Staatlichkeit" der Beihilfe nach Art 87 Abs 1 EG, ZHR 165 (2001); *Mickonyté*, Vorteilsbegriff II: Der Fall London Taxi, in Haslinger/Jaeger (Hrsg), Jahrbuch Beihilferecht (2016) 265; *Müller-Graff*, Die Erscheinungsformen der Leistungssubventionstatbestände aus wirtschaftsrechtlicher Sicht, ZHR 1988, 403; *Radlgruber*, Neues im Bereich Selektivität, in Haslinger/Jaeger (Hrsg), Jahrbuch Beihilferecht (2016) 241; *Reiter*, Beihilfen zugunsten von Produktionszweigen: zur sektoralen Selektivität im Beihilferecht, EuZW 2020, 312; *Säcker*, Münchner Kommentar. Europäisches und Deutsches Wettbewerbsrecht V: Beihilfenrecht[4] (2022); *Schirmer*, Die staatliche Unterstützung von (kleinen) Skigebieten in der EU und im EWR, in Haslinger/Jaeger (Hrsg), Jahrbuch Beihilferecht (2021) 451; *Schroeder*, EU-Beihilfenverbot und Staatlichkeit der Mittel, EuZW 2015, 207; *Schwarze*, EU-Kommentar[4] (2019); *Soltész*, Die „Belastung des Staatshaushalts" als Tatbestandsmerkmal einer Beihilfe iS des Art 92 I EGV, EuZW 1998, 747; *ders*, Von Preussen Elektra zu France Télécom – Die „Belastung des Staatshaushaltes" als Beihilfekriterium, EuZW 2011, 254; *Schröder*, Grundkurs Europarecht[7] (2021); *Sollgruber*, Grundzüge des Europäischen Beihilfenrechts (2007); *Streinz*, EUV/AEUV[3] (2018);

Zellhofer/Solek, Mitteilung Beihilfebegriff IV: Selektive Begünstigung im Lichte der Bekanntmachung zum Beihilfebegriff, in Haslinger/Jaeger (Hrsg), Jahrbuch Beihilferecht (2017) 445.

Judikatur: EuGH 23.02.1961, Rs 30/59, *De Gezamenlijke Steenkolenmijnen*; EuGH 02.07.1974, Rs 173/73, *Italien/Kommission*; EuGH 24.01.1978, 82/77, *Van Tiggele*; EuGH 27.03.1980, Rs 61/79, *Amministrazione delle finanze dello Stato*; EuGH 17.09.1980, Rs 730/79, *Philip Morris*; EuGH 10.07.1986, Rs 40/85, *Belgien/Kommission*; EuGH 24.02.1987, Rs 310/85, *Deufil/Kommission*; EuGH 16.06.1987, C-118/85, *Kommission/Italien*; EuGH 14.10.1987, Rs 248/84, *Deutschland/Kommission*; EuGH 27.09.1988, verb Rs 106/87 bis 120/87, *Asteris AE ua/Griechenland*; EuGH 23.04.1991, C-41/90, *Höfner und Elsner*; EuGH 19.01.1994, C-364/92, *SAT Fluggesellschaft/Eurocontrol*; EuGH 16.11.1995, C-244/94, *Fédération Française des Sociétés d'Assurances/Ministère de l'Agriculture et de la Pêche*; EuGH 29.02.1996, C-56/93, *Belgien/Kommission*; EuGH 11.07.1996, C-39/94, *SFEI ua*; EuGH 26.09.1996, C-241/94, *Frankreich/Kommission*; EuG 12.12.1996, T-358/94, *Air France/Kommission*; EuGH 18.06.1998, C-35/96, *Kommission/Italien*; EuGH 01.12.1998, C-200/97, *Ecotrade*; EuGH 17.06.1999, C-75/97, *Belgien/Kommission*; EuGH 16.05.2000, C-83/98 P, *Frankreich/Ladbroke-Racing Ltd und Kommission*; EuGH 19.09.2000, C-156/98, *Deutschland/Kommission*; EuG 29.09.2000, T-55/99, *Confederación Española de Transporte de Mercancías (CETM)/Kommission*; EuGH 19.10.2000, verb Rs C-15/98 u C-105/99, *Italien und Sardegna Lines/Kommission*; EuG 04.04.2001, T-288/97, *Friuli Venezia Giulia*; EuGH 08.11.2001, C-143/99, *Adria-Wien Pipeline ua*; Schlussanträge GA *Jacobs* 13.12.2001, C-482/99, *Stardust Marine*; EuG 06.03.2002, verb Rs T-127/99, T-129/99 u T-148/99, *Territorio Histórico de Álava ua/Kommission*; EuG 06.03.2002, verb Rs T-92/00 u T-103/00, *Territorio Histórico de Álava ua/Kommission*; EuGH 16.05.2002, C-482/99, *Frankreich/Kommission* (*Stardust Marine*); EuGH 08.05.2003, verb Rs C-328/99 u C-399/00, *Italien und SIM 2 Multimedia SpA/Kommission*; EuGH 24.07.2003, C-280/00, *Altmark Trans*; EuGH 20.11.2003, C-126/01, *GEMO*; EuGH 16.03.2004, verb Rs C-264/01, C-306/01, C-354/01 u C-355/01, *AOK Bundesverband*; EuGH 29.04.2004, C-278/00, *Griechenland/Kommission*; EuGH 15.07.2004, C-345/02, *Pearle*; EuGH 03.03.2005, C-172/03, *Heiser*; Schlussanträge GA *Jacobs* 29.11.2005, C-368/04, *Transalpine Ölleitung*; EuGH 10.01.2006, C-222/04, *Cassa di Risparmio di Firenze*; EuG 05.04.2006, T-351/02, *Deutsche Bahn AG/Kommission*; EuGH 06.09.2006, C-88/03, *Portugal/Kommission*; EuGH 01.07.2008, C-49/07, *MOTOE*; EuGH 17.07.2008, C-206/06, *Essent Netwerk Noord*; EuGH 11.09.2008, verb Rs C-428/06 bis C-434/06, *Unión General de Trabajadores de La Rioja*; EuG 28.11.2008, verb Rs T-254/00 ua, *Hotel Cipriani/Kommission*; EuG 17.12.2008, T-196/04, *Ryanair/Kommission*; EuGH 22.12.2008, C-487/06 P, *British Aggregates/Kommission*; EuGH 23.04.2009, C-460/07, *Sandra Puffer*; EuGH 30.04.2009, C-494/06, *Kommission/Italien und Wam SpA*; EuG 01.07.2009, verb Rs T-81/07, T-82/07 u. T-83/07, *Jan Rudolf Maas*; EuG 02.05.2011, verb Rs T-267/08 und T-279/08, *Calais*; EuGH 09.06.2011, verb Rs C-71/09 P ua, *Comitato/Kommission*; EuGH 28.07.2011, C-403/10 P, *Mediaset*; EuGH 08.09.2011, C-279/08 P, *Kommission/Niederlande*; EuGH 15.11.2011, verb Rs C-106/09 P u C-107/09 P, *Kommission und Spanien/Gibraltar und Vereinigtes Königreich*; EuG 28.02.2012, verb Rs T-268/08 u T-281/08, *Land Burgenland und Österreich/Kommission*; EuGH 19.12.2012, C-288/11 P, *Mitteldeutsche Flughafen und Flughafen Leipzig-Halle/Kommission*; EuGH 24.01.2013, C-73/11 P, *Frucona/Kommission*; EuGH 19.03.2013, C-399/10 u C-401/10 P, *France Télécom (Bouygues)*; EuGH 30.05.2013, C-677/11, *Doux Élevage und Coopérative agricole UKL-ARREE*; EuGH 19.12.2013, C-262/12, *Vent De Colère ua*; EuGH 04.09.2014, verb Rs C-533/12 P u C-536/12 P, *SNCM und Frankreich/Kommission*; EuG 07.11.2014, T-219/10, *Autogrill Espana SA/Kommission*; EuG 25.03.2015, T-538/11, *Belgien/Kommission*; KOM

29.04.2015, SA.38035, *Deutschland – Mutmaßliche Beihilfe für eine Reha-Fachklinik für Orthopädie und Unfallchirurgie*, ABl C 2015/188, 3; KOM 29.04.2015, SA.38208, *Alleged State aid to UK member-owned golf clubs*, ABl C 2015/277, 4; KOM 29.04.2015, SA.37904, *Mutmaßliche staatliche Beihilfe an ein Ärztehaus in Durmersheim*, ABl C 2015/188, 2; EuG 28.10.2015, T-253/12, *Hammar Nordic Plugg AB*; EuGH 30.06.2016, C-270/15 P, *Belgien/Kommission*; KOM 04.08.2016, SA.44942, *Aid to local media published in the Basque language*, ABl C 2016/369, 1; KOM 09.08.2016, SA.43983; *BLSV-Sportcamp Nordbayern*, ABl C 2016/406, 14; EuGH 26.10.2016, C-211/15 P, *Orange/Kommission*; EuGH 18.05.2017, C-150/16, *Fondul Proprietatea/Complexul Energetic Oltenia*; EuGH 13.09.2017, C-329/15, *ENEA*; EuGH 09.11.2017, C-656/15 P, *TV2/Danmark A/S*; EuGH 28.03.2019, C-405/16 P, *Deutschland/Kommission (‚EEG')*; EuGH 21.10.2020, C-556/19, *Eco TLC*; VwGH 14.06.2022, Ra 2019/04/0072; EuG 16.11.2022, T-469/20, *Niederlande/Kommission*; EuGH 12.01.2023, verb Rs C-702/20, C-17/21, *SIA „DOBELES HES" ua*.

Materialien: Bekanntmachung der Kommission zum Begriff der staatlichen Beihilfe im Sinne des Artikels 107 Absatz 1 des Vertrags über die Arbeitsweise der Europäischen Union, ABl C 2016/262, 1.

Der Vertrag über die Arbeitsweise der Europäischen Union (AEUV) enthält in Art 107 Abs 1 AEUV ein allgemeines Beihilfeverbot:

> „Soweit in den Verträgen nicht etwas anderes bestimmt ist, sind staatliche oder aus staatlichen Mitteln gewährte Beihilfen gleich welcher Art, die durch die Begünstigung bestimmter Unternehmen oder Produktionszweige den Wettbewerb verfälschen oder zu verfälschen drohen, mit dem Binnenmarkt unvereinbar, soweit sie den Handel zwischen Mitgliedstaaten beeinträchtigen."

Der Beihilfebegriff ist ein im AEUV definierter Rechtsbegriff und anhand objektiver Kriterien auszulegen (**objektiver Rechtsbegriff**).[1] Er ist zudem **dynamisch** und entwickelt sich stetig fort. Eine Beihilfe liegt dann vor, wenn alle Tatbestandsmerkmale in Art 107 Abs 1 AEUV **kumulativ** vorliegen: Es muss sich um eine staatliche Maßnahme handeln; diese Maßnahme muss geeignet sein, den Handel zwischen Mitgliedstaaten zu beeinträchtigen; dem Begünstigten muss durch sie ein Vorteil gewährt werden, und sie muss den Wettbewerb verfälschen oder zu verfälschen drohen.[2] .

Sind **nicht alle Tatbestandsmerkmale** erfüllt, liegt **keine Beihilfe** vor! Trifft letzteres zu, ist die zu prüfende Maßnahme beihilfefrei. Sind hingegen alle Tatbestandsmerkmale erfüllt, kann daraus geschlossen werden, dass die Maßnahme

---

1 EuGH 22.12.2008, C-487/06 P, *British Aggregates/Kommission*, Rn 111; Bekanntmachung zum Beihilfebegriff, ABl C 2016/262, 1 Rn 4; s dazu auch EuGH 12.01.2023, verb Rs C-702/20, C-17/21, *SIA „DOBELES HES" ua*, Rn 73, 76: Der EuGH stellte klar, dass eine staatliche Beihilfe nicht durch eine gerichtliche Entscheidung eingeführt werden kann. Ihre Einführung unterliegt nämlich Zweckmäßigkeitserwägungen, die dem Richteramt fremd sind.

2 EuGH 30.05.2013, C-677/11, *Doux Élevage*, Rn 25; EuGH 21.10.2020, C-556/19, *Eco TLC*, Rn 18; im Übrigen auch VwGH 14.06.2022, Ra 2019/04/0072.

eine staatliche Beihilfe ist. Diesfalls ist im nächsten Schritt die Vereinbarkeit mit dem Binnenmarkt (Rechtfertigungsmöglichkeit) zu prüfen.

A. Staatliche Mittel

Literatur: *Bartosch*, EU-Beihilfenrecht[3] (2020); *Birnstiel/Bungenberg/Heinrich*, Europäisches Beihilfenrecht (2013); *Dreher/Lübbig/Wolf-Posch*, Praxis des EU-Beihilferechts in Österreich (2017); *Eder*, Mitteilung Beihilfebegriff III: Staatlichkeit, in Haslinger/Jaeger (Hrsg), Jahrbuch Beihilferecht (2017) 407; *Frenz*, Staatlichkeit durch Kontrolle: sachfremde Beihilfenerweiterung, EWS 2014, 247; *ders*, Handbuch Europarecht III; Beihilferecht[2] (2021); *Ilić*, Wie staatlich muss eine staatliche Beihilfe sein? – Tatbestand der Staatlichkeit in der Kommissionsbekanntmachung zum Beihilfebegriff, EALR 2017, 33; *Immenga/Mestmäcker*, Wettbewerbsrecht V: Beihilfenrecht[6] (2022); *Jaeger*, Staatlichkeit der Beihilfemittel: Das Urteil EEG, in Haslinger/Jaeger (Hrsg), Jahrbuch Beihilferecht (2020) 315; *ders*, Beihilfe- und Förderungsrecht, in Holoubek/Potacs (Hrsg), Öffentliches Wirtschaftsrecht I[4] (2019) 717; *König/Hellstern*, Das materielle binnenmarktrechtliche Beihilfenaufsichtsrecht, in Hatje/Müller-Graff (Hrsg), Enzyklopädie Europarecht IV: Europäisches Binnenmarkt- und Wirtschaftsordnungsrecht[2] (2021); *Kruse*, Das Merkmal der „Staatlichkeit" der Beihilfe nach Art 87 Abs 1 EG, ZHR 165 (2001); *Schroeder*, EU-Beihilfenverbot und Staatlichkeit der Mittel, EuZW 2015, 207; *Schwarze*, EU-Kommentar[4] (2019); *Soltész*, Die „Belastung des Staatshaushalts" als Tatbestandsmerkmal einer Beihilfe iS des Art 92 I EGV, EuZW 1998, 747; *ders*, Von PreussenElektra zu France Télécom – Die „Belastung des Staatshaushaltes" als Beihilfekriterium, EuZW 2011, 254; *Streinz*, EUV/AEUV[3] (2018).

Judikatur: EuGH 14.10.1987, Rs 248/84, *Deutschland/Kommission*; EuGH 11.07.1996, C-39/94, *SFEI ua*; EuG 12.12.1996, T-358/94, *Air France/Kommission*; EuGH 16.05.2000, C-83/98 P, *Frankreich/Ladbroke-Racing Ltd und Kommission*; Schlussanträge GA *Jacobs* 13.12.2001, C-482/99, *Stardust Marine*; EuG 06.03.2002, verb Rs T-92/00 u T-103/00, *Territorio Histórico de Álava ua/Kommission*; EuGH 16.05.2002, C-482/99, *Frankreich/Kommission* (*Stardust Marine*); EuGH 08.05.2003, C-328/99 und C-399/00, *Italien und SIM 2 Multimedia SpA/Kommission*; EuGH 29.04.2004, C-278/00, *Griechenland/Kommission*; EuGH 15.07.2004, C-345/02, *Pearle*; EuG 05.04.2006, T-351/02, *Deutsche Bahn AG/Kommission*; EuGH 17.07.2008, C-206/06, *Essent Netwerk Noord*; EuGH 23.04.2009, C-460/07, *Sandra Puffer*; EuG 02.05.2011, verb Rs T-267/08 und T-279/08, *Calais*; EuGH 08.09.2011, C-279/08 P, *Kommission/Niederlande*; EuGH 19.03.2013, verb Rs C-399/10 P u C-401/10 P, *Bouygues*; EuGH 30.05.2013, C-677/11, *Doux Élevage und Coopérative agricole UKL-ARREE*; EuGH 19.12.2013, C-262/12, *Vent De Colère ua*; EuGH 13.09.2017, C-329/15, *ENEA*; EuGH 09.11.2017, C-656/15 P, *TV2/Danmark A/S*; EuGH 28.03.2019, C-405/16 P, *Deutschland/Kommission (‚EEG')*; VwGH 14.06.2022, Ra 2019/04/0072; EuGH 12.01.2023, verb Rs C-702/20, C-17/21, *SIA „DOBELES HES" ua*; EuG 13.09.2023, T-525/50, *ITD und Danske Fragtmænd/Kommission.*

Um den Tatbestand der staatlichen Beihilfe zu erfüllen, kommt es zunächst darauf an, dass die Begünstigung unmittelbar oder mittelbar **aus staatlichen Mitteln** gewährt wird. Die Mittelgewährung muss aus einem als staatlich zu qualifizierenden Haushalt stammen (**Staatlichkeitskriterium**) und die Beihilfegewährung muss dem Staat auch **zuzurechnen (Zurechnungskriterium)** sein.[3]

[3] *Koenig/Hellstern* in Hatje/Müller-Graff, EnzEuR IV[2] § 14 Rz 31.

1. Staatlichkeit

Staatliche Mittel sind jedenfalls Maßnahmen, die aus Mitteln des staatlichen Haushalts (**Bund, Länder, Gemeinden**) finanziert werden.

Beispiel: *Ein österreichisches Bundesland gewährt einem in der Region ansässigen Industrieunternehmen eine Förderung in der Höhe von € 1 Mio. Die Mittel des Bundeslandes sind als staatliche Mittel zu qualifizieren.*

Unter den Begriff „staatliche Mittel" fallen sämtliche **Mittel des öffentlichen Sektors,**[4] einschließlich dezentralisierter, föderierter, regionaler oder sonstiger Stellen,[5] Mittel an bestimmte Kreditinstitute durch die Zentralbank[6] eines Mitgliedstaates oder **Mittel öffentlicher Unternehmen**, wenn der Staat die Mittelverwendung steuern kann.[7] Auch Mittel aus dem ESM, aus Strukturfonds, der EIB, EIF, IWF sind staatliche Mittel.[8]

Auch wenn Maßnahmen nicht unmittelbar vom Staat finanziert werden, sondern mit der Durchführung geschaffene, öffentliche oder private Stellen beauftragt werden, kann die Maßnahme aus staatlichen Mitteln stammen.[9] Denn nicht nur Hoheitsträger (zB Ministerien, Gemeinden, Sozialversicherungsträger, usw), sondern auch sonstige Einrichtungen (insb Unternehmen, Vereinigungen, Stiftungen und Fonds), die von einem Hoheitsträger beherrscht werden, können mit der Durchführung beauftragt sein.[10]

Beispiel: *Finanziert ein öffentlich-rechtlicher Berufsverband eine Werbekampagne, dient er dabei lediglich als Instrument für eine zweckgebundene Verwendung der eingenommen Mittel zugunsten eines von den privaten Angehörigen des betreffenden Berufszweigs im Voraus festgelegten kommerziellen Ziels, weshalb die Staatlichkeit der Mittel zu verneinen ist.*[11]

---

4 EuG 12.12.1996, T-358/94, *Air France/Kommission* Rn 56; Bekanntmachung zum Beihilfebegriff, ABl C 2016/262, 1 Rn 48.

5 EuGH 14.10.1987, Rs 248/84, *Deutschland/Kommission* Rn 17; EuG 06.03.2002, verb Rs T-92/00 u T-103/00, *Territorio Histórico de Álava ua/Kommission* Rn 57; Bekanntmachung zum Beihilfebegriff, ABl C 2016/262, 1 Rn 48.

6 Bekanntmachung zum Beihilfebegriff, ABl C 2016/262, 1 Rn 48 mit Verweis auf die Mitteilung der Kommission über die Anwendung der Vorschriften für staatliche Beihilfen ab dem 1. August 2013 auf Maßnahmen zur Stützung von Banken im Kontext der Finanzkrise („Bankenmitteilung", ABl C 2013/216, 1), Rn 62; nicht aber dann, wenn eine Zentralbank mit allgemeinen, allen vergleichbaren Marktteilnehmern offenstehenden Maßnahmen auf eine Bankenkrise reagiert.

7 EuGH 16.05.2002, C-482/99, *Frankreich/Kommission (Stardust)* Rn 38; EuGH 08.05.2003, C-328/99 und C-399/00, *Italien und SIM 2 Multimedia SpA/Kommission*, Rn 33 und 34; EuGH 29.04.2004, C-278/00, *Griechenland/Kommission*, Rn 53 und 54.

8 Bekanntmachung zum Beihilfebegriff, ABl C 2016/262, 1 Rn 60.

9 EuGH 11.07.1996, C-39/94, *SFEI ua* Rn 62.

10 EuGH 14.10.1987, Rs 248/84, *Deutschland/Kommission* Rn 17; EuG 02.05.2011, verb Rs T-267/08 u T-279/08, *Calais* Rn 10; *Jaeger* in Jahrbuch Beihilferecht 2020, 315 (315).

11 EuGH 15.07.2004, C-345/02, *Pearle*; s dazu *Koenig/Hellstern* in Hatje/Müller-Graff, EnzEuR IV^2 § 14 Rz 33.

Das Staatlichkeitskriterium umfasst nicht nur die Übertragung finanzieller Mittel bei der Beihilfegewährung,[12] sondern es genügt bereits der Verzicht auf Einnahmen, die der Staat andernfalls eingenommen hätte, oder das Risiko einer künftigen Belastung für den Staat.[13]

Ein solcher Verzicht kann etwa in der Gewährung des Zugangs zu natürlichen Ressourcen oder ausschließlicher Rechte bestehen.[14]

Als staatliche Mittel gelten auch Gelder, die nach nationalen Rechtsvorschriften aus einer Steuer oder anderen obligatorischen Abgaben stammen und verwaltet bzw verteilt werden. Eine Regelung, die ein Stromversorgungsunternehmen verpflichtet, Strom aus erneuerbaren Energiequellen zu einem höheren Preis als dem Marktpreis zu kaufen, und die sich daraus ergebenden Mehrkosten durch eine obligatorische Abgabe finanziert werden, ist als Maßnahme unter Inanspruchnahme staatlicher Mittel zu betrachten.[15]

Übertragungen innerhalb eines staatlichen Konzerns können ebenfalls staatliche Mittel darstellen.

Eine beihilferelevante Übertragung kann auch dann vorliegen, wenn von der Muttergesellschaft an die Tochtergesellschaft Mittel übertragen werden. Solche Übertragungen können in Form von direkten Zuschüssen, Darlehen, Garantien oder Kapitalbeteiligungen erfolgen.

Auch können Mittel der staatlichen Sphäre zugerechnet werden, wenn sie lediglich originäre Einnahmen eines Unternehmens darstellen, das Unternehmen aber unter staatlicher Kontrolle steht und die Mittelverwendung im Einzelnen mit Zustimmung der staatlichen Einheit erfolgt.

Beispiel: *Die Stadtwärme-AG verwendet die Erträge aus einer Energieversorgung auf Ersuchen der Stadt zur Abdeckung von Verlusten bei ihrer Tochtergesellschaft der Verkehrslinien-GmbH. Durch die staatliche Einflussnahme werden die originären privaten Mittel (Erträge aus der Energieversorgung) der Stadtwärme-AG zu staatlichen Mitteln umgewandelt. Die Mittel der Verlustausgleichszahlungen sind daher als staatliche Mittel zu qualifizieren.*

Auf die Herkunft der Mittel kommt es nicht an, vorausgesetzt sie standen den Behörden zur Verfügung (unter staatlicher Kontrolle), bevor sie direkt oder indirekt weitergegeben wurden. Der EuGH qualifiziert bereits ein hinreichend konkretes Risiko der Haushaltsbelastung als Mittelübertragung.

Staatliche Kontrolle liegt vor, wenn die öffentliche Hand über die beihilfegewährende Stelle mittelbar oder unmittelbar beherrschenden Einfluss ausüben kann.[16]

Beispiel: *Der EuGH qualifizierte bereits die Ankündigung Frankreichs, die Francé Telecom finanziell unterstützen und sich in Form eines von Frankreich unterzeichneten*

[12] EuGH 08.09.2011, C-279/08 P, *Kommission/Niederlande* Rn 104; EuGH 19.12.2013, C-262/12, *Vent De Colère ua* Rn 19.

[13] EuGH 19.03.2013, verb Rs C-399/10 P u C-401/10 P, *Bouygues* Rn 106, 108; krit *Soltész*, EuZW 2011, 254 (255); vgl auch *Koenig/Hellstern* in Hatje/Müller-Graff, EnzEuR IV^2 § 14 Rz 32; Bekanntmachung zum Beihilfebegriff, ABl C 2016/262, 1 Rn 51.

[14] Bekanntmachung zum Beihilfebegriff, ABl C 2016/262, 1 Rn 53.

[15] EuGH 12.01.2023, verb Rs C-702/20, C-17/21, *SIA „DOBELES HES" ua*, Rn 43.

[16] EuGH 16.05.2002, C-482/99, *Frankreich/Kommission* (*Stardust Marine*).

Aktionärsvorschuss, zu dem es dann aber nicht gekommen war, am Eigenkapital beteiligen zu wollen, als staatliche Mittelübertragung, zumal es dadurch zu einer Stabilisierung der Finanzbedingungen gekommen war.[17]

2. Zurechenbarkeit

Eine Beihilfe liegt nur dann vor, wenn die Beihilfe mittelbar oder unmittelbar aus staatlichen Mitteln gewährt wird, und dem Staat auch **zuzurechnen** ist.[18] Für die Zurechenbarkeit nicht entscheidend ist, ob die Behörde gegenüber anderen Behörden rechtlich unabhängig ist, oder die Behörde als private oder öffentliche Einrichtung mit der Durchführung beauftragt wurde.[19] Maßgeblich für die Zurechenbarkeit einer Mittelgewährung ist, ob die Mittel ständig unter staatlicher Kontrolle bzw den zuständigen Behörden zur Verfügung stehen und ob die Behörden in irgendeiner Weise am Erlass der Beihilfemaßnahme beteiligt waren bzw es unwahrscheinlich ist, dass sie nicht beteiligt sind.[20]

Nach der Rechtsprechung des EuGH ist eine durch Gesetz eingeführte Maßnahme dem betreffenden Staat zuzurechnen.[21]

Beispiel: *Die Kammerumlage der Wirtschaftskammer wird im eigenen Wirkungsbereich der Wirtschaftskammerorganisation eingehoben. Der Staat verfügt zu keinem Zeitpunkt über einen tatsächlichen Zugang zu den aus der Kammerumlage geschöpften Mitteln.*[22]

Die Frage, ob eine Maßnahme dem Staat zuzurechnen ist, wird anhand einiger **Indikatoren**[23] geprüft: Organisation, Eingliederung in die Strukturen der

17 EuGH 19.03.2013, C-399/10 und C-401/10P, *Francé Télécom*.

18 EuGH 16.05.2002, C-482/99, *Frankreich/Kommission* (*Stardust Marine*) Rn 24.

19 Bekanntmachung zum Beihilfebegriff, ABl C 2016/262, 1 Rn 39; vgl auch EuG 12.12.1996, T-358/94, *Air France/Kommission* Rn 62.

20 EuGH 16.05.2002, C-482/99, *Frankreich/Kommission* (*Stardust Marine*) Rn 24; *Koenig/Hellstern* in Hatje/Müller-Graff, EnzEuR IV² § 14 Rz 34; EuG 13.09.2023, T-525/50, *ITD und Danske Fragtmænd/Kommission*, Rn 47.

21 EuGH 19.12.2013, C-262/12, *Vent de colére!*, EU:C:2013:851, Rn 18; EuGH 28.03.2019, C-405/16 P, *Deutschland/Kommission*, EU:C:2019:268, Rn 50; EuGH 12.01.2023, verb Rs C-702/20, C-17/21, *SIA „DOBELES HES" ua*, Rn 33.

22 Zu diesem Merkmal: EuGH 30.05.2013, C-677/11, *Doux Élevage und Coopérative agricole UKL-ARREE*, Rn 38; Zur Frage, ob die Grundumlage zur Wirtschaftskammer das Staatlichkeitskriterium erfüllt s VwGH 14.06.2022, Ra 2019/04/0072: Die finanziellen Mittel, die im Wege der Grundumlage eingehoben werden, stehen weder ständig unter staatlicher Kontrolle noch den staatlichen Behörden zur Verfügung, um darauf zur Unterstützung von Unternehmen zurückgreifen zu können. Daran ändert auch die Besonderheit nichts, dass die WKO behördliche Befugnisse ausübt, zumal sich diese Befugnisse ausschließlich auf den Kreis der dem jeweiligen Selbstverwaltungskörper angehörenden Personen erstreckt. Der VwGH zieht daher einen Vergleich zu EuGH 15.07.2004, C-345/02, *Pearle*.

23 EuGH 16.05.2002, C-482/99, *Frankreich/Kommission* (*Stardust Marine*), Rn 55 und 56; Schlussanträge GA *Jacobs* 13.12.2001, C-482/99, *Frankreich/Kommission* (*Stardust Marine*), Rn 65 bis 68; Ausführlich zu den Indikatoren siehe die Bekanntmachung zum Beihilfebegriff, ABl C 2016/262, 1 Rn 43.

öffentlichen Verwaltung, Intensität der behördlichen Aufsicht, Rechtsform des Unternehmens, usw.

In der nationalen Rechtsprechung wird jedoch nicht immer auf die Indikatoren Bezug genommen, wie die Entscheidung des VwGH zur Grundumlage der Wirtschaftskammer Oberösterreich gezeigt hat.[24]

Beispiel: *Die Mitgliedstaaten D und S halten zusammen 100% an der Post N AG. Die Post N AG ist Alleingesellschafterin der Post N Group. Die Post N Group ist Alleingesellschafterin der A-GmbH, der B-GmbH und der C-GmbH. Aufgrund von finanziellen Schwierigkeiten ersucht der Geschäftsführer der C-GmbH um eine Kapitalspritze durch die Post N Group. Die Post N Group muss die Kapitalspritze aufgrund interner Vorgaben durch die Post N AG genehmigen lassen. Die Kapitalspritze wird in der Hauptversammlung der Post N AG genehmigt. Das EuG prüfte dabei besonders die Frage der Zurechenbarkeit der Kapitalzuführung und wandte dabei die Indikatorenprüfung an.*[25]

Maßnahmen, die von mehreren Mitgliedstaaten gemeinsam durchgeführt werden, sind allen betroffenen Mitgliedstaaten zuzurechnen.[26] Die Maßnahme ist aber dann nicht dem Mitgliedstaat, sondern dem Unionsgesetzgeber zuzurechnen, wenn der Mitgliedstaat nach Unionsrecht zur Durchführung der Maßnahme verpflichtet ist und über keinerlei Ermessen verfügt.[27]

Maßgeblich für die Zurechenbarkeit einer Gewährung von finanziellen Mitteln ist die **staatliche Kontrolle** über die Mittel und die **Beteiligung** der Behörden in irgendeiner Weise am Erlass der Beihilfemaßnahme.[28]

B. Unternehmen oder Produktionszweige

Literatur: *Bartosch*, EU-Beihilfenrecht³ (2020); *Birnstiel/Bungenberg/Heinrich*, Europäisches Beihilfenrecht (2013); *Dreher/Lübbig/Wolf-Posch*, Praxis des EU-Beihilferechts in Österreich (2017); *Fischer*, Zur Beihilfesache BLSV-Sportcamp Nordbayern – entsteht eine Bereichsausnahme für gemeinnützige Vereine?, npoR 2017, 140; *Frenz*, Handbuch Europarecht III; Beihilferecht² (2021); *Huber*, Mitteilung Beihilfebegriff II: Der Unternehmensbegriff, in Haslinger/Jaeger (Hrsg), Jahrbuch Beihilferecht (2017) 377; *Huber/Stangl*, Beihilferelevanz wirtschaftlicher Tätigkeit von Universitäten, in Haslinger/Jaeger (Hrsg), Jahrbuch Beihilferecht (2019) 485; *Immenga/Mestmäcker*, Wettbewerbsrecht V: Beihilfenrecht⁶ (2022); *Jaeger*, Beihilfe- und Förderungsrecht, in Holoubek/Potacs (Hrsg), Öffentliches Wirtschaftsrecht I⁴ (2019) 717; *König/Hellstern*, Das mate-

24 VwGH 14.06.2022, Ra 2019/04/0072; vgl aber EuG 13.09.2023, T-525/50, *ITD und Danske Fragtmænd/Kommission,* Rn 45 ff.

25 Siehe dazu EuG 13.09.2023, T-525/50, *ITD und Danske Fragtmænd/Kommission.*

26 Bekanntmachung zum Beihilfebegriff, ABl C 2016/262, 1 Rn 43.

27 EuGH 23.04.2009, C-460/07, *Sandra Puffer* Rn 70: Vorsteuerabzug im Rahmen des Mehrwertsteuersystems, EuG 05.04.2006, T-351/02, *Deutsche Bahn AG/Kommission* Rn 102: Unionsrechtlich vorgeschriebene Steuerbefreiungen.

28 EuGH 16.05.2002, C-482/99, *Frankreich/Kommission (Stardust Marine)* Rn 24; Ko-enig/Hellstern in Hatje/Müller-Graff, EnzEuR IV2 § 14 Rz 34.

rielle binnenmarktrechtliche Beihilfenaufsichtsrecht, in Hatje/Müller-Graff (Hrsg), Enzyklopädie Europarecht IV: Europäisches Binnenmarkt- und Wirtschaftsordnungsrecht[2] (2021); *Müller-Graff*, Die Erscheinungsformen der Leistungssubventionstatbestände aus wirtschaftsrechtlicher Sicht, ZHR 1988, 403; *Reiter*, Beihilfen zugunsten von Produktionszweigen: zur sektoralen Selektivität im Beihilferecht, EuZW 2020, 312; *Schröder*, Grundkurs Europarecht[7] (2022); *Streinz*, EUV/AEUV[3] (2018).

Judikatur: EuGH 16.06.1987, C-118/85, *Kommission/Italien*; EuGH 23.04.1991, C-41/90, *Höfner und Elsner*; EuGH 19.01.1994, C-364/92, *SAT Fluggesellschaft/Eurocontrol*; EuGH 16.11.1995, C-244/94, *Fédération Française des Sociétés d'Assurances/ Ministère de l'Agriculture et de la Pêche*; EuGH 26.09.1996, C-241/94, *Frankreich/Kommission*; EuGH 11.12.1997, C-55/96, *Job Centre*; EuGH 18.06.1998, C-35/96, *Kommission/Italien*; EuGH 17.06.1999, C-75/97, *Belgien/Kommission*; EuG 30.03.2000, T-513/93, *CNSD/Kommission*; EuGH 19.02.2002, C-309/99, *Wouters*; KOM 02.10.2002, N 201/02, *Verbraucherorientierte Qualifizierung von Regionalinitiativen zur Förderung besonderer Leistungen im Tier- und Umweltschutz*, ABl C 2002/269, 11; EuGH 24.10.2002, C-82/01 P, *Aéroport de Paris/Kommission*; EuGH 16.03.2004, verb Rs C-264/01, C-306/01, C-354/01 u C-355/01, *AOK Bundesverband*; EuG 26.01.2005, T-193/02, *Laurent Piau/ Kommission*; EuGH 10.01.2006, C-222/04, *Cassa di Risparmio di Firenze*; EuGH 01.07.2008, C-49/07, *MOTOE*; EuGH 11.11.2007, C-76/05, *Schwarz u Gootjes-Schwarz*; EuG 17.12.2008, T-196/04, *Ryanair/Kommission*; aber EuGH 05.03.2009, C-350/07, *Kattner Stahlbau*; EuGH 08.09.2011, C-279/08 P, *Kommission/Niederlande*; EuGH 19.12.2012, C-288/11 P, *Mitteldeutsche Flughafen und Flughafen Leipzig-Halle/Kommission*; KOM 18.12.2013, SA.33754 (ex 2013/NN), *Aid to Real Madrid*, ABl C 2014/69, 115; KOM 18.12.2013, SA.29769 (ex 2013/NN), *Aid to FC Barcelona*, ABl C 2014/69, 9; EuGH 27.06.2017, C-74/16, *Congregación de Escuelas Pías Provincica Betanie/Ayuntamiento de Getafe*; KOM, 27.06.2018, SA.46945 (2018/NN) *Flughafen Erfurt-Weimar*, ABl C 2019/90, 2; KOM 05.07.2019, SA.46373 (2019/NN), *Betriebsbeihilfen für den Flughafen Dortmund*, ABl C 2020/43, 1.

Um den Tatbestand der staatlichen Beihilfe zu erfüllen, muss die Beihilfemaßnahme bestimmte **Unternehmen** oder **Produktionszweige** begünstigen. Richtet sich die Mittelgewährung hingegen an **Verbraucher**, handelt es sich grds um keine Beihilfe.

Unter bestimmten Voraussetzungen können aber auch Verbraucherbeihilfen mittelbare Beihilfen zugunsten bestimmter Unternehmen oder Produktionszweige darstellen (zur mittelbaren Beihilfe s Zweiter Teil Kapitel II Abschnitt E).

1. Unternehmen

Ein Unternehmen ist jede Einheit, die eine wirtschaftliche Tätigkeit ausübt, unabhängig von ihrer Rechtsform und der Art ihrer Finanzierung.[29]

[29] EuGH 18.06.1998, C-35/96, *Kommission/Italien*, Rn 36; EuGH 23.04.1991, C-41/90, *Höfner und Elsner* Rn 21; EuGH 16.11.1995, C-244/94, *Fédération Française des Sociétés d'Assurances/Ministère de l'Agriculture et de la Pêche* Rn 14; EuGH 11.12.1997, C-55/96, *Job Centre* Rn 21; EuGH 10.01.2006, C-222/04, *Cassa di Risparmio di Firenze* Rn 107.

Unbeachtlich ist die Rechtsform oder die Finanzierungsart. Der beihilferechtliche Unternehmensbegriff ist damit rein **funktional**.[30]

Unternehmen können private, öffentliche und gemischte Unternehmen sowie selbständige natürliche Personen (zB Freiberufler, Landwirte usw) sein.[31] Auch Stiftungen, Sportvereine[32] oder als Hoheitsträger ausgestaltete Rechtsformen können Unternehmen sein, soweit sie einer wirtschaftlichen Tätigkeit nachgehen.[33]

Beispiel: *Als Unternehmen wurde etwa ein italienischer Zollagent*[34] *qualifiziert.*[35]

Um zu klären, ob es sich bei den fraglichen Tätigkeiten um solche eines „**Unternehmens**" im Sinne des Wettbewerbsrechts der Union handelt, ist zu untersuchen, welcher Art diese Tätigkeiten sind, wobei die Qualifikation als „**wirtschaftliche Tätigkeit**" für jede einzelne der verschiedenen Tätigkeiten einer bestimmten Einheit zu prüfen ist.[36]

Maßgebliches Kriterium ist sohin die wirtschaftliche Tätigkeit. Eine Einrichtung ist wirtschaftlich tätig, wenn sie **Waren oder Dienstleistungen auf einem bestimmten Markt anbietet**.[37]

Beispiele:[38] *Der kommerzielle Betrieb eines Regionalflughafens insb das zur Verfügungstellen von Start- und Landebahnen stellt eine wirtschaftliche Tätigkeit dar.*[39] *Auch die Vermittlung von Berufssportlern,*[40] *sowie die Erstattung von Rechtsgutachten von Rechtsanwälten,*[41] *wurden als wirtschaftliche Tätigkeiten angesehen.*

Als wirtschaftliche Tätigkeiten können Dienstleistungen qualifiziert werden, die in der Regel gegen Entgelt erbracht werden. Das Wesensmerkmal des Ent-

---

30 *Schweitzer/Mestmäcker* in Immenga/Mestmäcker, WettbR V: BeihilfenR⁶ Art 107 Abs 1 AEUV Rn 11; *Koenig/Förtsch* in Streinz, EUV/AEUV³ Art 107 AEUV Rn 78.

31 EuGH 18.06.1998, C-35/96, *Kommission/Italien*, Rn 36 ff; *Jaeger* in Holoubek/Potacs, Öffentliches Wirtschaftsrecht I⁴, 717 (764).

32 KOM 18.12.2013, SA.33754 (ex 2013 NN), *Aid to Real Madrid*, ABl C 2014/69, 115; KOM 18.12.2013, SA.29769 (ex 2013/NN), *Aid to FC Barcelona*, ABl C 2014/69, 9; vgl auch *Fischer*, npoR 2017, 140.

33 *Frenz*, Handbuch EuR III² Rz 1240 ff.

34 EuG 30.03.2000, T-513/93, *CNSD/Kommission* Rn 39.

35 S dazu auch *Koenig/Hellstern* in Hatje/Müller-Graff, EnzEuR IV² § 14 Rz 38.

36 EuGH 24.10.2002, C-82/01 P, *Aéroport de Paris/Kommission*, Rn 75; EuGH 01.07.2008, C-49/07, *MOTOE*, Rn 25; EuGH 27.06.2017, C-74/16, *Congregación de Escuelas Pías Provincica Betanie/Ayuntamiento de Getafe*, Rn 44.

37 EuGH 16.06.1987, C-118/85, *Kommission/Italien* Rn 7; EuGH 18.06.1998, C-35/96, *Kommission/Italien*, Rn 36; EuGH 10.01.2006, C-222/04, *Cassa di Risparmio di Firenze* Rn 108.

38 Weitere Beispiele s in *Koenig/Hellstern* in Hatje/Müller-Graff, EnzEuR IV² § 14 Rz 43.

39 EuG 23.03.2011, T-443/08 u T-455/08, *Flughafen Leipzig/Halle* Rn 93 f; bestätigt durch EuGH 19.12.2012, C-288/11 P, EuGH 19.12.2012, C-288/11 P, *Mitteldeutsche Flughafen und Flughafen Leipzig-Halle/Kommission* Rn 41 ff; vgl auch *Koenig/Hellstern* in Hatje/Müller-Graff, EnzEuR IV² § 14 Rz 38.

40 EuG 26.01.2005, T-193/02, *Laurent Piau/Kommission* Rn 73.

41 EuGH 19.02.2002, C-309/99, *Wouters* Rn 48 f.

gelts besteht dabei darin, dass es die wirtschaftliche Gegenleistung für die fragliche Leistung darstellt.[42]

Keine wirtschaftlichen Tätigkeiten sind jene, die dem privaten Bereich zuzuordnen sind[43] oder Tätigkeiten, die an die Ausübung hoheitlicher Befugnisse knüpfen.[44]

Beispiel: *Die wirtschaftliche Tätigkeit wurde bei einer Verbraucherinformation verneint, ohne irgendwelche Anreize zum Kauf von bestimmten Produkten zu geben.*[45]

Für eine wirtschaftliche Tätigkeit **nicht erforderlich** ist **eine Gewinnerzielungsabsicht**.[46]

Auch gemeinnützige Unternehmen können daher eine wirtschaftliche Tätigkeit ausüben.[47] Auch Sozialversicherungsträger, die ohne Gewinnerzielungsabsicht soziale Ziele verfolgen, jedoch nach dem Kapitalisierungsprinzip arbeiten (tw Pflichtmitgliedschaft, autonome Beitragserhebung) sind Unternehmen.[48] Rein soziale Einrichtungen ohne Marktbezug wie zB Gesundheitsämter sind keine Unternehmen.[49]

Eine Einrichtung kann im Hinblick auf die Tätigkeit wirtschaftlich (und somit Unternehmen sein) und im Hinblick auf die andere Tätigkeit aber nicht wirtschaftlich sein (**gemischte Tätigkeiten**). In diesen Fällen ist jede Tätigkeit einzeln zu betrachten.[50]

Wenn eine Einrichtung mehrere Tätigkeiten sowohl wirtschaftlicher als auch nicht wirtschaftlicher Art ausübt, muss sie über eine getrennte Buchführung für die verschiedenen erhaltenen Finanzmittel verfügen, so dass jede Gefahr einer Quersubventionierung

---

42 EuGH 11.11.2007, C-76/05, *Schwarz u Gootjes-Schwarz*, Rn 37 und 38 mwN; EuGH 27.06.2017, C-74/16, *Congregación de Escuelas Pías Provincica Betanie/Ayuntamiento de Getafe*, Rn 47.

43 *Schweitzer/Mestmäcker* in Immenga/Mestmäcker, WettbR V: BeihilfenR[6] Art 107 Abs 1 AEUV Rn 14; *Koenig/Hellstern* in Hatje/Müller-Graff, EnzEuR IV[2] § 14 Rz 39 mwN.

44 EuGH 01.07.2008, C-49/07, *MOTOE* Rn 24.

45 KOM 02.10.2002, N 201/02, *Verbraucherorientierte Qualifizierung von Regionalinitiativen zur Förderung besonderer Leistungen im Tier- und Umweltschutz*, ABl C 2002/269, 11.

46 Auch Einheiten, die keinen Erwerbszweck erfolgen, können laut nach der Rsp des EuGH Waren und Dienstleistungen auf einem Markt anbieten: EuGH 16.11.1995, C-244/94, *Fédération Française des Sociétés d'Assurances/Ministère de l'Agriculture et de la Pêche* Rn 21; EuGH 01.07.2008, C-49/07, *MOTOE* Rn 27 und 28; EuGH 27.06.2017, C-74/16, *Congregación de Escuelas Pías Provincica Betanie/Ayuntamiento de Getafe* Rn 46.

47 *Koenig/Hellstern* in Hatje/Müller-Graff, EnzEuR IV[2] § 14 Rz 39.

48 EuGH 16.11.1995, C-244/94, *Fédération Française des Sociétés d'Assurances/Ministère de l'Agriculture et de la Pêche* Rn 14 ff; vgl dazu aber EuGH 05.03.2009, C-350/07, *Kattner Stahlbau* Rn 43.

49 EuGH C-159/91 u C-160/91, *Poucet/Assurances* Rn 18; EuGH 16.03.2004, verb Rs C-264/01, C-306/01, C-354/01 u C-355/01, *AOK Bundesverband* Rn 51 ff.

50 EuGH 24.10.2002, C-82/01 P, *Aéroports de Paris/Kommission* Rn 75; EuGH 01.07.2008, C-49/07, *MOTOE* Rn 25; EuGH 27.06.2017, C-74/16, *Congregación de Escuelas Pías Provincica Betanie/Ayuntamiento de Getafe* Rn 44; *Koenig/Hellstern* in Hatje/Müller-Graff, EnzEuR IV[2] § 14 Rz 41.

ihrer wirtschaftlichen Tätigkeiten mit den öffentlichen Geldern, die sie für ihre nicht wirtschaftlichen Tätigkeiten erhält, ausgeschlossen ist.[51] In der Praxis erfolgt dies im Bereich der Forschungsbeihilfen etwa durch die sog „Trennungsrechnung".

Beispiel: *Die Gemeinde C übt in der Schule L drei Arten von Tätigkeiten aus, strikt religiöse Tätigkeiten, von C geförderter Unterricht und freien Unterricht ohne finanzielle Zuwendungen von C. Bei L handelt es sich um eine Einrichtung, die mehrere Tätigkeiten ausübt. Es ist dabei isoliert zu prüfen, ob die von der Gemeinde C ausgeübten pädagogischen Tätigkeiten – und, wenn ja, welche von ihnen – wirtschaftlicher Art sind.*[52]

Bei mehreren Tätigkeiten ist sohin zu klären, welche von den Tätigkeiten wirtschaftlicher Art ist. Denn nur bei einer wirtschaftlichen Tätigkeit handelt es sich um die Tätigkeit eines „Unternehmens" im Sinne des Wettbewerbsrechts.[53]

2. Produktionszweige

Der Tatbestand der staatlichen Beihilfe umfasst neben den **Unternehmen** auch die Begünstigung bestimmter **Produktionszweige**.

Der Begriff Produktionszweig (Wirtschaftszweig)[54] umfasst dabei Beihilfemaßnahmen, die einer ganzen **Branche** zugutekommen.[55] Erfasst sind somit alle in einem bestimmten wirtschaftlichen Bereich tätigen Unternehmen.[56]

Einer ganzen Branche würde etwa ein für die Hotellerie- und Tourismusbetrieben ausgestalteter „Energiebonus" in einer bestimmten Höhe zugutekommen. Da jedoch bei Beihilfen an ganze Produktionszweige auch die einzelnen Unternehmen Begünstigte der Beihilfemaßnahme sind und somit bereits die erste Tatbestandsalternative erfüllt ist, kommt dem Begriff des Produktionszweiges insoweit keine eigenständige Bedeutung zu.[57]

Beispiel: *Der Mitgliedstaat Y führt Steuererleichterungen für die heimische Textil- und Filmindustrie ein. Mit dieser Maßnahme wird ein bestimmter Produktionszweig (Textil- und Filmindustrie) bevorteilt.*

---

[51] EuGH 27.06.2017, C-74/16, *Congregación de Escuelas Pías Provincica Betanie/Ayuntamiento de Getafe* Rn 51.

[52] EuGH 27.06.2017, C-74/16, *Congregación de Escuelas Pías Provincica Betanie/Ayuntamiento de Getafe* Rn 52, 54.

[53] EuGH 27.06.2017, C-74/16, *Congregación de Escuelas Pías Provincica Betanie/Ayuntamiento de Getafe* Rn 52, 54.

[54] Vgl zum Synonym „Wirtschaftszweig": EuGH 17.06.1999, C-75/97, *Belgien/Kommission* Rn 5, 30 f; *Cremer* in Calliess/Ruffert, EUV/AEUV[6] Art 107 AEUV Rn 30.

[55] *Koenig/Hellstern* in Hatje/Müller-Graff, EnzEuR IV[2] § 14 Rz 36; *Koenig/Förtsch* in Streinz, EUV/AEUV[3] Art 107 AEUV Rn 73.

[56] *Heidenhain* in Heidenhain (Hrsg), European State Aid Law § 4 Rn 59; *Cremer* in Calliess/Ruffert, EUV/AEUV[6] Art 107 AEUV Rn 30.

[57] *Cremer* in Calliess/Ruffert, EUV/AEUV[6] Art 107 AEUV Rn 30.

3. Verbraucher

Staatliche Zuwendungen an Verbraucher, deren Marktteilnahme sich lediglich im Konsum von Waren und Dienstleistungen erschöpft, sind grds nicht beihilferelevant.[58] Leistet ein Staat allerdings Zahlungen an Verbraucher, kann uU eine mittelbare Beihilfe vorliegen.[59] Beihilferelevant ist eine Zuwendung an Verbraucher etwa dann, wenn sie zB über Förderbedingungen so ausgestaltet ist, dass sie mit hoher Wahrscheinlichkeit nur bestimmten Unternehmen wirtschaftlich zugutekommt.[60]

Dies trifft zB auf Förderungen für bestimmte umweltfreundliche Produkte oder kulturelle und pädagogische Dienstleistungen zu.[61] Verbraucherbeihilfen finden auch primärrechtlich[62] und sekundärrechtlich[63] ihren Niederschlag.

Beispiel: *Der Staat Y gewährt seinen Landesbürgern aufgrund der aktuellen hohen Mineralölpreise eine finanzielle Zuwendung, damit sie im Inland tanken und nicht ins benachbarte Staatsgebiet zur Ersparnis der Tankkosten flüchten. Diese Maßnahme kommt mittelbar bestimmten Unternehmen (Mineralölunternehmen, Tankstellenbetreibern) zugute und ist als mittelbare Beihilfe beihilferelevant.*

C. Selektivität

Literatur: *Bartosch*, EU-Beihilfenrecht[3] (2020); *ders*, (Neu-)Entwicklungen in der materiellen Selektivität, EuZW 2017, 756; *ders*, Die Selektivität der Selektivität – Wie ist es um die Gestaltungsfreiräume der Mitgliedstaten in der Wirtschaftsförderung bestellt?, EuZW 2015, 99; *Bednar*, Die Rs Autogrill España: Firmenwertabschreibung als selektive Beihilfe, GES 2017, 99; *Biondi*, State Aid is Falling Down, Falling Down: An Analysis of the Case Law on the Notion of Aid, CMLR 2013, 1719; *Birnstiel/Bungenberg/Heinrich*, Europäisches Beihilfenrecht (2013); *Frenz*, Handbuch Europarecht III: Beihilferecht[2] (2021); *ders*, Selektivität in der Beihilfenkontrolle auf altem Kurs – nach dem EuGH-Urteil zur Kernbrennstoffsteuer, EWS 2015, 194; *Holtmann*, Staatliche Beihilfen: Selektivität einer Steuerregelung – Das EuG-Urteil Banco Santander ua, EWS 2015, 140; *Jaeger*, Beihilfe- und Förderungsrecht, in Holoubek/Potacs (Hrsg), Öffentliches Wirtschaftsrecht I[4] (2019) 717; *König/Hellstern*, Das materielle binnenmarktrechtliche Beihilfenaufsichtsrecht, in Hatje/Müller-Graff (Hrsg), Enzyklopädie Europarecht IV: Europäisches Binnenmarkt- und Wirtschaftsordnungsrecht[2] (2021); *Radlgruber*, Neues im Bereich Selektivität, in Haslinger/Jaeger (Hrsg), Jahrbuch Beihilferecht (2016) 241; *Reiter*, Beihilfen zugunsten von Produktionszweigen: zur sektoralen Selektivität im Beihilferecht, EuZW

---

58 *Jaeger* in Holoubek/Potacs, Öffentliches Wirtschaftsrecht I[4], 765.

59 *Jaeger* in Holoubek/Potacs, Öffentliches Wirtschaftsrecht I[4], 765.

60 *Müller-Graff*, Die Erscheinungsformen der Leistungssubventionstatbestände aus wirtschaftsrechtlicher Sicht, ZHR 1988, 403 (427).

61 Ein allenfalls vorliegender sozialer Charakter ist dabei nicht entscheidend: vgl EuGH 26.09.1996, C-241/94, *Frankreich/Kommission* Rn 21; EuGH 08.09.2011, C-279/08 P, *Kommission/Königreich der Niederlande* Rn 63.

62 Vgl Art 107 Abs 2 lit a AEUV.

63 Vgl Art 52c AGVO.

2020, 312; *Säcker*, Münchner Kommentar. Europäisches und Deutsches Wettbewerbsrecht V: Beihilfenrecht[4] (2022); *Streinz*, EUV/AEUV[3] (2018); *Zellhofer/Solek*, Mitteilung Beihilfebegriff IV: Selektive Begünstigung im Lichte der Bekanntmachung zum Beihilfebegriff, in Haslinger/Jaeger (Hrsg), Jahrbuch Beihilferecht (2017) 445.

Judikatur: EuGH 01.12.1998, C-200/97, *Ecotrade*; EuG 29.09.2000, T-55/99, *Confederación Española de Transporte de Mercancías (CETM)/Kommission*; EuGH 08.11.2001, C-143/99, *Adria-Wien Pipeline ua*; EuG 06.03.2002, verb Rs T-127/99, T-129/99 u T-148/99, *Territorio Histórico de Álava ua/Kommission*; EuG 06.03.2002, verb Rs T-92/00 u T-103/00, *Ramondin SA und Ramondin Cápsulas SA/Kommission*; Schlussanträge GA *Jacobs* 29.11.2005, C-368/04, *Transalpine Ölleitung*; EuGH 10.01.2006, C-222/04, *Cassa di Risparmio di Firenze*; EuGH 06.09.2006, C-88/03, *Portugal/Kommission*; EuGH 11.09.2008, verb Rs C-428/06 bis C-434/06, *Unión General de Trabajadores de La Rioja*; EuG 18.12.2008, T-211/04 u T-215/04, *Gibraltar und Vereinigtes Königreich/Kommission*; EuGH 08.09.2011, C-279/08 P, *Kommission/Niederlande* EuGH 08.09.2011, verb Rs C-78/08 bis C-80/08, *Paint Graphos ua*; EuGH 15.11.2011, verb Rs C-106/09 P u C-107/09 P, *Kommission und Spanien/Gibraltar und Vereinigtes Königreich*; EuG 07.11.2014, T-219/10, *Autogrill Espana SA/Kommission*; EuGH 21.12.2016, C-20/15 P u C-21/15 P, *Kommission/World Duty Group ua*; EuGH 02.02.2023, C-649/20 P, C-658/20 P, C-662/20 P, *Spanien/Kommission*; EuGH 21.09.2023, C-831/21 P, *Fachverband Spielhallen und LM/Kommission.*

Für das Vorliegen einer staatlichen Beihilfe bedarf es zudem einer Begünstigung **bestimmter** Unternehmen oder Produktionszweige.

Nicht alle Maßnahmen fallen somit unter den Beihilfebegriff, sondern nur solche, die selektiv bestimmte Unternehmen, Unternehmensgruppen oder bestimmte Wirtschaftszweige bevorteilen.[64] Die Tatbestandsmerkmale der Begünstigung und der Selektivität sind eng miteinander verknüpft.[65]

Maßnahmen von rein allgemeinem Charakter, die weder bestimmte Unternehmen noch Produktionszweige begünstigen sind daher grds keine Beihilfe.[66]

Beispiel: *Der Bund entschließt sich im Rahmen einer Förderungsrichtlinie eine sog COVID-19-Investitionsprämie für Unternehmen bereitzustellen. Das Förderprogramm wird als „Allgemeine Maßnahme" ausgestaltet. Es richtet sich an alle Unternehmen und ist damit nicht selektiv.*[67]

Der selektive Charakter einer nationalen Steuermaßnahme wird anhand eines dreistufigen Prüfungsschemas beurteilt.

Erstens ist die allgemeine Steuerregelung zu ermitteln. Zweitens ist zu beurteilen, ob die betreffende Maßnahme von dieser allgemeinen Regelung abweicht, indem sie Unterscheidungen zwischen Wirtschaftsteilnehmern einführt, die sich in einer vergleichbaren

64 Bekanntmachung zum Beihilfebegriff, ABl C 2016/262, 1 Rn 117.

65 *Koenig/Hellstern* in Hatje/Müller-Graff, EnzEuR IV[2] § 14 Rz 44.

66 Bekanntmachung zum Beihilfebegriff, ABl C 2016/262, 1 Rn 118; vgl auch *Jaeger* in Holoubek/Potacs, Öffentliches Wirtschaftsrecht I[4], 717 (766).

67 S dazu die Förderungsrichtlinie „COVID-19-Investitionsprämie für Unternehmen" der Bundesministerin für Digitalisierung und Wirtschaftsstandort im Einvernehmen mit dem Bundesminister für Finanzen und der Bundesministerin für Klimaschutz, Umwelt, Energie, Mobilität, Innovation und Technologie (2021).

tatsächlichen und rechtlichen Situation befänden. Drittens ist zu prüfen, ob der Mitgliedstaat nachgewiesen hat, dass diese Maßnahme durch die Natur oder den Aufbau des Systems, in das sie sich einfüge, gerechtfertigt ist.[68] Dieses Prüfungsschema soll die verdeckte Selektivität von vorteilhaften steuerlichen Maßnahmen offenbaren.[69]

Der Begriff „Selektivität" unterscheidet zwischen **materieller Selektivität** und **regionaler Selektivität.**

Teilweise wird auch noch nach der sektoriellen Selektivität[70] differenziert.

1. Materielle Selektivität

Materielle Selektivität liegt vor, wenn die Maßnahme sich ausdrücklich nur an bestimmte (Gruppen von) Unternehmen oder bestimmte Wirtschaftszweige in einem bestimmten Mitgliedstaat richtet.[71]

Die Selektivität kann sich aus einer Reihe unterschiedlicher Kriterien ergeben wie dem Erfordernis einer bestimmten Staatsangehörigkeit,[72] der Beschränkung der Maßnahme auf Unternehmen einer bestimmten Unternehmensgröße,[73] auf Unternehmen einer bestimmten Rechtsform,[74] oder auf Unternehmen mit einem bestimmten Mindestenergieverbrauch,[75] etc.

Die materielle Selektivität kann **de jure** oder **de facto** vorliegen.

Eine de-jure-Selektivität ergibt sich unmittelbar aus den rechtlichen Kriterien für die Gewährung einer Maßnahme, die förmlich bestimmten Unternehmen vorbehalten ist.[76]

Beispiel: *Eine Fördermaßnahme richtet sich ausschließlich an Genossenschaften, die in der Bankenbranche tätig sind. Diese Maßnahme ist de jure selektiv, da sie Unternehmen einer bestimmten Rechtsform, in bestimmten Wirtschaftszweigen vorbehalten ist.*[77]

Eine de-facto-Selektivität kann sich aus von Mitgliedstaaten auferlegten Bedingungen oder Hindernissen ergeben, die bestimmte Unternehmen davon abhalten, die Maß-

---

[68] EuGH 08.09.2011, C-78/08, C-80/08, *Paint Graphos ua* Rn 49; EuGH 21.12.2016, C-20/15 P u C-21/15 P, *Kommission/World Duty Group ua* Rn 57.

[69] EuGH 02.02.2023, C-649/20 P, C-658/20 P, C-662/20 P, *Spanien/Kommission* Rn 49.

[70] S *Arhold* in Säcker, MüKoWettbR V: BeihilfenR[4] Art 107 Rz 620 ff; *Kliemann* in Schwarze, Europäisches Unionsrecht[7] (2019) Art 107 AEUV Rn 45.

[71] Bekanntmachung zum Beihilfebegriff, ABl C 2016/262, 1 Rn 120.

[72] S *Arhold* in Säcker, MüKoWettbR V: BeihilfenR[4] Art 107 Rz 604.

[73] EuGH 01.12.1998, C-200/97, *Ecotrade* Rn 38; EuG 06.03.2002, verb Rs T-127/99, T-129/99 u T-148/99, *Territorio Histórico de Álava ua/Kommission*; EuG 29.09.2000, T-55/99, *Confederación Española de Transporte de Mercancías (CETM)/Kommission* Rn 40.

[74] EuGH 10.01.2006, C-222/04, *Cassa di Risparmio di Firenze* Rn 135 f.

[75] Schlussanträge GA *Jacobs* 29.11.2005, C-368/04, *Transalpine Ölleitung* Rn 27, 70; EuGH 08.09.2011, C-279/08 P, *Kommission/Niederlande* Rn 76.

[76] Bekanntmachung zum Beihilfebegriff, ABl C 2016/262, 1 Rn 121; s auch EuGH 15.11.2011, verb Rs C-106/09 P u C-107/09 P, *Kommission und Spanien/Gibraltar und Vereinigtes Königreich* Rn 101 ff.

[77] EuGH 08.09.2011, verb Rs C-78/08 bis C-80/08, *Paint Graphos ua* Rn 52.

nahme in Anspruch zu nehmen.[78] Die Eingrenzung einer Maßnahme auf bestimmte Empfänger, die sich erst de facto erweist (de-facto-Selektivität), wird vom EuGH sehr weit ausgelegt.[79]

Beispiel: *Der Mitgliedstaat F gewährt eine Steuergutschrift auf Investitionen oberhalb eines bestimmten Schwellenwerts. Diese Maßnahme kann darauf hinauslaufen, dass sie de facto Unternehmen vorbehalten ist, die über erhebliche finanzielle Ressourcen verfügen.*[80]

Materielle Selektivität liegt vor, wenn eine Maßnahme einem bestimmten Unternehmen gegenüber anderen Unternehmen, die sich in einer faktisch (de facto) und rechtlich (de jure) vergleichbaren Situation befinden, einen Vorteil verschafft.[81]

2. Regionale Selektivität

Regionale Selektivität[82] liegt vor, wenn sich eine staatlich gewährte Begünstigung innerhalb eines festgesetzten Bezugrahmens auf ein bestimmtes Gebiet beschränkt.[83] MaW: Eine allgemein anwendbare Regelung ist regional selektiv, wenn sie Unternehmen unmittelbar oder mittelbar in einer bestimmten Region des betreffenden Mitgliedstaates begünstigt.[84]

Maßnahmen, die im gesamten Gebiet eines Mitgliedstaats Anwendung finden, sind nicht als regional selektiv anzusehen.[85] Bei steuerlichen Maßnahmen einer regionalen oder lokalen Körperschaft muss nicht das gesamte Staatsgebiet den Bezugsrahmen bilden.[86]

Beispiel: *Der Mitgliedstaat S gewährt allen Unternehmen in bestimmten historischen Territorien von S eine finanzielle Zuwendung. Die Maßnahme ist als regional selektiv anzusehen.*

78 Bekanntmachung zum Beihilfebegriff, ABl C 2016/262, 1 Rn 122.

79 *Arhold* in Säcker, MüKoWettbR V: BeihilfenR[4] Art 107 Rz 622 ff; *Sutter* in Mayer/Stöger, EUV/AEUV Art 107 AEUV Rz 40 ff; *Lübbig/Martin-Ehlers*, Beihilfenrecht Rz 124 ff; *Jaeger* in Holoubek/Potacs, Öffentliches Wirtschaftsrecht I[4] 717 (766).

80 EuG 06.03.2002, verb Rs T-92/00 u. T-103/00, *Ramondin SA und Ramondin Cápsulas SA/Kommission* Rn 39.

81 EuGH 08.11.2001, C-143/99, *Adria-Wien Pipeline ua*; EuGH 22.12.2008, C-487/06 P, *British Aggregates* Rn 82; EuGH 15.11.2011, verb Rs C-106/09 P u C-107/09 P, *Kommission und Spanien/Gibraltar und Vereinigtes Königreich* Rn 75.

82 Weiterführend zur regionalen (territorialen) Selektivität s *Koenig/Förtsch* in Streinz, EUV/AEUV[3] Art 107 AEUV Rn 84; *Arhold* in Säcker, MüKoWettbR V: BeihilfenR[4] Art 107 Rz 589 ff.

83 Bekanntmachung zum Beihilfebegriff, ABl C 2016/262, 1 Rn 142 ff; *Koenig/Förtsch* in Streinz, EUV/AEUV[3] Art 107 AEUV Rn 84.

84 S *Arhold* in Säcker, MüKoWettbR V: BeihilfenR[4] Art 107 Rz 589; EuGH 06.09.2006, C-88/03, *Portugal/Kommission* Rn 56 f; EuGH 15.11.2011, verb Rs C-106/09 P u C-107/09 P, *Kommission und Spanien/Gibraltar und Vereinigtes Königreich* Rn 90.

85 Bekanntmachung zum Beihilfebegriff, ABl C 2016/262, 1 Rn 142.

86 EuGH 06.09.2006, C-88/03, *Portugal/Kommission*; EuGH 11.09.2008, verb Rs C-428/06 bis C-434/06, *Unión General de Trabajadores de La Rioja*.

Vergünstigungen, die nur für bestimmte Regionen Vorteile bringen (zB steuerliche oder sozialrechtliche Regelungen) werden vom EuGH in stRsp stets als selektiv beurteilt.[87]

D. Begünstigung (Vorteil)

Literatur: *Bartosch*, EU-Beihilfenrecht[3] (2020); *Birnstiel/Bungenberg/Heinrich*, Europäisches Beihilfenrecht (2013); *Butler/Bärenbrinker*, Die Rechtsprechung der Europäischen Gerichte auf dem Gebiet des Beihilferechts in den Jahren 2015 bis 2017 (Teil 1), EWS 2018, 131; *Dascalescu*, What Future for Equity Financial Instruments Where the State Acts as a Private Co-investor under the Market Economy Operator Test?, EStAL 2022, 355; *Dreher/Lübbig/Wolf-Posch*, Praxis des EU-Beihilferechts in Österreich (2017); *Frenz*, Handbuch Europarecht III: Beihilferecht[2] (2021); *Harsdorf/Gänser*, Mitteilung Beihilfebegriff IV: Vorteilsbegriff „neu"? Eine Analyse einzelner Aspekte im Lichte der Rechtsprechung, in Haslinger/Jaeger (Hrsg), Jahrbuch Beihilferecht (2017) 433; *Kahl/Müller*, Vorteilsbegriff III: Konzessionsvergabe als Beihilfe, in Haslinger/Jaeger (Hrsg), Jahrbuch Beihilferecht (2016) 281; *König/Hellstern*, Das materielle binnenmarktrechtliche Beihilfenaufsichtsrecht, in Hatje/Müller-Graff (Hrsg), Enzyklopädie Europarecht IV: Europäisches Binnenmarkt- und Wirtschaftsordnungsrecht[2] (2021); *Mickonytė*, Vorteilsbegriff II: Der Fall London Taxi, in Haslinger/Jaeger (Hrsg), Jahrbuch Beihilferecht (2016) 265; *Säcker*, Münchner Kommentar. Europäisches und Deutsches Wettbewerbsrecht V: Beihilfenrecht[4] (2022); *Streinz*, EUV/AEUV[3] (2018); *Zellhofer/Solek*, Mitteilung Beihilfebegriff IV: Selektive Begünstigung im Lichte der Bekanntmachung zum Beihilfebegriff, in Haslinger/Jaeger (Hrsg), Jahrbuch Beihilferecht (2017) 445.

Judikatur: EuGH 23.02.1961, Rs 30/59, *De Gezamenlijke Steenkolenmijnen*; EuGH 02.07.1974, Rs 173/73, *Italien/Kommission*; EuGH 27.03.1980, Rs 61/79, *Amministrazione delle finanze dello Stato*; EuGH 10.07.1986, Rs 40/85, *Belgien/Kommission*; EuGH 24.02.1987, Rs 310/85, *Deufil/Kommission*; EuGH 27.09.1988, verb Rs 106/87 bis 120/87, *Asteris AE ua/Griechenland*; EuGH 21.03.1990, C-142/87, *Belgien/Kommission (Tubemeuse)*; EuGH 21.03.1991, C-305/89, *Italien/Kommission (ALFA Romeo)*; EuGH 15.03.1994, C-387/92, *Banco Exterior de España*; EuGH 29.02.1996, C-56/93, *Belgien/Kommission*; EuGH 11.07.1996, C-39/94, *SFEI ua*; EuGH 26.09.1996, C-241/94, *Frankreich/Kommission*; EuG 21.01.1999, verb Rs T-129/95, T-2/96 u T-97/96, *Neue Maxhütte Stahlwerke und Lech-Stahlwerke/Kommission*; EuGH 29.04.1999, C-342/96, *Spanien/Kommission*; EuGH 19.05.1999, C-6/97, *Italien/Kommission*; EuGH 19.09.2000, C-156/98, *Deutschland/Kommission*; EuGH 12.10.2000, C-480/98, *Magefesa*; EuGH 07.12.2000, C-324/98, *Telaustria*; EuG 12.12.2000, T-296/97, *Alitalia/Kommission*; EuGH 03.12.2001, C-59/00, *Bent Mousten Vestergaard*; EuG 17.10.2002, T-98/00, *Linde/Kommission*; EuGH 12.12.2002, C-5/01, *Belgien/Kommission*; EuG 06.03.2003, verb Rs T-228/99 u T-233/99, *Westdeutsche Landesbank Girozentrale und Land Nordrhein-Westfalen/Kommission*; EuGH 24.07.2003, C-280/00, *Altmark Trans*; EuGH 20.11.2003, C-126/01, *GEMO SA*; EuG 16.09.2004, T-274/01, *Valmont Nederland BV/Kommission*; EuGH 03.03.2005, C-172/03, *Heiser*; EuGH 29.03.2007, T-366/00, *Scott/Kommission*; EuGH 22.11.2007, C-525/04 P, *Spanien/Kommission*; KOM 11.12.2007, C 53/2006, *Citynet Amsterdam*, ABl L 2008/247, 27; EuG 24.09.2008, T-20/03, *Kahla Thüringen Porzellan/Kommission*; EuG 01.07.2010, T-64/08, *Nuova Terni Industrie Chimiche SpA/Kommission*; EuG 13.09.2010, verb Rs T-415/05,

[87] *Biondi*, CMLR 2013, 1719; *Jaeger*, in Holoubek/Potacs, Öffentliches Wirtschaftsrecht I[4] 717 (766).

T-416/05 u T-423/05, *Griechenland ua/Kommission*; EuGH 16.12.2010, C-239/09, *Seydaland Vereinigte Agrarbetriebe*; KOM 23.05.2011, SA.31154 (N 429/10), *Griechenland – Agricultural Bank of Greece (ATE)*, ABl C 2011/317, 5; EuGH 08.12.2011, C-81/10, *France Télécom SA/Kommission*; EuG 28.02.2012, verb Rs T-268/08 u T-281/08, *Land Burgenland und Österreich/Kommission*; EuGH 05.06.2012, C-124/10 P, *Kommission/EDF*; EuG 11.09.2012, T-565/08, *Corsica Ferries France SAS/Kommission*; EuGH 24.01.2013, C-73/11 P, *Frucona/Kommission*; EuGH 19.03.2013, verb Rs C-399/10 P u C-401/10 P, *Bouygues und Bouygues Télécom/Kommission ua*; EuGH 04.09.2014, verb Rs C-533/12 P u C-536/12 P, *SNCM und Frankreich/Kommission*; EuG 25.03.2015, T-538/11, *Belgien/Kommission*; EuGH 30.06.2016, C-270/15 P, *Belgien/Kommission*; EuGH 10.12.2020, C-160/19 P, *Comune di Milano/Kommission*; EuGH 26.03.2020, C-244/18 P, *Larko/Kommission*, EuGH 11.11.2021, C-933/19 P, *Autostrada Wielkopolska/Kommission u Polen*; EuGH 12.01.2023, verb Rs C-702/20, C-17/21, *SIA „DOBELES HES" ua.*

Eine Beihilfe liegt nur dann vor, wenn mit der finanziellen Unterstützung auch ein wirtschaftlicher Vorteil (**Begünstigung**) bewirkt wird. Die Mittelgewährung muss den Beihilfeempfänger begünstigen.

Eine Begünstigung ist als Gewährung eines wirtschaftlichen Vorteils jeglicher Art zu verstehen, den das Unternehmen unter normalen Marktbedingungen – also ohne Eingreifen des Staates – nicht erhalten hätte.[88]

Nicht nur positive Leistungen sind damit gemeint, sondern auch Maßnahmen, die in verschiedener Form die Belastungen vermindern, die ein Unternehmen üblicherweise zu tragen hat.[89]

Keine Begünstigung liegt vor: Bei der Erstattung rechtswidrig erhobener Abgaben,[90] bei staatlichen Schadenersatzzahlungen[91] an Unternehmen; bei Ausgleichsleistungen für eine Enteignung[92].

Für die Einstufung als Vorteil ist es zudem unbeachtlich, dass der betreffende Markt zuvor vollständig liberalisiert wurde.[93]

Eine Begünstigung ist bei einer Maßnahme gegeben, die einem bestimmten Unternehmen Vorteile gewährt und zwar ohne eine angemessene, marktgerechte Gegenleistung.

Im Umkehrschluss ist eine Begünstigung dann ausgeschlossen, wenn dem von der staatlichen Einheit gewährenden Vorteil eine marktgerechte Gegenleistung gegenübersteht.

---

88 EuGH 11.07.1996, C-39/94, *SFEI ua* Rn 60; EuGH 29.04.1999, C-342/96, *Spanien/Kommission* Rn 41; zur Aufzählung vgl *Jaeger* in Holoubek/Potacs, Öffentliches Wirtschaftsrecht I[4], 766.

89 EuGH 03.04.2014, C-559/12 P, *Frankreich/Kommission* Rn 94; EuGH 19.03.2013, C-399/10 P und C-401/10 P, *Bouygues und Bouygues Télécom/Kommission ua und Kommission/Frankreich* Rn 101; auch ergibt sich wohl ein Vorteil für ein Unternehmen daraus, wenn sich ein Unternehmen mit einer Förderung für die Errichtung eines der Präsentation der Unternehmensmarke gewidmeten Showrooms den finanziellen Aufwand für Marketing- und Werbemaßnahmen erspart.

90 EuGH 27.03.1980, Rs 61/79, *Amministrazione delle finanze dello Stato* Rn 29 ff.

91 EuGH 27.09.1988, verb Rs 106/87 bis 120/87, *Asteris AE ua/Griechenland* Rn 23 f.

92 EuG 01.07.2010, T-64/08, *Nuova Terni Industrie Chimiche SpA/Kommission.*

93 EuGH 12.01.2023, verb Rs C-702/20, C-17/21, *SIA „DOBELES HES" ua* Rn 54.

Wirtschaftliche Transaktionen öffentlicher Stellen verschaffen der Gegenseite keinen Vorteil und stellen **keine Beihilfe** dar, wenn sie zu **normalen Marktbedingungen** vorgenommen werden.[94] Dieser Grundsatz wurde in Bezug auf verschiedene wirtschaftliche Transaktionen entwickelt und als „**Grundsatz des marktwirtschaftlich handelnden Kapitalgebers**" bezeichnet.[95]

1. Market Economy Operator Test

Der **Grundsatz des marktwirtschaftlich handelnden Kapitalgebers (Market Economy Operator Test)**[96] wurde von den Unionsgerichten entwickelt, um bei öffentlichen Investitionen festzustellen, ob eine staatliche Beihilfe vorliegt.[97] Nach diesem Test ist entscheidend, ob ein unter normalen Marktbedingungen handelnder privater Kapitalgeber von vergleichbarer Größe in ähnlicher Lage zu der fraglichen Investition hätte bewegt werden können.[98]

Es kommt darauf an, ob die öffentliche Stelle sich so verhalten hat, wie es ein marktwirtschaftlich handelnder Wirtschaftsbeteiligter in ähnlicher Lage getan hätte.[99] Ist dies nicht der Fall, so hat das Empfängerunternehmen einen wirtschaftlichen Vorteil erlangt, den es unter normalen Marktbedingungen nicht erhalten hätte,[100] und durch den es sich in einer günstigeren Lage befindet als seine Wettbewerber.[101] Ist zweifelhaft, ob der MOET anwendbar ist, ist anhand eindeutiger, objektiver und nachprüfbarer Nachweise zu belegen, dass die durchgeführte Maßnahme in der Eigenschaft als privater Wirtschaftsteilnehmer getroffen wurde.[102]

Je nachdem, welcher Art die zu beurteilende Maßnahme ist, kann der Test verschiedene Ausprägungen annehmen: **Private Investor** (Kapitalbeteiligungen), **Private Vendor** (Veräußerungen), **Private Creditor** (Darlehen) oder etwa **Private Purchaser** (Vermögenskauf).

---

94 EuGH 11.07.1996, C-39/94, *SFEI ua* Rn 60 f.

95 Bekanntmachung zum Beihilfebegriff, ABl C 2016/262, 1 Rn 74.

96 In der Literatur auch als Private Investor Test (PIT) bezeichnet.

97 Bekanntmachung zum Beihilfebegriff, ABl C 2016/262, 1 Rn 74; vgl dazu auch EuGH 10.12.2020, C-160/19 P, *Comune di Milano/Kommission* Rn 103; EuGH 11.11.2021, C-933/19 P, *Autostrada Wielkopolska/Kommission u Polen* Rn 105.

98 EuGH 21.03.1990, C-142/87, *Belgien/Kommission (Tubemeuse)* Rn 29; EuGH 21.03.1991, C-305/89, *Italien/Kommission (ALFA Romeo)* Rn 18 f; EuG 21.01.1999, verb Rs T-129/95, T-2/96 u T-97/96, *Neue Maxhütte Stahlwerke und Lech-Stahlwerke/Kommission* Rn 104; EuG 06.03.2003, verb Rs T-228/99 u T-233/99, *Westdeutsche Landesbank Girozentrale und Land Nordrhein-Westfalen/Kommission.*

99 Bekanntmachung zum Beihilfebegriff, ABl C 2016/262, 1 Rn 76.

100 EuG 06.03.2003, verb Rs T-228/99 u T-233/99 Rn 208.

101 EuGH 05.06.2012, C-124/10 P, *Kommission/EDF* Rn 90; EuGH 19.05.1999, C-6/97, *Italien/Kommission* Rn 16.

102 EuGH 11.11.2021, C-933/19 P, *Autostrada Wielkopolska/Kommission u Polen*; EuGH 26.03.2020, C-244/18 P, *Larko/Kommission* Rn 63.

Ergibt der Market Economy Operator Test, dass ein privater Investor gleichermaßen agiert hätte, kann das Tatbestandsmerkmal der Begünstigung verneint werden und es entfällt insgesamt der Beihilfetatbestand.

Ob eine staatliche Maßnahme den Marktbedingungen entspricht, muss **ex ante** auf der Grundlage, der zum Zeitpunkt der Entscheidung über die Maßnahme, verfügbaren Informationen geprüft werden. Ex-post vorgenommene wirtschaftliche Bewertungen reichen nicht aus.[103]

2. Feststellung der Marktüblichkeit

Die Marktüblichkeit kann direkt mittels transaktionsspezifischer Marktdaten festgestellt werden (**pari passu**, **Ausschreibung**). Liegen keine solche Daten vor, ist nach anderen verfügbaren Methoden (**Benchmarking,** anerkannte **Berechnungsmethoden** zB IRR) vorzugehen.

a. Pari Passu

Marktüblichkeit liegt vor, wenn die Transaktion von öffentlichen Stellen und privaten Wirtschaftsbeteiligten zu gleichen Bedingungen („pari passu") durchgeführt wird.[104]

Unter gleichen Bedingungen bedeutet mit gleichen Risiken und gleichen Erträgen, zB im Rahmen einer öffentlichen-privaten Partnerschaft (Public Private Partnership).[105] Die Maßnahme der privaten Wirtschaftsbeteiligten muss wirtschaftlich bedeutend, dh nicht nur von symbolischer oder marginaler Bedeutung sein.[106] Als wirtschaftlich bedeutend wurde die private Beteiligung von einem Drittel angesehen,[107] nicht ausreichend waren lediglich 10% Privatanteil.[108]

Die Bedingungen können nicht als gleich angesehen werden, wenn öffentliche Stellen und private Wirtschaftsbeteiligte zwar zu gleichen Bedingungen, aber zu unterschiedlichen Zeitpunkten tätig werden, etwa nachdem sich die für die Transaktion relevante wirtschaftliche Lage geändert hat.[109]

Beispiel: *Ein österreichischer Fonds, zugunsten innovativer KMU, wurde zu zwei Drittel mit staatlichen Mitteln und 1/3 mit privater Beteiligung finanziert. Nach dem Grundsatz des marktwirtschaftlich handelnden Kapitalgebers liegt keine Beihilfe vor, da*

---

[103] EuGH 05.06.2012, C-124/10 P, *Kommission/EDF* Rn 83 ff; Bekanntmachung zum Beihilfebegriff, ABl C 2016/262, 1 Rn 78.

[104] Bekanntmachung zum Beihilfebegriff, ABl C 2016/262, 1 Rn 84, 86-88.

[105] EuG 12.12.2000, T-296/97, *Alitalia/Kommission.*

[106] Bekanntmachung zum Beihilfebegriff, ABl C 2016/262, 1 Rn 87 lit c.

[107] KOM 11.12.2007, C 53/2006, *Citynet Amsterdam*, ABl L 2008/247, 27.

[108] KOM 23.05.2011, SA.31154 (N 429/10), *Griechenland – Agricultural Bank of Greece (ATE)*, ABl C 2011/317, 5.

[109] Bekanntmachung zum Beihilfebegriff, ABl C 2016/262, 1 Rn 86 FN 139.

der Fonds marktüblich pari passu ausgestaltet wurde. Ein privater Anteil in der Höhe von einem Drittel ist als wirtschaftlich bedeutend anzusehen.

b. Öffentliche Ausschreibung

Marktüblichkeit wird zudem angenommen, wenn der Verkauf und Kauf von Vermögenswerten, Waren und Dienstleistungen in einem **wettbewerblichen,**[110] **transparenten, diskriminierungsfreien und bedingungsfreien Ausschreibungsverfahren** erfolgt, das den vergaberechtlichen Vorschriften entspricht.[111]

c. Benchmarking

Um festzustellen, ob eine Transaktion die Marktbedingungen erfüllt, kann sie anhand der Bedingungen geprüft werden, zu denen vergleichbare Transaktionen von vergleichbaren privaten Wirtschaftsbeteiligten in einer vergleichbaren Lage vorgenommen wurden (**Benchmarking**).[112]

Bei der Ermittlung einer geeigneten Benchmark ist besonders auf die Art des betroffenen Wirtschaftsbeteiligten, auf die Art der Transaktion und auf die betroffenen Märkte zu achten.[113] Beim Benchmarking wird häufig nicht ein „genauer" Referenzwert, sondern eine Spanne möglicher Werte ermittelt, indem vergleichbare Transaktionen geprüft werden.[114]

d. Alternative anerkannte Berechnungsmethoden

Ob eine Transaktion mit den Marktbedingungen im Einklang steht, kann auch anhand einer allgemein anerkannten Standard-Bewertungsmethode festgestellt werden.[115] Eine solche Methode muss auf verfügbaren objektiven, überprüfbaren und zuverlässigen Daten beruhen,[116] die hinreichend detailliert sein müssen und unter Berücksichtigung der Höhe des Risikos und der Erwartungen für die Zukunft[117] die wirtschaftliche Lage zum Zeitpunkt der Entscheidung über die Transaktion widerspiegeln sollten.[118]

---

[110] Die Unionsgerichte verwenden oftmals die Bezeichnung „offenes" Ausschreibungsverfahren. Die Kommission verwendet jedoch den Begriff „wettbewerblich", da es auf kein spezifisches Verfahren iSd der RL 2014/24/EU bzw RL 2014/25/EU ankommt: Bekanntmachung zum Beihilfebegriff, ABl C 2016/262, 1 Rn 89 FN 146.

[111] EuGH 07.12.2000, C-324/98, *Telaustria* Rn 62; EuGH 03.12.2001, C-59/00, *Bent Mousten Vestergaard* Rn 20.

[112] Bekanntmachung zum Beihilfebegriff, ABl C 2016/262, 1 Rn 98.

[113] Bekanntmachung zum Beihilfebegriff, ABl C 2016/262, 1 Rn 99.

[114] Bekanntmachung zum Beihilfebegriff, ABl C 2016/262, 1 Rn 100.

[115] EuGH 29.03.2007, T-366/00, *Scott/Kommission* Rn 134; EuGH 16.12.2010, C-239/09, *Seydaland Vereinigte Agrarbetriebe* Rn 39.

[116] EuG 16.09.2004, T-274/01, *Valmont Nederland BV/Kommission* Rn 71.

[117] EuGH 29.03.2007, T-366/00 Rn 158

[118] Bekanntmachung zum Beihilfebegriff, ABl C 2016/262, 1 Rn 101.

Eine weithin anerkannte Standardmethode für die Ermittlung der (jährlichen) Kapitalrendite ist bspw die Berechnung des internen Zinsfußes (Internal Rate of Return - IRR).[119] Die Investitionsentscheidung kann auch anhand ihres Barwerts (NET Present Value – NPV)[120] bewertet werden. Der NPV führt in den meisten Fällen zu gleichwertigen Ergebnissen wie der IRR.[121]

E. Wettbewerbsverfälschung

Literatur: *Bartosch*, EU-Beihilfenrecht[3] (2020); *Birnstiel/Bungenberg/Heinrich*, Europäisches Beihilfenrecht (2013); *Dreher/Lübbig/Wolf-Posch*, Praxis des EU-Beihilferechts in Österreich (2017); *Frenz*, Handbuch Europarecht III: Beihilferecht[2] (2021); *Immenga/Mestmäcker*, Wettbewerbsrecht V: Beihilfenrecht[6] (2022); *König/Hellstern*, Das materielle binnenmarktrechtliche Beihilfenaufsichtsrecht, in Hatje/Müller-Graff (Hrsg), Enzyklopädie Europarecht IV: Europäisches Binnenmarkt- und Wirtschaftsordnungsrecht[2] (2021); *Kirchberger*, Mitteilung Beihilfebegriff VI: Spürbarkeit, in Jaeger/Haslinger (Hrsg), Jahrbuch Beihilferecht (2017) 459; *Säcker*, Münchner Kommentar. Europäisches und Deutsches Wettbewerbsrecht V: Beihilfenrecht[4] (2022); *Schwarze*, EU-Kommentar[4] (2019); *Streinz*, EUV/AEUV[3] (2018).

Judikatur: EuGH 17.09.1980, Rs 730/79, *Philip Morris*; EuGH 14.02.1990, C-301/87, *Frankreich/Kommission*; KOM 03.02.1999, 1999/779/EG, *Befreiung von der Getränkesteuer auf Wein und andere gegorene Getränke bei Direktverkauf an den Verbraucher am Ort der Erzeugung*, ABl L 1999/305, 27; EuG 15.06.2000, verb Rs T-298/97, T-312/97, *Alzetta*; EuGH 19.09.2000, C-156/98, *Deutschland/Kommission*; EuG 29.09.2000, T-55/99, *Confederación Espanola de Transporte de Mercancías/Kommission*; EuGH 19.10.2000, verb Rs C-15/98 u C-105/99, *Italien und Sardegna Lines/Kommission*; EuG 04.04.2001, T-288/97, *Friuli Venezia Giulia*; EuGH 03.03.2005, C-172/03, *Heiser*; EuGH 24.07.2003, C-280/00, *Altmark Trans*; EuG 28.11.2008, verb Rs T-254/00 ua, *Hotel Cipriani/Kommission*; EuGH 09.06.2011, verb Rs C-71/09 P ua, *Comitato/Kommission*; EuGH 28.07.2011, C-403/10 P, *Mediaset*.

Eine Beihilfe liegt weiters nur dann vor, wenn die Beihilfemaßnahme den **Wettbewerb verfälscht** oder zumindest **zu verfälschen droht**.

Der Begriff der Wettbewerbsverfälschung ist weit zu verstehen und an keine hohen Anforderungen geknüpft.[122] Eine Verfälschung des Wettbewerbs liegt vor, wenn die Beihilfemaßnahme – tatsächlich oder potenziell – in ein bestehendes oder möglicherweise entstehendes[123] Wettbewerbsverhältnis zwischen Unternehmen oder Produktionszweigen eingreift,[124] und die **Wettbewerbsposition** des

[119] Bekanntmachung zum Beihilfebegriff, ABl C 2016/262, 1 Rn 102, insb FN 158.

[120] Bekanntmachung zum Beihilfebegriff, ABl C 2016/262, 1 Rn 102, insb FN 159.

[121] Bekanntmachung zum Beihilfebegriff, ABl C 2016/262, 1 Rn 102.

[122] *Koenig/Försch* in Streinz, EUV/AEUV[3] Art 107 AEUV Rn 102; *Koenig/Hellstern* in Hatje/Müller-Graff, EnzEuR IV[2] § 14 Rz 47.

[123] Auch potenzielle Wettbewerbsverhältnisse werden geschützt, um die Entstehung von Wettbewerbsverhältnissen zu sichern: s *Cremer* in Calliess/Ruffert, EUV/AEUV[6] Art 107 AEUV Rn 37; *Schweitzer/Mestmäcker* in Immenga/Mestmäcker, WettbR V: BeihilfenR[5] Art 107 Abs 1 AEUV Rn 307; *Koenig/Hellstern* in Hatje/Müller-Graff, EnzEuR IV[2] § 14 Rz 47 mwN; *Frenz*, Handbuch EuR III[2] Rz 1433 ff.

[124] *Koenig/Hellstern* in Hatje/Müller-Graff, EnzEuR IV[2] § 14 Rz 47.

Beihilfeempfängers durch das staatliche Eingreifen gegenüber seinen Wettbewerbern **verbessert**.[125]

Eine konkrete Wettbewerbsverfälschung ist nicht notwendig, es genügt bereits eine potenzielle nur denkbare Verfälschung des Wettbewerbs. Die Wettbewerbsverfälschung muss weder erheblich noch wesentlich sein.[126] Es gibt hinsichtlich der Intensität der Wettbewerbsverfälschung keine Spürbarkeitsschwelle.[127] Weder ein niedriger Beihilfebetrag, noch der Umstand, dass der Beihilfeempfänger ein Kleinunternehmen ist, schließt die Wettbewerbsverfälschung von vornherein aus.[128] Auch geringfügige Beihilfen können den Wettbewerb verfälschen, indem das begünstigte Unternehmen auf einem Markt mit lebhaftem Wettbewerb tätig ist.[129] Die Wettbewerbsverfälschung darf aber nicht nur rein hypothetischer Natur sein.[130]

Sobald der Staat einem Unternehmen in einem liberalisierten Wirtschaftszweig, in dem Wettbewerb herrscht oder herrschen könnte, einen Vorteil gewährt, ist die Wettbewerbsverfälschung ebenfalls zu bejahen.[131] Eine Beihilfe gilt auch dann als wettbewerbsverfälschend, wenn ein Unternehmen dadurch begünstigt wird, indem es von Kosten befreit wird, die es normalerweise im Rahmen seiner laufenden Geschäftstätigkeit zu tragen gehabt hätte.[132]

Nicht nur eine tatsächliche sondern bereits eine potenzielle nur denkbare Verfälschung des Wettbewerbs genügt für das Vorliegen einer Beihilfe.

Eine relevante Begünstigung eines Unternehmens führt gleichzeitig zumindest bereits zu einer drohenden Wettbewerbsverfälschung, da ein Unternehmen den erlangten Vorteil dazu verwenden wird, um seine Marktchancen zu verbessern.

Beispiel: *Italien gewährte den Verbrauchern Zuschüsse für den Kauf von Digitaldecodern, um die digital übertragenen Programme von Bezahlfernsehsendern empfangen zu können. Für Geräte, mit denen ausschließlich Satellitensignale empfangen werden konnten, wurde kein Zuschuss gewährt. Dadurch wurde nicht nur bei den Verbrauchern ein Anreiz gesetzt, die bezuschussten Decoder zu kaufen, sondern auch die Kosten für die terrestrischen Rundfunksender reduziert. Durch die Zuschüsse konnten die Sender ihre Marktposition im Verhältnis zu neuen Wettbewerbern bezüglich Kundenstamm und Umsatz stärken,*[133] *wodurch gegenüber der Satellitentechnologie eine Wettbewerbsverfälschung begründet wurde.*[134]

---

125 EuGH 17.09.1980, Rs 730/79, *Philip Morris* Rn 11; EuG 15.06.2000, verb Rs T-298/97 u T-312/97, *Alzetta* Rn 80.

126 Bekanntmachung zum Beihilfebegriff, ABl C 2016/262, 187, Rn 189.

127 *Koenig/Försch* in Streinz, EUV/AEUV³ Art 107 AEUV Rn 103; *Koenig/Hellstern* in Hatje/Müller-Graff, EnzEuR IV² § 14 Rz 47. Unterhalb der De-minimis-Schwellenwerte geht die Kommission von keiner Wettbewerbsverfälschung aus.

128 EuG 29.09.2000, T-55/99, *Confederación Espanola de Transporte de Mercancías/Kommission* Rn 89; EuGH 24.07.2003, C-280/00, *Altmark Trans* Rn 81.

129 *Koenig/Hellstern* in Hatje/Müller-Graff, EnzEuR IV² § 14 Rz 47.

130 EuGH 24.07.2003, C-280/00, *Altmark Trans* Rn 79.

131 Bekanntmachung zum Beihilfebegriff, ABl C 2016/262, 1 Rn 187.

132 EuGH 03.03.2005, C-172/03, *Heiser* Rn 55.

133 KOM 24.01.2007, ABl L 2007/147, 1, *Decoder*; s dazu *Heidenhain*, EuZW 2007, 623; *Soltész/Hellstern*, EuZW 2013, 489 (490); EuGH 28.07.2011, C-403/10 P, *Mediaset* Rn 64.

134 KOM 24.01.2007, ABl L 2007/147, 1, *Decoder*; EuGH 28.07.2011, C-403/10 P, *Mediaset* Rn 64; vgl dazu *Heidenhain*, EuZW 2007, 623; *Soltész/Hellstern*, EuZW 2013, 489 (490); *Koenig/Hellstern* in Hatje/Müller-Graff, EnzEuR IV² § 14 Rz 49.

Eine (drohende) Wettbewerbsverfälschung prüft die Kommission bei Einzelbeihilfen anhand einer konkreten wirtschaftlichen Analyse der Marktsituation,[135] bei Beihilfeprogrammen anhand der Merkmale des betreffenden Programms.[136]

F. Handelsbeeinträchtigung

Literatur: *Bartosch*, EU-Beihilfenrecht[3] (2020); *Birnstiel/Bungenberg/Heinrich*, Europäisches Beihilfenrecht (2013); *Dekker*, The ‚Effect on Trade between the Member States' Criterion: Is It the Right Criterion by Which the Commission's Workload Can Be Managed?, EStAL 2017, 154; *Dreher/Lübbig/Wolf-Posch*, Praxis des EU-Beihilferechts in Österreich (2017); *Frenz*, Handbuch Europarecht III: Beihilferecht[2] (2021); *Herrmann*, Wann sind Beihilfen auf lokaler Ebene (nicht) geeignet, den zwischenstaatlichen Handel zu beeinträchtigen, KommJur 2016, 201; *Immenga/Mestmäcker*, Wettbewerbsrecht V: Beihilfenrecht[6] (2022); *König/Hellstern*, Das materielle binnenmarktrechtliche Beihilfenaufsichtsrecht, in Hatje/Müller-Graff (Hrsg), Enzyklopädie Europarecht IV: Europäisches Binnenmarkt- und Wirtschaftsordnungsrecht[2] (2021); *Kirchberger*, Mitteilung Beihilfebegriff VI: Spürbarkeit, in Haslinger/Jaeger (Hrsg), Jahrbuch Beihilferecht (2017) 459; *Schirmer*, Die staatliche Unterstützung von (kleinen) Skigebieten in der EU und im EWR, in Haslinger/Jaeger (Hrsg), Jahrbuch Beihilferecht (2021) 451; *Streinz*, EUV/AEUV[3] (2018).

Judikatur: EuGH 17.09.1980, Rs 730/79, *Philip Morris*; EuGH 14.10.1987, Rs 248/84, *Deutschland/Kommission*; EuGH 21.03.1990, C-142/87, *Belgien/Kommission*; EuG 28.11.1996, T-447/93, *AITEC/Kommission*; KOM 12.01.2001, N 258/2000, *Freizeitbad Dorsten*, ABl C 2001/172, 16; EuG 04.04.2001, T-288/97, *Friuli Venezia Giulia*; KOM 21.01.2003, N 486/2002, *Aid in favour of a congresshall in Visby – Gotland*, ABl C 2003/75, 2; EuGH 20.11.2003, C-126/01, *GEMO*; EuGH 24.07.2003, C-280/00, *Altmark Trans*; EuGH 03.03.2005, C-172/03, *Heiser*; EuG 23.11.2006, T-217/02, *Ter Lembeek*; KOM 27.06.2007, N 257/2007, *Subsidies for theatre productions in the Basque country*, ABl C 2007/173, 1; EuGH 30.04.2009, C-494/06, *Kommission/Italien und Wam SpA*; EuG 01.07.2009, verb Rs T-81/07, T-82/07 u T-83/07, *Jan Rudolf Maas*; EuG 04.09.2009, T-211/05, *Italien/Kommission*; KOM 17.06.2011, SA.32737, *Aid to Parnassos Skicenter*, ABl C 2011/239, 2; EuGH 08.09.2011, C-279/08, *Kommission/Niederlande*; KOM 07.11.2012, SA.34466 (12/N), *Center for Visual Arts and Research (Costas and Rita Severis Foundation)*, ABl C 2013/1, 10; KOM 07.11.2012, SA.34404 (12/NN), *Land Sale Sliedrecht*, ABl C 2012/370, 3; KOM 07.11.2012, SA.33243 (12/NN), *Jornal de Madeira*, ABl C 2013/16, 1; KOM 20.11.2012, SA.34891 (2012/N), *State support to Związek Gmin Fortecznych Twierdzy Przemyśl*, ABl C 2013/293, 1; EuGH 08.05.2013, verb Rs C-197/11 u C-203/11, *Libert ua*; KOM 02.07.2013, SA.35909 (2012/N), *Tourismusinfrastruktur in der NUTS-II-Region Südosten*, ABl C 2013/306, 4; KOM 06.11.2013, SA.36581, *Bau des archäologischen Museums Messara Kreta*, ABl C 2013/353, 4; KOM 19.12.2013, SA.36882 (2013/N), *Support for skiing areas of local interest in Tuscany*, ABl C 2014/120, 6; EuGH 14.01.2015, C-518/13, *Eventech/The Parking Adjudicator*; KOM 29.04.2015, SA.37963, *Alleged State aid to Glenmore Lodge*, ABl C 2015/277, 3; KOM 29.04.2015, SA.33149, *Städtische Projektgesellschaft „Wirtschaftsbüro Kiel-Gaarden"*, ABl C 2015/188, 1; KOM 29.04.2015, SA.38035, *Deutschland – Mutmaß-*

[135] EuG 28.11.2008, verb Rs T-254/00 ua, *Hotel Cipriani/Kommission* Rn 228 ff; EuGH 09.06.2011, verb Rs C-71/09 P ua, *Comitato/Kommission*.

[136] EuG 14.07.2011, T-357/02, *Freistaat Sachsen/Kommission* Rn 31.

liche Beihilfe für eine Reha-Fachklinik für Orthopädie und Unfallchirurgie, ABl C 2015/188, 3; KOM 29.04.2015, SA.38208, *Alleged State aid to UK member-owned golf clubs*, ABl C 2015/277, 4; KOM 29.04.2015, SA.37904, *Mutmaßliche staatliche Beihilfe an ein Ärztehaus in Durmersheim*, ABl C 2015/188, 2; EuG 28.10.2015, T-253/12, *Hammar Nordic Plugg AB*; KOM 04.08.2016, SA.44942, *Aid to local media published in the Basque language*, ABl C 2016/369, 1; KOM 09.08.2016, SA.43983; *BLSV-Sportcamp Nordbayern*, ABl C 2016/406, 14; EuGH 26.10.2016, C-211/15 P, *Orange/Kommission*; EuGH 18.05.2017, C-150/16, *Fondul Proprietatea/Complexul Energetic Oltenia*; EuG 14.05.2019, T-728/17, *Marinvest and Porting/Kommission.*

Das Vorliegen einer Beihilfe erfordert zudem eine Beeinträchtigung des Handels zwischen den Mitgliedstaaten (**Zwischenstaatlichkeitserfordernis**).

Nicht davon erfasst sind Begünstigungen, die rein lokale, regionale oder nationale Sachverhalte betreffen und keine grenzüberschreitenden Auswirkungen haben.[137]

Für eine Handelsbeeinträchtigung bedarf es keiner tatsächlichen Beeinträchtigung des zwischenstaatlichen Handels, es genügt bereits die bloße Eignung zur Beeinträchtigung des innerunionalen Handels.[138]

Der Handel zwischen den Mitgliedstaaten wird demnach schon dann beeinträchtigt, wenn die Möglichkeit besteht, dass sich eine Beihilfemaßnahme auf den Handel zwischen den Mitgliedstaaten auswirken kann. Damit ist der Begriff sehr weit zu verstehen. Eine Handelsbeeinträchtigung wird man wohl bei Sachverhalten verneinen können, die typischerweise nur lokal nachgefragt werden, wobei hier auf den Einzelfall abzustellen ist.[139]

Der zwischenstaatliche Handel wird bereits dann beeinflusst, wenn durch die Beihilfe die Stellung bestimmter Unternehmen im Verhältnis zu ihren Wettbewerbern gestärkt wird. Die begünstigten Unternehmen brauchen dabei nicht einmal selbst am innergemeinschaftlichen Handel teilnehmen.[140]

Die Kommission verneint das Vorliegen einer Handelsbeeinträchtigung, wenn nicht mehr als „**nur marginale Auswirkungen**" anzunehmen sind. Die Unionsgerichte lehnten die Spürbarkeitsschwelle bislang ab.[141] Es scheint sich jedoch eine Trendumkehr dahingehend abzuzeichnen, dass die Kommissionslinie von den Unionsgerichten künftig mitgetragen werden könnte.[142]

Weder der Umfang der Beihilfe noch die Größe des begünstigten Unternehmens soll nach der Rsp des EuGH für das Vorliegen einer Handelsbeeinträchtigung entscheidend sein.[143] Mit ein Grund für die Annahme der Eignung iZm dem Kriterium der Handelsbe-

---

137 *Koenig/Hellstern* in Hatje/Müller-Graff, EnzEuR IV² § 14 Rz 50 mwN.

138 EuGH 17.09.1980, Rs 730/79, *Philip Morris* Rn 11; EuGH 20.11.2003, C-126/01, *GEMO* Rn 40; EuG 23.11.2006, T-217/02, *Ter Lembeek* Rn 181; EuGH 14.01.2015, C-518/13, *Eventech/The Parking Adjudicator* Rn 65; EuGH 26.10.2016, C-211/15 P, *Orange/Kommission* Rn 64; EuGH 18.05.2017, C-150/16, *Fondul Proprietatea/Complexul Energetic Oltenia* Rn 29

139 *Dreher/Lübbig/Wolf-Posch*, EU-Beihilferecht 179.

140 EuGH 14.01.2015, C-518/13, *Eventech/The Parking Adjudicator* Rn 65 ff.

141 Den Vorstoß der Kommission ablehnend s EuG 28.10.2015, T-253/12, *Hammar Nordic Plugg AB*..

142 EuG 14.05.2019, T-728/17, *Marinvest and Porting/Kommission.*

143 EuGH 21.03.1990, C-142/87, *Belgien/Kommission*; EuGH 24.07.2003, C-280/00, *Altmark Trans* Rn 81; EuGH 14.01.2015, C-518/13, *Eventech/The Parking Adjudicator* Rn 68.

einträchtigung ist die Tatsache, dass die Unionsgerichte das Kriterium der Wettbewerbsverfälschung und Handelsbeeinträchtigung regelmäßig gemeinsam prüfen. Für ein Spürbarkeitserfordernis spricht die mit der Verwirklichung des Binnenmarktes einhergehende Erweiterung des Anwendungsbereichs der EU-Beihilfekontrolle.[144]

Eine Handelsbeeinträchtigung liegt nach der Rsp des EuGH bereits dann vor, wenn die staatliche finanzielle Zuwendung geeignet ist, sich auf den zwischenstaatlichen Handel auszuwirken.

Keine Handelsbeeinträchtigung liegt bei rein lokalen Wirtschaftstätigkeiten vor, etwa bei einem Freizeitbad mit begrenztem, lokalem Einzugsbereich.[145] Fördermaßnahmen zugunsten von Skiliften, Seilbahnen und Sportcentern führen wegen ihres rein lokalen Einzugsbereichs ebenso wenig zu einer Handelsbeeinträchtigung, wenn bestimmte Grenzwerte (Länge der Loipen, Zahl der Hotelbetten, Zahl der Skipässe) für den Skiort nicht überschritten werden.[146]

Die Beeinträchtigung des zwischenstaatlichen Handels wurde verneint: bei der Förderung eines Zentrums zur Erhaltung des zyprischen Kulturerbes,[147] beim Verkauf von Grundbesitz an eine örtliche Reitschule,[148] oder Fördermaßnahmen zugunsten einer portugiesischen Tageszeitung.[149]

Beispiel: *Spanien beabsichtigt den in der Medienbranche vertretenen Kleinstunternehmen, insb Printmedien, öffentliche Förderungen zu gewähren, um Zeitschriften und Kooperationsprojekte in lokalen Medien in baskischer Sprache in einer baskischen Provinz zu fördern. Die begünstigten Unternehmen dürfen ausschließlich in baskischer Sprache publizieren.[150] Die Verwendung der baskischen Sprache ist auf einen regionalen Markt begrenzt und die Unternehmensgröße der Beihilfeempfänger sowie des begrenzten betroffenen Marktes und der geringen Höhe der finanziellen Zuwendung führen nicht mehr als zu einer marginalen Auswirkung auf den zwischenstaatlichen Handel.[151]*

Eine **Handelsbeeinträchtigung** wurde hingegen **bejaht** bei der Befreiung eines krisengeschüttelten Unternehmens von einer Verbindlichkeit iHv € 45 Mio durch die Gewährung einer Rettungsbeihilfe, da die Marktposition des Unternehmens gestärkt wurde und auch andere internationale Unternehmen auf diesem Markt tätig waren.[152]

---

[144] *Koenig/Hellstern* in Hatje/Müller-Graff, EnzEuR IV^2 § 14 Rz 51.

[145] KOM 12.01.2001, N 258/2000, *Freizeitbad Dorsten*, ABl C 2001/172, 16.

[146] KOM 17.06.2011, SA.32737, *Aid to Parnassos Skicenter*, ABl C 2011/239, 2; KOM 19.12.2013, SA.36882 (2013/N), *Support for skiing areas of local interest in Tuscany*, ABl C 2014/120, 6; vgl dazu auch *Dreher/Lübbig/Wolf-Posch*, EU-Beihilferecht 181 f.

[147] KOM 07.11.2012, SA.34466 (12/N), *Center for Visual Arts and Research (Costas and Rita Severis Foundation)*, ABl C 2013/1, 10.

[148] KOM 07.11.2012, SA.34404 (12/NN), *Land Sale Sliedrecht*, ABl C 2012/370, 3.

[149] KOM 07.11.2012, SA.33243 (12/NN), *Jornal de Madeira*, ABl C 2013/16, 1.

[150] Der Sachverhalt entstammt aus dem Fall KOM 04.08.2016, SA.44942, *Aid to local media published in the Basque language*, ABl C 2016/369, 1. Zur Sachverhaltsdarstellung s die Pressemitteilung der Kommission vom 21.09.2016, IP/16/3141.

[151] KOM 04.08.2016, SA.44942, *Lokale Medien in baskischer Sprache*, ABl C 2016/369, 6.

[152] EuG 01.07.2009, verb Rs T-81/07, T-82/07 u T-83/07, *Jan Rudolf Maas* Rn 77; *Koenig/Hellstern* in Hatje/Müller-Graff, EnzEuR IV^2 § 14 Rz 52.

Beispiel: *Deutschland möchte den Bau eines Sportcamps in Nordbayern in der Region Oberfranken unterstützen. Das Sportcamp soll über ca 200 Betten verfügen und ist hauptsächlich an Schulen, gemeinnützige Sportvereine sowie diverse soziale und pädagogische Aktivitäten gerichtet. Klassische Hotelleistungen werden keine angeboten.*[153] *Es liegt keine Handelsbeeinträchtigung vor, weil sich die Maßnahmen an eine regionale Kundenstruktur richten und aufgrund des geringen Umfangs des Vorhabens eine Handelsbeeinträchtigung unwahrscheinlich ist.*[154] *Anders würde sich die Beurteilung jedoch gestalten, wenn das Sportcamp auch klassische Hotelleistungen anbietet. In diesem Fall ist eine rein regionale Kundenstruktur nicht mehr gegeben.*

Ob Maßnahmen mit Verweis auf deren **lokal beschränkte Wirkung** beihilfefrei sind, bleibt umstritten **(Spürbarkeitsschwelle)**.

II. Arten von Beihilfen

Literatur: *Alpha*, Der kommunale Querverbund als europarechtswidrige Beihilfe?, NVwZ 2021, 598; *Barbist/Halder*, Die Rückforderung staatlicher Beihilfen am Beispiel des Verkaufs der Bank Burgenland, BRZ 2010, 79; *Bartosch*, Das Risikopotenzial der Beihilferechtswidrigkeit staatlicher Bürgschaften für den Kreditgeber, EuZW 2001, 650; *Cichy*, Wettbewerbsverfälschungen durch Gemeinschaftsbeihilfen (2002); *Eilmannsberger*, Zur Anwendung des EG-Beihilfeverbots auf staatliche Kreditbürgschaften, ÖZW 2000, 1; *Gündel*, Quersubventionierung durch parafiskalische Abgaben und EG-Beihilfenrecht – Klärung zu prozessualen und materiellen Fragen, EWS 2009, 350; *Heidenhain*, Mittelbare Beihilfen, EuZW 2007, 623; *Heidenhain* in Heidenhain (Hrsg), Handbuch des Europäischen Beihilfenrechts (2003); *ders*, Mittelbare Beihilfen, EuZW 2007, 623; *Huber/Stangl*, Beamtengehälter und Beihilferecht: Das Urteil Deutsche Post AG, in Haslinger/Jaeger (Hrsg), Jahrbuch Beihilferecht (2017) 541; *Jaeger*, Schwächen der Prüfung von Steuerbeihilfen am Beispiel der Urteile Fiat und Starbucks, EuZW 2020, 18; *Jung*, Die Vergabe von Unionsbeihilfen: Dargestellt am Beispiel der Landwirtschaftssubventionen (2019); *Kassow*, Beihilferechtliche Zulässigkeit staatlicher Förderankündigungen, EuZW 2010, 856; *Krassnigg*, Staatliche Bürgschaften im EU-Beihilfeaufsichtsrecht und ihre Rückabwicklung im Fall unrechtmäßiger Gewährung, ÖJZ 1996, 447; *Lindinger*, Vernichtung von Banksicherheiten durch EU-Beihilfeverbot?, ÖBA 1996, 169; *Mesecke*, Zur Staatlichkeit der Mittel und ihrer Übertragung, BRZ 2012, 10; *Nehl*, Rechtsschutz bei Unionsbeihilfen, in Haslinger/Jaeger (Hrsg), Jahrbuch Beihilferecht (2011) 461; *Niggemann*, Staatsbürgschaften und Europäisches Beihilfenrecht (2001); *Papsch*, Die Veräußerung öffentlicher Unternehmen im Beihilferecht, ELR 2012, 70; *Reese*, Zum EU-Beihilfenbegriff – Der enge Zusammenhang zwischen Vorteil und Last als Zurechnungsproblem, EuR 2013, 572 f; *Reimer*, Stundung, Erlass und Niederschlagung von Forderungen der öffentlichen Hand – sämtlich verbotene Beihilfen?, NVwZ 2011, 263; *L.Reiter*, Staatliche Covid-19-Wirtschaftshilfen: überall Beihilfen iSd Art 107 Abs 1 AEUV, wbl 2020, 661; *ders*, Das Konzept der mittelbaren Beihilfe im Beihilferecht, BRZ 2021, 3; *Schröder*, Die Finanzierung öffentlicher Unternehmen und das EG-Beihilfeverbot – zugleich eine

[153] Zum Sachverhalt siehe dazu KOM, Pressemitteilung vom 21.09.2016, IP/16/3141.

[154] KOM 09.08.2016, SA.43983; *BLSV-Sportcamp Nordbayern*, ABl C 2016/406, 14; Vgl dazu auch KOM, Pressemitteilung vom 21.09.2016, IP/16/3141.

Betrachtung des Falles „Head Tyrolia Mares", ZfRV 1998, 53; *Soltész*, Wann ist eine Beihilfe „staatlich"? – Das Kriterium der „Zurechenbarkeit" nach Stardust, ZWeR 2010, 198; *ders*, Die Entwicklungen des europäischen Beihilfenrechts im Jahr 2013, EuZW 2014, 89; *Soltész/Hellstern*, „Mittelbare Beihilfen" – Indirekte Begünstigungen im EU-Beihilferecht, EuZW 2013, 489; *Soltész/Makowski*, Die Nichtdurchsetzung von Forderungen der öffentlichen Hand als staatliche Beihilfe iSv Art 87 I EG, EuZW 2003, 73; *Stöbener de Mora*, Überall Beihilfen? – Die Kommissionsbekanntmachung zum Beihilfebegriff, EuZW 2016, 685; *Thurnher*, Österreich, ein Fall für die Beihilfenaufsicht?, ecolex 1995, 727; *Urlesberger*, Die „europäischen Werte" und ihr Schutz durch die EU, JRP 2002, 193; *von Bonin*, Steuerbeihilfen vor dem EuG – ein Zwischenstand, EuZW 2019, 881; *Wimmer/Kahl*, Öffentliche Verantwortung versus Privatisierung am Beispiel des Betriebes der Bundesländerflughäfen, ÖJZ 1999, 161; *Wollmann*, Digitalsteuern als Beihilfe?, in Haslinger/Jaeger (Hrsg), Jahrbuch Beihilferecht (2020) 381; *Zorn*, Die Auswahl von Besteuerungsgegenständen – europarechtliche Apsekte, ÖStZ 2002, 539.

Judikatur: EuGH 23.02.1961, Rs 30/59, *De Gezanmenlijke Steenkolenmijnen*; EuGH 02.07.1974, Rs 173/73, *Italien/Kommission*; KOM 14.10.1998, *Megafesa-Gruppe*, ABl L 1999/198, 15; EuGH 29.06.1999, C-256/97, *DM Transport*; EuGH 08.11.2001, C-143/99, *Adria Wien Pipeline*; KOM 24.01.2007, *Decoder*, ABl L 2007/147, 1; KOM 13.07.2011, *Ireland Air Transport – Exemptions from air passenger tax*, C (2011) 4932 final; EuGH 28.07.2011, C-403/10 P, *Mediaset/Kommission*; EuGH 15.11.2011, C-106/09 P und C-107/09 P, *Kommission/Gibraltar ua*; EuGH 13.09.2017, C-329/15, *ENEA*; EuGH 12.01.2023, verb Rs C-702/20, C-17/21, *SIA „DOBELES HES" ua.*

Das EU-Beihilferecht unterscheidet grds zwischen **Beihilferegelungen** und **Einzelbeihilfen**. Innerhalb der Kategorie der Einzelbeihilfen wird wiederum zwischen Einzelbeihilfen auf der Grundlage von Beihilferegelungen und **Ad-hoc-Beihilfen** unterscheiden.[155] Weiters ist zu differenzieren zwischen **mittelbaren** und **unmittelbaren Beihilfen**.

A. Beihilferegelungen

Eine Beihilferegelung bezeichnet eine Regelung, durch die Unternehmen, die in der Regelung in einer allgemeinen und abstrakten Weise definiert werden, ohne nähere Durchführungsmaßnahmen Einzelbeihilfen gewährt werden können bzw eine Regelung, durch die einem oder mehreren Unternehmen nicht an ein bestimmtes Vorhaben gebundene Beihilfen für unbestimmte Zeit und/oder in unbestimmter Höhe gewährt werden können.[156]

Beihilfereglungen sind etwa zahlreiche Bundes- und Landesrichtlinien (zB Förderungsrichtlinie des Landes Tirol zur Anschlussförderung zur „aws-

[155] Art 1 lit e VO (EU) 2015/1589 (Verf-VO); Vgl dazu auch die Regelungen in Art 3 VO (EU) 651/2014 (AGVO 2014); Art 2 Z 17 VO (EU) 651/2014 (AGVO 2014); Art 1 lit d VO (EU) 2015/1589 (Verf-VO).

[156] Art 1 lit d VO (EU) 2015/1589 (Verf-VO).

Garantierichtlinie für KMU", FTI-Richtlinie OÖ,[157] FFG-Richtlinie 2015,[158] Richtlinie für eine KMU-Digitalisierungsförderung „KMU.E-Commerce"[159]).

Beispiel: *Die COVID-19-Unterstützungs-Richtlinie hat zum Gegenstand, das entgangene Nettoeinkommen aus Einkünften aus selbständiger Arbeit iSd § 22 EStG und/oder aus Gewerbebetrieb iSd § 23 EStG infolge der Auswirkungen der COVID-19-Krise teilweise zu ersetzen. Zulässige Förderungswerber sind KMU laut Empfehlung 2003/361/EG. Die Richtlinie definiert damit in einer abstrakten und allgemeinen Weise, wer von der Regelung erfasst wird, ohne dabei eine Einzelbeihilfe zu gewähren.*

B. Einzelbeihilfen

Der Begriff Einzelbeihilfe bildet den **Oberbegriff** für Beihilfen, die auf der Grundlage einer **Beihilferegelung** gewährt werden und sog **„Ad-hoc-Beihilfen"**.

Beispiel: *Dem Unternehmen A wird auf Basis der FTI-Richtlinie (Beihilferegelung) des Bundeslandes X eine beihilferelevante Förderung gewährt. Dabei handelt es sich um eine Einzelbeihilfe.*

C. Ad-hoc-Beihilfen

Innerhalb der Kategorie der Einzelbeihilfen unterscheidet das EU-Beihilferecht zwischen Ad-hoc-Beihilfen, also Beihilfen, die nicht auf Grundlage einer Beihilferegelung gewährt werden und Einzelbeihilfen, die auf der Grundlage einer Beihilferegelung gewährt werden.[160]

Beispiel: *Dem angeschlagenen Luftfahrtunternehmen X wird vom Mitgliedstaat A ein Zuschuss iHv € 50 Mio gewährt. Der Zuschuss folgt nicht auf der Grundlage einer Beihilferegelung (Richtlinie), sondern wird X direkt gewährt. Bei dieser Beihilfemaßnahme handelt es sich um eine Ad-hoc-Beihilfe (Einzelbeihilfe).*

---

[157] Richtlinie zur Förderung der wirtschaftlich-technischen Forschung, Technologieentwicklung und Innovation in Oberösterreich (FTI-OÖ – Kooperation FFG) für den Zeitraum 01.07.2021-31.12.2023.

[158] Richtlinie für die Österreichische Forschungsförderungsgesellschaft mbH zur Förderung der angewandten Forschung, Entwicklung und Innovation (FFG-Richtlinie 2015), FFG-RL KMU des Bundesministeriums für Verkehr, Innovation und Technologie (GZ BMVIT-609.986/0012-III/I2/2014) und des Bundesministers für Wissenschaft, Forschung und Wirtschaft (GZ BMWFW-98.310/0102-C1/10/2015) mit Geltung ab 1.1.2015.

[159] Richtlinie für eine KMU-Digitalisierungsförderung „KMU.E-Commerce" des Bundesministeriums für Digitalisierung und Wirtschaft gemäß Bundesgesetz über besondere Förderungen von kleinen und mittleren Unternehmen (KMU-Förderungsgesetz), BGBl 432/1996 idgF.

[160] Art 2 Z 17 VO (EU) 651/2014 (AGVO 2014).

D. Unmittelbare Beihilfen

Literatur: *Soltész/Hellstern*, „Mittelbare Beihilfen" – Indirekte Begünstigungen im EU-Beihilferecht, EuZW 2013, 489; *Reiter*, Das Konzept der mittelbaren Beihilfe im Beihilferecht, BRZ 2021, 3.

Wird eine Beihilfe an ein Unternehmen gewährt und kommt der wirtschaftliche Vorteil ausschließlich diesem begünstigten Unternehmen zu, spricht man von einer **unmittelbaren Beihilfe** (direkte Beihilfe).[161]

Gewährt der Staat einen wirtschaftlichen Vorteil, profitiert oft nicht nur der unmittelbare Empfänger des Vorteils, sondern es können indirekt auch Dritte einen wirtschaftlichen Vorteil erhalten, vermittelt durch den direkten Vorteilsempfänger (**mittelbare Beihilfe** bzw indirekte Beihilfe).[162]

Beispiel: *In der Finanzkrise gewährt der Bund dem heimischen Großunternehmen Z eine Zuwendung iHv € 500.000. Beim Zuschuss handelt es sich um eine unmittelbare Beihilfe zugunsten von Z.*

E. Mittelbare Beihilfen

Literatur: *Heidenhain* in Heidenhain (Hrsg), Handbuch des Europäischen Beihilfenrechts (2003); *ders*, Mittelbare Beihilfen, EuZW 2007, 623; *Mesecke*, Zur Staatlichkeit der Mittel und ihrer Übertragung, BRZ 2012, 10; *L.Reiter*, Das Konzept der mittelbaren Beihilfe im Beihilferecht, BRZ 2021, 3; *Soltész*, Wann ist eine Beihilfe „staatlich"? – Das Kriterium der „Zurechenbarkeit" nach Stardust, ZWeR 2010, 198; *Soltész/Hellstern*, „Mittelbare Beihilfen" – Indirekte Begünstigungen im EU-Beihilferecht, EuZW 2013, 489.

Judikatur: KOM 24.01.2007, *Decoder*, ABl L 2007/147, 1; EuGH 28.07.2011, C-403/10 P, *Mediaset/Kommission*; EuGH 18.10.2016, C-406/16 P, *Deutschland/Kommission*; EuGH 13.09.2017, C-329/15, *ENEA*.

Mittelbare Beihilfen sind dadurch gekennzeichnet, dass sie sich über den Primärempfänger hinaus begünstigend auch auf Dritte als Sekundärempfänger auswirken.[163]

Mittelbare Beihilfen sind in der Lit umstritten.[164] Sie finden aber nicht nur im Primärrecht,[165] sondern auch in der Entscheidungspraxis[166] ausdrücklich Erwähnung.

---

161 Vgl *Schweitzer/Mestmäcker* in Immenga/Mestmäcker, WettbR V: BeihilfenR[6] Art 107 Abs 1 AEUV Rn 57.

162 *Soltész/Hellstern*, EuZW 2013, 489 (489).

163 *Reiter*, BRZ 2021, 3 (3).

164 Ablehnend: *Heidenhain*, EuZW 2007, 623; *ders* in Heidenhain (Hrsg), Handbuch des Europäischen Beihilfenrechts (2003) § 4 Rz 15; krit auch *Bartosch*, EU-BeihilfenR[3] Art 107 Abs 1 AEUV Rz 129; differenzierend *Reiter*, BRZ 2021, 3; *Soltész/Hellstern*, EuZW 2013, 489.

165 Art 107 Abs 2 lit a AEUV. Zur Legalausnahme der Verbraucherbeihilfen s ausführlich Zweiter Teil Kapitel III Abschnitt A.

166 S ausführlich *Reiter*, BRZ 2021, 3 (4 f).

Auch die AGVO erfasst einen Tatbestand der mittelbaren Beihilfe in Form von Konnektivitätsgutscheinen.[167] Eine extensive Auslegung des Konzepts der mittelbaren Beihilfe würde aber zu einer uferlosen Ausweitung der Beihilfekontrolle führen.[168] Die Eingrenzung des Konzepts der mittelbaren Beihilfe könnte auf Tatbestandsebene der mittelbaren Beihilfe versucht werden, indem dem Kriterium der Staatlichkeit und der Begünstigung besonderes Augenmerk geschenkt wird.[169] Der Staat muss an der Gewährung staatlicher Mittel beteiligt sein,[170] ihm muss daher auch eine mittelbare Beihilfe zurechenbar sein.[171] Das ist nicht der Fall, wenn der Erstbegünstigte den Vorteil autonom im Wirtschaftsverkehr einsetzen kann.[172] In diesem Fall handelt es sich um eine vorteilhafte wirtschaftliche Reflexwirkung.[173] Inhalt und Umfang mittelbarer Beihilfen müssen jedenfalls sinnvoll bestimmt werden können.[174] Dies würde die Quantifizierbarkeit und Nachweisbarkeit der Begünstigung des Zweitbegünstigten voraussetzen.[175] Weiters stünden Behörden vor der Problematik der Rückforderung mittelbarer Beihilfen vom Zweitbegünstigten.[176] Das Konzept der mittelbaren Beihilfe steht jedenfalls noch am Beginn der Diskussion. Die AGVO Novellen zeigen aber, dass das Konzept der mittelbaren Beihilfe nun auch von der Kommission ausdrücklich Erwähnung findet.

Beispiel: *Die italienische Regierung gewährt den Verbrauchern für den Kauf eines Decoders, mit dem die digital übertragenen Programme von Bezahlfernsehsendern empfangen werden können, einen Zuschuss über die Hälfte des Kaufpreises. Aus Sicht der Kommission ist der Zuschuss nicht nur ein Geschenk an die Verbraucher, sondern stellt gleichzeitig einen indirekten wirtschaftlichen Vorteil für die terrestrischen Fernsehanstalten, die Netzbetreiber und die Hersteller von den Decodern dar.*[177] *Durch die Zuschüsse können die Sender ihren Kundenstamm erweitern und höhere Umsätze erzielen.*[178]

F. Einzelne Beihilfeformen

Staatliche Beihilfen können in den unterschiedlichsten Formen gewährt werden. Im Folgenden Abschnitt wird ein Überblick über die wichtigsten Formen staatlicher Beihilfen gegeben:

---

167 S dazu Art 52c AGVO. Zur AGVO siehe Zweiter Teil Kapitel III Abschnitt D.

168 *Heidenhain*, EuZW 2007, 623 (626); vgl auch *Reiter*, BRZ 2021, 3 (3).

169 S ausführlich *Reiter*, BRZ 2021, 3 (8 ff); weiterführend auch *Soltész/Hellstern*, EuZW 2013, 489 (488 ff); krit *Heidenhain*, EuZW 2007, 623.

170 Zu diesem Kriterium s EuGH 13.09.2017, C-329/15, *ENEA* Rz 21; EuGH 18.10.2016, C-406/16 P, *Deutschland/Kommission* Rn 49; *Reiter*, BRZ 2021, 3 (9) mwN.

171 *Reiter*, BRZ 2021, 3 (9).

172 *Reiter*, BRZ 2021, 3 (9); weiterführend zum Kriterium der staatlichen Zurechenbarkeit s *Soltész*, ZWeR 2010, 198 (200 f); *Mesecke*, Zur Staatlichkeit der Mittel samt Übertragung, BRZ 2012, 10 (11).

173 *Reiter*, BRZ 2021, 3 (9).

174 *Heidenhain*, EuZW 2007, 623 (626).

175 *Soltész/Hellstern*, EuZW 2013, 489 (492) mwN.

176 So auch *Heidenhain*, EuZW 2007, 623 (626); krit *Reiter*, BRZ 2021, 3 (11 f).

177 *Heidenhain*, EuZW 2007, 623 (623); *Soltész/Hellstern*, EuZW 2013, 489 (490).

178 KOM 24.01.2007, ABl L 2007/147, 1; s dazu *Heidenhain*, EuZW 2007, 623; *Soltész/Hellstern*, EuZW 2013, 489 (490).

1. Zuschüsse

Beihilfen können in Form von Kapitalzuschüssen seitens des Staates, der Länder oder Gemeinden zugunsten eines Unternehmens erfolgen.

Staatliche Beihilfen können dabei insb bei Unternehmensfinanzierungen auf mehreren Stufen gewährt werden. Etwa bei der Unternehmensgründung, durch die direkte Ausstattung mit Stammkapital, einer Kapitalerhöhung, dem Anteilserwerb oder einer Anteilsveräußerung. Auch sog „Belassungssachverhalte" (ein Untätigbleiben des Staates) können staatliche Beihilfen sein. So etwa dann, wenn der Staat eine Liquidierung oder einen Beteiligungsverkauf unterlässt und somit untätig bleibt.

Beispiel: *An der Staatsdruckerei GmbH ist neben den Gesellschaftern der X-Bank-AG (10%) und der Y-Bank-AG (10%) auch der Mitgliedstaat A mit 80% beteiligt. Die Beteiligung an der Staatsdruckerei GmbH ist als staatliche Beihilfe einzustufen. Auch wenn der Mitgliedstaat A an einer Finanzierungsrunde teilnimmt und einer Kapitalerhöhung schweigend zustimmt, kann dies als staatliche Beihilfe gewertet werden.*

2. Darlehen

Darlehen oder Kredite, die begünstigten Unternehmen von einer öffentlichen Einrichtung zu speziellen Konditionen gewährt werden und auf dem freien Markt eher unüblich oder nicht zu finden sind, können staatliche Beihilfen darstellen.[179] Besondere Praxisrelevanz kommt dabei den **Gesellschafterdarlehen** zu.

Ist die Erreichbarkeit eines Darlehens auf dem freien Markt höchst unwahrscheinlich (zB im Fall einer drohenden Insolvenz), wird schon die Darlehenseinräumung als Beihilfe zu qualifizieren sein.[180]

Beispiel: *Würde der Mitgliedstaat P seiner, infolge der massiven Umsatzeinbrüche angeschlagenen, heimischen Airline ein Darlehen gewähren, ohne dabei Zinsen einzuheben, würde dieses Darlehen eine staatliche Beihilfe darstellen.*

3. Zinszuschüsse

Eine Beihilfe kann auch dann vorliegen, wenn der Staat Zinszuschüsse zu einem privaten oder öffentlichen Darlehen ermöglicht.[181] Der Staat kann einen ermäßigten Zinssatz oder zu einem bestehenden Zins einen Zuschuss gewähren.[182]

---

[179] Ausführlich zum Darlehen als Form der Beihilfe s *Sutter* in Mayer/Stöger, EUV/AEUV Art 107 AEUV Rz 67 ff, 70 f; weiterführend auch die Mitteilung der Kommission über die Änderung der Methode zur Festsetzung der Referenz- und Abzinsungssätze, ABl C 2008/14, 6.

[180] EuGH 29.06.1999, C-256/97, *DM Transport* Rn 22 ff.

[181] EuGH 08.03.1988, verb Rs 62/87 u 72/87, *Exécutif régional Wallon/Kommission* Rn 13.

[182] Auch der Befristete Rahmen für staatliche Beihilfen zur Stützung der Wirtschaft angesichts des derzeitigen Ausbruchs von COVID-19, ABl C 2020/91I, 1 nennt unter Ziffer 3.3 Rn 26 ff Zinszuschüsse als mögliche Beihilfen.

***Beispiel:** Das Industrieunternehmen A ist im Flachglassegment tätig. A hat Schwierigkeiten für seine Erzeugnisse Absatzmärkte zu finden und muss Personal abbauen. Um das zu verhindern, gewährt der Mitgliedstaat Y dem Unternehmen A einen Zinszuschuss von 4 % über sechs Jahre zu dem Darlehen, welches A beim Bankinstitut Z aufnimmt.*

4. Staatliche Garantien und Bürgschaften

Literatur: *Bartosch*, Das Risikopotenzial der Beihilferechtswidrigkeit staatlicher Bürgschaften für den Kreditgeber, EuZW 2001, 650; *Krassnigg*, Staatliche Bürgschaften im EU-Beihilfeaufsichtsrecht und ihre Rückabwicklung im Fall unrechtmäßiger Gewährung, ÖJZ 1996, 447; *Niggemann,* Staatsbürgschaften und Europäisches Beihilfenrecht (2001).

Staatliche Beihilfen können auch durch staatliche Haftungszusagen, wodurch private Kreditaufnahmen deutlich billiger oder bei insolvenzbedrohter Unternehmen überhaupt erst möglich werden, begründet werden.[183] Im Unterschied zum Darlehen erfolgt die Kreditaufnahme dabei auf dem freien Markt, sie wird aber durch die staatliche Haftungszusage begünstigt.[184]

Staatliche Garantien und Bürgschaften sind durch ein Dreipersonenverhältnis bestimmt (Staat-Unternehmer als Kreditnehmer-Kreditgeber). Begünstigt durch die Beihilfe ist grds der Kreditnehmer, es kann aber auch der Kreditgeber sein.[185]

Das Beihilfeelement wird nach der sog **„Bürgschaftsmitteilung"**[186] bestimmt.

***Beispiel:** Das Unternehmen X ist von der Finanzkrise stark getroffen. Um den Betrieb am Standort weiterhin zu erhalten, muss X einen Kredit iHv € 4 Mio am Markt aufnehmen. Um die Arbeitsplätze am Standort zu sichern, entschließt sich der Mitgliedstaat Y für den von X aufgenommenen Kredit bei seinem Kreditgeber zu bürgen. Durch die Haftungszusage von Y wird das Unternehmen X begünstigt und eine Beihilfe begründet.*

5. Steuervergünstigungen

Literatur: *Achatz/Haller* in Achatz/Kirchmayr (Hrsg), Kommentar KStG § 5 (Stand 1.5.2011, rdb.at); *Baldauf*, Neues zur Gaststättenpauschalierung, SWK 2012, 1271; *Jaeger*, Schwächen der Prüfung von Steuerbeihilfen am Beispiel der Urteile Fiat und Starbucks, EuZW 2020, 18; *Renner*, „Gaststättenpauschalierung": unionsrechtlich verbotene Beihlfe?, UFSjournal 2011, 178; *von Bonin*, Steuerbeihilfen vor dem EuG – ein Zwi-

[183] Ausführlich zu den Haftungszusagen s *Sutter* in Mayer/Stöger, EUV/AEUV Art 107 AEUV Rz 72 ff; *Niggemann*, Staatsbürgschaften (2001); *Krassnigg*, ÖJZ 1996, 447.

[184] *Sutter* in Mayer/Stöger, EUV/AEUV Art 107 AEUV Rz 72.

[185] *Bartosch*, EuZW 2001, 650 (650 ff); *Niggemann,* Staatsbürgschaften, 214; *Sutter* in Mayer/Stöger, EUV/AEUV Art 107 AEUV Rz 74.

[186] Mitteilung der Kommission über die Anwendung der Artikel 87 und 88 des EG-Vertrags auf staatliche Beihilfen in Form von Haftungsverpflichtungen und Bürgschaften, ABl C 2008/155, 10.

schenstand, EuZW 2019, 881; *Wollmann*, Digitalsteuern als Beihilfe?, in Haslinger/Jaeger (Hrsg), Jahrbuch Beihilferecht (2020) 381; *Zorn*, Die Auswahl von Besteuerungsgegenständen – europarechtliche Aspekte, ÖStZ 2002, 539.

Judikatur: EuGH 23.02.1961, Rs 30/59, *De Gezanmenlijke Steenkolenmijnen*; EuGH 02.07.1974, Rs 173/73, *Italien/Kommission*; EuGH 22.11.2001, C-53/00, *Ferring*; EuGH 08.11.2001, C-143/99, *Adria Wien Pipeline*; KOM 13.07.2011, *Ireland Air Transport – Exemptions from air passenger tax*, C (2011) 4932 final; EuGH 15.11.2011, C-106/09 P und C-107/09 P, *Kommission/Gibraltar ua*; VfGH 14.03.2012, V 113/11, VfSlg 19.633.

Steuerliche Vorschriften führen regelmäßig zu Belastungen anstatt zu Begünstigungen. Staatliche Beihilfen können daher auch in Form von Belastungssenkungen vorliegen. Steuerliche Maßnahmen können sich aber auch im Wege indirekter Beihilfen auf Unternehmen dann begünstigend auswirken, wenn Unternehmen durch gelockerte Steuervorschriften ein Vorteil zukommt.

Steuerliche Beihilfen können zB in Form persönlicher oder sachlicher Abgabenbefreiungen;[187] Sondervorschriften über die Ermittlung der Bemessungsgrundlage;[188] ermäßigten Abgabensätzen[189]; Belastungsdeckelungen[190] sowie Ausgleichszahlungen; der Auswahl des Besteuerungsgegenstands oder[191] Sondervorschriften für Körperschaften öffentlichen Rechts vorliegen.

Die Kommission achtet bei der Beurteilung des Beihilfeelements auf die strikte Anwendung der Beihilfevorschriften im Steuerrecht.[192]

Beispiel: *Die heimische Tourismus- und Hotelleriebranche wurde von der Covid-19-Krise besonders stark getroffen. Um eine Vielzahl an möglichen Insolvenzen zu vermeiden, gewährt der Mitgliedstaat D den Unternehmen des Tourismus- und Hotelleriesektors eine Befreiung von der Körperschaftssteuer. Die Befreiung von der KöSt bevorteilt einen Unternehmenszweig. Es kann folglich eine Beihilfe vorliegen.*

6. Rechtsverhältnisse zwischen Unternehmen und Staat

Literatur: *Barbist/Halder*, Die Rückforderung staatlicher Beihilfen am Beispiel des Verkaufs der Bank Burgenland, BRZ 2010, 79; *Papsch*, Die Veräußerung öffentlicher Unternehmen im Beihilferecht, ELR 2012, 70; *Thurnher*, Österreich, ein Fall für die Beihilfenaufsicht?, ecolex 1995, 727; *Wimmer/Kahl*, Öffentliche Verantwortung versus Privatisierung am Beispiel des Betriebes der Bundesländerflughäfen, ÖJZ 1999, 161.

Judikatur: KOM 11.02.1987, ABl L 1987/295, 25.

---

187 *Achatz/Haller* in Achatz/Kirchmayr, Kommentar KStG § 5 Rz 11.

188 ZB engere Einkommensdefinition, großzügige Betriebsausgabendefinition, großzügige Pauschalierungen: Vgl dazu die VO zur Gaststättenpauschalierung: VfSlg 19.633, *Renner*, UFSjournal 2011, 178 ff; *Baldauf*, SWK 2012, 1271 ff.

189 Vgl dazu als Beispiel KOM 13.07.2011, *Ireland Air Transport – Exemptions from air passenger tax*, C (2011) 4932 final.

190 Vgl dazu zB EuGH 08.11.2001, C-143/99.

191 EuGH 22.11.2001, C-53/00; EuGH 15.11.2011, C-106/09 P und C-107/09 P, Rn 71 ff.

192 Mitteilung über die „Anwendung der Vorschriften über staatliche Beihilfen auf Maßnahmen im Bereich der direkten Unternehmensbesteuerung", ABl C 1998/384, 3.

Gehen Bund, Länder oder Gemeinden marktunübliche Rechtgeschäfte ein (zB Vermietung, Verpachtung, Rechtsgeschäfte über Grundstücke oder Gebäuden, verbilligte staatliche Leistungen, kostenlose Erschließung von Grundstücken für Unternehmen), dh Rechtsgeschäfte, die ein nach marktwirtschaftlichen Gesichtspunkten handelnder, profitorienterter Vertragspartner nicht eingehen würde, kann eine staatliche Beihilfe vorliegen.

So liegt etwa bei einem Verkauf eines Grundstücks dann keine Beihilfe vor, wenn der Verkauf entweder durch ein bedingungsfreies Bieterverfahren oder auf Grundlage eines unabhängigen Wertgutachtens erfolgt.

Beispiel: *Die Marktgemeinde N vermietet ihr Geschäftslokal an einen Sportverein zu einem Betrag, der weit unter den marktüblichen Konditionen liegt. In diesem Fall kann eine staatliche Beihilfe vorliegen und der Verkauf zu marktüblichen Konditionen durchgeführt wird.*

7. Staatliche Unterstützungszusagen

Literatur: *Reese*, Zum EU-Beihilfenbegriff – Der enge Zusammenhang zwischen Vorteil und Last als Zurechnungsproblem, EuR 2013, 572 f; *Soltész*, Die Entwicklungen des europäischen Beihilfenrechts im Jahr 2013, EuZW 2014, 89.

Judikatur: EuGH 19.03.2013, C-399/10 u C-401/10 P, *France Télécom*.

Das Eingreifen des Staates in die Unternehmensstruktur führt regelmäßig zu einer finanziellen Besserstellung des Unternehmens. Bereits die Ankündigung eines Mitgliedstaates, ein Unternehmen finanziell unterstützen oder sich am Eigenkapital beteiligen zu wollen, kann für das Vorliegen einer Beihilfe ausreichen. Im Rahmen einer Gesamtschau muss dem Unternehmen durch die Wirkungen der staatlichen Unterstützungserklärung ein Vorteil zukommen und der Staatshaushalt muss mit einem hinreichend konkreten wirtschaftlichen Risiko belastet werden.[193]

Beispiel: *Ein französisches Telekomunternehmen befindet sich mit 60 % im Eigentum von Frankreich. Der Börsenkurs des Unternehmens fiel erheblich, nachdem ihr kurz- und langfristiges Kreditrating auf den untersten Rang herabgestuft worden ist. Der französische Minister erklärte zur Finanzlage des Unternehmens, dass der französische Staat, die für ihre Überwindung erforderlichen Entscheidungen treffen werde, sollte das Unternehmen Finanzprobleme haben. Der EuGH sah in dieser Unterstützungszusage bereits eine staatliche Beihilfe.*[194]

8. Behördliche Fehlanwendung von Rechtsvorschriften

Literatur: *M. Lang*, Die gesetzwidrige Begünstigung von Steuerpflichtigen als gemeinschaftsrechtswidrige Beihilfe? in Beiser (Hrsg), Ertragsteuern in Wissenschaft und

[193] EuGH 19.03.2013, C-399/10 und C-401/10 P, *France Télécom*; weiterführend dazu *Soltész*, EuZW 2014, 89; *Reese*, EuR 2013, 572 f.

[194] EuGH 19.03.2013, C-399/10 und C-401/10 P, *France Télécom*.

Praxis, FS Doralt (2007) 233; *Schön*, Taxation and state aid law in the European Union, CMLR 1999, 911; *Sutter* in Mayer/Stöger, EUV/AEUV (Stand 01.01.2014, rdb.at); *Quigley/Collins*, EC State Aid Law and Policy (2002); *Sutter*, Das EG-Beihilfenverbot und sein Durchführungsverbot in Steuersachen (2005); *Tanzer*, Die „vertretbare" Rechtsauffassung im Steuerrecht, in Holoubek/Lang (Hrsg), Organ- und Staatshaftung in Steuersachen (2002).

Staatliche Beihilfen können uU auch vorliegen, wenn Behörden durch die Fehlanwendung von Rechtsvorschriften bestimmte Unternehmen begünstigen.[195] Ein solcher Nachweis wird sich allerdings schwierig gestalten, da eine Rechtsnorm regelmäßig Raum für unterschiedliche Interpretationen lässt. Dabei hält man im Schrifttum das Einschränken von Beihilfeverstößen durch die vollziehende Verwaltung auf Missbrauchsfälle für einen möglichen denkbaren Ansatz.[196]

Bei dieser potenziellen Form einer Beihilfe ist auch die Einhaltung des Gleichheitssatzes zu berücksichtigen. Ferner kann bei einer nachweisbaren missbräuchlichen Rechtsanwendung zugunsten eines bestimmten Unternehmens auch der strafrechtliche Tatbestand eines (versuchten) Amtsmissbrauchs verwirklicht sein.

Überhaupt wird aber einer allzu weitreichenden Anwendung der EU-Beihilfevorschriften wohl mit Skepsis zu begegnen sein.

Beispiel: *Der Mitgliedstaat D will das Großunternehmen A finanziell unterstützen, um eine drohende Abwanderung in den benachbarten Mitgliedstaat zu verhindern und die heimischen Arbeitsplätze zu sichern. Unter Berufung auf ein Rechtsgutachten und einer begründeten Rechtsmeinung wird eine Steuervorschrift zugunsten von A ausgelegt. Dadurch wird A ein Vorteil iHv € 5 Mio gewährt. Man könnte von einer Fehlanwendung einer Rechtsvorschrift sprechen und eine Beihilfe unterstellen. Ein Nachweis wird sich allerdings schwierig gestalten, da die Behörde ihre Meinung auf ein Rechtsgutachten stützt und die alternative Interpretation plausibilisieren und begründen kann.*

9. Sonstige Vergünstigungen in Form von Beihilfen

Literatur: *Alpha*, Der kommunale Querverbund als europarechtswidrige Beihilfe?, NVwZ 2021, 598; *Kassow*, Beihilferechtliche Zulässigkeit staatlicher Förderankündigungen, EuZW 2010, 856; *L.Reiter*, Staatliche Covid-19-Wirtschaftshilfen: überall Beihilfen iSd Art 107 Abs 1 AEUV, wbl 2020, 661; *Huber/Stangl*, Beamtengehälter und Beihilferecht: Das Urteil Deutsche Post AG, in Haslinger/Jaeger (Hrsg), Jahrbuch Beihilferecht (2017) 541; *Stöbener de Mora*, Überall Beihilfen? – Die Kommissionsbekanntmachung zum Beihilfebegriff, EuZW 2016, 685.

---

[195] So wurde in den 80er Jahren in einigen Verfahren die Frage nach der Beihilferelevanz behördlicher Fehlanwendung von Rechtsvorschriften diskutiert: vgl das Verfahren vor dem Court of Appeal R *v Attorney* General, *ex parte ICI*, CMLR 1987, 72; English High Court: R *v Attorney General, ex parte ICI*, CMLR 1985, 588.

[196] In der Literatur ist einerseits ein Abstellen auf die Figur der „*arguable legal position*", also der vertretbaren Rechtsauffassung, ein denkbarer Ansatz; in Anlehnung an den Private market investor test wird ebenso ein sog *scientific approach test*, der die rechtswissenschaftliche Fundiertheit der gewählten Interpretation prüft, für möglich gehalten.

Judikatur: KOM 29.03.1988, *Renault*, ABl L 1988/220, 30; KOM 02.05.1990, *Halkis Cement Company*, ABl L 1991/73, 27; KOM 22.07.1993, *Cenemesa/Cademesa/ Conelec*, ABl L 1993/309, 21; KOM 14.10.1998, *Megafesa-Gruppe*, ABl L 1999/198, 15; EuGH 12.10.2000, C-480/98, *Spanien/Kommission.*

Staatliche Beihilfen können darüber hinaus bei einem Verzicht,[197] einer Stundung,[198] Zinszuschüssen, der bloßen Nichtdurchsetzung von Forderungen ohne Gegenleistung,[199] staatlichen Schuldübernahmen[200], den Kurzarbeitsbeihilfen[201] oder sogar bei den Assistenzleistungen des Bundesheeres während der Covid-19-Krise vorliegen.[202]

Beispiel: *Das Unternehmen A ist für den Standort im Mitgliedstaat B von enormer wirtschaftlicher Bedeutung. Durch die Wirtschaftskrise steht das Unternehmen A kurz vor der Insolvenz. Um die zahlreichen Arbeitsplätze am Wirtschaftsstandort zu sichern, vereinbart der Mitgliedstaat B mit dem Unternehmen A, die offenen Forderungen aus Sozialversicherungsbeiträgen zu stunden bzw auf einen Teil der Forderungen aus Steuerschulden der letzten Jahre zu verzichten.*

G. Unionsbeihilfen

Literatur: *Beljin* in Schulze/Janssen/Kadelbach (Hrsg), Europarecht[4] (2020); *Birkenmaier*, Beihilfen, Wettbewerbsrecht und Wettbewerbspolitik in der EG, WiPolBl 1992, 74; *Cichy*, Wettbewerbsverfälschungen durch Gemeinschaftsbeihilfen (2002); *Englisch*, Zur Bedeutung des gemeinschaftsrechtlichen Gleichheitssatzes im Recht der Gemeinschaftsbeihilfen, EuR 2009, 488; *Jaeger*, Beihilfe- und Förderungsrecht, in Holoubek/ Potacs (Hrsg), Öffentliches Wirtschaftsrecht I[4] (2019) 717; *Jung*, Die Vergabe von Unionsbeihilfen (2019); *Koenig/Kühling*, Reform des EG-Beihilfenrechts aus der Perspektive des mitgliedstaatlichen Systemwettbewerbs. Zeit für eine Neuausrichtung?, EuZW 1999, 517; *Nehl*, Rechtsschutz bei Unionsbeihilfen, in Haslinger/Jaeger (Hrsg), Jahrbuch Beihilferecht (2011) 461; *Petzold* in Birnstiel/Bungenberg/Heinrich (Hrsg), Europäisches Beihilfenrecht (2013); *Scholz*, Die Förderung transeuropäischer Netzinfrastrukturen, EWS 2003, 223; *Streinz*, EUV/AEUV[3] (2018); *Urlesberger*, Die „europäischen Werte“ und ihr Schutz durch die EU, JRP 2002, 193.

Art 107 AEUV regelt die Aufsicht über staatliche (nationale) Beihilfen der Mitgliedstaaten. Gewährt die Europäische Union Förderungen direkt aufgrund eigener Rechtsgrundlagen im AEUV an die Mitgliedstaaten, spricht man von **Unionsbeihilfen**.

197 KOM 02.05.1990, *Halkis Cement Company*, ABl L 1991/73, 27
198 EuGH 12.10.2000, C-480/98, *Spanien/Kommission* Rn 19.
199 KOM 14.10.1998, *Megafesa-Gruppe,* ABl L 1999/198, 15; *Soltész/Makowski*, EuZW 2003, 73.
200 KOM 29.03.1988, *Renault,* ABl L 1988/220, 30; KOM 22.07.1993, *Cenemesa/Cademesa/ Conelec*, ABl L 1993/309, 21.
201 *L.Reiter*, wbl 2020, 661 (664 ff).
202 *L.Reiter*, wbl 2020, 661 (670).

Auch gemischte Beihilfen (nationale Mittel und Unionsmittel) können aus Mitteln des Unionshaushaltes stammen.[203] EU-Mittel, wie zB aus Strukturfonds[204] (ESF+[205], EFRE[206], ELER[207], JTF[208]) von der Europäischen Investitionsbank, vom Europäischen Investitionsfonds, oder von internationalen Finanzinstitutionen wie dem IWF sind grds keine staatlichen Mittel, wenn diese direkt von diesen Institutionen vergeben werden.[209] Anders ist dies aber, wenn diese Mittel in den nationalen Haushalt der Mitgliedstaaten fließen (zB bei kofinanzierten Programmen) und dann vom Mitgliedstaat vergeben werden.[210]

Unionsbeihilfen werden durch den Haushalt der Europäischen Union finanziert und eignen sich als Mittel, um die Ziele von Horizon 2020 zu verwirklichen.

Bei all diesen Förderungen handelt es sich um Beihilfemaßnahmen, die nicht Art 107 AEUV unterliegen, weil sie ihre Rechtsgrundlage unmittelbar im Primärrecht haben.[211]

---

203 EuGH 13.10.1982, verb Rs C-213/81 bis C-215/81, *Norddeutsches Vieh- und Fleischkontor ua/Bundesanstalt für landwirtschaftliche Marktordnung* Rn 22; *Frenz*, Handbuch EuR III2 Rz 258 mwN: Zur Klassifikation von gemischten Beihilfen als staatliche Beihilfe s Bekanntmachung Beihilfebegriff, Rn 57 ff.

204 Verordnung (EU) 2021/1060 des Europäischen Parlaments und des Rates vom 24. Juni 2021 mit gemeinsamen Bestimmungen für den Europäischen Fonds für regionale Entwicklung, den Europäischen Sozialfonds Plus, den Kohäsionsfonds, den Fonds für einen gerechten Übergang und den Europäischen Meeres-, Fischerei- und Aquakulturfonds sowie mit Haushaltsvorschriften für diese Fonds und für den Asyl-, Migrations- und Integrationsfonds, den Fonds für die innere Sicherheit und das Instrument für finanzielle Hilfe im Bereich Grenzverwaltung und Visumpolitik, ABl L 2021/231, 159 idF L 2022/241, 16.

205 S Art 162 AEUV; Verordnung (EU) 2021/1057 des Europäischen Parlaments und des Rates vom 24. Juni 2021 zur Einrichtung des Europäischen Sozialfonds Plus (ESF+) und zur Aufhebung der Verordnung (EU) Nr. 1296/2013, ABl L 2021/231, 21 idF L 2021/421, 75.

206 S Art 176 AEUV; VO (EU) 2021/1060; Verordnung (EU) 2021/1058 des Europäischen Parlaments und des Rates vom 24. Juni 2021 über den Europäischen Fonds für regionale Entwicklung und den Kohäsionsfonds, ABl L 2021/231, 60 idF L 2022/13, 74.

207 Verordnung (EU) 2021/2115 des Europäischen Parlaments und des Rates vom 2. Dezember 2021 mit Vorschriften für die Unterstützung der von den Mitgliedstaaten im Rahmen der Gemeinsamen Agrarpolitik zu erstellenden und durch den Europäischen Garantiefonds für die Landwirtschaft (EGFL) und den Europäischen Landwirtschaftsfonds für die Entwicklung des ländlichen Raums (ELER) zu finanzierenden Strategiepläne (GAP-Strategiepläne) und zur Aufhebung der Verordnung (EU) Nr. 1305/2013 sowie der Verordnung (EU) Nr. 1307/2013 idF L 2021/435, 1.

208 Verordnung (EU) 2021/1056 des Europäischen Parlaments und des Rates vom 24. Juni 2021 zur Einrichtung des Fonds für einen gerechten Übergang, ABl L 2021/231, 1.

209 *Bacon*, European Union Law of State Aid, 3rd ed. 2017, para 2.107; *Soltész* in Säcker, MüKoWettbR: BeihilfenR V[4] Art 107 AEUV Rz 454.

210 *Nicolaides*, Puzzles of State Aid: Structural Funds, Cumulation and De Minimis, EStAL 2005, 433; *Bacon*, European Union Law of State Aid, 3rd ed. 2017, para 2.107; Bekanntmachung zum Beihilfebegriff, ABl C 2016/262, 1 Rn 60.

211 Weiterführend dazu *Jung*, Unionsbeihilfen (2019); Das Fehlen einheitlicher Rahmenbedingungen für mitgliedstaatliche wie auch europäische Beihilfen hat in der Literatur für deutliche Kritik gesorgt: *Urlesberger*, JRP 2002, 193 (193 ff); *Birkenmaier*, WiPolBl 1992, 74 (76 ff).

Das EU-Beihilferecht erfasst Beihilfen, die von den Mitgliedstaaten vergeben werden. Unmittelbare und mittelbare Fördermaßnahmen der Union selbst (**Unionsbeihilfen**) unterliegen nicht dem Anwendungsbereich von Art 107 Abs 1 AEUV.

Bei der Ausgestaltung von Unionsbeihilfen hat der Unionsgesetzgeber allerdings darauf zu achten, dass keine Wettbewerbsverfälschung oder Diskriminierungen erfolgen.[212]

Die mit Unionsbeihilfen verfolgten Ziele müssen mit dem Grundsatz des freien Wettbewerbs abgewogen werden.[213]

Beispiel: *Die Europäische Union gewährt Zuschüsse für Schulobst und -gemüse sowie Schulmilch an diejenigen Mitgliedstaaten, die am Schulprogramm teilnehmen wollen. Diese Zuschüsse erfolgten in Form einer Unionsbeihilfe. Durch einen Durchführungsbeschluss[214] der Kommission wurde die endgültige Zuweisung der Unionsbeihilfe für Schulobst und -gemüse sowie Schulmilch geregelt.*

H. Drittstaatliche Subventionen

Literatur: *Arhold*, Foreign Subsidies Regulation – Verordnung über Drittstaatssubventionen: Neue beihilfenrechtliche Herausforderungen insbesondere in den Bereichen M&A und Vergabe, EWS 2022, 310; *Barbist*, Die Verordnung über den Binnenmarkt verzerrende drittstaatliche Subventionen: Eine Einführung samt kritischer Auseinandersetzung mit den Vorschriften über Zusammenschlüsse, ZöR 2023, 227; *Bürger/Uzunçakmak/Weiß*, Die Foreign Subsidies Regulation – Ein weiteres Kontrollregime tritt in Kraft, Newsdienst Compliance 2023, 220002; *Ebrecht*, Foreign Subsidies Regulation and EU International Procurement – Necessity, Changes and Challengers, ZEuS 2022, 487; *Huber*, Kann die VO über Drittstaatssubventionen Europas Selbstbestimmung und Einfluss in der Welt sichern?, in Jaeger/Haslinger (Hrsg), Jahrbuch Beihilferecht (2023) 409; *Miller*, Faire Wettbewerbsbedingungen im Binnenmarkt: Die neue EU-VO über den Binnenmarkt verzerrende drittstaatliche Subventionen, ecolex 2023/454, 718; *Müller-Ibold/Herrmann*, Die Entwicklung des Europäischen Außenwirtschaftsrechts (2020-2022), EuZW 2022, 1085; *ders*, The Draft Foreign Subsidies Regulation – Relationship with other Union Instruments – Some Thoughts on Multilevel Enforcement and Duplication of Efforts, ZEuS 2022, 431; *Quardt/Hanke*, Neues „Level Playing Field" für die Subventionskontrolle im Binnenmarkt?, BRZ 2021, 187; *Reichling/Montgomery Vollert*, Die Teilnahme (dritt-) staatlich begünstigter Wirtschaftsteilnehmer an Vergabeverfahren, GewArch 2022, 496; *L. Reiter*, Zum Begriff der wettbewerbsverzerrenden drittstaatlichen Subvention im Sinne der Foreign Subsidies Regulation, EuZW 2023, 596; *Rump/Noßke*, Die neue EU-Drittstaatensubventionsverordnung – Eine neue Säule in der Wettbewerbspraxis, BB 2023, 131;

[212] *Härtel* in Streinz, EUV/AEUV[3] Art 42 AEUV Rz 17; *Martinez*, Landwirtschaft und Wettbewerbsrecht – Bestandsaufnahme und Perspektiven, EuZW 2010, 368.

[213] *Cremer* in Calliess/Ruffert, EUV/AEUV[5] Art 107 Rn 82.

[214] Durchführungsbeschluss (EU) 2022/493 der Kommission vom 21. März 2022 über die endgültige Zuweisung der Unionsbeihilfe für Schulobst und -gemüse sowie Schulmilch an die Mitgliedstaaten für den Zeitraum 1. August 2022 bis 31. Juli 2023 und zur Änderung des Durchführungsbeschlusses (EU) 2021/462, ABl L 2022/100, 55.

Soltész, Drittstaatensubventionsverordnung und Transaktionspraxis – EU-Kommission gibt Vorgeschmack, NZKart 2023, 121; *ders*, Neue Wettbewerbsinstrumente aus Brüssel: Das Weißbuch zu Drittstaatensubventionen, BB 2020, 1730; *Trapp*, Das Weißbuch der Kommission zur Gewährleistung fairer Wettbewerbsbedingungen bei Subventionen aus Drittstaaten, EuZW 2020, 964; *von Brauneck*, Zum Vorschlag einer EU-Verordnung über den Binnenmarkt verzerrende drittstaatliche Subventionen, WM 2021, 2319; *Weiß*, Die Kommissionsaufsicht über Subventionen aus Drittstaaten von Amts wegen im Vergleich zur Beihilfenaufsicht, EuZW 2022, 507; *ders*, Ex Officio Third Country Subsidies' Review – Similarities with and Differences to State Aid Procedures, ZEuS 2022, 467; *Weiß/Imhof*, Verordnung über wettbewerbsverfälschende Subventionen – eine Zeitenwende im EU-Subventionsrecht, ecolex 2023/33, 60.

Im März 2019 wurde die Kommission durch den Europäischen Rat aufgefordert, neue Instrumente zu erschaffen, die der Wettbewerbsverzerrung durch drittstaatliche Subventionen auf dem Binnenmarkt entgegenwirken.[215]

Das Europäische Parlament forderte die Kommission im Februar 2020 zur Prüfung auf, ob das EU-Wettbewerbsrecht um eine solche Säule ergänzt werden sollte. Nach Durchführung einer öffentlichen Debatte auf Basis eines am 17.06.2020 von der Kommission veröffentlichten Weißbuches machte die Kommission am 05.05.2021 einen Vorschlag, welcher nunmehr die Grundlage der FSR ist.[216] Das Europäische Parlament nahm den im Sommer 2022 mit dem Rat gefundenen Kompromiss am 10.11.2022[217] förmlich an.[218] Mit 28.11.2022 nahm der Rat der Europäischen Union die FSR schlussendlich auf.[219]

Am 12.01.2023 wurde die Verordnung über den Binnenmarkt verzerrende drittstaatliche Subventionen (**„Foreign Subsidies Regulation" – FSR**)[220] im Amtsblatt veröffentlicht. Die wesentlichen Teile dieses Rahmenwerkes sind mit 12. Juli 2023 in Kraft getreten.[221]

Die FSR zielt darauf ab, Wettbewerbsverzerrungen auf dem EU-Binnenmarkt zu beseitigen, welche durch Subventionen aus Drittstaaten verursacht werden.[222]

---

215 Tagung des Europäischen Rates (21. und 22.03.2019) – Schlussfolgerungen, EUCO 1/19; abrufbar unter https://data.consilium.europa.eu/doc/document/ST-1-2019-INIT/de/pdf.

216 Vorschlag für eine Verordnung des Europäischen Parlaments und des Rates über den Binnenmarkt verzerrende drittstaatliche Subventionen vom 05.05.2021, COM (2021) 223 final; abrufbar unter https://eur-lex.europa.eu/legal-content/DE/TXT/PDF/?uri=CELEX:52021PC0223&from=EN.

217 Legislative Entschließung des Europäischen Parlaments vom 10.11.2022 zu dem Vorschlag für eine Verordnung des Europäischen Parlaments und des Rates über den Binnenmarkt verzerrende drittstaatliche Subventionen (COM(2021)0223 – C9-0167/2021 – 2021/0114(COD)).

218 KOM, Pressemitteilung vom 30.06.2022, IP/22/4190.

219 Legislative Entschließung des Europäischen Parlaments vom 10.11.2022 zu dem Vorschlag für eine Verordnung des Europäischen Parlaments und des Rates über den Binnenmarkt verzerrende drittstaatliche Subventionen (COM(2021)0223 – C9-0167/2021 – 2021/0114(COD)).

220 Verordnung (EU) 2022/2560 des Europäischen Parlaments und des Rates vom 14. Dezember 2022 über den Binnenmarkt verzerrende drittstaatliche Subventionen, ABl L 2022/330, 1.

221 Art 53 Abs 1 FSR.

222 Art 1 Abs 1 erster Satz FSR.

Bislang unterlagen Subventionen aus Drittländern bei Investitionen und im Rahmen des Beschaffungswesens keiner ausreichenden Kontrolle.[223] Mitgliedstaatliche Subventionen hingegen mussten stets den strengen Anforderungen des EU-Beihilferechts genügen.

Ausgangssituation einer drittstaatlichen Subvention ist die **finanzielle Unterstützung eines EU-Unternehmens durch** einen **Drittstaat**.

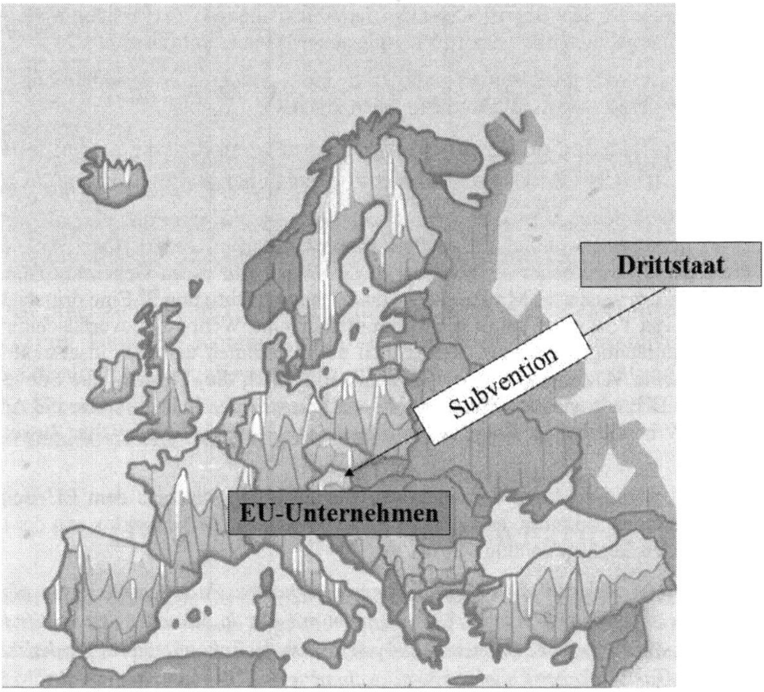

1. Drittstaatliche Subvention

Eine drittstaatliche Subvention liegt vor, wenn ein Drittstaat direkt oder indirekt eine **finanzielle Zuwendung** gewährt, die einem Unternehmen, das eine wirtschaftliche Tätigkeit auf dem Binnenmarkt ausübt, einen Vorteil verschafft und die rechtlich oder faktisch auf ein einzelnes Unternehmen oder einen einzelnen Wirtschaftszweig oder mehrere Unternehmen oder Wirtschaftszweige beschränkt ist.[224]

Der Begriff **finanzielle Zuwendung** ist weit gefasst.

223 ErwGr 5 zur FSR.

224 Art 3 Abs 1 FSR.

Beihilfe- und Förderungsrecht, in Holoubek/Potacs (Hrsg), Öffentliches Wirtschaftsrecht I[4] (2019) 717; *Kahl*, Die Bedeutung der „Dienstleistungen von allgemeinem wirtschaftlichen Interesse" durch den Vertrag von Amsterdam, wbl 1999, 189; *ders*, Der weiterentwickelte Ausgleichsansatz in der Daseinsvorsorge – zugleich Analyse der Auswirkungen des Urteils EuGH C-280/00, Altmark Trans („Magdeburger Verfahren"), auf Österreich, wbl 2003, 401; *ders*, Öffentliche Unternehmen[4] (2019); *Kahl/Müller*, Die aktuelle DAWI-Debatte in Haslinger/Jaeger (Hrsg) Jahrbuch Beihilferecht (2012) 455; *dies*, Die umfassende Reform des EU-wettbewerbsrechtlichen Rahmens für Dienstleistungen von allgemeinem wirtschaftlichem Interesse, ÖZW 2012, 82; *dies*, Der neue Daseinsvorsorgerahmen – aktuelle Entwicklungen, in Haslinger/Jaeger (Hrsg), Jahrbuch Beihilferecht (2013) 421; *Kanitz*, Der erste Entwurf der neuen De-minimis-Verordnung der Kommission, BRZ 2013, 67; *Kämmerer*, Strategien zur Daseinsvorsorge – Dienste im allgemeinen Interesse nach der „Altmark"-Entscheidung des EuGH, NVwZ 2004, 28; *König/Hellstern*, Das materielle binnenmarktrechtliche Beihilfenaufsichtsrecht, in Hatje/Müller-Graff (Hrsg), Enzyklopädie Europarecht IV: Europäisches Binnenmarkt- und Wirtschaftsordnungsrecht[2] (2021); *König/Kühling*, Grundfragen des EG-Beihilfenrechts, NJW 2000, 1065; *Koenig/Sander*, Die verbrauchervermittelte Unternehmensbegünstigung auf dem Prüfstand des EG-Beihilfenrechts, EuR 2000, 743; *Kreuschitz/Wernicke* in Lenz/Borchardt (Hrsg), EU-Verträge-Kommentar[6] (2012) Art 107 AEUV; *Kühling/Wachinger*, Das Altmark Trans-Urteil des EuGH – Weichenstellung für oder Bremse gegen mehr Wettbewerb im deutschen ÖPNV?, NVwZ 2003, 1202; *Lukits*, Entwicklungen im Europäischen Beihilfenrecht. Materielles Europarecht, in Jahrbuch Europarecht (2014) 171; *Mähring*, Grundzüge des EG-Beihilfenrechts, JuS 2003, 448; *Nordmann*, Die neue de-minimis Verordnung im EG-Beihilfenrecht, EuZW 2007, 752; *Potocnik-Manzouri/Safron*, Rezente Entwicklungen in der Daseinsvorsorge, in Haslinger/Jaeger (Hrsg), Jahrbuch Beihilferecht (2018) 335; *Righini*, The Reform of the State aid Rules on Financing of Public Services – paving the way towards a clearer, simpler and more diversified framework, EStAL 2012, 3; *Säcker*, Münchner Kommentar. Europäisches und Deutsches Wettbewerbsrecht V: Beihilfenrecht[4] (2022); *Sandmann*, Kommunale Unternehmen im Spannungsfeld von Daseinsvorsorge und europäischem Wettbewerbsrecht (2005); *Scholz*, Soziale Dienstleistungen von allgemeinem Interesse – der beihilferechtliche Rahmen nach dem neuen „DAWI-Paket" der Europäischen Kommission in Haslinger/Jaeger (Hrsg), Jahrbuch Beihilferecht (2012) 479; *ders*, Grundkurs Europarecht[7] (2021); *ders* in Wurzel/Schraml/Gaß (Hrsg), Rechtspraxis der kommunalen Unternehmen[4] (2021); *Schwabl/Stangl*, DAWI – Beihilfen für die Regionalversorgung am Beispiel der Post, in Haslinger/Jaeger (Hrsg), Jahrbuch Beihilferecht (2016) 359; *Sinnaeve*, Die ersten Gruppenfreistellungsverordnungen: Dezentralisierung der Beihilfenkontrolle, EuZW 2001, 69; *ders*, Block Exemptions for State aid: More Scope for State Aid Control by Member States and Competitors, CMLR 2001, 1479; *ders*, What's New in SGEI in 2012? – An Overview of the Commission's SGEI Package, EStAL 2/2012, 347; *ders*, The Complexity of Simplification: The Commission's Review of the de minimis Regulation, EStAL 2014, 261; *Storr*, Wohnungsgemeinnützigkeit im Binnenmarkt, JRP 2012, 397; *ders*, Zwischen überkommener Daseinsvorsorge und Diensten von allgemeinem wirtschaftlichem Interesse, DÖV 2002, 253; *Sollgruber*, Grundzüge des europäischen Beihilfenrechts (2007); *Soltész*, Kein Freifahrtschein für nationale Subventionspolitik – die neuen Gruppenfreistellungsverordnungen im Europäischen Beihilfenrecht, ZIP 2001, 278; *Stöbener de Mora*, Beihilferecht: EU-Konsultationen zur De-minimis-Verordnung, Flughafenleitlinien und Regionalbeihilfen, EuZW 2019, 483; *dies*, Beihilferecht: Verlängerung der AGVO, De-minimis-Verordnung und Leitlinien sowie gezielte Anpassungen aufgrund der Covid-19-Krise, EuZW 2020, 635; *Streinz*, EUV/AEUV[3] (2018); *Szyszczak*, The Altmark Case Revisited: Local and Regional Subsidies to Public Services, EStAL 2017, 395; *Wiedenhauer*, Beihilfenrechtssichere Finanzierung von Tourismusorganisationen, ecolex 2018, 261.

Judikatur: Schlussanträge GA *Reischl* 03.02.1977, C-52/76, *Benedetti*; EuGH 17.09.1980, Rs 730/79, *Philip Morris/Kommission*; EuGH 14.02.1990, C-301/87, *Frankreich/Kommission*; EuGH 21.03.1991, C-303/88, *Italien/Kommission*; EuGH 10.12.1991, C-179/90, *Merci Conventionali Porto di Genova/Siderurgica Gabrielli*; EuGH 16.06.1993, C-325/91, *Frankreich/Kommission*; EuGH 11.07.1996, C-39/94, *SFEI/Laposte*; EuGH 15.05.1997, C-355/95 P, *Textilwerke Deggendorf*; EuG 15.12.1999, verb Rs T-132/96 u T-143/96, *Freistaat Sachsen ua/Kommission*; KOM 13.02.2002, N 774/2001, *„Ausgleich von außergewöhnlichen Belastungen infolge der BSE-Krise"*; EuGH 28.01.2003, C-334/99, *Deutschland/Kommission*; EuGH 24.07.2003, C-280/00, *Altmark Trans*; EuG 05.08.2003, verb Rs T-116/02 u T-118/01, *P&O European Ferries ua*; EuGH 29.04.2004, C-277/00, *Deutschland/Kommission*; EuGH 29.04.2004, C-372/97, *Italien/Kommission*; EuG 15.06.2005, T-17/02, *Fred Olsen/Kommission*; EuGH 23.02.2006, verb Rs C-346/03 u C-529/03, *Atzeni ua*; EuGH 30.03.2006, C-451/03, *Servizi Ausiliari Dottori Commercialisti*; KOM 23.12.2008, N 643/2008, *Special measures relating to meat products of animal origin from pigs following a dioxin contamination in Ireland*, ABl C 2009/36, 1; KOM 07.10.2009, N 424/2009, *„Aid for the damage caused by natural disasters"*; KOM 19.12.2012, SA.35413 (12/NN), *Aid to compensate for damage caused by the earthquakes of May 2012 in Emilia-Romagna, Lombardy and Veneto*, ABl C 2013/43, 11; KOM 28.10.2015, SA.43108, *Aid for restoring forestry potential after storm damage*, ABl C 2016/9, 8; EuGH 21.07.2016, C-493/14, *Dilly's Wellnesshotel*; EuGH 15.03.2017, C-414/15 P, *Stichting Woonlinie ua/Kommission*; EuGH 27.06.2017, C-74/16, *Congregación de Escuelas Pías Provincia Betanie/Ayuntamiento de Getafe*; EuG 12.09.2017, T-671/14, *Bayrische Motoren Werke/Kommission*; EuG 12.07.2018, T-356/15, *Österreich/Kommission*; EuGH 26.09.2018, C-660/15 P, *Viasat Broadcasting UK/TV2/Danmark*; EuGH 05.03.2019, C-349/17, *Eesti Pagar*; EuGH 29.07.2019, C-654/17 P, *Bayrische Motoren Werke AG und Freistaat Sachsen/Kommission*; KOM 12.03.2020, SA.56685 (2020/N), *State aid notification on compensation scheme cancellation of events related to COVID-19*, ABl C 2020/125, 8; KOM 08.04.2020, SA.56926, *Aid measures for inreasing competitiveness of undertakings in relation with the COVID-19 outbreak*, ABl C 2020/144, 23; KOM 30.04.2020, SA.57135, *The Measure „Partial Rent Compensation for the Enterprises Most Affected by COVID-19"*, ABl C 2020/168, 11; KOM 04.05.2020, SA.57082, *COVID-19 – Cadre temporaire 107(3)(b) – Garantie et prêt d'actionnaire au bénéfice d'Air France*, ABl C 2021/50, 3; KOM 05.05.2020, SA.57164, *Denmark- Covid-19 – Loan scheme for early stage and companies in the venture segment*, ABl C 2020/206, 6; EuG 09.09.2020, T-745/17, *Kerkosand/Kommission*; EuGH 28.10.2020, C-608/19, *INAIL*; KOM 05.07.2021, SA.63287, *COVID-19, Schutzschirm für Veranstaltungen II (Haftungen)*, ABl C 2021/285, 25; EuG 14.07.2021, T-677/20, *Ryanair DAC u Laudamotion/Kommission.*

Liegt auf Tatbestandsebene eine Beihilfe vor, kann die Beihilfe aber erlaubt sein. Im Anschluss an das Vorliegen einer Beihilfe ist daher zu prüfen, ob eine mögliche Rechtfertigungslösung für die an sich verbotene Beihilfe in Betracht kommt.

Der Tatbestand bleibt in diesem Fall erfüllt und es liegt zwar eine tatbestandsmäßige Beihilfe vor, die Beihilfe gilt aber als mit dem Binnenmarkt vereinbar und ist gerechtfertigt („**Rechtfertigungsmöglichkeit**"). Gerechtfertigte Beihilfen dürfen gewährt werden.

Rechtfertigungsmöglichkeiten finden sich im Primärrecht und im Sekundärrecht. Als Rechtfertigungsgrundlagen kommen **Legalausnahmen**, **Ermessensausnahmen**, die Allgemeine Gruppenfreistellungsverordnung (**AGVO**) und Dienstleistungen von allgemeinem wirtschaftlichem Interesse (**DAWI**) in Betracht. **De-minimis-Verordnungen** sind bereits auf Tatbestandsebene keine Beihilfen und werden im vorliegenden Kapitel daher als Exkurs behandelt.

Auch die **Notifizierung** – also die Anmeldung einer Beihilfe bei der Kommission – stellt eine Rechtfertigungslösung dar, soweit die **Beihilfe genehmigt** und für mit dem Binnenmarkt vereinbar erklärt wird.

A. Legalausnahmen

Literatur: *Bartosch*, EU-Beihilfenrecht[3] (2020); *Birnstiel/Bungenberg/Heinrich*, Europäisches Beihilfenrecht (2013); *Calliess/Ruffert*, EUV/AEUV[6] (2022); *Frenz*, Handbuch Europarecht III: Beihilferecht[2] (2021); *Grabitz/Hilf/Nettesheim*, Das Recht der Europäischen Union: EUV/AEUV (Werkstand: 79. EL Mai 2023); *Immenga/Mestmäcker*, Wettbewerbsrecht V: Beihilfenrecht[6] (2022); *Jaeger*, Beihilfe- und Förderungsrecht, in Holoubek/Potacs (Hrsg), Öffentliches Wirtschaftsrecht I[4] (2019) 717; *König/Hellstern*, Das materielle binnenmarktrechtliche Beihilfenaufsichtsrecht, in Hatje/Müller-Graff (Hrsg), Enzyklopädie Europarecht IV: Europäisches Binnenmarkt- und Wirtschaftsordnungsrecht[2] (2021); *König/Kühling*, Grundfragen des EG-Beihilfenrechts, NJW 2000, 1065; *Koenig/Sander*, Die verbrauchervermittelte Unternehmensbegünstigung auf dem Prüfstand des EG-Beihilfenrechts, EuR 2000, 743; *Kreuschitz/Wernicke* in Lenz/Borchardt (Hrsg), EU-Verträge-Kommentar[6] (2012) Art 107 AEUV; *Mähring*, Grundzüge des EG-Beihilfenrechts, JuS 2003, 448; *Schröder*, Grundkurs Europarecht[6] (2019); *Säcker*, Münchner Kommentar Europäisches und Deutsches Wettbewerbsrecht V: Beihilfenrecht[4] (2022); *Sollgruber*, Grundzüge des europäischen Beihilfenrechts (2007); *Streinz*, EUV/AEUV[3] (2018); *Zellhofer/Solek*, Katastrophenbeihilfen iZm COVID-19 am Beispiel der Entscheidung zu Austrian Airlines, in Haslinger/Jaeger (Hrsg), Jahrbuch Beihilferecht (2021) 291.

Judikatur: Schlussanträge GA *Reischl* 03.02.1977, C-52/76, *Benedetti*; KOM 14.04.1992, *Daimler-Benz („Potsdamer Platz")*, ABl L 1992/263, 15; EuG 15.12.1999, verb Rs T-132/96 u T-143/96, *Freistaat Sachsen ua/Kommission*; KOM 13.02.2002, N 774/2001, „*Ausgleich von außergewöhnlichen Belastungen infolge der BSE-Krise*"; EuGH 28.01.2003, C-334/99, *Deutschland/Kommission*; EuG 05.08.2003, verb Rs T-116/02 u T-118/01, *P&O European Ferries ua*; EuGH 29.04.2004, C-277/00, *Deutschland/Kommission*; EuGH 23.02.2006, verb Rs C-346/03 u C-529/03, *Atzeni ua*; KOM 23.12.2008, N 643/2008, *Special measures relating to meat products of animal origin from pigs following a dioxin contamination in Ireland*, ABl C 2009/36, 1; KOM 07.10.2009, N 424/2009, „*Aid for the damage caused by natural disasters*"; KOM 19.12.2012, SA.35413 (12/NN), *Aid to compensate for damage caused by the earthquakes of May 2012 in Emilia-Romagna, Lombardy and Veneto*, ABl C 2013/43, 11; KOM 28.10.2015, SA.43108, *Aid for restoring forestry potential after storm damage*, ABl C 2016/9, 8; KOM 12.03.2020, SA.56685 (2020/N), *State aid notification on compensation scheme cancellation of events related to COVID-19*, ABl C 2020/125, 8; KOM 08.04.2020, SA.56926, *Aid measures for increasing competitiveness of undertakings in relation with the COVID-19 outbreak*, ABl C 2020/144, 23; KOM 30.04.2020, SA.57135, *The Measure „Partial Rent Compensation for the Enterprises Most Affected by COVID-19*", ABl C 2020/168, 11; KOM 04.05.2020, SA.57082, *COVID-19 – Cadre temporaire 107(3)(b) – Garantie et prêt d'actionnaire au bénéfice d'Air France*, ABl C 2021/50, 3; KOM 05.05.2020, SA.57164, *Denmark-Covid-19 – Loan scheme for early stage and companies in the venture segment*, ABl C 2020/206, 6; KOM 05.07.2021, SA.63287, *COVID-19, Schutzschirm für Veranstaltungen*

II (Haftungen), ABl C 2021/285, 25; EuG 14.07.2021, T-677/20, *Ryanair DAC u Laudamotion/Kommission*; EuG 29.03.2023, T-142/21, *Wizz Air Hungary/Kommission.*

Art 107 Abs 2 AEUV normiert bestimmte Tatbestände, unter denen Beihilfen ex lege als mit dem Binnenmarkt vereinbar angesehen werden. Die Ausnahmetatbestände werden gemeinhin als **Legalausnahmen** bezeichnet, weil sie im Gegensatz zu den Ausnahmen nach Art 107 Abs 3 AEUV kein Ermessen einräumen (arg: „Mit dem Binnenmarkt vereinbar sind").[233] Sie sind eng auszulegen.[234]

Liegt einer der genannten Tatbestände vor, so ist die fragliche Beihilfe ipso iure mit dem Binnenmarkt vereinbar. Sie ist somit ex lege unionsrechtskonform.

Das bedeutet aber nicht, dass Beihilfemaßnahmen, die dem Abs 2 unterliegen von der Notifizierungspflicht und dem Durchführungsverbot entbunden sind,[235] denn auch Beihilfen auf der Grundlage einer Legalausnahme müssen notifiziert werden.

Die Kommission ist zwar nicht befugt, sich zur Zweckmäßigkeit der Anwendung der darin enthaltenen Ausnahmen zu äußern, hat aber das Vorliegen der Tatbestandsvoraussetzungen zu prüfen. Bei der Auslegung dieser Tatbestandsvoraussetzungen genießt die Kommission einen Beurteilungsspielraum.[236] Ob es sich bei den Tatbeständen überhaupt um konstitutive Ausnahmen vom Beihilfeverbot handelt, ist dogmatisch umstritten.[237] Während die Legalausnahmen in der Praxis bislang nur eine untergeordnete Rolle gespielt haben sollen,[238] spielen sie in Fällen des Art 107 Abs 2 lit b AEUV im Zusammenhang mit der COVID-19 Krise seither eine tragende Rolle.[239]

---

233 *Penner* in Birnstiel/Bungenberg/Heinrich, Europäisches Beihilfenrecht Art 107 Abs 2 AEUV Rn 997.

234 EuGH 19.09.2000, C-56/98, *Kommission/Deutschland* Rn 49, EuZW 2000, 723 (*Heidenhain*) = JuS 2001, 599 (*Streinz*); *Kühling* in Streinz, EUV/AEUV[3] Art 107 Rn 115; *Säcker* in MüKoWettbR V: BeihilfenR[4] Art 107 AEUV Rz 742.

235 aA *Rengeling*, Das Beihilferecht der europäischen Gemeinschaften in Börner/Neundörfer (Hrsg), Recht und Praxis der Beihilfen im Gemeinsamen Markt, Kölner Schriften zum Europarecht XXXII (1984) 23 (33) vertritt die Ansicht ex-Art 87 Abs 2 EGV sei deklaratorischer Natur; vgl auch Schlussanträge GA *Tesauro* 19.09.1989, C-142/87, *Belgien/Kommission* Rn 19.

236 EuGH 23.02.2006, C-346/03 und C-529/03; EuG 15.12.1999, T-132/96 und T-143/96: „*Somit haben die Kläger* [...] *nichts vorgetragen, was den Schluß zuließe, daß die Kommission die Grenzen ihres Beurteilungsspielraums* [...] *überschritten hätte* [...]; *Penner* in Birnstiel/Bungenberg/Heinrich, EU-BeihilfenR Kapitel 1, Rn 1015; *Cremer* in Calliess/Ruffert, EUV/AEUV[5] Art 107 AEUV Rn 40.

237 Die hM bejaht dies, da ansonsten der Ausnahmekatalog überflüssig wäre; s dazu statt vieler *Cremer* in Calliess/Ruffert, EUV/AEUV[5] Art 107 AEUV Rn 42; *Schweitzer/Mestmäcker* in Immenga/Mestmäcker, WettbR V: BeihilfenR[6] Art 107 Abs 2 AEUV Rn 7; aA *Bleckmann*, WiVerw 1989, 75 (86); *Rengeling* in Börner/Neundörfer, Kölner Schriften zum Europarecht XXXII, 23 (33) vertritt die Ansicht ex-Art 87 Abs 2 EGV sei deklaratorischer Natur; vgl auch Schlussanträge GA *Tesauro* 19.09.1989, C-142/87, *Belgien/Kommission* Rn 19.

238 *Penner* in Birnstiel/Bungenberg/Heinrich, EU-BeihilfenR Kapitel 1, Rn 1005; *Kühling* in Streinz, EUV/AEUV[3] Art 108 AEUV Rn 115.

239 S dazu *Zellhofer/Solek* in Jahrbuch Beihilferecht 2021, 291.

1. Verbraucherbeihilfen sozialer Art

Literatur: *Bartosch*, EU-Beihilfenrecht[3] (2020); *Birnstiel/Bungenberg/Heinrich*, Europäisches Beihilfenrecht (2013); *Bleckmann*, Das System des Beihilfeverbots im EWG-Vertrag, WiVerw 1989, 75; *Calliess/Ruffert*, EUV/AEUV[6] (2022); *Frenz*, Handbuch Europarecht III: Beihilferecht[2] (2021); *Grabitz/Hilf/Nettesheim*, Das Recht der Europäischen Union: EUV/AEUV (Werkstand: 79. EL Mai 2023); *Immenga/Mestmäcker*, Wettbewerbsrecht V: Beihilfenrecht[6] (2022); *Jaeger*, Beihilfe- und Förderungsrecht, in Holoubek/Potacs (Hrsg), Öffentliches Wirtschaftsrecht I[4] (2019) 717; *König/Hellstern*, Das materielle binnenmarktrechtliche Beihilfenaufsichtsrecht, in Hatje/Müller-Graff (Hrsg), Enzyklopädie Europarecht IV: Europäisches Binnenmarkt- und Wirtschaftsordnungsrecht[2] (2021); *Koenig/Sander*, Die verbrauchervermittelte Unternehmensbegünstigung auf dem Prüfstand des EG-Beihilfenrechts, EuR 2000, 743; *Martenczuk* in Schwarze (Hrsg), EU-Kommentar[4] (2019) Art 107 AEUV; *Säcker*, Münchner Kommentar Europäisches und Deutsches Wettbewerbsrecht V: Beihilfenrecht[4] (2022); *Schröder*, Grundkurs Europarecht[7] (2021).

Judikatur: Schlussanträge GA *Reischl* 03.02.1977, C-52/76, *Benedetti*; EuG 05.08.2003, T-116/02 u T-118/01, *P&O European Ferries ua*; EuG 04.03.2009, T-445/05, *Associazione italiana del risparmio gestito and Fineco Asset Management/Kommission*; KOM 29.06.2011, SA.32888, *Befreiung von der Luftverkehrsteuer hinsichtlich Abflügen von Inselbewohnern und in anderen Fällen*, ABl C 2012/70, 3; EuGH 28.07.2011, C-403/10 P, *Mediaset/Kommission*; KOM 04.08.2020, SA.57495, *Broadband vouchers for certain categories of families – Italy*, ABl C 2020/326, 1; KOM 08.02.2021, SA.60662, *Prolongation of Danish social aid for certain air passengers*, ABl C 2021/77, 1; KOM 13.08.2021, SA.63005, *Scheme for the management of loans granted under Government Housing Plans (OIKIA Scheme)*, ABl C 2021/366, 1.

Beihilfen sozialer Art an einzelne Verbraucher, wenn sie ohne Diskriminierung nach der Herkunft der Waren gewährt werden sind mit dem Binnenmarkt vereinbar. (**Art 107 Abs 2 lit a AEUV**)

Beispiel: *Im Zuge der COVID-19-Krise gewährt der Bund zahlreichen Haushalten einen sog Gastrogutschein (Wertgutschein für Gastronomie) iHv € 500. Der Gastrogutschein stellt eine mittelbare Beihilfe dar, zumal dadurch ein bestimmter Unternehmenszweig (Gastronomiebranche) begünstigt wird. Es wäre aber denkbar, die Beihilfe als Verbraucherbeihilfe sozialer Art auszugestalten, sofern die übrigen Voraussetzungen in Art 107 Abs 2 lit a AEUV erfüllt sind.*

Beihilfen gemäß Art 107 Abs 2 lit a AEUV sind **bei der Kommission** gemäß Art 108 Abs 3 AEUV **anzumelden**.

Verbraucherbeihilfen fallen grds nicht unter das Beihilfeverbot des Art 107 Abs 1 AEUV, da sie nicht bestimmte Unternehmen oder Produktionszweige begünstigen. Der Rechtfertigungsgrund nach Art 107 Abs 2 lit a AEUV kann jedoch nur dann zum Tragen kommen, wenn auch der Verbotstatbestand einschlägig ist. Verbraucher können aber Adressat des Beihilfeverbots sein, wenn durch eine Maßnahme, mittelbar auch Unternehmen begünstigt werden („**mittelbare Beihilfe**“).[240]

Der Anwendungsbereich des Art 107 Abs 2 lit a AEUV ist somit hauptsächlich auf mittelbare Beihilfen eingeschränkt.

[240] Zur mittelbaren Beihilfe s Zweiter Teil Kapitel II Abschnitt E.

a. Verbraucher

Die Legalausnahme setzt demnach eine Beihilfe an einen **Endverbraucher** voraus und umfasst **unmittelbare und mittelbare Begünstigungen zugunsten von Verbrauchern**.

Eine **mittelbare Begünstigung** zugunsten von Verbrauchern liegt dann vor, wenn staatliche Mittel zwar unmittelbar dem Unternehmen zufließen, im Ergebnis aber dem Verbraucher zugutekommen. Von einer **unmittelbaren Begünstigung** zugunsten eines Verbrauchers spricht man dann, wenn die Begünstigung direkt beim Verbraucher eintritt, um bestimmte Unternehmen eines Wirtschaftssektors zu fördern.

b. Sozialer Charakter

Weiteres Kriterium ist der **soziale Charakter**. Die Begünstigung muss sozialer Art sein. Entgegen dem Wortlaut sind aber **Leistungen jeglicher Art** (zB Steuerbefreiungen, Kompensationszahlungen)[241] umfasst.[242] In der Lit[243] ist eine Begünstigung dann sozialer Art, wenn sie sich an bedürftige Personen richtet, elementare Grundbedürfnisse befriedigt oder dem menschlichen Zusammenleben dient. Ausreichend sollen auch das mit der Maßnahme verfolgte Ziel der Existenzsicherung und die Minderung wirtschaftlicher Ungleichheiten sein. Erfasst werden demnach Begünstigungen an sozial schwache Verbraucher.

Die Beihilfemaßnahme muss einen **„tatsächlichen Bedarf"** befriedigen.[244] Sie darf nicht darauf abzielen, einem Unternehmen einen Vorteil zu gewähren, den es unter normalen Marktbedingungen nicht erhalten hätte.

c. Diskriminierungsverbot

Schließlich müssen Verbraucherbeihilfen ohne Diskriminierung nach der Herkunft der Waren (oder Dienstleistungen) gewährt werden. Nach der Rsp ist zu prüfen, ob den Verbrauchern die fragliche Beihilfe unabhängig davon zugute-

---

241 Weitere Beispiele s *Säcker* in MüKoWettbR V: BeihilfenR[4] Art 107 AEUV Rz 746.

242 EuG 05.08.2003, verb Rs T-116/01 u T-118/01, *P&O European Ferries* Rn 163; *Penner* in Birnstiel/Bungenberg/Heinrich, EU-BeihilfenR Kapitel 1, Rn 1036 mwN; *Schweitzer/Mestmäcker* in WettbR V: BeihilfenR[6] Art 107 Abs 2 AEUV Rz 11.

243 Vgl dazu etwa *Cremer* in Calliess/Ruffert, EUV/AEUV[6] Art 107 AEUV Rz 46; *von Wallenberg/Schütte* in Grabitz/Hilf/Nettesheim, EUV/AEUV Art 107 AEUV Rn 139 (Werkstand: 79. EL Mai 2023); *Schweitzer/Mestmäcker* in WettbR V: BeihilfenR[6] Art 107 Abs 2 AEUV Rz 10.

244 *Bartosch*, EU-BeihilfenR[3] Art 107 Abs 2 AEUV Rz 3; *Schweitzer/Mestmäcker* in WettbR V: BeihilfenR[6] Art 107 Abs 2 AEUV Rz 10.

kommt, welches Unternehmen die Leistung erbringt, mit der sich das angeführte soziale Ziel erreichen lässt.[245] Die Legalausnahme verbietet die Diskriminierung zwischen verschiedenen Ursprungsländern der Waren, nicht aber die zwischen konkurrierenden Warengruppen.[246]

Beispiel: *Ein Mitgliedstaat könnte etwa gestützt auf Art 107 Abs 2 lit a AEUV kinderreichen Familien eine staatliche Förderung zugunsten von Großraumlimousinen gewähren, obwohl dadurch andere Kraftfahrzeuge am Markt benachteiligt werden würden.*

2. Katastrophenbeihilfen

Literatur: *Bartosch*, EU-Beihilfenrecht³ (2020); *Birnstiel/Bungenberg/Heinrich*, Europäisches Beihilfenrecht (2013); *Jaeger/Stöger* (Hrsg), EUV/AEUV Art 107 AEUV (Stand 01.01.2014, rdb.at); *Immenga/Mestmäcker*, Wettbewerbsrecht V: Beihilfenrecht⁶ (2022); *Zellhofer/Solek*, Katastrophenbeihilfen iZm COVID-19 am Beispiel der Entscheidung zu Austrian Airlines, in Haslinger/Jaeger (Hrsg), Jahrbuch Beihilferecht (2021) 291.

Judikatur: KOM 13.02.2002, N 774/2001, „*Ausgleich von außergewöhnlichen Belastungen infolge der BSE-Krise*"; EuGH 23.02.2006, verb Rs C-346/03 u C-529/03, *Atzeni ua*"; EuG 25.06.2008, T-268/06, *Olympiaki Aeroporia Ypiresies*"; KOM 23.12.2008, N 643/2008, *Special measures relating to meat products of animal origin from pigs following a dioxin contamination in Ireland*, ABl C 2009/36, 1; KOM 07.10.2009, N 424/2009, „*Aid for the damage caused by natural disasters*"; KOM 12.03.2020, SA.56685 (2020/N), *State aid notification on compensation scheme cancellation of events related to COVID-19*, ABl C 2020/125, 8; KOM 08.04.2020, SA.56926, *Aid measures for increasing competitiveness of undertakings in relation with the COVID-19 outbreak*, ABl C 2020/144, 23; KOM 30.04.2020, SA.57135, *The Measure „Partial Rent Compensation for the Enterprises Most Affected by COVID-19*", ABl C 2020/168, 11; KOM 04.05.2020, SA.57082, *COVID-19 – Cadre temporaire 107(3)(b) – Garantie et prêt d'actionnaire au bénéfice d'Air France*, ABl C 2021/50, 3; KOM 05.05.2020, SA.57164, *Denmark-Covid-19 – Loan scheme for early stage and companies in the venture segment*, ABl C 2020/206, 6; EuGH 28.09.2023, C-320/21 P, *Ryanair/Kommission*.

Mit dem Binnenmarkt vereinbar sind Beihilfen zur Beseitigung von Schäden, die durch Naturkatastrophen oder sonstige außergewöhnliche Ereignisse entstanden sind. **(Art 107 Abs 2 lit b AEUV)**

Beihilfen nach Art 107 Abs 2 lit b AEUV sind **bei der Kommission** gemäß Art 108 Abs 3 AEUV **anzumelden**.

Art 107 Abs 2 lit b AEUV thematisiert staatliche Beihilfemaßnahmen zur Überwindung von Schäden, die durch Naturkatastrophen oder sonstige außergewöhnliche Ereignisse entstanden sind.

245 EuG 05.08.2003, verb Rs T-116/02 u T-118/01, *P&O European Ferries ua* Rz 163.

246 Vgl dazu *Sutter* in Jaeger/Stöger, EUV/AEUV Art 107 AEUV Rz 90, mit dem Hinweis auf die zahlreichen steuerrechtlichen Vergünstigungen für Kleinbusse nach österreichischem Recht.

Den Oberbegriff dieser Legalausnahme bilden die außergewöhnlichen Ereignisse. Die Auslegung des Tatbestands der Naturkatastrophe hat sich am Begriff „außergewöhnliche Ereignisse“ zu orientieren.[247] Aufgrund der Legalausnahme ist die Kommission verpflichtet, Katastrophenbeihilfen unter Einhaltung der Tatbestandsvoraussetzungen zu genehmigen. Katastrophenbeihilfen gelten somit als ex lege unionsrechtskonform.

Voraussetzung für die Gewährung einer Beihilfe nach Art 107 Abs 2 lit b AEUV ist entweder eine **Naturkatastrophe** oder ein **sonstiges außergewöhnliches Ereignis**.

a. Naturkatastrophen

Judikatur: KOM 29.11.2000, N 433/2000, *Emergency planning for natural disasters*; ABl C 2001/71, 20; EuG 05.08.2003, T-116/02 u T-118/01, *P&O European Ferries ua*; EuGH 30.09.2003, C-301/96, *Deutschland/Kommission*; EuGH 29.04.2004, C-278/00, *Griechenland/Kommission*; EuG 15.06.2005, T-171/02, *Regione autonoma della Sardegna*; EuG 28.11.2008, verb Rs T-254/00, T-270/00 u T-277/00, *Hotel Cipriani ua/Kommission*; KOM 27.02.2009, N 401/2008, *Aid to compensate for the damage caused by the storm and floods*, ABl C 2009/112, 2; KOM 19.12.2012, SA.35413 (12/NN), *Aid to compensate for damage caused by the earthquakes of May 2012 in Emilia-Romagna, Lombardy and Veneto*, ABl C 2013/43, 11; KOM 28.10.2015, SA.43108, *Aid for restoring forestry potential after storm damage*, ABl C 2016/9, 8; KOM 18.10.2016, SA.44999, *Measures in favour of farmers whose agricultural holdings were affected by natural disasters and adverse climatic effects from January to December 2013*, ABl C 2017/20, 1; KOM 30.11.2020, SA.58568, *Elimination of emergency situations at ponds and water tanks*, ABl C 2021/260, 1; KOM 30.11.2020, SA.58569, *Repair flood damage to ponds and water tanks*, ABl C 2021/260, 1;

Beispiel: *Durch eine verheerende Unwetterfolge werden große Teile der Landwirtschaft innerhalb eines Mitgliedstaats zerstört. Um der heimischen Landwirtschaft finanziell unter die Arme zu greifen, wird ein Katastrophenfonds zugunsten der von den Unwettern betroffenen Landwirte aufgelegt.*

Art 107 Abs 2 AEUV:

Mit dem Binnenmarkt **vereinbar sind:**

[...]

b) Beihilfen zur Beseitigung von Schäden, die durch Naturkatastrophen oder sonstige außergewöhnliche Ereignisse entstanden sind;

[...]

Die Legalausnahme in Art 107 Abs 2 lit b 1. Alt AEUV erfasst Beihilfen, die dem Schadensausgleich von **außergewöhnlichen Naturkatastrophen** dienen.

[247] *Kühling* in Streinz, EUV/AEUV[3] Art 108 AEUV Rn 117.

Außergewöhnliche Naturkatastrophen sind schwere Unwetter, Hochwässer, extreme Regenfälle, Erdrutsche bzw Erdbeben, Vulkanausbrüche, umfangreiche Wind- und Deichbrüche, Wirbelstürme, Orkane.

Schäden, die auf widrige Witterungsverhältnisse (Frost, Hagel, Eis, Regen und Dürre) zurückzuführen sind, werden nicht als Naturkatastrophen angesehen.[248]

Erstmals definiert wird der Begriff der Naturkatastrophe in Art 50 Abs 1 AGVO. Aufgrund dieses Freistellungstatbestandes dürften Beihilfen nach Art 107 Abs 2 lit a 1. Alt AEUV zukünftig nur noch dort Anwendung finden, wo Beihilfen zum Ausgleich von Schäden, die verglichen zu gewöhnlichen Wetterverhältnissen ungewöhnlich sind.[249]

Mit der Beihilfe darf nur der **Schadensausgleich** erreicht werden und darf nicht über das hinausgehen, was zur Schadensbeseitigung notwendig ist. Darüber hinaus muss die Beihilfe in einem zum Eintritt des Ereignisses **vertretbaren Zeitraum** gewährt werden.

Schließlich muss der wirtschaftliche Nachteil unmittelbar durch die Naturkatastrophe entstanden sein.[250]

b. Außergewöhnliches Ereignis

Judikatur: KOM 13.02.2002, N 774/2001, *Ausgleich von außergewöhnlichen Belastungen infolge der BSE-Krise*; EuG 05.08.2003, T-116/02 u T-118/01, *P&O European Ferries ua*; EuGH 30.09.2003, C-301/96, *Deutschland/Kommission*; EuGH 11.11.2004, C-73/03, *Spanien/Kommission*; EuG 15.06.2005, T-171/02, *Regione autonoma della Sardegna/Kommission*; EuGH 23.02.2006, C-346/03 u C-529/03, *Atzeni ua*; EuG 25.06.2008, T-268/06, *Olympiaki Aeroporia Ypiresies*; EuG 28.11.2008, verb Rs T-254/00, T-270/00 u T-277/00, *Hotel Cipriani ua/Kommission*; KOM 23.12.2008, N 643/2008, *Special measures relating to meat products of animal origin from pigs following a dioxin contamination in Ireland*, ABl C 2009/36, 2; KOM 07.10.2009, N 424/2009, *Aid for the damage caused by natural disasters*; ABl C 2009/275, 4; KOM 12.03.2020, SA.56685 (2020/N), *State aid notification on compensation scheme cancellation of events related to COVID-19*, ABl C 2020/125, 8; KOM 06.07.2020, SA.57539, *COVID-19 – Aid to Austrian Airlines*; ABl C 2020/346, 2; EuG 14.04.2021, T-379/20, *Ryanair DAC/Kommission*; KOM 05.07.2021, SA.63287, *COVID-19, Schutzschirm für Veranstaltungen II (Haftungen)*, ABl C 2021/285, 25; EuG 14.07.2021, T-677/20, *Ryanair DAC u Laudamotion/Kommission*; EuG 29.03.2023, T-142/21, *Wizz Air Hungary/Kommission*; EuGH 28.09.2023, C-320/21 P, *Ryanair/Kommission.*

---

[248] ErwGr 69 zur AGVO.

[249] EuGH 23.02.2006, C-346/03 u. C-529/03, *Atzeni ua*; EuG 28.11.2008, verb Rs T-254/00, T-270/00 u T-277/00, *Hotel Cipriani ua/Kommission* Rn 340; *von Wallenberg/Schütte* in Grabitz/Hilf/Nettesheim, EUV/AEUV Art 107 AEUV Rz 141 (Werkstand: 79. EL Mai 2023).

[250] EuGH 30.09.2003, C-301/96, *Deutschland/Kommission* Rn 72; EuGH 29.04.2004, C-278/00 Rn 82; EuG 15.06.2005, T-171/02, *Regione autonoma della Sardegna/Kommission* Rn 165.

Beispiel: *Im Zuge der COVID-19-Krise gewähren zahlreiche EU-Mitgliedstaaten Beihilfen zugunsten des heimischen Luftfahrtsektors, um drohenden Insolvenzen finanziell entgegenzusteuern.*

Art 107 Abs 2 AEUV:

Mit dem Binnenmarkt **vereinbar sind:**

[...]

b) Beihilfen zur Beseitigung von Schäden, die durch Naturkatastrophen oder sonstige außergewöhnliche Ereignisse entstanden sind;

[...]

Außergewöhnlich ist ein solches Ereignis dann, wenn es sich nach Art und Umfang deutlich von dem unterscheidet, was allgemein als gewöhnlich angesehen wird. Laut Rsp ist die **Versicherbarkeit** entscheidendes Kriterium.

Wenn ein sorgfältiger Wirtschaftsteilnehmer Vorkehrungen für die Folgen eines Ereignisses treffen muss, kann dieses schon definitionsgemäß nicht als höhere Gewalt und erst recht nicht als außergewöhnliches Ereignis im Sinne des Art 107 Abs 2 lit a AEUV angesehen werden.[251]

Es ist nicht erforderlich, den gesamten Schaden, der durch ein außergewöhnliches Ereignis verursacht wurde, zu ersetzen und somit allen Opfern auf der Grundlage von Art 107 Abs 2 lit b AEUV Hilfe zu gewähren. Auch der Schaden einzelner Geschädigter kann ausgeglichen werden.[252]

Die Mitgliedstaaten sind auch nicht verpflichtet, Beihilfen zur Beseitigung eines durch ein „außergewöhnliches Ereignis" iSd Art 107 Abs 2 lit b AEUV entstandenen Schadens zu gewähren.[253]

Als außergewöhnliche Ereignisse gelten Terroranschläge[254], Kriege[255], innere Unruhen[256], Streiks[257], schwere nukleare Unfälle[258], Industrieunfälle[259] und Brän-

---

[251] EuG 25.06.2008, T-268/06, *Olympiaki Aeroporia Ypiresies* Rn 66.

[252] EuG 14.04.2021, T-379/20, *Ryanair DAC/Kommission* Rn 17, 25 f; EuG 29.03.2023, T-142/21, *Wizz Air Hungary/Kommission* Rn 43; EuGH 28.09.2023, C-320/21 P, *Ryanair/Kommission*, Rn 25.

[253] EuG 29.03.2023, T-142/21, *Wizz Air Hungary/Kommission* Rn 40.

[254] EuG 25.06.2008, T-268/06, *Olympiaki Aeroporia Ypiresies*.

[255] *Schweitzer/Mestmäcker* in Immenga/Mestmäcker, WettbR V: BeihilfenR^6 Art 107 Abs 2 AEUV Rz 19; *Sutter* in Mayer/Stöger, EUV/AEUV Art 107 Rn 93.

[256] KOM 12.03.2020, SA 56685, ABl C 2020/125, 8, FN 6.

[257] KOM 12.03.2020, SA 56685, ABl C 2020/125, 8, FN 6; Krit *Bär-Bouyssiére* in Schwarze/Becker/Hatje/Schoo, EU-Kommentar^4 Art 107 Rn 63.

[258] *Schweitzer/Mestmäcker* in WettbR V: BeihilfenR^6 Art 107 Abs 2 AEUV Rz 19.

[259] *Schweitzer/Mestmäcker* in WettbR V: BeihilfenR^6 Art 107 Abs 2 AEUV Rz 19.

de, die umfangreiche Verluste verursachen. Strittig ist, ob auch der Ausbruch von Tierseuchen darunter zu subsumieren ist.[260]

Die Anschläge vom 11. September 2001 und die daraus folgende Sperrung des Luftraums wurden vom EuG als außergewöhnliche Ereignisse eingestuft.[261]

Wirtschaftliche Krisen wurden teilweise als außergewöhnliche Ereignisse eingestuft. Nach der Rechtsprechung des EuGH sind Schwierigkeiten im Zusammenhang mit einer Krise des betreffenden Marktes und hohe Zinsraten keine außergewöhnlichen Ereignisse, denn sie sind Ausdruck der Marktkräfte, denen sich ein Unternehmer stellen muss.[262]

Einzelfälle wie zB die BSE-Seuche[263] oder die Dioxinverseuchung[264] von Fleisch sind nach Ansicht der Kommission hingegen als außergewöhnliche Ereignisse anzusehen. Auch die COVID-19 Pandemie[265] wurde als außergewöhnliches Ereignis qualifiziert.[266]

Aus dem systematischen Zusammenhang mit den Naturkatastrophen folgt, dass nur solche Vorkommnisse, als „außergewöhnliche Ereignisse" einzustufen sind, die **Eingriffe von außen** in den Wirtschaftskreislauf darstellen.[267]

Für die Vereinbarkeit mit dem Binnenmarkt muss zudem ein **unmittelbarer Zusammenhang** zwischen dem außergewöhnlichen Ereignis bzw der Naturkatastrophe, dem verursachten Schaden und der staatlichen Beihilfe bestehen. Der entstandene Schaden ist dabei möglichst genau zu bewerten.

Es darf **keine Überkompensation** der Beihilfeempfänger vorliegen, sodass Versicherungsleistungen zu verrechnen sind.

Beihilfen, welche die Verluste ihrer Begünstigten übersteigen, können daher nicht unter Art 107 Abs 2 lit b AEUV fallen.[268]

---

[260] Nach Ansicht der Kommission soll der Ausbruch von Tierseuchen oder das Auftreten von Pflanzenschädlingen nicht mehr den Naturkatastrophen oder sonstigen außergewöhnlichen Ereignissen gleichgestellt werden, sondern nach Art 107 Abs 3 lit c AEUV beurteilt werden: vgl KOM 01.07.2014, Rahmenregelung der Europäischen Union für staatliche Beihilfen im Agrar- und Forstsektor und in ländlichen Gebieten 2014-2020, ABl C 2014/204, 1.

[261] EuG 25.06.2008, T-268/06, *Olympiaki Aeroporia Ypiresies* Rn 66.

[262] EuGH 23.02.2006, verb Rs C-346/03 u C-529/03, *Atzeni ua* Rn 80.

[263] KOM 13.02.2002, N 774/2001, *„Ausgleich von außergewöhnlichen Belastungen infolge der BSE-Krise"*, vgl auch *Schweitzer/Mestmäcker* in WettbR V: BeihilfenR[6] Art 107 Abs 2 AEUV Rz 19.

[264] KOM 23.12.2008, N 643/2008, ABl C 2009/36, 1.

[265] *WHO*, Coronavirus disease 2019 (COVID-19) – Situation Report 50, 10 March 2020. Am 11.03.2020 hat die WHO den COVID-19 als Pandemie eingestuft: https://www.who.int/docs/default-source/coronaviruse/situation-reports/20200310-sitrep-50-covid-19.pdf?sfvrsn=55e904fb_2.

[266] EuG 14.04.2021, T-379/20, *Ryanair DAC/Kommission*; KOM 12.03.2020, SA.56685 (2020/N), *State aid notification on compensation scheme cancellation of events related to COVID-19*, ABl C 2020/125, 8; EuGH 28.09.2023, C-320/21 P, *Ryanair/Kommission*, Rn 51.

[267] *Schweitzer/Mestmäcker* in WettbR V: BeihilfenR[6] Art 107 Abs 2 AEUV Rz 20.

[268] EuGH 11.11.2004, C-73/03, *Spanien/Kommission* Rn 40 und 41.

Beihilfen zur Bekämpfung von außergewöhnlichen Ereignissen sind mit dem Binnenmarkt vereinbar, wenn
- ein **Ereignis** vorliegt, das sich nach Art und Umfang deutlich von dem unterscheidet, was allgemein als gewöhnlich angesehen wird,
- ein **unmittelbarer Zusammenhang** zwischen dem außergewöhnlichen Ereignis, dem verursachten Schaden und der staatlichen Beihilfe besteht, und
- **keine Überkompensation** des Beihilfeempfängers vorliegt.

3. Beihilfen aus Gründen der Teilung Deutschlands

Literatur: *Falkenkötter*, Der Streit um die sächsischen VW-Beihilfen – Anlaß für grundsätzliche Klärung?, NJW 1996, 2689; *Kruse*, Ist die „Teilungsklausel" als Rechtsgrundlage für Beihilfen zum Ausgleich teilungsbedingter Nachteile obsolet?, EuZW 1998, 229; *Schütterle*, Die Rechtsgrundlage für Beihilfen zur Überwindung der wirtschaftlichen Folgen der Teilung Deutschlands, EuZW 1994, 715.

Judikatur: KOM 14.04.1992, *Daimler-Benz („Potsdamer Platz")*, ABl L 1992/263, 15; EuGH 19.09.2000, C-156/98, *Deutschland/Kommission*; EuGH 28.01.2003, C-334/99, *Deutschland/Kommission*; EuGH 30.09.2003, verb Rs C-57/00 P u C-61/00 P, *Freistaat Sachsen u VW/Kommission*; EuGH 30.09.2003, C-301/96, *Deutschland/Kommission*; EuGH 29.04.2004, C-277/00, *Deutschland/Kommission.*

Art 107 Abs 2 AEUV:

Mit dem Binnenmarkt **vereinbar sind:**

[...]

c) Beihilfen für die Wirtschaft bestimmter, durch die Teilung Deutschlands betroffener Gebiete der Bundesrepublik Deutschland, soweit sie zum Ausgleich der durch die Teilung verursachten wirtschaftlichen Nachteile erforderlich sind [...].

Beihilfen nach Art 107 Abs 2 lit c AEUV sind **bei der Kommission** gemäß Art 108 Abs 3 AEUV **anzumelden** („Notifikation").

Art 107 Abs 2 lit c AEUV normiert die sog „**Teilungs- bzw Deutschlandklausel**", derzufolge Beihilfen für die Wirtschaft bestimmter, durch die Teilung Deutschlands betroffener Gebiete der Bundesrepublik Deutschland, zu genehmigen sind, soweit sie zum Ausgleich der durch die Teilung verursachten wirtschaftlichen Nachteile erforderlich sind.

Mit „Teilung Deutschlands" ist historisch die Ziehung der Trennungslinie zwischen den beiden Besatzungszonen im Jahr 1948 gemeint.

Die Wortfolge „*durch die Teilung verursachten wirtschaftlichen Nachteile*" ist restriktiv zu interpretieren. Darunter sind nur jene wirtschaftlichen Nachteile zu verstehen, die in bestimmten Gebieten Deutschlands durch die aus der physischen Grenzziehung resultierende Isolierung, entstanden sind (zB die Unterbrechung der Verkehrswege oder der Abbruch der Handelsbeziehungen zwischen den beiden Teilen Deutschlands).[269]

Nicht ausgleichsfähig sind jene Nachteile, die nur aus den Unterschieden der politisch-wirtschaftlichen Systeme der BRD und der DDR resultieren.

Zwischen dem wirtschaftlichen Nachteil und der ehemaligen, physisch wirkenden Demarkationslinie muss ein **unmittelbarer Kausalzusammenhang** bestehen.

B. Ermessensausnahmen

Literatur: *Bartosch*, EU-Beihilfenrecht[3] (2020); *Birnstiel/Bungenberg/Heinrich*, Europäisches Beihilfenrecht (2013); *Dreher/Lübbig/Wolf-Posch*, Praxis des EU-Beihilferechts in Österreich (2017); *Frenz*, Handbuch Europarecht III: Beihilferecht[2] (2021); *Grabitz/Hilf/Nettesheim*, Das Recht der Europäischen Union: EUV/AEUV (Werkstand: 79. EL Mai 2023); *Immenga/Mestmäcker*, Wettbewerbsrecht V: Beihilfenrecht[6] (2022); *Jaeger*, Beihilfe- und Förderungsrecht, in Holoubek/Potacs (Hrsg), Öffentliches Wirtschaftsrecht I[4] (2019) 717; *König/Hellstern*, Das materielle binnenmarktrechtliche Beihilfenaufsichtsrecht, in Hatje/Müller-Graff (Hrsg), Enzyklopädie Europarecht IV: Europäisches Binnenmarkt- und Wirtschaftsordnungsrecht[2] (2021); *König/Kühling*, Grundfragen des EG-Beihilfenrechts, NJW 2000, 1065; *Mähring*, Grundzüge des EG-Beihilfenrechts, JuS 2003, 448; *Säcker*, Münchner Kommentar Europäisches und Deutsches Wettbewerbsrecht V: Beihilfenrecht[4] (2022); *Schröter/Jakob/Klotz/Mederer*, Europäisches Wirtschaftsrecht[2] (2014); *Schwarze*, EU-Kommentar[4] (2019); *Sollgruber*, Grundzüge des europäischen Beihilfenrechts (2007); *Streinz*, EUV/AEUV[3] (2018).

Judikatur: EuGH 17.09.1980, Rs 730/79, *Philip Morris/Kommission*; EuGH 14.02.1990, C-301/87, *Frankreich/Kommission*; EuGH 21.03.1991, C-303/88, *Italien/Kommission*; EuGH 16.06.1993, C-325/91, *Frankreich/Kommission*; EuGH 11.07.1996, C-39/94, *SFEI/Laposte*; EuGH 15.05.1997, C-355/95 P, *Textilwerke Deggendorf*; Schlussanträge *Mischo* 12.03.2002, C-242/00, *Deutschland/Kommission*; EuG 14.01.2004, T-109/01, *Fleuren Compost/Kommission*; EuGH 29.04.2004, C-372/97, *Italien/Kommission*; EuGH 15.04.2008, C-390/06, *Nuova Agricast*; EuGH 08.03.2016, C-431/14 P, *Griechenland/Kommission*; EuG 12.07.2018, T-356/15, *Österreich/Kommission*; EuGH 22.09.2020, C-594/18 P, *Hinkley Point*; EuGH 29.06.2023, C-763/21 P, *TUIfly/Kommission*, Rn 120.

Anders als bei den Legalausnahmen in Art 107 Abs 2 AEUV „**können**" Beihilfen im Rahmen von Art 107 Abs 3 AEUV mit dem Binnenmarkt vereinbar sein. Der Kommission ist im Rahmen dieser Ausnahmetatbestände ein weiter[270] Ermessensspielraum bei der Genehmigung eingeräumt („Kann-Bestimmungen"). Es handelt sich um **Ermessensausnahmen**.

Das heißt, nicht jede Beihilfe, die unter eine Ermessensausnahme fällt, ist ipso iure zulässig, sondern erst nach einer positiven Kommissionsentscheidung (Ermessensent-

[269] EuGH 19.09.2000, C-156/98, *Deutschland/Kommission*, Rn 52; EuGH 30.09.2003, C-301/96, *Deutschland/Kommission*, Rn 67.

[270] *Kreuschitz* in MüKoWettbR V: BeihilfenR[4] Art 107 Rz 795; *Bartosch*, EU-BeihilfenR[3] Art 107 Abs 3 AEUV Rz 1.

scheidung).[271] Die Beihilfe muss damit bei der Kommission angemeldet und für mit dem Binnenmarkt vereinbar erklärt werden. Die Kommission übt dabei sowohl Ermessen hinsichtlich der Tatbestandsvoraussetzungen als auch der Rechtsfolgen aus.[272]

Die Kommission kann durch das ihr eingeräumte Ermessen die Genehmigung einer Beihilfe verweigern, wenn die Maßnahme das begünstigte Unternehmen nicht dazu veranlasst, durch ihr Verhalten zur Verwirklichung eines der in Art 107 Abs 3 AEUV genannten Ziele beizutragen. Die Beihilfe muss somit erforderlich sein, um die in der jeweiligen Ermessensausnahmebestimmung vorgesehenen Ziele in einer Weise zu erreichen, dass ohne sie das freie Spiel der Marktkräfte allein das begünstigte Unternehmen nicht dazu veranlassen würde, durch ihr Verhalten zur Verwirklichung dieser Ziele beizutragen. Eine Beihilfe, die die finanzielle Lage des begünstigten Unternehmens verbessert, ohne zur Erreichung der in Art 107 Abs 3 AEUV definierten Ziele notwendig zu sein, wird vom Gerichtshof nicht als mit dem Binnenmarkt vereinbar angesehen.[273]

Die Kommission übt zwar ein Ermessen aus, allerdings darf eine staatliche Beihilfe, die gegen Bestimmungen oder allgemeine Grundsätze des Unionsrechts verstößt, nicht für mit dem Binnenmarkt vereinbar erklärt werden.[274] Das Ermessen ist durch das Primärrecht und allgemeine Grundsätze des Unionsrecht sohin beschränkt.

Aus der Rechtsprechung: *Eine staatliche Beihilfe für eine wirtschaftliche Tätigkeit im Kernenergiesektor, deren Prüfung ergibt, dass sie gegen Unionsvorschriften im Bereich der Umwelt verstößt, kann nach Art 107 Abs 3 lit c AEUV nicht für mit dem Binnenmarkt vereinbar erklärt werden. Der Grundsatz des Umweltschutzes, das Vorsorgeprinzip, das Verursacherprinzip und der Grundsatz der Nachhaltigkeit stehem der Beihilfegewährung für die Errichtung oder den Betrieb eines Kernkraftwerks entgegen.*[275]

Die Rechtmäßigkeit einer Entscheidung der Kommission, mit der festgestellt wird, dass eine Beihilfe die Voraussetzungen für die Anwendung einer Ermessensausnahme in Art 107 Abs 3 AEUV nicht erfüllt, ist allein im Rahmen der konkreten Ermessensausnahme zu prüfen und nicht im Hinblick auf eine frühere Praxis der Kommission.[276]

Art 107 Abs 3 AEUV sieht in lit a bis e unterschiedliche Ermessensausnahmen vor. Dies betrifft regionale Beihilfen für erheblich unterentwickelte Gebiete (Siehe Punkt 1.), Beihilfen für wichtige Vorhaben von gemeinsamem europäischem Interesse (Siehe Punkt 2.), Beihilfen zur Behebung einer beträchtlichen

271 *Koenig/Hellstern* in Hatje/Müller-Graff, EnzEuR IV[2] § 14 Rz 62; vgl auch *Kreuschitz* in MüKoWettbR V: BeihilfenR[4] Art 107 Rz 769 ff.

272 *Mederer* in Schröter/Jakob/Klotz/Mederer, Europäisches Wirtschaftsrecht[2] (2014) Art 107 Abs 3 AEUV Rn 214.

273 EuGH 13.06.2013, verb Rs C-630/11 P bis C-633/11, *HGA ua/Kommission*, Rn 104 mwN; EuGH 19.07.2016, C-526/14, *Kotnik*, Rn 49; EuGH 29.06.2023, C-763/21 P, *TUIfly/Kommission*, Rn 126.

274 EuGH 22.09.2020, C-594/18 P. *Hinkley Point*, Rn 44; EuGH 15.04.2008, C-390/06, *Nuova Agricast*, Rn 50-51.

275 EuGH 22.09.2020, C-594/18 P. *Hinkley Point*, Rn 45-46.

276 EuGH 22.09.2020, C-594/18 P. *Hinkley Point*, Rn 25; EuGH 29.06.2023, C-763/21 P, *TUIfly/Kommission*, Rn 120.

Wirtschaftsstörung (Siehe Punkt 3.) sektorale und regionale Beihilfen (Siehe Punkt 4.) sowie Kulturbeihilfen (Siehe Punkt 5). Darüber hinaus kann der Kreis der Ermessensausnahmen auf Vorschlag der Kommission durch den Rat erweitert werden (Ratsausnahmen, siehe Punkt 6.).

1. Beihilfen zur Förderung der wirtschaftlichen Entwicklung von Gebieten in äußerster Randlage

Literatur: *Grabitz/Hilf/Nettesheim*, Das Recht der Europäischen Union: EUV/AEUV (Werkstand: 79. EL Mai 2023); *Calliess/Ruffert*, EUV/AEUV[6] (2022); *De Marez/Pielmus*, Key elements of the revised guidelines on regional state aid, EStAL 2022, 120; *Lukits*, Die Reform der Leitlinien für Regionalbeihilfen. Vertiefung ausgewählter Themen, in Haslinger/Jaeger (Hrsg), Jahrbuch Beihilferecht (2014) 333; *Rolfes*, Regionale Wirtschaftsförderung und EWG-Vertrag. Die Aktionsräume von Bund, Ländern und Kommunen (1991).

Judikatur: EuGH 17.09.1980, Rs 730/79, *Philip Morris/Kommission*; EuGH 14.10.1987, Rs 248/84, *Deutschland/Kommission*; EuGH 14.01.1997, C-169/95, *Spanien/Kommission.*

Materialien: Leitlinien für Regionalbeihilfen 2022-2027, ABl C 2021/153, 1; Leitlinien für Regionalbeihilfen 2014-2020, ABl C 2013/209, 1.

> **Art 107 Abs 3 AEUV:**
>
> Als mit dem Binnenmarkt **vereinbar können** angesehen werden:
>
> a) Beihilfen zur **Förderung der wirtschaftlichen Entwicklung von Gebieten**, in denen die **Lebenshaltung außergewöhnlich niedrig** ist oder eine **erhebliche Unterbeschäftigung** herrscht, sowie der in **Artikel 349** genannten Gebiete unter Berücksichtigung ihrer strukturellen, wirtschaftlichen und sozialen Lage;
>
> […]

Art 107 Abs 3 lit a AEUV stellt auf Gebiete ab, die **gemessen am Unionsniveau** in sozioökonomischer Hinsicht benachteiligt sind.[277] Regionalbeihilfen sollen die **Entwicklung benachteiligter Gebiete** durch **gebietsbezogen**e Beihilfen fördern und sind nur bei bestimmten ausgewiesenen Gebieten möglich.

Bei den in Art 107 Abs 3 lit a AEUV festgelegten Regionen muss es sich um **erheblich unterentwickelte Gebiete** handeln.[278] Man spricht auch von sog **A-Fördergebieten**. Aus den Begriffen „außergewöhnlich" und „erheblich" folgt, dass der Lebensstandard bzw die Unterbeschäftigung nicht am nationalen Durchschnitt, sondern am Unionsniveau zu messen sind.

---

[277] EuGH 17.09.1980, Rs 730/79, *Philip Morris/Kommission*; EuGH 14.10.1987, Rs 248/84, *Deutschland/Kommission*.

[278] Zum Verhältnis des Art 107 Abs 3 lit a AEUV zu Art 107 Abs 3 lit c AEUV siehe EuGH 14.01.1997, C-169/95, *Spanien/Kommission*.

In sog Fördergebietskarten definieren die Mitgliedstaaten A-Fördergebiete und C-Fördergebiete. Die Fördergebietskarten bedürfen einer Genehmigung durch die Kommission.

Die einzelnen Fördergebietskarten der Mitgliedstaaten weisen jene Gebiete aus, die für A-Fördergebiete oder C-Fördergebiete in Frage kommen.[279]

Nach Auffassung der Kommission sind unter **A-Fördergebieten** umfasst:
- NUTS-2-Regionen, deren Pro-Kopf-BIP höchstens 75 % des EU-27 Durchschnitts beträgt;[280]
- Gebiete in äußerster Randlage.[281]

Unter Gebieten in äußerster Randlage sind die in Artikel 349 genannten Gebiete zu verstehen.

Beispiel: *A-Fördergebiete sind etwa Extremadura, Ciudad de Melilla, Sjeverna Hrvatska, Puglia, Sardegna, ua. A-Fördergebiete, die als Gebiete in äußerster Randlage definiert werden sind derzeit Guadeloupe, Französisch-Guyana, Martinique, Mayotte, Réunion, St. Martin, die Azoren, Madeira und die Kanarischen Inseln.*[282]

Die Kommission definiert einen sog „Fördergebietsbevölkerungsplafond", der die Höchstgrenze für Regionalfördergebiete bildet.[283] Diese Grenze wird sodann nach sozioökonomischen Kriterien auf die Mitgliedstaaten verteilt.

Derzeit beträgt der Fördergebietsbevölkerungsplafonds 48 % der Bevölkerung der EU-27.[284]

Beihilfen, die auf der Grundlage von Art 107 Abs 3 lit a AEUV gewährt werden, sind bei der Kommission anzumelden. Die Kommission prüft sodann auf Grundlage ihrer Regionalbeihilfeleitlinien[285], ob eine Regionalbeihilfe als mit dem Binnenmarkt vereinbar anzusehen ist.

Die für regionale Investitionsbeihilfen geltenden Beihilfeintensitäten sollen in A-Fördergebieten höher sein als in C-Fördergebieten.

So soll der Art und dem Umfang des Entwicklungsgefälles zwischen den verschiedenen Gebieten in der EU Rechnung getragen werden.[286]

Die Beihilfeintensität für große Unternehmen in A-Fördergebieten ist dabei begrenzt und darf in NUTS-2-Regionen mit einem Pro-Kopf-BIP von nicht mehr als 55 % des EU-27-Durchschnitts höchstens 50 %, in NUTS-2-Regionen mit einem Pro-Kopf-BIP von mehr als 55 %, aber nicht mehr als 65 % des EU-27-Durchschnitts höchstens 40 %

---

[279] Siehe dazu die Fördergebietskarten im Anhang.

[280] Grundlage sind dabei die letzten drei Jahre, für die Eurostat-Daten verfügbar sind: s dazu Regionalbeihilfeleitlinien, ABl C 2021/153, 1 Tz 159.

[281] Regionalbeihilfeleitlinien, ABl C 2021/153, 1 Tz 159.

[282] Vgl die Regionalbeihilfeleitlinien , ABl C 2021/153, 1 Tz 19 Abs 21.

[283] Ausführlich dazu *Lukits* in Jahrbuch Beihilferecht 2014, 339.

[284] Vgl die Regionalbeihilfeleitlinien , ABl C 2021/153, 1 Tz 155.

[285] Regionalbeihilfeleitlinien 2014-2020, ABl C 2013/209, 1; Regionalbeihilfeleitlinien 2022-2027, ABl C 2021/153, 1.

[286] Regionalbeihilfeleitlinien, ABl C 2021/153, 1 Tz 178.

betragen. In NUTS-2-Regionen mit einem Pro-Kopf-BIP von mehr als 65 % des EU-27-Durchschnitts darf die Beihilfeintensität 30 % nicht übersteigen.[287]

Diese Beihilfeintensitäten können für Gebiete in äußerster Randlage mit einem Pro-Kopf-BIP von nicht mehr als 75 % des Durchschnitts der EU-27 um bis zu 20 % und für andere Gebiete in äußerster Randlage um bis zu 10 % angehoben werden.[288] Für die in den Abschnitten 7.4.4 und 7.4.5 (Regionalbeihilfeleitlinien) genannten Gebiete kann die Beihilfeintensität angehoben werden, die Beihilfeintensität für große Unternehmen in dem betreffenden Gebiet ist jedoch mit 70 % gedeckelt.[289]

Komplementär dazu enthält die AGVO einzelne Freistellungstatbestände für regionale Investitionsbeihilfen (Art 14 AGVO), regionale Betriebsbeihilfen (Art 15 AGVO) und regionale Stadtentwicklungsbeihilfen (Art 16 AGVO). Regionalbeihilfen können unter Einhaltung der Vorschriften der AGVO ohne Anmeldung (jedoch durch eine Freistellungsmitteilung) bei der Kommission gewährt werden (Zweiter Teil Kapitel III Abschnitt D, Punkt 3., Buchstabe b).

2. Beihilfen zur Förderung wichtiger Vorhaben von gemeinsamem europäischem Interesse (IPCEI)

Literatur: *Bartosch*, EU-Beihilfenrecht[3] (2020); *Grabitz/Hilf/Nettesheim*, Das Recht der Europäischen Union: EUV/AEUV (Werkstand: 79. EL Mai 2023); *Calliess/Ruffert*, EUV/AEUV[6] (2022); *Eidissen*, Common Interest as a Condition for State Aid Compatibility, EStAL 2020, 452; *Frenz*, Handbuch Europarecht III: Beihilferecht[2] (2021); *Rolfes*, Regionale Wirtschaftsförderung und EWG-Vertrag. Die Aktionsräume von Bund, Ländern und Kommunen (1991); *Schwarze*, EU-Kommentar[4] (2019); *Streinz*, EUV/AEUV[3] (2018).

Judikatur: KOM 18.01.1999, N 576/98; KOM 06.06.2001, C41/2000, *Beihilfe zugunsten der Iveco SpA*, ABl L 2001/292, 58; KOM 24.04.2002, N 706/2001, *Channel Tunnel Rail Link*, ABl C 2002/130, 5; KOM 18.09.2002, N 523/2002, *Channel Tunnel Rail Link* (CTRL IV), ABl C 2002/262, 4; EuGH 19.09.2002, C-113/00, *Spanien/Kommission*; KOM 19.05.2004, N 478/2003, *Programme Medea + Eureka 2365 : projet T207, ,65nm CMOS 300 mm*, ABl C 2005/131, 15; EuGH 15.12.2005, C-148/04, *Unicredito Italiano*; EuGH 15.12.2005, C-66/02, *Italien/Kommission*; KOM 13.05.2009, N 420/2008, *Restructuring of London & Continental Railways and Eurostar*, ABl C 2009/183, 2; EuGH 22.12.2008, C-333/07, *Régie Networks*; KOM 10.05.2010, N 116/2010, *Änderung der Regelung für Innovationsbeihilfen an den Schiffbau*, ABl C 2010/143, 24; KOM 23.06.2014, SA.38794, *Verlängerung der deutschen Regelung für Innovationsbeihilfen an den Schiffbau*, ABl C 2014/348, 26; KOM 15.10.2014, SA.36558, *State Aid granted to Øresundsbro Konsortiet*, ABl C 2014/437, 2; KOM 15.10.2014, SA.38371, *Tax advantages for the construction and operation of the Oresund Fixed Link*, ABl C 2014/418, 8; KOM 15.10.2014, SA.36662, *State Aid granted to Øresundsbro Konsortiet*, ABl C 2014/437, 3; EuG 13.12.2018, T-630/15, *Scandlines Danmark ApS and Scandlines Deutschland/Kommission*; EuG 13.12.2018, T-631/15, *Stena Line Scandinavia AB/*

[287] Regionalbeihilfeleitlinien, ABl C 2021/153, 1 Tz 179.
[288] Regionalbeihilfeleitlinien, ABl C 2021/153, 1 Tz 180.
[289] Regionalbeihilfeleitlinien, ABl C 2021/153, 1 Tz 181.

Kommission; EuG 19.09.2018, T-68/15, *HHI Ferries ua/Kommission*; EuGH 22.10.2019, C-174/19 P, *Scandlines Danmark ApS and Scandlines Deutschland/Kommission*; KOM 22.07.2021, SA.56606, *Austria joining the IPCEI Microelectronics 2018*.

Materialien: Mitteilung der Kommission über die Kriterien für die Würdigung der Vereinbarkeit von staatlichen Beihilfen zur Förderung wichtiger Vorhaben von gemeinsamem europäischem Interesse, ABl C 2021/528, 10 (im Folgenden: „IPCEI-Mitteilung").

Art 107 Abs 3 AEUV:

Als mit dem Binnenmarkt **vereinbar können** angesehen werden:

[...]

b) Beihilfen zur Förderung wichtiger Vorhaben von gemeinsamem europäischem Interesse oder zur Behebung einer beträchtlichen Störung im Wirtschaftsleben eines Mitgliedstaats;

Die erste Alternative des Art 107 Abs 3 lit b AEUV betrifft Vorhaben von gemeinsamem europäischem Interesse (**I**mportant **P**rojects of **C**ommon **E**uropean **I**nterest – **IPCEI**). Das sind Vorhaben, die die in Art 3 EUV genannten oder sich aus Sekundärrechtsakten[290] ergebenden Ziele fördern und zwischenstaatliche Vorhaben, an deren Durchführung die Union oder mehrere Mitgliedstaaten ein unmittelbares Interesse haben.[291]

Die Kommission **kann** derartige Beihilfen für mit dem Binnenmarkt vereinbar erklären. Aus der Wortfolge „können angesehen werden" ist abzuleiten, dass es im Ermessen der Kommission liegt, eine bei ihr angemeldete IPCEI-Beihilfemaßnahme, als mit dem Binnenmarkt vereinbar zu erklären.

Die Kriterien wonach die Kommission eine IPCEI-Beihilfemaßnahme als mit dem Binnenmarkt vereinbar ansieht, legt sie in der IPCEI-Mitteilung[292] fest.

Ein IPCEI-Vorhaben liegt vor, wenn ein Vorhaben,
- einen **wichtigen Beitrag zu den Zielen der EU** leistet,[293]
- nachweislich ein **erhebliches Marktversagen** behebt,[294]
- von **mindestens vier** Mitgliedstaaten durchgeführt wird,[295]

[290] *Sutter* in Mayer/Stöger, EUV/AEUV Art 107 AEUV Rz 108 (Stand 01.01.2014, rdb.at).

[291] *Cremer* in Calliess/Ruffert, EUV/AEUV[6] Art 107 AEUV Rn 59; *Frenz*, Handbuch EuR III[2] Rz 1895 mwN.

[292] Mitteilung der Kommission über die Kriterien für die Würdigung der Vereinbarkeit von staatlichen Beihilfen zur Förderung wichtiger Vorhaben von gemeinsamem europäischem Interesse, ABl C 2021/528, 10 (im Folgenden: „IPCEI-Mitteilung").

[293] IPCEI-Mitteilung, ABl C 2021/528, 10, Tz 14.

[294] IPCEI-Mitteilung, ABl C 2021/528, 10, Tz 15.

[295] IPCEI-Mitteilung, ABl C 2021/528, 10, Tz 16.

Außer in Ausnahmefällen, in denen eine geringe Zahl aufgrund der Art des Vorhabens gerechtfertigt ist.[296] Es darf auch nicht nur den Mitgliedstaaten, die die Finanzierung übernehmen, sondern muss auch anderen Teilen der Union zugutekommen.[297]

– **transparent und inklusiv** ausgestaltet ist und allen Mitgliedstaaten eine echte Gelegenheit bietet, sich an einem entstehenden Vorhaben zu beteiligen;

  zB durch Kontakte, Allianzen, Treffen oder Matchmaking-Veranstaltungen, an denen auch KMU und Start-ups teilgenommen haben, über die mögliche Auflegung des Vorhabens informiert wurden und dass ihnen ausreichend Gelegenheit zur Teilnahme gegeben wird.

– über die teilnehmenden Mitgliedstaaten und Unternehmen hinaus konkrete **positive Spillover-Effekte** erzeugt, die der Wirtschaft und Gesellschaft der Europäischen Union zugutekommen;

  zB systemische Auswirkungen auf mehreren Ebenen der Wertschöpfungskette oder der vor- bzw nachgelagerten Märkte, alternative Verwendung in anderen Wirtschaftszweigen oder Verkehrsverlagerung.

– eine **erhebliche Kofinanzierung** durch Unternehmen umfasst, die staatliche Beihilfen erhalten werden, und

  Die Kommission berücksichtigt bei der Beurteilung des Umfangs der Kofinanzierung die Besonderheiten bestimmter Wirtschaftszweige und von KMU. In hinreichend begründeten Ausnahmefällen kann die Kommission die Beihilfe selbst ohne erhebliche Kofinanzierung des Beihilfeempfängers als gerechtfertigt erachten.[298]

– **keine negativen Umweltauswirkungen** aufgrund der Nichtbeachtung des Grundsatzes der Vermeidung erheblicher Beeinträchtigungen hat, die wahrscheinlich nicht durch ausreichende positive Auswirkungen aufgewogen würden.

  Bei Investitionen, die eine erhebliche Beeinträchtigung der Umweltziele im Sinne des Artikels 17 der Verordnung (EU) 2020/852 bewirken, ist es in der Regel unwahrscheinlich, dass ihre positiven Auswirkungen ihre negativen Auswirkungen auf Wettbewerb und Handel überwiegen. Die positiven Auswirkungen eines Vorhabens im Hinblick auf die Behebung eines schwerwiegenden Markt- oder Systemversagens oder die Bewältigung gesellschaftlicher Herausforderungen sind immer im Einzelfall zu prüfen.

Die IPCEI-Mitteilung enthält darüber hinaus spezifische Kriterien für die Beihilfefähigkeit von auf bahnbrechende Innovationen ausgerichteten Vorhaben

---

[296] Eine geringere Zahl von Mitgliedstaaten – jedoch nicht weniger als zwei – kann in hinreichend begründeten Ausnahmefällen gerechtfertigt sein, zB wenn das Vorhaben miteinander verbundene Forschungsinfrastrukturen oder TEN-E- oder TEN-V-Vorhaben betrifft, die von grundlegender grenzübergreifender Bedeutung sind, da sie Teil eines physisch verbundenen grenzübergreifenden Netzes oder von entscheidender Bedeutung für die Verbesserung des grenzübergreifenden Verkehrsmanagements oder der Interoperabilität sind, oder wenn das Vorhaben aus EU-Mitteln finanziert wird und aufgrund von Rechtsvorschriften, die bei Einsatz solcher Mittel bezüglich der Zusammenarbeit zwischen Mitgliedstaaten gelten, weniger Mitgliedstaaten teilnehmen können: IPCEI-Mitteilung, ABl C 2021/528, 10, Tz 16 FN 17.

[297] IPCEI-Mitteilung, ABl C 2021/528, 10, Tz 16.

[298] IPCEI-Mitteilung, ABl C 2021/528, 10, Tz 19 FN 19.

oder von großen Infrastrukturvorhaben, die für die EU in verschiedenen Sektoren von großer Bedeutung sind.

Beispiel: *Deutschland hat im Dezember 2020 mit 21 weiteren EU-Staaten und Norwegen das „Manifesto for the development of a European „Hydrogen Technologies and Systems" value chain"*[299] *unterzeichnet und das IPCEI gestartet. Das Vorhaben liegt im gemeinsamen europäischen Interesse und steht im Einklang mit der Wasserstoffstrategie im Rahmen des Green Deals.*

Den Hauptanwendungsfall dieses Tatbestands bilden Beihilfen für Forschung und Entwicklung sowie Beihilfen zur Förderung europäischer Infrastrukturvorhaben. In der Verwaltungspraxis hat die Kommission diesen Tatbestand eher zurückhaltend angewendet.[300] Die Zahl an ergangenen Entscheidungen war bislang überschaubar.[301] In jüngster Zeit sah die Kommission in IPCEI, aber auch eine Möglichkeit, einen wesentlichen Beitrag zur Umsetzung von EU-Strategien wie dem europäischen Grünen Deal und der Digitalstrategie zu leisten und gleichzeitig positive Spillover-Effekte zu erzeugen, die nicht nur den teilnehmenden Mitgliedstaaten, sondern der gesamten EU-Wirtschaft und den Bürgerinnen und Bürgern der Union zugutekommen.[302]

Auf Art 107 Abs 3 lit b AEUV wurden in der Vergangenheit zB Maßnahmen für den Schiffsbau[303], Brückenbau[304] und für den Umweltschutz gestützt. Auch für Österreich sind IPCEI aus strategischer Sicht nicht unbeachtlich. So wurde etwa die Teilnahme am „IPCEI Mikroelektronik" und am „IPCEI Batteries" mit mehreren Unternehmen angestrebt.[305]

Als Vorhaben von gemeinsamem europäischem Interesse wurde zB das Finanzierungsmodell für die feste Fehlmarnbeltquerung zur Verbindung der dänischen und der deutschen Küste qualifiziert.[306]

---

[299] https://www.bmwi.de/Redaktion/DE/Downloads/M-O/manifesto-for-development-of-european-hydrogen-technologies-systems-value-chain.pdf?__blob=publicationFile&v=18.

[300] *Kühling/Rüchardt* in Streinz, EUV/AEUV³ Art 107 Rn 134; *Bartosch*, EU-BeihilfenR³ Art 107 Abs 3 AEUV Rn 10; *Rusche* in Immenga/Mestmäcker, WettbR V: BeihilfenR⁶ Art 107 Abs 3 Rn 92.

[301] Zur Aufstellung bislang ergangener Entscheidungen auf Grundlage des IPCEI: *Cattryse* in Pesaresi/Van de Casteele/Flynn/Siaterli, EU Competition Law, Book Two Rn 3.2053.

[302] KOM, Pressemitteilung vom 25.11.2021, IP/21/6245.

[303] KOM 10.05.2010, N 116/2010, *Änderung der Regelung für Innovationsbeihilfen an den Schiffbau*, ABl C 2010/143, 24; KOM 23.06.2014, SA.38794, *Verlängerung der deutschen Regelung für Innovationsbeihilfen an den Schiffbau*, ABl C 2014/348, 26.

[304] KOM 15.10.2014, SA.36558, *State Aid granted to Øresundsbro Konsortiet*, ABl C 2014/437, 2; KOM 15.10.2014, SA.38371, Tax advantages for the construction and operation of the Oresund Fixed Link, ABl C 2014/418, 8; KOM 15.10.2014, SA.36662, *State Aid granted to Øresundsbro Konsortiet*, ABl C 2014/437, 3

[305] KOM, Pressemitteilung vom 26.01.2021, IP/21/226.

[306] Die feste Fehrmarnbeltquerung trägt nicht nur zur grenzübergreifenden Integration der beiden Regionen, die sie verbindet, bei, sondern vollendet zudem auch die zentrale Nord-Süd-Achse zwischen Mitteleuropa und Skandinavien und nützt der europäischen Wirtschaft. Die positiven Auswirkungen wurden schwerer gewichtet als potenzielle Wettbewerbsverfälschungen: dazu KOM, Pressemitteilung vom 20.03.2020, Kommission genehmigt öffentliche Finanzierung für feste Fehrmarnbeltquerung.

Im Juni 2023 hat die Kommission das IPCEI ME/CT[307] genehmigt. Das Projekt wurde von mehreren[308] Mitgliedstaaten vorbereitet und angemeldet. Das IPCEI ME/CT betrifft Forschungs- und Entwicklungsvorhaben zu Mikroelektronik und Kommunikationstechnologie in der gesamten Wertschöpfungskette, von Materialien und Werkzeugen bis hin zu Chipdesign und Herstellungsprozessen. Die Mitgliedstaaten werden bis zu € 8,1 Mrd an öffentlichen Mitteln bereitstellen, wodurch zusätzliche private Investitionen im Umfang von € 13,7 Mrd mobilisiert werden dürfen. Im Rahmen dieses IPCEI werden 56 Unternehmen, darunter KMU und Start-Ups 68 Vorhaben durchführen.

Beispiel: *Ein von mehreren Mitgliedstaaten (Frankreich, Deutschland, Italien) initiiertes Projekt für Forschung und Innovation im Bereich der Mikroelektronik soll bei der Kommission als IPCEI-Vorhaben angemeldet werden. Ein solches Projekt stellt ein gemeinsames europäisches Interesse dar, da die Mikro- und Nanoelektronik zu den sechs wichtigsten Grundlagentechnologien für die künftige industrielle Entwicklung zählt. Dieses Vorhaben steht auch mit der Politik der Kommission zum Umstieg von der Nutzung umweltschädlicher fossiler Brennstoffe auf alternative Antriebs- und Energietechnologien im Einklang.*

3. Beihilfen zur Behebung einer beträchtlichen Störung im Wirtschaftsleben eines Mitgliedstaats

Literatur: *Grabitz/Hilf/Nettesheim*, Das Recht der Europäischen Union: EUV/AEUV (Werkstand: 79. EL Mai 2023); *Calliess/Ruffert*, EUV/AEUV[6] (2022); *Frenz*, Handbuch Europarecht III: Beihilferecht[2] (2021); *Rolfes*, Regionale Wirtschaftsförderung und EWG-Vertrag. Die Aktionsräume von Bund, Ländern und Kommunen (1991); *Rusche*, State aid control and banking Union, in Immenga/Koerber (Hrsg), Beihilfenrecht in der Krise – Reform des Beihilfenrechts (2014); *Schwarze*, EU-Kommentar[4] (2019); *Soltész/von Köckritz*, Der „vorübergehende Gemeinschaftsrahmen" für staatliche Beihilfen – die Antwort der Kommission auf die Krise in der Realwirtschaft, EuZW 2010, 167.

Judikatur: EuG 15.12.1999, T-132/96 und T-143/96, *Freistaat Sachsen u Volkswagen/Kommission*; EuGH 30.09.2003, C-57/00 P und C-61/00 P, *Freistaat Sachsen u. Volkswagen/Kommission*; EuGH 30.09.2003, C-301/96, *Deutschland/Kommission*; EuGH 11.11.2004, C-73/03, *Spanien/Kommission*; EuGH 05.03.2015, C-667/13, *Banco Privado Portugues et Massa Insolvente do Banco Privado Portugues*; EuGH 08.03.2016, C-431/14 P, *Griechenland/Kommission*; EuGH 28.09.2023, C-320/21 P, *Ryanair/Kommission.*

Rechtsnormen: Rekapitalisierungsmitteilung, ABl C 2009/10, 3; Mitteilung der Kommission über die Wiederherstellung der Rentabilität und die Bewertung von Umstrukturierungsmaßnahmen im Finanzsektor im Rahmen der derzeitigen Krise gemäß den Beihilfevorschriften, ABl C 2009/195, 9; Mitteilung der Kommission über die Anwendung der Vorschriften für staatliche Beihilfen auf Maßnahmen zur Stützung von Finanzinstituten im Kontext der Finanzkrise ab dem 1. Januar 2011, ABl C 2010/329, 7; Mitteilung der Kommission über die Anwendung der Vorschriften für staatliche Beihilfen auf Maßnahmen zur Stützung von Banken im Kontext der Finanzkrise ab dem 1. Januar 2012, ABl C 2011/356, 7; Mitteilung der Kommission über die Anwendung der Vorschriften für staatliche Beihilfen ab dem 1. August 2013 auf Maßnahmen zur Stützung von Banken im

[307] KOM, Pressemitteilung vom 08.06.2023, IP/23/3087.

[308] Darunter Deutschland, Finnland, Frankreich, Griechenland, Irland, Italien, Malta, Niederlande, Österreich, Polen, Spanien und Tschechische Republik.

Kontext der Finanzkrise („Bankenmitteilung"), ABl C 2013/216, 1; Befristeter Rahmen für staatliche Beihilfen zur Stützung der Wirtschaft angesichts des derzeitigen Ausbruchs von COVID-19, ABl C 2020/91 I; Mitteilung der Kommission über den Befristeten Krisenrahmen für staatliche Beihilfen zur Stützung der Wirtschaft infolge der Aggression Russlands gegen die Ukraine, ABl C 2022/131 I, 1.

Art 107 Abs 3 AEUV:

Als mit dem Binnenmarkt **vereinbar können** angesehen werden:

[...]

b) Beihilfen zur Förderung wichtiger Vorhaben von gemeinsamem europäischem Interesse oder zur Behebung einer beträchtlichen Störung im Wirtschaftsleben eines Mitgliedstaats;

Die zweite Alternative des Art 107 Abs 3 lit b AEUV betrifft Vorhaben zur Behebung einer beträchtlichen Störung im Wirtschaftsleben eines Mitgliedstaats.

Dieser Tatbestand setzt voraus:

- eine **schwerwiegende wirtschaftliche oder soziale Krisenerscheinung**;[309]
- eine durch die betreffende Störung ausgehende Beeinträchtigung, des **gesamten Wirtschaftslebens des betreffenden Mitgliedstaats** und nicht nur das eines seiner Regionen oder Gebietsteile;[310]

  Etwas anderes kann nur gelten, wenn das betroffene Unternehmen als „systemrelevant" angesehen wird, also sein Untergang zu ganz erheblichen Schwierigkeiten im gesamten Sektor führen würde.[311]

- die **Notwendigkeit** und **Verhältnismäßigkeit** der Beihilfe.[312]

Indikatoren für eine schwere Störung können ein erheblicher Rückgang der Investitionen oder ein starkes Ansteigen der Arbeitslosigkeit sein.[313]

---

309 EuGH 30.09.2003, C-57/00 P und C-61/00 P, *Freistaat Sachsen u Volkswagen/Kommission* Rn 99; *Kühling/Rüchardt* in Streinz, EUV/AEUV³ (2018) Art 107 AEUV Rn 136.

310 EuGH 30.09.2003, C-57/00 P und C-61/00 P, *Freistaat Sachsen ua/Kommission*: Unzureichend war das Vorbringen, dass sich die betreffende Störung lediglich auf die Wirtschaftslage des Freistaats Sachsen bezog. Der EuGH ließ aber offen, ob das auch dann gilt, wenn es dadurch zu einer beträchtlichen Störung des Wirtschaftslebens der Bundesrepublik Deutschland insgesamt führte. (Rn 168 der Entscheidung).

311 *von Wallenberg/Schütte* in Grabitz/Hilf/Nettesheim, EUV/AEUV Art 107 Rn 162 (Werkstand 79. EL Mai 2023): Sie vertreten die Ansicht, dass es sich bei Lehman Brothers um ein derartiges systemrelevantes Unternehmen gehandelt hat, da dessen Insolvenz eine tiefe Krise des weltweiten Finanzsektors bewirkte.

312 Die ungeschriebenen Tatbestandsmerkmale der Notwendigkeit und Verhältnismäßigkeit wurden ausdrücklich in der Entscheidung EuGH 05.03.2015, C-667/13, *Banco Privado Portugues et Massa Insolvente do Banco Privado Portugues* Rz 74 bestätigt; vgl auch *Rusche* in Immenga/Mestmäcker, WettbR V: BeihilfenR⁶ Art 107 Rn 95.

313 *Frenz*, Handbuch EuR III² Rz 1902 mwN; *Martenczuk* in Schwarze, EU-Kommentar⁴ Art 107 AEUV Rn 397; vgl die zeitliche Begrenzung: Befristeter Rahmen für staatliche Beihilfen zur Stützung der Wirtschaft angesichts des derzeitigen Ausbruchs von COVID-19, ABl C 2020/91 I, 1.

Die Maßnahmen müssen im Hinblick auf den Ausnahmecharakter der Vorschrift **zeitlich begrenzt** sein und sind nur solange zulässig, wie die beträchtliche Störung im Wirtschaftsleben andauert.[314]

In Anwendung dieser Bestimmung ist die Kommission bislang stets sehr restriktiv vorgegangen.

Die Kommission hat nur sehr selten auf Grundlage dieser Bestimmung eine Beihilfemaßnahme genehmigt, wie etwa iZm einem umfassenden griechischen Privatisierungsprogramm, das für die Sanierung der gesamten Volkswirtschaft von essentieller Bedeutung war.[315] Keinen Anwendungsfall von Art 107 Abs 3 lit b 2. Alt AEUV hat die Kommission in den Ausgleichsmaßnahmen für den Agrarsektor angesichts der Erhöhung der Kraftstoffpreise um 47 % gesehen.[316]

Erst durch die Finanz- und Wirtschaftskrise hat diese Bestimmung einen enormen praktischen Zuwachs erfahren, indem die Kommission auf dieser Grundlage zahlreiche Leitlinien[317] verabschiedet hat. Die Kommission hat zudem den Befristeten Rahmen zur Bekämpfung der wirtschaftlichen Folgen aufgrund von COVID-19 auf die Grundlage von Art 107 Abs 3 lit b AEUV gestützt.

Aus der Rechtsprechung: *Ein Ereignis wie die COVID-19-Pandemie kann als ein Ereignis eingestuft werden, das zu einer „beträchtlichen Störung im Wirtschaftsleben" im Sinne von Art 107 Abs 3 lit b AEUV führt.*[318]

Beispiel: *Die Kommission hat angesichts der Tatsache, dass alle Mitgliedstaaten vom COVID-19-Ausbruch betroffen sind und die von den Mitgliedstaaten ergriffenen Eindämmungsmaßnahmen Auswirkungen für die Unternehmen haben, einen Befristeten Rahmen zur Behebung einer beträchtlichen Störung des Wirtschaftslebens eines Mitgliedstaats auf der Grundlage von Art 107 Abs 3 lit b AEUV veröffentlicht.*[319]

---

314 *Martenczuk* in Schwarze, EU-Kommentar[4] Art 107 AEUV Rn 373; *Frenz*, Handbuch EuR III[2] Rz 1904;

315 *Sutter* in Mayer/Stöger, EUV/AEUV Art 107 AEUV Rz 109 (Stand 01.01.2014, rdb.at) mwN.

316 EuGH 11.11.2004, C-73/03, *Spanien/Kommission*, Rn 36 ff.

317 Statt vieler: Mitteilung der Kommission über die Anwendung der Vorschriften für staatliche Beihilfen ab dem 1. August 2013 auf Maßnahmen zur Stützung von Banken im Kontext der Finanzkrise („Bankenmitteilung", ABl C 2013/216, 1; Mitteilung der Kommission über die Anwendung der Vorschriften für staatliche Beihilfen auf Maßnahmen zur Stützung von Banken im Kontext der Finanzkrise ab dem 1. Januar 2012, ABl C 2011/356, 7; Mitteilung der Kommission über die Anwendung der Vorschriften für staatliche Beihilfen auf Maßnahmen zur Stützung von Finanzinstituten im Kontext der Finanzkrise ab dem 1. Januar 2011, ABl C 2010/329, 7.

318 EuGH 28.09.2023, C-320/21 P, *Ryanair/Kommission*, Rn 51.

319 S Befristeter Rahmen für staatliche Beihilfen zur Stützung der Wirtschaft angesichts des derzeitigen Ausbruchs von COVID-19, ABl C 2020/91 I, 1, Tz 17-19.

4. Beihilfen zur Förderung der Entwicklung bestimmter Wirtschaftszweige und -gebiete

Literatur: *Bartosch*, EU-Beihilfenrecht[3] (2020); *Calliess/Ruffert*, EUV/AEUV[6] (2022); *Frenz*, Handbuch Europarecht III: Beihilferecht[2] (2021); *Lukits*, Die Reform der Leitlinien für Regionalbeihilfen. Vertiefung ausgewählter Themen, in Haslinger/Jaeger (Hrsg), Jahrbuch Beihilferecht (2014) 333; *Merola*, Regional Aid, Recent Trends and Some Historical Background – with special Focus on large Investment Projects, EStAL 3/2010, 590; *Müller-Ibold*, Die beihilfenrechtliche Behandlung großer Investitionsvorhaben, EWS 2017, 121; *Schwarze*, EU-Kommentar[4] (2019); *Todino/Zanazzo*, New Guidelines on Regional Aid – Is the Party Over for Large Investment Projects? EStAL 4/2013, 678; *Wishlade*, To What Effect? The Overhaul of the Regional Aid Guidelines, EStAL 4/2013, 660.

Judikatur: EuGH 17.09.1980, Rs 730/79, *Philip Morris/Kommission*; EuGH 24.02.1987, Rs 310/85, *Deufl/Kommission*; EuGH 14.10.1987, Rs 248/84, *Deutschland/Kommission*; EuGH 14.01.1997, C-169/95, *Pyrsa*; EuGH 19.09.2002, C-113/00, *Spanien/Kommission*; EuGH 16.09.2021, C-850/19 P, *FVE ua/Kommission*; EuGH 22.09.2020, C-594/18 P, *Hinkley Point*;

Rechtsnormen: Mitteilung der Kommission – Rettungs- und Umstrukturierungsbeihilfen und Schließungsbeihilfen für die Stahlindustrie, ABl C 2002/70, 21; Gemeinschaftliche Leitlinien für staatliche Beihilfen an Eisenbahnunternehmen, ABl C 2008/184, 13; Mitteilung der Kommission – Kriterien für die Bewertung der Vereinbarkeit einzeln anzumeldender Ausbildungsbeihilfen mit dem Gemeinsamen Markt, ABl C 2009/188, 1; Rahmenbestimmungen über Beihilfen für den Schiffbau, ABl C 2011/364, 9; Leitlinien für staatliche Beihilfen zur Förderung von Risikofinanzierungen, ABl C 2021/508, 1; Mitteilung der Kommission über die Anwendung der Vorschriften über staatliche Beihilfen auf den öffentlich-rechtlichen Rundfunk, ABl C 2009/257, 1; Leitlinien für staatliche Klima-, Umweltschutz- und Energiebeihilfen 2022, ABl C 2022/80, 1; Unionsrahmen für staatliche Beihilfen zur Förderung von Forschung, Entwicklung und Innovation, ABl C 2022/414, 1; Leitlinien für Regionalbeihilfen 2022-2027, ABl C 2021/153, 1; Leitlinien für staatliche Beihilfen zur Förderung von Breitbandnetzen, ABl C 2023/36, 1.

Art 107 Abs 3 AEUV:

Als mit dem Binnenmarkt **vereinbar können** angesehen werden:

[...]

c) Beihilfen zur Förderung der Entwicklung gewisser Wirtschaftszweige oder Wirtschaftsgebiete, soweit sie die Handelsbedingungen nicht in einer Weise verändern, die dem gemeinsamen Interesse zuwiderläuft;

[...]

Die am häufigsten angewandte Ausnahmevorschrift stellt Art 107 Abs 3 lit c AEUV dar. Sie umfasst sowohl **regionale Beihilfen** („gewisse Wirtschaftsgebiete") als auch **sektorale Beihilfen** („gewisse Wirtschaftszweige"). Aber auch **horizontale Beihilfen** werden regelmäßig am Maßstab dieser Ausnahmebestimmung gemessen.[320]

[320] In der Praxis fungiert Art 107 Abs 3 lit c AEUV als Auffangtatbestand für horizontale (allgemeine) Beihilfen und Beihilferegelungen: *Cremer* in Calliess/Ruffert, EUV/AEUV[6] Art 107 AEUV Rz 62; *Bär-Bouyssiére* in Schwarze, EU-Kommentar[4] Art 107 AEUV Rn 73.

Art 107 Abs 3 lit c AEUV setzt zwei Bedingungen voraus:[321]

- eine Förderung der Entwicklung gewisser Wirtschaftszweige oder Wirtschaftsgebiete durch die Beihilfe; und
- keine Veränderung der Handelsbedinungen in einem Maße, die dem gemeinsamen Interesse zuwiderläuft.

Die zweite Bedingung enthält eine Abwägung bzw Analyse: Die positiven Auswirkungen der Beihilfe für das gemeinsame Interesse müssen gegen die negativen Auswirkungen auf die Handelsbedingungen abgewogen werden. Der Wortlaut von Art 107 Abs 3 lit c AEUV bezieht sich nicht auf Wettbewerbsverzerrungen, sondern auf die Auswirkungen auf die Handelsbedingungen.[322]

a. Regionale Beihilfen

Art 107 Abs 3 lit c AEUV unterstützt Gebiete, die im **Vergleich zum nationalen Durchschnitt** benachteiligt sind (sog **C-Fördergebiete**).[323] Das Ermessen der Kommission umfasst aber auch hier wirtschaftliche und soziale Wertungen, die auf die gesamte Union zu beziehen sind.

Regionalbeihilfen für die Stahl- oder Kunstfaserindustrie sind hingegen nicht mit dem Binnenmarkt vereinbar.

A-Fördergebiete sind im Vergleich zum Unionsschnitt wirtschaftlich benachteiligte Gebiete. C-Fördergebiete sind grds nur im Vergleich zum nationalen Durchschnitt benachteiligt.

Wie auch die A-Fördergebiete sind C-Fördergebiete in den jeweiligen Fördergebietskarten der Mitgliedstaaten, die bei der Kommission zu notifizieren sind, definiert und dargestellt.

C-Fördergebiete sind zB die finnischen NUTS-Regionen Kainuu sowie Lappi oder die spanischen NUTS-Regionen Teruel und Soria. Die österreichischen Regionen sind aus der österreichischen Fördergebietskarte ersichtlich.[324]

Bei C-Fördergebieten unterscheidet man zwischen **zwei Gruppen**:

- **prädefinierte C-Fördergebiete**

  Gebiete, die bestimmte festgelegte Voraussetzungen erfüllen und deshalb ohne weitere Angabe von Gründen von einem Mitgliedstaat als C-Fördergebiet ausgewiesen werden können.[325]

---

[321] EuGH 22.09.2020, C-594/18 P, *Hinkley Point*, Rn 18.

[322] EuGH 22.09.2020, C-594/18 P, *Hinkley Point*, Rn 101.

[323] EuGH 14.10.1987, Rs 248/84, *Deutschland/Kommission* Rn 19; Zum Verhältnis der Ausnahmevorschriften des Art 107 Abs 3 lit a AEUV und Art 107 Abs 3 lit c AEUV siehe EuGH 19.09.2002, C-113/00, *Spanien/Kommission* Rn 65 ff.

[324] https://www.oerok.gv.at/fileadmin/user_upload/Bilder/3.Reiter-Regionalpolitik/5._EU-Beihilfenrecht/14-20/NRFG-Karte_2014-2020_genehmigt_OEROK-Atlas.pdf, Anhang.

[325] Regionalbeihilfeleitlinien 2022-2027 Tz 163 Abs 1.

– **nicht prädefinierte C-Fördergebiete**

Gebiete, die ein Mitgliedstaat nach eigenem Ermessen als C-Fördergebiet ausweisen kann, sofern bestimme sozioökonomische Kriterien nachgewiesen werden können.[326]

Die für regionale Investitionsbeihilfen geltenden Beihilfeintensitäten sind in C-Fördergebieten wesentlich niedriger als jene in A-Fördergebieten.[327]

Die Beihilfeintensität für große Unternehmen in C-Fördergebieten ist ebenfalls begrenzt und darf in Gebieten mit geringer Bevölkerungsdichte und in Gebieten (NUTS-3-Regionen oder Teilen von NUTS-3-Regionen), die eine Landesgrenze zu einem Staat aufweisen, der nicht zum EWR oder zur EFTA gehört, 20% nicht übersteigen.[328] In ehemaligen A-Fördergebieten darf die Beihilfeintensität für große Unternehmen 15% nicht übersteigen.[329] In nicht prädefinierten C-Fördergebieten mit einem Pro-Kopf-BIP von nicht mehr als 100% des EU-27-Durchschnitts und einer Arbeitslosenquote von weniger als 100% des EU-27-Durchschnitts, darf die Beihilfeintensität höchstens 10%;[330] in anderen nicht prädefinierten C-Fördergebieten höchstens 15% ausmachen.[331]

Komplementär dazu enthält die AGVO einzelne Freistellungstatbestände für regionale Investitionsbeihilfen (Art 14 AGVO), regionale Betriebsbeihilfen (Art 15 AGVO) und regionale Stadtentwicklungsbeihilfen (Art 16 AGVO). Regionalbeihilfen können unter Einhaltung der Vorschriften der AGVO ohne Anmeldung (jedoch durch eine Freistellungsmitteilung) bei der Kommission gewährt werden (Zweiter Teil Kapitel III Abschnitt D, Punkt 3., Buchstabe b).

b. Sektorale Beihilfen

Für einzelne Wirtschaftsbereiche hat die Kommission aufgrund der Besonderheiten in den jeweiligen Wirtschaftsbereichen branchenspezifische Regelungen erlassen. Derartige Vorschriften existieren für den Schiffsbau[332], den Kohlebergbau,[333] die Stahlindustrie[334], die Landwirtschaft[335], den Breitbandsek-

[326] Regionalbeihilfeleitlinien 2022-2027 Tz 163 Abs 2.

[327] Dadurch soll das Entwicklungsgefälle zwischen den verschiendenen Gebieten in der EU Rechnung getragen werden.

[328] Regionalbeihilfeleitlinien, ABl C 2021/153, 1 Tz 182 lit a.

[329] Regionalbeihilfeleitlinien, ABl C 2021/153, 1 Tz 182 lit b.

[330] Regionalbeihilfeleitlinien, ABl C 2021/153, 1 Tz 182 lit c.

[331] Regionalbeihilfeleitlinien, ABl C 2021/153, 1 Tz 182 lit d.

[332] Rahmenbestimmungen über Beihilfen für den Schiffbau, ABl C 2011/364, 9.

[333] Für den Kohlebergbau hat der Rat eine Verordnung erlassen: VO (EG) 1407/2002 über staatliche Beihilfen für den Steinkohlenbergbau, ABl L 2002/205, 1 geändert durch ABl L 2003/236, 33.

[334] Mitteilung der Kommission – Rettungs- und Umstrukturierungsbeihilfen und Schließungsbeihilfen für die Stahlindustrie, ABl C 2002/70, 21.

[335] Rahmenregelung der Europäischen Union für staatliche Beihilfen im Agrar- und Forstsektor und in ländlichen Gebieten 2014-2020, ABl C 2014/204, 1.

tor,[336] den öffentlichen Rundfunk,[337] den Seeverkehr[338], sowie den Fischerei- und Aquakultursektor[339].

Komplementär dazu enthält die AGVO einzelne Freistellungstatbestände für bestimmte sektorale Beihilfen wie zB für Breitbandbeihilfen (Art 52 AGVO),[340] Beihilfen für Regionalflughäfen (Art 56a AGVO) oder Beihilfen für Häfen (Art 56b AGVO und Art 56c AGVO). die auf Basis der AGVO ohne Anmeldung (jedoch durch eine Freistellungsmitteilung) bei der Kommission, gewährt werden können (Zweiter Teil Kapitel III Abschnitt D).

Als erstes sektorenübergreifendes Regelwerk von Freistellungstatbeständen im Bereich der Beihilfekontrolle spielt die AGVO auch für sektorale Beihilfen eine entscheidende Rolle.

c. Horizontale Beihilfen

Über den Wortlaut von Art 107 Abs 3 lit c AEUV hinaus fungiert diese Bestimmung auch als Auffangtatbestand für horizontale Beihilfen. Die Kommission hat zahlreiche Regelungen in Form von Mitteilungen und Leitlinien für bestimmte horizontale Beihilfen verabschiedet.

Im Rahmen dieses Kapitels werden ausgewählte horizontale Beihilfen überblicksmäßig dargestellt:

Im Bereich der Forschung, Entwicklung und Innovation werden anzumeldende **FEI-Beihilfen** von der Kommission auf der Grundlage des Unionsrahmens[341] für staatliche Beihilfen zur Förderung von Forschung, Entwicklung und Innovation (FEI-Unionsrahmen) beurteilt.

Der FEI-Unionsrahmen wird dabei auf alle staatlichen FEI-Beihilfen angewandt, einschließlich der Finanzierungen im Rahmen der Programme „Horizont Europa“ oder „Digitales Europa“.[342]

336 Leitlinien für staatliche Beihilfen zur Förderung von Breitbandnetzen, ABl C 2023/36, 1.

337 Mitteilung der Kommission über die Anwendung der Vorschriften über staatliche Beihilfen auf den öffentlich-rechtlichen Rundfunk, ABl C 2009/257, 1.

338 Leitlinien für staatliche Beihilfen im Seeverkehr, ABl C 2004/13, 3 zuletzt geändert durch ABl C 2017/120, 10.

339 Verordnung (EU) 1388/2014 der Kommission vom 16. Dezember 2014 zur Feststellung der Vereinbarkeit bestimmter Gruppen von Beihilfen zugunsten von in der Erzeugung, Verarbeitung und Vermarktung von Erzeugnissen der Fischerei und der Aquakultur tätigen Unternehmen mit dem Binnenmarkt in Anwendung der Artikel 107 und 108 des Vertrags über die Arbeitsweise der Europäischen Union, ABl L 2014/369, 37.

340 Zweiter Teil Kapitel III Abschnitt D, Punkt 3., Buchstabe j.

341 Unionsrahmen für staatliche Beihilfen zur Förderung von Forschung, Entwicklung und Innovation, ABl C 2022/414, 1

342 Zum Anwendungsbereich s FEI-Unionsrahmen, ABl C 2022/414, 1, Tz 9-12.

Der FEI-Unionsrahmen gilt nicht für Unternehmen in Schwierigkeiten.[343] Unter den FEI-Unionsrahmen fallen Beihilfen für FuE-Vorhaben, Beihilfen für Durchführbarkeitsstudien, Beihilfen für den Auf- bzw Ausbau von Forschungsinfrastrukturen, Beihilfen für den Auf- bzw Ausbau von Erprobungs- und Versuchsinfrastrukturen, Beihilfen für Innovationsmaßnahmen, Beihilfen für Verfahrens- oder Organisationsinnovationen, Beihilfen für Innovationscluster.

Bei Forschungs- und Forschungsinfrastrukturen kommt es maßgeblich darauf an, ob eine **wirtschaftliche Tätigkeit** ausgeübt wird, dh ob auf einem bestimmten Markt Produkte oder Dienstleistungen angeboten werden.[344] Der FEI-Unionsrahmen sieht demnach auch beihilfefreie Ausgestaltungsmöglichkeiten vor, indem bestimmte nichtwirtschaftliche Tätigkeiten, nicht Anwendungsbereich des EU-Beihilferechts unterliegen.

Übt ein und dieselbe Einrichtung sowohl wirtschaftliche als auch nichtwirtschaftliche Tätigkeiten aus, so fällt die öffentliche Förderung der nichtwirtschaftlichen Tätigkeiten nicht unter Artikel 107 Absatz 1 AEUV, wenn die nichtwirtschaftlichen und die wirtschaftlichen Tätigkeiten und ihre Kosten, Finanzierung und Erlöse klar voneinander getrennt werden können, sodass keine Gefahr der Quersubventionierung der wirtschaftlichen Tätigkeit besteht. Der Nachweis der korrekten Zuordnung der Kosten, Finanzierung und Erlöse kann im Jahresabschluss der betreffenden Einrichtung geführt werden.[345]

Die Kommission betrachtet primäre Tätigkeiten von Forschungseinrichtungen und Forschungsinfrastrukturen als nichwirtschaftliche Tätigkeiten. Zudem sieht sie Tätigkeiten des Wissenstransfers als nichtwirtschaftliche Tätigkeiten, soweit sie entweder durch die Forschungseinrichtung oder Forschungsinfrastruktur (einschließlich ihrer Abteilungen oder Untergliederungen) oder gemeinsam mit anderen Forschungseinrichtungen oder Forschungsinfrastrukturen oder in deren Auftrag durchgeführt werden, sofern die Gewinne aus diesen Tätigkeiten in die primären Tätigkeiten der Forschungseinrichtung oder der Forschungsinfrastruktur reinvestiert werden. Der nichtwirtschaftliche Charakter dieser Tätigkeiten bleibt durch die im Wege einer offenen Ausschreibung erfolgende Vergabe entsprechender Dienstleistungen an Dritte unberührt.

Der FEI-Unionsrahmen enthält auch Regelungen für mittelbare Beihilfen, die Unternehmen über öffentlich geförderte Einrichtungen für Forschung und Wissensverbreitung und Forschungsinfrastrukturen gewährt werden.[346]

Der Begriff FEI umfasst drei Tätigkeitsbereiche: Grundlagenforschung, industrielle Forschung und experimentelle Entwicklung.[347] Der Unionsrahmen übernimmt diese drei Arten der Forschungstätigkeit. Je nach Art der Forschungstätigkeit gelten unterschiedliche Beihilfeintensitäten.

---

343 FEI-Unionsrahmen, ABl C 2022/414, 1, Tz 11.

344 EuGH 16.06.1987, C-118/85, *Kommission/Italien*, Rn 7; EuGH 18.06.1998, C-35/96, *Kommission/Italien*, Rn 36; EuGH 19.02.2002, C-309/99, *Wouters* Rn 46; FEI-Unionsrahmen, ABl C 2022/414, 1, Tz 18.

345 Im FEI-Unionsrahmen, ABl C 2022/414, 1, Tz 19.

346 FEI-Unionsrahmen, ABl C 2022/414, 1, Tz 25-31.

347 Weiterführend zu den Forschungsarten s OECD, Frascati-Handbuch: Leitlinien für die Erhebung und Meldung von Daten über Forschung und experimentelle Entwicklung (2015).

FEI-Beihilfen sind gemäß Art 107 Abs 3 lit c AEUV mit dem Binnenmarkt vereinbar, soweit sie die Handelsbedingungen nicht in einer Weise verändern, die dem gemeinsamen Interesse zuwiderläuft. Dementsprechend prüft die Kommission, ob die FEI-Beihilfe die Entwicklung eines bestimmten Wirtschaftszweigs fördert und ob sie die Handelsbedingungen in einer Weise verändert, die dem gemeinsamen Interesse zuwiderläuft.[348]

Die AGVO enthält einzelne Freistellungstatbestände für FEI-Beihilfen (Zweiter Teil Kapitel III Abschnitt D, Punkt 3., Buchstabe e). Wird die für FEI-Beihilfen vorgesehene Anmeldeschwelle überschritten oder die übrigen Voraussetzungen der AGVO nicht eingehalten, muss die Beihilfe bei der Kommission angemeldet werden und wird am Maßstab des FEI-Unionsrahmens geprüft.

Im Bereich Umweltschutz und Energie wendet die Kommission auf **Umweltschutz- und Energiebeihilfen** die Leitlinien für staatliche Umweltschutz- und Energiebeihilfen an.

Im Umweltschutz- und Energiebereich hat die Kommission die Leitlinien für staatliche Umweltschutz- und Energiebeihilfen veröffentlicht, die sie auf **Umweltschutz- und Energiebeihilfen** anwendet. Zentrale Zielsetzung der Umweltschutz- und Energiebeihilfen ist die Erreichung eines ressourcenschonenden Europas und die CO_2-Neutralität sowie die Erhöhung der erneuerbaren Energien. Eine zentrale Rolle im Bereich des Umweltschutzes nimmt künftig der sog „Grüne Deal" ein.

Der europäische Grüne Deal ist eine Strategie für ein nachhaltiges Europa, indem klima- und umweltpolitische Herausforderungen als Chance gesehen werden, um den Übergang für alle gerecht und inklusiv zu gestalten.[349] Dies soll erreicht werden, indem bis 2050 keine Netto-Treibhausgasemissionen mehr freigesetzt werden und das Wirtschaftswachstum von der Ressourcennutzung abgekoppelt wird.

Für **Ausbildungsbeihilfen** hat die Kommission in einer Mitteilung[350] Kriterien festgelegt, wonach anzumeldende Ausbildungsbeihilfen als mit dem Binnenmarkt vereinbar anzusehen sind.

Ausbildungsbeihilfen können unter bestimmten Voraussetzungen bis zu einem Betrag von € 3 Mio auf der Grundlage der AGVO freigestellt werden (Art 31 AGVO) und bedürfen somit keiner Anmeldung, sondern lediglich einer Freistellungsmitteilung (s Zweiter Teil Kapitel III Abschnitt D, Punkt 3., Buchstabe g). Überschreitet eine Ausbildungsbeihilfe diesen Schwellenwert, ist sie bei der Kommission anzumelden. In diesem Fall beurteilt die Kommission die Beihilfemaßnahme auf Basis der zuvor genannten Mitteilung.

---

348 FEI-Unionsrahmen, ABl C 2022/414, 1, Tz 39 ff.

349 Siehe dazu https://ec.europa.eu/info/strategy/priorities-2019-2024/european-green-deal_de.

350 Mitteilung der Kommission – Kriterien für die Bewertung der Vereinbarkeit einzeln anzumeldender Ausbildungsbeihilfen mit dem Gemeinsamen Markt, ABl C 2009/188, 1.

Auch für anzumeldende **Beschäftigungsbeihilfen**[351] hat die Kommission in einer eigenen Mitteilung[352] Kriterien festgelegt, unter denen Beschäftigungsbeihilfen als mit dem Binnenmarkt vereinbar anzusehen sind.

Erfüllt eine Beschäftigungsbeihilfe die Voraussetzungen der AGVO (Zweiter Teil Kapitel III Abschnitt D, Punkt 3., Buchstabe h) kann sie freigestellt und muss nicht mehr bei der Kommission angemeldet werden.

Darüber hinaus wurden auch eigene Mitteilungen bzw Leitlinien für **KMU**[353], **Rettungs- und Umstrukturierungsbeihilfen,**[354] **Risikofinanzierungsbeihilfen**[355], **Investitionsbeihilfen** und **Ausfuhrbeihilfen** verabschiedet[356].

Durch die AGVO wurde ein Regelwerk geschaffen, mit dem eine sektorenübergreifende Kodifizierung von Freistellungsregeln erzielt wurde und die **verschiedene sektorale, regionale und horizontale Beihilfen** unter bestimmten Voraussetzungen **von einer Anmeldepflicht** bei der Kommission **ausnimmt**. Dafür sieht die AGVO für einzelne Beihilfekategorien unterschiedliche **Anmeldeschwellen** vor. Überschreitet eine Beihilfe diesen Schwellenwert oder sind die allgemeinen oder besonderen Voraussetzungen der AGVO nicht erfüllt, scheidet eine Freistellung auf der Grundlage der AGVO aus. Die Beihilfe muss folglich bei der Kommission angemeldet werden. Im zuletzt genannten Fall beurteilt die Kommission die Vereinbarkeit mit dem Binnenmarkt nach der jeweils dafür in Betracht kommenden Mitteilung.

---

351 Mit Beschäftigungsbeihilfen will die Kommission Arbeitnehmern mit Behinderungen helfen, mittels Beihilfen in Form von Lohnkostenzuschüssen ihnen einen Zugang zum Arbeitsmarkt zu eröffnen bzw ihren Arbeitsplatz zu erhalten, indem sie durch ihre vermeintlich oder tatsächlich geringere Leistungsfähigkeit entstehende Mehrkosten deckt: vgl dazu KOM 22.06.2011 KOM(2011) 356 endg Bericht der Kommission Anzeiger für staatliche Beihilfen. Bericht über den Beitrag staatlicher Beihilfen zur Strategie Europa 2020, Frühjahrsausgabe 2011, 60.

352 Mitteilung der Kommission hinsichtlich der Kriterien für die Bewertung der Vereinbarkeit einzeln anzumeldender staatlicher Beihilfen für die Beschäftigung von benachteiligten und behinderten Arbeitnehmern mit dem Gemeinsamen Markt, ABl C 2009/188, 6.

353 Mit der Verordnung (EG) 70/2001 der Kommission vom 12. Januar 2001 über die Anwendung der Artikel 87 und 88 EG-Vertrag auf staatliche Beihilfen an kleine und mittlere Unternehmen, ABl L 2001/10, 33 wurde der Gemeinschaftsrahmen für staatliche Beihilfen an kleine und mittlere Unternehmen, ABl C 1996/213, 4 ersetzt. Nunmehr finden sich zahlreiche Freistellungstatbestände für KMU in der AGVO: zB Investitionsbeihilfen (Art 17 AGVO), Beihilfen für die Teilnahme an Messen (Art 19 AGVO), Beihilfen für Unternehmensneugründungen (Art 22 AGVO) oder Beihilfen für auf KMU spezialisierte alternative Handelsplattformen (Art 23 AGVO) ua.

354 Vgl dazu die Leitlinien für staatliche Beihilfen zur Rettung und Umstrukturierung nichtfinanzieller Unternehmen in Schwierigkeiten, ABl C 2014/249, 1.

355 Vgl dazu die Leitlinien für staatliche Beihilfen zur Förderung von Risikofinanzierungen, ABl C 2021/508, 1.

356 Vgl dazu die Mitteilung der Kommission an die Mitgliedstaaten zur Anwendung der Artikel 107 und 108 des Vertrags über die Arbeitsweise der Europäischen Union auf die kurzfristige Exportkreditversicherung, ABl C 2012/392, 1, zuletzt geändert durch ABl C 2013/372, 1.

d. Exkurs: Abgrenzung von Art 107 Abs 3 lit c AEUV zur AGVO

Die Kommission hat für eine Vielzahl an horizontalen und sektoralen Beihilfen Mitteilungen bzw Leitlinien veröffentlicht, in denen sie Kriterien vorgibt, die sie bei der Beurteilung, ob eine Beihilfemaßnahme mit dem Binnenmarkt vereinbar ist, heranzieht.

Korrespondierend zu Art 107 Abs 3 lit c AEUV hat die Kommission mit der AGVO ein Regelwerk veröffentlicht, in dem einzelne Beihilfegruppen (regionale, horizontale und sektorale Beihilfen) unter gewissen Voraussetzungen als mit dem Binnenmarkt vereinbar angesehen werden.

Gemäß Art 3 AGVO sind Beihilferegelungen, Einzelbeihilfen auf der Grundlage von Beihilferegelungen und Ad-hoc-Beihilfen im Sinne des Artikels 107 Abs 2 oder 3 AEUV mit dem Binnenmarkt vereinbar und von der Anmeldepflicht nach Art 108 Abs 3 AEUV freigestellt, sofern diese Beihilfen alle Voraussetzungen der AGVO in Kapitel I sowie die für die betreffende Beihilfengruppe geltenden besonderen Voraussetzungen in Kapitel III erfüllen.

Ausführlich zur AGVO im Zweiten Teil Kapitel III Abschnitt D.

Beispiel: *Der Mitgliedstaat A plant ein Arbeitsmarktprogramm, mit dem bei Unternehmen der Handelsbranche der Anreiz gesetzt wird, Langzeitarbeitslose über 55 Jahre zu beschäftigen. Beihilfeempfänger sind die Unternehmen der Handelsbranche. Die Beihilfemaßnahme richtet sich an bestimmte Unternehmen der Handelsbranche, somit liegt aufgrund der selektiven Begünstigung eines bestimmten Unternehmenszweigs eine staatliche Beihilfe vor. Die Beihilfe könnte aber auf der Grundlage von Art 107 Abs 3 lit c AEUV mit dem Binnenmarkt vereinbar sein und als Beschäftigungsbeihilfe notifiziert werden. Parallel dazu besteht die Möglichkeit diese Beihilfemaßnahme auf der Grundlage der AGVO freizustellen, da gemäß Art 32 Beihilfen in Form von Lohnkostenzuschüssen für die Einstellung benachteiligter Arbeitnehmer unter bestimmten Voraussetzungen von der Anmeldepflicht ausgenommen werden können. Die AGVO lässt eine Freistellung solcher Beschäftigungsbeihilfen aber nur bis zu einer Höchstgrenze von € 5,5 Mio pro Unternehmen und Jahr zu. Müsste für das Arbeitsmarktprogramm mehr Geld aufgewendet werden, scheidet eine Freistellung auf Grundlage der AGVO aus. Das Beihilfeprogramm müsste bei der Kommission angemeldet werden. In diesem Fall zieht die Kommission bei der Prüfung der Vereinbarkeit mit dem Binnenmarkt eine eigene Mitteilung*[357] *heran, die Kriterien festlegt, wann eine solche Beihilfemaßnahme als mit dem Binnenmarkt vereinbar anzusehen ist.*

Variante: Würde das Arbeitsmarktprogramm für alle Unternehmen gelten, würde es am Tatbestandsmerkmal der selektiven Begünstigung mangeln. In diesem Fall wären nicht sämtliche Tatbestandsmerkmale des Art 107 Abs 1 AEUV erfüllt und es läge folglich keine Beihilfe vor.

[357] Mitteilung der Kommission hinsichtlich der Kriterien für die Bewertung der Vereinbarkeit einzeln anzumeldender staatlicher Beihilfen für die Beschäftigung von benachteiligten und behinderten Arbeitnehmern mit dem Gemeinsamen Markt, ABl C 2009/188, 6.

5. Kulturbeihilfen

Literatur: *Grabitz/Hilf/Nettesheim*, Das Recht der Europäischen Union: EUV/AEUV (Werkstand: 79. EL Mai 2023); *Hentschel*, Die Vereinbarkeit der deutschen Kulturförderung mit dem Beihilfenrecht der Europäischen Gemeinschaft (2006); *Kamann/Gey/Kreuzer*, Europäische Beihilfenkontrolle im Kultursektor, KommJur 2009, 132; *Koenig/Kühling*, Mitgliedstaatliche Kulturförderung und gemeinschaftliche Beihilfenkontrolle durch die EG-Kommission, EuZW 2000, 197; *Nentwig*, Kulturelle Daseinsvorsorge in Europa: Die Vereinbarkeit staatlicher Kulturförderung mit dem europäischen Beihilfenrecht (2008); *Poort/Hugenholtz/Lindhout/van Til*, Research for CULT Committee – Film Financing and the Digital Single Market: its Future, the Role of Territoriality and New Models of Financing, 2019; *Raczek*, Die Revision der „Kinomitteilung", ZUM 2012, 840; *Rolfes*, Regionale Wirtschaftsförderung und EWG-Vertrag. Die Aktionsräume von Bund, Ländern und Kommunen (1991); *Werner*, Filmmitteilung reloaded: Die neuen EU-beihilferechtlichen Regelungen zur Filmförderung, MMR 2014, 439.

Judikatur: KOM 24.02.1999, NN 70/98, *Aid to broadcasting channels „Kinderkanal" and „Phoenix"*, ABl C 1999/238, 3; KOM 29.09.1999, NN 88/98, *BBC News 24*, ABl C 2000/78, 6; KOM 19.03.2003, N 44/2003, *„Filmstiftung NRW"*, ABl C 2003/186, 15; KOM 15.10.2003, N 221/2003, *Aviodrome*, ABl C 2003/301, 7; EuGH 10.03.2005, C-39/04, *Laboratoires Fournier*; KOM 20.04.2005, NN 114/2000, *English heritage scheme*, ABl C 2003/186, 16; KOM 20.07.2005, N 123/2005, *Earmarked scheme for tourism and culture*, ABl C 2005/314, 2; KOM 21.03.2007, N 776/2006, *Subvenciones para el desarrollo del uso del Euskera*, ABl C 2007/100, 4; KOM 21.03.2007, N 49/2007, *Subvenciones para el desarrollo del uso del Euskera (social)*, ABl C 2007/100, 6; KOM 10.05.2007, N 82/2007, *Book promotion in the Basque Country*, ABl C 2007/139, 15; KOM 13.06.2007, N 132/07, *Promotion of Basque language in the media*, ABl C 2007/172, 2; KOM 10.10.2007, NN 50/2007, *Übernahme staatlicher Haftungen für österreichische Bundesmuseen*, ABl C 2007/308, 10; EuG 22.10.2008, T-309/04 ua, *TV2 ua*; KOM 26.11.2008, N 293/08, *Cultural Aid for multifunctional community cultural centres, museums, public libraries and complementary higher education centres*, ABl C 2009/66, 22; KOM 18.12.2013, SA.35501 (2013/N), *Finanzierung und Renovierung von Stadien für die EM 2016*, ABl C 2016/142, 1; EuG 12.05.2016, T-693/14, *Hamr-Sports/Kommission*; EuG 09.06.2016, T-162/13, *Magic Mountain Kletterhallen ua*; KOM 02.02.2021, SA.59636, *German Film Promotion Fund – Strengthening film production*, ABl C 2021/77, 1; KOM 14.06.2022, SA.101124, *Berlin-Brandenburg video games support measure*, ABl C 2022/282, 1.

Materialien: Mitteilung der Kommission über staatliche Beihilfen für Filme und andere audiovisuelle Werke (Filmbeihilfe-Mitteilung), ABl C 2013/332, 1.

Art 107 Abs 3 AEUV:

Als mit dem Binnenmarkt **vereinbar können** angesehen werden:

[…]

d) Beihilfen zur Förderung der Kultur und der Erhaltung des kulturellen Erbes, soweit sie die Handels- und Wettbewerbsbedingungen in der Union nicht in einem Maß beeinträchtigen oder dem gemeinsamen Interesse zuwiderläuft;

Vom Tatbestand erfasst sind **Kulturförderungen** und Beihilfen zur Förderung der **Erhaltung des kulturellen Erbes** (zB Denkmalpflege).

Der **Kulturbegriff** ist im Lichte des Art 167 AEUV auszulegen und orientiert sich am Kulturbestand der einzelnen Mitgliedstaaten, wobei auf jene Bereiche abzustellen ist, die von der nationalen Kulturpolitik und Kulturförderung traditionell erfasst werden.[358] Vom Kulturbegriff umfasst sind zB das Verlagswesen, der Bereich der Theater, Kunstgalerien, der Mediensektor ua.

Nicht als Förderung der Kultur wurde die Verbreitung von audiovisuellen Inhalten durch das Fernsehen angesehen.[359] Die Verbreitung bestimmter Sprachinhalte über Bücher und andere Medien wurde teilweise als Förderung betrachtet.[360]

Im Bereich des Sports muss die betreffende Maßnahme einen kulturellen Schwerpunkt haben.[361] Auch eine kulturelle Betätigung soll genügen, wenn sie kommerzielle Elemente enthält.

Viele kulturelle Tätigkeiten (zB Kulturdenkmäler, Museen) haben oft keinen wirtschaftlichen Charakter und fallen dadurch aus dem Anwendungsbereich des EU-Beihilferechts heraus.[362] Bei kulturellen Tätigkeiten (zB Museum) ist daher zwischen der nichtwirtschaftlichen und der wirtschaftlichen Tätigkeit zu differenzieren, da letztere beihilferechtlich relevant sein kann.

Beispiel: *Dies kann etwa bei einem Museum der Fall sein, das neben dem nichtwirtschaftlichen Museumsbetrieb auch ein Restaurant oder Café betreibt.*

Im Bereich der Filmförderung prüft die Kommission die Vereinbarkeit mit dem Binnenmarkt nach der Filmbeihilfe-Mitteilung[363]. Der Anwendungsbereich der Filmbeihilfe-Mitteilung erstreckt sich auch auf mit der Filmproduktion verbundene Tätigkeiten wie zB Drehbuchgestaltung, Filmvertrieb oder Werbung sowie auf Beihilfen für Kinos oder Transmediales Erzählen.[364]

Für andere verwandte Bereiche, die von der Filmbeihilfe-Mitteilung nicht umfasst sind, ist Art 107 Abs 3 lit d AEUV als beihilferechtliche Grundlage einschlägig. Damit eine Kulturbeihilfe als mit dem Binnenmarkt vereinbar gilt, ist klar zwischen der kulturellen und der kommerziellen Tätigkeit zu trennen.

---

358 KOM 24.02.1999, NN 70/98, ABl C 1999/238, 3; KOM 19.03.2003, N 44/2003, ABl C 2003/186, 15; Filmbeihilfe-Mitteilung, ABl C 2013/332, 1; In der Literatur wird daher vereinzelt auch von einem dynamischen Kulturbegriff gesprochen: *Ukrow/Ress* in Grabitz/Hilf/Nettesheim, Das Recht der Europäischen Union Art 167 AEUV Rn 89 (Werkstand: 79. EL Mai 2023).

359 KOM 29.09.1999, NN 88/98, ABl C 2000/78, 6.

360 Befürwortend: KOM 21.03.2007, N 776/2006, ABl C 2007/100, 4; KOM 21.03.2007, N 49/2007, ABl C 2007/100, 6; ablehnend dagegen: KOM 10.05.2007, N 82/2007, ABl C 2007/139, 15.

361 EuG 09.06.2016, T-162/13; KOM 18.12.2013, SA.35501 (2013/N), ABl C 2016/142, 1.

362 KOM 20.07.2005, NN 55/2005, ABl C 2005/295, 10; KOM 20.07.2005, N 123/2005, ABl C 2005/314, 2

363 Filmbeihilfe-Mitteilung, ABl C 2013/332, 1.

364 Ausführlich dazu siehe *Bartosch*, EU-BeihilfenR[3] Art 107 Abs 3 AEUV Rn 26.

Komplementär dazu enthält die AGVO einzelne Freistellungstatbestände für Beihilferegelungen für audiovisuelle Werke sowie für Beihilfen für Kultur und die Erhaltung des kulturellen Erbes (Zweiter Teil Kapitel III Abschnitt D, Punkt 3., Buchstabe k).

6. Ratsausnahmen

Judikatur: EuGH 18.05.1993, C-356/90 u C-180/91, *Belgien/Kommission*; EuGH 15.10.1996, C-311/94, *IJssel-Vliet*; KOM 08.02.2018, SA.46891, *Restructuring of the Polish mining companies*, ABl C 2018/121, 1.

Art 107 Abs 3 AEUV:

Als mit dem Binnenmarkt **vereinbar können** angesehen werden:

[...]

e) sonstige Arten von Beihilfen, die der Rat durch einen Beschluss auf Vorschlag der Kommission bestimmt.

Auf **Vorschlag der Kommission** kann der **Rat durch Beschluss** die Ermessensausnahmen erweitern und **weitere Arten von Beihilfen** festlegen, die als mit dem Binnenmarkt vereinbar anzusehen sind. Der Beschluss muss mit qualifizierter Mehrheit erfolgen. In diesem Fall prüft die Kommission lediglich, ob die genannten Voraussetzungen nach der Ratsentscheidung erfüllt sind. Dabei genießt die Kommission ein sehr weites Ermessen.[365]

Beispiel: *Der Rat hat Beihilfen für den Schiffbau mit dem Binnenmarkt für vereinbar angesehen, wenn die in der Richtlinie festgelegten Voraussetzungen erfüllt sind. Für Produktionsbeihilfen für den Schiffsbau darf nach der Richtlinie eine festgesetzte gemeinsame Höchstgrenze nicht überschritten werden. Die Einhaltung der Höchstgrenze ist somit die wesentliche Voraussetzung für die Vereinbarkeit der Beihilfe für den Schiffbau mit dem Binnenmarkt. Ihre Überschreitung würde zur Unvereinbarkeit der Beihilfe führen.*

Die Kommission prüft, ob diese Voraussetzung – also ob die Höchstgrenze eingehalten wurde – erfüllt ist. Würde man verlangen, dass die Kommission erneut prüft, ob die Beihilfe mit dem Binnenmarkt vereinbar ist, würde damit der Richtlinie die praktische Wirksamkeit genommen.[366]

Die Besonderheit der Ratsausnahme in Art 107 Abs 3 lit e AEUV ändert in kompetenzrechtlicher Sicht nichts an der Tatsache, dass die Kommission darüber entscheidet, ob eine Beihilfe mit dem Binnenmarkt vereinbar ist.

Bislang haben die Kommission und der Rat von dieser Ausnahme für die Steinkohle[367] und den Schiffbau[368] Gebrauch gemacht.

---

365 EuGH 15.10.1996, C-311/94, *IJssel-Vliet* Rn 27.

366 EuGH 18.05.1993, C-356/90 u C-180/91, *Belgien/Kommission* Rn 34.

367 Verordnung (EG) 1407/2002 des Rates vom 23. Juli 2002 über staatliche Beihilfen für den Steinkohlenbergbau, ABl L 2002/205, 1.

368 Verordnung (EG) 1540/98 des Rates vom 29. Juni 1998 zur Neuregelung der Beihilfen für den Schiffbau, ABl L 1998/202, 1.

C. Dienstleistungen von allgemeinem wirtschaftlichem Interesse (DAWI)

Literatur: *Autengruber*, Überarbeitung der Regeln für DAWI-Beihilfen im Gesundheits- und Sozialbereich, in Haslinger/Jaeger (Hrsg), Jahrbuch Beihilferecht (2020) 287; *Badura*, Das öffentliche Unternehmen im Binnenmarkt, ZGR 1997, 291; *Baier*, Die Finanzierung von (öffentlichen) Krankenhäusern in Deutschland. Eine EU-beihilfenrechtliche Untersuchung (2020); *Bartosch*, Die Kommissionspraxis nach dem Urteil des EuGH in der Rechtssache Altmark – Worin liegt das Neue?, EuZW 2004, 295; *ders*, Sozialer Wohnungsbau und europäische Beihilfenkontrolle, EuZW 2007, 559; *ders*, EU-Beihilfenrecht[3] (2020); *Berger/Dimova/Terko*, Zum Achemos-Urteil des EuG: Eine lang erwartete Konkretisierung des angemessenen Gewinns im Sinne des Art 5 Abs 5 des DAWI-Freistellungsbeschlusses, BRZ 2020, 195; *Buendia Sierra/Muñoz de Juan*, Some legal reflections on the Almunia Package, EStAL 2012, 63; *Bulla*, Der Defizitausgleich bei Krankenhäusern der öffentlichen Hand bleibt beihilfekonform – Zu den Voraussetzungen und Grenzen der Krankenhausversorgung als DAWI, KommJur 2015, 245; *Burgi*, Die öffentlichen Unternehmen im Gefüge des primären Gemeinschaftsrechts, EuR 1997, 261; *Busson/Kirchhof/Müller-Kabisch*, Beihilfenrechtskonforme Finanzierung der kommunalen Daseinsvorsorge, KommJur 2014, 88; *Coppi*, SGEI compensation in the Almunia Package – an economic's view, EStAL 2012, 37; *Cremer*, Europäisches Beihilfenrecht und seine Auswirkungen auf das deutsche Krankenhauswesen, ZIAS 2008, 198; *Heinbuch/Käppel/Wittig*, Beihilfen an Krankenhäuser in öffentlicher Trägerschaft vor dem Aus? Teil 1, KommJur 2014, 205; *dies*, Beihilfen an Krankenhäuser in öffentlicher Trägerschaft vor dem Aus? Teil 2, KommJur 2014, 245; *Heinrich*, Anforderungen an eine beihilfenrechtskonforme Finanzierung von Krankenhausleistungen aus staatlichen Mitteln, BRZ 2013, 119; *Heise*, Krankenhausfinanzierung und Beihilferecht – das Krankenhauswesen zwischen Gemeinwohlverpflichtung und Wettbewerb, EuZW 2015, 736; *Hirsbrunner/Litzenberger*, Ein bisschen Almunia im Monti-Kroes-Paket (die Reform der beihilferechtlichen Vorschriften betreffend Dienstleistungen von allgemeinem wirtschaftlichem Interesse), EuZW 2011, 742; *Huber/Schwabl*, Bedarfsprüfung bei DAWI?, in Haslinger/Jaeger (Hrsg), Jahrbuch Beihilferecht (2014) 501; *Jaeger/Haslinger/Kopetzki/Reitbauer*, Daseinsvorsorge und Beihilfen für sozial- und umweltpolitische Ziele, in Haslinger/Jaeger (Hrsg), Jahrbuch Beihilferecht (2020) 171; *Jennert*, Finanzierung und Wettbewerb in der Daseinsvorsorge nach Altmark Trans, NVwZ 2004, 425; *Jung/Deuster*, Einfacher, klarer, verhältnismäßiger? Das neue EU-Beihilfen-Paket für Dienstleistungen von allgemeinem wirtschaftlichem Interesse, BRZ 2012, 24; *Kahl*, Die Bedeutung der „Dienstleistungen von allgemeinem wirtschaftlichen Interesse“ durch den Vertrag von Amsterdam, wbl 1999, 189; *ders*, Der weiterentwickelte Ausgleichsansatz in der Daseinsvorsorge – zugleich Analyse der Auswirkungen des Urteils EuGH C-280/00, Altmark Trans („Magdeburger Verfahren“), auf Österreich, wbl 2003, 401; *ders*, Öffentliche Unternehmen[4] (2019); *Kahl/Müller*, Die aktuelle DAWI-Debatte in Haslinger/Jaeger (Hrsg) Jahrbuch Beihilferecht (2012) 455; *dies*, Die umfassende Reform des EU-wettbewerbsrechtlichen Rahmens für Dienstleistungen von allgemeinem wirtschaftlichem Interesse, ÖZW 2012, 82; *dies*, Der neue Daseinsvorsorgerahmen – aktuelle Entwicklungen, in Haslinger/Jaeger (Hrsg), Jahrbuch Beihilferecht (2013) 421; *Kämmerer*, Strategien zur Daseinsvorsorge – Dienste im allgemeinen Interesse nach der „Altmark“-Entscheidung des EuGH, NVwZ 2004, 28; *Kaufmann/Bertels*, Staatliche Finanzierung von Krankenhäusern in öffentlicher Trägerschaft im Kreuzfeuer des EU-Beihilferechts, WPg 2015, 824; *Keßler/Dahlke*, Der soziale Wohnungsbau in Deutschland im Lichte des europäischen Beihilferechts, EuZW 2007, 103; *dies*, Der soziale Wohnungsbau in Deutschland und die europäische Beihilfekontrolle (Replik auf Bartosch, EuZW 2007, 559), EuZW 2008, 68; *F.Koppensteiner*,

Das Durchführungsverbot und Dienstleistungen allgemeinen wirtschaftlichen Interesses, EuZW 2021, 425; *Koenig/Paul*, Die Krankenhausfinanzierung im Kreuzfeuer der EG-Beihilfenkontrolle, EuZW 2008, 359; *Kühling/Wachinger*, Das Altmark Trans-Urteil des EuGH – Weichenstellung für oder Bremse gegen mehr Wettbewerb im deutschen ÖPNV?, NVwZ 2003, 1202; *Leeb/Scherzer*, Sozialer Wohnungsbau und Beihilferecht, in Haslinger/Jaeger (Hrsg), Jahrbuch Beihilferecht (2014) 417; *Maziarz*, Services of General Economic Interest. Towards Common Values, EStAL 2016, 16; *Merola/Ubaldi*, The 2011 Almunia Package and the Challenges ahead: Are the new rules flexible enough to fit the wide variety of SGEI, EStAL 2012, 17; *Nordmann*, Die neue de-minimis Verordnung im EG-Beihilfenrecht, EuZW 2007, 752; *Pauly/Jedlitschka*, Die Reform der EU-Beihilferegeln für Dienstleistungen von allgemeinem wirtschaftlichem Interesse und ihre Auswirkungen auf die kommunale Praxis, DVBl 2012, 1269; *Potocnik-Manzouri/Safron*, Rezente Entwicklungen in der Daseinsvorsorge, in Haslinger/Jaeger (Hrsg), Jahrbuch Beihilferecht (2018) 335; *Righini*, The Reform of the State aid Rules on Financing of Public Services – paving the way towards a clearer, simpler and more diversified framework, EStAL 2012, 3; *Sandmann*, Kommunale Unternehmen im Spannungsfeld von Daseinsvorsorge und europäischem Wettbewerbsrecht (2005); *Scholz*, Soziale Dienstleistungen von allgemeinem Interesse – der beihilferechtliche Rahmen nach dem neuen „DAWI-Paket" der Europäischen Kommission in Haslinger/Jaeger (Hrsg), Jahrbuch Beihilferecht (2012) 479; *Schröder* in Wurzel/Schraml/Gaß (Hrsg), Rechtspraxis der kommunalen Unternehmen[4] (2021); *Schwabl/Stangl*, DAWI – Beihilfen für die Regionalversorgung am Beispiel der Post, in Haslinger/Jaeger (Hrsg), Jahrbuch Beihilferecht (2016) 359; *Sinnaeve*, What's New in SGEI in 2012? – An Overview of the Commission's SGEI Package, EStAL 2/2012, 347; *Storr*, Wohnungsgemeinnützigkeit im Binnenmarkt, JRP 2012, 397; *ders*, Zwischen überkommener Daseinsvorsorge und Diensten von allgemeinem wirtschaftlichem Interesse, DÖV 2002, 253; *Szyszczak*, The Altmark Case Revisited: Local and Regional Subsidies to Public Services, EStAL 2017, 395; *von Wilmowsky*, Mit besonderen Aufgaben betraute Unternehmen unter dem EWG-Vertrag, ZHR 155/1991, 545; *Weiß*, Öffentliche Unternehmen und EGV, EuR 2003, 165; *Wiedenbauer*, Beihilfenrechtssichere Finanzierung von Tourismusorganisationen, ecolex 2018, 261; *Säcker*, Münchner Kommentar. Europäisches und Deutsches Wettbewerbsrecht V: Beihilfenrecht[4] (2022).

Judikatur: EuGH 10.12.1991, C-179/90, *Merci Conventionali Porto di Genova/Siderurgica Gabrielli*; EuGH 17.07.1997, C-242/95, *GT-Link/De Danske Statsbaner (DSB)*; EuG 15.06.2000, T-298/97 ua, *Mauro/Kommission*; EuGH 24.07.2003, C-280/00, *Altmark Trans*; EuGH 27.11.2003, verb Rs C-34/01 bis C-38/01, *Enirisorse/Ministero delle Finanze*; EuG 15.06.2005, T-17/02, *Fred Olsen/Kommission*; EuGH 30.03.2006, C-451/03, *Servizi Ausiliari Dottori Commercialisti*; KOM 16.05.2006, C (2006) 1847 (N 604/2005), *Busbetreiber im Landkreis Wittenberg*; EuG 26.06.2008, T-442/03, *SIC/Kommission*; EuG 12.02.2008, T-289/03, *BUPA ua/Kommission*; EuG 22.10.2008, T-309/94, *TV2/ Danmark A/S ua/Kommission*; EuG 04.03.2009, verb Rs T-265/04, T-292/04 u. T-504/04, *Tirrenia di Navigazione, Caremar ua/Kommission*; EuG 09.06.2009, T-152/06, *NDSHT Nya Destination Stockholm Hotell & Teaterpaket AB/Kommission*; EuG 11.06.2009, T-189/03, *ASM Brescia/Kommission*; KOM 02.07.2009, NN 8/2009, *Naturschutzflächen (Deutschland)*; KOM 15.12.2009, E 2/2005 u N 642/2009, *Existing and special project aid to housing corporation*; KOM 28.03.2012, SA.33054, *Post Office Limited*; KOM 25.04.2012, SA.25051, *Tierbeseitigungsabgabe*; EuG 10.07.2012, T-520/09, *TFI und M6/ Kommission*; EuG 07.11.2012, T-137/10, *CBI/Kommission*; KOM 20.11.2012, SA.33989, *Poste Italiane*; KOM 02.05.2013, SA.22843, *SNCM und CMN*, ABl L 2013/220, 20; KOM 02.05.2013, SA.31006, *bpost*; EuGH 08.05.2013, verb Rs C-197/11 u C-203/11, *Libert*; EuG 16.09.2013, T-79/10, *Colt Télécommunications France/Kommission*; EuG 16.09.2013, T-258/10, *Orange/Kommission*; LG Tübingen 23.12.2013, 5 O 72/13; KOM

22.01.2014, SA.32014, SA.32015 und SA.32016, *Tirrenia-Gruppe ua*, ABl L 2018/49, 22; OLG Stuttgart 20.11.2014, 2 U 11/14; EuGH 11.02.2015, C-621/13 P, *Orange/Kommission*; EuG 12.05.2015, T-202/10, *Stichting Woonlinie ua/Kommission*; KOM 05.06.2015, SA.37904, *Ärztehaus Durmersheim*; KOM 05.06.2015, SA.38035, *Landgrafenklinik*; KOM 19.06.2015, SA.37432, *Hradec Králové*; EuG 24.09.2015, T-674/11, *TV2/Danmark/Kommission*; KOM 19.01.2016, SA.38757, *Skelleftea Airport*; BGH 24.03.2016, I ZR 263/14; KOM 05.07.2016, SA.19864, *IRIS-Krankenhäuser*; EuGH 15.03.2017, C-414/15 P, *Stichting Woonlinie ua/Kommission*; EuGH 26.09.2018, C-660/15 P, *Viasat Broadcasting UK/TV2/Danmark*; KOM 02.03.2020, C 64/99 (ex NN 68/99), (EU) 2020/1411, *Tirrenia-Gruppe*, ABl L 2020/332, 1; EuGH 13.09.2020, C-817/18 P, *Vereniging tot Behoud van Natuurmonumenten in Nederland ua/Vereniging Gelijkberechtiging Grondbezitters ua*; EuGH 17.12.2020, C-431/19 P, C-432/19 P, *Inpost Paczkomaty/Kommission*; KOM 10.08.2022, SA.57991, *USO compensation to Post Danmark A/S for 2020*; EuG 14.06.2023, T-79/21, *Ryanair/Kommission.*

Beihilfen zugunsten von Leistungen im Bereich der öffentlichen Daseinsvorsorge können unter bestimmten Voraussetzungen mit dem Binnenmarkt vereinbar sein. Maßgebliche Rechtsgrundlage dafür ist Art 106 Abs 2 AEUV.

Art 106 AEUV:

[…]

(2) Für **Unternehmen**, die **mit Dienstleistungen von allgemeinem wirtschaftlichem Interesse betraut** sind oder den Charakter eines Finanzmonopols haben, gelten die Vorschriften der Verträge, insbesondere die Wettbewerbsregeln, soweit die Anwendung dieser Vorschriften nicht die Erfüllung der ihnen übertragenen besonderen Aufgabe rechtlich oder tatsächlich verhindert. Die Entwicklung des Handelsverkehrs darf nicht in einem Ausmaß beeinträchtigt werden, das dem Interesse der Union zuwiderläuft.

[…]

Auf Grundlage von Art 106 Abs 2 AEUV haben sich in der Spruchpraxis der Kommission und der Rechtsprechung des EuGH **zwei** unterschiedliche rechtliche **Lösungen** entwickelt:

In der Rs *Altmark Trans* hat der EuGH entschieden, dass Zuwendungen an ein DAWI-Unternehmen unter bestimmten Voraussetzungen schon tatbestandlich **keine Beihilfe** darstellen. Dafür entscheidend ist, dass die Zuwendungen nicht höher liegen dürfen als die Kosten eines „durchschnittlich, gut geführten Unternehmens." (sog **Tatbestandslösung**)

Mit dem sog **„DAWI-Freistellungsbeschluss"**[369] können **Beihilfen** an DAWI-Erbringer ohne Anmeldung bei der Kommission gewährt werden. Ent-

[369] Beschluss der Kommission vom 20. Dezember 2011 über die Anwendung von Artikel 106 Absatz 2 des Vertrags über die Arbeitsweise der Europäischen Union auf staatliche Beihilfen in Form von Ausgleichsleistungen zugunsten bestimmter Unternehmen, die mit der Erbringung von Dienstleistungen von allgemeinem wirtschaftlichem Interesse betraut sind (2012/21/EU), ABl L 2012/7, 3.

scheidendes Kriterium ist das Vorliegen eines Betrauungsaktes, mit dem einem Unternehmen die besonderen gemeinschaftlichen Verpflichtungen verbindlich auferlegt werden. (sog **Rechtfertigungslösung**).

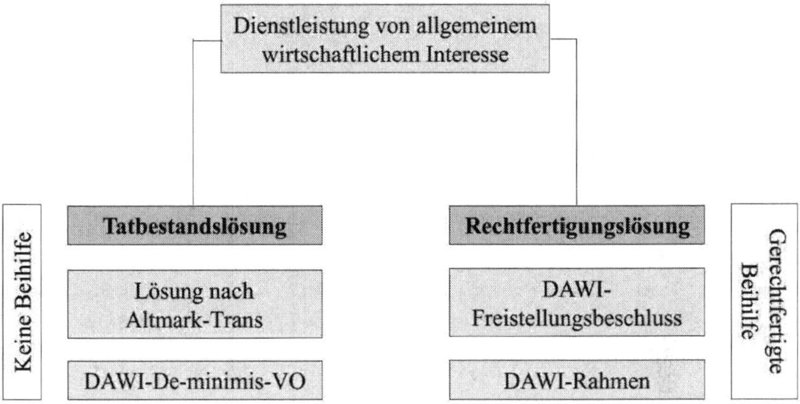

1. Der Begriff „DAWI"

Literatur: *Bartosch*, EU-Beihilfenrecht[3] (2020); *Busson/Kirchhof/Müller-Kabisch*, Beihilfenrechtskonforme Finanzierung der kommunalen Daseinsvorsorge, KommJur 2014, 88; *F. Koppensteiner*, Das Durchführungsverbot und Dienstleistungen allgemeinen wirtschaftlichen Interesses, EuZW 2021, 425; *Säcker*, Münchner Kommentar. Europäisches und Deutsches Wettbewerbsrecht V: Beihilfenrecht[4] (2022); *Streinz*, EUV/AEUV[3] (2018).

Judikatur: EuGH 10.12.1991, C-179/90, *Merci Conventionali Porto di Genova/Siderurgica Gabrielli*; EuGH 17.07.1997, C-242/95, *GT-Link A/S/De Danske Statsbaner (DSB)*; EuGH 27.11.2003, verb Rs C-34/01 bis C-38/01, *Enirisorse/Ministero delle Finanze*; EuG 15.06.2005, T-17/02, *Fred Olsen/Kommission*; EuG 12.02.2008, T-289/03, *BUPA ua/Kommission*; EuG 22.10.2008, T-309/94, *TV2/Danmark A/S ua/Kommission*; KOM 25.04.2012, SA.25051, *Tierbeseitigungsabgabe*; EuG 16.09.2013, T-79/10, *Colt Télécommunications France/Kommission*; EuG 16.09.2013, T-258/10, *Orange/Kommission*; EuGH 11.02.2015, C-621/13 P, *Orange/Kommission*; EuGH 13.09.2020, C-817/18 P, *Vereniging tot Behoud van Natuurmonumenten in Nederland ua/Vereniging Gelijkberechtiging Grondbezitters ua*; EuGH 17.12.2020, C-431/19 P, C-432/19 P, *Inpost Paczkomaty/Kommission.*

Beispiel: *Die Gemeinde X möchte den Wohnraum auch für Geringverdiener erschwinglich machen. Dafür errichtet sie einen Wohnpark für den sozialen Wohnbau. Die Wohnungen werden zu vergünstigten Preisen an Geringverdiener vermietet.*

Der Begriff „**Dienstleistung von allgemeinem wirtschaftlichem Interesse**" (**DAWI**) ist weder im europäischen Primärrecht noch im Sekundärrecht der Union legal definiert.

Der Begriff DAWI ist in Art 14 AEUV und Art 106 AEUV, sowie im Protokoll (Nr 26) zum AEUV lediglich erwähnt. Dienstleistungen von allgemeinem wirtschaftlichem Interesse erwachsen aus den gemeinsamen Werten der Union und spielen bei der Förderung des sozialen und territorialen Zusammenhalts eine wichtige Rolle. Die Union und die Mitgliedstaaten müssen im Rahmen ihrer jeweiligen Befugnisse dafür Sorge tragen, dass die Grundsätze und Bedingungen für die Erbringung dieser Dienstleistungen so gestaltet sind, dass diese Aufgaben erfüllt werden können.[370]

Die Kommission definiert den Begriff „DAWI" in ihrem Qualitätsrahmen als wirtschaftliche Tätigkeiten, die dem Allgemeinwohl dienen und ohne staatliche Eingriffe am Markt überhaupt nicht oder in Bezug auf Qualität, Sicherheit, Bezahlbarkeit, Gleichbehandlung oder universaler Zugang nur zu anderen Standards durchgeführt würden.[371]

Die Mitgliedstaaten definieren sohin selbst eine bestimmte Dienstleistung als DAWI. Die Mitgliedstaaten verfügen bei der Festlegung, was sie als DAWI ansehen über einen weiten Ermessensspielraum.[372]

In den einzelnen Mitgliedstaaten gibt es unterschiedliche Vorstellungen, welche Aufgaben der öffentlichen Daseinsvorsorge zuzuordnen sind. Dies resultiert bereits aus den jeweils unterschiedlichen Staats- und Rechtstraditionen der einzelnen Mitgliedstaaten, denn das Ausmaß staatlicher Tätigkeit ist historisch und kulturell unterschiedlich ausgeprägt.[373]

Die Europäische Kommission und der Gerichtshof der Europäischen Union beschränken sich bei der Prüfung, ob eine DAWI vorliegt, auf eine **Missbrauchskontrolle**.

Untersucht wird nur, ob der Mitgliedstaat einen offensichtlichen Beurteilungsfehler bei der Qualifikation einer bestimmten Dienstleistung als DAWI begangen hat. Der Beurteilungsspielraum der Kommission ist jedoch sehr weit, weshalb ein sehr kritischer und zurückhaltender Umgang mit DAWI angezeigt ist.[374]

Beispiel: *Die Einordnung des Breitbandzugangs als DAWI, der sich ausschließlich auf Wirtschaftsparks beschränkt und nicht der breiten Bevölkerung zugutekommt, stellt*

---

[370] Mitteilung der Kommission über die Anwendung der Beihilfevorschriften der Europäischen Union auf Ausgleichsleistungen für die Erbringung von Dienstleistungen von allgemeinem wirtschaftlichem Interesse, ABl C 2012/8, 4.

[371] S dazu Mitteilung der Kommission an das Europäische Parlament, den Rat, den Europäischen Wirtschafts- und Sozialausschuss und den Ausschuss der Regionen: Ein Qualitätsrahmen für Dienstleistungen von allgemeinem Interesse in Europa vom 20.12.2011, KOM(2011) 900 endg, 3 f; vgl auch den Leitfaden zur Anwendung der Vorschriften der Europäischen Union über staatliche Beihilfen, öffentliche Aufträge und den Binnenmarkt auf Dienstleistungen von allgemeinem wirtschaftlichem Interesse und insbesondere auf Sozialdienstleistungen von allgemeinem Interesse, SWD(2013) 53 final/2, 20.

[372] EuG 15.06.2005, T-17/02, *Fred Olsen/Kommission* Rn 216; EuG 12.02.2008, T-289/03, *BUPA ua/Kommission* Rn 166 ff; EuG 22.10.2008, T-309/94, *TV2/Danmark A/S ua/Kommission* Rn 113 ff; vgl auch DAWI-Mitteilung Rn 46; DAWI-Anwendungsleitfaden, Frage 4, 22; s zuletzt auch Beschluss der Kommission (EU) 2020/1411 vom 02.03.2020, C 64/99 (ex NN 68/99), *Italien Seeverkehrsgesellschaften Adriatica, Caremar, Siremar, Saremar und Toremar (Tirrenia-Gruppe)*, ABl L 2020/332, 1 Rn 230.

[373] DAWI-Anwendungsleitfaden, 22 (Frage 5).

[374] Vgl dazu die Beihilfepraxis in Deutschland *BMWi*, Handbuch über staatliche Beihilfen. Handreichung für die Praxis von BMWi-EA6 (2016) 75.

einen offensichtlichen Beurteilungsfehler dar.[375] *Hafendienstleistungen, dh die Be-, Ent- und Umladung sowie allgemein der Umschlag von Waren oder anderen Gütern in nationalen Häfen ist nicht zwangsläufig ein allgemeines wirtschaftliches Interesse, das sich an dem Interesse von anderen Tätigkeiten des Wirtschaftslebens besonders unterscheidet.*[376]

Mit der Betrauung von DAWI wird regelmäßig eine „besondere Aufgabe" übertragen.

Bei DAWI handelt es sich grds um **öffentliche Dienstleistungen** (Strom, Gas, Postdienstleistungen, öffentlich-rechtlicher Rundfunk, Gesundheitsversorgung, öffentlicher Verkehr).

Als DAWI eingestuft werden können grds der Bau einer Infrastruktur,[377] bestimmte Finanzdienstleistungen,[378] nicht aber die Schaffung und Erhaltung von Arbeitsplätzen in einem Unternehmen mit dem Ziel eines Ausbaus seiner Forschungs- und Entwicklungstätigkeit, zumal DAWI Dienstleistungen sind, die zum Wohle der Bürger bzw im Interesse der Gesellschaft als Ganzes erbracht werden.[379]

Für die Qualifikation als DAWI haben sich in der Praxis **drei Kriterien** herausgebildet, die **kumulativ** erfüllt sein müssen:

Die Dienstleistung muss,

– mit einem zu beobachtenden **Marktversagen** verbunden sein,

Ein Marktversagen liegt regelmäßig dann vor, wenn die jeweilige Leistung ohne einem Eingreifen des Staates nicht in ausreichender Qualität und nur unzureichendem Umfang erbracht werden kann.

Beispiel: *Kein Marktversagen liegt bei Fährverbindungen zwischen zwei Städten vor, wenn der Beihilfegeber auch den touristischen Verkehr in der Hauptreisezeit bezuschusst.*[380]

– eine **wirtschaftliche Tätigkeit** darstellen, und

Nichtwirtschaftliche Tätigkeiten können keine DAWI darstellen. Sie unterliegen grds nicht dem Anwendungsbereich des EU-Beihilferechts (zB Schul- oder Hochschulbildung, soziale Fürsorge).

– im **Allgemeininteresse** liegen.

Ein Allgemeininteresse liegt dann vor, wenn bestimmte Leistungen im öffentlichen Interesse liegen und für eine gleichmäßige Versorgung der Bevölkerung unverzichtbar sind. Ein Unternehmen, das nur im eigenen wirtschaftlichen Interesse handelt, würde diese Dienstleistungen nicht oder zumindest nicht im gleichen Umfang

375 KOM 08.03.2006, N 284/2005, *Irland – Metropolitan Area Networks*, C(2006) 436 fin; KOM 10.07.2007, N 890/2006, *Frankreich – SICOVAL*, C(2007) 3235 fin; weitere Beispiele s DAWI-Anwendungsleitfaden, 24 (Frage 7).

376 EuGH 10.12.1991, C-179/90, *Merci Conventionali Porto di Genova/Siderurgica Gabrielli* Rn 27; EuGH 17.07.1997, C-242/95, *GT-Link A/S/De Danske Statsbaner (DSB)* Rn 53; EuGH 27.11.2003, verb Rs C-34/01 bis C-38/01, *Enirisorse/Ministeo delle Finanze* Rn 33 f.

377 DAWI-Anwendungsleitfaden, 25 (Frage 9).

378 DAWI-Anwendungsleitfaden, 24 (Frage 8).

379 DAWI-Anwendungsleitfaden, 25 (Frage 10).

380 KOM 02.05.2013, SA.22843, *SNCM und CMN*, ABl L 2013/220, 20.

bzw zu den gleichen Bedingungen übernehmen. Mit DAWI sind demnach regelmäßig Leistungen verbunden, die von der Allgemeinheit stark nachgefragt werden, aber nur geringe bis keine Renditeerwartungen für die Anbieter erwarten lassen (zB sozialer Wohnbau, Betrieb von Sport- und Freizeiteinrichtungen).

Beispiel: *Kein Allgemeininteresse liegt bei der Bereitstellung eines Breitbandausbaus vor, der nicht der breiten Bevölkerung zugutekommt, sondern sich ausschließlich auf Gewerbeparks beschränkt.*[381]

Eine DAWI setzt drei kumulative Kriterien voraus:
1) Marktversagen, 2) wirtschaftliche Tätigkeit und 3) Allgemeininteresse.

Da der Staat ein Unternehmen finanziell unterstützt und mit der Dienstleistung betraut, wird dieses Unternehmen selektiv begünstigt und die beihilferechtlichen Vorschriften finden prinzipiell Anwendung. Die Kommission hat im Rahmen von drei Regelwerken unterschiedliche Formen der DAWI-Unterstützung möglich gemacht (**Rechtfertigungslösungen**).

2. Tatbestandslösung nach Altmark Trans

Literatur: *Bartosch*, Die Kommissionspraxis nach dem Urteil des EuGH in der Rechtssache Altmark – Worin liegt das Neue?, EuZW 2004, 295; *Jennert*, Finanzierung und Wettbewerb in der Daseinsvorsorge nach Altmark Trans, NVwZ 2004, 425; *Kämmerer*, Strategien zur Daseinsvorsorge – Dienste im allgemeinen Interesse nach der „Altmark"-Entscheidung des EuGH, NVwZ 2004, 28; *Kahl*, Der weiterentwickelte Ausgleichsansatz in der Daseinsvorsorge – zugleich Analyse der Auswirkungen des Urteils EuGH C-280/00, Altmark Trans („Magdeburger Verfahren"), auf Österreich, wbl 2003, 401; *Kühling/Wachinger*, Das Altmark Trans-Urteil des EuGH – Weichenstellung für oder Bremse gegen mehr Wettbewerb im deutschen ÖPNV?, NVwZ 2003, 1202; *Szyszczak*, The Altmark Case Revisited: Local and Regional Subsidies to Public Services, EStAL 2017, 395.

Judikatur: EuGH 10.12.1991, C-179/90, *Porto di Genova*; EuGH 22.11.2001, C-53/00, *Ferring*; EuGH 24.07.2003, C-280/00, *Altmark Trans*; EuGH 30.03.2006, C-451/03, *Servizi Ausiliari Dottori Commercialisti*; EuG 12.02.2008, T-289/03, *BUPA/Kommission*; EuG 09.07.2008, T-301/01, *Alitalia/Kommission*; EuG 11.06.2009, T-189/03, *ASM Brescia/Kommission*; EuG 07.11.2012, T-137/10, *CBI/Kommission*; EuG 24.09.2015, T-674/11, *TV2/Danmark/Kommission*; EuGH 26.09.2018, C-660/15 P, *Viasat Broadcasting UK/TV2/Danmark*; EuG 14.06.2023, T-79/21, *Ryanair/Kommission*.

In der viel beachteten Altmark Trans-Entscheidung hat der EuGH im Bereich der Daseinsvorsorge Grundsätze aufgestellt, bei deren Vorliegen staatliche Zuwendungen an Unternehmen nicht als Begünstigung und folglich **nicht als Beihilfe** zu qualifizieren sind.

Sind diese Grundsätze erfüllt, liegt bereits auf der Tatbestandsebene keine Beihilfe vor, weil die staatliche Zuwendung nicht als Begünstigung angesehen wird. Es ist auch nicht möglich, die Altmark-Voraussetzungen alternativ zum Kriterium des marktwirtschaftlich handelnden Wirtschaftsteilnehmers anzuwenden und umgekehrt. Bei den

[381] KOM 10.07.2007, N 890/2006, *Frankreich – SICOVAL*, C(2007) 3235 fin.

Altmark-Bedingungen und dem Kriterium des marktwirtschaftlich handelnden Kapitalgebers handelt es sich um zwei Analyseinstrumente, die in unterschiedlichen Situationen angewandt werden.[382]

Keine Beihilfe liegt nach der Altmark Trans-Entscheidung nämlich dann vor, wenn folgende Voraussetzungen **kumulativ** vorliegen:

- Betrauungsakt,
- Ausgleichsmechanismus,
- Überkompensationsverbot, und
- Effizienzgebot.

a. Betrauungsakt

Das Unternehmen muss tatsächlich mit der Erfüllung einer Dienstleistung von allgemeinem wirtschaftlichem Interesse betraut sein, und diese Verpflichtungen müssen klar definiert sein.[383] Diese Verpflichtungen können sich aus den nationalen Rechtsvorschriften und/oder Genehmigungen ergeben.

b. Ausgleichsmechanismus

Die Parameter, anhand deren der Ausgleich berechnet wird, sind zuvor objektiv und transparent aufzustellen.[384]

Damit soll verhindert werden, dass der Ausgleich einen wirtschaftlichen Vorteil mit sich bringt, der das Unternehmen, dem er gewährt wird, gegenüber konkurrierenden Unternehmen begünstigt.[385]

c. Überkompensationsverbot

Der Ausgleich darf nicht über das hinausgehen, was erforderlich ist, um die Kosten der Erfüllung der gemeinwirtschaftlichen Verpflichtungen unter Berücksichtigung der dabei erzielten Einnahmen und eines angemessenen Gewinns aus der Erfüllung dieser Verpflichtungen ganz oder teilweise zu decken.[386]

d. Effizienzgebot

Das mit der DAWI betraute Unternehmen ist entweder im Rahmen eines **transparenten öffentlichen Vergabeverfahrens** als das wirtschaftlich Günstigste ausgewählt worden, **oder**

---

382 EuG 14.06.2023, T-79/21, *Ryanair/Kommission*, Rn 99-102.
383 EuGH 24.07.2003, C-280/00, *Altmark Trans*, Rn 89.
384 EuGH 24.07.2003, C-280/00, *Altmark Trans*, Rn 90.
385 EuGH 24.07.2003, C-280/00, *Altmark Trans*, Rn 90.
386 EuGH 24.07.2003, C-280/00, *Altmark Trans*, Rn 92.

Diese Anforderungen können durch ein offenes Vergabeverfahren oder nicht offenes Vergabeverfahren iSd Vergaberichtlinie 2014/24/EU gewährleistet werden, während ein Verhandlungsverfahren diese Anforderungen grds nicht erfüllt.[387] Ein Verfahren, bei dem nur ein einziges Angebot abgegeben wird, kann im Prinzip nicht sicherstellen, dass die erste Alternative des vierten Altmark-Kriteriums erfüllt ist.[388] Doch kann es aber auch Fälle geben, in denen aufgrund besonders strenger Vorkehrungen bei der Ausgestaltung des Verfahrens auch ein Verfahren ausreichend sein kann, in dessen Rahmen nur ein einziges Angebot eingereicht wird.[389]

die Höhe des erforderlichen Ausgleichs ist auf der Grundlage einer **Kostenanalyse** bestimmt worden, die ein durchschnittliches, gut geführtes Unternehmen, bei Erfüllung der betreffenden Verpflichtungen hätte.[390]

Um die „Kosten eines durchschnittlichen, gut geführten, angemessen ausgestatteten Unternehmens" zu ermitteln, kann auch ein Referenzwert als entsprechender Wert herangezogen werden, solange sich dies begründen lässt und dieser Wert aus einer zuverlässigen Quelle stammt, auf soliden Zahlen beruht und den marktüblichen Kosten entspricht.[391]

Keine Beihilfe iSd Art 107 Abs 1 AEUV liegt vor, wenn kumulativ vorliegen:

1. Betrauungsakt
2. Ausgleichsmechanismus
3. Überkompensationsverbot
4. Effizienzgebot

Diese vom EuGH festgelegten Altmark-Grundsätze bildeten später den Ausgangspunkt für die DAWI-Pakete. Einzelne Kriterien sind sich dabei sehr ähnlich, weshalb zwischen der **Tatbestandsebene** und der **Rechtfertigungsebene** zu **unterscheiden** ist.

Liegen sämtliche Altmark-Kriterien vor, handelt es sich bei der Finanzierungsmaßnahme bereits auf Tatbestandsebene um keine Beihilfe. Das DAWI-Paket (mit Ausnahme der DAWI-De-minimis-VO) setzt hingegen eine Beihilfe voraus und legt fest, unter welchen Umständen eine Beihilfe gerechtfertigt (mit dem Binnenmarkt vereinbar) und folglich nicht bei der Kommission anzumelden ist (Rechtfertigungslösung).

3. Rechtfertigungslösung nach dem DAWI-Paket

Literatur: *Bartosch*, Die Kommissionspraxis nach dem Urteil des EuGH in der Rechtssache Altmark – Worin liegt das Neue?, EuZW 2004, 295; *Buendia Sierra/Muñ-*

[387] Vgl dazu die s dazu DAWI-Anwendungsleitfaden, 54 (Frage 67).

[388] Mitteilung der Kommission über die Anwendung der Beihilfevorschriften der Europäischen Union auf Ausgleichsleistungen für die Erbringung von Dienstleistungen von allgemeinem wirtschaftlichem Interesse, ABl C 2012/8, 4, Tz 68; vgl auch DAWI-Anwendungsleitfaden, 55 (Frage 68).

[389] DAWI-Anwendungsleitfaden, 55 (Frage 68).

[390] EuGH 24.07.2003, C-280/00, *Altmark Trans* Rn 93.

[391] DAWI-Anwendungsleitfaden, 56 (Frage 72).

oz de Juan, Some legal reflections on the Almunia Package, EStAL 2012, 63; *Coppi*, SGEI compensation in the Almunia Package – an economic's view, EStAL 2012, 37; *Hirsbrunner/Litzenberger*, Ein bisschen Almunia im Monti-Kroes-Paket (die Reform der beihilferechtlichen Vorschriften betreffend Dienstleistungen von allgemeinem wirtschaftlichem Interesse), EuZW 2011, 742; *Jennert*, Finanzierung und Wettbewerb in der Daseinsvorsorge nach Altmark Trans, NVwZ 2004, 425; *Jung/Deuster*, Einfacher, klarer, verhältnismäßiger? Das neue EU-Beihilfen-Paket für Dienstleistungen von allgemeinem wirtschaftlichem Interesse, BRZ 2012, 24; *Kämmerer*, Strategien zur Daseinsvorsorge – Dienste im allgemeinen Interesse nach der „Altmark"-Entscheidung des EuGH, NVwZ 2004, 28; *Kahl/Müller*, Die aktuelle DAWI-Debatte in Haslinger/Jaeger (Hrsg) Jahrbuch Beihilferecht (2012) 455; *dies*, Die umfassende Reform des EU-wettbewerbsrechtlichen Rahmens für Dienstleistungen von allgemeinem wirtschaftlichem Interesse, ÖZW 2012, 82; *dies*, Der neue Daseinsvorsorgerahmen – aktuelle Entwicklungen, in Haslinger/Jaeger (Hrsg), Jahrbuch Beihilferecht (2013) 421; *Maziarz*, Services of General Economic Interest. Towards Common Values, EStAL 2016, 16; *Merola/Ubaldi*, The 2011 Almunia Package and the Challenges ahead: Art the new rules flexible enough to fit the wide variety of SGEI, EStAL 2012, 17; *Pauly/Jedlitschka*, Die Reform der EU-Beihilferegeln für Dienstleistungen von allgemeinem wirtschaftlichem Interesse und ihre Auswirkungen auf die kommunale Praxis, DVBl 2012, 1269; *Sinnaeve*, What's New in SGEI in 2012? – An Overview of the Commission's SGEI Package, EStAL 2/2012, 347.

Judikatur: EuGH 24.07.2003, C-280/00, *Altmark Trans*; EuGH 30.03.2006, C-451/03, *Servizi Ausiliari Dottori Commercialisti*; EuG 12.02.2008, T-289/03, *BUPA/Kommission*; EuG 11.06.2009, T-189/03, *ASM Brescia/Kommission*; EuG 07.11.2012, T-137/10, *CBI/Kommission.*

Die EU-Kommission hat auf der Grundlage der Altmark-Trans Entscheidung des EuGH erstmals ein Paket von Regelungen verabschiedet, mit dem Grundsätze festgelegt wurden, wann finanzielle Zuwendungen an ein Unternehmen im Bereich der Daseinsvorsorge mit dem Binnenmarkt vereinbar sind.

Dieses Paket wurde nach dem damals zuständigen Wettbewerbskommissar *Joaquin Almunia* benannt: Man spricht folglich vom sog „**Almunia Paket**".

Es beinhaltet vier Instrumente:

– **DAWI-Freistellungsbeschluss,**

Liegen die Voraussetzungen des DAWI-Beschlusses vor, sind die Mitgliedstaaten von der Anmeldepflicht bei der Kommission befreit. Sie müssen folglich die Ausgleichszahlungen für die Erfüllung der DAWI-Verpflichtungen nicht mehr notifizieren.

– **DAWI-Mitteilung,**[392]

In der DAWI-Mitteilung werden die für DAWI relevanten Begriffe erläutert und die einschlägige Rechtsprechung der EU-Gerichte und die Beschlusspraxis der Kommission im DAWI-Bereich zusammengefasst.

– **DAWI-Rahmen**, und

---

[392] Mitteilung der Kommission über die Anwendung der Beihilfevorschriften der Europäischen Union auf Ausgleichsleistungen für die Erbringung von Dienstleistungen von allgemeinem wirtschaftlichem Interesse, ABl C 2012/8, 4.

Fällt eine Ausgleichsleistung für DAWI nicht mehr unter den Freistellungsbeschluss, sind DAWI bei der Kommission anzumelden. Die Regeln für die Prüfung, ob Ausgleichsleistungen mit dem Binnenmarkt vereinbar sind, enthält der DAWI-Rahmen, den die Kommission anwendet.

- **DAWI-De-minimis-Verordnung**.

  Ausgleichsleistungen für DAWI sind bis zu einem bestimmten Schwellenwert (€ 500.000) unter gewissen Voraussetzungen aufgrund ihres geringen Umfangs nicht als Beihilfen anzusehen.

a. DAWI-Freistellungsbeschluss

Literatur: *Bartosch*, EU-Beihilfenrecht[3] (2020); *Berger/Dimova/Terko*, Zum Achemos-Urteil des EuG: Eine lang erwartete Konkretisierung des angemessenen Gewinns im Sinne des Art 5 Abs 5 des DAWI-Freistellungsbeschlusses, BRZ 2020, 195; *Righini*, The Reform of the State aid Rules on Financing of Public Services – paving the way towards a clearer, simpler and more diversified framework, EStAL 2012, 3; *Schröder* in Wurzel/Schraml/Gaß (Hrsg), Rechtspraxis der kommunalen Unternehmen[4] (2021); *Sinnaeve*, What's new in SGEI in 2012? – an overview of the Commission's SGEI package, EStAL 2012, 347; *Säcker*, Münchner Kommentar. Europäisches und Deutsches Wettbewerbsrecht V: Beihilfenrecht[4] (2022).

Judikatur: KOM 16.05.2006, C (2006) 1847 (N 604/2005), *Busbetreiber im Landkreis Wittenberg*; EuG 26.06.2008, T-442/03, *SIC/Kommission*; KOM 02.07.2009, NN 8/2009, *Naturschutzflächen (Deutschland)*; KOM 15.12.2009, E 2/2005 und N 642/2009, *Existing and special project aid to housing corporation.*

Der DAWI-Freistellungsbeschluss[393] legt Voraussetzungen fest, unter denen Ausgleichsleistungen für die Erfüllung gemeinschaftlicher Verpflichtungen als mit dem Binnenmarkt vereinbar anzusehen sind.[394] Sie müssen nicht mehr bei der Kommission angemeldet werden.

Der **Anwendungsbereich** umfasst verschiedene Fallgruppen:

- Ausgleichsleistungen von nicht mehr als € 15 Mio pro Jahr für die Erbringung von DAWI,[395]

  Der Höchstbetrag gilt für jede einzelne DAWI, mit der ein bestimmtes Unternehmen betraut wurde,[396] und ist ein Bruttowert.[397]

---

393 Beschluss der Kommission vom 20. Dezember 2011 über die Anwendung von Artikel 106 Absatz 2 des Vertrags über die Arbeitsweise der Europäischen Union auf staatliche Beihilfen in Form von Ausgleichsleistungen zugunsten bestimmter Unternehmen, die mit der Erbringung von Dienstleistungen von allgemeinem wirtschaftlichem Interesse betraut sind (2012/21/EU), ABl L 2012/7, 3.

394 Vgl auch Art 1 DAWI-Freistellungbeschluss.

395 Art 2 Abs 1 lit a DAWI-Freistellungbeschluss.

396 DAWI-Anwendungsleitfaden, 61 (Frage 91).

397 DAWI-Anwendungsleitfaden, 61 (Frage 90).

- Ausgleichsleistungen (schwellenwertunabhängig)[398] für die Erbringung von **DAWI im sozialen Bereich**, durch Krankenhäuser, die medizinische Versorgung leisten;[399] sowie Sozialdienstleistungen im Hinblick auf Gesundheitsdienste und Langzeitpflege,[400] Kinderbetreuung,[401] Arbeitsmarktdienstleistungen,[402] sozialen Wohnungsbau,[403] die Betreuung und soziale Einbindung soziale schwacher Bevölkerungsgruppen.[404]
- Ausgleichsleistungen für die Erbringung von **DAWI im Verkehrsbereich** für Flug- oder Schiffsverkehr (Verkehrsbereich) zu Inseln von nicht mehr als 300.000 Passagieren jährlich,[405] für Flughäfen von nicht mehr als 200.000 Passagieren pro Jahr,[406] und für Seehäfen von nicht mehr als 300.000 Passagieren pro Jahr (Verkehrsinfrastruktur).[407]

Für die Bereiche Verkehr- und Verkehrsinfrastruktur gilt die Begrenzung auf € 15 Mio pro Jahr nicht.[408]

Finanzielle staatliche Zuwendungen, die einem dieser Bereiche angehören, können unter Einhaltung der Voraussetzungen des DAWI-Freistellungsbeschlusses ohne Anmeldung bei der Kommission gewährt werden. Sie sind als **mit dem Binnenmarkt vereinbar** anzusehen.[409]

Der DAWI-Freistellungsbeschluss gilt auch für Unternehmen in Schwierigkeiten.[410]

Weitere Voraussetzung für eine Freistellung auf Basis des DAWI-Freistellungsbeschlusses ist eine **Betrauung des Beihilfeempfängers**.

Der DAWI-Erbringer darf grds höchstens 10 Jahre mit der DAWI betraut sein.[411] Die nähere Ausgestaltung dieser Betrauung regelt Art 4 DAWI-Freistellungsbeschluss. Die Form kann vom jeweiligen Mitgliedstaat bestimmt werden, muss aber bestimmte Mindestanforderungen erfüllen.[412]

---

398 ErwGr 11 zum DAWI-Freistellungsbeschluss; vgl auch *Bartosch*, EU-BeihilfenR³ Beschluss 2012/12/EU Art 2 Rz 3 f; *Wolf* in MüKoWettbR V: BeihilfenR⁴ DAWI Rz 170.

399 Art 2 Abs 1 lit b DAWI-Freistellungbeschluss.

400 Art 2 Abs 1 lit c DAWI-Freistellungbeschluss.

401 Art 2 Abs 1 lit c DAWI-Freistellungbeschluss. Weiterführend s dazu DAWI-Anwendungsleitfaden, 63 (Frage 96).

402 Art 2 Abs 1 lit c DAWI-Freistellungbeschluss. Weiterführend s dazu DAWI-Anwendungsleitfaden, 64 (Frage 99).

403 Art 2 Abs 1 lit c DAWI-Freistellungbeschluss.

404 Art 2 Abs 1 lit c DAWI-Freistellungbeschluss. Weiterführend s dazu DAWI-Anwendungsleitfaden, 64 (Frage 98).

405 Art 2 Abs 1 lit d DAWI-Freistellungbeschluss.

406 Art 2 Abs 1 lit e DAWI-Freistellungbeschluss.

407 Art 2 Abs 1 lit e DAWI-Freistellungbeschluss.

408 Art 2 Abs 1 lit a DAWI-Freistellungbeschluss.

409 Art 3 DAWI-Freistellungbeschluss.

410 S dazu DAWI-Anwendungsleitfaden, 67 (Frage 108); vgl auch *Bartosch*, EU-BeihilfenR³ Beschluss 2012/12/EU Art 2 Rz 1.

411 Art 2 Abs 2 DAWI-Freistellungbeschluss.

412 Art 4 DAWI-Freistellungbeschluss.

Die **Höhe der Ausgleichsleistungen** darf unter Berücksichtigung eines angemessenen Gewinns nicht über das hinausgehen was erforderlich ist, um die durch die Erfüllung der gemeinwirtschaftlichen Verpflichtungen verursachten Nettokosten abzudecken.[413]

Die Mitgliedstaaten stellen zudem sicher, dass die DAWI-Ausgleichsleistungen die Vorschriften des DAWI-Beschlusses erfüllen und dass die Unternehmen keinen höheren Ausgleich erhalten.[414]

Der DAWI-Freistellungsbeschluss enthält ferner **Transparenz- und Berichterstattungspflichten**.[415]

So muss etwa jeder Mitgliedstaat der Kommission alle zwei Jahre einen Bericht über die Umsetzung des DAWI-Freistellungsbeschlusses übermitteln.[416]

Die Altmark-Lösung (Tatbestandslösung) und der DAWI-Freistellungsbeschluss (Rechtfertigungslösung) unterscheiden sich lediglich im vierten Altmark-Kriterium. Der wichtigste inhaltliche Unterschied liegt in der Höhe bzw Berechnung der Ausgleichsleistung.

Nach dem vierten Altmark-Kriterium darf die Ausgleichsleistung den Betrag nicht übersteigen, den ein effizientes Unternehmen (das in einer Ausschreibung den Zuschlag erhalten könnte oder über einen Leistungsvergleich ermittelt wird) benötigen würde. Der DAWI-Freistellungsbeschluss enthält dagegen keine Effizienzkriterien. Die Höhe der Ausgleichsleistung muss nicht zwangsläufig durch ein Vergabeverfahren oder mittels eines Vergleichs mit den Kosten eines durchschnittlichen, gut geführten Unternehmens ermittelt werden. Die Behörde muss aber nachweisen, dass die Ausgleichsleistung nicht zur Überkompensation führt.[417]

Beispiel:[418] *Die Gemeinde X beschließt, den Dienstleister Y mit der Erbringung einer DAWI zu betrauen und gewährt Y eine Ausgleichsleistung. Wird die betreffende DAWI im Wege einer Ausschreibung (viertes Altmark-Kriterium) zu einem Preis von € 100.000 erbracht, stellt eine Ausgleichsleitung iHv € 100.000 keine staatliche Beihilfe dar, vorausgesetzt die übrigen Altmark-Kriterien sind erfüllt. Wird Y nicht nach dem vierten Altmark-Kriterium (zB keine Ausschreibung) ausgewählt und sind die Nettokosten höher als € 100.000, scheidet die Altmark-Lösung aus. Die Ausgleichsleistung wäre nach dem DAWI-Freistellungsbeschluss möglich, wenn der Ausgleich unter Berücksichtigung eines angemessenen Gewinns nicht über das hinausgeht, was Y tatsächlich benötigt, um die durch die Erbringung der DAWI verursachten Nettokosten abzudecken.*[419]

Wird eine Leistung als DAWI eingestuft und nach dem DAWI-Freistellungsbeschluss ausgestaltet, bedeutet das nicht, dass die Vorschriften für öffentliches Auftragswesen

413 Weiterführend s dazu Art 5 DAWI-Freistellungbeschluss.
414 Art 6 DAWI-Freistellungbeschluss.
415 Art 7-9 DAWI-Freistellungbeschluss
416 Art 9 DAWI-Freistellungbeschluss.
417 S dazu DAWI-Anwendungsleitfaden, 68 (Frage 110).
418 Das Beispiel ist angelehnt an das im DAWI-Anwendungsleitfaden unter Frage 110 angeführte Fallbeispiel.
419 Vgl dazu Art 5 DAWI-Freistellungsbeschluss.

(Vergabevorschriften) nicht mehr eingehalten werden müssen.[420] Die Vergabevorschriften müssen zwar beachtet werden, sind aber keine Voraussetzung für die Anwendung des DAWI-Freistellungsbeschlusses.[421]

b. DAWI-De-minimis-VO

Literatur: *Bartosch*, EU-Beihilfenrecht[3] (2020); *Nordmann*, Die neue de-minimis Verordnung im EG-Beihilfenrecht, EuZW 2007, 752; *Säcker*, Münchner Kommentar. Europäisches und Deutsches Wettbewerbsrecht V: Beihilfenrecht[4] (2022).

Judikatur: EuG 15.06.2000, T-298/97 ua, *Mauro/Kommission*; EuGH 13.05.2020, T-607/17, *Volotea/Kommission.*

Für den DAWI-Bereich sieht die **DAWI-De-minimis-Verordnung**[422] auch für Ausgleichsleistungen für die Erbringung von DAWI einen Schwellenwert vor, bei dem staatliche Zuwendungen bereits auf Tatbestandsebene keine Beihilfe darstellen.

Die DAWI-De-minimis-VO ist das Äquivalent zur allgemeinen De-minimis-VO[423] für den DAWI-Bereich.

Nach der DAWI-De-minimis-VO dürfen Ausgleichsleistungen für DAWI-Erbringer innerhalb von drei aufeinanderfolgenden Wirtschaftsjahren (Steuerjahren) den **Höchstbetrag** von **€ 750.000** nicht übersteigen.

Aus der Erfahrung mit der Anwendung von DAWI-Vorschriften sieht die Kommission den, im Vergleich zur allgemeinen De-minimis-VO, deutlich abweichenden Betrag für DAWI-Leistungen gerechtfertigt. Darin liegt weder eine Handelsbeeinträchtigung noch eine (drohende) Wettbewerbsverfälschung.[424]

Beispiel:[425] *A möchte einen Beratungsdienst für Langzeitarbeitslose einrichten und braucht dafür einen Zuschuss in der Höhe von € 180.000. Liegen die Voraussetzungen der DAWI-De-minimis-VO vor, kann der Zuschuss als DAWI-De-minimis-Beihilfe gewährt werden. Die Maßnahme gilt folglich nicht als staatliche Beihilfe iSd Art 107 Abs 1 AEUV und muss bei der Kommission nicht angemeldet werden.*

---

420 Vgl dazu ErwGr 29 zum DAWI-Freistellungsbeschluss: „*Dieser Beschluss sollte ferner unbeschadet der Vorschriften der Union für das öffentliche Auftragswesen gelten.*“

421 Vgl DAWI-Anwendungsleitfaden, 70 (Frage 114).

422 Verordnung (EU) 2023/2832 der Kommission vom 13. Dezember 2023 über die Anwendung der Artikel 107 und 108 des Vertrags über die Arbeitsweise der Europäischen Union auf De-minimis-Beihilfen an Unternehmen, die Dienstleistungen von allgemeinem wirtschaftlichem Interesse erbringen.

423 Verordnung (EU) 2023/2831 der Kommission vom 13. Dezember 2023 über die Anwendung der Artikel 107 und 108 des Vertrags über die Arbeitsweise der Europäischen Union auf De-minimis-Beihilfe.

424 ErwGr 3 zur DAWI-De-minimis-VO.

425 Angelehnt an das im DAWI-Anwendungsleitfaden unter Frage 82 angeführte Fallbeispiel.

Die Vorschriften über DAWI-De-minimis-Beihilfen gelten ausschließlich für die **Erbringer von DAWI-Dienstleistungen.**[426] Aus diesem Grund muss das begünstigte Unternehmen mit einer speziellen DAWI **betraut** sein.[427]

Der Betrauungsakt muss zwar nicht sämtliche Details enthalten, die nach dem DAWI-Freistellungsbeschluss oder dem DAWI-Unionsrahmen erforderlich sind. Aus Gründen der Rechtssicherheit muss das begünstigte Unternehmen jedoch schriftlich mit der Erbringung der DAWI, für die die Beihilfe gewährt wird, betraut werden.[428]

Ausgenommen vom Anwendungsbereich sind die Bereiche Landwirtschaft,[429] Kohle, Spedition, sowie Unternehmen in Schwierigkeiten[430].

Die DAWI-De-minimis-VO gilt nur für sog „**transparente Beihilfen**", also Beihilfen, deren Bruttosubventionsäquivalent im Voraus genau berechnet werden kann, ohne dass eine Risikobewertung erforderlich ist.

Barzuschüsse gelten von vornherein als transparente Beihilfen, da der gesamte Zuschussbetrag auch die Beihilfe darstellt. Risikokapitalmaßnahmen und Kapitalzuführungen gelten unter bestimmten Voraussetzungen als transparent.[431] Darlehen gelten dann als transparent, wenn das Bruttosubventionsäquivalent auf Basis des zum Bewilligungszeitpunkt geltenden Referenzzinssatzes ermittelt wurde.[432] Unter bestimmten Voraussetzungen gelten auch Bürgschaften als transparent.[433]

Auch die DAWI-De-minimis-VO sieht Kumulierungsbeschränkungen vor:

De-minimis-Beihilfen können mit DAWI-De-minimis-Beihilfen bis zum Höchstbetrag von € 750.000 kumuliert werden.[434] € 750.000 sind damit der absolute Höchstbetrag für alle Arten von De-minimis-Beihilfen. DAWI-De-minimis-Beihilfen können auch nicht mit Ausgleichsleistungen für dieselbe DAWI kumuliert werden, unabhängig davon, ob der Ausgleich als Beihilfe oder Nicht-Beihilfe gewährt wird.[435]

Die DAWI-De-minimis-VO enthält Vereinfachungen im Hinblick auf die Anforderungen an den Betrauungsakt und erfordert keine Überkompensationsprüfung.[436]

Gewährt eine Förderstelle einem Unternehmen eine DAWI-Beihilfe, sind schriftlich die voraussichtliche Höhe und die konkrete Dienstleistung von allgemeinem wirtschaftlichem Interesse, mit der das Unternehmen betraut wird, mit ausdrücklichem Verweis auf die DAWI-Verordnung, zu benennen. Dem Unternehmen ist mitzuteilen, dass es sich bei der finanziellen Zuwendung um eine DAWI-De-minimis-Beihilfe handelt.

---

426 Art 1 Abs 1 DAWI-De-minimis-VO.

427 DAWI-Anwendungsleitfaden, 57 (Frage 76).

428 ErwGr 6 zur DAWI-De-minimis-VO; s auch DAWI-Anwendungsleitfaden, 57 (Frage 76).

429 Zu den Ausnahmebestimmungen s Art 1 Abs 2 DAWI-De-minimis-VO.

430 Wohl aber nicht vom Anwendungsbereich des DAWI-Freistellungsbeschluss ausgenommen: s DAWI-Anwendungsleitfaden, 67 (Frage 108).

431 Art 2 Abs 4 lit b und c DAWI-De-minimis-VO.

432 Art 2 Abs 4 lit a DAWI-De-minimis-VO.

433 Art 2 Abs 4 lit d DAWI-De-minimis-VO.

434 Art 2 Abs 7 DAWI-De-minimis-VO.

435 Art 2 Abs 8 DAWI-De-minimis-VO.

436 DAWI-Anwendungsleitfaden, 58 (Frage 77).

c. *DAWI-Rahmen*

Literatur: *Bartosch*, EU-Beihilfenrecht[3] (2020); *Berger/Dimova/Terko*, Zum Achemos-Urteil des EuG: Eine lang erwartete Konkretisierung des angemessenen Gewinns im Sinne des Art 5 Abs 5 des DAWI-Freistellungsbeschlusses, BRZ 2020, 195; *Säcker*, Münchner Kommentar. Europäisches und Deutsches Wettbewerbsrecht V: Beihilfenrecht[4] (2022).

Judikatur: EuG 04.03.2009, verb Rs T-265/04, T-292/04 u T-504/04, *Tirrenia di Navigazione, Caremar ua/Kommission*; KOM 28.03.2012, SA.33054, *Post Office Limited*; EuG 10.07.2012, T-520/09, *TFI und M6/Kommission*; KOM 20.11.2012, SA.33989, *Poste Italiane*; KOM 02.05.2013, SA.22843, *SNCM und CMN*, ABl L 2013/220, 20; KOM 02.05.2013, SA.31006, *bpost*; KOM 22.01.2014, SA.32014, SA.32015 und SA.32016, *Tirrenia-Gruppe ua*, ABl L 2018/49, 22; KOM 19.01.2016, SA.38757, *Skelleftea Airport*; KOM 02.03.2020, C 64/99 (ex NN 68/99), (EU) 2020/1411, *Tirrenia-Gruppe*, ABl L 2020/332, 1; EuGH 17.12.2020, C-431/19 P, C-432/19 P, *Inpost Paczkomaty/Kommission.*

Sind weder die vier Altmark-Kriterien für eine tatbestandsmäßige Ausnahme, noch die Voraussetzungen des DAWI-Freistellungsbeschlusses oder der DAWI-De-minimis-Verordnung erfüllt, ist die Beihilfe für die Erbringung einer DAWI vor der Gewährung bei der Kommission anzumelden. Dabei wendet die Kommission den **DAWI-Rahmen**[437] an.

Der DAWI-Rahmen wurde in Form einer Mitteilung erlassen und enthält Kriterien, welche die Kommission prüft, um festzustellen, wann eine bei ihr notifizierte Beihilfe für die Erbringung einer DAWI als **mit dem Binnenmarkt vereinbar** anzusehen ist.

Die Mitteilung ist zwar rechtlich unverbindlich, die Kommission wendet den DAWI-Rahmen jedoch im Wege der Selbstbindung ihrer Verwaltungspraxis an (Soft Law).

Der Anwendungsbereich des DAWI-Rahmens umfasst Beihilfen für die Erbringung einer DAWI, die nicht unter den DAWI-Freistellungsbeschluss oder die DAWI-De-minimis-Verordnung fallen.

Die Voraussetzungen unter denen eine Beihilfe für die Erbringung einer DAWI als mit dem Binnenmarkt vereinbar anzusehen ist, bestimmen sich nach Art 2 des DAWI-Rahmens:

Die Kriterien ähneln sehr stark jenen des DAWI-Freistellungsbeschlusses, gehen aber dennoch darüber hinaus.

– Die Beihilfe muss für eine **echte** und genau abgesteckte **DAWI** bestimmt sein;[438]

  Es muss nachgewiesen werden, dass der Bedarf an der DAWI (Allgemeininteresse) durch öffentliche Konsultation oder andere angemessene Mittel genau ermittelt wurde.[439]

---

[437] Mitteilung der Kommission – Rahmen der Europäischen Union für staatliche Beihilfen in Form von Ausgleichsleistungen für die Erbringung öffentlicher Dienstleistungen (2011), ABl C 2012/8, 15.

[438] Tz 12 ff DAWI-Rahmen.

[439] Tz 14 DAWI-Rahmen.

- ein **Betrauungsakt** muss vorliegen;[440]

  Die Dauer des Betrauungsakts ist nicht auf 10 Jahre begrenzt, sie kann nach objektiven Gesichtspunkten verlängert werden.[441]

- die **Höhe der Ausgleichsleistungen** darf unter Berücksichtigung eines angemessenen Gewinns nicht über das hinausgehen, was erforderlich ist, um die durch die Erfüllung der gemeinwirtschaftlichen Verpflichtungen verursachten Nettokosten abzudecken;[442]
- die „**Transparenzrichtlinie**" und die Vergabevorschriften sind einzuhalten;[443]
- eine mögliche Überkompensation ist zu kontrollieren.[444]

Der DAWI-Rahmen sieht für jene Bereiche, für die der DAWI-Freistellungsbeschluss zur Anwendung kommt, bestimmte Privilegien vor.

Beispiel: *Der Mitgliedstaat S betraut die Regionalflughafen-GmbH mit der Sicherstellung einer ausreichenden Flugverbindung in entlegene, dünnbesiedelte Regionen. S gewährt dem Unternehmen für die jährlichen Betriebsverluste Ausgleichsleistungen in Millionenhöhe. Die DAWI-Beihilfe wird bei der Kommission angemeldet. Sie prüft das Vorhaben am Maßstab des DAWI-Rahmens. Im Rahmen der Notifizierung prüft die Kommission, ob es sich dabei um eine echte DAWI handelt und ob die gewährten Ausgleichsleistungen auch nicht über das hinausgehen, was erforderlich ist, um die durch die Erfüllung der gemeinwirtschaftlichen Verpflichtungen versachten Nettokosten abzudecken. Ist aufgrund der Randlage die Wahrscheinlichkeit groß, dass der Flughafen ohne finanzielle Unterstützung nicht überleben kann, wird es sich beim Betrieb des Flughafens um eine echte DAWI handeln.*[445] *Weitere Voraussetzung für die Vereinbarkeit mit dem Binnenmarkt ist, dass der Betrauungsakt ausreichende Regelungen zur Vermeidung einer Überkompensation beinhaltet.*

4. DAWI-Praxisbeispiele im Bereich der Gemeinden

Im Rahmen dieses Abschnitts werden einige ausgewählte Beispiele aus der Praxis dargestellt, die im Bereich der Dienstleistungen von allgemeinem wirtschaftlichem Interesse häufiger vorkommen:

a. Tourismusförderung

Literatur: *Wiedenbauer*, Beihilfenrechtssichere Finanzierung von Tourismusorganisationen, ecolex 2018, 261.

Judikatur: EuG 09.06.2009, T-152/06, *NDSHT Nya Destination Stockholm Hotell & Teaterpaket AB/Kommission.*

---

[440] Tz 15 ff DAWI-Rahmen.

[441] Tz 17 DAWI-Rahmen.

[442] Tz 21 ff DAWI-Rahmen.

[443] Tz 18 und 19 DAWI-Rahmen.

[444] Tz 47 ff DAWI-Rahmen.

[445] Vgl KOM 19.01.2016, SA.38757, *Skelleftea Airport.*

Im Tourismus setzen viele Regionen und Gemeinden zur Unterstützung tourismuspolitischer Maßnahmen Tourismusorganisationen ein. Tourismusorganisationen erhalten regelmäßig geldwerte Mittel, um ihre Tätigkeiten zu finanzieren.[446] Bestimmte Tourismusinfrastrukturen unterliegen nicht dem Anwendungsbereich des EU-Beihilferechts, sofern sie nichtwirtschaftlich tätig sind und allgemeines Destinationsmanagement betreiben.[447]

Tourismusorganisationen können aber auch auf Grundlage der DAWI-Regelungen finanziert werden, sofern die wirtschaftliche Tätigkeit dem Allgemeinwohl dient und ein Marktversagen vorliegt.[448]

Die Kommission hat etwa die Bereitstellung von touristischen Informationen und die Förderung der touristischen Regionsentwicklung als DAWI anerkannt.[449] So können die klassische Prospektwerbung, entsprechende Websites oder die Netzwerkbildung der Tourismusanbieter in einer Region als DAWI finanziert werden.

Beispiel: *Die Gemeinde A in der Region Salzkammergut verfügt über eine eigene Tourismusorganisation T, die für die touristische Vermarktung in der Region zuständig ist. T gibt eine eigene Broschüre mit Unterkunftsmöglichkeiten in Waldgebieten in der näheren Umgebung heraus. Die Unterkünfte können über die Website von T auch gebucht werden. Das Angebot einer Buchungsmöglichkeit für regionale kleinere und entlegenere Unterkünfte könnte man als DAWI qualifizieren, da große Buchungsplattformen regelmäßig Hotels und größere Unterkünfte bewerben. Die Gemeinde A müsste T diese Aufgabe durch Betrauungsakt übertragen und die Voraussetzungen des DAWI-Freistellungsbeschlusses beachten. Bis € 750.000 könnte A dieses Vorhaben auch im Rahmen der DAWI-De-minimis-VO abwickeln.*

b. *Wirtschaftsförderungsgesellschaften*

Literatur: *Schröder* in Wurzel/Schraml/Gaß (Hrsg), Rechtspraxis der kommunalen Unternehmen[4] (2021); *Wiedenbauer*, Beihilfenrechtssichere Finanzierung von Tourismusorganisationen, ecolex 2018, 261.

Zur Unterstützung des Wirtschaftsstandorts setzen Bund, Länder und Gemeinden auch auf Wirtschaftsförderungsgesellschaften.[450] Die mit der Wirtschaftsförderung beauftragten Gesellschaften haben dabei regelmäßig die Aufgabe, die Wirtschaftskraft in der jeweiligen Region zu fördern, bzw den Wirtschafts- und Arbeitsplatzstandort zu stärken.

---

446 *Wiedenbauer*, ecolex 2018, 261.

447 KOM 24.04.2014, SA.37755, *Kommunale wirtschaftsnahe Infrastruktur – Tourismus*; vgl auch *Wiedenbauer*, ecolex 2018, 263.

448 *Wiedenbauer*, ecolex 2018, 263.

449 Vgl EuG 09.06.2009, T-152/06, *NDSHT Nya Destination Stockholm Hotell & Teaterpaket AB/Kommission* Rn 8 und das darin zitierte Schreiben der GD Wettbewerb, in dem sie die Bereitstellung touristischer Informationen usw als DAWI qualifiziert.

450 S dazu zB ecoplus – Niederösterreichs Wirtschaftsagentur GmbH, Business Upper Austria GmbH, Wirtschaftsagentur Wien, Austria Wirtschaftsservice Gesellschaft (aws), Kärntner Wirtschaftsförderungs Fonds (KWF).

Die Tätigkeiten der Wirtschaftsagenturen umfassen dabei die Netzwerkpflege der am Standort ansässigen Unternehmen, Veranstaltungen, Unterstützung bei der Betriebsansiedelung und der Ausweitung bestehender Betriebe, die Bereitstellung von Informationen über Geschäftsflächen bis hin zur allgemeinen Standortwerbung.

Die Abgrenzung welche Tätigkeiten (noch) im Allgemeininteresse liegen bzw diejenigen Tätigkeiten zu identifizieren, die überwiegend den rein unternehmerischen Interessen dienen, ist beihilferechtlich für die Einordnung als DAWI entscheidend.

Beispiel: *Das Bundesland S verfügt über eine Wirtschaftsagentur Z. Die Aufgabe von Z besteht darin, den Wirtschafts- und Arbeitsplatzstandort von S zu stärken und weiterzuentwickeln und die Betriebsansiedelung und Ausweitung bestehender Betriebe zu fördern. Z erzielt keine Einnahmen und ist auf Zuschüsse durch das Bundesland S angewiesen.*

c. Sozialer Wohnbau

Literatur: *Bartosch*, Sozialer Wohnungsbau und europäische Beihilfenkontrolle, EuZW 2007, 559; *Keßler/Dahlke*, Der soziale Wohnungsbau in Deutschland im Lichte des europäischen Beihilferechts, EuZW 2007, 103; *dies*, Der soziale Wohnungsbau in Deutschland und die europäische Beihilfekontrolle (Replik auf Bartosch, EuZW 2007, 559), EuZW 2008, 68; *Leeb/Scherzer*, Sozialer Wohnungsbau und Beihilferecht, in Haslinger/Jaeger (Hrsg), Jahrbuch Beihilferecht (2014) 417; *Storr*, Wohnungsgemeinnützigkeit im Binnenmarkt, JRP 2012, 397.

Judikatur: EuGH 08.05.2013, verb Rs C-197/11 u C-203/11, *Libert*; EuG 12.05.2015, T-202/10, *Stichting Woonlinie ua/Kommission*; EuGH 15.03.2017, C-414/15 P, *Stichting Woonlinie ua/Kommission.*

Die Errichtung und Vermietung von Wohnraum zu Preisen, die auch sozial verträglich sind, ist für Städte und Gemeinden von großer Bedeutung. Der soziale Wohnbau kann auch als Dienstleistung von allgemeinem wirtschaftlichem Interesse in Betracht kommen. Bereits im DAWI-Freistellungsbeschluss werden Ausgleichsleistungen für solche Dienstleistungen zur Deckung des sozialen Bedarfs im Hinblick auf den sozialen Wohnungsbau anerkannt und als freistellungsfähig betrachtet.[451]

Schwierigkeiten kann mitunter die Abgrenzung zu anderen wirtschaftlichen Tätigkeiten im Immobiliensektor bereiten, wenn Wohnraum nicht nur zu vergünstigten sondern auch zu marktüblichen Preisen angeboten wird.

Beispiel: Variante 1: *Die Sozialerwohnen-GmbH steht im Alleineigentum der Stadt W. Der Unternehmensgegenstand der Sozialerwohnen-GmbH liegt in der Schaffung und Verwaltung von Wohnraum für die Allgemeinheit, sowie das Immobilienmanagement für die Stadt W zu übernehmen. Die Sozialerwohnen-GmbH errichtet einen Wohnkomplex mit 80 Wohnungen, die sie gänzlich als Sozialwohnungen an Geringverdiener vermietet, um das Wohnen leistbar zu machen.* ***Variante 2:*** *Das internationale IT-Unternehmen A ist auf*

[451] Art 2 Abs 1 lit c DAWI-Freistellungsbeschluss.

der Suche nach einem Logistikstandort. Die Sozialerwohnen-GmbH erhält über die Stadt W den Auftrag, ein neues Gewerbegebiet nahe der Stadtgrenze zu entwickeln, damit sich A dort ansiedelt und Arbeitsplätze geschaffen werden können. Die Vermietung zu vergünstigten Preisen wird sich ohne weitere Probleme als DAWI einordnen lassen (Variante 1), nicht jedoch die Erschließung eines Gewerbegebiets (Variante 2). Im letztgenannten Fall wird man ein Marktversagen verneinen müssen, zumal die Bereitstellung ausreichender Fläche auch ohne ein staatliches Eingreifen möglich ist.

d. Krankenhäuser

Literatur: *Autengruber*, Überarbeitung der Regeln für DAWI-Beihilfen im Gesundheits- und Sozialbereich, in Haslinger/Jaeger (Hrsg), Jahrbuch Beihilferecht (2020) 287; *Baier*, Die Finanzierung von (öffentlichen) Krankenhäusern in Deutschland. Eine EU-beihilfenrechtliche Untersuchung (2020); *Bulla*, Der Defizitausgleich bei Krankenhäusern der öffentlichen Hand bleibt beihilfekonform – Zu den Voraussetzungen und Grenzen der Krankenhausversorgung als DAWI, KommJur 2015, 245; *Cremer*, Europäisches Beihilfenrecht und seine Auswirkungen auf das deutsche Krankenhauswesen, ZIAS 2008, 198; *Heinbuch/Käppel/Wittig*, Beihilfen an Krankenhäuser in öffentlicher Trägerschaft vor dem Aus? Teil 1, KommJur 2014, 205; *dies*, Beihilfen an Krankenhäuser in öffentlicher Trägerschaft vor dem Aus? Teil 2, KommJur 2014, 245; *Heinrich*, Anforderungen an eine beihilfenrechtskonforme Finanzierung von Krankenhausleistungen aus staatlichen Mitteln, BRZ 2013, 119; *Heise*, Krankenhausfinanzierung und Beihilferecht – das Krankenhauswesen zwischen Gemeinwohlverpflichtung und Wettbewerb, EuZW 2015, 736; *Kaufmann/Bertels*, Staatliche Finanzierung von Krankenhäusern in öffentlicher Trägerschaft im Kreuzfeuer des EU-Beihilferechts, WPg 2015, 824; *Koenig/Paul*, Die Krankenhausfinanzierung im Kreuzfeuer der EG-Beihilfenkontrolle, EuZW 2008, 359.

Judikatur: EuG 07.11.2012, T-137/10, *CBI/Kommission*; LG Tübingen 23.12.2013, 5 O 72/13; OLG Stuttgart 20.11.2014, 2 U 11/14; KOM 29.04.2015, SA. 38035, *Reha-Fachklinik für Orthopädie und Unfallchirurgie*; KOM 05.06.2015, SA.37904, *Ärztehaus Durmersheim*; KOM 05.06.2015, SA.38035, *Landgrafenklinik*; KOM 19.06.2015, SA.37432, *Hradec Králové*; BGH 24.03.2016, I ZR 263/14; KOM 05.07.2016, SA.19864, *IRIS-Krankenhäuser*.

Öffentliche und private Krankenhäuser werden regelmäßig staatlich finanziert. Öffentliche Krankenhäuser bleiben dabei oftmals defizitär. Diese Unterdeckungen werden regelmäßig durch eine Reihe an staatlichen Zuwendungen ausgeglichen.

Die staatliche Förderung rein lokal ausgerichteter Krankenhäuser stellt oftmals keine Handelsbeeinträchtigung zwischen den Mitgliedstaaten dar und kann bereits auf Tatbestandsebene mangels Vorliegens einer Beihilfe zulässig sein.[452]

Umgekehrt kann eine als Beihilfe qualifizierte staatliche Zuwendung aber auch als Ausgleichsleistung für die Erbringung einer DAWI gerechtfertigt sein. Der DAWI-Freistellungsbeschluss nennt Krankenhäuser ausdrücklich als Erbrin-

[452] KOM 05.06.2015, SA.37904, *Ärztehaus Durmersheim*; KOM 05.06.2015, SA.38035, *Landgrafenklinik*; KOM 19.06.2015, SA.37432, *Hradec Králové*.

ger von Dienstleistungen von allgemeinem wirtschaftlichem Interesse.[453] Eine Betragsobergrenze sieht der DAWI-Freistellungsbeschluss für Krankenhäuser nicht vor, sofern sie medizinische Versorgung leisten.[454]

Ausgleichsleistungen an öffentliche Krankenhäuser sind nur insoweit zulässig, als sie auf eine „besondere Gemeinwohlverpflichtung" abzielen, die von privaten Krankenhäusern so nicht erbracht wird.[455] Jede einzelne Leistung eines Krankenhauses ist dabei separat hinsichtlich der Kostendeckung, Förderungsfähigkeit und Gemeinwohlverpflichtung zu bewerten.[456]

Die Kommission qualifizierte etwa die Defizitausgleichszahlungen für DAWI der IRIS-Krankenhäuser als mit dem Binnenmarkt vereinbar. Die ergänzenden Verpflichtungen der IRIS-Krankenhäuser und die grundlegende Krankenhausaufgabe sind zusammen de facto als DAWI der sozialen Gesundheitsvorsorge zu betrachten.[457]

Beispiel: *Die Stadtklinikum-GmbH steht im Eigentum der Stadt X. Neben der grundlegenden Krankenhausaufgabe, ist sie im Vergleich zur Privatkliniken-AG zur allgemeinen Behandlung und zu weiteren umfangreichen sozial-medizinischen Aufgaben verpflichtet und muss zudem die Krankenhausvollversorgung an mehreren Standorten anbieten.[458] Die Stadtklinikum-GmbH erfüllt ihre Gemeinwohlaufgaben im Bereich der sozialen Gesundheitsfürsorge, indem sie über ihre Aufgabe der Grundversorgung hinaus weitere Verpflichtungen erfüllt, sodass sichergestellt ist, dass der soziale Bedarf im Bereich der Krankenhausversorgung gedeckt ist und hochwertige Gesundheitsdienstleistungen in Krankenhäusern für alle, insb bedürftige Personen, zugänglich ist. Keine dieser Verpflichtungen gilt für die Privatkliniken-AG, die nur die grundlegende Krankenhausaufgabe erfüllt.*

e. Breitbandausbau

Literatur: *Freund/Bary*, Beihilfen im Breitbandsektor – Vorteile und Probleme der überarbeiteten Allgemeinen Gruppenfreistellungsverordnung (AGVO) der Europäischen Kommission, MMR 2015, 230; *Holtmann*, Beihilfenrechtliche Aspekte des DigiNetzG, EuZW 2017, 589; *Holznagel/Beine*, Rechtsrahmen staatlicher Breitbandförderung, MMR 2015, 567; *Kliemann*, EU State Aid Control in the Broadcast Sector, EStAL 2013, 493; *König/Prior*, Zu den EU-beihilfenrechtlichen Anforderungen an Eigenausbauansagen

453 Art 2 Abs 1 lit b DAWI-Freistellungsbeschluss.

454 Art 2 Abs 1 lit b DAWI-Freistellungsbeschluss; ErwGr 11 zum DAWI-Freistellungsbeschluss; *Heinrich*, BRZ 2013, 119 (123).

455 EuG 07.11.2012, T-137/10, *CBI/Kommission*. In der deutschen Beihilfepraxis ist eine globale Betrauung der gesamten medizinischen Versorgungstätigkeit eines Krankenhauses weiterhin möglich. Hier wird darauf abgestellt, ob die angebotenen Tätigkeiten außerhalb der allgemeinen Krankenversorgung liegen.

456 KOM 05.07.2016, SA.19864, *IRIS-Krankenhäuser* Rn 159 ff; *Heinbuch/Käppel/Wittig*, KommJur 2014, 205 (209).

457 KOM 05.07.2016, SA.19864, *IRIS-Krankenhäuser* Rn 169, 214.

458 Das Beispiel ist angelehnt an die Entscheidung KOM 05.07.2016, SA.19864, *IRIS-Krankenhäuser*.

im Markterkundungsverfahren bei der Förderung des Breitbandausbaus, NuR 2019, 77; *Rabl/Mrvosevic*, Praxisstudie: Breitbandförderung in Österreich, in Jahrbuch Beihilfenrecht (2016) 523; *Sonder/Hübner*, Rechtliche Herausforderungen für Kommunen beim Breitbandausbau, KommJur 2015, 441.

Judikatur: KOM 30.09.2009, N 331/08, *Compensation de charges pour une Délégation de Service Public (DSP) pour l'établissement et l'exploitation d' un réseau de communications électroniques à très haut débit dans le Département des Hauts-de-Seine (Förderung eines Hochgeschwindigkeitsnetzes im Département Hauts-de-Seine)*, C (2009) 7426 final.

Der Ausbau der Breitbandinfrastruktur erfolgt oftmals über eine Einrichtung, die dem Fördergeber zuzurechnen ist. So sind Einrichtungen in Form von Breitbandförderungsgesellschaften häufig für den Ausbau der Breitbandinfrastruktur vom Fördergeber beauftragt.

So zB die nöGIG[459] in Niederösterreich, oder die BBOÖ[460] Breitband Oberösterreich in Oberösterreich.

Bei der finanziellen Zuwendung durch den Fördergeber als Gesellschafter solcher Breitbandinfrastrukturgesellschaften stellt sich die Frage der beihilferechtlichen Qualifikation solcher Beihilfemaßnahmen.

Eine DAWI-Beauftragung nach Altmark-Trans erscheint demnach auch eine mögliche beihilferechtliche Lösung zu sein. Eine DAWI-Beauftragung nach Altmark-Trans bewirkt eine Tatbestandslösung und fällt demnach aus dem Anwendungsbreich des EU-Beihilferechts heraus.

Beispiel: *Eine Gebietskörperschaft ist Alleingesellschafterin der Breitbandinfrastruktur GmbH und möchte diese Gesellschaft mit dem Ausbau der weißen Randgebiete beauftragen, um auch die abgelegeneren Gebiete mit bester Breitbandinfrastruktur zu versorgen.*

Unter Heranziehung der bisherigen Spruchpraxis der Kommission und ihrer Breitbandleitlinien erscheint ein Ausbau nach den Altmark-Trans Kriterien dann denkbar und liegt folglich **keine Beihilfe** vor, wenn folgende Voraussetzungen **kumulativ** vorliegen:

– Betrauungsakt;

Zunächst wäre das Unternehmen mit einer echten DAWI zu betrauen. Als echte DAWI gilt dabei ein Vorhaben, das einem Marktversagen begegnet. Das Vorhaben muss sich ausschließlich auf noch nicht angeschlossene Gebiete beziehen (dh private Investoren sind nachweislich nicht in der Lage, allen Nutzern innerhalb des relevanten Zeithorizonts eine angemessene Breitbandabdeckung bereitzustellen, sodass ein erheblicher Teil der Bevölkerung über keinen Anschluss verfügt. In Gebieten, in denen private Investoren bereits in ein Breitbandnetz investiert haben und bereits wettbewerbsorientierte Breitbanddienste mit angemessener Abdeckung anbieten, ist eine DAWI nicht möglich, da ein paralleles wettbewerbsorientiertes staatlich gefördertes Breitbandnetz wohl nicht erwünscht sein wird.

[459] https://www.noegig.at/ (abgerufen am 11.09.2023).
[460] https://www.bbooe.at/ (abgerufen am 11.09.2023).

Das Netz muss eine universelle Netzanbindung für alle Wohn- und Geschäftsräume im Zielgebiet bieten, es muss technologieneutral sein und darf ausschließlich Vorleistungsdienste anbieten. Der DAWI-Anbieter wird alle möglichen Formen des offenen Zugangs auf Vorleistungsebene diskriminierungsfrei anbieten müssen, um die Bereitstellung wettbewerbsfähiger und erschwinglicher Dienste für die Endnutzer zu fördern. Falls es sich beim DAWI-Anbieter um einen vertikal intergrierten Breitbandnetzbetreiber handelt, wird man angemessene Vorkehrungen zu treffen haben, um Interessenskonflikte und unzulässige Diskriminierung zu vermeiden.

- Ausgleichsmechanismus,

Für die Berechnung der Ausgleichsleistungen für DAWI gelten uneingeschränkt die Grundsätze des DAWI-Pakets. Angesichts der Besonderheiten des Breitbandsektors sind jedoch nähere Erläuterungen zu DAWI hilfreich, mit denen Ortsteile oder Gebiete angebunden werden sollen, die bis dato über keinen Breitbandanschluss verfügen (sogenannte „weiße Flecken"), die jedoch in einem größeren Gebiet liegen, in dem einige Betreiber bereits eine eigene Netzinfrastruktur errichtet haben oder dies möglicherweise für die nahe Zukunft planen.

Ist das Gebiet, auf das sich die DAWI bezieht, nicht auf „weiße Flecken" beschränkt, was auf deren Größe oder Standort zurückzuführen sein kann –, muss der mit einer DAWI beauftragte Betreiber möglicherweise auch in „rentablen" Gebieten, in denen bereits kommerzielle Betreiber vertreten sind, eine Netzinfrastruktur aufbauen. In solchen Fällen sollten Ausgleichsleistungen unter Berücksichtigung der einschlägigen Einnahmen sowie eines angemessenen Gewinns nur die Kosten für den Ausbau der Infrastruktur in nichtrentablen weißen Flecken decken.

- Überkompensationsverbot, und

Der Ausgleich darf nicht über das hinausgehen, was erforderlich ist, um die Kosten der Erfüllung gemeinwirtschaftlicher Verpflichtungen unter Berücksichtigung der dabei erzielten Einnahmen und eines angemessenen Gewinns aus der Erfüllung dieser Verpflichtungen ganz oder teilweise zu decken. Nach den Breitbandleitlinien sollte der Ausgleich auf die Bereitstellung von Diensten für den Zugang auf Vorleistungsebene beschränkt sein.

Wegen der Besonderheiten eines jeden Einzelfalls ist es Sache der Mitgliedstaaten, die am besten geeignete Methode zu ermitteln, um sicherzustellen, dass die Ausgleichszahlungen nur die Kosten decken, die bei der Erfüllung des DAWI-Auftrags in den weißen Flecken gemäß den Grundsätzen des DAWI-Pakets entstehen; dabei sind einschlägige Einnahmen sowie ein angemessener Gewinn zu berücksichtigen. So können die entsprechenden Beträge anhand eines Vergleichs zwischen den Einnahmen aus der kommerziellen Nutzung der Infrastruktur in den rentablen Gebieten, in denen bereits kommerzielle Betreiber vertreten sind, und den Einnahmen aus der entsprechenden Nutzung in den „weißen Flecken" ermittelt werden. Etwaige über den angemessenen Gewinn hinausgehende Gewinne, dh Gewinne, die über die durchschnittlichen Kapitalerträge der Branche aus dem Ausbau einer bestimmten Breitbandinfrastruktur hinausgehen, könnten für die Finanzierung der DAWI in nicht rentablen Gebieten verwendet werden, während die übrigen Gewinne mit den Ausgleichszahlungen verrechnet werden könnten.[461]

[461] KOM 30.09.2009, N 331/08, *Compensation de charges pour une Délégation de Service Public (DSP) pour l'établissement et l'exploitation d'un réseau de communications électroniques à très haut débit dans le Département des Hauts-de-Seine (Förderung eines Hochgeschwindigkeitsnetzes im Département Hauts-de-Seine)*, C (2009) 7426 final.

– Effizienzgebot

Erfolgt die Auswahl des mit dem Breitbandausbau beauftragten Unternehmens nicht in Form eines Auswahlverfahrens, sondern wird eine bestimmte Einrichtung mit dem Ausbau der Infrastruktur betraut, ist die Höhe des Ausgleichs auf der Grundlage einer Kostenanalyse eines durchschnittlich, gut geführten Unternehmens zu bestimmen.

D. Die Allgemeine Gruppenfreistellungs-verordnung (AGVO)

Literatur: *Bartosch*, Die neuen Gruppenfreistellungsverordnungen im EG-Beihilfenrecht, NJW 2001, 921; *ders*, Die neue Allgemeine Gruppenfreistellungsverordnung im EG-Beihilfenrecht, NJW 2008, 3612; *ders*, EU-Beihilfenrecht[3] (2020); *Berghofer*, The General Block Exemption Regulation: A Giant on Feet of Clay, EStAL 2009, 323; *Brandtner/Vidoni*, State Aid Evaluation – State of Play and Ways Forward, EStAL 2018, 475; *Deliberova/Nyssens*, The General Block Exemption Regulation (GBER): What changed?, EStAL 2009, 27; *Egger/Barrett*, Neue Freistellungsmöglichkeiten im Beihilfenrecht: Neue Ermächtigungsverordnung und Überarbeitung der AGVO, in Haslinger/Jaeger (Hrsg), Jahrbuch Beihilferecht (2014) 317; *Fort/Nyssens*, General Framework and Block Exemption Regulations, in EU Competition Law (Volume 2) Part 4, 729; *Frenz*, F&E&I-Beihilfen, GewA 2019, 143; *ders*, Beihilfen für Ausbildung und Beschäftigung, GewA 2019, 181; *ders*, Umweltbeihilfen nach der AGVO, NuR 2019, 361; *Freund/Bary*, Beihilfen im Breitbandsektor – Vorteile und Probleme der überarbeiteten Allgemeinen Gruppenfreistellungsverordnung (AGVO) der Europäischen Kommission, MMR 2015, 230; *Holtmann*, Die unterschiedliche Wertigkeit (kommunaler) Infrastrukturen in der Allgemeinen Gruppenfreistellungsverordnung für staatliche Beihilfen, EuZW 2016, 927; *Hummelbrunner/Prickartz*, Rezente Ergänzungen und Änderungen der AGVO, in Haslinger/Jaeger (Hrsg), Jahrbuch Beihilfenrecht (2018) 183; *Jaeger*, Die neue Allgemeine Gruppenfreistellungsverordnung für Beihilfen, ecolex 2008, 873; *König/Kühling*, Beihilfen an kleine und mittlere Unternehmen (KMU) unter Berücksichtigung der geplanten EG-Verordnung für KMU, DVBl 2000, 1025; *Maillo*, Balancing Environment Protection, Competitiveness and Competition: A Critical Assessment of the GBER and the EEAG, EStAL 2017, 4; *Mehta*, Is JESSICA the Holy Grail of Urban Regeneration, EPPPL 2010, 147; *Muñoz de Juan*, Monitoring of State Aid – From Ex Ante to Ex Post Control, EStAL 2018, 483; *Petzold/Raguse/Stöbener de Mora*, Die Reform der AGVO zu Flughäfen und Häfen – ein Ende der Rechtsunsicherheit?, EuZW 2017, 717; *Quardt/Hanke*, Mit dem Beihilfennavigator durch die Allgemeine Gruppenfreistellungsverordnung, EWS 2023, 13; *Robbins/Geldof*, Ex Post Assessment of the Impact of State Aid on Competition, EStAL 2018, 494, *Rüchardt*, Dilly's Wellnesshotel und der Transparenzgrundsatz im Beihilfenrecht – mehr als ein Lippenbekenntnis (Teil 1), BRZ 2017, 63; *ders*, Dilly's Wellnesshotel und der Transparenzgrundsatz im Beihilfenrecht – mehr als ein Lippenbekenntnis (Teil 2), BRZ 2017, 111; *Säcker*, Münchner Kommentar. Europäisches und Deutsches Wettbewerbsrecht V: Beihilfenrecht[4] (2022); *Sinnaeve*, Block Exemptions for State aid: More Scope for State Aid Control by Member States and Competitors, CMLR 2001, 1479; *Sinnaeve/Slot*, The New Regulation on State Aid Procedures, CMLR 1999, 1153; *Stöbener de Mora*, Beihilferecht: Konsultation zu AGVO-Änderungsentwurf, EuZW 2019, 580; *dies*, Beihilferecht: Verlängerung der AGVO, De-minimis-Verordnung und Leitlinien sowie gezielte Anpassungen aufgrund der Covid-19-Krise, EuZW 2020, 635; *Sygusch*, Die ersten Entwürfe zur neuen Allgemeinen Gruppenfreistellungsverordnung der Kommission – Revolution oder Evolution?, BRZ 2013, 179; *Traupel*, Football and State Aid; Really the Greatest Pastime in the World? 414; *von Wendland*, R & D & I – State Aid

Rules at the Crossroads – taking Stock and Preparing the Revision, EStAL 2012, 389; *Wittig*, Die neue AGVO und Infrastrukturfinanzierung am Beispiel von Sportstadien, EuZW 2015, 53.

Judikatur: EuGH 15.05.1997, C-355/95 P, *Textilwerke Deggendorf/Kommission*; EuGH 21.07.2016, C-493/14, *Dilly's Wellnesshotel*; EuGH 27.06.2017, C-74/16, *Congregación de Escuelas Pías Provincia Betanie/Ayuntamiento de Getafe*; EuG 12.09.2017, T-671/14, *Bayrische Motoren Werke/Kommission*; EuGH 05.03.2019, C-349/17, *Eesti Pagar*; EuGH 29.07.2019, C-654/17 P, B*ayrische Motoren Werke AG und Freistaat Sachsen/Kommission*; EuG 09.09.2020, T-745/17, *Kerkosand/Kommission.*

Die Kommission hat aufgrund einer Ermächtigungsverordnung das Recht, bestimmte Gruppen von Beihilfen von der Notifizierungspflicht generell auszunehmen („freizustellen").[462] Auch dem Rat kommt aufgrund von Art 109 AEUV eine solche Ermächtigung zu.

Gruppenfreistellungsverordnungen und die darin verbundenen Regelungen für die Freistellung bestimmter Beihilfen sollen die Rechtssicherheit und die Flexibilität der Mitgliedstaaten bei der Planung und Durchführung bestimmter Beihilfen erhöhen und die Arbeitsbelastung der Kommission senken.[463]

Im Jahr 2014 machte die Europäische Kommission von diesem Recht Gebrauch und stellte mit der Verabschiedung der Allgemeinen Gruppenfreistellungsverordnung (AGVO) bestimmte Gruppen von Beihilfen frei. Im Jahr 2017 erweiterte sie den Anwendungsbereich der AGVO (**AGVO-Novelle 2017**).[464] Im Jahr 2021 erweiterte die Kommission erneut den Anwendungsbereich der AGVO (**AGVO-Novelle 2021**).[465]

Die zweite Novellierung (**AGVO-Novelle 2021**) erfasst insb Beihilfen nationaler Behörden für Projekte, die im Rahmen des neuen mehrjährigen Finanzrahmens über bestimmte zentral von der EU verwaltete Programme finanziert werden, sowie bestimmte staatliche Beihilfemaßnahmen, die für den ökologischen und digitalen Übergang und gleichzeitig die Erholung von den wirtschaftlichen Auswirkungen der Coronavirus-Pandemie relevant sind.[466] Der Fokus der AGVO-Novelle 2021 liegt auf der Vereinfachung

[462] S dazu die Verordnung (EG) 994/98 des Rates vom 7. Mai 1998 über die Anwendung der Artikel 92 und 93 des Vertrags zur Gründung der Europäischen Gemeinschaft auf bestimmte Gruppen horizontaler Beihilfen, ABl L 1998/142, 1; sowie die Änderungsverordnung (EU) 733/2013.

[463] *Jaeger*, ecolex 2008, 873.

[464] Verordnung (EU) 2017/1084 der Kommission vom 14. Juni 2017 zur Änderung der Verordnung (EU) Nr. 651/2014 in Bezug auf Beihilfen für Hafen- und Flughafeninfrastrukturen, in Bezug auf Anmeldeschwellen für Beihilfen für Kultur und die Erhaltung des kulturellen Erbes und für Beihilfen für Sportinfrastrukturen und multifunktionale Freizeitinfrastrukturen sowie in Bezug auf regionale Betriebsbeihilferegelungen für Gebiete in äußerster Randlage und zur Änderung der Verordnung (EU) Nr. 702/2014 in Bezug auf die Berechnung der beihilfefähigen Kosten, ABl L 2017/156, 1. Zu den Änderungen s *Hummelbrunner/Prickartz*, in Jahrbuch Beihilferecht 2018, 183.

[465] Verordnung (EU) 2021/1237 der Kommission vom 23. Juli 2021 zur Änderung der Verordnung (EU) 651/2014 zur Feststellung der Vereinbarkeit bestimmter Gruppen von Beihilfen mit dem Binnenmarkt in Anwendung der Artikel 107 und 108 des Vertrags über die Arbeitsweise der Europäischen Union, ABl L 2021/270, 39.

[466] Vgl dazu KOM, Pressemitteilung vom 23.07.2021, IP/21/3804. Vorbereitet wurde die

der Beihilfevorschriften der **Förderung des digitalen und ökologischen Übergangs** sowie zur **Bewältigung der Coronavirus-Pandemie**. Die Kommission straffte einerseits die Beihilfevorschriften für die Gewährung nationaler Mittel für Vorhaben oder Finanzprodukte bestimmter erst kürzlich beschlossener EU-Programme. Die AGVO erfasst neuerdings (1) durch den Fonds „Invest EU" unterstützte Finanzierungen und Investitionen,[467] (2) Forschungs-, Entwicklungs- und Innovationsprojekte (FuEuI), die im Rahmen von Horizont 2020 oder Horizont Europa ein Exzellenzsiegel erhalten haben, kofinanzierte Forschungs- und Entwicklungsvorhaben oder Teaming-Maßnahmen im Rahmen von Horizont 2020 oder Horizont Europa, sowie (3) Projekte der Europäischen territorialen Zusammenarbeit (ETZ), der sog „Interreg-Politik". Außerdem sollen bestimmte Kategorien von Beihilfen der Abfederung wirtschaftlicher Auswirkungen der Coronavirus-Krise dienen und sicherstellen, dass diese Erholung zum Übergang zu einer grünen und digitalen Wirtschaft beiträgt: Die AGVO umfasst nun auch: (4) Beihilfen für Vorhaben zur Verbesserung der Energieeffizienz von Gebäuden, (5) Beihilfen für die Lade- und Tankinfrastruktur für emissionsarme Straßenfahrzeuge sowie (6) Beihilfen für feste Breitband-Netze, 4G- und 5G-Mobilfunknetze, bestimmte transeuropäische Infrastrukturprojekte für digitale Konnektivität und bestimmte Gutscheine.

Im Jahr 2023 erweiterte die Kommission erneut den Anwendungsbereich der AGVO durch zwei Novellen (**AGVO-Novelle 2023**[468] und **AGVO-Green Deal Novelle 2023**[469]).

Eine weitere umfassende Novellierung erfuhr die AGVO im Jahr 2023. Am 23. Juni 2023 verabschiedete die Kommission eine gezielte Änderung der AGVO unter dem Titel **„Green Deal GBER amendment"**[470] (**AGVO-Green Deal Novelle 2023**). Um den Mitgliedstaaten mehr Flexibilität bei der Ausgestaltung und Durchführung von Unterstützungsmaßnahmen in Sektoren, die für den Übergang zu einer klimaneutralen Wirtschaft von entscheidender Bedeutung sind, werden mit der AGVO-Green Deal Novelle bestimmte Gruppen von Beihilfen hierfür freigestellt. Die AGVO sieht nun (1) mehr Möglichkeiten zur Gewährung von Umweltschutz- und Energiebeihilfen vor, um etwa den Ausbau erneuerbarer Energien, Dekarbonisierungsvorhaben, umweltfreundliche Mobilität und Biodiversität zu fördern und Investitionen in erneuerbaren Wasserstoff und die Steigerung der Energieeffizienz zu erleichtern. Zudem wurden (2) höhere Beihilfeintensitäten für bestimmten Beihilfegruppen wie IPCEI-Beihilfen und (3) deutlich höhere

zweite Novellierung der AGVO durch die Änderungsverordnung (EU) 2018/1911 zur Ermächtigungsverordnung (EU) 2015/1588.

467 S dazu die Art 56d AGVO, Art 56e AGVO und Art 56f AGVO.

468 Verordnung (EU) 2023/917 der Kommission vom 4. Mai 2023 zur Berichtigung der polnischen Fassung der Verordnung (EU) Nr. 651/2014 zur Feststellung der Vereinbarkeit bestimmter Gruppen von Beihilfen mit dem Binnenmarkt in Anwendung der Artikel 107 und 108 des Vertrags über die Arbeitsweise der Europäischen Union, ABl L 2023/119, 159.

469 Verordnung (EU) 2023/1315 der Kommission vom 23. Juni 2023 zur Änderung der Verordnung (EU) 651/2014 zur Feststellung der Vereinbarkeit bestimmter Gruppen von Beihilfen mit dem Binnenmarkt in Anwendung der Artikel 107 und 108 des Vertrags über die Arbeitsweise der Europäischen Union und der Verordnung (EU) 2022/2473 zur Feststellung der Vereinbarkeit bestimmter Gruppen von Beihilfen zugunsten von in der Erzeugung, Verarbeitung und Vermarktung von Erzeugnissen der Fischerei und der Aquakultur tätigen Unternehmen mit dem Binnenmarkt in Anwendung der Artikel 107 und 108 des Vertrags über die Arbeitsweise der Europäischen Union, ABl L 2023/167, 1.

470 KOM, Pressemitteilung vom 09.03.2023, IP/23/1523.

Anmeldeschwellen vorgesehen.[471] (4) Mehr Möglichkeiten für Schulungs- und Umschulungsmaßnahnen in vielen Sektoren durch die Freistellung von Ausbildungsbeihilfen im Umfang von weniger als € 3 Mio. (5) Neuerdings können Beihilfemaßnahmen zur Regulierung der Energiepreise (zB der Preise für Strom, Gas und aus Erdgas oder Strom erzeugte Wärme) freigestellt werden. Schließlich wurden die (6) Bestimmungen für Risikofinanzierungsbeihilfen und Unternehmensgründungen sowie für „InvestEU" geförderte Finanzprodukte gestrafft und präzisiert und die (7) AGVO-Bestimmungen an die neuen Leitlinien angepasst. Die AGVO wurde bis 31. Dezember 2026 aus Gründen der Rechtssicherheit und Regulierungsstabilität verlängert.[472]

Die AGVO enthält allgemeine Voraussetzungen, die für alle Beihilfengruppen gelten. Zusätzlich sieht die AGVO für jede Beihilfengruppe besondere Bestimmungen vor, die gemeinsam mit den allgemeinen Voraussetzungen erfüllt sein müssen, um von der Notifizierungspflicht freigestellt zu sein. Staatliche Beihilfen, die diese Kriterien erfüllen, dürfen von den Mitgliedstaaten in weiterer Folge unmittelbar durchgeführt werden.[473]

Beihilferechtliche Maßnahmen, die nicht AGVO-freistellungsfähig bzw von der AGVO nicht umfasst sind, müssen weiterhin bei der Kommission angemeldet werden.

Einzelbeihilfen auf Grundlage von Beihilferegelungen sowie Ad-hoc-Beihilfen sind gemäß AGVO von der Anmeldepflicht nach Art 108 Abs 3 AEUV freigestellt, wenn sie die allgemeinen Voraussetzungen und die speziell für die betreffende Beihilfengruppe geltenden besonderen Voraussetzungen erfüllen.

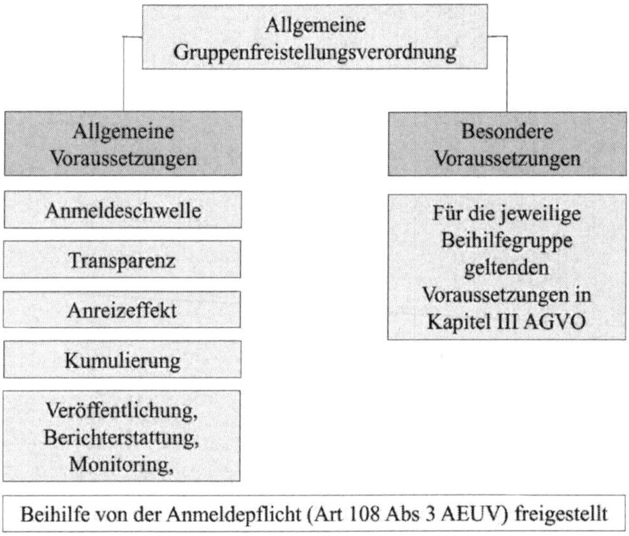

[471] Vor allem für Umweltschutzbeihilfen und Beihilfen für Forschung, Entwicklung und Innovation.

[472] Art 59 AGVO; s auch KOM, Pressemitteilung vom 09.03.2023, IP/23/1523.

[473] *Hummelbrunner/Prickartz* in Jahrbuch Beihilferecht (2018), 183 (185).

1. Anwendungsbereich

Die AGVO **gilt** für Regionalbeihilfen, Beihilfen für KMU in Form von Investitionsbeihilfen, Betriebsbeihilfen und Beihilfen zur Erschließung von KMU-Finanzierungen; Start-up-Beihilfen, Umweltbeihilfen, FuEuI-Beihilfen, Ausbildungsbeihilfen, Einstellungs- und Beschäftigungsbeihilfen für benachteiligte Arbeitnehmer und Arbeitnehmer mit Behinderung, (Natur-)Katastrophenbeihilfen, Sozialbeihilfen für die Beförderung von Einwohnern entlegener Gebiete, Breitbandbeihilfen, Kulturbeihilfen, Beihilfen für Sportinfrastruktur- bzw Freizeitinfrastruktur, lokale Infrastrukturbeihilfen, Regionalflughafenbeihilfen, Hafenbeihilfen, ua.

Bestimmte Bereiche schließt die AGVO von ihrem Anwendungsbereich aus.[474] So **gilt** die AGVO **nicht** für Unternehmen in Schwierigkeiten, Beihilfen für exportbezogene Tätigkeiten[475] oder bestimmte Sektoren.[476]

a. Unternehmen in Schwierigkeiten

Die AGVO gilt nicht für Unternehmen in Schwierigkeiten. Der Begriff Unternehmen in Schwierigkeiten ist in der AGVO legal definiert.[477]

Als Unternehmen in Schwierigkeiten werden angesehen: Eine GmbH, bei der mehr als die Hälfte des gezeichneten Stammkapitals infolge aufgelaufener Verluste verlorengegangen ist.[478] Ein Unternehmen das Gegenstand eines Insolvenzverfahrens ist oder die im österreichischen Recht vorgesehenen Voraussetzungen für die Eröffnung eines Insolvenzverfahrens auf Antrag seiner Gläubiger erfüllt.[479]

Für Großunternehmen wird die Zuordnung nach dem buchwertbasierten Verschuldungsgrad des Unternehmens und des nach EBITDA berechneten Zinsdeckungsverhältnisses des Unternehmens bestimmt.[480]

Nicht als Unternehmen in Schwierigkeiten gelten KMU in den ersten drei Jahren nach ihrer Gründung.[481] Bei Risikofinanzierungen gelten KMU zudem in den sieben Jahren nach ihrem ersten kommerziellen Verkauf,[482] die nach einer Due-Diligence-Prüfung durch

474 Art 1 Abs 2 bis 7 AGVO.

475 Art 1 Abs 2 lit c AGVO.

476 Art 1 Abs 3 AGVO.

477 Art 2 Z 18 AGVO.

478 Art 2 Z 18 lit a AGVO. Dies ist dann der Fall, wenn sich nach Abzug der aufgelaufenen Verluste von den Rücklagen und allen sonstigen Elementen (die im Allgemeinen den Eigenmitteln des Unternehmens zugerechnet werden) ein negativer kumulativer Betrag ergibt, der mehr als der Hälfte des gezeichneten Stammkapitals entspricht.

479 Art 2 Z 18 lit c AGVO.

480 Art 2 Z 18 lit e AGVO.

481 Art 2 Z 18 lit a AGVO.

482 Als „erster kommerzieller Verkauf" gilt laut Art 2 Z 75 AGVO der erste Verkauf eines Unternehmens auf einem Produkt- oder Dienstleistungsmarkt, mit Ausnahme der begrenzten Zahl von Verkäufen im Rahmen der Markterprobung.

den ausgewählten Finanzintermediär für Risikofinanzierungen in Frage kommen, nicht als Unternehmen in Schwierigkeiten.

Beispiel: *Die Gebietskörperschaft A gewährt dem Start-Up-Unternehmen G im Jahr 2021 eine nach Art 17 AGVO freigestellte Investitionsbeihilfe für KMU. Das Unternehmen G wurde im Jahr 2019 gegründet und wurde finanziell von der Covid-19-Krise stark getroffen. Die Jahresbilanz weist aus, dass 70% des gezeichneten Stammkapitals infolge aufgelaufener Verluste verlorengegangen ist. Das Start-Up-Unternehmen G ist bis 2021 nicht als Unternehmen in Schwierigkeiten zu qualifizieren, da es in den ersten 3 Jahren nach der Gründung nicht als Unternehmen in Schwierigkeiten gilt.*

In einer AGVO freigestellten Beihilferegelung muss daher ausdrücklich festgelegt werden, dass an „Unternehmen in Schwierigkeiten" keine Beihilfen gewährt werden.

b. Deggendorf-Rechtsprechung

Die AGVO gilt nur für Beihilferegelungen, die die sog „**Deggendorf-Klausel**" enthalten. Die Deggendorf-Klausel besagt, dass Unternehmen, die einer früheren Rückforderungsentscheidung nicht nachkommen, keine Einzelbeihilfen gewährt werden dürfen.

Mit der Deggendorf-Klausel wird die Rsp in der Rs Textilwerke Deggendorf umgesetzt. Danach darf die Kommission bei der Prüfung der Vereinbarkeit einer Maßnahme mit dem Binnenmarkt, sowohl die mögliche kumulierende Wirkung bereits früher gewährter Beihilfen als auch den Umstand berücksichtigen, dass die alten und als rechtswidrig klassifizierten Beihilfen noch nicht zurückgezahlt worden sind.[483]

Art 1 Abs 4 lit a AGVO ist konstitutiv formuliert und somit eine verbindliche Voraussetzung für die Freistellungsfähigkeit, die im Einzelfall geprüft werden muss.

Beispiel: *Die KMU-Förderungs-RL wurde nach der AGVO ausgestaltet und freigestellt. Die Richtlinie enthält eine Klausel, derzufolge Unternehmen, die einer früheren Rückforderungsentscheidung nicht nachkommen, Beihilfen gewährt werden können. Dies würde einen Verstoß gegen die Deggendorf-Rsp darstellen und gegen die Grundvoraussetzungen der AGVO verstoßen.*

Eine nach der AGVO freigestellte Beihilferegelung muss die Deggendorf-Klausel enthalten.

2. Allgemeine Voraussetzungen

Um Beihilfen auf der Grundlage der AGVO von der Anmeldepflicht gemäß Art 108 Abs 3 AEUV freizustellen, müssen zunächst die allgemeinen Voraussetzungen

[483] EuGH 15.05.1997, C-355/95 P, *Textilwerke Deggendorf/Kommission.*

zungen erfüllt sein. Dabei dürfen die Anmeldeschwellen nicht überschritten werden, es muss sich um eine transparente Beihilfe handeln, ein Anreizeffekt muss vorliegen, die Kumulierungsvorschriften müssen eingehalten und bestimmte Informationen veröffentlicht werden.

a. Anmeldeschwellen

Eine Beihilfe ist nach der AGVO freigestellungsfähig, wenn sie die für die jeweilige Beihilfengruppe in Art 4 leg cit festgelegten Anmeldeschwellen nicht überschreitet. Die Intention hinter den Anmeldeschwellen wurde mit der Verhinderung von Handelsbeeinträchtigungen umschrieben.

Hohe Beträge einzeln oder kumulativ gewährter Beihilfen sind wegen des hohen Risikos einer Beeinträchtigung der Handelsbedingungen nach Anmeldung der Beihilfen von der Kommission zu prüfen. Daher sollten für die unter diese Verordnung fallenden Gruppen von Beihilfen Schwellenwerte festgesetzt werden, die der betreffenden Gruppe von Beihilfen und wahrscheinlichen Auswirkungen auf die Handelsbedingungen Rechnung tragen.[484]

Überschreiten Beihilfen die Anmeldeschwellen werden sie aufgrund eines höheren Risikos einer Wettbewerbsverfälschung gesondert geprüft und sind bei der Kommission anzumelden.[485]

Die Anmeldeschwellen dürfen auch nicht durch künstliche Aufspaltung der Beihilferegelungen oder des Fördervorhabens umgangen werden. Eine künstliche Aufspaltung wäre dann denkbar, wenn zB Beihilferegelungen oder Vorhaben mit ähnlichen Merkmalen, Zielen oder Beihilfeempfängern aufgespalten werden.

Mit der AGVO-Green Deal Novelle 2023 hat der Unionsgesetzgeber eine Erhöhung der Anmeldeschwellen für notwendig befunden, indem er es als angezeigt sah, die Anmeldeschwellen und die Beihilfeebträge um 10% anzuheben und dies auch nicht zu Wettbewerbsverfälsclungen führen würde.[486]

Beispiel: *Die Anmeldeschwelle für KMU-Beihilfen beträgt für die Teilnahme an Messen € 2,2 Mio pro Unternehmen und Jahr. Wird diese Schwelle überschritten, ist die AGVO nur bis zur Höhe der Anmeldeschwelle anwendbar. Nach der Rechtsprechung des EuGH ist allerdings nicht der die Anmeldeschwelle übersteigende Betrag, sondern in diesem Fall der gesamte Beihilfebetrag bei der Europäischen Kommission gemäß Art 108 Abs 3 AEUV anzumelden.*

b. Transparenz

Eine Beihilfe nach der AGVO muss transparent sein. Im Interesse der Transparenz, Gleichbehandlung und wirksamen Überwachung gilt die AGVO nur für

484 ErwGr 16 VO (EU) 651/2014.
485 ErwGr 16 VO (EU) 651/2014.
486 ErwGr 3 VO (EU) 2023/1315.

Beihilfen, deren Bruttosubventionsäquivalent sich im Voraus genau berechnen lässt, ohne dass eine Risikobewertung erforderlich ist (sog „**transparente Beihilfen**"). Die AGVO legt für bestimmte spezifische Beihilfeinstrumente wie Kredite, Garantien, steuerliche Maßnahmen, Risikofinanzierungsmaßnahmen und rückzahlbare Vorschüsse Voraussetzungen fest, unter denen sie als transparent angesehen werden können.

Unter einem Bruttosubventionsäquivalent versteht man die Höhe der Beihilfe vor Abzug von Steuern und sonstigen Abgaben.

Insbesondere als **transparent** gelten Beihilfen in Form von Zuschüssen und Zinszuschüssen sowie Darlehen, sofern das Bruttosubventionsäquivalent auf Grundlage jenes Referenzzinssatzes berechnet wurde, der zum Gewährungszeitpunkt galt oder auch steuerliche Maßnahmen, wenn darin eine Obergrenze vorgesehen ist, damit die maßgeblichen Schwellenwerte nicht überschritten werden.

c. Anreizeffekt

Beihilfen, die auf Basis der AGVO freigestellt werden, müssen einen Anreizeffekt haben (Art 6 Abs 1 AGVO).

Der Anreizeffekt soll sicherstellen, dass nur Beihilfegruppen freigestellt werden, die einen unternehmerischen Mehrwert erzielen. Um sicherzustellen, dass die Beihilfe erforderlich ist und als Anreiz zur Weiterentwicklung von Tätigkeiten oder Vorhaben wirkt, soll der Anreizeffekt verhindern, dass Beihilfeempfänger keine Beihilfen für Tätigkeiten erhalten, die sie auch ohne Beihilfen unter Marktbedingungen (also auch ohne die Beihilfe), aufgenommen hätte.[487]

Ein Anreizeffekt liegt bei einer Beihilfe vor, wenn der Beihilfeempfänger **vor Beginn der Arbeiten** für das Vorhaben oder die Tätigkeit einen schriftlichen Beihilfeantrag in dem betreffenden Mitgliedstaat gestellt hat.

Beginnt der Beihilfeempfänger mit dem Vorhaben vor Beginn der Arbeiten, so würde das Vorhaben unabhängig von der Beihilfegewährung durchgeführt werden. In diesem Fall unterliegt die Beihilfe nicht mehr der AGVO und müsste angemeldet werden. Der Beihilfeempfänger hat somit entweder vor Beginn der Bauarbeiten für die Investition oder vor der ersten rechtsverbindlichen Verpflichtung zur Bestellung von Ausrüstung oder eine anderen Verpflichtung – wobei der früheste dieser Zeitpunkte maßgebend ist –, die die Investition unumkehrbar macht, einen Antrag zu stellen. Der Kauf von Grundstücken und Vorarbeiten wie die Einholung von Genehmigungen und die Erstellung vorläufiger Durchführbarkeitsstudien gelten dabei nicht als Beginn der Arbeiten.[488]

Der Anreizeffekt gemäß Art 6 Abs 1 AGVO liegt für eine Beihilfe vor, wenn mit dem Vorhaben erst begonnen wird, nachdem der Beihilfeempfänger einen schriftlichen Beihilfeantrag gestellt hat.

[487] ErwGr 18 VO (EU) 651/2014.

[488] Art 2 Z 23 VO (EU) 651/2014.

Der Beihilfeempfänger muss vor Beginn der Arbeiten für das Vorhaben oder die Tätigkeit einen **schriftlichen Beihilfeantrag** im betreffenden Mitgliedsstaat stellen.

Als Projektbeginn gilt entweder der Beginn der Bauarbeiten für die Investition oder die erste rechtsverbindliche Verpflichtung zur Bestellung von Ausrüstung oder eine andere Verpflichtung, die eine Investition unumkehrbar macht, wobei der früheste dieser Zeitpunkte maßgebend ist.[489]

Aus der Rechtsprechung: *Das Urteil des EuGH in der Rs Eesti Pagar hat gezeigt, dass der Anreizeffekt ernst zu nehmen ist. Im vorliegenden Fall hatte der Beihilfeempfänger bereits vor der Antragstellung einen Vertrag über den Erwerb einer Brotbacklinie abgeschlossen, deren Anschaffung Gegenstand des Förderantrags war. Der Behörde ist dies scheinbar nicht aufgefallen und gab dem Antrag statt. Erst später forderte der Beihilfegeber die Beihilfe mit Verweis auf den fehlenden Anreizeffekt gemäß Art 6 AGVO vom Beihilfeempfänger zurück. Dieser versuchte sich rechtlich zu Wehr zu setzen aber ohne Erfolg. In einem vom nationalen Gericht eingeleiteten Vorabentscheidungsverfahren urteilte der EuGH, dass Maßnahmen, die nicht die Voraussetzung der AGVO erfüllen, auch nicht von der Anmeldepflicht befreit sind. Der fehlende Anreizeffekt hat nämlich zur Folge, dass eben nicht alle Voraussetzungen der AGVO iSd Art 3 AGVO erfüllt sind und die Beihilfe somit auch nicht vom Privileg der Freistellung profitieren kann.*[490]

Der Beihilfeantrag muss **Mindestinhalte** aufweisen.

Der Antrag hat mindestens folgende Angaben zu enthalten:[491] Name und Größe des Unternehmens, Beschreibung des Vorhabens mit Angabe des Beginns und des Abschlusses, Standort des Vorhabens, die Kosten des Vorhabens, Art der Beihilfe (zB Zuschuss, Kredit, Garantie, rückzahlbarer Vorschuss oder Kapitalzuführung) und Höhe der für das Vorhaben benötigten öffentlichen Finanzierung.

Besondere Vorschriften bestehen zudem für Großunternehmen und Steuervergünstigungen bestimmter Beihilfegruppen (zB regionale Betriebsbeihilfen).

Bei Ad-hoc-Beihilfen für Großunternehmen wird der Anreizeffekt gemäß Art 6 Abs 3 AGVO an zusätzliche Kriterien geknüpft. Bei unter die AGVO fallenden Ad-hoc-Beihilfen, die großen Unternehmen gewährt werden, sollte der Mitgliedstaat sicherstellen, dass der Beihilfeempfänger zusätzlich zur Erfüllung der für KMU geltenden Voraussetzungen in Bezug auf den Anreizeffekt in internen Unterlagen die Rentabilität des geförderten Vorhabens oder der geförderten Tätigkeit mit und ohne Beihilfe analysiert hat.[492]

Der Mitgliedstaat sollte sich nämlich vergewissern, dass aus diesen internen Unterlagen hervorgeht, dass es entweder zu einer signifikanten Erweiterung des Gegenstands des Vorhabens oder der Tätigkeit oder der Gesamtausgaben des Beihilfeempfängers für das geförderte Vorhaben oder die geförderte Tätigkeit oder zu einem signifikant beschleunigten Abschluss des betreffenden Vorhabens oder der betreffenden Tätigkeit kommt.[493]

---

[489] Art 2 Z 23 AGVO.

[490] EuGH 05.03.2019, C-349/17, *Eesti Pagar* Rn 59 u 86; zur Zusammenfassung s auch *Quardt/Hanke*, Mit dem Beihilfennavigator durch die Allgemeine Gruppenfreistellungsverordnung, EWS 2023, 13 (15).

[491] Art 6 Abs 2 AGVO.

[492] ErwGr 19 zur VO (EU) 651/2014.

[493] ErwGr 19 zur VO (EU) 651/2014.

Beispiel: *Das Großunternehmen X ist im Automotivsektor tätig und verfügt über einen Industriestandort in der Region R im Mitgliedstaat D. Auf diesem Standort beschäftigt X über 3000 Mitarbeiter. In der Wirtschaftskrise möchte D zur Sicherung von Arbeitsplätzen X mit einer Subvention unterstützen. Es wird vereinbart, dass die Subvention für den Werksausbau gewährt wird. In diesem Fall ist der Anreizeffekt gemäß Art 6 Abs 3 AGVO gesondert zu prüfen.*

Für automatische Beihilferegelungen in Form von **Steuervergünstigungen** sollte hinsichtlich des Anreizeffekts weiter eine besondere Voraussetzung gelten, da diese Art von Beihilfen nach anderen Verfahren gewährt wird als andere Gruppen von Beihilfen.

Die Regelungen sollten bereits erlassen worden sein, bevor mit den Arbeiten für das geförderte Vorhaben oder die geförderte Tätigkeit begonnen wurde. Diese Voraussetzung sollte jedoch nicht für steuerliche Folgeregelungen gelten, sofern die Tätigkeit bereits unter die früheren steuerlichen Regelungen in Form von Steuervergünstigungen fiel. Der entscheidende Zeitpunkt für die Prüfung des Anreizeffekts solcher Regelungen ist der Zeitpunkt, zu dem die steuerliche Maßnahme zum ersten Mal in der ursprünglichen Regelung, die durch die Folgeregelung ersetzt wird, dargelegt wurde.[494]

Maßnahmen in Form von Steuervergünstigungen gelten als Beihilfen mit Anreizeffekt, wenn die Maßnahme einen Anspruch begründet, der auf objektiven Kriterien beruht und sie vor Beginn der Arbeiten für das geförderte Vorhaben eingeführt und in Kraft getreten ist.

Kein Anreizeffekt wird verlangt bzw vom Vorliegen eines Anreizeffektes wird ausgegangen bei Beihilfen für Kultur und die Erhaltung des kulturellen Erbes, Sozialbeihilfen für die Beförderung von Einwohnern entlegener Gebiete, Beihilfen zur Bewältigung der Folgen bestimmter Naturkatastrophen, Beihilfen zur Erschließung von KMU-Finanzierungen, Beihilfen in Form von Lohnkostenzuschüssen für die Einstellung benachteiligter Arbeitnehmer und Beihilfen in Form von Lohnkostenzuschüssen für die Beschäftigung von Arbeitnehmern mit Behinderungen.

In diesen Fällen wird vom Vorliegen eines Anreizeffektes ausgegangen, wenn auch die **besonderen Voraussetzungen** dieser Verordnung für diese Gruppen von Beihilfen erfüllt sind.[495]

Bei **Regionalbeihilfen** sollte von einem **Anreizeffekt** ausgegangen werden, wenn das Investitionsvorhaben in dem betreffenden Fördergebiet **ohne die Beihilfe nicht durchgeführt** worden wäre.[496]

d. Kumulierung

Um eine **Überkompensation**[497] zu vermeiden, ist in Art 8 AGVO geregelt, wann Beihilfen kumuliert, also nebeneinander gewährt werden dürfen. Die Ku-

494 ErwGr 20 zur VO (EU) 651/2014.
495 ErwGr 21 zur VO (EU) 651/2014.
496 ErwGr 19 zur VO (EU) 651/2014.
497 Zur Kumulierungsthematik im Kontext zur Überfinanzierung vgl EuG 12.07.2023, T-491/21, *Ungarn/Kommission*.

mulierungsvorschriften sind verbindlich einzuhalten. Die Gewährung von mehrfachen Beihilfen für dieselben förderfähigen Kosten ist grds nicht gestattet.

Bei der Prüfung, ob die Anmeldeschwellen und die Beihilfehöchstintensitäten eingehalten sind, werden sämtliche, dem Beihilfeempfänger für die jeweilige Tätigkeit oder das jeweilige Vorhaben gewährten, Beihilfen berücksichtigt.

Dabei ist der Gesamtbetrag der öffentlichen Förderung zu berücksichtigen, und zwar unabhängig davon, wer dem Beihilfeempfänger eine Beihilfe gewährt (regionale, nationale oder europäische Förderung).

Die AGVO normiert **unterschiedliche Kumulierungsregelungen**.

AGVO-freigestellte Beihilfen können mit anderen nach der AGVO-freigestellten Beihilfen kumuliert werden, sofern diese Maßnahmen **unterschiedliche**, jeweils bestimmbare beihilfefähige **Kosten** betreffen.

Beispiel: *Die Kumulierung von regionalen Investitionsbeihilfen nach Art 14 AGVO mit Ausbildungsbeihilfen gemäß Art 31 AGVO.*

Handelt es sich um Beihilfen, die **überschneidende Kosten** betreffen, können **AGVO-freigestellte Beihilfen mit** anderen **AGVO-freigestellten Beihilfen**, für dieselben, sich teilweise oder vollständig überschneidenden beihilfefähigen Kosten, kumuliert werden, sofern die Kumulierung nicht zu einer Überschreitung der höchsten Beihilfeintensität bzw des entsprechenden Beihilfebetrags nach der AGVO führt.

AGVO-freigestellte Beihilfen dürfen nicht mit De-minimis-Beihilfen für dieselben beihilfefähigen Kosten kumuliert werden, wenn die in Kapitel III festgelegten Beihilfeintensitäten bzw Beihilfehöchstbeträge überschritten werden.[498] De-minimis-Beihilfen, bei denen sich die beihilfefähigen Kosten nicht bestimmen lassen, können allerdings mit AGVO-freigestellten Beihilfen ohne Einschränkung kumuliert werden.[499]

AGVO-freigestellte Beihilfen können **mit anderen** freigestellten oder von der Kommission genehmigten **Beihilfen** kumuliert werden, solange diese Maßnahmen unterschiedliche erkennbare Kosten betreffen.

Besondere Regeln gelten ferner für die Kumulierung von Beihilfen, deren beihilfefähige Kosten nicht bestimmbar sind.[500] Bestimmte[501] Beihilfegruppen, bei denen sich die beihilfefähigen Kosten nicht bestimmen lassen, können mit anderen Beihilfen, bei denen sich die beihilfefähigen Kosten bestimmen lassen, ohne Einschränkung kumuliert werden.[502] Bestimmte Beihilfen im Rahmen von aus dem Fonds „InvestEU" unterstütz-

---

498 Art 8 Abs 6 AGVO.

499 *Lünenbürger/Manthey* in MüKoWettbR V: BeihilfenR[4] VO (EU) 651/2014 Art 8 Rz 4.

500 Art 8 Abs 4 AGVO.

501 ZB Begrenzte Beihilfebeträge für KMU, die von Projekten der von der örtlichen Bevölkerung betriebenen lokalen Entwicklung („CLLD") profitieren (Art 19b AGVO); Geringe Beihilfen für Unternehmen zur Teilnahme an Projekten der europäischen territorialen Zusammenarbeit (Art 20a AGVO); Risikofinanzierungsbeihilfen (Art 21 AGVO); Beihilfen für Unternehmensneugründungen (Art 22 AGVO); Beihilfen für auf KMU spezialisierte alternative Handelsplattformen (Art 23 AGVO); Beihilfen für soziale, bildungsbezogene, kulturelle und naturerbebezogene Infrastrukturen und Aktivitäten im Rahmen von aus dem Fonds „InvestEU" unterstützten Finanzprodukten (Art 56e Abs 5 AGVO) ua: siehe dazu Art 8 Abs 4 AGVO.

502 Art 8 Abs 4 AGVO.

ten Finanzprodukten, bei denen sich die beihilfefähigen Kosten nicht bestimmen lassen, können mit anderen Beihilfen, bei denen sich die beihilfefähigen Kosten ebenfalls nicht bestimmen lassen, ohne Einschränkung kumuliert werden.[503]

Besondere Regeln gelten zudem für Beschäftigungsbeihilfen. Beschäftigungsbeihilfen dürfen mit anderen AGVO-freigestellten Beihilfen bis zu 100% kumuliert werden.[504]

Beispiel: *Die Anmeldeschwelle beträgt bei Beihilfen für Breitbandinfrastrukturen gemäß Art 4 Abs 1 lit y AGVO € 100 Mio pro Vorhaben. Plant ein Mitgliedstaat einen Breitbandausbau mit einem Investitionsvolumen von € 130 Mio, könnte er meinen, ein solches Vorhaben zu splitten und jeweils auf Grundlage der AGVO in zwei Etappen freizustellen. Die Kumulierungsvorschriften gemäß Art 8 AGVO betrachten dies allerdings als ein gemeinsames Vorhaben. Aufgrund des Überschreitens der Anmeldeschwelle wäre die Beihilfe für den Breitbandausbau bei der Kommission zu notifizieren.*

Praxistipp

Richtliniengestaltung – Kumulierung von Fördermitteln

„*Sofern auch andere Rechtsträger beabsichtigen, die Förderungswerber:innen für dieselbe Leistung – wenn auch mit verschiedener Zweckwidmung – zu fördern, ist vor der Gewährung einer Förderung mit der dieses Förderprogramm abwickelnden beihilfegebenden Stelle die Abstimmung zu suchen. Keinesfalls dürfen aber die beihilferechtlich festgelegten Höchstbeihilfebeträge und Beihilfehöchstintensitäten überschritten werden.*

[…]

Die gewährte Förderung kann auf das zulässige Ausmaß gekürzt werden, wenn die Förderwerber:in nach dem Zeitpunkt des Förderansuchens von einer anderen beihilfegebenden Stelle des Bundes, des Landes oder der Gemeinde oder einem sonstigen diesen zuzurechnenden Rechtsträger eine Förderung für dieselbe Leistung, wenn auch mit verschiedener Zweckwidmung erhält, welche jedoch bei der Zuerkennung der Förderung nach diesem Förderprogramm der dieses Förderprogramm abwickelnden Stelle nicht bekannt war.“

Die oben angeführte Regelung ist ein Beispiel für eine Regelung, mit der den Kumulierungsvorschriften der AGVO Rechnung getragen wird. In der Praxis ist jedenfalls auf jene Förderungen zusätzlich zu achten, die von dritter Seite gewährt werden. Dadurch kann es uU zur Überschreitung beihilferechtlich zulässiger Höchstbeträge kommen. Auch bei De-minimis-Beihilfen ist darauf zu achten, dass diese nicht generell mit jeder Beihilfe kumuliert werden dürfen, sondern Regelwerke wie die AGVO spezielle Kumulierungsvorschriften dazu anführen, um eine Überkompensation zu verhindern.

e. Veröffentlichung, Berichterstattung und Monitoring

Die AGVO unterscheidet zwischen einer Veröffentlichungs- bzw Informationspflicht und der Berichterstattungspflicht.

503 Art 8 Abs 4 AGVO.
504 Art 8 Abs 6 AGVO.

Der Mitgliedstaat hat der Kommission über jede freigestellte Maßnahme zu berichten. Dafür ist innerhalb von 20 Arbeitstagen nach dem Inkrafttreten der Beihilfe eine Kurzbeschreibung der Maßnahme, die nach der AGVO freigestellt wurde, über das elektronische Anmeldesystem der Kommission (SANI-System) zu übermitteln (**Berichterstattungspflicht**).

Diese Kurzbeschreibung erfolgt in einem festgelegten Format gemäß Anhang II zusammen mit einem Link, der Zugang zum vollen Wortlaut der Beihilfemaßnahme bietet.

Beispiel: *Der Mitgliedstaat B gestaltet eine Beihilferegelung AGVO-konform aus. Diese soll am 01.01.2021 in Kraft treten. Der Mitgliedstaat hat nun 20 Arbeitstage Zeit, um diese Beihilfemaßnahme über das SANI-System einzumelden (Samstage, Sonn- und Feiertage sind für den Fristenlauf somit nicht zu berücksichtigen).*

Der betreffende Mitgliedstaat stellt sicher, dass folgende Informationen auf nationaler oder regionaler Ebene auf einer ausführlichen Beihilfe-Website veröffentlicht werden (**Veröffentlichungs- bzw Informationspflicht**):

- Kurzbeschreibung nach Art 11 im Standardformat nach Anhang II (oder Zugangslink);
- voller Wortlaut jeder Beihilfemaßnahme nach Art 11 (oder Zugangslink);
- die in Anhang III genannten Informationen über jede Einzelbeihilfe über € 100.000

Über jede Einzelbeihilfe von über € 500.000 bei Beihilfen im Rahmen von aus dem Fonds „InvestEU" unterstützen Fnanzprodukten. Über jede Einzelbeihilfe von über € 10.000 bei in der Primärerzeugung landwirtschaftlicher Erzeugnisse oder in der Fischerei und Aquakultur tätigen Empfängern, die nicht unter Abschnitt 2a fallen.

Die Informationen erfolgen über die sog „TAM-Meldung" innerhalb von sechs Monaten nach dem Tag der Gewährung der Beihilfe. Für Beihilfen in Form von Steuervergünstigungen gelten Sonderbestimmungen.[505]

Beispiel: *Das österreichische Bundesland S gewährt dem Unternehmen A eine Einzelbeihilfe iHv € 1 Mio auf Basis der Breitbandausbaurichtlinie. Diese Richtlinie wurde AGVO-konform ausgestaltet und über das SANI-System eingemeldet. Da die Einzelbeihilfe über € 100.000 liegt, muss das Bundesland S die Einzelbeihilfe innerhalb von sechs Monaten ab dem Tag der Gewährung über eine sog TAM-Meldung in das SARI-System einmelden.*

Für den VwGH folgt aus der Unterrichtung der Kommission über die Beihilfemaßnahme gemäß Art 9 AGVO, der regelmäßigen Überprüfung der Beihilfemaßnahmen nach Art 10 AGVO durch die Kommission und die Veröffentlichung der Beihilferegelung eine Art „Genehmigung durch die Europäische Kommission".[506]

505 Art 9 Abs 4 AGVO.

506 VwGH 30.01.2013, 2012/17/0469; VwGH 18.12.2019, Ro 2016/15/0041.

Praxistipp

Übersteigt die genehmigte Fördersumme den Betrag von € 100.000 ist das Fördervorhaben binnen sechs Monaten nach Genehmigung im SARI2-Modul einzutragen und darin zu veröffentlichen. Nach einem erfolgten Eintrag in das SARI2-Modul empfiehlt es sich den Ausdruck zu Dokumentationszwecken in den jeweiligen Akt als Aktenvermerk anzufertigen, um den Nachweis der erfolgten Veröffentlichung zu einem späteren Zeitpunkt erbringen zu können.

State Aid Transparency Award Module

Beihilfe ansehen	
Land	Österreich
Titel der Beihilfemaßnahme	Musterrichtlinie zur Förderung bestimmter Vorhaben für den Zeitraum 01.01.2024 - 31.12.2024
Titel der Beihilfemaßnahme [EN]	Test-Guidelines for the period 01.01.2024-31.12.2024
SA.Nummer	SA.000000
Kennung	TM-00000000
Status	VERÖFFENTLICHT
Nationale Kennung	FN00000y
Art der nationalen Kennung des Beihilfeempfängers	Firmenbuchnummer
Name des Beihilfeempfängers	Muster GmbH
Name des Beihilfeempfängers [EN]	Muster GmbH
Art des Beihilfeempfängers	nur Großunternehmen
Region	Oberösterreich
Wirtschaftszweig (NACE)	Herstellung von Maschinen für die Verarbeitung von [...]
Beihilfeinstrument	Zuschuss/Zinszuschuss
Ziel der Beihilfe	Grundlagenforschung (Art. 25 Abs. 2 Buchst. a)
Tag der Gewährung	25/01/2024
Beihilfeelement, in voller Höhe	2.500.000,00 EUR
Name der Bewilligungsbehörde	Name der beihilfegewährenden Stelle
Kofinanziert	Nein
Covid-19	Nein

Die Mitgliedstaaten müssen über die Gewährung von Beihilfen nach der AGVO ausführliche Aufzeichnungen führen und diese 10 Jahre aufbewahren (**Monitoring**).

Die Aufzeichnungen müssen Informationen und einschlägige Unterlagen umfassen, die notwendig sind, um feststellen zu können, dass alle Voraussetzungen der AGVO erfüllt sind.[507] Die Berichterstattung hat dabei den Anforderungen eines Jahresberichts gemäß der Verf-DVO zu entsprechen.[508]

507 Art 12 AGVO.

508 Art 11 Abs 1 lit b AGVO.

Praxistipp

Im Zuge der Jahresberichterstattung wird auch dem Monitoring nach der AGVO entsprochen, da bei der jährlichen Berichterstattung über sämtliche Beihilferegelungen berichtet wird. In Österreich erfolgt dies über die koordinierende Stelle im EU-Beihilferecht, welche als Abteilung EU-Beihilfenrecht beim Bundesministerium für Arbeit und Wirtschaft eingerichtet ist. Die jährliche Berichterstattung ist dabei spätestens am 30. Juni des Jahres nach dem Berichtszeitraum in elektronischer Form über das SARI2-Modul durchzuführen.

Werden die **Transparenzverpflichtungen** (Veröffentlichung, Berichterstattung, Monitoring) verletzt, kann dies weitreichende Folgen haben. Sie sollten **nicht** als **reine Formalität** abgetan werden, da sie der Transparenz und der Rechtssicherheit dienen, indem sie die Gründe für die Freistellung von der Anmeldepflicht in nachvollziehbarer Weise aufzeigen.[509]

Eine Freistellung auf der Grundlage der AGVO greift demnach nur dann, wenn sämtliche Voraussetzungen in Art 3 AGVO – somit auch die Transparenzverpflichtungen – erfüllt werden. Der Verstoß gegen die formellen (allgemeinen und besonderen) Voraussetzungen ist als Verstoß gegen das Durchführungsverbot iSd Art 108 Abs 3 AEUV zu werten. Im Ergebnis würde eine rechtswidrige Beihilfe vorliegen.

Aus der Rechtsprechung: *In der Rechtssache Dilly's Wellnesshotel[510] entschied der EuGH, dass bei einem Verstoß gegen eine formelle (allgemeine) Voraussetzung – damals eine Transparenzverpflichtung nach der Vorgängerregelung in Art 3 Abs 1 VO (EU) 800/2008[511] – die in Rede stehende Regelung nicht mehr von der Anmeldepflicht gemäß Art 108 Abs 3 AEUV befreit ist. Art 3 Abs 1 leg cit normierte als allgemeine Voraussetzung, dass Beihilferegelungen einen ausdrücklichen Verweis auf die Freistellungsverordnung zu enthalten haben. Die Beihilferegelung musste einen ausdrücklichen Verweis auf die Verordnung enthalten und stellte keine bloße Formalität dar.[512]*

f. Rechtsfolgen der Missachtung der AGVO

Gewährt ein Mitgliedstaat angeblich nach dieser Verordnung von der Anmeldepflicht befreite Beihilfen, ohne dass die Voraussetzungen der Kapitel I bis III (allgemeine und besondere Voraussetzungen) erfüllt sind, so kann die Kommission mittels Beschluss dem jeweiligen Mitgliedstaat einen **Entzug der Freistellung** anordnen (Art 10 AGVO).

509 Vgl dazu auch *Quardt/Hanke*, Mit dem Beihilfennavigator durch die Allgemeine Gruppenfreistellungsverordnung, EWS 2023, 13 (15).

510 EuGH 21.07.2016, C-493/14, *Dilly's Wellnesshotel*, ECLI:EU:C:2016:577.

511 Verordnung (EG) 800/2008 der Kommission vom 6. August 2008 zur Erklärung der Vereinbarkeit bestimmter Gruppen von Beihilfen mit dem Gemeinsamen Markt in Anwendung der Artikel 87 und 88 EG-Vertrag (allgemeine Gruppenfreistellungsverordnung), ABl L 2008/214, 3.

512 EuGH 21.07.2016, C-493/14, *Dilly's Wellnesshotel*, ECLI:EU:C:2016:577, Rn 51-52.

Ein Verstoß gegen die allgemeinen oder besonderen Voraussetzungen ist als Verstoß gegen das unmittelbar anwendbare Durchführungsverbot gemäß Art 108 Abs 3 AEUV anzusehen.

Der Grundsatz der loyalen Zusammenarbeit nach Art 4 Abs 3 AEUV verpflichtet die nationalen beihilfengewährenden Stellen zur Einhaltung des Unionsrechts, insb alles zu unternehmen, um der Wirksamkeit der unionsrechtlichen Vorschriften Rechnung zu tragen.

Ein Verstoß gegen die formellen Voraussetzungen der AGVO verpflichtet die Behörden demnach, die formell rechtswidrige Beihilfe **aus eigener Initiative zurückzufordern**.[513]

In diesem Fall ist der Rückforderungsbetrag in der Höhe eines Zinssatzes zu verzinsen, der zur Anwendung gekommen wäre, wenn der Betrag der in Rede stehenden Beihilfe für den Zeitraum der Beihilfegewährung auf dem Markt hätte beschafft werden müssen.[514] Für den Beihilfeempfänger stellt sich mitunter die Frage, ob er sich im Falle einer Rückforderung einer rechtswidrigen Beihilfe auf den **Vertrauensschutz** berufen kann.[515]

Aus der Rechtsprechung: *Der EuGH bezog in der Rechtssache Eesti Pagar auch Stellung zum Vertrauensschutz im Anwendungsbereich der AGVO. So dürfen die von einer Beihilfe begünstigen Unternehmen nach ständiger Rechtsprechung auf die Ordnungsmäßigkeit der Beihilfe grundsätzlich nur dann vertrauen, wenn sie unter Einhaltung des in diesem Artikel vorgesehenen Verfahrens gewährt wurde; einem sorgfältigen Wirtschaftsteilnehmer ist es regelmäßig aber möglich, sich zu vergewissern, dass dieses Verfahren eingehalten wurde. Insbesondere kann der Empfänger einer Beihilfe, wenn sie ohne vorherige Anmeldung bei der Kommission gewährt wurde, so dass sie gemäß Art 108 Abs 3 AEUV rechtswidrig ist, in diesem Moment kein berechtigtes Vertrauen in die Ordnungsmäßigkeit ihrer Gewährung haben.*[516]

g. Exkurs: Praxistipps für beihilfegebende Stellen

Die Voraussetzungen der AGVO sind jedenfalls von den beihilfegewährenden Stellen ernst zu nehmen, da ein Verstoß gegen allgemeine oder besondere Voraussetzungen als Verstoß gegen das Durchführungsverbot nach Art 108 Abs 3 AEUV zu werten ist und in diesen Fällen eine rechtswidrige Beihilfe vorliegt.

Eine Entscheidungspraxis der Europäischen Kommission zum Umgang mit der AGVO existiert nicht. Dementsprechend bewegt sich die beihilfegewährende Stelle bei einer Beihilfevergabe auf der Grundlage der AGVO immer auf einem gewissen „Pfad der Rechtsunsicherheit".

---

513 EuGH 05.03.2019, C-349/17, *Eesti Pagar* Rn 131, 141; EuGH 07.04.2022, C-102/21, C-103/21, *Autonome Provinz Bozen* Rn 48.

514 EuGH 05.03.2019, C-349/17, *Eesti Pagar* Rn 141.

515 Zum Vertrauensschutz s Dritter Teil Kapitel II Abschnitt B. Punkt 4., Buchstabe d.

516 EuGH 05.03.2019, C-349/17, *Eesti Pagar* Rn 98 ff; vgl dazu auch EuGH 20.03.1997, C-24/95, *Land-Rheinland-Pfalz/Alcan*, Rn 25 und 41.

Checkliste für beihilfegebende Stellen:

1) State aid Wiki

Datenbank für alle Mitgliedstaaten, die für einzelne Anwendungsfragen zur AGVO hilfreich sein kann.

2) Blick in die EU-Beihilfetransparenzdatenbank

Aus den Veröffentlichungen lassen sich Rückschlüsse auf die konkreten AGVO-Tatbestände ziehen, die andere Beihilfegeber bei der Gewährung von Beihilfemaßnahmen oder Beihilferegelungen herangezogen haben.

3) Comfort Letter

An die Europäische Kommission kann auch ein Ersuchen um Übermittlung eines sog „comfort letters" gestellt werden. Dabei handelt es sich um ein Verwaltungsschreiben der Kommission, das den Inhalt der Fördermaßnahme zusammenfasst und schlussfolgert, dass „[...] *nach vorläufiger Auffassung der Kommission kein Anlass zu Bedenken der Vereinbarkeit der Maßnahme mit dem Binnenmarkt besteht.*" Eine rechtliche Bindungswirkung kann aus einem solchen Schreiben allerdings nicht abgeleitet werden.

3. Besondere Voraussetzungen

Eine Freistellung von der Anmeldepflicht gemäß Art 108 Abs 3 AEUV setzt neben der Einhaltung der allgemeinen Voraussetzungen voraus, dass auch die für die betreffende Gruppe von Beihilfen geltenden **besonderen Voraussetzungen** erfüllt sind. Nur wenn beide Voraussetzungen erfüllt sind, ist die Beihilfe von der

Anmeldepflicht gemäß Art 108 Abs 3 AEUV ausgenommen und freistellungsfähig.[517]

a. Start-up-Beihilfen

Literatur: *Bartosch*, Die neue Allgemeine Gruppenfreistellungsverordnung im EG-Beihilfenrecht, NJW 2008, 3612; *Frenz*, KMU-Beihilfen, GewA 2019, 49; *Immenga/Mestmäcker*, Wettbewerbsrecht V: Beihilferecht[6] (2022); *Grabitz/Hilf/Nettesheim*, Das Recht der Europäischen Union: EUV/AEUV (Werkstand: 79. EL Mai 2023); *von Wendland*, New Rules for State Aid for Research, Development and Innovation, EStAL 2015, 25; *Säcker*, Münchner Kommentar. Europäisches und Deutsches Wettbewerbsrecht V: Beihilfenrecht[4] (2022).

Gemäß Art 22 AGVO können Anlaufbeihilfen von der Anmeldepflicht freigestellt sein.[518] Diese Regelung soll auf Beihilferegelungen beschränkt sein.[519]

Die Anlaufbeihilfe darf nur **kleinen Unternehmen** gewährt werden. Das sind Unternehmen, die weniger als 50 Mitarbeiter beschäftigen und dessen Jahresumsatz bzw Jahresbilanz maximal € 10 Mio beträgt. Es darf sich außerdem um **kein börsenotiertes Unternehmen** handeln. Das Unternehmen darf weder die Tätigkeit eines anderen Unternehmens übernommen noch Gewinne ausgeschüttet haben oder durch einen Zusammenschluss gegründet worden sein.

Beihilfefähig ist ein ins Firmenbuch eintragungspflichtiges Unternehmen, wenn es höchstens 5 Jahre ab Firmenbucheintragung besteht. Ins Firmenbuch nicht eintragungspflichtige Unternehmen (zB Einzelunternehmer), dürfen höchstens 5 Jahre nach der Aufnahme der Wirtschaftstätigkeit oder alternativ ab Steuerpflicht bestehen.

Beispiel: *Ein Mitgliedstaat der Europäischen Union möchte auf Basis der AGVO heimische Start-Ups ab dem Jahr 2020 mit einer Förderung in der Höhe von € 50.000 unterstützen. Die Eintragung ins Firmenbuch oder die Aufnahme der Wirtschaftstätigkeit der Start-Ups darf höchstens in das Jahr 2015 zurückreichen.*

Anlaufbeihilfen können in Form von **Krediten**, einer **Garantie**, als **Zuschuss einschließlich Beteiligungen, beteiligungsähnlicher Investitionen, Zinssenkungen oder Verringerungen des Garantieentgelts** gewährt werden.

Anlaufbeihilfen können als **Kredite** zu nicht marktüblichen Zinssätzen mit einer Laufzeit von zehn Jahren und einem Nennbetrag von maximal € 1,1 Mio (außerhalb von Fördergebieten) gewährt werden. Der Betrag kann bei Unterneh-

---

[517] Nachfolgend werden ausgewählte Beihilfekategorien dargestellt. Ausführlich zu den besonderen Bestimmungen einzelner Beihilfegruppen s Kapitel III AGVO (EU) 651/2014.

[518] Die frühere AGVO stellte Beihilfen zur Unternehmensgründung nur dann von der Anmeldepflicht frei, wenn die Gründer Frauen waren. In der geltenden Fassung der AGVO können Anlaufbeihilfen für Unternehmensgründungen unabhängig des Geschlechts gewährt werden.

[519] Vgl die englischsprachige Fassung des Art 22 Abs 1 AGVO, wo die Rede von „Start-up aid schemes" ist; in der französischen Fassung heißt es „Les régimes d'aides en faveur des jeunes pousses"; *Nowak* in Immenga/Mestmäcker, WettbR V: BeihilfenR[6] Art 22 AGVO Rz 4.

men mit Sitz in einem C-Fördergebiet (bis zu € 1,65 Mio) oder A-Fördergebiet (bis zu € 2,2 Mio) wesentlich höher sein.

Anlaufbeihilfen können als **Garantien** zu nicht marktüblichen Entgelten mit einer Laufzeit von zehn Jahren und einer Garantiesumme von maximal € 1,65 Mio (außerhalb von Fördergebieten) gewährt werden. Der Betrag kann bei Unternehmen mit Sitz in einem C-Fördergebiet (bis zu € 2,48 Mio) oder A-Fördergebiet (bis zu € 3,3 Mio) wesentlich höher sein. Die Garantie darf 80% des zugrundeliegenden Kredits nicht überschreiten.

Anlaufbeihilfen können als **Zuschüsse einschließlich Beteiligungen, beteiligungsähnliche Investitionen, Zinssenkungen oder Verringerungen des Garantieentgelts** von höchstens € 500.000 gewährt werden (außerhalb von Fördergebieten). Der Höchstbetrag fällt in einem C-Fördergebiet (bis zu € 750.000) oder A-Fördergebiet (bis zu € 1 Mio) wesentlich höher aus.

Bei kleinen und innovativen Unternehmen können die Höchstbeträge verdoppelt werden. Anlaufbeihilfen in Form von Zuschüssen können demnach bis zu € 1 Mio betragen. Bei Unternehmen mit einem Sitz in einem Fördergebiet gemäß Art 107 Abs 3 lit c AEUV sogar bis zu € 2 Mio.

Beispiel: *Im Zuge der Corona-Krise richtete Österreich den sog Corona-Start-up-Hilfsfonds ein. Mit diesem Fonds wurden private Investments in innovative Kleinunternehmen (Start-ups) in Zeiten der Corona-Krise durch einen Zuschuss bis maximal € 800.000 verdoppelt. Diese Förderungen wurden als Start-up-Beihilfen auf Grundlage von Art 22 AGVO gewährt.*

b. Regionalbeihilfen

Literatur: *Bartosch*, Die neue Allgemeine Gruppenfreistellungsverordnung im EG-Beihilfenrecht, NJW 2008, 3612; *De Marez/Pielmus*, Key elements of the revised guidelines on regional state aid, EStAL 2022, 120; *Grabitz/Hilf/Nettesheim*, Das Recht der Europäischen Union: EUV/AEUV (Werkstand: 79. EL Mai 2023); *Immenga/Mestmäcker*, Wettbewerbsrecht V: Beihilferecht[6] (2022); *Junginger-Dittel*, New Rules for the Assessment of Notifiable Regional Aid to (Large) Investment Projects under the Regional Aid Guidelines 2014-2020, EStAL 4/2014, 677; *Lukits*, Die Reform der Leitlinien für Regionalbeihilfen: Vertiefung ausgewählter Themen, in Haslinger/Jaeger (Hrsg), Jahrbuch Beihilferecht (2014) 333; *Müller-Ibold*, Die beihilfenrechtliche Behandlung großer Investitionsvorhaben, EWS 2017, 121; *Otter/Glavanovits*, Regional Aid Guidelines 2014-2020 – Implication for Large Enterprises, EStAL 1/2014, 1; *Staviczky*, Sensitive Issues in the Regulation of Regional Aid and Its Application, EStAL 4/2017, 559; *Todion/Zanazo*, New Guidelines on Regional Aid – Is the Party Over for Large Investment Projects? EStAL 2013, 676; *Säcker*, Münchner Kommentar. Europäisches und Deutsches Wettbewerbsrecht V: Beihilfenrecht[4] (2022).

Regionale Investitions- und Betriebsbeihilfen (Art 13 und 14 AGVO) sowie regionale Stadtentwicklungsbeihilfen (Art 16 AGVO) können unter Einhaltung der allgemeinen und besonderen Voraussetzungen von der Anmeldepflicht freigestellt sein.

Regionalbeihilfen verfolgen das Ziel, die Entwicklung benachteiligter Gebiete in der EU zu fördern. Dieses Ziel soll einerseits durch die Förderung von Erstinvestitionen, andererseits durch die Bereitstellung von Betriebsbeihilfen erreicht werden.

Man unterscheidet zwischen **A-Fördergebieten** (Regionen gemäß Art 107 Abs 3 lit a AEUV) und **C-Fördergebieten** (Regionen gemäß Art 107 Abs 3 lit c AEUV).

Die Fördergebiete sind in den jeweiligen Fördergebietskarten ausgewiesen. Österreich und Deutschland verfügen über keine A-Fördergebiete.[520]

Für bestimmte Sektoren können keine Regionalbeihilfen auf der Grundlage der AGVO gewährt werden.

Dazu gehören die Stahlindustrie, der Steinkohlenbergbau, der Schiffbau, die Kunstfaserindustrie, der Verkehrssektor und damit verbundene Infrastrukturen, ua.

Regionale Investitionsbeihilfen sind von der Notifikationspflicht freigestellt, soweit die allgemeinen und besonderen Voraussetzungen in Art 14 AGVO erfüllt sind.

Beispiel: *Im Zuge einer Regionalförderoffensive möchte der Mitgliedstaat F die Unternehmen X und Y mit regionalen Investitionsbeihilfen finanziell unterstützen. Das Unternehmen X befindet sich in einem A-Fördergebiet, das Unternehmen Y in einem C-Fördergebiet.*

Regionale Investitionsbeihilfen können nur in einem **Fördergebiet** gewährt werden. Es wird zudem zwischen der Behandlung von KMU und Großunternehmen differenziert.

In A-Fördergebieten können Beihilfen für Erstinvestitionen unabhängig der Größe des Beihilfeempfängers gewährt werden.[521] In C-Fördergebieten sind Beihilfen für KMU für Erstinvestitionen jeder Art freistellungsfähig. Bei Großunternehmen sind nur Erstinvestitionen in eine neue Wirtschaftstätigkeit in dem betreffenden Gebiet freigestellt.[522]

Für regionale Investitionsbeihilfen gilt keine absolute Anmeldeschwelle genereller Art, sondern vielmehr ein variabler Schwellenwert, bei dem der Prozentsatz der förderfähigen Ausgaben mit steigendem Gesamtinvestitionsbetrag absinkt.[523]

---

[520] S dazu die österreichische Fördergebietskarte für Regionalbeihilfen für den Zeitraum 2014-2020, abrufbar unter <https://www.oerok.gv.at/fileadmin/user_upload/Bilder/3.Reiter-Regionalpolitik/5._EU-Beihilfenrecht/14-20/NRFG-Karte_2014-2020_genehmigt_OEROK-Atlas.pdf>. Die Europäische Kommission hat die nationale Regionalfördergebietskarte für Österreich mit Beschluss C(2020) 6451 fin bis einschließlich 31. Dezember 2021 – bei gleichbleibendem Gebietsstand und höchstzulässigen Beihilfeintensitäten – verlängert. Siehe dazu auch die aktuelle Fördergebietskarte im Anhang.

[521] Art 14 Abs 3; *Otter/Rohde/Weise* in Säcker, MüKoWettbR: BeihilfenR V[4] VO (EU) 651/2014 Art 14 Rz 32.

[522] Art 14 Abs 3 AGVO

[523] *Otter/Rohde/Weise* in Immenga/Mestmäcker, WettbR V: BeihilfenR[6] Art 14 VO (EU) 651/2014 Rz 2.

Je nach Höchstintensität gilt ein pro Unternehmen und Investitionsvorhaben unterschiedlich gestaffelter Beihilfebetrag.[524]

Die **Beihilfeintensität** darf die, in den Fördergebietskarten für das betreffende Fördergebiet festgelegte, Beihilfehöchstintensität im Zeitpunkt der Gewährung der Beihilfe nicht überschreiten.[525]

Wenn die Beihilfeintensität auf der Grundlage des Absatzes 4 Buchstabe c berechnet wird, darf die Beihilfehöchstintensität den günstigsten Betrag, der sich aus der Anwendung dieser Intensität auf der Grundlage von Investitions- oder der Lohnkosten ergibt, nicht überschreiten. Bei großen Investitionsvorhaben darf die Beihilfe nicht über den angepassten Beihilfehöchstsatz hinausgehen, der nach dem in Art 2 Z 20 AGVO definierten Mechanismus berechnet wird.[526]

Beihilfefähige Kosten sind die Kosten einer Investition in materielle und immaterielle Vermögenswerte,[527] die für einen Zeitraum von zwei berechneten voraussichtlichen Lohnkosten für die durch eine Erstinvestition geschaffenen Arbeitsplätze,[528] oder eine Kombination der beiden erstgenannten Varianten, wobei der höhere in Betracht kommende Betrag nicht überschritten werden darf.[529]

Die Investition muss im betreffenden Fördergebiet mindestens fünf Jahre erhalten bleiben.[530] Bei KMU verkürzt sich dieser Zeitraum auf drei Jahre.

Die erworbenen Vermögenswerte müssen zudem neu sein. Für den Erwerb einer Betriebsstätte oder bei KMU allgemein gilt diese Einschränkung nicht.[531]

Der Beihilfeempfänger muss entweder aus eigenen oder aus fremden Mitteln einen **Eigenbeitrag** von **mindestens 25 %** der beihilfefähigen Kosten leisten. Dieser Eigenbeitrag darf keinerlei öffentliche Finanzierung enthalten.[532]

Bei großen Investitionsvorhaben darf die Beihilfe nicht über den angepassten Beihilfehöchstsatz hinausgehen, der nach dem in Art 2 Z 20 AGVO definierten Mechanismus berechnet wird.[533] Ein großes Investitionsvorhaben wird als Erstinvestition mit beihilfefähigen Kosten über € 50 Mio definiert, berechnet nach der Grundlage der zum Tag der Gewährung geltenden Preise und Wechselkurse.[534]

Beispiel: *Der Mitgliedstaat F will das im Automotivsektor tätige heimische Unternehmen Y mit einer regionalen Investitionsbeihilfe unterstützen. Y plant das in einem C-Fördergebiet liegende Werk zu erweitern. Mit dem Ausbau des Werks ist eine neue Wirtschaftstätigkeit verbunden. Die Kosten des Ausbaus betragen € 90 Mio. Es handelt*

[524] Art 4 Abs 1 lit a AGVO.
[525] Art 14 Abs 12 AGVO.
[526] Art 14 Abs 12 AGVO.
[527] Art 14 Abs 4 lit a AGVO.
[528] Art 14 Abs 4 lit b AGVO.
[529] Art 14 Abs 4 lit c AGVO.
[530] Art 14 Abs 5 AGVO.
[531] Art 14 Abs 6 AGVO.
[532] Art 14 Abs 14 AGVO.
[533] Art 14 Abs 12 letzter Satz AGVO.
[534] Art 2 Z 52 AGVO.

sich folglich um ein großes Investitionsvorhaben. In diesem Fall ist der angepasste Beihilfehöchstsatz heranzuziehen.[535]

Regionale Betriebsbeihilferegelungen in Gebieten in äußerster Randlage, Gebieten mit sehr geringer Bevölkerungsdichte und Gebieten mit geringer Bevölkerungsdichte sind von der Anmeldepflicht befreit, sofern sie die allgemeinen und besonderen Voraussetzungen in Art 15 AGVO erfüllen.[536]

Erfasst sind nur Beihilferegelungen (zB Richtlinien). Ad-hoc Beihilfen können nicht auf der Grundlage von Art 15 AGVO gewährt werden.

Regionale Stadtentwicklungsbeihilfen sind von der Anmeldepflicht freigestellt, sofern die allgemeinen und die in Art 16 AGVO festgelegten Voraussetzungen erfüllt sind. Es wird dabei zwischen Stadtentwicklungsprojekten, Stadtentwicklungsmaßnahmen und Stadtentwicklungsfonds unterschieden.

Die Gesamtinvestition in ein Stadtentwicklungsprojekt im Rahmen einer Stadtentwicklungsbeihilfe darf € 22 Mio nicht überschreiten.[537]

Beihilfen eines Stadtentwicklungsfonds für beihilfefähige Stadtentwicklungsprojekte können in Form von Beteiligungen, beteiligungsähnlichen Instrumenten, Krediten, Garantien oder einer Kombination daraus gewährt werden.[538]

c. *KMU-Beihilfen*

Literatur: *Bartosch*, Die neue Allgemeine Gruppenfreistellungsverordnung im EG-Beihilfenrecht, NJW 2008, 3612; *ders*, EU-Beihilfenrecht[3] (2020); *Frenz*, KMU-Beihilfen, GewA 2019, 49; *Säcker*, Münchner Kommentar Europäisches und Deutsches Wettbewerbsrecht V: Beihilfenrecht[4] (2022).

Ein zentrales Anliegen der Europäischen Union ist die Förderung von KMU.[539] Durch die Freistellung von KMU-Beihilfen soll den Schwierigkeiten begegnet werden, denen KMU aufgrund ihrer geringen Größe und Marktversagen ausgesetzt sind.[540]

---

535 Beihilfehöchstsatz = R x (A + 0,5 x B + 0 x C). Dabei entspricht R der in dem betreffenden Gebiet geltenden und in einer genehmigten Fördergebietskarte festgelegten Beihilfehöchstintensität (ohne Anhebung der Beihilfeintensität für KMU). A steht für den Teil der beihilfefähigen Kosten, der sich auf € 50 Mio beläuft, B für den zwischen € 50 Mio und € 100 Mio liegenden Teil der beihilfefähigen Kosten und C für den über € 100 Mio liegenden Teil.

536 S dazu ausführlich *Otter/Rohde/Weise* in Säcker, MüKoWettbR: BeihilfenR V[4] VO (EU) 651/2014 Art 15 Rz 1.

537 Art 4 Abs 1 lit b iVm Art 16 Abs 3 AGVO.

538 Art 16 Abs 5 AGVO.

539 S dazu die Mitteilung der Kommission an das Europäische Parlament, den Rat, den Europäischen Wirtschafts- und Sozialausschuss und den Ausschuss der Regionen, Überprüfung des „Small Business Act" für Europa, KOM(2011) 78 endg; *Lünenbürger/Manthey* in MüKoWettbR V: BeihilfenR[4] VO (EU) 651/2014 Vor Art 17 Rz 1.

540 *Lünenbürger/Manthey* in MüKoWettbR V: BeihilfenR[4] VO (EU) 651/2014 Vor Art 17 Rz 1.

Maßgeblich für die Inanspruchnahme von KMU-Beihilfen ist die Frage, ob ein Unternehmen ein KMU ist. Diese Frage richtet sich nach der Empfehlung der Europäischen Union zur KMU-Definition aus 2003 bzw Anhang I zur AVGO.[541]

Auf der Grundlage der AGVO können KMU-Beihilfen als **Investitionsbeihilfen,**[542] **für die Inanspruchnahme von Beratungsdiensten,**[543] für die **Teilnahme an Messen**[544]**, für die Teilnahme an Projekten** der von der örtlichen Bevölkerung betriebenen lokalen Entwicklung („**CLLD**"),[545] als **Energiekostenbeihilfen**[546] oder für **Kooperationskosten für Projekte** der europäischen territorialen Zusammenarbeit („**ETZ-Projekte**")[547] gewährt werden. **Investitionsbeihilfen für KMU** können bis zu einer Höhe von € 8,25 Mio auf Basis der AGVO freigestellt,[548] und für bis zu 20 % der beihilfefähigen Kosten bei kleinen Unternehmen (bis zu 10 % bei mittleren Unternehmen) für Investitionen in materielle und immaterielle Vermögenswerte und die voraussichtlichen Lohnkosten über zwei Jahre für die Arbeitsplätze, die durch eine Erstinvestition geschaffen worden sind, gewährt werden.[549]

Beispiel: *Der Mitgliedstaat B gewährt heimischen Biotech-Unternehmen, die sich an der Forschung zur Entwicklung von Coronamedikamenten beteiligen, eine finanzielle Zuwendung iHv € 3 Mio, um entsprechende Testlabore zu errichten. Zudem wird der dazu benötigte Personalaufwand in Form eines Zuschusses zu den Lohnkosten für zwei Jahre für jene Arbeitsplätze gefördert, der durch den Aufbau entsprechender Labore zusätzlich benötigt wird.*

KMU-Beihilfen für die Inanspruchnahme von Beratungsdiensten können bis zu einer Höhe von € 2,2 Mio pro Unternehmen und Investitionsvorhaben auf Basis der AGVO freigestellt werden.[550] Die Beihilfen können dabei für bis zu 50 % der Kosten für Beratungsleistungen von externen Beratern gewährt werden.[551]

KMU-Beihilfen für die Teilnahme an Messen können bis zu einer Höhe von € 2,2 Mio pro Unternehmen und Investitionsvorhaben auf Basis der AGVO freigestellt werden.[552] Beihilfen können dabei bis zu 50 % der Kosten für Miete,

---

541 S Anhang I zur AGVO; weiterführend auch den Benutzerleitfaden zur Definition von KMU (KMU-Leitfaden), abrufbar unter <https://publications.europa.eu/resource/cellar/79c0ce87-f4dc-11e6-8a35-01aa75ed71a1.0004.01/DOC_1> (Stand 15.07.2021).

542 Art 17 AGVO.

543 Art 18 AGVO.

544 Art 19 AGVO.

545 Art 19a AGVO und Art 19b AGVO.

546 Art 19c AGVO und Art 19d AGVO.

547 Art 20 AGVO.

548 Art 4 Abs 1 lit c AGVO.

549 S ausführlich Art 17 Abs 2 AGVO.

550 Art 4 Abs 1 lit d AGVO.

551 Art 18 Abs 2 und 3 AGVO

552 Art 4 Abs 1 lit e AGVO.

Aufbau und Betrieb eines Stands bei Teilnahme eines Unternehmens an einer bestimmten Messe oder Ausstellung finanzieren.[553]

Beispiel: *Der Bund möchte Start-Up-Unternehmen dabei unterstützen, an Messen teilzunehmen, um ihre Produkte und Dienstleistungen der Öffentlichkeit präsentieren und ihren Bekanntheitsgrad über die Region hinaus vorantreiben zu können. Dabei verabschiedet das zuständige Bundesministerium eine Richtlinie für Kleinstunternehmen der Start-Up-Szene und fördert 50% der Kosten für Miete, Aufbau und Betrieb eines Stands, wenn Kleinstunternehmen an der Start-up-Messe 2021 in der Stadt W teilnehmen.*

d. Risikofinanzierungsbeihilfen

Literatur: *Bartosch*, Die neue Allgemeine Gruppenfreistellungsverordnung im EG-Beihilfenrecht, NJW 2008, 3612; *ders*, EU-Beihilfenrecht³ (2020); *De Stefano/Dutillieux*, Rosl Finance Aid: Facilitating Access to Finance for SMEs, Start-Ups and Small or Innovtive Middle-Capitalisation Firms, EStAL 2022, 222; *Wiktora*, Beihilfen zur Förderung von Risikofinanzierungen: praktische Bemerkungen zum Anwendungsbereich (Teil 1), BRZ 2016, 67; *ders*, Beihilfen zur Förderung von Risikofinanzierungen: praktische Bemerkungen zum Anwendungsbereich (Teil 2), BRZ 2016, 111.

Gemäß Art 21 AGVO können Risikofinanzierungsbeihilferegelungen zugunsten von KMU unter bestimmten Kriterien von der Anmeldepflicht freigestellt sein.[554] Dabei sind drei Ebenen zu unterscheiden:
- die Ebene des unabhängigen privaten Investors (**Investorenebene**),
- die **Ebene der Finanzintermediäre**,
- die Ebene der beihilfefähigen Unternehmen (**Unternehmensebene**).

Beihilfefähige Unternehmen sind Unternehmen, die zu Beginn der Bereitstellung einer Risikofinanzierung nicht börsennotiert und noch auf keinem Markt sind[555] oder seit ihrem ersten kommerziellen Verkauf noch keine 7 Jahre gewerblich tätig sind[556] oder eine Erstinvestition benötigen, die ausgehend von einem mit Blick auf eine neue Wirtschaftstätigkeit erstellten Geschäftsplan von mehr als 50% ihres durchschnittlichen Jahresumsatzes in den vorangegangenen fünf Jahren ausmacht.[557] Dieser Schwellenwert ist in bestimmten Fällen sogar auf 30% begrenzt.[558].

Die Risikofinanzierungsmaßnahme kann sich auch auf Anschlussinvestitionen in beihilfefähige Unternehmen beziehen, selbst wenn sie nach Ablauf des für die Beihilfefähigkeit maßgeblichen Zeitraums getätigt werden.[559] Dies aber nur dann, wenn 1) der Gesamtbetrag der Risikonfinanzierungsmaßnahme € 16,5 Mio pro beihilfefähiges Unternehmen nicht übersteigt;[560] 2) die Möglichkeit einer Anschlussinvestition im ursprünglichen Ge-

[553] Art 19 Abs 2 und 3 AGVO.
[554] Art 21 Abs 1 AGVO.
[555] Art 21 Abs 3 lit aAGVO.
[556] Art 21 Abs 3 lit b AGVO.
[557] Art 21 Abs 3 lit c AGVO.
[558] Zu diesen Fällen siehe Art 21 Abs 3 lit c sublit i bis iii AGVO.
[559] Art 21 Abs 4 AGVO.
[560] Art 21 Abs 4 lit a AGVO.

schäftsplan vorgesehen war[561] und 3) das Unternehmen, in das die Anschlussinvestition getätigt wird kein verbundenes Unternehmen eines anderen Unternehmens geworden ist, bei dem es sich nicht um den Finanzintermediär oder den unabhängigen privaten Investor handelt, der im Rahmen der Maßnahme eine Risikofinanzierung bereitstellt, es sei denn, die neue Einheit ist ein KMU.[562]

Auf **Ebene der unabhängigen privaten Investoren** können Risikofinanzierungsbeihilfen für KMU in Form von Steueranreizen für private Investoren, gewährt werden, bei denen es sich um natürliche Personen handelt.[563]

Risikofinanzierungsbeihilfen können entweder direkt oder mittels einer betrauten Einrichtung über einen oder mehrere **Finanzintermediäre** durchgeführt werden.[564]

Risikofinanzierungsbeihilfen können in Form von Beteiligungen, beteiligungsähnlichen Investitionen, Dotationen zur unmittelbaren oder mittelbaren Bereitstellung von Risikofinanzierungen für beihilfefähige Unternehmen,[565] Krediten zur direkten oder indirekten Bereitstellung von Risikofinanzierungen für beihilfefähige Unternehmen[566] oder Garantien zur Deckung von Verlusten aus direkten oder indirekten Risikofinanzierungen für beihilfefähige Unternehmen gewährt werden.[567]

Die Finanzintermediäre und die Fondsmanager sind im Rahmen eines offenen, transparenten und diskriminierungsfreien Verfahrens im Einklang mit dem geltenden Unionsrecht und nationalen Recht auszuwählen. Dabei steht es den Mitgliedstaaten frei, die in Betracht kommenden Finanzintermediäre und Fondsmanager gegebenenfalls durch die Art der Investition an objektiv gerechtfertigte, vorab festgelegte, Kriterien zu binden.[568]

Die Finanzintermediäre haben nach wirtschaftlichen Grundsätzen zu verwalten. Davon wird ausgegangen, wenn die Voraussetzungen in Art 21 Abs 16 AGVO kumulativ erfüllt sind. Durch Risikofinanzierungsmaßnahmen wird sichergestellt, dass die Finanzintermediäre, die den öffentlichen Beitrag erhalten, bei der Bereitstellung von Risikofinanzierungen für beihilfefähige Unternehmen gewinnorientierte Entscheidungen treffen.[569]

Bei einer Risikofinanzierungsmaßnahme, mit der beihilfefähigen Unternehmen Risikofinanzierungen in Form von Garantien, Krediten oder als Verbindlichkeit ausgestalteten beteiligungsähnlichen Investitionen gewährt werden, hat der Finanzintermediär für beihilfefähige Unternehmen Risikofinanzierungen bereitzustellen, die ohne die Beihilfe nicht oder nur in beschränktem Umfang oder auf andere Weise bereitgestellt worden wären.[570]

Der Finanzintermediär muss nachweisen können, dass er anhand eines Mechanismus sicherstellt, dass alle Vorteile – in Form umfangreicherer Finanzierungen, riskanterer Portfolios, geringerer Besicherungsanforderungen, niedrigerer Garantieentgelte oder

[561] Art 21 Abs 4 lit b AGVO.
[562] Art 21 Abs 4 lit c AGVO.
[563] Art 21a AGVO.
[564] Art 21 Abs 2 AGVO.
[565] Art 21 Abs 9 lit a AGVO.
[566] Art 21 Abs 9 lit b AGVO.
[567] Art 21 Abs 9 lit c AGVO.
[568] Art 21 Abs 14 AGVO.
[569] Art 21 Abs 15 AGVO.
[570] Art 21 Abs 17 AGVO.

niedrigerer Zinssätze – so weit wie möglich an die beihilfefähigen Unternehmen weitergegeben werden.[571]

Auf **Ebene der beihilfefähigen Unternehmen** können Risikofinanzierungsbeihilfen bis zu einer Höhe von € 16,5 Mio pro beihilfefähigem Unternehmen gewährt werden.[572]

Risikofinanzierungsbeihilfen können dabei Beteiligungen, beteiligungsähnliche Investitionen, Kredite, Garantien oder eine Kombination sein.[573] Bereitsgestellte Garantien dürfen 80 % des zugrunde liegenden Kredits an das beihilfefähige Unternehmen übersteigen.[574] Bei Beteiligungen und beteiligungsähnlichen Investitionen in beihilfefähige Unternehmen darf die Risikofinanzierungsmaßnahme die Bereitstellung von Ersatzkapital nur fördern, wenn dem beihilfefähigen Unternehmen auch frisches Kapital zugeführt wird, das mindestens 50 % jeder Investitionsrunde entspricht.[575]

Bei Risikofinanzierungsmaßnahmen in Form von Beteiligungen, beteiligungsähnlichen Investitionen oder Krediten zugunsten von beihilfefähigen Unternehmen muss die Risikofinanzierungsmaßnahme auf Ebene der Finanzintermediäre oder der beihilfefähigen Unternehmen zusätzliche Finanzmittel von unabhängigen privaten Investoren mobilisieren, sodass die private Beteiligung mindestens einen der in Art 21 AGVO vorgegebenen Sätze (10 %, 40 % oder 60 %) erreicht.[576]

Risikofinanzierungsbeihilfen für KMU können **jedenfalls freigestellt** werden, wenn

- die Beihilfe auf Ebene der KMU die Voraussetzungen der De-minimis-VO[577] erfüllt;[578]
- alle Voraussetzungen des Art 21 AGVO, mit Ausnahme der in Art 21 Abs 3, 4, 8, 12 und/oder 13 genannten Voraussetzungen, erfüllt sind;[579] **und**
- Risikofinanzierungsmaßnahmen in Form von Beteiligungen, beteiligungsähnlichen Investitionen oder Investitionskrediten zugunsten von beihilfefähigen Unternehmen auf Ebene der Finanzintermediäre oder der KMU zusätzliche Finanzmittel von unabhängigen privaten Investoren mobilisieren, so dass die private Beteiligung insgesamt mindestens 60 % der für die KMU bereitgestellten Risikofinanzierungen entspricht.[580]

571 Art 21 Abs 17 AGVO.
572 Art 21 Abs 8 AGVO.
573 Art 21 Abs 5 AGVO.
574 Art 21 Abs 6 AGVO.
575 Art 21 Abs 7 AGVO.
576 Art 21 Abs 12 AGVO.
577 VO (EU) 1407/2013.
578 Art 21 Abs 18 lit a AGVO
579 Art 21 Abs 18 lit b AGVO.
580 Art 21 Abs 18 lit c AGVO.

e. *FuE-Beihilfen*

Literatur: *Bartosch*, Die neue Allgemeine Gruppenfreistellungsverordnung im EG-Beihilfenrecht, NJW 2008, 3612; *Hillemann/Wittig*, Die EU-beihilferechtliche Trennungsrechnung in der Wissenschaft – Überblick über aktuelle Rechtsfragen (2019) 6; *Nicolaides*, The Pricing of Access to Publicly-Funded Research Infrastructure and State Aid Rules, EStAL 2016, 9; *Säcker*, Münchner Kommentar Europäisches und Deutsches Wettbewerbsrecht V: Beihilfenrecht[4] (2022); *von Wendland*, Das Auftreten staatlicher Beihilfen in Forschung, Entwicklung und Innovation, Der Beihilfebegriff nach dem neuen Unionsrahmen für staatliche Beihilfen zur Förderung von Forschung, Entwicklung und Innovation, BRZ 2015, 203; *von Wendland*, Wirtschaftliche Nebentätigkeiten von Forschungseinrichtungen und Forschungsinfrastrukturen – ein sicherer Hafen?, BRZ 2019, 9.

Judikatur: EuG 24.03.2011, verb Rs T-443/08 u T-455/08, *Leipzig Halle*; EuGH 19.12.2012, C-288/11 P, *Leipzig Halle/Kommission*; EuGH 27.06.2017, C-74/16, *Congregación de Escuelas Pías Provincia Betanie/Ayuntamiento de Getafe*.

Beihilfen für Forschung und Entwicklung können für **Forschungs- und Entwicklungsvorhaben** und im Rahmen von **Investitionsbeihilfen für Forschungsinfrastrukturen** bzw **Technologieinfrastrukturen** auf Basis der AGVO freigestellt werden.

Voraussetzung für die Freistellung nach der AGVO ist das Vorliegen einer Beihilfe. Bestimmte Maßnahmen werden jedoch nicht als staatliche Beihilfen betrachtet und sind für eine Freistellung nach der AGVO mangels Vorliegen einer Beihilfe somit unbedeutend.

Übt ein und dieselbe Einrichtung sowohl wirtschaftliche als auch nichtwirtschaftliche Tätigkeiten aus, fällt die öffentliche Finanzierung der nichtwirtschaftlichen Tätigkeiten nicht unter Artikel 107 Absatz 1 AEUV, wenn die nichtwirtschaftlichen und die wirtschaftlichen Tätigkeiten und ihre Kosten, Finanzierung und Erlöse klar voneinander getrennt werden können, sodass keine Gefahr der Quersubventionierung der wirtschaftlichen Tätigkeit besteht. Der Nachweis der korrekten Zuordnung der Kosten, Finanzierung und Erlöse kann dabei im Jahresabschluss der betreffenden Einrichtung geführt werden.[581]

Keine Beihilfe liegt außerdem vor, wenn die wirtschaftlichen Tätigkeiten mit dem Betrieb einer Forschungseinrichtung oder Forschungsinfrastruktur unmittelbar verbunden sind und dafür erforderlich ist oder die in untrennbarem Zusammenhang mit der nichtwirtschaftlichen Haupttätigkeit steht und deren Umfang begrenzt ist.[582] Der Umfang ist begrenzt, wenn die der wirtschaftlichen Tätigkeit zugewiesene Kapazität nicht mehr als 20 % der jährlichen Kapazität der Einrichtung beträgt.[583]

Beihilfen für Forschungs- und Entwicklungsvorhaben müssen einer oder mehreren Kategorien (FuE-Kategorien) zugeordnet werden. Man unterscheidet

---

581 S dazu Tz 18 des FuE-Unionsrahmens.

582 S dazu Tz 20 des FuE-Unionsrahmens.

583 Vgl Tz 20 des FuE-Unionsrahmens sowie ErwGr 49 zur AGVO; kritisch Schlussanträge der GA *Kokott* 16.02.2017, C-74/16, *Congregación de Escuelas Pias Provincia Betania/ Ayuntamiento de Getafe* Rz 56 f; *Bartosch*, EU-BeihilfenR[3] Einl Rz 35.

dabei zwischen **Grundlagenforschung**[584], **industrielle Forschung**[585], **experimentelle Entwicklung**[586] und **Durchführbarkeitsstudien**[587].

Auch eine Kombination verschiedener FuE-Kategorien ist möglich. Die Zuordnung muss aber nicht den chronologischen Ablauf des Vorhabens widerspiegeln. Im Fall einer Kombination verschiedener FuE-Kategorien bestimmt sich der anzuwendende Schwellenwert nach der überwiegenden FuE-Kategorie.[588] Die für die verschiedenen FuE-Kategorien festgelegten Beihilfeintensitäten bleiben davon unberührt.

Beispiel: *Die Untersuchung einer bestimmten Art von Polymerisierungsreaktionen unter verschiedenen Bedingungen ist Grundlagenforschung. Industrielle Forschung wäre*

---

584 „Grundlagenforschung" umfasst experimentelle oder theoretische Arbeiten, die in erster Linie dem Erwerb neuen Grundlagenwissens ohne erkennbare direkte kommerzielle Anwendungsmöglichkeiten dienen (Art 2 Z 84 AGVO).

585 „Industrielle Forschung" ist planmäßiges Forschen oder kritisches Erforschen zur Gewinnung neuer Kenntnisse und Fertigkeiten mit dem Ziel, in beliebigen Bereichen, Technologien, Branchen oder Wirtschaftszweigen (u.a. digitale Branchen und Technologien wie Hochleistungsrechnen, Quantentechnologien, Blockchain-Technologien, künstliche Intelligenz, Cybersicherheit, Big Data und Cloud-Technologien) neue oder erheblich verbesserte Produkte, Verfahren oder Dienstleistungen einschließlich digitaler Produkte, Verfahren oder Dienstleistungen zu entwickeln. Hierzu zählen auch die Entwicklung von Teilen komplexer Systeme und unter Umständen auch der Bau von Prototypen in einer Laborumgebung oder in einer Umgebung mit simulierten Schnittstellen zu bestehenden Systemen sowie von Pilotlinien, wenn dies für die industrielle Forschung und insbesondere die Validierung von technologischen Grundlagen notwendig ist (Art 2 Z 85 AGVO).

586 „Experimentelle Entwicklung" ist der Erwerb, Kombination, Gestaltung und Nutzung vorhandener wissenschaftlicher, technischer, wirtschaftlicher und sonstiger einschlägiger Kenntnisse und Fertigkeiten mit dem Ziel, in beliebigen Bereichen, Technologien, Branchen oder Wirtschaftszweigen (u. a. digitale Branchen und Technologien wie Hochleistungsrechnen, Quantentechnologien, Blockchain-Technologien, künstliche Intelligenz, Cybersicherheit, Big Data und Cloud-Technologien) neue oder verbesserte Produkte, Verfahren oder Dienstleistungen einschließlich digitaler Produkte, Verfahren oder Dienstleistungen zu entwickeln. Dazu zählen zum Beispiel auch Tätigkeiten zur Konzeption, Planung und Dokumentation neuer Produkte, Verfahren und Dienstleistungen. Die experimentelle Entwicklung kann die Entwicklung von Prototypen, Demonstrationsmaßnahmen, Pilotprojekte sowie die Erprobung und Validierung neuer oder verbesserter Produkte, Verfahren und Dienstleistungen in einem für die realen Einsatzbedingungen repräsentativen Umfeld umfassen, wenn das Hauptziel dieser Maßnahmen darin besteht, im Wesentlichen noch nicht feststehende Produkte, Verfahren oder Dienstleistungen weiter zu verbessern. Die experimentelle Entwicklung kann die Entwicklung von kommerziell nutzbaren Prototypen und Pilotprojekten einschließen, wenn es sich dabei zwangsläufig um das kommerzielle Endprodukt handelt und dessen Herstellung allein für Demonstrations- und Validierungszwecke zu teuer wäre. Die experimentelle Entwicklung umfasst keine routinemäßigen oder regelmäßigen Änderungen an bestehenden Produkten, Produktionslinien, Produktionsverfahren, Dienstleistungen oder anderen laufenden betrieblichen Prozessen, selbst wenn diese Änderungen Verbesserungen darstellen sollten (Art 2 Z 86 AGVO).

587 „Durchführbarkeitsstudien" bezeichnen die Bewertung und Analyse des Potenzials eines Vorhabens mit dem Ziel, die Entscheidungsfindung durch objektive und rationale Darlegung seiner Stärken und Schwächen sowie der mit ihm verbundenen Möglichkeiten und Gefahren zu erleichtern und festzustellen, welche Ressourcen für seine Durchführung erforderlich wären und welche Erfolgsaussichten das Vorhaben hätte (Art 2 Z 87 AGVO).

588 *von Wendland* in MüKoWettbR V: BeihilfenR[4] Art 25 VO (EU) 651/2014 Rz 18.

der Versuch, eine dieser Reaktionen im Hinblick auf die Erzeugung eines polymeren Körpers mit bestimmten physikalischen und mechanischen Eigenschaften zu optimieren (wodurch er besonders verwendungsfähig wird). Experimentelle Entwicklung befasst sich hingegen mit der Untersuchung und Bewertung möglicher Methoden zur Umsetzung des im Labor optimierten Verfahrens in die Produktion des polymeren Körpers und auch der daraus zu fertigenden Produkte.[589]

Je nach Forschungskategorie unterscheiden sich die Anmeldeschwellen und die höchstzulässige Beihilfeintensität.

Die genannten Höchstwerte (Anmeldeschwellen) beziehen sich auf die gewährten Beihilfen, nicht etwa auf die Kosten des jeweiligen Vorhabens.[590]

Für **Grundlagenforschung** können bis zu **100 %** der beihilfefähigen Kosten und höchstens **€ 55 Mio** pro Unternehmen und Vorhaben gewährt werden.

Für **industrielle Forschung** können bis zu **50 %** der beihilfefähigen Kosten und höchstens **€ 35 Mio** pro Unternehmen und Vorhaben gewährt werden.

Unter bestimmten Voraussetzungen können Beihilfen für industrielle Forschung und experimentelle Entwicklung auf bis zu 80 % der beihilfefähigen Kosten erhöht werden.[591] Die AGVO kennt zB den sog „Kooperationszuschlag" für Kooperationsprojekte zwischen Unternehmen (Vorhaben, die eine wirksame Zusammenarbeit zwischen den Unternehmen und mindestens einem KMU, beinhalten).[592]

Für **experimentelle Entwicklung** können bis zu **25 %** der beihilfefähigen Kosten und höchstens **€ 25 Mio** pro Unternehmen und Vorhaben gewährt werden.

Für **Durchführbarkeitsstudien** zur Vorbereitung von Forschungstätigkeiten können bis zu **50 %** der beihilfefähigen Kosten und höchstens **€ 8,25 Mio** pro Studie gewährt werden.

Bei Durchführbarkeitsstudien kleiner und mittlerer Unternehmen können Beihilfen für bis zu 60 % (Kleinunternehmen) bzw 70 % (mittlere Unternehmen) der beihilfefähigen Kosten gewährt werden.

Beihilfefähige Kosten von FuE-Vorhaben umfassen die Personalkosten,[593] Kosten für Instrumente und Ausrüstung, Gebäude und Grundstücke, soweit und solange sie für das Vorhaben genutzt werden,[594] Kosten für Auftragsforschung,[595] zusätzliche Gemeinkosten und sonstige Betriebskosten, die unmittelbar durch

589 Zu diesem und weiteren Beispielen s *OECD*, Frascati-Handbuch (2015) 57 ff.

590 *Bartosch*, EU-BeihilfenR[3] Art 107 Abs 3 AEUV Rz 150.

591 S Art 25 Abs 6 AGVO.

592 Der Kooperationszuschlag setzt voraus, dass bei Unternehmenskooperationen kein Unternehmen mehr als 70 % der beihilfefähigen Kosten trägt und mindestens ein Unternehmen ein KMU ist bzw bei Kooperationen mit Forschungseinrichtungen diese wenigstens 10 % der beihilfefähigen Kosten tragen und ihre eigenen Forschungsergebnisse veröffentlichen dürfen. Liegen diese Voraussetzungen vor, kann ein Zuschlag von 15 % der beihilfefähigen Kosten gewährt werden.

593 Art 25 Abs 3 lit a AGVO.

594 Art 25 Abs 3 lit b und c AGVO

595 Art 25 Abs 3 lit d AGVO

das Vorhaben entstehen[596] und bei Durchführbarkeitsstudien die Kosten der Studie.[597]

Beispiel: *Der Bund gewährt der Universität U eine FuE-Beihilfe iHv € 600.000 für theoretische Forschungsarbeiten (Grundlagenforschung) im Zusammenhang mit der rechtlichen Aufarbeitung sog „Smart-Contracts“ und Kryptowährungen. Mit der Beihilfe sollen wissenschaftliches Personal, sowie Fachliteratur und Reisekosten iZm Tagungen zum Forschungsthema abgedeckt werden. Die Beihilfe kann als FuE-Beihilfe auf der Grundlage der AGVO freigestellt werden. Es handelt sich dabei um die FuE-Kategorie: Grundlagenforschung. Mit der Beihilfe können daher bis zu 100% der beihilfefähigen Kosten gewährt werden.*

Forschungskategorie	Beihilfeintensität	Schwelle
Grundlagenforschung	100 %	€ 55 Mio
Industrielle Forschung	50 %	€ 35 Mio
Experimentelle Entwicklung	25 %	€ 25 Mio
Durchführbarkeitsstudien	50 %	€ 8,25 Mio

Durch die **AGVO-Novellen 2017 und 2021** wurden auch Freistellungsmöglichkeiten für Beihilfen für mit einem Exzellenzsiegel ausgezeichnete Vorhaben (Art 25a AGVO), Beihilfen für Marie-Sklodowska-Curie-Maßnahmen und vom ERC geförderte Maßnahmen für den Konzeptnachweis (Art 25b AGVO), Beihilfen im Rahmen von kofinanzierten Forschungs- und Entwicklungsvorhaben (Art 25c AGVO) sowie Beihilfen für Teaming Maßnahmen (Art 25d AGVO) geschaffen.

Investitionsbeihilfen für den Bau und Ausbau von Forschungsinfrastrukturen können unter Einhaltung der allgemeinen und besonderen Voraussetzungen in Art 26 AGVO auf Basis der AGVO freigestellt sein.

Wenn die Infrastruktur fast ausschließlich für eine nichtwirtschaftliche Tätigkeit genutzt wird, kann ihre Finanzierung ganz aus dem Anwendungsbereich des Beihilferechts herausfallen, sofern die wirtschaftliche Nutzung eine reine Nebentätigkeit darstellt, dh eine Tätigkeit, die mit dem Betrieb der Infrastruktur unmittelbar verbunden und dafür erforderlich ist oder die in untrennbarem Zusammenhang mit der nichtwirtschaftlichen Haupttätigkeit steht und ihr Umfang begrenzt ist. Dies ist in der Regel der Fall, wenn für die wirtschaftlichen Tätigkeiten dieselben Inputs (wie Material, Ausrüstung, Personal und Anlagekapital) eingesetzt werden wie für die nichtwirtschaftlichen Tätigkeiten und wenn die für die betreffende wirtschaftliche Tätigkeit jährlich zugewiesene Kapazität nicht mehr als 20% der jährlichen Gesamtkapazität der betreffenden Forschungsinfrastruktur beträgt.[598]

Beispiel: *Das Forschungsinstitut E hat Finanzierungsmittel aus dem EFRE (Europäischer Fonds für regionale Entwicklung) erhalten. Diese Mittel werden für Investitionen*

596 Art 25 Abs 3 lit e AGVO
597 Art 25 Abs 4 AGVO
598 ErwGr 49 zur AGVO.

in die bauliche Infrastruktur verwendet. Die durch diese Mittel finanzierten Vorhaben werden als nichtwirtschaftlich eingestuft. Zudem werden getrennte Konten für die wirtschaftlichen Tätigkeiten und die nichtwirtschaftlichen Tätigkeiten geführt. Die für die wirtschaftliche Tätigkeit jährlich zugewiesene Kapazität beträgt außerdem 13% und stellt eine reine Nebentätigkeit dar.

Forschungsinfrastrukturen, die sowohl nichtwirtschaftliche als auch wirtschaftliche Tätigkeiten ausüben, müssen über ihre Finanzierung, Kosten und Erlöse aus diesen Tätigkeiten getrennt Buch führen.[599] Es ist eine **Trennungsrechnung** nach einheitlich angewandten und sachlich gerechtfertigten Kostenrechnungsgrundsätzen zu erstellen. Außerdem ist ein Monitoring- und Rückforderungsmechanismus einzurichten.[600]

Die Trennungsrechnung verfolgt das Ziel, dass jede Gefahr einer Quersubventionierung ihrer wirtschaftlichen Tätigkeiten mit den öffentlichen Geldern, die sie für ihre nicht wirtschaftlichen Tätigkeiten erhält, ausgeschlossen ist.[601]

Investitionsbeihilfen können bis zu € 35 Mio je Infrastruktur und für höchstens 50% der Investitionen in materielle und immaterielle Vermögenswerte gewährt werden.

Der für den Betrieb oder die Nutzung der Infrastruktur berechnete Preis muss dem Marktpreis entsprechen.[602] Die Infrastruktur muss mehreren Nutzern offenstehen und der Zugang zu transparenten und diskriminierungsfreien Bedingungen gewährt werden. Ein bevorzugter Zugang zu günstigeren Bedingungen kann Unternehmen gewährt werden, die mindestens 10% der Investitionskosten der Infrastruktur finanziert haben. Die Bedingungen für diesen Zugang müssen öffentlich zugänglich sein.[603]

Beihilfen für den Bau oder die Modernisierung für Erprobungs- und Versuchsinfrastrukturen können unter Einhaltung der allgemeinen und besonderen Voraussetzungen in Art 26a AGVO auf Basis der AGVO freigestellt sein.

Seit der AGVO-Green Deal Novelle 2023 finden sog „Technologieinfrastrukturen" in der AGVO nun Berücksichtigung.

Erprobungs- und Versuchsinfrastrukturen werden zuweilen auch als Technologieinfrastrukturen bezeichnet.[604] Im Gegensatz zu Forschungsinfrastrukturen werden Erprobungs- und Versuchsinfrastrukturen vorwiegend für wirtschaftliche Tätigkeiten, insb für die Erbringung bestimmter Dienstleistungen für Unternehmen genutzt.[605]

Erprobungs- und Versuchsinfrastrukturen sind Einrichtungen, Ausrüstung, Kapazitäten und damit zusammenhängende unterstützende Dienste, die für die Entwicklung, Erprobung und Hochskalierung von Technologien erforderlich sind, um durch industrielle Forschung und experimentelle Entwicklung von der Validierung in einem Labor zu einer

599 Art 2 Z 83 AGVO.

600 Art 26 Abs 7 AGVO.

601 EuGH 27.06.2017, C-74/16, *Congregación de Escuelas Pías Provincia Betanie/Ayuntamiento de Getafe* Rn 51.

602 Art 26 Abs 3 AGVO.

603 Art 26 Abs 4 AGVO.

604 Art 2 Z 98a AGVO:

605 ErwGr 2 AGVO 2022.

dem operativen Umfeld entsprechenden Validierung zu gelangen, und deren Nutzer vor allem Akteure aus der Industrie, einschließlich KMU sind, die Unterstützung für die Entwicklung und Integration innovativer Technologien im Hinblick auf die Entwicklung neuer Produkte, Verfahren und Dienstleistungen unter Sicherstellung der Machbarkeit und der Einhaltung der regulatorischen Vorgaben suchen.[606]

Der für den Betrieb oder die Nutzung der Infrastruktur berechnete Preis muss dabei dem Marktpreis entsprechen.[607] Die Infrastruktur muss mehreren Nutzern offenstehen und ein transparenter, diskriminierungsfreier Zugang gewährt werden.[608] Beihilfefähig sind die Investitionskosten in materielle und immaterielle Vermögenswerte.[609]

Beihilfen dürfen dabei für höchstens 25 % der beihilfefähigen Kosten und € 25 Mio pro Infrastruktur gewährt werden.[610] Die Förderhöhe kann jedoch auf bis zu 60 % angehoben werden.

Beihilfen für mittlere Unternehmen können bis zu 35%, kleine Unternehmen können bis zu 45 % gefördert werden.[611] Diese Förderhöhen können noch um weitere 10 % erhöht werden, bei grenzübergreifenden Erprobungs- und Versuchsinfrastrukturen, für die mindestens zwei Mitgliedstaaten öffentliche Mittel bereitstellen oder bei auf Unionsebene bewerteten und ausgewählten Erprobungs- und Versuchsinfrastrukturen.[612] Zudem können weitere 5 % aufgeschlagen werden, wenn es sich um Erprobungs- und Versuchsinfrastrukturen handelt, bei denen mindestens 80% der jährlichen Kapazitäten KMU zugewiesen werden.[613]

Die Abgrenzung zwischen Forschungsinfrastrukturen und Erprobungs- und Versuchsinfrastrukturen ist somit entscheidend für die Höchstbeihilfeintensität. Während Forschungsinfrastrukturen allgemein mit 50 % finanziert werden können, sieht die AGVO bei Technologieinfrastrukturen grds 25 % vor.

f. Innovationsbeihilfen

Literatur: *Bartosch*, Die neue Allgemeine Gruppenfreistellungsverordnung im EG-Beihilfenrecht, NJW 2008, 3612; *ders*, EU-Beihilfenrecht[3] (2020); *Cisneros*, The role of EU State Aid Law in promoting a Pro-innovation Policy 2014; *Säcker*, Münchner Kommentar Europäisches und Deutsches Wettbewerbsrecht V: Beihilfenrecht[4] (2022); *von Wendland*, Das Auftreten staatlicher Beihilfen in Forschung, Entwicklung und Innovation, Der Beihilfebegriff nach dem neuen Unionsrahmen für staatliche Beihilfen zur För-

606 Art 2 Z 98a AGVO.
607 Art 26a Abs 2 AGVO. Gibt es keinen Marktpreis, sind die Kosten zuzüglich einer angemessenen Gewinnspanne maßgeblich.
608 Art 26a Abs 3 AGVO.
609 Art 26a Abs 4 AGVO.
610 Art 4 Abs 1 lit ja AGVO; Art 26a Abs 5 AGVO.
611 Art 26a Abs 6 lit a AGVO.
612 Art 26a Abs 6 lit b AGVO.
613 Art 26a Abs 6 lit c AGVO.

derung von Forschung, Entwicklung und Innovation, BRZ 2015, 203; *ders*, New Rules for State Aid for Research, Development and Innovation: „Not a Revolution but a Silent Reform", EStAL 1/2015, 25.

Neben den Forschungs- und Entwicklungsbeihilfen können auch Innovationsbeihilfen zu nachhaltigem wirtschaftlichem Wachstum, größerer Wettbewerbsfähigkeit und mehr Beschäftigung beitragen.[614]

Auf der Grundlage der AGVO können **Beihilfen für Innovationscluster**,[615] **Innovationsbeihilfen für KMU**[616] oder auch **Beihilfen für Prozess- und Organisationsinnovationen**[617] gewährt werden.

Beihilfen für Innovationscluster können bis zu einer Höhe von € 10 Mio pro Innovationscluster auf Basis der AGVO freigestellt[618] und für bis zu 50 % der beihilfefähigen Kosten gewährt werden.[619]

Liegt das Innovationscluster in einem A-Fördergebiet, können bis zu 65 % der beihilfefähigen Kosten, in einem C-Fördergebiet bis zu 55 % der beihilfefähigen Kosten gefördert werden.

Je nachdem ob eine Investitions- oder Betriebsbeihilfe gewährt wird, variiert auch der Beihilfeempfänger.

Dem Eigentümer des Innovationsclusters können Investitionsbeihilfen, dem Betreiber des Innovationsclusters Betriebsbeihilfen gewährt werden. Ist der Betreiber nicht mit dem Eigentümer identisch, kann er eine eigene Rechtspersönlichkeit haben oder ein Unternehmenskonsortium ohne eigene Rechtspersönlichkeit sein.[620] Die Kosten und Einnahmen jeder Tätigkeit müssen in jedem Fall von jedem Unternehmen gemäß den geltenden Rechnungslegungsstandards getrennt verbucht werden.

Innovationscluster sind Einrichtungen oder organisierte Gruppen von unabhängigen Partnern (zB innovative Unternehmensneugründungen, KMU, Forschungseinrichtungen, Forschungsinfrastrukturen, Technologieinfrastrukturen, Zentren für digitale Innovation, gemeinnützige Einrichtungen sowie andere miteinander verbundene Wirtschaftsbeteiligte), die bspw durch digitale Mittel, die gemeinsame Nutzung und/oder Förderung der gemeinsamen Nutzung von Anlagen, den Austausch von Wissen und Know-how sowie durch einen wirksamen Beitrag zum Wissenstransfer, zur Vernetzung, Informationsverbreitung und Zusammenarbeit unter den Unternehmen und anderen Einrichtungen Innovationstätigkeiten anregen sollen.[621]

Die Räumlichkeiten, Anlagen und Tätigkeiten des Clusters müssen mehreren Nutzern offenstehen und der Zugang muss zu transparenten und diskriminierungsfreien Bedingungen gewährt werden.[622]

[614] ErwGr 45 zur AGVO.
[615] Art 27 AGVO.
[616] Art 28 AGVO.
[617] Art 29 AGVO.
[618] Art 4 Abs 1 lit k AGVO.
[619] Art 27 Abs 6 AGVO.
[620] Art 27 Abs 2 AGVO.
[621] Art 2 Z 92 AGVO.
[622] Art 27 Abs 3 AGVO.

Unter bestimmten Umständen ist ein bevorzugter Zugang möglich (Art 27 Abs 3 AGVO). Die Entgelte für die Nutzung der Einrichtungen und die Beteiligung an Tätigkeiten des Innovationsclusters müssen dem Marktpreis entsprechen bzw die Kosten einschließlich einer angemessenen Gewinnspanne widerspiegeln.[623]

Möglich sind Investitionsbeihilfen für den Auf- oder Ausbau des Innovationsclusters,[624] aber auch Betriebsbeihilfen für den Betrieb des Innovationsclusters.[625]

Beihilfefähige Kosten von Betriebsbeihilfen für Innovationscluster sind bestimmte Kosten für Personal und Verwaltung (einschließlich Gemeinkosten) für die Betreuung des Innovationsclusters, Werbemaßnahmen zur Erhöhung der Sichtbarkeit und Erweiterung des Beteiligtenkreises sowie für die Verwaltung der Einrichtungen des Innovationsclusters, die Organisation von Aus- und Weiterbildungsmaßnahmen, Workshops und Konferenzen.[626] Betriebsbeihilfen können für einen Zeitraum von bis zu zehn Jahren gewährt werden.[627]

Beispiel: *Die Universität U gründet mit dem in der Wasserstofftechnologie führenden KMU Y und dem Energieinstitut E ein Wasserstofftechnologiezentrum. Durch die gemeinsame Nutzung der Anlagen, den Austausch von Wissen und Know-how und durch den Wissenstransfer soll die Innovationstätigkeit auf dem Gebiet des Wasserstoffs angeregt werden. Dazu gründen U, Y und E die Technologiezentrum-GmbH T, die mit der Clusterorganisation betraut wird. Das Land D möchte den Auf- bzw Ausbau des Innovationsclusters mit entsprechenden Betriebsbeihilfen finanziell unterstützen. D könnte eine Betriebsbeihilfe auf der Grundlage von Art 27 AGVO bis zu € 10 Mio von der Anmeldungspflicht freistellen.*

Innovationsbeihilfen für KMU können bis zu einer Höhe von € 10 Mio je KMU und Vorhaben auf Basis der AGVO freigestellt[628] und für bis zu 50% der beihilfefähigen Kosten gewährt werden.[629]

Im besonderen Fall von Beihilfen für Innovationsberatungsdienste oder innovationsunterstützende Dienstleistungen können unter bestimmten Voraussetzungen bis zu 100% der beihilfefähigen Kosten gewährt werden.[630]

Beihilfefähige Kosten sind die Kosten für die Erlangung, Validierung und Verteidigung von Patenten und andere immaterielle Vermögenswerte, sowie die Kosten für die Abordnung hochqualifizierten Personals einer Einrichtung für Forschung und Wissensverbreitung oder eines großen Unternehmens für Tätigkeiten im Bereich Forschung, Entwicklung oder Innovation in einer neu geschaffenen Funktion innerhalb eines begünstigten KMU, wodurch jedoch kein anderes Personal ersetzt wird. Beihilfefähig sind zudem die Kosten für Inno-

---

623 Art 27 Abs 4 AGVO.
624 Art 27 Abs 5 AGVO.
625 Art 27 Abs 7 AGVO.
626 Art 27 Abs 8 AGVO.
627 Art 27 Abs 7 AGVO.
628 Art 28 AGVO iVm Art 4 Abs 1 lit l AGVO.
629 Art 28 Abs 3 AGVO.
630 Art 28 Abs 4 AGVO.

vationsberatungsdienste und innovationsunterstützende Dienstleistungen, einschließlich Diensten, die von Einrichtungen für Forschung und Wissensverbreitung, Forschungsinfrastrukturen, Erprobungs- und Versuchsinfrastrukturen oder Innovationsclustern erbracht werden.[631]

Beihilfen für Prozess- und Organisationsinnovationen können bis zu einer Höhe von € 12,5 Mio pro Unternehmen und Vorhaben auf Basis der AGVO freigestellt[632] und für bis zu 50 % der beihilfefähigen Kosten bei **KMU** gewährt werden.[633]

Organisationsinnovation ist die Anwendung neuer Organisationsmethoden in den Geschäftspraktiken, den Arbeitsabläufen oder Geschäftsbeziehungen eines Unternehmens.[634]

Prozessinnovation bezeichnet die Anwendung einer neuen oder wesentlich verbesserten Methode für die Produktion oder die Erbringung von Leistungen einschließlich wesentlicher Änderungen bei Techniken, Ausrüstungen oder Software.[635] Nicht ausreichend sind etwa geringfügige Änderungen oder Verbesserungen, Lokalisierungen, regelmäßige oder saisonale Veränderungen.

Beihilfen für Prozess- und Organisationsinnovationen für **Großunternehmen** können nur bis zu 15 % der beihilfefähigen Kosten gewährt werden und setzen eine Zusammenarbeit mit KMU und einen Kostenanteil von 30 % der beihilfefähigen Kosten durch die KMU voraus.[636]

Beihilfefähige Kosten sind die Personalkosten, Kosten für Instrumente, Ausrüstung, Gebäude und Grundstücke, soweit und solange sie für das Vorhaben genutzt werden, Kosten für Auftragsforschung, Wissen und in Lizenz erworbene Patente, zusätzliche Gemeinkosten und sonstige Betriebskosten (ua für Material, Bedarfsartikel udgl), die unmittelbar durch das Vorhaben entstehen.[637]

g. Ausbildungsbeihilfen

Literatur: *Bartosch*, Die neue Allgemeine Gruppenfreistellungsverordnung im EG-Beihilfenrecht, NJW 2008, 3612; *Buttlar/Medghoul*, The principle of incentive effect applied to training aid – Some recent cases, CPN 2008, 85; *Frenz*, Beihilfen für Ausbildung und Beschäftigung, GewA 2019, 181; *Grabitz/Hilf/Nettesheim*, Das Recht der Europäischen Union: EUV/AEUV (Werkstand: 79. EL Mai 2023); *Halder/Barbist/Krisper*, Förderungsverträge in der Praxis: Vertiefung ausgewählter Themen, in Jahrbuch Beihilfenrecht (2013) 607; *Immenga/Mestmäcker*, Wettwerbsrecht V: Beihilfenrecht[6] (2022); *Sygusch*, Der erste Entwurf zur Allgemeinen Gruppenfreistellungsverordnung der Kommission – Revolution oder Evolution?, BRZ 2013, 179; *Winkelhüsener/Schmitz*, Von

[631] Art 28 Abs 2 AGVO.
[632] Art 29 AGVO iVm Art 4 Abs 1 lit m AGVO.
[633] Art 29 Abs 4 AGVO.
[634] Art 2 Z 96 AGVO.
[635] Art 2 Z 97 AGVO.
[636] Art 29 Abs 4 AGVO.
[637] Art 29 Abs 3 AGVO.

der Automobilindustrie zur Luftfracht: Strenge Prüfung der Erforderlichkeit von Ausbildungsbeihilfen durch die Kommission vom EuG als rechtmäßig erkannt, EuZW 2010, 897.

Beispiel: *Der Mitgliedstaat D beschließt in der Region R eine Ausbildungsoffensive im Bereich Digital Skills und gewährt den Unternehmen Zuschüsse für beabsichtigte Umschulungsmaßnahmen seiner Mitarbeiter.*

Bildung und Ausbildung sind von zentraler Bedeutung für eines der Ziele der Union, der wettbewerbsfähigste und dynamischste wissensbasierte Wirtschaftsraum der Welt zu werden. Die AGVO trägt diesem Gedanken dadurch Rechnung, indem Ausbildungsbeihilfen der Kommission nicht notifiziert werden müssen, wenn die Voraussetzungen in Art 31 AGVO erfüllt sind.[638]

Ausbildungsbeihilfen ermöglichen es, die Marktschwäche auszugleichen, die damit zusammenhängt, dass die Unternehmen in der Union im Allgemeinen zu wenig in die Ausbildung ihrer Beschäftigten investieren. Sie verbessern die Qualifikation der Beschäftigten und bezwecken nicht, die Standortwahl des Unternehmens zu beeinflussen.[639]

Ausbildungsbeihilfen können bis zu einer Höhe von € 3 Mio pro Ausbildungsvorhaben auf Basis der AGVO freigestellt werden.[640]

Fällt eine Ausbildungsbeihilfe unter die AGVO, ist die Beihilfe freigestellt und muss nicht angemeldet werden. Lässt sich eine Ausbildungsbeihilfe nicht unter die AGVO subsumieren, handelt es sich dabei um eine notifizierungspflichtige Beihilfe, die bei der Kommission grds anzumelden ist. Ausbildungsmaßnahmen, die etwa allen Unternehmen unabhängig der Branche zustehen, sind mangels Selektivitätsmerkmal keine Beihilfen und müssen auch nicht freigestellt werden.

Ausbildungsbeihilfen dürfen nicht dazu dienen, **verbindliche Ausbildungsnormen**[641] einzuhalten. Jene Ausbildungskosten, die ein Unternehmen für seine Arbeitnehmer hätte vornehmen müssen, weil sie gesetzlich vorgeschrieben sind, dürfen daher nicht durch Ausbildungsbeihilfen finanziert werden.[642]

Ausbildungsbeihilfen können mit der geförderten Ausbildungsmaßnahme direkt und indirekt zusammenhängende Kosten finanzieren (**beihilfefähige Kosten**).

---

638 In diesem Fall prüft die Kommission die Ausbildungsbeihilfe nach den Kriterien, welche sie in der Mitteilung zu den Ausbildungsbeihilfen festlegt, ABl C 2009/188, 1.

639 EuGH 21.07.2011, C-459/10 P, *DHL Leipzig-Halle* Rn 42.

640 Art 4 Abs 1 lit n AGVO.

641 Der Begriff der Norm ist dabei weit zu verstehen: vgl *Nowak* in Immenga/Mestmäcker, WettbR V: BeihilfenR⁶ Art 31 AGVO Rz 7.

642 So zB bei gesetzlich vorgeschriebenen Ausbildungsmaßnahmen, wie in Bezug auf die Einhaltung der Sicherheitsvorschriften am Arbeitsplatz, da das Unternehmen diese auch ohne Beihilfe vornehmen muss.

Mit der Ausbildungsmaßnahme **direkt** in Zusammenhang stehende beihilfefähige Kosten sind:

- Personalkosten für Ausbilder, die für die Stunden anfallen, in denen sie die Ausbildungsmaßnahme durchführen;[643]
- Aufwendungen von Ausbildern und Ausbildungsteilnehmern;[644]
- Kosten für Beratungsdienste, die mit der Ausbildungsmaßnahme zusammenhängen;
- Notwendige Unterbringungskosten.[645]
- Mit der Ausbildungsmaßnahme **indirekt** in Zusammenhang stehende beihilfefähige Kosten sind:
- Personalkosten für Ausbildungsteilnehmer;
- allgemeine indirekte Kosten, die für Stunden anfallen, in denen die Ausbildungsteilnehmer an der Ausbildungsmaßnahme teilnehmen.[646]

Ausbildungsbeihilfen können grds **höchstens 50 % der beihilfefähigen Kosten** finanzieren, womit sich die Beihilfeempfänger mit der Hälfte selbst beteiligen müssen. Betrifft die Ausbildungsbeihilfe **Arbeitnehmer mit Behinderung** oder **benachteiligte Arbeitnehmer** können **60 %** der beihilfefähigen Kosten ersetzt werden. Ausbildungsbeihilfen für **mittlere Unternehmen** können **bis zu 60 %**, für **kleine Unternehmen bis zu 70 %** der beihilfefähigen Kosten betragen. Maximal können jedoch 70 % der beihilfefähigen Kosten finanziert werden, womit die Erhöhung der ursprünglich festgelegten 50 % mit **maximal 70 % gedeckelt** ist.

Beispiel: *Eine Gemeinde will die Digital Skills von benachteiligten Arbeitnehmern in Kleinunternehmen durch eine Förderung iHv 75 % der Ausbildungskosten pro Arbeitnehmer unterstützen und beruft sich dabei auf die AGVO. Bei der Maßnahme handelt es sich um eine Beihilfe, da durch den Zuschuss der Ausbildungskosten für die Verbesserung der Digital Skills die IT-Branche begünstigt wird. Zunächst dürfte die Beihilfeintensität höchstens 50 % betragen. Sie darf bei benachteiligten Arbeitnehmern aber um 10 % und bei kleinen Unternehmen um 20 % erhöht werden. Da die Beihilfeintensität gemäß Art 31 Abs 4 AGVO aber in jedem Fall mit 70 % der beihilfefähigen Kosten gedeckelt ist, darf die Förderung höchstens 70 % der Ausbildungskosten betragen.*

---

643 Somit nur die konkret angefallenen beihilfefähigen (Ausbilder-)Personalkosten für die Zeit der jeweiligen Ausbildungsmaßnahme: *Nowak* in Immenga/Mestmäcker, WettbR V: BeihilfenR[6] Art 31 AGVO Rz 8.

644 Reisekosten, Materialien und Bedarfsartikel wie etwa Ausbildungsunterlagen und Büromaterial; die Abschreibung von Werkzeugen und Ausrüstungsgegenständen, soweit sie ausschließlich für die Ausbildungsmaßnahme verwendet werden. Nicht erfasst sollen dagegen Aufwendungen für Gegenstände oder Materialien eines externen Ausbildungsanbieters sein, der diese für verschiedene Maßnahmen wiederholt einsetzen kann: *Nowak* in Immenga/Mestmäcker, WettbR V: BeihilfenR[6] Art 31 AGVO Rz 8.

645 Nach der Ansicht von *Nowak* in Immenga/Mestmäcker, WettbR V: BeihilfenR[6] Art 31 AGVO Rz 9 sind lediglich die Unterbringungskosten für auszubildende Arbeitnehmer mit Behinderung beihilfefähig und beruft sich dabei auf Art 31 Abs 3 lit b Satz 2 AGVO.

646 Verwaltungskosten, Miete, Gemeinkosten.

Für den **Seeverkehr** kann die Beihilfeintensität **bis auf 100%** der beihilfefähigen Kosten erhöht werden, wenn mit der Ausbildungsmaßnahme keine aktiven, sondern zusätzliche Besatzungsmitglieder ausgebildet werden und die Ausbildung an Bord eines Schiffs durchgeführt wird, das im Unionsregister eingetragen ist.

h. Beschäftigungsbeihilfen

Literatur: *Bartosch*, Die neue Allgemeine Gruppenfreistellungsverordnung im EG-Beihilfenrecht, NJW 2008, 3612; *ders*, EU-Beihilfenrecht[3] (2020); *Grabitz/Hilf/Nettesheim*, Das Recht der Europäischen Union: EUV/AEUV (Werkstand: 79. EL Mai 2023); *Frenz*, Beihilfen für Ausbildung und Beschäftigung, GewA 2019, 181; *Immenga/Mestmäcker*, Wettwerbsrecht: V: Beihilfenrecht[6] (2022); *Säcker*, Münchner Kommentar Europäisches und Deutsches Wettbewerbsrecht V: Beihilfenrecht[4] (2022).

Unter bestimmten Voraussetzungen sind Beschäftigungsbeihilfen für **benachteiligte Arbeitnehmer** und **Arbeitnehmer mit Behinderungen** von der Anmeldepflicht nach Art 108 Abs 3 AEUV freigestellt.

Die Art 32 und 35 AGVO enthalten Regelungen für **Beschäftigungsbeihilfen für benachteiligte Arbeitnehmer**.

Beispiel: *Das in der Region O ansässige Großunternehmen G beschäftigt ca 4000 Mitarbeiter. Das Großunternehmen verkündet einen Jobabbau, da es vor einem Branchenumbruch steht. Von der Kündigung wären 300 Mitarbeiter, vor allem über 50 Jährige betroffen, da nach Ansicht von G die zunehmende Digitalisierung junges Personal erfordere und älteres Personal daher abgebaut werden müsse. Der Staat plant, G mit einem Beschäftigungspaket finanziell von der Entscheidung abzubringen und will G eine Beschäftigungsbeihilfe iHv € 3 Mio gewähren, die vor allem auf die Weiterbeschäftigung der über 50 Jährigen abzielt. Welche Möglichkeiten im Rahmen der AGVO stehen dem Staat zur Verfügung?*

Beschäftigungsbeihilfen für benachteiligte Arbeitnehmer sollen die Hemmnisse beseitigen, diese Arbeitnehmer zu beschäftigen und zusätzliche Kosten, die aus der Unterstützung benachteiligter Arbeitnehmer resultieren, kompensieren.[647]

Beschäftigungsbeihilfen für benachteiligte Arbeitnehmer können bis zu einer Höhe von € 5,5 Mio pro Unternehmen und Jahr auf Basis der AGVO freigestellt werden.[648]

Der Begriff „**benachteiligter Arbeitnehmer**" ist in Art 2 Z 4 AGVO legal definiert.

Darunter fallen zB Personen, die in den vorangegangenen 6 Monaten keiner regulären bezahlten Beschäftigung nachgegangen sind; Personen zwischen 15 und 24 Jahre; über

647 *Lünenbürger/Manthey* in MüKoWettbR V: BeihilfenR[4] Art 35 VO (EU) 651/2014 Rz 1.
648 Art 4 Abs 1 lit o AGVO bzw Art 4 Abs 1 lit r AGVO.

50 Jährige; Alleinerzieher mit mindestens einer unterhaltsberechtigten Person; Angehörige einer ethnischen Minderheit in einem Mitgliedstaat, die ihre sprachlichen oder beruflichen Fertigkeiten bzw mehr Berufserfahrung sammeln müssen, um eine bessere Aussicht auf eine dauerhafte Beschäftigung zu haben.

Die AGVO kennt noch eine weitere Abstufung, nämlich die in Art 2 Z 5 AGVO legal definierten „stark benachteiligten Arbeitnehmer".

Für benachteiligte Arbeitnehmer können Beihilfen in Form von Lohnkostenzuschüssen für die Einstellung (Art 32 AGVO) und Beihilfen zum Ausgleich der Kosten für die Unterstützung benachteiligter Arbeitnehmer (Art 35 AGVO) gewährt werden.

Beihilfen nach Art 32 AGVO bedürfen einer Beihilferegelung. Diese Bestimmung zielt auf die **Einstellung** (nicht aber die Beschäftigung) von benachteiligten Arbeitnehmern ab. Beihilfefähig sind die Lohnkosten über einen Zeitraum von höchstens 12 Monaten (24 Monaten) nach der Einstellung eines (stark) benachteiligten Arbeitnehmers.

Beihilfen nach Art 35 AGVO können für Ad-hoc-Beihilfen und Beihilferegelungen gewährt werden. Beihilfefähig sind etwa die Kosten für die Beschäftigung von Personal für die Unterstützung benachteiligter Arbeitnehmer aufgewandte Zeit und die Kosten für die Ausbildung dieses Personals. Die Unterstützung muss dabei Maßnahmen umfassen, die die Autonomie des benachteiligten Arbeitnehmers fördern und ihn an das Arbeitsumfeld anpassen oder zur Begleitung des Arbeitnehmers bei sozialen Maßnahmen und Verwaltungsverfahren sowie zur Erleichterung der Kommunikation mit dem Unternehmer.

Beschäftigungsbeihilfen für benachteiligte Arbeitnehmer können **höchstens 50 % der beihilfefähigen Kosten** finanzieren.

In den Art 33 und 34 AGVO sind Regelungen für **Beschäftigungsbeihilfen für Arbeitnehmer mit Behinderungen** enthalten.

Beispiel: *Eine Gemeinde möchte Unternehmen in der Region dazu bewegen, verstärkt auf die Beschäftigung von Arbeitnehmer mit Behinderungen zu setzen und möchte die Unternehmen dabei finanziell unterstützen. Welche Möglichkeiten stehen der Gemeinde im Rahmen der AGVO an Beschäftigungsbeihilfen zur Verfügung?*

Beschäftigungsbeihilfen für Arbeitnehmer mit Behinderungen sollen einerseits die Mehrkosten, die Unternehmen infolge der Beschäftigung von Arbeitnehmern mit Behinderungen entstehen, ausgleichen und andererseits es Unternehmern attraktiver machen, diese Gruppe von Arbeitnehmern zu beschäftigen.[649]

Beschäftigungsbeihilfen für Arbeitnehmer mit Behinderungen können bis zu einer Höhe von € 11 Mio pro Unternehmen und Jahr auf Basis der AGVO freigestellt werden.[650]

Der Begriff **„Arbeitnehmer mit Behinderungen"** ist in Art 2 Z 3 AGVO legal definiert:

[649] *Manthey/Lünenbürger* in MüKoWettbR V: BeihilfenR[4] Art 34 VO (EU) 651/2014 Rz 1.
[650] Art 4 Abs 1 lit p AGVO bzw Art 4 Abs 1 lit q AGVO.

Personen, die nach nationalem Recht als Arbeitnehmer mit Behinderungen anerkannt sind oder langfristige, körperliche, seelische, geistige oder Sinnesbeeinträchtigungen haben, die sie in Wechselwirkung mit verschiedenen Barrieren an der vollen, wirksamen und gleichberechtigten Teilhabe am Arbeitsleben hindern können.

Für die Beschäftigung von **Arbeitnehmern mit Behinderung** können Beihilfen in Form von Lohnkostenzuschüssen (Art 33 AGVO) und Beihilfen zum Ausgleich der durch die Beschäftigung von Arbeitnehmern mit Behinderungen verursachten Mehrkosten (Art 34 AGVO) gewährt werden.

Beihilfen nach Art 33 AGVO können für Ad-hoc-Beihilfen und Beihilferegelungen gewährt werden. Beihilfefähig sind die Lohnkosten, die während der Beschäftigung des Arbeitnehmers mit Behinderungen anfallen. Die Beihilfeintensität darf 75 % der beihilfefähigen Kosten nicht überschreiten.

Beihilfen nach Art 34 AGVO können für Ad-hoc-Beihilfen und Beihilferegelungen gewährt werden. Beihilfefähig sind Kosten für eine behinderten gerechte Umgestaltung der Räumlichkeiten; die Kosten für die Beschäftigung von Personal in Bezug auf die für die Unterstützung der Arbeitnehmer mit Behinderungen aufgewandte Zeit; die Kosten für die Anschaffung und Validierung von Software für die Nutzung durch Arbeitnehmer mit Behinderungen, einschließlich adaptierter oder unterstützender Technologien; die Kosten, die direkt mit der Beförderung von Arbeitnehmern mit Behinderungen zum Arbeitsplatz und für die arbeitsbezogene Tätigkeiten verbunden sind sowie die Lohnkosten für die Stunden, die Arbeitnehmer mit Behinderungen für Rehabilitation verwenden.

Die Beihilfeintensität darf 100 % der beihilfefähigen Kosten nicht überschreiten.

Beschäftigungsbeihilfen für Arbeitnehmer mit Behinderungen können **maximal 75 % bzw 100 % der beihilfefähigen Kosten** finanzieren.

Für Beschäftigungsbeihilfen benachteiligter Arbeitnehmer und Arbeitnehmer mit Behinderungen gelten unterschiedliche Schwellenwerte.[651]

i. Umweltschutzbeihilfen

Literatur: *Bartosch*, EU-Beihilfenrecht[3] (2020); *ders*, Die neue Allgemeine Gruppenfreistellungsverordnung im EG-Beihilfenrecht, NJW 2008, 3612; *Buchmüller*, Die energie- und regulierungsrechtlichen Baustellen auf dem Weg zur Wasserstoffwirtschaft, ZUR 2021, 195; *Burgi/Zimmermann*, Der (künftige) EU-beihilferechtliche Rahmen für die Förderung von grünem Wasserstoff, ZUR 2021, 212; *Falke*, Neue Entwicklungen im Europäischen Umweltrecht, ZUR 2008, 218; *Frenz*, Das Ineinandergreifen von nationalem Steuerrecht und gemeinschaftlichem Beihilfeverbot am Beispiel einer partiellen Befreiung von der Mineralölsteuer, DStR 2000, 137; *Geipel/Heinrich*, Der Fall Hinkley Point C – Sonderbehandlung für Atomenergie?, in Haslinger/Jaeger (Hrsg), Jahrbuch Beihilferecht (2016) 313; *Grabitz/Hilf/Nettesheim*, Das Recht der Europäischen Union: EUV/AEUV (Werkstand: 79. EL Mai 2023); *Immenga/Mestmäcker*, Wettwerbsrecht V:

[651] S dazu Art 4 Abs 1 lit p und q AGVO (Arbeitnehmer mit Behinderungen) und Art 4 Abs 1 lit o und r AGVO (benachteiligte Arbeitnehmer).

Beihilfenrecht[6] (2022); *Jaeger*, Die neue Allgemeine Gruppenfreistellungsverordnung für Beihilfen, ecolex 2008, 873; *Meyer/Hoffmann*, Die grüne Transformation des europäischen Beihilferechts, EuZW 2023, 413; *Nicolaides*, Must the Commission Prohibit State Aid That Harms the Environment? EStAL 2023, 17; *Pieper*, Europarechtlicher Ordnungsrahmen für Umweltsubventionen, NVwZ 1999, 1093; *Säcker*, Münchner Kommentar Europäisches und Deutsches Wettbewerbsrecht V: Beihilfenrecht[4] (2022); *Sánchez Rydelski*, Umweltschutzbeihilfen, EuZW 2001, 458; *Wichmann*, Erzeugung und Vertrieb von Grünem Wasserstoff (Teil 1), EWeRK 2022, 93.

Damit die Investitionen in den Umweltschutz nicht am Argument der Rentabilität scheitern, enthält die AGVO in **Abschnitt 7** zahlreiche Freistellungstatbestände, die der Verbesserung des Umweltschutzes dienen (**Umweltschutzbeihilfen**).

Beihilferegelungen können dazu beitragen, um ein etwaiges Marktversagen im Bereich des Umweltschutzes zu überwinden. Staatliche Beihilfen sind nicht dazu geeignet, Investitionen zu fördern, die notwendig sind, um geltendes EU-Recht einzuhalten. Beihilfen können allerdings dazu beitragen, Unternehmen in die Lage zu versetzen, nationale Anforderungen zu erfüllen, wenn dadurch ein höherer Umweltschutz, als das Unionsrecht vorsieht, erreicht werden kann.

Umweltschutzbeihilfen sind in erster Linie dazu gedacht, die Wettbewerbsgleichheit wiederherzustellen, sodass nur jene Kosten beihilfefähig sind, die mit einem höheren Umweltschutz assoziiert werden können. Sie dürfen zudem nur Investitionen fördern, die auch zu einer direkten Verbesserung des Umweltschutzes eines Beihilfeempfängers führen.[652]

Beispiel: *Umweltschutzbeihilfen können für den Kauf einer Elektrofahrzeugflotte verwendet werden, nicht aber um die Herstellung dieser Fahrzeuge zu fördern. Die beihilfefähigen Kosten für ein Elektrofahrzeug bestimmen sich etwa dadurch, dass die Kosten für ein gleichwertiges, mit einem Verbrennungsmotor betriebenes Fahrzeug, von den Kosten für das Elektrofahrzeug in Abzug gebracht werden.*[653]

Durch die **AGVO-Novelle 2021** wurden weitere ökologische Freistellungstatbestände in die AGVO aufgenommen.

Mit der Ausweitung der AGVO wurden Gruppenfreistellungen in Bereichen überarbeitet bzw neu eingeführt, die für den Übergang zu einer grünen Wirtschaft von entscheidender Bedeutung sind. Dazu zählen Beihilfen für Energieeffizienzmaßnahmen in Gebäuden und Beihilfen für öffentlich zugängliche Lade- und Tankinfrastruktur für emissionsfreie und emissionsarme Straßenfahrzeuge.[654]

---

652 Umweltschutzbeihilfen dürfen hingegen nicht für die Herstellung umweltfreundlicherer Erzeugnisse gewährt werden.

653 Das Beispiel wurde angelehnt an *BMWi*, Handbuch über staatliche Beihilfen, 63.

654 KOM, Staatliche Beihilfen: Kommission weitet Anwendungsbereich der Allgemeinen Gruppenfreistellungsverordnung aus – häufig gestellte Fragen, QANDA/21/3805.

Durch die **AGVO-Green Deal Novelle 2023**[655] wurden weitere ökologische Freistellungstatbestände in die AGVO aufgenommen:

So wurde der Tatbestand für Investitionsbeihilfen für Lade- oder Tankinfrastrukturen (Art 36a AGVO) neu gefasst und ein neuer Tatbestand „Investitionsbeihilfen für den Erwerb sauberer oder emissionsfreier Fahrzeuge und die Nachrüstung von Fahrzeugen" eingefügt (Art 36b AGVO). Sie werden folglich unter dem Begriff der Elektromobiliätsbeihilfen (kurz: E-Mobilitätsbeihilfen) und einem eigenen Unterkapitel zusammengefasst.

Ebenfalls freistellungsfähig sind **Investitionsbeihilfen für gebäudebezogene Energieeffizienzprojekte in Form von Finanzinstrumenten**, sofern die allgemeinen und besonderen Voraussetzungen in Art 39 AGVO eingehalten werden.

Durch den Freistellungstatbestand in Art 39 AGVO wurde zunächst die Berechnung der beihilfefähigen Kosten für bestimmte Gebäudekategorien, einschließlich Wohngebäude, vereinfacht. Es wurde zudem eine neue Möglichkeit geschaffen, Beihilfen für Energieeffizienzmaßnahmen in solchen Gebäuden mit Beihilfen für am Standort des Gebäudes befindliche Anlagen zur Erzeugung erneuerbarer Energie, Ausrüstung zur Speicherung der erzeugten erneuerbaren Energie, Ausrüstung und Infrastruktur für das Laden von Elektrofahrzeugen sowie Investitionen in die Digitalisierung des Gebäudes zu kombinieren. Schließlich wurde mit dieser Regelung eine neue Bestimmung eingeführt, dass Beihilfemaßnahmen auch die Begünstigung von Energieleistungsverträgen zum Gegenstand haben können.[656]

Freistellungsfähig sind außerdem **Investitionsbeihilfen für die Sanierung von Umweltschäden**, die Rehabilitierung natürlicher Lebensräume und Ökosysteme, den Schutz bzw die Wiederherstellung der Biodiversität oder die Umsetzung naturbasierter Lösungen für die **Anpassung an den Klimawandel** und für den Klimaschutz, sofern die allgemeinen und besonderen Voraussetzungen in Art 45 AGVO eingehalten werden.

Die Anmeldeschwelle beträgt € 30 Mio pro Unternehmen und Vorhaben.[657]

Die AGVO sieht jeweils für die Begrifflichkeiten „Sanierung"[658], „Rehabilitierung"[659],

---

[655] Verordnung (EU) 2023/1315 der Kommission vom 23. Juni 2023 zur Änderung der Verordnung (EU) 651/2014 zur Feststellung der Vereinbarkeit bestimmter Gruppen von Beihilfen mit dem Binnenmarkt in Anwendung der Artikel 107 und 108 des Vertrags über die Arbeitsweise der Europäischen Union und der Verordnung (EU) 2022/2473 zur Feststellung der Vereinbarkeit bestimmter Gruppen von Beihilfen zugunsten von in der Erzeugung, Verarbeitung und Vermarktung von Erzeugnissen der Fischerei und der Aquakultur tätigen Unternehmen mit dem Binnenmarkt in Anwendung der Artikel 107 und 108 des Vertrags über die Arbeitsweise der Europäischen Union, ABl L 2023/167, 1.

[656] KOM, Staatliche Beihilfen: Kommission weitet Anwendungsbereich der Allgemeinen Gruppenfreistellungsverordnung aus – häufig gestellte Fragen, QANDA/21/3805.

[657] Art 4 Abs 1 lit s AGVO.

[658] „Sanierung" umfasst Umweltmanagementmaßnahmen wie die Entgiftung, Entfernung von Schadstoffbelastungen oder überschüssigen Nährstoffen aus Boden und Wasser, um Ursachen einer Schädigung zu beseitigen (Art 2 Z 121a AGVO).

[659] „Rehabilitierung" meint Umweltmanagementmaßnahmen zur Wiederherstellung eines Grads des Funktionierens von Ökosystemen an geschädigten Standorten, die nicht auf die Biodiversität und die Integrität eines bestimmten natürlichen oder halbnatürlichen Referenzökosystems abzielen, sondern auf erneute und dauerhafte Ökosystemdienstleistungen (Art 2 Z 121b AGVO).

„Ökosystem“[660], „Biodiversität“[661], „Umweltschaden“[662], „naturbasierte Lösung“[663] und „Wiederherstellung“[664] eine eigene Definition vor.

Investitionsbeihilfen für die Anpassung an den Klimawandel und für den Klimaschutz sind von der Anmeldepflicht freigestellt, sofern die allgemeinen und besonderen Voraussetzungen in Art 45 AGVO erfüllt sind.[665] Dabei wird zwischen Sanierung von Umweltschäden, der Rehabilitierung von geschädigten natürlichen Lebensräumen und Ökosystemen, den Schutz bzw Wiederherstellung von Biodiversität oder Ökosystemen und der Umsetzung naturbasierter Lösungen für die Anpassung an den Klimawandel und für den Klimaschutz unterschieden.[666]

Naturkatastrophen wie Erdbeben, Lawinen, Erdrutsche, Überschwemmungen, Wirbelstürme, Orkane, Vulkanausbrüche und Flächenbrände natürlichen Ursprungs sind nicht von diesem Artikel umfasst.[667]

Die Höhe der Beihilfeintensität ist unterschiedlich. Beihilfen für die Sanierung von Umweltschäden oder die Rehabilitierung von natürlichen Lebensräumen und Ökosystem können bis zu 100% finanziert werden. Beihilfen für den Schutz bzw die Wiederherstellung der Biodiversität und Maßnahmen in naturbasierte Lösungen für die Anpassung an den Klimawandel und für den Klimaschutz hingegen bis höchstens 70%.[668] Sondervorschriften gibt es bei KMU.[669]

Neben diesen neu eingeführten Freistellungstatbeständen für Umweltschutzbeihilfen enthält die AGVO **nachfolgende Kategorien von Umweltschutzbeihilfen**, die unter Einhaltung der allgemeinen und jeweils festgelegten besonderen Voraussetzungen freigestellt werden können:

660 Ein Ökosystem im Sinne des Artikels 2 Nummer 13 der Verordnung (EU) 2020/852 des Europäischen Parlaments und des Rates (Art 2 Z 121c AGVO).

661 Biodiversität im Sinne des Artikels 2 Nummer 15 der Verordnung (EU) 2020/852 (Art 2 Z 121d AGVO).

662 „Umweltschaden“ meint den Schaden, den der Verursacher dadurch herbeigeführt hat, dass er die Umwelt direkt oder indirekt belastet oder die Voraussetzungen für eine Belastung der natürlichen Umwelt oder der natürlichen Ressourcen geschaffen hat (Art 2 Z 123 AGVO).

663 „naturbasierte Lösung“ ist eine Maßnahme zum Schutz, zur Erhaltung, zur Wiederherstellung bzw zur nachhaltigen Nutzung und Bewirtschaftung natürlicher oder veränderter Land-, Süßwasser-, Küsten- und Meeresökosysteme, mit der soziale, wirtschaftliche und ökologische Herausforderungen wirksam und adaptiv angegangen werden und gleichzeitig das Wohlergehen der Menschen, Ökosystemleistungen, Resilienz und biologische Vielfalt gefördert werden (Art 2 Z 123c AGVO).

664 „Wiederherstellung“ ist der Prozess der Unterstützung der Erholung eines Ökosystems als Mittel zur Erhaltung der Biodiversität und zur Stärkung der Resilienz eines Ökosystems insbesondere gegen den Klimawandel. Die Wiederherstellung von Ökosystemen umfasst Maßnahmen, um den Zustand eines Ökosystems zu verbessern, um ein Ökosystem, das nicht mehr in gutem Zustand ist, neu aufzubauen oder wiederherzustellen und um die Resilienz eines Ökosystems und die Anpassung an den Klimawandel zu verbessern (Art 2 Z 123d AGVO).

665 Art 45 Abs 1 AGVO.

666 Art 45 Abs 2 AGVO.

667 Art 45 Abs 3 AGVO.

668 Art 45 Abs 9 AGVO.

669 Art 45 Abs 10 AGVO.

- Investitionsbeihilfen für den Umweltschutz einschließlich Dekarbonisierung (Art 36 AGVO);
- Investitionsbeihilfen für **nicht gebäudebezogene** Energieffizienzmaßnahmen (Art 38 AGVO);
- Investitionsbeihilfen für **gebäudebezogene** Energieeffizienzmaßnahmen (Art 38a GVO)
- Investitionsbeihilfen zur Förderung von erneuerbaren Energien, von erneuerbarem Wasserstoff und von hocheffizienter Kraft-Wärme-Kopplung (Art 41 AGVO);
- Betriebsbeihilfen zur Förderung von Strom aus erneuerbaren Energien (Art 42 AGVO);
- Betriebsbeihilfen zur Förderung von erneuerbaren Energien und von erneuerbarem Wasserstoff im Rahmen von kleinen Vorhaben und von Erneuerbare-Energie-Gemeinschaften (Art 43 AGVO);
- Beihilfen in Form von Steuerermäßigungen nach der Richtlinie 2003/96/EG (Art 44 AGVO);
- Investitionsbeihilfen für energieeffiziente Fernwärme und/oder Fernkälte (Art 46 AGVO);
- Investitionsbeihilfen für Ressourceneffizienz und zur Unterstützung des Übergangs zu einer Kreislaufwirtschaft (Art 47 AGVO);
- Investitionsbeihilfen für Energieinfrastrukturen (Art 48 AGVO) und
- Beihilfen für Studien und Beratungsleistungen in den Bereichen Umweltschutz und Energie (Art 49 AGVO).

Einzelne Umweltschutzbeihilfen werden in den nachstehenden Kapiteln gesondert abgehandelt und teils zusammengefasst. Auf die übrigen Beihilfetatbestände in der Kategorie Umweltschutzbeihilfen soll nur hingewiesen werden.

j. E-Mobilitätsbeihilfen

Literatur: *Bartosch*, EU-Beihilfenrecht[3] (2020); *Boesche/Wende*, Der Weg zur sauberen Mobilität und das europäische Beihilfen- und Wettbewerbsrecht, EuZW 2023, 53; *Deuster*, EU-rechtskonforme Finanzierung und Vergabe von öffentlichen Ladesäulen – Teil 1: Beihilfenrecht, KommJur 2021, 41; *Holtmann*, Vorfahrt für Elektroautos – eine Betrachtung aus Sicht des EU-Beihilfenrechts, KommJur 2015, 201; *Immenga/Mestmäcker*, Wettwerbsrecht V: Beihilfenrecht[6] (2022); *Säcker*, Münchner Kommentar Europäisches und Deutsches Wettbewerbsrecht V: Beihilfenrecht[4] (2022).

Unter dem Begriff Elektromobiliätsbeihilfen (kurz: **E-Mobilitätsbeihilfen**) lassen sich die Investitionsbeihilfen für Lade- oder Tankinfrastrukturen (Art 36a AGVO) und Investitionsbeihilfen für den Erwerb sauberer oder emissionsfreier Fahrzeuge und die Nachrüstung von Fahrzeugung (Art 36b AGVO) darstellen.

Beihilfen für öffentlich zugängliche Lade- oder Tankinfrastruktur für emissionsfreie und emissionsarme Straßenfahrzeuge können unter Einhaltung der allgemeinen und besonderen Voraussetzungen in Art 36a AGVO freigestellt werden.

Beispiel: *Aufgrund steigender Bereitschaft der Bevölkerung auf Elektrofahrzeuge umzusteigen sowie der Minimierung des CO_2-Ausstoßes plant der Mitgliedstaat D den Ausbau von Lade- und Tankinfrastruktur für Elektrofahrzeuge. Dafür beauftragt dieser die GG GmbH mit der Errichtung diverser Lade- und Tankstationen. Die GG GmbH erhält im Zuge dieser Beauftragung eine Investitionsbeihilfe iHv € 15 Mio, um das Vorhaben zu realisieren.*

Der Tatbestand zielt ab auf Beihilfen für öffentlich zugängliche Lade- oder Tankinfrastruktur für die Strom- bzw Wasserstoffversorgung von emissionsfreien und emissionsarmen Straßenfahrzeugen für Verkehrszwecke. Dadurch soll es nun möglich sein, Beihilfen für die Gesamtnetze solcher Infrastrukturen in den Mitgliedstaaten in weit größerem Umfang zu gewähren, als dies bisher möglich war. Bislang fielen nur Beihilfen für lokale Maßnahmen unter die AGVO und Beihilfen für größere Netze von Lade- und Tankinfrastrukturen mussten bei der Kommission notifiziert werden.[670]

Mitgliedstaaten können Investitionsbeihilfen für den Bau, die Installation, Aufrüstung oder Erweiterung von Auflade- oder Betankungsinfrastrukturen für Elektrofahrzeuge gewähren.[671] Es wird dabei eine Unterscheidung zwischen der Zugänglichkeit zu den Lade- oder Tankinfrastrukturen gemacht.[672]

Investitionsbeihilfen nach Art 36a AGVO können für bis zu € 30 Mio je Unternehmen und Vorhaben gewährt werden. Im Fall von Regelungen bis zu einer durchschnittlichen jährliche Mittelausstattung von € 300 Mio.[673]

Im Rahmen einer wettbewerblichen Ausschreibung kann die Beihilfeintensität bis zu 100% der beihilfefähigen Kosten betragen.[674] Bei Beihilfen ohne wettbewerbliche Ausschreibung gibt es Ausnahmen und Sondervorschriften.[675]

Investitionsbeihilfen für den Erwerb sauberer oder emissionsfreier Fahrzeuge und die Nachrüstung von Fahrzeugen sind iSd Art 107 Abs 3 AEUV mit dem Binnenmarkt vereinbar, wenn die allgemeinen und besonderen Voraussetzungen des Art 36b AGVO eingehalten werden.

Beispiel: *Die A Logistik GmbH erhält eine Investitionsbeihilfe iHv € 8 Mio zur Förderung ihres Übergangs zu emissionsfreien Lieferfahrzeugen. Dadurch kann das Unternehmen seine Fahrzeugflotte auf umweltfreundliche Modelle umstellen. Die Beihilfe deckt*

[670] KOM, Staatliche Beihilfen: Kommission weitet Anwendungsbereich der Allgemeinen Gruppenfreistellungsverordnung aus – häufig gestellte Fragen, QANDA/21/3805.

[671] Art 36a Abs 3 AGVO.

[672] Art 36a Abs 8 AGVO.

[673] Art 4 Abs 1 lit sb AGVO.

[674] Art 36a Abs 5 AGVO.

[675] Art 36a Abs 6 und 7 AGVO.

dabei 50% der Anschaffungskosten für die emissionsfreien Fahrzeuge und für die erforderliche Ladeinfrastruktur ab.

Durch Art 36b AGVO werden Maßnahmen zur Förderung der Anschaffung von sauberen und emissionsfreien Fahrzeugen für den Straßen-, Schienen-, Binnenschiffs- und Seeverkehr sowie zur Nachrüstung von anderen Fahrzeugen von der Anmeldepflicht freigestellt.

Die Begriffe „**sauberes Fahrzeug**“[676] und „**emissionsfreie Fahrzeuge**“[677] unterscheiden zwischen leichten und schweren Nutzfahrzeugen, Binnenschiffen, Seeschiffen und Schienenfahrzeugen.

Bei Investitionen umfassen die beihilfefähigen Kosten die im Erwerb oder Leasing sauberer oder emissionsfreier Fahrzeuge bestehenden Mehrkosten.[678] Bei der Nachrüstung dieser Fahrzeuge umfassen die beihilfefähigen Kosten die Investitionskosten in die Nachrüstung.[679]

Investitionsbeihilfen können bis zu einer Höhe von € 30 Mio pro Unternehmen und Vorhaben auf Basis der AGVO freigestellt werden.[680]

Die Beihilfe wird im Anschluss an ein Ausschreibungsverfahren gewährt. Die Beihilfeintensität kann höchstens 100% der beihilfefähigen Kosten betragen:
- 100% der beihilfefähigen Kosten für den Kauf oder Leasing von emissionsfreien Fahrzeugen oder die Nachrüstung von Fahrzeugen, damit diese als emissionsfreie Fahrzeuge eingestuft werden können;
- 80% der zuschussfähigen Kosten für den Kauf oder Leasing von sauberen Fahrzeugen oder für die Nachrüstung von Fahrzeugen, damit sie als saubere Fahrzeuge eingestuft werden können.

Werden Beihilfen ohne wettbewerbliche Ausschreibung gewährt, gibt es je nach Unternehmensgröße und Vorhaben Ausnahmen.[681]

k. Energieinfrastrukturbeihilfen

Literatur: *Bartosch*, EU-Beihilfenrecht[3] (2020); *Falke*, Neue Entwicklungen im Europäischen Umweltrecht, ZUR 2022, 248; *Immenga/Mestmäcker*, Wettwerbsrecht V: Beihilfenrecht[6] (2022); *Säcker*, Münchner Kommentar Europäisches und Deutsches Wettbewerbsrecht V: Beihilfenrecht[4] (2022); *Storr*, Zur Regulierung von Wasserstoffnetzen, ecolex 2023, 467.

---

676 Art 2 Z 102 f AGVO.

677 Art 2 Z 102 g AGVO.

678 Art 36b Abs 3 lit a und b AGVO.

679 Art 36b Abs 3 lit c AGVO.

680 Art 4 Abs 1 lit s AGVO; Recovery and Resilience Facility – State Aid, Guiding template: Premiums for the acquisition of zero- and low-emmission road vehicles, 36.

681 Art 36b Abs 6 und 7 AGVO.

Investitionsbeihilfen für den Bau oder die Modernisierung von Energieinfrastrukturen (**Energieinfrastrukturbeihilfen**) können unter Einhaltung der allgemeinen und besonderen Voraussetzungen der AGVO bis zu einer Höhe von € 70 Mio pro Unternehmen und Vorhaben freigestellt werden.[682]

Mit der AGVO-Green Deal Novelle 2023 wurde Art 48 AGVO abgeändert, um den aktuellen Zielen der Union Rechnung zu tragen.

Eine „**Energieinfrastruktur**" umfasst jede materielle Ausrüstung oder Anlage, die sich in der Union befindet oder die Union mit einem Drittland oder mehreren Drittländern verbindet und unter eine der folgenden Kategorien fällt:[683]
Strom;

- Gas, Erdgas (Biogas – einschließlich Biomethan – und/oder erneuerbares Gas nicht biogenen Ursprungs);
- Wasserstoff;
- Kohlendioxid;
- Infrastruktur für die Übertragung und Verteilung von thermischer Energie in Form von Dampf, heißem Wasser oder kalten Flüssigkeiten von zahlreichen Erzeugern/Nutzern unter Nutzung erneuerbarer Energie oder industrieller Abwärme;
- Vorhaben von gemeinsamem Interesse im Sinne des Art 2 Z 4 der VO (EU) 347/2013[684] und Vorhaben von gegenseitigen Interesse iSd Art 171 AEUV;
- andere Infrastrukturkategorien,

die eine physische oder drahtlose Übertragung von erneuerbarer oder ohne CO_2-Emissionen erzeugter Energie zwischen Erzeugern und Nutzern über zahlreiche Einspeise- und Ausspeisepunkte ermöglichen und zu denen Dritte Zugang haben, die nicht zu den Unternehmen des Eigentümers oder Verwalters der Infrastruktur gehören.

Beispiel: *Der Mitgliedstaat S plant den Ausbau von erneuerbarer Energie. Dafür erhielt das Unternehmen SolarPowerTech eine finanzielle Unterstützung zur Förderung seiner Aktivität im Bereich erneuerbarer Energien. Durch die Beihilfe wird ein flächendeckender Bau von Solarenergieanlagen auf öffentlichen Gebäuden ermöglicht. Die Beihilfe deckt einen beträchtlichen Teil der Installationskosten ab und ermöglicht es, saubere Energie zu erzeugen und die Abhängigkeit von nicht erneuerbarer Energie zu reduzieren.*

Ein Zugang aller Menschen in Europa zu einer sicheren, sauberen und erschwinglichen Energie gehört zu einer der Hauptprioritäten der Europäischen Union. Auch werden dadurch akribisch die Klimaziele der Union verfolgt. Dafür bedarf es erheblicher Investitionen und einer Modernisierung der Energieinfrastruktur.

682 Art 4 Abs 1 lit x AGVO.
683 Art 2 Z 130 AGVO.
684 Verordnung (EU) 347/2013 des Europäischen Parlaments und des Rates vom 17. April 2013 zu Leitlinien für die transeuropäische Energieinfrastruktur und zur Aufhebung der Entscheidung 1364/2006/EG und zur Änderung der Verordnung (EG) 713/2009, (EG) 714/2009 und (EG) 715/2009.

Eine angemessene Energieinfrastruktur ist daher eine Grundvoraussetzung für einen effizienten Energiemarkt.[685] Darauf aufbauend sind Freistellungsmöglichkeiten für Investitionsbeihilfen für Energieinfrastrukturen vorgesehen.

Wird durch eine Energieinfrastrukturbeihilfe der Anwendungsbereich der AGVO eröffnet, ist die Beihilfe freigestellt und muss folglich nicht angemeldet werden. Übersteigt eine Energieinfrastrukturbeihilfe den in der AGVO normierten Schwellenwert oder liegen die Voraussetzungen für eine Freistellung nicht vor, handelt es sich um eine notifizierungspflichtige Beihilfe, die grds bei der Kommission anzumelden ist.

Sofern die allgemeinen und besonderen Voraussetzungen in Art 48 AGVO erfüllt werden, sind Investitionsbeihilfen für den Bau oder die Modernisierung von Energieinfrastrukturen iSd Art 107 Abs 3 AEUV mit dem Binnenmarkt vereinbar.[686] Beihilfefähig sind die **gesamten Investitionskosten**.[687]

Nicht nach Art 48 AGVO **freistellungsfähig** sind:
- Beihilfen für Energieinfrastrukturen, die vollständig oder teilweise von der Regulierung des Zugangs Dritter oder der Entgelte ausgenommen sind;[688]
- Beihilfen für Vorhaben zur Strom- und Gasspeicherung;[689]
- Beihilfen für Gasinfrastrukturen, wenn die betreffende Infrastruktur nicht für die Nutzung von Wasserstoff oder erneuerbare Gase bestimmt ist oder weniger als 50% für den Transport von Wasserstoff und erneuerbaren Gasen genutzt werden.[690]

Energieinfrastrukturbeihilfen können bis zu 100% der Finanzierungslücke betragen.

Diesen Wert darf die Beihilfeintensität nicht überschreiten. Die Beihilfe muss dabei auf das für die Durchführung des geförderten Vorhabens bzw der geförderten Tätigkeit erforderliche Minimum beschränkt sein. Diese Voraussetzung gilt als erfüllt, wenn die Beihilfe der Finanzierungslücke iSd Art 2 Z 118 AGVO entspricht. Werden die Beihilfebeträge durch eine wettbewerbliche Ausschreibung bestimmt, ist eine weitere und detailliertere Prüfung der Nettomehrkosten nicht mehr erforderlich, da die Ausschreibung einen zuverlässigen Aufschluss darüber gibt, wie hoch die Beihilfe für die potenziellen Empfänger mindestens sein muss.[691]

l. Wasserstoffbeihilfen

Literatur: *Bartosch*, EU-Beihilfenrecht[3] (2020); *Buchmüller*, Die energie- und regulierungsrechtlichen Baustellen auf dem Weg zur Wasserstoffwirtschaft, ZUR 2021, 195;

---

685 S dazu Mitteilung der Kommission, Leitlinien für staatliche Klima-, Umweltschutz- und Energiebeihilfen 2022, KOM(2022/C 80(01)) 371.
686 Art 48 Abs 1 AGVO.
687 Art 48 Abs 5 AGVO.
688 Art 48 Abs 2 AGVO.
689 Art 48 Abs 3 AGVO.
690 Art 48 Abs 4 AGVO.
691 Art 48 Abs 6 AGVO.

Burgi/Zimmermann, Der (künftige) EU-beihilferechtliche Rahmen für die Förderung von grünem Wasserstoff, ZUR 2021, 212; *Immenga/Mestmäcker*, Wettwerbsrecht V: Beihilfenrecht[6] (2022); *Meyer/Hoffmann*, Die grüne Transformation des europäischen Beihilferechts, EuZW 2023, 413; *Säcker*, Münchner Kommentar Europäisches und Deutsches Wettbewerbsrecht V: Beihilfenrecht[4] (2022); *Storr*, Zur Regulierung von Wasserstoffnetzen, ecolex 2023, 467; *Wichmann*, Erzeugung und Vertrieb von Grünem Wasserstoff (Teil 1), EWeRK 2022, 93.

Im Zuge der AGVO-Green Deal Novelle 2023 wurde der Abschnitt 7 überarbeitet. Dabei wurden Tatbestände zur Förderung von Wasserstoff geändert sowie eigene Tatbestände geschaffen, um die Vereinbarkeit von Beihilfen zur Förderung von Wasserstoff in allen Wirtschaftszweigen im Einklang mit den Zielen der Wasserstoffstrategie für ein klimaneutrales Europa[692] zu bringen.[693]

Art 41 und 43 AGVO enthalten Freistellungsregelungen für **erneuerbaren Wasserstoff.**

Der Begriff „erneuerbarer Wasserstoff" wird in der AGVO in Art 2 Z 102c AGVO definiert. Darunter fällt Wasserstoff, der – im Einklang mit den in der RL (EU) 2018/2001[694] dargelegten Methode für flüssige oder gasförmige erneuerbare Verkehrskraftstoffe nicht biogenen Ursprungs – aus erneuerbaren Energien gewonnen wird.[695]

Die AGVO unterscheidet zwischen verschiedenen **wasserstofflichen Infrastrukturen**:

- Hochdruckfernleitungen für den Wasserstofftransport sowie Verteilerleitungen für die lokale Verteilung von Wasserstoff, die Netznutzern transparent und diskriminierungsfreien Zugang ermöglichen;[696]
- Speicheranlagen;[697]
- Anlagen für die Einspeisung, Übernahme, Speicherung und Rückvergasung oder Dekomprimierung von Wasserstoff oder in anderen chemischen Stoffen gebundenem Wasserstoff, um ihn in das Gas- oder Wasserstoffnetz einzuspeisen;[698]

---

[692] Mitteilung der Kommission an das Europäische Parlament, den Europäischen Rat, den Rat, den Europäischen Wirtschafts- und Sozialausschuss und den Ausschuss der Regionen – Eine Wasserstoffstrategie für ein klimaneutrales Europa (COM(2020) 301 final).

[693] ErwGr 18 zur VO (EU) 2023/1315 zur Änderung der VO (EU) 651/2014.

[694] Richtlinie (EU) 2018/2001 des Europäischen Parlaments und des Rates vom 11. Dezember 2018 zur Förderung der Nutzung von Energie aus erneuerbaren Quellen (Neufassung), ABl L 2018/328, 82.

[695] Art 2 Z 102c AGVO.

[696] Art 2 Z 130 lit c sublit i AGVO.

[697] Art 2 Z 130 lit c sublit ii AGVO: Anlagen, die zur Speicherung von hochreinem Wasserstoff genutzt werden; diese umfassen den für die Speicherung (nicht aber den für die Produktion) genutzten Teil eines Wasserstoffterminals sowie Anlagen, die ausschließlich den Betreibern von Wasserstoffnetzen für die Ausübung ihrer Tätigkeiten vorbehalten sind. Zu den Wasserstoffspeicheranlagen zählen auch an die unter Ziffer i genannten Hochdruckfernleitungen für Wasserstoff angeschlossene Untergrundspeicher.

[698] Art 2 Z 130 lit c sublit iii AGVO.

- Terminals;[699]
- Verbindungsleitungen;[700]
- Jede Ausrüstung oder Anlage, die unentbehrlich ist, um ein Wasserstoffnetz sicher und effizient zu betreiben oder bidirektionale Kapazität zu ermöglichen, einschließlich Verdichterstationen.[701]

Es kann sich dabei um neugebaute oder umgerüstete Ausrüstungen und Anlagen oder um eine Kombination aus beiden handeln.

Investitionsbeihilfen zur Förderung von erneuerbarem Wasserstoff (und von hocheffizenter Kraft-Wärme-Kopplung) können unter Einhaltung der allgemeinen und besonderen Voraussetzungen in Art 41 AGVO freigestellt werden.

Investitionsbeihilfen zur Förderung dieser Vorhaben, mit Ausnahme von Strom aus erneuerbarem Wasserstoff, sind gemäß Art 41 AGVO mit dem Binnenmarkt vereinbar und von der Anmeldepflicht in Art 108 Abs 3 AEUV freigestellt, wenn die allgemeinen und besonderen Voraussetzungen in Art 41 AGVO eingehalten werden.[702]

Art 41 AGVO unterscheidet zwischen der **Förderung von erneuerbarer Energie, von erneuerbarem Wasserstoff** und **hocheffizienter Kraft-Wärme-Kopplung**.

Freistellungsfähige Investitionsbeihilfen für den Bereich und die Erzeugung von Wasserstoff sind:

- Beihilfen für Anlagen, die ausschließlich erneuerbaren Wasserstoff erzeugen;[703]
- Anlagen, die einen Elektrolyseur und eine oder mehrere Einheiten zur Erzeugung erneuerbarer Energien nach einem einzigen Netzanschlusspunkt beinhalten, wobei die Kapazität des Elektrolyseurs die Gesamtkapazität der Einheiten zur Erzeugung erneuerbarer Energien nicht überschreiten darf.

Die Beihilfe kann sich dabei auf die gewidmete Infrastruktur für die Übertragung oder Verteilung von erneuerbarem Wasserstoff sowie auf Speicheranlagen für erneuerbaren Wasserstoff erstrecken.[704]

Beispiel: *Die HydroEco GmbH erhält im Rahmen eines Beihilfeprogramms zur Förderung von Innovationen im Bereich des erneuerbaren Wasserstoffs eine finanzielle Unterstützung iHv € 12 Mio. Das Unternehmen plant damit den Bau einer erneuerbaren Wasserstoffanlage, welche ausschließlich erneuerbaren Wasserstoff erzeugen wird.*

---

699 Art 2 Z 130 lit c sublit iv AGVO: Anlagen, in denen flüssiger Wasserstoff in gasförmigen Wasserstoff umgewandelt wird, um ihn in das Wasserstoffnetz einzuspeisen. Terminals umfassen die Zusatzeinrichtungen und die vorübergehende Speicherung, die für den Umwandlungsprozess und die anschließende Einspeisung in das Wasserstoffnetz erforderlich sind, nicht aber die für die Speicherung genutzten Teile des Terminals.

700 Art 2 Z 130 lit c sublit v AGVO: ein Wasserstoffnetz (oder ein Teil davon), das (der) eine Grenze zwischen Mitgliedstaaten quert oder überspannt, oder ein Wasserstoffnetz zwischen einem Mitgliedstaat und einem Drittland bis zum Hoheitsgebiet der Mitgliedstaaten oder zum Küstenmeer dieses Mitgliedstaats.

701 Art 2 Z 130 lit c sublit vi AGVO.

702 Art 41 Abs 1 AGVO.

703 Art 41 Abs 3 AGVO.

704 Art 41 Abs 3 AGVO.

Investitionsbeihilfen zur Erzeugung von erneuerbarem Wasserstoff können bis zu € 30 Mio pro Unternehmen und Vorhaben freigestellt werden.[705]

Investitionsbeihilfen werden für neu installierte oder modernisierte Kapazitäten gewährt, wobei der Beihilfebetrag unabhängig von der Produktionsleistung ist.[706] **Beihilfefähig** sind **die gesamten Investitionskosten**, wobei die Beihilfeintensität gestaffelt erfolgt.

Bis zu 100% der beihilfefähigen Kosten dürfen nur im Rahmen einer wettbewerblichen Ausschreibung gewährt werden.[707] Investitionsbeihilfen können höchstens 45% der beihilfefähigen Kosten finanzieren, bei Investitionen in die Erzeugung erneuerbarer Energien, einschließlich Investitionen in Wärmepumpen und auch in erneuerbaren Wasserstoff. Ansonsten darf nur bis zu 30% der beihilfefähigen Kosten finanziert werden.[708] Investitionsbeihilfen für mittlere Unternehmen können um 10%, für kleine Unternehmen um 20% erhöht werden.[709]

Investitionsbeihilfen in erneuerbaren Wasserstoff können somit bis max 100% gewährt werden. Erfolgen sie nicht im Rahmen einer wettbewerblichen Ausschreibung können sie für mittlere Unternehmen bis zu 55%, für kleine Unternehmen bis zu 65% der beihilfefähigen Kosten betragen.

Betriebsbeihilfen zur Förderung von erneuerbarem Wasserstoff im Rahmen von kleinen Vorhaben und von Erneuerbare-Energie-Gemeinschaften können unter Einhaltung der allgemeinen und besonderen Voraussetzungen in Art 43 AGVO freigestellt werden.

Artikel 43 AGVO regelt die Betriebsbeihilfen zur Förderung von erneuerbaren Energien und von erneuerbarem Wasserstoff im Rahmen von kleinen Vorhaben und von Erneuerbare-Energie-Gemeinschaften. Diese Vorhaben sind im Sinne des Art 107 Abs 3 AEUV mit dem Binnenmarkt vereinbar und von der Anmeldepflicht nach Art 108 Abs 3 AEUV freigestellt, sofern die allgemeinen und besonderen Voraussetzungen des Art 43 AGVO erfüllt sind. Ausgenommen davon ist Strom aus erneuerbarem Wasserstoff.[710]

Kleine Vorhaben sind:

- im Bereich der Stromerzeugung oder -speicherung: Vorhaben mit einer installierten Kapazität von bis zu 1 MW;
- im Bereich Stromverbrauch: Vorhaben mit einer Höchstabnahme von bis zu 1 MW;
- im Bereich der Wärme- und Gaserzeugungstechnologien: Vorhaben mit einer installierten Kapazität von bis zu 1 MW oder einer gleichwertigen Kapazität;

705 Art 4 Abs 1 lit s AGVO.
706 Art 41 Abs 5 AGVO
707 Art 41 Abs 10 AGVO. Die Ausschreibung hat allerdings den Vorgaben des Art 4 Z 38 AGVO sowie sämtliche kumulative Voraussetzungen in Art 41 Abs 10 AGVO zu entsprechen.
708 Art 41 Abs 7 AGVO.
709 Art 41 Abs 8 AGVO.
710 Art 43 Abs 1 AGVO.

- im Bereich der Erzeugung von erneuerbarem Wasserstoff: Vorhaben mit einer installierten Kapazität von bis zu 3 MW oder einer gleichwertigen Kapazität;[711]
- im Bereich der Herstellung von Biokraftstoffen, flüssigen Biobrennstoffen, Biogas (einschließlich Biomethan) und Biomasse-Brennstoffen: Vorhaben mit einer installierten Kapazität von bis zu 50 000 Tonnen/Jahr;
- Vorhaben, die zu 100 % KMU zuzurechnen sind, und Demonstrationsvorhaben: Vorhaben mit einer installierten Kapazität oder einer Höchstabnahme von bis zu 6 MW;
- Vorhaben, die zu 100 % Klein- oder Kleinstunternehmen zuzurechnen sind und ausschließlich der Windenergieerzeugung dienen: Vorhaben mit einer installierten Kapazität von bis zu 18 MW.

Beihilfen für Erneuerbare-Energie-Gemeinschaften sind dann freistellungsfähig, wenn es sich um ein Vorhaben mit einer installierten Kapazität oder einer Höchstabnahme von bis zu 6 MW aus erneuerbaren Quellen handelt.

Ausgenommen davon sind Vorhaben, die ausschließlich der Winderzeugung dienen, für die Beihilfen für Anlagen mit einer installierten Kapazität von bis zu 18 MW gewährt werden.[712]

Betriebsbeihilfen für die Erzeugung von Wasserstoff sind nur von der Anmeldepflicht freigestellt, wenn es sich um Anlagen handelt, welche **ausschließlich erneuerbaren Wasserstoff** erzeugen.[713]

Für kleine Anlagen, die der Erzeugung erneuerbaren Stroms dienen sowie Demonstrationsvorhaben können gem Art 4 Abs 3 der RL (EU) 2018/2001 Beihilfen als direkte Preisstützung gewährt werden. Diese können die vollen Betriebskosten decken und von der Verpflichtung ausgenommen werden, den Strom auf dem Markt zu verkaufen. Eine Anlage gilt dann als kleine Anlage, wenn ihre Kapazität unter der in Art 5 Abs 2 Buchstabe b bzw Art 5 Abs 4 der VO (EU) 2019/943 festgelegten Obergrenze liegt.[714]

Betriebsbeihilfen können allerdings nur **begrenzt** gewährt werden.

So ist die Beihilfe auf das für die Durchführung des geförderten bzw der geförderten Tätigkeit erforderliche Minimum beschränkt. Die Beihilfe muss also den Nettomehrkosten entsprechen, die im Vergleich zu dem kontrafaktischen Szenario ohne Beihilfe erforderlich sind, um das Ziel der Beihilfemaßnahme zu erreichen.[715] Die Beihilfe darf nur während der Lebensdauer des Projekts gewährt werden.[716]

Die Beihilfe kann in Form eines Differenzkontrakts, auf dessen Grundlage die Stromerzeuger ihren Strom direkt auf dem Markt verkaufen oder als zusätzlich zum Marktpreis gezahlte Prämie gewährt werden.[717]

---

711 Art 43 Abs 2 lit iv AGVO.
712 Art 43 Abs 2a AGVO.
713 Art 43 Abs 2b AGVO.
714 Art 43 Abs 9 AGVO.
715 Art 43 Abs 5 AGVO.
716 Art 43 Abs 6 AGVO.
717 Art 43 Abs 7 AGVO.

Betriebsbeihilfen zur Förderung von erneuerbarer Energie und erneuerbarem Wasserstoff im Rahmen von kleinen Vorhaben und von Erneuerbare-Energie-Gemeinschaften können bis zu € 30 Mio pro Unternehmen und Vorhaben gewährt werden.[718]

Die Summe der Mittelausstattungen aller unter Art 43 AGVO fallenden Regelungen darf jeweils € 300 Mio pro Jahr nicht übersteigen.[719]

m. Katastrophenbeihilfen

Literatur: *Bartosch*, EU-Beihilfenrecht[3] (2020); *Grabitz/Hilf/Nettesheim*, Das Recht der Europäischen Union: EUV/AEUV (Werkstand: 79. EL Mai 2023); *Säcker*, Münchner Kommentar Europäisches und Deutsches Wettbewerbsrecht V: Beihilfenrecht[4] (2022).

Beihilferegelungen zur Bewältigung der Folgen von Erdbeben, Lawinen, Erdrutschen, Überschwemmungen, Wirbelstürmen, Orkanen, Vulkanausbrüchen und Flächenbränden natürlichen Ursprungs können unter Einhaltung der allgemeinen und besonderen Voraussetzungen in Art 50 AGVO freigestellt werden.

Die AGVO enthält damit korrespondierend zur Legalausnahme in Art 107 Abs 2 lit b AEUV einen eigenen Freistellungstatbestand. Klargestellt ist zudem, dass nur Beihilferegelungen und somit keine Ad-hoc-Katastrophenbeihilfen freigestellt werden können. Die Aufzählung der Naturkatastrophen weist daraufhin, dass nicht jedes beliebige Naturereignis unter den Begriff Naturkatastrophe fällt.[720]

Katastrophenbeihilfen können in uneingeschränkter Weise freigestellt werden und gehören zu denjenigen (wenigen) Beihilfegruppen, für die keine Anmeldeschwelle vorgesehen ist.[721]

Die Gewährung von Katastrophenbeihilfen setzt voraus, dass das Ereignis von den Behörden förmlich als Naturkatastrophe anerkannt wurde und ein direkter Zusammenhang zwischen der Naturkatastrophe und den Schäden besteht, die dem betroffenen Unternehmen entstanden sind.[722]

Beihilferegelungen zur Bewältigung von Naturkatastrophen unterliegen zwei zeitlichen Schranken:

- die auf eine bestimmte Naturkatastrophe gerichtete **Beihilferegelung** ist innerhalb von **drei Jahren** nach dem jeweils in Rede stehenden Ereignis **zu verabschieden**; und
- **Einzelbeihilfen** sind auf der Grundlage dieser Beihilferegelung innerhalb von **vier Jahren** nach dem Ereignis zu **gewähren**.[723]

---

[718] Dies ergibt sich aus Art 43 iVm Art 4 Abs 1 lit v AGVO.

[719] Art 4 Abs 1 lit v AGVO.

[720] ErwGr 69 zur VO (EU) 651/2014.

[721] *Nowak* in Immenga/Mestmäcker, WettbR III: BeihilfenR[6] Art 4 AGVO Rz 6; *ders* in Immenga/Mestmäcker, WettbR III: BeihilfenR[5] Art 50 AGVO Rz 5.

[722] Art 50 Abs 2 AGVO.

[723] Art 50 Abs 3 AGVO.

Beihilfefähig sind die Kosten, die durch die als direkte Folge der Naturkatastrophe entstandenen Schäden verursacht wurden und von einem von der zuständigen nationalen Behörde anerkannten unabhängigen Sachverständigen oder von einem Versicherungsunternehmen geschätzt wurden.[724]

Darunter können Sachschäden an Vermögenswerten wie Gebäuden, Ausrüstungen, Maschinen oder Lagerbeständen sowie Einkommenseinbußen aufgrund einer vollständigen oder teilweisen Unterbrechung der Geschäftstätigkeit während eines Zeitraums von höchstens sechs Monaten nach der Naturkatastrophe fallen.[725]

Beihilfen und sonstige Ausgleichszahlungen für die Schäden, inklusive Versicherungsleistungen, dürfen zusammen **maximal 100 % der beihilfefähigen Kosten** finanzieren.[726]

Beispiel: *Die Gemeinde R will € 6 Mio für die Bewältigung der Hochwasserschäden im Gemeindegebiet aufwenden. Die dafür vorgesehene Richtlinie ist innerhalb von 3 Jahren nach dem Hochwasserereignis zu verabschieden. Die auf Basis dieser Richtlinie zu gewährenden Beihilfen sind innerhalb von 4 Jahren nach dem Hochwassereignis zu genehmigen.*

n. Sozialbeihilfen

Literatur: *Bartosch*, EU-Beihilfenrecht[3] (2020); *Grabitz/Hilf/Nettesheim*, Das Recht der Europäischen Union: EUV/AEUV (Werkstand: 79. EL Mai 2023); *Säcker*, Münchner Kommentar Europäisches und Deutsches Wettbewerbsrecht V: Beihilfenrecht[4] (2022).

Beihilfen für **die Personenbeförderung per Flugzeug und Schiff** können unter Einhaltung der allgemeinen und besonderen Bedingungen in Art 51 AGVO freigestellt werden.

Diese Sozialbeihilfe gehört zu wenigen Beihilfegruppen, für die keine Anmeldeschwelle vorgesehen ist.[727]

Die gesamte Beihilfe muss allerdings Endverbrauchern zugutekommen, die ihren gewöhnlichen Wohnsitz **in entlegenen Gebieten** haben.[728]

Nach Auffassung der Kommission muss die Sozialbeihilfe dazu dienen, die kontinuierliche Anbindung von Einwohnern entlegener Gebiete zu verbessern, indem sie zur Senkung bestimmter Beförderungskosten für diese Personen beiträgt.[729] Unter „entlegenen Gebieten" versteht der Unionsgesetzgeber in äußerster Randlage gelegene Gebiete, Malta, Zypern, Ceuta und Melilla, Inseln im Staatsgebiet eines Mitgliedstaats und Gebiete mit geringer Bevölkerungsdichte.[730]

---

[724] Art 50 Abs 4 AGVO.
[725] Art 50 Abs 4 AGVO.
[726] Art 50 Abs 5 AGVO.
[727] *Nowak* in Immenga/Mestmäcker, WettbR III: BeihilfenR[6] Art 4 AGVO Rz 6; *ders* in Immenga/Mestmäcker, WettbR III: BeihilfenR[5] Art 51 AGVO Rz 5.
[728] Art 51 Abs 2 AGVO.
[729] ErwGr 70 zur VO (EU) 651/2014.
[730] Art 2 Z 7 AGVO.

Unter gewöhnlicher Wohnsitz ist jener Ort zu verstehen, an dem eine natürliche Person wegen persönlicher und beruflicher Bindungen mindestens 185 Tage im Kalenderjahr wohnt. Liegt die berufliche Bindung einer Person an einem anderen Ort als ihre persönliche Bindung und wohnt diese Person in zwei oder mehreren Mitgliedstaaten, gilt als gewöhnlicher Wohnsitz der Ort ihrer persönlichen Bindung, sofern die Person regelmäßig dorthin zurückkehrt. Der Besuch einer Schule oder Universität in einem anderen Mitgliedstaat bewirkt keine Verlegung des gewöhnlichen Wohnsitzes. Ansonsten richtet sich der Begriff „gewöhnlicher Wohnsitz" nach den nationalen Rechtsvorschriften der Mitgliedstaaten.[731]

Die Beihilfe muss für den Personenverkehr auf einer Strecke gewährt werden, die einen Hafen oder Flughafen in einem entlegenen Gebiet mit einem anderen Hafen oder Flughafen im Europäischen Wirtschaftsraum verbindet.[732]

Ein Anreizeffekt ist für Sozialbeihilfen für die Beförderung von Einwohnern entlegener Gebiete unter Einhaltung der besonderen Voraussetzungen in Art 51 AGVO nicht erforderlich.[733]

Die beihilfefähigen Kosten sind der dem Verbraucher von dem Verkehrsunternehmen in Rechnung gestellte **Preis für die Hin- und Rückreise** aus dem entlegenen Gebiet bzw in das entlegene Gebiet inklusive aller Steuern und Gebühren.[734]

Beihilfen für die Personenförderung per Flugzeug und Schiff können **maximal 100 % der beihilfefähigen Kosten** finanzieren.[735]

Beispiel: *Der Mitgliedstaat F will € 10 Mio für die Befreiung von der Luftverkehrssteuer für alle Abflüge von Inselbewohnern der abgelegenen Region N ans Festland von F aufwenden. Diese Sozialbeihilfe wäre nach Art 51 AGVO freistellungsfähig.*

o. Breitbandbeihilfen

Literatur: *Bartosch*, Die neue Allgemeine Gruppenfreistellungsverordnung im EG-Beihilfenrecht, NJW 2008, 3612; *ders*, EU-Beihilfenrecht[3] (2020); *Chirico*, A Decade of State Aid Control in the Field of Broadband, EStAL 2014, 28; *Freund/Bary*, Beihilfen im Breitbandsektor – Vorteile und Probleme der überarbeiteten Allgemeinen Gruppenfreistellungsverordnung (AGVO) der Europäischen Kommission, MMR 2015, 230; *Holtmann*, Beihilfenrechtliche Aspekte des DigiNetzG, EuZW 2017, 589; *Holznagel/Deckers/Schramm*, Erschließung des ländlichen Raums mit Breitband: Die Leitlinien der Kommission zum Breitbandausbau, NVwZ 2010, 1059; *Holznagel/Beine*, Rechtsrahmen staatlicher Breitbandförderung, MMR 2015, 567; *Immenga/Mestmäcker*, Wettwerbsrecht V: Beihilfenrecht[6] (2022); *Kliemann*, EU State Aid Control in the Broadcast Sector, EStAL 2013, 493; *König/Prior*, Zu den EU-beihilfenrechtlichen Anforderungen an Eigenausbauansagen im Markterkundungsverfahren bei der Förderung des Breitbandausbaus, NuR 2019, 77; *Rabl/Mrvosevic*, Praxisstudie: Breitbandförderung in Österreich, in Jahrbuch Beihilfenrecht

[731] Art 2 Z 132 AGVO.
[732] Art 51 Abs 3 AGVO.
[733] Art 6 Abs 5 lit g AGVO.
[734] Art 51 Abs 5 AGVO.
[735] Art 51 Abs 6 AGVO.

(2016) 523; *Säcker*, Münchner Kommentar Europäisches und Deutsches Wettbewerbsrecht V: Beihilfenrecht[4] (2022); *Sonder/Hübner*, Rechtliche Herausforderungen für Kommunen beim Breitbandausbau, KommJur 2015, 441; *Vejseli*, Beihilferechtliche Rahmenbedingungen für den Breitbandausbau – Eine Analyse der AGVO, BRZ 2016, 3.

Im Zuge der AGVO-Novelle 2021 und der AGVO-Green Deal Novelle 2023 wurden neben dem Freistellungstatbestand in Art 52 AGVO weitere Tatbestände geschaffen, um das Ziel einer digitalen Wirtschaft sicherstellen und auch die Auswirkungen, welche die COVID-19-Pandemie für die digitale Wirtschaft mitgebracht hat, abfedern zu können. Insgesamt fünf Freistellungstatbestände stehen im Bereich der Breitbandfinanzierung nun im Rahmen der AGVO zur Verfügung.

Gemäß Art 52 AGVO können **Beihilfen für den Ausbau fester Breitbandnetze** bis zu einer Höhe von € 100 Mio pro Unternehmen und Vorhaben von der Anmeldepflicht bei der Kommission ausgenommen sein.[736]

Bei Beihilfen, die in Form eines Finanzinstruments gewährt werden, darf der Nominalbetrag der Gesamtmittel, die einem Endempfänger pro Vorhaben gewährt werden, € 150 Mio nicht übersteigen.[737]

Beihilfefähig sind alle Kosten für Bau, Verwaltung und Betrieb eines festen Breitbandnetzes.[738] Bestimmte in Art 52 Abs 3 AGVO aufgezählte alternative Arten von Investitionen sind zudem beihilfefähig.[739]

Gebiete mit mindestens einem Netz, das auf eine Download-Geschwindigkeit von mindestens 1 Gbit/s unter Spitzenlastbedingungen aufgerüstet werden kann, kommen nicht in Betracht. Ein Netz gilt als auf eine Download-Geschwindigkeit von mindestens 1 Gbit/s unter Spitzenlastbedingungen aufrüstbar, wenn diese Geschwindigkeit durch geringfügige Investitionen[740] erreicht werden kann.[741]

Der Beihilfehöchstbetrag für ein Vorhaben kann entweder auf der Grundlage eines wettbewerblichen Auswahlverfahrens, oder ohne ein wettbewerbliches Auswahlverfahren festgesetzt werden.[742] Erfolgt eine Investition ohne ein wettbewerbliches Auswahlverfahren, darf der Beihilfebetrag nicht höher sein als die Differenz zwischen den beihilfefähigen Kosten und dem üblichen Betriebsgewinn aus der Investition.[743]

Die Kartierung und öffentliche Konsultation nach Art 52 Abs 3 AGVO müssen die in Art 52 Abs 5 AGVO genannten Voraussetzungen erfüllen.

Das geförderte Vorhaben muss zudem zu einer **wesentlichen Verbesserung** gegenüber vorhandenen Netzen oder Netzen, deren Ausbau innerhalb von drei Jahren nach der Veröffentlichung der geplanten Beihilfemaßnahme glaubhaft geplant ist.[744]

[736] S Art 4 Abs 1 lit y AGVO.
[737] S Art 4 Abs 1 lit y AGVO.
[738] Art 52 Abs 2 erster Satz AGVO.
[739] Art 52 Abs 3 AGVO.
[740] ZB durch Aufrüstung der aktiven Komponenten ohne erhebliche Investitionen in die Breitbandinfrastruktur.
[741] Art 52 Abs 4 AGVO.
[742] Art 52 Abs 2 AGVO.
[743] Art 52 Abs 2 AGVO.
[744] Art 52 Abs 6 AGVO.

Eine wesentliche Verbesserung liegt vor, wenn die geförderte Maßnahme bewirkt, dass eine erhebliche neue Investition in das Breitbandnetz erfolgt und das geförderte Netz gegenüber dem vorhandenen bzw glaubhaft geplanten Netz zu erheblichen Verbesserungen in Bezug auf Verfügbarkeit, Kapazitäten, Geschwindigkeiten und Wettbewerb im Bereich der Breitband-Internetzugangsdienste führt.[745] Das Vorhaben muss zudem eine erhebliche Investition in passive Infrastruktur umfassen und muss über eine marginale Investition hinausgehen, wobei lediglich die Modernisierung aktiver Netzelemente nicht ausreichend ist.[746]

Die Beihilfe kann den Anbietern elektronischer Kommunikationsnetze und -dienste auf der Grundlage wettbewerblichen **Auswahlverfahrens** oder ohne ein solches Verfahren einer Behörde gewährt werden damit diese direkt oder über eine interne Einheit ein festes Breitbandnetz ausbaut und verwaltet.[747]

Das wettbewerbliche Auswahlverfahren muss offen, transparent und diskriminierungsfrei unter Wahrung der Grundsätze der Vergabevorschriften und des Grundsatzes der Technologieneutralität erfolgen, wobei das wirtschaftlich günstigste Angebot den Zuschlag erhält.[748] Wird die Beihilfe ohne ein wettbewerbliches Auswahlverfahren direkt an eine Behörde gewährt, damit diese direkt oder über eine interne Stelle ein festes Breitbandnetz ausbaut oder verwaltet, so erbringt sie ausschließlich Vorleistungsdienste über das geförderte Netz.[749] Die Erteilung von Konzessionen oder anderen Aufträgen für Bau oder Betrieb des Netzes an Dritte hat über ein offenes, transparentes und diskriminierungsfreies wettbewerbliches Auswahlverfahren im Einklang mit den Grundsätzen der Vergabevorschriften und mit dem Grundsatz der Technologieneutralität zu erfolgen, wobei das wirtschaftlich günstigste Angebot den Zuschlag erhält.[750]

Der Betrieb des geförderten Netzes hat **zu fairen und diskriminierungsfreien Bedingungen** einen **möglichst umfassenden aktiven und passiven Zugang** auf Vorleistungsebene einschließlich physischer Entbündelung zu gewährleisten.[751] Der Preis für den Zugang auf Vorleistungsebene muss auf einer in Art 52 Abs 9 AGVO festgelegten Benchmark beruhen.[752] Überschreitet der Beihilfebetrag für das Vorhaben € 10 Mio, ist ein Monitoring- und Rückforderungsmechanismus zwingend einzurichten.[753]

Gemäß Art 52a AGVO können **Beihilfen für den Ausbau von 4G- und 5G-Mobilfunknetzen** bis zu einer Höhe von € 100 Mio Gesamtkosten pro Vorhaben von der Anmeldepflicht freigestellt sein,[754] wenn die allgemeinen und besonderen Voraussetzungen in Art 52a AGVO erfüllt sind.[755]

---

745 Art 52 Abs 6 AGVO.
746 Art 52 Abs 6 AGVO.
747 Art 52 Abs 7 AGVO.
748 Art 52 Abs 7 lit a AGVO.
749 Art 52 Abs 7 lit b AGVO.
750 Art 52 Abs 7 lit b AGVO.
751 Art 52 Abs 8 AGVO.
752 Art 52 Abs 9 AGVO.
753 Art 52 Abs 10 AGVO.
754 Bei Beihilfen für 4G- oder 5G-Mobilfunknetze, die in Form eines Finanzinstruments gewährt werden, darf der Nominalbetrag der Gesamtmittel, die einem Endempfänger pro Vorhaben gewährt werden, gemäß Art 4 Abs 1 lit ya AGVO € 150 Mio nicht überschreiten.
755 Art 4 Abs 1 lit ya AGVO.

Beihilfefähig sind alle Kosten für Bau, Verwaltung und Betrieb der passiven und aktiven Komponenten eines Mobilfunknetzes. Der Ausbau darf ferner auch nicht in jedem Gebiet stattfinden. So muss der Ausbau von 5G-Mobilfunknetzen in Gebieten erfolgen, in denen weder ein 4G- noch ein 5G-Mobilfunknetz vorhanden ist und in denen auch nicht glaubhaft geplant ist, ein solches Netz innerhalb des relevanten Zeithorizonts auszubauen. Der Ausbau von 4G-Mobilfunknetzen hat in Gebieten zu erfolgen, in denen weder ein 3G- noch ein 4G- oder 5G-Mobilfunknetz vorhanden ist und in denen auch nicht glaubhaft geplant ist, ein solches Netz innerhalb des relevanten Zeithorizonts auszubauen.[756]

Freistellungsfähig können ferner auch **Beihilfen für Vorhaben von gemeinsamem Interesse im Bereich transeuropäischer digitaler Vernetzungsinfrastruktur** sein, sofern sie die allgemeinen und besonderen Voraussetzungen in Art 52b AGVO erfüllen.

Beihilfen im Rahmen dieser Regelung sind nur dann freistellungsfähig, wenn sie nach der VO 2021/1153[757] finanziert werden oder mit einem Exzellenzsiegel nach dieser Verordnung ausgezeichnet worden sind.[758] In diesem Fall können sie mit bis zu € 100 Mio pro Gesamtkosten pro Vorhaben finanziert werden.[759]

Beihilfen in Form einer **Konnektivitätsgutschein**-Regelung für Verbraucher zur Erleichterung von Telearbeit, allgemeinen und beruflichen Bildungsleistungen sowie für KMU können unter Einhaltung der allgemeinen und der besonderen Voraussetzungen in Art 52c AGVO bis zu einer Höhe von € 50 Mio von der Anmeldepflicht befreit sein.[760]

Die Laufzeit einer Gutscheinregelung darf dabei höchstens 36 Monate betragen.[761] Zudem sind nur bestimmte Gutscheinregelungen förderfähig: Einerseits förderfähig sind Gutscheinregelungen für Verbraucher, mit denen sie einen neuen Breitbandinternetzugangsdienst abonnieren oder ihr derzeitiges Abonnement unter bestimmten Voraussetzungen auf einen Dienst mit einer Download-Geschwindigkeit von mindestens 30 Mbit/s aufstocken können;[762] und andererseits Gutscheinregelungen für KMU, mit denen diese einen neuen Breitbandinternetzugangsdienst abonnieren oder ihr derzeitiges Abonnement unter bestimmten Voraussetzungen auf einen Dienst mit einer Download-Geschwindigkeit von mindestens 100 Mbit/s aufstocken können.[763]

---

756 Art 52a Abs 3 AGVO.

757 Verordnung (EU) 2021/1153 des Europäischen Parlaments und des Rates vom 7. Juli 2021 zur Schaffung der Fazilität „Connecting Europe" und zur Aufhebung der Verordnungen (EU) 1316/2013 und (EU) 283/2014, ABl L 2021/249, 38.

758 Art 52b Abs 1 AGVO.

759 Art 4 Abs 1 lit yb AGVO. Bei Beihilfen für bestimmte Vorhaben von gemeinsamem Interesse im Bereich transeuropäischer digitaler Vernetzungsinfrastruktur, die in Form eines Finanzinstruments gewährt werden, darf der Nominalbetrag der Gesamtmittel, die einem Endempfänger pro Vorhaben gewährt werden, € 150 Mio nicht übersteigen.

760 Gemäß Art 4 Abs 1 lit yc AGVO darf die Gesamtmittelausstattung für staatliche Beihilfen für alle Konnektivitätsgutscheinregelungen in einem Mitgliedstaat in einem Zeitraum von 24 Monaten € 50 Mio (Gesamtbetrag einschließlich nationaler und regionaler bzw lokaler Gutscheinregelungen) nicht übersteigen.

761 Art 52c Abs 2 AGVO.

762 Art 52c Abs 3 lit a AGVO.

763 Art 52c Abs 3 lit b AGVO.

Die Konnektivitätsgutscheine können bis zu 50% der gesamten Einrichtungskosten und der monatlichen Gebühr für das Abonnement eines Breitbandinternetzugangsdienstes abdecken.[764] Der Gutscheinbetrag wird dabei direkt an die Endnutzer oder an den gewählten Diensteanbieter ausgezahlt, wobei bei letztgenannter Variante der Betrag des Gutscheins von der Rechnung des Endnutzers abgezogen wird.[765]

Beihilfefähig sind die monatliche Gebühr, die Standard-Einrichtungskosten und die Kosten des Erwerbs der erforderlichen Endgeräte für den Zugang des Endnutzers zu den Breitbanddiensten mit den in Art 52c Abs 3 AGVO festgelegten Geschwindigkeiten. Weiters beihilfefähig sind die Kosten für die gebäudeinterne Verkabelung und der begrenzte Ausbau auf dem Privatgrundstück der Endnutzer oder auf öffentlichem Grund in unmittelbarer Nähe dieser Privatgrundstücke, soweit sie für die Erbringung des Dienstes erforderlich sind bzw dazugehören.[766]

Für Gebiete, in denen kein Netz zur Erbringung der beihilfefähigen Dienste vorhanden ist, können keine Gutscheine gewährt werden.[767]

Ferner muss die Gutscheinregelung dem Grundsatz der Technologieneutralität gemäß Art 52c Abs 6 AGVO entsprechen.

Beihilfen für den Ausbau von Backhaul-Netzen können unter Einhaltung der allgemeinen und der besonderen Voraussetzungen in Art 52d AGVO bis zu einer Höhe von € 100 Mio Gesamtkosten pro Vorhaben von der Anmeldepflicht befreit sein.[768]

Beihilfefähig sind alle Kosten für Bau, Verwaltung und Betrieb eines Backhaul-Netzes.[769]

Der Beihilfehöchstbetrag für ein Vorhaben kann entweder auf der Grundlage eines wettbewerblichen Auswahlverfahrens oder ohne ein wettbewerbliches Auswahlverfahren erfolgen.[770] Erfolgt eine Investition ohne ein wettbewerbliches Auswahlverfahren, darf der Beihilfebetrag nicht höher sein als die Differenz zwischen den beihilfefähigen Kosten und dem üblichen Betriebsgewinn aus der Investition.[771]

Der Ausbau von Backhaul-Netzen darf nur in Gebieten stattfinden, in denen kein Backhaul-Netz auf der Grundlage von Glasfasertechnologie oder anderen ebenso leistungsfähigen und zuverlässigen Technologien vorhanden oder innerhalb des relevanten Zeithorizonts glaubhaft geplant ist.[772]

Die Kartierung und öffentliche Konsultation nach Art 52d Abs 3 AGVO müssen die in Art 52d Abs 4 AGVO genannten Voraussetzungen erfüllen.

Das geförderte Vorhaben muss zudem zu einer **wesentlichen Verbesserung** gegenüber vorhandenen Backhaul-Netzen, die bereits vorhanden sind oder deren Ausbau glaubhaft geplant ist, führen.[773]

[764] Art 52c Abs 4 AGVO.
[765] Art 52c Abs 4 AGVO.
[766] Art 52c Abs 4 AGVO.
[767] Art 52c Abs 5 AGVO.
[768] Art 4 Abs 1 lit yd AGVO iVm Art 52d AGVO.
[769] Art 52d Abs 2 AGVO.
[770] Art 52d Abs 2 AGVO.
[771] Art 52d Abs 2 AGVO.
[772] Art 52d Abs 3 AGVO.
[773] Art 52d Abs 5 AGVO.

Eine wesentliche Verbesserung liegt vor, wenn die geförderte Maßnahme bewirkt, dass eine erhebliche neue Investition in das Backhaul-Netz erfolgt und das geförderte Backhaul-Netz auf Glasfasertechnologie oder andere Technologien gestützt ist, die im Gegensatz zu den vorhandenen oder den innerhalb des relevanten Zeithorizonts glaubhaft geplanten Netzen ebenso leistungsfähig sind wie Glasfasertechnologie. Im Rahmen der Maßnahme müssen mehr als 70% der Investition in Breitbandinfrastruktur fließen[774]

Der Betrieb des geförderten Netzes hat den Zugang auf Vorleistungsebene sowohl zu Festnetzen als auch zu Mobilfunknetzen fair und diskriminierungsfrei zu gewährleisten.[775]

Aktiver Zugang auf Vorleistungsebene ist für mindestens zehn Jahre ab Inbetriebnahme des Netzes zu gewähren; der Zugang auf Vorleistungsebene zur Breitbandinfrastruktur ist für die Lebensdauer der betreffenden Elemente zu gewähren.[776] Das staatlich geförderte Netz muss für alle Fest- und Mobilfunknetze in den Zielgebieten der Backhaul-Maßnahme ausgelegt sein und mindestens 50% der Kapazität Zugangsinteressenten zur Verfügung stellen.[777]

Der Preis für den Zugang auf Vorleistungsebene muss auf bestimmten in Art 52d Abs 8 AGVO festgelegten Benchmarks bzw Preisgestaltungsgrundsätzen beruhen.[778] Wenn der für ein Vorhaben gewährte Beihilfebetrag € 10 Mio übersteigt, ist zwingend ein Monitoring- und Rückforderungsmechanismus einzurichten.[779]

Außerdem wird eine getrennte Buchführung zwischen den für den Ausbau und den Betrieb des staatlich geförderten Netzes verwendeten Mitteln und anderen zur Verfügung stehenden Mitteln gefordert, um die Verhältnismäßigkeit der Beihilfe zu gewährleisten und Überkompensation bzw die Quersubventionierung nicht geförderter Tätigkeiten auszuschließen.[780]

p. Kulturbeihilfen

Literatur: *Bartosch*, Die neue Allgemeine Gruppenfreistellungsverordnung im EG-Beihilfenrecht, NJW 2008, 3612; *ders*, EU-Beihilfenrecht[3] (2020); *Immenga/Mestmäcker*, Wettwerbsrecht V: Beihilfenrecht[6] (2022); *Orssich*, State Aid for Films and Other – Audiovisual Works – Current Affairs and New Developments, EStAL 2012, 49; *dies*, State Aid for Films and Other – Audiovisual Works: The 2013 Cinema Communication, EStAL 2014, 698; *Reindl*, Risiken wegen nicht notifizierter Filmförderungen nach Beihilfenrecht, MR 2010, 219; *Säcker*, Münchner Kommentar Europäisches und Deutsches Wettbewerbsrecht V: Beihilfenrecht[4] (2022); *Sygusch*, Die ersten Entwürfe zur neuen Allgemeinen Gruppenfreistellungsverordnung der Kommission, Revolution oder Evolution?, BRZ 2013, 179.

[774] Art 52d Abs 5 AGVO.
[775] Art 52d Abs 7 AGVO.
[776] Art 52d Abs 7 AGVO.
[777] Art 52d Abs 7 AGVO.
[778] Art 52d Abs 8 AGVO.
[779] Art 52d Abs 9 AGVO.
[780] Art 52d Abs 10 AGVO.

Judikatur: EuGH 27.10.2022, C-411/21, *Instituto do Cinema e do Audiovisual.*

Beihilfen für Kultur und die Erhaltung des kulturellen Erbes können unter Einhaltung der allgemeinen und der besonderen Voraussetzungen in Art 53 AGVO freigestellt werden.

Beihilfen sind in Form von Ad-hoc-Beihilfen und Beihilferegelungen möglich.[781]

Freistellungsfähig sind nur Beihilfen für **bestimmte kulturelle Zwecke und Aktivitäten**.

Museen, Archive, Bibliotheken, Kunst- und Kulturzentren oder -stätten, Theater, Kinos, Opernhäuser, Konzerthäuser, sonstige Einrichtungen für Live-Aufführungen, Einrichtungen zur Erhaltung und zum Schutz des Filmerbes und ähnliche Infrastrukturen, Organisationen und Einrichtungen im Bereich Kunst und Kultur;[782] bestimmtes materielles Kulturerbe (zB Denkmäler, historische Stätten und Gebäude);[783] immaterielles Kulturerbe in jeder Form einschließlich Brauchtum und Handwerk;[784] Veranstaltungen und Aufführungen im Bereich Kunst und Kultur, Festivals, Ausstellungen und ähnliche kulturelle Aktivitäten;[785] bestimmte Tätigkeiten im Bereich der kulturellen und künstlerischen Bildung;[786] sowie die Verfassung, Bearbeitung, Produktion, Vertrieb, Digitalisierung und Veröffentlichung von Musik- oder Literaturwerken.[787]

Ausgeschlossen sind Beihilfen für Zeitungen und Zeitschriften (unabhängig davon, ob sie in gedruckter physischer oder elektronischer Form) erscheinen.[788]

Beihilfen können in Form von **Investitionsbeihilfen** und **Betriebsbeihilfen** gewährt werden.

Investitionsbeihilfen sind auch für Beihilfen für den Bau oder die Modernisierung von Kulturinfrastruktur möglich.[789] Bei Investitionsbeihilfen sind die Kosten von Investitionen in materielle und immaterielle Vermögenswerte beihilfefähig.[790] Bei Betriebsbeihilfen sind nur bestimmte Kosten beihilfefähig.[791]

Investitionsbeihilfen für Kultur und die Erhaltung des kulturellen Erbes können bis zu einer Höhe von € 165 Mio pro Projekt gewährt werden.[792] Der Beihilfebetrag darf dabei aber nicht höher sein als die Differenz zwischen den beihilfefähigen Kosten und dem Betriebsgewinn der Investition.[793]

---

[781] *Bartosch*, EU-BeihilfenR[3] VO 651/2014 Art 53 Rz 1.
[782] Art 53 Abs 2 lit a AGVO.
[783] Art 53 Abs 2 lit b AGVO.
[784] Art 53 Abs 2 lit c AGVO.
[785] Art 53 Abs 2 lit d AGVO.
[786] Art 53 Abs 2 lit e AGVO.
[787] Art 53 Abs 2 lit f AGVO.
[788] Art 53 Abs 10 AGVO.
[789] Art 53 Abs 3 lit a AGVO.
[790] Art 53 Abs 4 AGVO.
[791] Art 53 Abs 5 AGVO. Beihilfefähig sind etwa die Kosten für den Erwerb, einschließlich Leasing, Besitzübertragung und Verlegung von kulturellem Erbe (lit b), oder die Kosten für die Verbesserung des Zugangs der Öffentlichkeit zum Kulturerbe (lit d).
[792] Art 4 Abs 1 lit z AGVO.
[793] Art 53 Abs 6 AGVO.

Der Betreiber der Infrastruktur darf jedoch einen angemessenen Gewinn für den betreffenden Zeitraum einbehalten.[794]

Betriebsbeihilfen für Kultur und die Erhaltung des kulturellen Erbes können bis zu einer Höhe von € 82,5 Mio pro Unternehmen und Jahr gewährt werden.[795] Der Beihilfebetrag darf dabei nicht höher sein als der Betrag, der erforderlich ist, um Betriebsverluste und einen angemessenen Gewinn für den betreffenden Zeitraum zu decken.[796]

Dies ist vorab, auf der Grundlage realistischer Projektionen oder über einen Rückforderungsmechanismus zu gewährleisten.[797]

Beispiel: *Die Stadt L möchte die Restaurierung seines in der Zwischenzeit in die Jahre gekommenen Theaters finanziell unterstützen und beabsichtigt eine Beihilfe zur Erneuerung des Theaters zu gewähren. L gewährt eine Investitionsbeihilfe iHv € 7 Mio.*

Außerdem können **Beihilferegelungen für audiovisuelle Werke** unter Einhaltung der allgemeinen und der besonderen Voraussetzungen bis zu einer Höhe von € 55 Mio pro Regelung und Jahr freigestellt werden.[798]

Nach der Rsp ist es nicht ausgeschlossen, die Bestimmungen der Richtlinie[799] über audiovisuelle Mediendienste im Bereich der Förderung von Filmen und sonstigen audiovisuellen Werken und in Bezug auf die Finanzierung solcher Werke relevant sein können.[800]

Mit der Beihilfe muss jedenfalls ein kulturelles Projekt gefördert werden.[801]

Zur Vermeidung offensichtlicher Fehler bei der Einstufung eines Produkts als kulturell legt jeder Mitgliedstaat wirksame Verfahren fest, etwa die Auswahl der Vorschläge durch eine oder mehrere Personen, die mit der Auswahl oder der Überprüfung anhand einer vorab festgelegten Liste kultureller Kriterien betraut sind.[802]

Beihilfen können dabei für die Produktion audiovisueller Werke, für die Vorbereitung solcher Produktionen und für den anschließenden Vertrieb gewährt werden.

---

794 Art 53 Abs 6 letzter Satz AGVO.

795 Art 4 Abs 1 lit z AGVO.

796 Art 53 Abs 7 AGVO.

797 Art 53 Abs 7 letzter Satz AGVO.

798 Art 4 Abs 1 lit aa AGVO.

799 Richtlinie (EU) 2018/1808 des Europäischen Parlaments und des Rates vom 14. November 2018 zur Änderung der Richtlinie 2010/13/EU zur Koordinierung bestimmter Rechts- und Verwaltungsvorschriften der Mitgliedstaaten über die Bereitstellung audiovisueller Mediendienste (Richtlinie über audiovisuelle Mediendienste) im Hinblick auf sich verändernde Marktgegebenheiten, ABl L 2018/11, 303 idF ABl L 2010/263, 15.

800 EuGH 27.10.2022, C-411/21, *Instituto do Cinema e do Audiovisual*, Rn 21. Die Judikatur erging allerdings zur Vorgängerrichtlinie: Richtlinie 2010/13/EU des Europäischen Parlaments und des Rates vom 10. März 2010 zur Koordinierung bestimmter Rechts- und Verwaltungsvorschriften der Mitgliedstaaten über die Bereitstellung audiovisueller Mediendienste (Richtlinie über audiovisuelle Mediendienste), ABl L 2010/95, 1.

801 Art 54 Abs 2 AGVO.

802 Art 54 Abs 2 AGVO.

Beihilfen für die Produktion und den anschließenden Vertrieb von audiovisuellen Werken können bis zu 50 % der beihilfefähigen Kosten,[803] Beihilfen für die Vorbereitung solcher Produktionen können bis zu 100 % der beihilfefähigen Kosten finanzieren.[804]

q. Beihilfen für Sport- und Freizeitinfrastruktur

Literatur: *Barbist/Haschke*, Praxisstudie: Sportförderung in Österreich, in Haslinger/Jaeger (Hrsg), Jahrbuch Beihilferecht (2015) 531; *Bartosch*, Die neue Allgemeine Gruppenfreistellungsverordnung im EG-Beihilfenrecht, NJW 2008, 3612; *ders*, EU-Beihilfenrecht³ (2020); *Barbist/Haschke*, Sportförderung in Österreich, in Jahrbuch Beihilfenrecht (2015) 531; *Fiebelkorn/Petzold*, Sportförderung und EU-Beihilfenrecht, BRZ 2018, 163; *Immenga/Mestmäcker*, Wettwerbsrecht III: Beihilfenrecht⁶ (2022); *Kornbeck*, Freistellungsfähige Rechtspersonen? Zugang zu Sportanlagen als Kanon EU-beihilferechtlicher Zulässigkeit (Teil 1), BRZ 2019, 155; *Reiter*, Das Europäische Beihilferecht im Bereich des Sports. Rechtsfragen der staatlichen Finanzierung im Sportsektor (2021); *Säcker*, Münchner Kommentar Europäisches und Deutsches Wettbewerbsrecht V: Beihilfenrecht⁴ (2022); *Sygusch*, Die ersten Entwürfe zur neuen Allgemeinen Gruppenfreistellungsverordnung der Kommission, Revolution oder Evolution?, BRZ 2013, 179; *van der Hout/Wagner*, Neue Möglichkeiten beihilferechtskonformer Finanzierung von Sportinfrastrukturen, Causa Sport 2015, 344.

Judikatur: EuG 24.03.2011, verb Rs T-443/08 u T-455/08, *Leipzig Halle*; EuGH 19.12.2012, C-288/11 P, *Leipzig Halle/Kommission.*

Beihilfen für Sport- und Freizeitinfrastrukturen können unter Einhaltung der allgemeinen und der besonderen Voraussetzungen in Art 55 AGVO freigestellt werden.

Sportinfrastrukturen und multifunktionale Freizeitinfrastrukturen müssen mehreren Nutzern zu transparenten und diskriminierungsfreien Bedingungen offenstehen.

Ein bevorzugter Zugang zu günstigeren Bedingungen kann Unternehmen gewährt werden, die mindestens 30 % der Investitionskosten der Infrastruktur finanziert haben. Die Bedingungen für diesen Zugang müssen öffentlich bekanntgemacht worden sein.[805]

Multifunktionale Freizeitinfrastrukturen können nur mit Investitionsbeihilfen gefördert werden.

Multifunktionale Freizeiteinrichtungen sind Freizeiteinrichtungen mit multifunktionalem Charakter, die insb Kultur- und Freizeitdienstleistungen anbieten, nicht aber Freizeitparks und Hotels.[806] Gefördert werden können materielle und immaterielle Vermögenswerte. Der für Investitionsbeihilfen aufgewendete Beihilfebetrag darf dabei nicht höher sein als die Differenz zwischen den beihilfefähigen Kosten und dem Betriebsgewinn der Investition.[807]

803 Art 54 Abs 6 und 8 letzter Satz AGVO.
804 Art 54 Abs 8 AGVO.
805 Art 55 Abs 4 AGVO.
806 Art 55 Abs 3 AGVO.
807 Art 55 Abs 10 AGVO.

Eine **Sportinfrastruktur** kann mit Investitionsbeihilfen und Betriebsbeihilfen gefördert werden, sofern sie nicht ausschließlich von einem einzigen Profisportler genutzt wird.

Von der Sportinfrastruktur müssen jährlich mindestens 20% der verfügbaren Nutzungszeiten durch andere Profi- oder Amateursportnutzer genutzt werden.[808] Wenn eine Sportinfrastruktur von Profisportvereinen genutzt wird, müssen die Mitgliedstaaten sicherstellen, dass die Nutzungspreise und -bedingungen öffentlich bekanntgemacht werden.[809]

Gefördert werden können materielle und immaterielle Vermögenswerte. Bei Betriebsbeihilfen für Sportinfrastrukturen sind die Betriebskosten für die Erbringung der Dienstleistung durch die Infrastruktur beihilfefähig (zB Personal-, Material-, Fremdleistungs-, Miet- und Verwaltungskosten).[810] Betriebsbeihilfen können bis zu € 2,2 Mio gewährt werden.[811] Der für Betriebsbeihilfen aufgewendete Beihilfebetrag darf die Betriebsverluste in dem betreffenden Zeitraum nicht übersteigen.[812] Die Investitionsbeihilfen können bis zu € 33 Mio bzw € 110 Mio für die Gesamtkosten pro Projekt finanzieren.[813] Der für Investitionsbeihilfen aufgewendete Beihilfebetrag darf die Differenz zwischen den beihilfefähigen Kosten und dem Betriebsgewinn der Investition nicht überschreiten.[814]

Beispiel: *Die Stadtgemeinde R möchte den ortsansässigen Fußballverein anlässlich seines Aufstiegs in die Spitzenklasse des Weltfußballs beim Ausbau ihres derzeitigen Fußballstadions unterstützen. Mit einem finanziellen Zuschuss iHv € 15 Mio von Seiten der Gemeinde soll eine moderne Fußballarena entstehen, die auch für zukünftige Länderspiele des Nationalteams genutzt werden soll. G steuert dem Ausbau ihres Fußballvereins € 1,5 Mio bei.*

Bleibt die Beihilfe unter € 2,2 Mio können Beihilfen alternativ zu den Berechnungsmethoden in Art 55 Abs 10 und 11 AGVO für bis zu 80% der beihilfefähigen Kosten gewährt werden.[815]

r. Lokale Infrastrukturen

Literatur: *Bartosch*, Die neue Allgemeine Gruppenfreistellungsverordnung im EG-Beihilfenrecht, NJW 2008, 3612; *ders*, EU-Beihilfenrecht[3] (2020); *Fiebelkorn/Petzold*, Zum Begriff des „Lokalen“ im EU-Beihilfenrecht – Ist ein beihilferechtlicher Kompass in Sicht?, BRZ 2017, 3; *Grabitz/Hilf/Nettesheim*, Das Recht der Europäischen Union: EUV/AEUV (Werkstand: 79. EL Mai 2023); *Hahn/Ziegelbecker*, Schwerpunkt Infrastruktur II: U-Bahn-Bau und Beihilferecht in Haslinger/Jaeger (Hrsg), Jahrbuch Beihilferecht (2019) 389; *Holtmann*, Die unterschiedliche Wertigkeit (kommunaler) Infrastrukturen in der Allgemeinen Gruppenfreistellungsverordnung für staatliche Beihilfen, EuZW 2016, 927; *Petzold*, Kommunale Infrastrukturen und Europäisches Beihilfenrecht, KommJur 2017, 401; *Säcker*, Münchner Kommentar Europäisches und Deutsches Wettbewerbsrecht V: Beihilfenrecht[4] (2022).

808 Art 55 Abs 2 AGVO.
809 Art 55 Abs 5 AGVO.
810 Art 55 Abs 9 AGVO.
811 Art 4 Abs 1 lit bb AGVO.
812 Art 55 Abs 11 AGVO.
813 Art 4 Abs 1 lit bb AGVO.
814 Art 55 Abs 10 AGVO.
815 Art 55 Abs 12 AGVO.

Beihilfen für den Bau oder die Modernisierung **lokaler Infrastrukturen**, die auf lokaler Ebene einen Beitrag zur Verbesserung der Rahmenbedingungen für Unternehmen und Verbraucher und zur Modernisierung und Weiterentwicklung der industriellen Basis leisten, können bis zu einer Höhe von € 11 Mio bzw über € 22 Mio pro Infrastruktur freigestellt werden.[816]

Darunter fallen zB Verkehrsinfrastrukturen oder Abwassermanagement, Forschungsinfrastrukturen, Innovationscluster. Flughafen- und Hafeninfrastrukturen fallen hingegen nicht unter Art 56 AGVO.[817]

Beispiel: *Die Gemeinde R will € 7 Mio in die Modernisierung eines Technologiegründerzentrums investieren. Die Qualifikation eines Technologiezentrums als Innovationscluster scheidet mangels Vorliegens aller besonderen Voraussetzungen in Art 27 AGVO aus. Wenn die Infrastruktur auf lokaler Ebene einen Beitrag zur Verbesserung der Rahmenbedingungen für Unternehmen und zur Weiterentwicklung der industriellen Basis leisten kann, kommt eine Freistellung nach Art 56 AGVO in Betracht.*

Beihilfen können dabei für Investitionen in materielle und immaterielle Vermögenswerte gewährt werden.[818]

Zu den materiellen Vermögenswerten zählen Grundstücke, Gebäude und Anlagen sowie Maschinen und Ausrüstungen.[819] Immaterielle Vermögenswerte sind Vermögenswerte ohne physische oder finanzielle Verkörperung (zB Patentrechte, Lizenzen, Know-how oder sonstige Rechte des geistigen Eigentums).[820]

Der Beihilfebetrag darf nicht höher sein als die Differenz zwischen den beihilfefähigen Kosten und dem Betriebsgewinn der Investition.[821]

Ausdrücklich nicht freigestellt sind gewidmete Infrastrukturen.[822]

Hierunter fallen Infrastrukturen, die für im Voraus ermittelbare Unternehmen errichtet werden und auf deren Bedarf zugeschnitten sind.[823]

Exkurs:
Kategorisierung von Unternehmen (KMU und Großunternehmen)

Literatur: *Bartosch*, EU-Beihilfenrecht[3] (2020); *Frenz*, KMU-Beihilfen, GewA 2019, 49; *Güßregen*, EU-Konsultation zur KMU-Definition, EuZW 2018, 259; *Immenga/Mestmäcker*, Wettbewerbsrecht V: Beihilfenrecht[6] (2022); *Kekelekis,* The big Enterprise of defining SMEs in State Aid Cases, EStAL 2008, 12; KOM, Benutzerleitfaden zur Definition von KMU (2020); *Säcker*, Münchner Kommentar Europäisches und Deutsches Wettbewerbsrecht V: Beihilfenrecht[4] (2022).

Judikatur: EuGH 29.04.2004, C-91/01, *Solar Tech*; EuG 14.10.2004, T-137/02, *Pollmeier Malchow/Kommission*; KOM 22.04.2010, SA.21124, *Magdeburger Artolith GmbH*;

[816] S dazu Art 4 Abs 1 lit cc AGVO.
[817] Art 56 Abs 2 AGVO.
[818] Art 56 Abs 5 AGVO.
[819] Art 2 Z 29 AGVO.
[820] Art 2 Z 30 AGVO.
[821] Art 56 Abs 6 AGVO.
[822] Art 56 Abs 7 AGVO.
[823] Art 2 Z 33 AGVO.

EuGH 27.02.2014, C-110/13, HaTeFo; EuG 15.09.2016, T-675/13, *K Chimica Srl/Echa*; EuG 15.09.2016, T-587/14, *Crosfield Italia/Echa*; EuG 09.09.2020, T-745/17, *Kerkosand/ Kommission*; EuGH 24.09.2020, C-516/19, *NMI Technologietransfer*, EuGH 10.03.2021, C-572/19 P, *Ertico – ITS Europe/ Kommission.*

Im EU-Beihilferecht werden Unternehmen je nach Größe und Mitarbeiterzahl klassifiziert. Je nachdem ob es sich um ein Klein-, Mittelunternehmen (KMU) oder ein Großunternehmen (GU) handelt, gestalten sich die Fördermöglichkeiten unterschiedlich.

Während die Unterstützungsmöglichkeiten für KMU vielfältiger sind, werden die Fördermöglichkeiten bei Großunternehmen oft eingeschränkt. Die Vorteile, die den KMU gewährt werden, stellen meist Ausnahmen von allgemeinen Regeln dar, so auch im EU-Beihilferecht, sodass der Begriff der KMU eng auszulegen ist. Es sollen nur jene Unternehmen erfasst sein, die tatsächlich unabhängige KMU darstellen, weshalb die Struktur von KMU genau zu untersuchen ist, die eine wirtschaftliche Gruppe bilden.[824]

Bei der Zuordnung eines Unternehmens nach ihrer Größe, wird in der Praxis vorwiegend auf die **KMU-Empfehlung**[825] der Kommission zurückgegriffen. Auch im Anhang I zur AGVO wird die KMU-Definition in Form der KMU-Empfehlung abgebildet.

Es handelt sich dabei um keine verbindliche Definition für kleine und mittlere Unternehmen (KMU). Die Kommission ist an die KMU-Empfehlung gebunden.[826] Die KMU-Empfehlung stellt für die Zuordnung auf die Mitarbeiterzahl, die Finanzdaten (Umsatz oder Bilanz) und die Eigenständigkeit ab.

Mit einem eigenen KMU-Benutzerleitfaden[827] hat die Kommission zusätzlich allgemeine Leitlinien veröffentlicht, die als Hilfestellung bei der Anwendung der KMU-Definition dienen soll. Der Benutzerleifaden ist kein rechtsverbindlicher Text, entfaltet keinerlei rechtliche Wirkung und ist für die Kommission in keiner Hinsicht bindend, da die KMU-Empfehlung die einzig verbindliche Grundlage bei der Bestimmung der Voraussetzungen für die Erfüllung der KMU-Kriterien ist.[828]

Bei der Beurteilung des KMU-Status wird in der Förderpraxis auch auf die KMU-Erklärung zurückgegriffen.[829] Dabei handelt es sich um ein Musterformular, das von der Kommission konzipiert wurde, um die Bearbeitung von Verwaltungsvorgängen zu beschleunigen. Das Formular kann auch ergänzt, vereinfacht oder angepasst werden. Im Ergebnis soll durch eine solche Erklärung der Gesamtverwaltungsaufwand für die Unternehmen nicht vergrößert, sondern vereinfacht werden.[830]

---

824 EuGH 27.02.2014, C-110/13, *HaTeFo* Rn 32-33; EuGH 24.09.2020, C-516/19, *NMI Technologietransfer*, Rn 65; EuGH 10.03.2021, C-572/19 P, *Ertico – ITS Europe/ Kommission* Rn 89

825 Empfehlung der Kommission vom 6. Mai 2003 betreffend die Definition der Kleinstunternehmen sowie der kleinen und mittleren Unternehmen, ABl L 2003/124, 36.

826 S dazu den Haftungsausschluss in KOM, Benutzerleitfaden zur Definition von KMU (2020).

827 KOM, Benutzerleitfaden zur Definition von KMU (2020).

828 EuG 09.09.2020, T-745/17, *Kerkosand/Kommission*, Rn 89-90.

829 Mitteilung der Kommission – Muster für eine Erklärung über die zur Einstufung als KMU erforderlichen Angaben, ABl C 2003/118, 5.

830 Siehe dazu die ErwGr zur Mitteilung der Kommission – Muster für eine Erklärung über die zur Einstufung als KMU erforderlichen Angaben, ABl C 2003/118, 5.

a. Klein- und Mittelunternehmen (KMU)

Kleinstunternehmen sind Unternehmen, die weniger als 10 Personen beschäftigen und deren Jahresumsatz bzw Jahresbilanz € 2 Mio nicht übersteigt.[831]

Kleinunternehmen werden folglich unterteilt in Kleinunternehmen und Kleinstunternehmen. Sie werden allerdings oft unter dem Begriff KU zusammengefasst.

Beispiel: *Die Actelus GmbH beschäftigt im Jahr 2020 acht Vollzeitmitarbeiter und weist in ihrem Jahresabschluss einen Jahresumsatz iHv € 1.200.000 aus. Die Actelus GmbH ist daher als Kleinstunternehmen zu klassifizieren.*

Kleinunternehmen sind Unternehmen, die mindestens 10 aber weniger als 50 Personen beschäftigen und deren Jahresumsatz bzw Jahresbilanz € 10 Mio nicht übersteigt, aber mindestens € 2 Mio beträgt.[832]

Beispiel: *Die Tetra GmbH beschäftigt im Jahr 2018 24 Vollzeitmitarbeiter, 5 Teilzeitkräfte und weist in ihrem Jahresabschluss einen Jahresumsatz iHv € 12.200.000 aus. Die Tetra-GmbH ist als Kleinunternehmen zu klassifizieren.*

Mittlere Unternehmen sind Unternehmen, die mindestens 50 aber weniger als 250 Personen beschäftigen und deren Jahresumsatz mindestens € 10 Mio aber höchstens € 50 Mio oder Jahresbilanz mindestens € 10 Mio aber maximal € 53 Mio beträgt.[833]

Beispiel: *Die Sixtus-F AG beschäftigt im Jahr 2021 insgesamt 168 Vollzeitmitarbeiter, 20 Teilzeitkräfte und weist in ihrem Jahresabschluss einen Jahresumsatz iHv € 40.750.000 aus. Die Sixtus-F AG ist als mittleres Unternehmen zu klassifizieren.*

b. Großunternehmen

Großunternehmen sind Unternehmen, die mehr als 250 Personen beschäftigen und deren Jahresumsatz über € 50 Mio beträgt oder deren Jahresbilanz € 53 Mio übersteigt.

Großunternehmen werden in der Empfehlung nicht gesondert definiert. Es handelt sich aber um Unternehmen, die nicht als Kleinst-, Klein- oder Mittelunternehmen eingestuft werden können.

Beispiel: *Die Tradecom-Handels AG beschäftigt im Jahr 2022 insgesamt 2.000 Vollzeitmitarbeiter und 4.000 Teilzeitbeschäftige. Aus dem Jahresabschluss für das Geschäftsjahr 2021 ergibt sich eine Jahresbilanz iHv € 500.000.000. Die Tradecom-Handels AG ist als Großunternehmen zu klassifizieren.*

---

[831] Art 2 Abs 3 KMU-Empfehlung.
[832] Art 2 Abs 2 KMU-Empfehlung.
[833] Art 2 Abs 1 KMU-Empfehlung.

Kategorien	Mitarbeiterzahl	Jahresumsatz	Jahresbilanzsumme
Kleinst	< 10	≤ 2 Mio EUR	≤ 2 Mio EUR
Klein	< 50	≤ 10 Mio EUR	≤ 10 Mio EUR
Mittel	< 250	≤ 50 Mio EUR	≤ 43 Mio EUR
Groß	Wenn Einordnung als KMU nicht mehr möglich		

Mit der AGVO-Green Deal Novelle 2023[834] wurden „kleine Unternehmen mittlerer Kapitalisierung" (**kleine Midcap-Unternehmen**)[835] als eine **Unterkategorie der Großunternehmen** in das EU-Beihilferecht implementiert. Sog „kleine Midcap-Unternehmen" sind Großunternehmen, werden allerdings beihilferechtlich tw wie KMU begünstigt.

Nach der AGVO-Green Deal Novelle 2023 sind Beihilfen in Form einer durch den Fonds „InvestEU" geförderten Finanzierung nicht nur für KMU, sondern auch für kleine Midcap-Unternehmen förderbar.

Kleine Midcap-Unternehmen sind nach der Definition keine KMU, deren Daten folgen allerdings der Berechnung der KMU-Empfehlung.[836]

Kleine Unternehmen mittlerer Kapitalisierung (**kleine Midcap-Unternehmen**) sind Unternehmen, die keine KMU sind, weniger als 499 Personen beschäftigen und deren Jahresumsatz höchstens € 100 Mio oder Jahresbilanz maximal € 86 Mio beträgt.[837]

Beispiel: *Die Zuckerfabrik GmbH beschäftigt im Jahr 2022 insgesamt 450 Vollzeitmitarbeiter und 40 Teilzeitbeschäftige. Aus dem Jahresabschluss für das Geschäftsjahr 2022 geht ein Jahresumsatz iHv € 90.000.000 hervor. Die Zuckerfabrik GmbH ist kein KMU, sie ist als Großunternehmen anzusehen. Innerhalb der Kategorie Großunternehmen ist sie allerdings als kleines Midcap-Unternehmen zu behandeln, da sie weniger als 499 Personen beschäftigt und einen Jahresumsatz von € 100 Mio nicht übersteigt. Obwohl die*

834 Verordnung (EU) 2023/1315 der Kommission vom 23. Juni 2023 zur Änderung der Verordnung (EU) Nr. 651/2014 zur Feststellung der Vereinbarkeit bestimmter Gruppen von Beihilfen mit dem Binnenmarkt in Anwendung der Artikel 107 und 108 des Vertrags über die Arbeitsweise der Europäischen Union und der Verordnung (EU) 2022/2473 zur Feststellung der Vereinbarkeit bestimmter Gruppen von Beihilfen zugunsten von in der Erzeugung, Verarbeitung und Vermarktung von Erzeugnissen der Fischerei und der Aquakultur tätigen Unternehmen mit dem Binnenmarkt in Anwendung der Artikel 107 und 108 des Vertrags über die Arbeitsweise der Europäischen Union, ABl L 2023/167, 1.

835 Art 56e Abs 10 AGVO.

836 Art 2 Z 103e AGVO.

837 Art 2 Z 103e AGVO.

Zuckerfabrik GmbH auch als Großunternehmen anzusehen ist, wäre sie beihilferechtlich als kleines Midcap-Unternehmen begünstigt und würde bspw für Art 56e Abs 10 AGVO in Betracht kommen (sofern die übrigen Voraussetzungen dafür gegeben sind).

Kategorien	Mitarbeiterzahl	Jahresumsatz	Jahresbilanzsumme
Kleinst	< 10	≤ 2 Mio EUR	≤ 2 Mio EUR
Klein	< 50	≤ 10 Mio EUR	≤ 10 Mio EUR
Mittel	< 250	≤ 50 Mio EUR	≤ 43 Mio EUR
Wenn Einordnung als KMU nicht mehr möglich			
kleine Midcap	< 499	≤ 100 Mio EUR	≤ 86 Mio EUR
Groß	> 250	> 50 Mio EUR	> 43 Mio EUR

Unterscheide: Kleinstunternehmen, Kleines Unternehmen, Mittleres Unternehmen und Großunternehmen.

Die Einstufung eines Unternehmens als KMU oder Großunternehmen ergibt sich aus einem zwingenden Mitarbeiterkriterium und einem variablen Kriterium (Jahresumsatz oder Bilanzsumme).

c. Kriterien

Die Einhaltung der **Mitarbeiterzahl ist zwingend**, um als KMU eingestuft werden zu können. Dem Unternehmen steht es aber frei entweder die Obergrenze für den Jahresumsatz oder für die Bilanzsumme einzuhalten.

Hinsichtlich dieser beider Kriterien besteht demnach eine Wahlmöglichkeit.[838]

Beispiel: *Die Tradeart-Handels KG beschäftigt im Jahr 2022 insgesamt 45 Vollzeitmitarbeiter. Aus dem Jahresabschluss für das Geschäftsjahr 2021 ergibt sich ein Jahresumsatz iHv € 12.000.000 und eine Jahresbilanz iHv € 9.000.000. Die Tradeart-Handels KG wäre zwar aufgrund des Jahresumsatzes nicht mehr als Kleinunternehmen anzusehen. Es kann allerdings auch auf die Jahresbilanz alternativ zurückgegriffen werden. Da diese unter der Schwelle liegt, gilt die Tradeart-Handels KG dennoch als Kleinuntenrehmen.*

[838] KOM, Benutzerleitfaden zur Definition von KMU (2020) 11.

Die Angaben, die für die **Berechnung** der Mitarbeiterzahl und der finanziellen Schwellenwerte heranzuziehen sind, beziehen sich generell auf den **letzten Rechnungsabschluss** und werden auf Jahresbasis berechnet.[839]

Unter Mitarbeiterzahl sind Vollzeit-, Teilzeit- und Zeitarbeitskräfte sowie auich Saisonpersonal umfasst.

Umfasst sind: Lohn- und Gehaltsempfänger, für das Unternehmen tätige Personen, die zu ihm entsandt wurden und nach nationalem Recht als Arbeitnehmer gelten (kann auch Zeit- oder sogenannte Leiharbeitskräfte einschließen); mitarbeitende Eigentümer; Teilhaber, die eine regelmäßige Tätigkeit in dem Unternehmen ausüben und finanzielle Vorteile aus dem Unternehmen ziehen.

Nicht umfasst sind: Auszubildende oder in der beruflichen Ausbildung stehende Personen mit Lehr- oder Berufsausbildungsvertrag; Mitarbeiter im Mutterschafts- oder Elternurlaub für dessen Dauer.

Die Mitarbeiterzahl wird in Jahresarbeitseinheiten (**JAE**) angegeben.

Als Einheit zählt dabei jeder, der in einem Unternehmen oder auf Rechnung dieses Unternehmens während des gesamten Berichtsjahres einer **Vollzeitbeschäftigung** nachgegangen ist, Teilzeitbeschäftigte, Saisonarbeitskräfte und Personen, die nicht das ganze Jahr gearbeitet haben, sind nach ihrem jeweiligen Anteil zu bestimmen.

Der **Jahresumsatz** wird nach den Einnahmen berechnet, die ein Unternehmen im jeweiligen Jahr mit dem Verkauf von Produkten und der Erbringung von Dienstleistungen, die unter die gewöhnlichen Tätigkeiten des Unternehmens fallen, nach Abzug etwaiger Erlösschmälerungen erzielt, hat.

Der Umsatz darf keine Umsatzsteuer oder andere indirekte Steuern enthalten.[840]

Die **Jahresbilanzsumme** bezieht sich auf die Hauptvermögenswerte eines Unternehmens.[841]

Bevor ein Unternehmen allerdings seine Daten (Mitarbeiterzahl, Jahresumsatz, Jahresbilanzsumme) berechnet, ist zunächst der Status des Unternehmens zu bestimmen. Dabei gilt es zwischen **eigenständigen Unternehmen**, **Partnerunternehmen** und **verbundenen Unternehmen** zu unterscheiden.

d. Eigenständiges Unternehmen

Ein Unternehmen gilt dann als eigenständig, wenn es **weder Partnerunternehmen noch verbundenes Unternehmen** ist.

Dies gilt in folgenden Fällen:

– Unternehmen hält keine Beteiligungen an anderen Unternehmen und kein anderes Unternehmen ist an ihm beteiligt.

---

839 Art 4 Abs 1 KMU-Empfehlung.

840 Art 4 Abs 1 KMU-Empfehlung; KOM, Benutzerleitfaden, 13.

841 KOM, Benutzerleitfaden, 13.

Beispiel: *Die Taurus OG hält keine Beteiligungen an anderen Unternehmen. An ihr ist auch kein anderes Unternehmen beteiligt.*

- Unternehmen hält weniger als 25% des Kapitals oder der Stimmrechte an einem oder mehreren Unternehmen und/oder Dritte halten höchstens 25% des Kapitals oder der Stimmrechte an dem Unternehmen.

  Mit dem „oder" stellt der Unionsgesetzgeber auf den höheren Wert ab.

Beispiel: *Die Transport GmbH hält 24% an der Logistik GmbH. Die Transport GmbH ist als eigenständiges Unternehmen zu qualifizieren, weil sie weniger als 25% an einem anderen Unternehmen hält. Würde die Logistik GmbH weniger als 25% an der Transport GmbH halten, wäre auch die Transport GmbH als eigenständiges Unternehmen zu qualifizieren.*

- Unternehmen ist mit keinem anderen Unternehmen über eine natürliche Person verbunden.
- Halten mehrere Anleger einen Anteil von jeweils weniger als 25% an einem Unternehmen, geht die Eigenständigkeit dadurch nicht verloren, vorausgesetzt die Anleger sind nicht miteinander verbunden.

  Besteht eine Verbindung der Anleger zueinander, kann das Unternehmen auch als Partnerunternehmen oder verbundenes Unternehmen eingestuft werden.[842]

Beispiel: *Die Jotta GmbH, Beta GmbH und Delta GmbH halten geweils 15% an der Alpha GmbH. Weil sie jeweils weniger als 25% an der Alpha GmbH halten, ist die Alpha GmbH als eigenständig anzusehen. Sollten die Beta GmbH und Delta GmbH miteinander verbunden sein (weil zB die Beta GmbH 60% an der Delta GmbH hält), wäre die Alpha GmbH als Partnerunternehmen zu qualifizieren, weil die Beta GmbH und Delta GmbH gemeinsam 30% (also mehr als 25%) an der Alpha GmbH halten.*

Bei eigenständigen Unternehmen werden die Daten einschließlich der Mitarbeiterzahl ausschließlich auf der Grundlage der Jahresabschlüsse **dieses** Unternehmens erstellt.[843]

e. Verbundenes Unternehmen

Die Definition verbundener Unternehmen dient dazu, die Erfassung der wirtschaftlichen Realität der KMU besser zu erfassen und dadurch die Unternehmensgruppen auszuklammern, die über eine stärkere Wirtschaftskraft als ein KMU verfügen.[844]

Unternehmen gelten als verbunden (**verbundene Unternehmen**), wenn sie zueinander in einer der folgenden Beziehungen stehen:[845]

- Unternehmen hält die Mehrheit der Stimmrechte der Aktionäre oder Gesellschafter eines anderen Unternehmens.

---

842 KOM, Benutzerleitfaden, 16.

843 Art 6 Abs 1 KMU-Empfehlung.

844 EuGH 27.02.2014, C-110/13, *HaTeFo* Rn 31.

845 Art 3 Abs 3 KMU-Empfehlung.

Beispiel: *Die Taurus GmbH ist Alleingesellschafterin der Taurus-Verwaltungs GmbH und hält daher 100 % der Stimmrechte. Die Taurus GmbH ist mit der Taurus-Verwaltungs GmbH verbunden und gilt folglich als verbundenes Unternehmen. Die Taurus-Verwaltungs GmbH ist somit auch kein eigenständiges Unternehmen.*

- Unternehmen ist berechtigt, die Mehrheit der Mitglieder des Verwaltungs- , Leitungs- oder Aufsichtsgremiums eines anderen Unternehmens zu bestellen oder abzurufen.
- Unternehmen ist aufgrund eines Vertragsverhältnisses mit einem anderen Unternehmen oder aufgrund einer Klausel in dessen Statut berechtigt, einen beherrschenden Einfluss auf dieses Unternehmen auszuüben.

Beispiel: *An der G. Klein GmbH sind drei Gesellschafterinnen beteiligt. Die S. Klein GmbH hält 24 % der Anteile, die T. Klein GmbH hält 46 % der Anteile und die U. Klein GmbH hält 30 % der Anteile. Zwischen der S. Klein GmbH und der U. Klein GmbH besteht ein Syndikatsvertrag. Da die beiden Unternehmen durch diese Vereinbarung 54 % der Anteile ausüben können, ist ein beherrschender Einfluss auf die G. Klein GmbH gegeben.*

- Unternehmen ist Aktionär oder Gesellschafter eines anderen Unternehmens und übt aufgrund einer, mit anderen Aktionären oder Gesellschaftern dieses Unternehmens, getroffenen Vereinbarung die alleinige Kontrolle über die Mehrheit der Stimmrechte von dessen Aktionären oder Gesellschaftern aus.

Im Ergebnis muss die Mehrheit der Stimmrechte eines Unternehmens durch ein anderes Unternehmen **direkt** oder **indirekt kontrolliert** werden oder die Fähigkeit zu einem **beherrschenden Einfluss** auf ein Unternehmen bestehen.

Ein typisches Beispiel hierfür ist die zu 100% im Besitz der Muttergesellschaft befindliche Tochtergesellschaft.[846]

Kommt eine solche **Unternehmensbeziehung durch die Beteiligung von** einer oder mehreren (gemeinsam handelnden) **Personen** zustande, so gelten die beteiligten Unternehmen als verbunden, wenn sie auf **demselben Markt** oder auf **benachbarten Märkten**[847] tätig sind.[848]

Unternehmen gelten dann als „verbunden“, wenn die Prüfung der zwischen ihnen bestehenden rechtlichen und wirtschaftlichen Beziehungen ergibt, dass sie, vermittels einer natürlichen Person oder einer gemeinsam handelnden Gruppe natürlicher Personen, eine einzige wirtschaftliche Einheit bilden.[849]

846 KOM, Benutzerleitfaden, 21.

847 Benachbarte Märkte oder eng miteinander verbundene benachbarte Märkte sind Märkte, deren jeweilige Waren oder Dienstleistungen einander ergänzen oder deren Waren zu einer Produktpalette gehören, die in der Regel von der gleichen Kundengruppe für dieselbe Endverwendung gekauft werden. Vertikale Beziehungen in einer Wertschöpfungskette sollten ebenfalls berücksichtigt werden.

848 EuGH 27.02.2014, C-110/13, *HaTeFo* Rn 34; EuGH 29.04.2004, C-91/01, *Italien/Kommission* Rn 51; Art 3 Abs 3 UAbs 3 KMU-Empfehlung.

849 EuGH 27.02.2014, C-110/13, *HaTeFo* Rn 39.

Beispiel: *Herr Dr. Müller hält 51 % an der Heiztechnik GmbH und 55 % an der Wärmetechnik GmbH. Beide Unternehmen befinden sich auf demselben Markt. Daher ist die Heiztechnik GmbH über Hrn. Dr. Müller mit der Wärmetechnik GmbH verbunden.*

Ein Unternehmen, das verbundene Unternehmen hat, erstellt seine Daten – einschließlich der Mitarbeiterzahl – auf der Grundlage der Jahresabschlüsse und sonstigen Daten der verbundenen Unternehmen.[850]

Sofern vorhanden können zur Berechnung auch die konsolidierten Jahresabschlüsse des Unternehmens bzw der konsolidierten Jahresabschlüsse, in die das Unternehmen durch Konsolidierung eingeht, herangezogen werden.[851]

Verbundene Unternehmen sind gänzlich mit 100 % der Daten in die Bewertung des zu beurteilenden Unternehmens hinzuzurechnen.[852]

Beispiel: *Die Blueline GmbH hält 51 % an der Greenline GmbH und 100 % an der Redline GmbH. Die Yellowline GmbH hält wiederum 60 % an der Blueline GmbH. Da die Beteiligung jeweils 50 % überschreitet, handelt es sich um verbundene Unternehmen. Folglich sind die Daten jedes Unternehmens vollständig heranzuziehen. Sämtliche Daten der Blueline GmbH, Greenline GmbH, Redline GmbH und Yellowline GmbH.*

Erstellt ein Unternehmen **keinen konsolidierten Abschluss** und unterhält das Unternehmen, mit dem es verbunden ist, seinerseits (als Partnerunternehmen oder verbundenes Unternehmen) Beziehungen zu anderen Unternehmen, sind bei der Bewertung des KMU-Status, **100 %** der Daten **aller verbundenen Unternehmen** und der **prozentuelle Anteil des jeweiligen Partnerunternehmens** hinzuzurechnen.[853]

Beispiel: *Zu bewerten ist die Umweltberatungs GmbH. Die L-Stadtplanungs GmbH hält 60 % an der Umweltberatungs GmbH. Die L-Holding AG hält wiederum 32 % an der L-Stadtplanungs GmbH. Die übrigen Anteile an der L-Stadtplanungs-GmbH hält die M-Holding-AG mit 68 %. Die L-Holding-AG ist als Partnerunternehmen der L-Stadtplanungs GmbH anteilsmäßig (also mit 32 %) und die M-Holding AG ist als verbundenes Unternehmen zur Gänze (100 %) in die Berechnung miteinzubeziehen.*

Alle mit dem zu bewertenden Unternehmen **verbundene Unternehmen** sind **zur Gänze mit 100 %** in die Berechnung einzubeziehen.

f. Partnerunternehmen

Unternehmen, die **nicht als verbundene Unternehmen** gelten und zwischen denen **folgende Beziehung** besteht: Ein (vorgeschaltetes) Unternehmen hält – allein oder gemeinsam mit einem oder mehreren Unternehmen – 25 % oder mehr

[850] Art 6 Abs 2 UAbs 1 KMU-Empfehlung.
[851] Art 6 Abs 2 UAbs 1 KMU-Empfehlung.
[852] Art 6 Abs 2 UAbs 3 KMU-Empfehlung.
[853] Art 6 Abs 2 KMU-Empfehlung.

des Kapitals oder der Stimmrechte eines anderen (nachgeschalteten) Unternehmens.

Als Partnerunternehmen gilt daher ein Unternehmen, das mindestens 25 % aber nicht mehr als 50 % des Kapitals oder der Stimmrechte des zu bewertenden Unternehmens hält.

Beispiel: *Zu bewerten ist der KMU-Status der Obst GmbH. Die Fructose GmbH hält 26 % an der Obst GmbH. Folglich ist die Fructose GmbH kein verbundenes Unternehmen. Sie hält jedoch zumindest 25 % aber nicht mehr als 50 % an der Obst GmbH. Im Ergebnis ist die Fructose GmbH als Partnerunternehmen der Obst GmbH zu qualifizieren. Gleiches würde für den umgekehrten Fall gelten, wenn die Obst GmbH 26 % an der Fructose GmbH halten würde.*

Die **Berechnung** der konkreten Daten gestaltet sich bei einem zu bewertenden Unternehmen mit Partnerunternehmen wie folgt:

Das zu bewertende Unternehmen erstellt seine Daten, einschließlich seiner Mitarbeiterzahl, basierend auf den Jahresabschlüssen und sonstigen Daten des eigenen Unternehmens. Gibt es ein **Partnerunternehmen** sind die **Mitarbeiterzahl** und die **Finanzdaten** des Partnerunternehmens **anteilsmäßig** zu den eigenen Daten des zu bewertenden Unternehmens hinzuzurechnen.

Der Anteil gibt den Prozentsatz der gehaltenen Geschäftsanteile oder Stimmrechte wieder, wobei der jeweils höhere Wert heranzuziehen ist.[854] Sollten mehrere Partnerunternehmen bestehen, sind die Daten jedes Partnerunternehmens anteilsmäßig zu den Daten des zu bewertenden Unternehmens hinzuzurechnen.

Beispiel: *Im vorhergehenden Beispiel war der KMU-Status der Obst GmbH zu bewerten. Die Fructrose GmbH ist Partnerunternehmen der Obst GmbH. Die Mitarbeiterzahl und Finanzdaten sind daher anteilsmäßig (mit 26 %) zu ihren eigenen Zahlen hinzuzurechnen.*

Ist das Partnernunternehmen des zu bewertenden Unternehmens mit anderen Unternehmen verbunden, sind auch dessen Daten **anteilsmäßig zu berücksichtigen.**[855]

Zu den Daten des zu bewertenden Unternehmens sind zunächst die Daten des Partnerunternehmens hinzuzurechnen und anschließend die Daten des mit dem Partnerunternehmen verbundenen Unternehmens zu addieren.[856]

Eigene Partnerunternehmen des zu bewertenden Unternehmens sind **anteilsmäßig** zu berücksichtigen. Partnerunternehmen des eigenen Partnerunternehmens sind allerdings **nicht** in die Berechnung einzubeziehen.[857] Verbundene Unternehmen des eigenen Partnerunternehmens sind **anteilsmäßig** zu berücksichtigen.[858]

854 Art 6 Abs 2 UAbs 2 KMU-Empfehlung.
855 KOM, Benutzerleitfaden, 19.
856 Art 6 Abs 3 UAbs 1 KMU-Empfehlung.
857 KOM, Benutzerleitfaden, 19.
858 KOM, Benutzerleitfaden, 19.

Beispiel: *Im vorhergehenden Beispiel war der KMU-Status der Obst GmbH zu bewerten. Die Fructose GmbH hält 26% an der Obst GmbH. Nehmen wir nun an, dass an der Fructose GmbH die Alpha GmbH mit 70% und die Beta GmbH mit 30% beteiligt sind. Die Fructose GmbH ist weiterhin als Partnerunternehmen der Obst GmbH anteilsmäßig zu den Daten der Obst GmbH hinzuzurechnen. Die Alpha GmbH ist mit dem Partnerunternehmen der zu bewertenden Obst GmbH verbunden und daher ebenfalls anteilsmäßig zu den Daten der Obst GmbH hinzuzurechnen. Die Beta GmbH ist ein Partnerunternehmen der Fructose GmbH und bei der Berechnung der Daten der Obst GmbH nicht zu berücksichtigen.*

Bei der Bewertung des KMU-Status eines Unternehmens sind: 1) die eigenen Partnerunternehmen anteilsmäßig 2) die mit den eigenen Partnerunternehmen verbundenen Unternehmen anteilsmäßig und 3) die Partnerunternehmen der eigenen Partnerunternehmen nicht zu berücksichtigen.

g. Ausnahmen

Die KMU-Definition sieht Ausnahmen vor, bei deren Vorliegen ein Unternehmen weiterhin als eigenständig und somit ohne Partnerunternehmen gilt, selbst wenn der Schwellenwert von 25% von einer der nachfolgend genannten Anlegerkategorien erreicht oder überschritten wird.[859]

– Staatliche Beteiligungsgesellschaften, Risikokapitalgesellschaften und „**Business Angels**“;

Darunter fallen natürliche Personen bzw Gruppen natürlicher Personen, die regelmäßig im Bereich der Risikokapitalinvestition tätig sind und die Eigenmittel in nicht börsennotierte Unternehmen investieren, sofern der Gesamtbetrag der Investition der genannten „Business Angels“ in ein und dasselbe Unternehmen € 1.250.000 nicht überschreitet.

– **Universtitäten** und **Forschungszentren** ohne Gewinnzweck;
– **Institutionelle Anleger** einschließlich regionaler Entwicklungsfonds;

Die Kommission hat den Begriff „institutionelle Anleger“ nicht formal bestimmt. Sie werden aber üblicherweise als Anleger angesehen, die im Namen einer großen Zahl von individuellen Kleinanlegern mit Wertpapieren in großen Mengen handeln und an der Leitung der Unternehmen, bei denen sie die Mittel anlegen, nicht direkt beteiligt sind.[860]

Der Begriff „institutioneller Anleger“ umfasst hauptsächlich Versicherungsgesellschaften, Pensionsfonds, Banken und Kapitalanlagegesellschaften, die Ersparnisse sammeln und Finanzierungsmittel auf den Markt bringen. Er bezieht sich aber auch auf andere Arten von institutionellen Vermögen (zB Stiftungsfonds, Stiftungen usw). In der Regel verfügen sie über beträchtliche Vermögenswerte und sind erfahrene Anleger.[861]

– **Autonome Gebietskörperschaften** mit einem Jahreshaushalt von weniger als € 10 Mio und weniger als 5.000 Einwohnern;

[859] Art 3 Abs 2 UAbs 2 KMU-Empfehlung.
[860] KOM, Benutzerleitfaden, 35 f.
[861] KOM, Benutzerleitfaden, 35 f.

Eine oder mehrere der oben genannten Anlegerkategorien dürfen einzeln einen Anteil von bis zu 50 % an einem Unternehmen besitzen, sofern sie weder einzeln noch gemeinsam mit dem Unternehmen, dessen KMU-Status bewertet wird, verbunden sind.[862]

Beispiel #1: *Zu bewerten ist der KMU-Status der Pixeloperator GmbH. An ihr sind die Alpha-Pixel GmbH zu 15 %, die Beta-Pixel GmbH zu 15 %, die Forschungszentrum AG und der Pensionsfonds B zu je 30 % beteiligt. Die Forschungszentrum AG gilt aufgrund der Ausnahmebestimmung nicht als Partnerunternehmen und ist daher nicht in die Berechnung der Daten miteinzubeziehen. Nicht zu berücksichtigen ist zudem der Pensionsfonds B, da es sich dabei um einen institutionellen Anleger handelt.*

Beispiel #2: *Nehmen wir nun an, die an der Pixeloperator GmbH beteiligte Forschungszentrum AG und der Pensionsfonds B sind miteinander verbunden und verfügen damit über eine gemeinsame Stimmrechtsbeteiligung von 60 %. In diesem Fall wird die, in der Ausnahmeregelung festgelegte 50 %-Schwelle überschritten. Die Daten der Forschungszentrum AG und des Pensionsfonds B sind daher sehr wohl zu berücksichtigen.*

Halten eine oder mehrere **öffentlichen Stellen** oder **Körperschaften des öffentlichen Rechts** unmittelbar oder mittelbar mindestens 25 % am Kapital oder der Stimmrechte des zu bewertenden Unternehmens und werden die Anteile einzeln oder gemeinsam von ihnen kontrolliert, gilt das zu beurteilende Unternehmen **nicht als KMU**.[863]

Öffentliche Stellen sind alle Einrichtungen oder Behörden der öffentlichen Hand, einschließlich der Gebietskörperschaften und der besonders zur Erfüllung von Bedürfnissen des Allgemeininteresses geschaffenen Stellen, die eine Rechtspersönlichkeit besitzen und überwiegend durch den Staat, durch Gebietskörperschaften oder andere öffentliche Stellen finanziert bzw direkt oder indirekt von ihnen kontrolliert werden.[864]

h. Veränderung des KMU-Status

Über- oder unterschreitet ein Unternehmen am Stichtag des Rechnungsabschlusses auf Jahresbasis die für die Mitarbeiterzahl oder Bilanzsumme maßgeblichen Schwellenwerte, verliert bzw erwirbt es den jeweiligen Status (Kleinst-, Klein- oder Mittelunternehmen) erst dann, wenn die Über- oder Unterschreitung **in zwei aufeinanderfolgenden Geschäftsjahren** vorkommt.[865]

Durch diese Regelung soll Stabilität und Sicherheit für Unternehmen geschaffen werden, deren Werte knapp unter den Obergrenzen liegen und die Gefahr laufen, in außergewöhnlichen Wirtschaftsjahren in volatilen Märkten diese Werte zeitweilig zu

[862] KOM, Benutzerleitfaden, 17.
[863] Art 3 Abs 4 KMU-Empfehlung.
[864] EuGH 24.09.2020, C-516/19, *NMI Technologietransfer* Rn 52.
[865] Art 4 Abs 2 KMU-Empfehlung.

überschreiten. Unternehmen sollen auch in Wachstumsphasen nicht mit dem Verlust des KMU-Status bestraft werden, sofern sie die Obergrenzen nicht über einen längeren Zeitraum hinfort überschreiten.

Beispiel: *Werden die KMU-Schwellenwerte bspw aufgrund einer Änderung in den Eigentümerverhältnissen nach einer Fusion oder Übernahme überschritten, ist dies üblicherweise nicht als zeitweilig und auf Volatilität zurückzuführen. Unternehmen, deren Eigentumsverhältnisse sich ändern, sind auf der Grundlage ihrer Beteiligungsstruktur zum Zeitpunkt des Vorgangs zu bewerten, nicht aber zum Zeitpunkt der Erstellung des letzten Abschlusses. Der Verlust des KMU-Status kann demnach unmittelbar erfolgen.*[866]

Überschreitet ein Unternehmen im Verlauf des Berichtsjahres entweder die Mitarbeiterzahl oder die finanziellen Obergrenzen, bleibt der KMU-Status, wie er zu Beginn des Geschäftsjahres bestand, erhalten. Der KMU-Status geht erst dann verloren, wenn die **Obergrenzen in zwei aufeinanderfolgenden Geschäftsjahren überschritten** werden.

Umgekehrt kann ein Großunternehmen den KMU-Status erlangen, wenn es die Obergrenzen in zwei aufeinanderfolgenden Geschäftsjahren unterschritten hat.[867]

i. Prüfschema

Ausgangsfall: *Textilunternehmen Kosmos GmbH führt in ihrem Förderantrag an, sie beschäftige 60 Mitarbeiter. Davon sind 30 Mitarbeiter Vollzeitangestellte und 30 zu 20h als Teilzeitangestellte angemeldet. Die Kosmos GmbH gibt an, sie sei ein mittleres Unternehmen. Die Förderstelle hat nun den KMU-Status der Kosmos GmbH zu prüfen.*

1. Liegt überhaupt ein **Unternehmen** vor?

Die Kosmos GmbH ist ein Textilunternehmen und übt eine wirtschaftliche Tätigkeit auf einem Markt aus. Die Kosmos GmbH erfüllt den Unternehmensbegriff.

2. **Beteiligungsverhältnisse** prüfen!
Ist das Ausgangsunternehmen eigenständig (eigenständiges Unternehmen), mit anderen verbunden (verbundene Unternehmen) oder verpartnert (Partnerunternehmen)

Nun gilt es die Beteiligungsverhältnisse der Kosmos GmbH zu eruieren. Aus dem Firmenbuchauszug ergibt sich: Die Uranus GmbH hält 40 % an der Kosmos GmbH. 60 % hält die Neptun GmbH. Die Uranus GmbH steht im Alleineigentum der Josef-Kortus OG, deren Gesellschafter keine anderen Beteiligungen halten. Die Neptun GmbH steht im Alleineigentum der Omega GmbH, an der Dr. K sämtliche Anteile hält (Dr. K hält sonst keine weiteren Beteiligungen, auch ist die Omega GmbH sonst nirgendwo anders beteiligt).

[866] KOM, Benutzerleitfaden, 14.
[867] KOM, Benutzerleitfaden, 14.

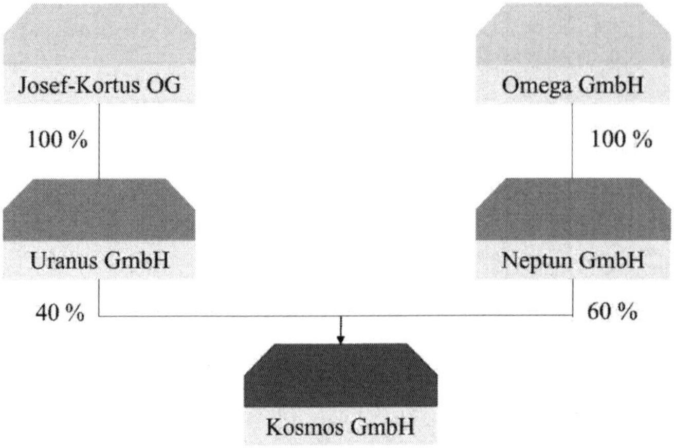

Die Beteiligungsprüfung ergibt nun folgendes: Die Kosmos GmbH ist kein eigenständiges Unternehmen. Die Uranus GmbH ist Partnerunternehmen und die Neptun GmbH verbundenes Unternehmen. Die mit der Neptun GmbH zu 100% verbundene Omega GmbH ist ebenfalls ein verbundenes Unternehmen der Kosmos GmbH.

3. **Mitarbeiterzahlen und Finanzdaten** (auch von Partnerunternehmen und verbundener Unternehmen) erheben:

Kosmos GmbH: 30 Vollzeit (100%), 30 Teilzeit (50%) = 45 JAE/Jahresumsatz iHv € 30 Mio;
Uranus GmbH: 25 Vollzeit (100%), 40 Teilzeit (50%) = 45 JAE/Jahresumsatz iHv € 45 Mio;
Neptun GmbH: 50 Vollzeit (100%), 10 Teilzeit (50%) = 55 JAE/Jahresumsatz iHv € 35 Mio;
Omega GmbH: 170 Vollzeit (100%), 250 Teilzeit (50%) = 295 JAE/Jahresumsatz iHv € 130 Mio
Josef-Kortus OG: 60 Vollzeit (100%), 30 Teilzeit (50%) = 75 JAE/Jahresumsatz iHv € 55 Mio.

4. **Berechnung** (anteilsmäßig oder gänzlich).

Die Mitarbeiterzahl und die Finanzdaten sind bei den mit der Kosmos GmbH verbundenen Unternehmen (Neptun GmbH und Omega GmbH) zu 100% (gänzlich) hinzuzurechnen. Die Daten der Uranus GmbH als Partnerunternehmen anteilsmäßig. Die Omega GmbH ist mit dem Partnerunternehmen verbunden und daher anteilsmäßig zu berücksichtigen.

Mitarbeiter: 45 JAE (Kosmos) + 55 JAE (Neptun) + 295 JAE (Omega) + 0,40 * 45 JAE (Uranus) + 0,40 * 75 JAE (Josef-Kortus) = **443 JAE**.

Finanzdaten: € 30 Mio (Kosmos) + € 35 Mio (Neptun) + € 130 Mio JAE (Omega) + 0,40 * € 45 Mio (Uranus) + 0,40 * € 55 Mio (Josef-Kortus) = **€ 235 Mio**.

5. **KMU-Status**: Klein-, Mittel- oder Großunternehmen?

Die Kosmos GmbH ist im Ergebnis als Großunternehmen zu qualifizieren.

Exkurs: Bagatellbeihilfen („De-Minimis-Beihilfen“)

Literatur: *Bartosch*, EU-Beihilfenrecht[3] (2020); *Berghofer*, The New De Minimis Regulation: Enlarging the Sword of Damocles, EStAL 2007, 11; *Birnstiel/Bungenberg/Heinrich*, Europäisches Beihilfenrecht (2013); *Fort/Nyssens*, General Framework and Block Exemption Regulations, in EU Competition Law (Volume 2) Part 4, 729; *Grabitz/Hilf/Nettesheim*, Das Recht der Europäischen Union: EUV/AEUV (Werkstand: 79. EL Mai 2023); *Immgena/Mestmäcker*, Wettbewerbsrecht V: Beihilfenrecht[6] (2022); *Kanitz*, Der erste Entwurf der neuen De-minimis-Verordnung der Kommission, BRZ 2013, 67; *Lukits*, Entwicklungen im Europäischen Beihilfenrecht. Materielles Europarecht, in Jahrbuch Europarecht (2014) 171; *Müller/Kühnert*, Förderungen und Beihilfenrecht, in DORDA, Fragen und Antworten zur Coronakrise[2] (2020); *Nordmann*, Die neue de-minimis Verordnung im EG-Beihilfenrecht, EuZW 2007, 752; *Nyssens*, De-minimis, in EU Competition Law (Volume 1) Part 2, 409; *Sinnaeve*, Die ersten Gruppenfreistellungsverordnungen: Dezentralisierung der Beihilfenkontrolle, EuZW 2001, 69; *ders*, Block Exemptions for State aid: More Scope for State Aid Control by Member States and Competitors, CMLR 2001, 1479; *ders*, The Complexity of Simplification: The Commission's Review of the de minimis Regulation, EStAL 2014, 261; *Soltész*, Kein Freifahrtschein für nationale Subventionspolitik – die neuen Gruppenfreistellungsverordnungen im Europäischen Beihilfenrecht, ZIP 2001, 278; *Stöbener de Mora*, Beihilferecht: EU-Konsultationen zur De-minimis-Verordnung, Flughafenleitlinien und Regionalbeihilfen, EuZW 2019, 483; *dies*, Beihilferecht: Verlängerung der AGVO, De-minimis-Verordnung und Leitlinien sowie gezielte Anpassungen aufgrund der Covid-19-Krise, EuZW 2020, 635.

Judikatur: EuGH 21.03.2013, C-129/12, *Magdeburger Mühlenwerke GmbH*; EuGH 14.7.2016, C-246/15 P, *Pollmeier Massivholz GmbH & Co KG/Kommission*; EuGH 28.10.2020, C-608/19, *INAIL*; EuGH 12.01.2023, verb Rs C-702/20, C-17/21, *SIA „DOBELES HES“ ua.*

Vergleichsweise geringe Auswirkungen auf den Binnenmarkt haben sog „**De-minimis-Beihilfen**“. Das sind kleinere Beihilfen bis zu einem bestimmten Schwellenwert, die einem bestimmten Unternehmen über einen Zeitraum von drei aufeinanderfolgenden Steuerjahren gewährt werden.

Diese „Bagatellbeihilfen“ werden von der Europäischen Kommission aufgrund ihrer Geringfügigkeit als Maßnahmen angesehen, die weder Auswirkungen auf den innergemeinschaftlichen Handel haben, noch geeignet sind, den Wettbewerb zu verfälschen.[868] De-Minimis-Beihilfen müssen daher nicht gemäß Art 108 Abs 3 AEUV notifiziert werden.[869]

Die De-minimis-Regelung zielt darauf ab, den Verwaltungsaufwand der Unternehmen, der Kommission und der Mitgliedstaaten zu vereinfachen, indem vom Grundsatz ausgegangen wird, dass Beihilfen, deren Betrag den De-minimis-Höchstbetrag nicht übersteigt, keine Auswirkungen auf den Handel zwischen den Mitgliedstaaten haben und den Wettbewerb nicht verfälschen können.[870]

[868] De-minimis-Beihilfen sind systematisch demnach als Tatbestandslösung zu betrachten, da sie weder eine Wettbewerbsverfälschung noch eine Handelsbeeinträchtigung bewirken. Sie werden jedoch der Übersicht wegen unter dem Abschnitt „Rechtfertigungsmöglichkeiten“ abgebildet.

[869] EuGH 12.01.2023, verb Rs C-702/20, C-17/21, *SIA „DOBELES HES“ ua*, Rn 91.

[870] EuGH 07.03.2002, C-310/99, *Italien/Kommission*, Rn 94; EuGH 28.10.2020, C-608/19, *INAIL*, Rn 41.

Die Vorschriften über De-minimis-Beihilfen gelten grds für Unternehmen aller Wirtschaftsbereiche. Ausgenommen sind lediglich die Bereiche Fischerei oder Aquakultur, Primärerzeugung landwirtschaftlicher Tätigkeiten, Verarbeitung[871] und Vermarktung[872] landwirtschaftlicher Erzeugnisse, sowie Exportbeihilfen und Beihilfen, die eingeführte Waren diskriminieren.

De-minimis-Beihilfen, die die Voraussetzungen der De-minimis-VO erfüllen, sind nicht als Beihilfen gemäß Art 107 Abs 1 AEUV einzustufen, da sie als Maßnahmen angesehen werden, die nicht alle Tatbestandsmerkmale des Art 107 Abs 1 AEUV erfüllen.[873]

Somit sind sie systematisch eigentlich nicht als Beihilfen zu betrachten, obwohl sie als solche bezeichnet werden, sie scheiden bereits aus dem Beihilfebegriff aus.[874]

1. Schwellenwert

Entscheidend für die Einstufung als „De-minimis-Beihilfe" ist, dass der maximal zulässige Höchstbetrag von € 300.000, über einen Zeitraum von drei aufeinanderfolgenden Steuerjahren betrachtet, nicht überschritten wird. Mit der Novelle der De-minimis-Verordnung (EU) 2023/2831 wurde die für den gewerblichen Straßengüterverkehr abweichende Höchstgrenze gestrichen.

Unterschiedliche Schwellwerte finden sich für Dienstleistungen im allgemeinen wirtschaftlichem Interesse (€ 750.000), für den Bereich Fischerei und Aquakultur (€ 30.000) oder für den Agrarsektor (€ 15.000). Bei der Zusammenrechnung der De-minimis-Beihilfen ist der Zeitpunkt der „Gewährung" der Beihilfe maßgeblich.[875] Mit der Novelle der De-minimis-Verordnung (EU) 2023/2831 bzw (EU) 2023/2832 wurden die Schwellen-

---

871 Die Verarbeitung eines landwirtschaftlichen Erzeugnisses wird legal definiert als jede Einwirkung auf ein landwirtschaftliches Erzeugnis, deren Ergebnis ebenfalls ein landwirtschaftliches Erzeugnis ist, ausgenommen Tätigkeiten eines landwirtschaftlichen Betriebs zur Vorbereitung eines tierischen oder pflanzlichen Erzeugnisses für den Erstverkauf (Art 2 Abs 1 lit c VO (EU) 2023/2831).

872 Die Vermarktung eines landwirtschaftlichen Erzeugnisses wird legal definiert als der Besitz oder die Ausstellung eines Produkts im Hinblick auf den Verkauf, das Angebot zum Verkauf, die Lieferung oder jede andere Art des Inverkehrbringens, ausgenommen der Erstverkauf durch einen Primärerzeuger an Wiederverkäufer und Verarbeiter sowie jede Tätigkeit zur Vorbereitung eines Erzeugnisses für diesen Erstverkauf; der Verkauf durch einen Primärerzeuger an einen Endverbraucher gilt als Vermarktung, wenn er in gesonderten, eigens für diesen Zweck vorgesehenen Räumlichkeiten erfolgt (Art 2 Abs 1 lit d VO (EU) 2023/2831).

873 Art 3 Abs 1 De-minimis-VO.

874 Auch die Europäische Kommission sieht den Begriff „De-minimis-Beihilfe" wohl kritisch: vgl dazu aus der Sachverhaltsdarstellung und dem Vorbringen der Kommission: EuGH 14.7.2016, C-246/15 P, *Pollmeier Massivholz GmbH & Co KG/Kommission*, Rn 8; vgl aber EuGH 28.10.2020, C-608/19, *INAIL* Rn 27. Die Aussage des EuGH könnte man auch in die Richtung einer Rechtfertigungslösung gedeutet werden.

875 EuGH 28.10.2020, C-608/19, *INAIL* Rn 29.

werte mit 01.01.2024 angehoben. Die neuen Höchstbeträge sollen die Inflation seit 2013 und die voraussichtlichen Entwicklungen der nächsten Jahre widerspiegeln.

Beispiel: *Das Bundesland X gewährt dem Unternehmen C im Juni 2024 eine Förderung in Höhe von € 20.000. Die Förderung wird als De-minimis-Beihilfe ausgestaltet. Für die Berechnung des Schwellwertes sind das laufende Steuerjahr und die Steuerjahre 2023 und 2022 heranzuziehen. Wurden somit im Steuerjahr 2022 bspw € 50.000 Beihilfen auf der Grundlage der De-minimis-Verordnung und im Steuerjahr 2023 etwa € 240.000 an De-minimis-Beihilfen gewährt, wäre die Gewährung des vollen Betrags iHv € 20.000 im Jahr 2024 als De-minimis-Beihilfe nicht mehr möglich. De-minimis-Beihilfen dürften nur mehr in Höhe von € 10.000 gewährt werden.*

Bei der Berechnung sind nur **transparente Beihilfen** (Siehe Punkt 3.) maßgeblich, also Beihilfen, deren sog „Bruttosubventionsäquivalent" vorab – ohne Risikobewertung – berechnet werden kann.

Praxistipp

De-minimis-Erklärung[876]

Förderstelle	Bezeichnung des Vorhabens	Höhe des Beihilfebetrags			Datum der Genehmigung	Rechtsgrundlage
		beantragt	genehmigt	ausbezahlt		

2. Einziges Unternehmen

Beispiel: *Um die Entwicklung des Wasserstoffs auf Bundesebene voranzutreiben, entschließt sich der Bund, die W-Wasserstoff-GmbH im Jahr 2021 mit einer Förderung iHv € 200.000 finanziell zu unterstützen. An der W-Wasserstoff-GmbH sind die Mutter-W-GmbH und die Vater W-GmbH mit je 50 % beteiligt. Die Mutter-W-GmbH hat im Jahr 2020 bereits eine De-minimis-Förderung iHv € 100.000 vom Bund erhalten.*

Die „De-minimis"-Vorschriften stellen bei der zulässigen Höchstgrenze auf den Gesamtbetrag jener gewährten De-minimis-Beihilfen ab, die **einem einzigen Unternehmen** im Zeitraum von drei aufeinanderfolgenden Steuerjahren **von einem Mitgliedstaat** gewährt wurden. So können etwa auch mehrere Unter-

[876] In der abgebildeten Tabelle sollen alle im laufenden und in den beiden vorangegangenen Kalenderjahren beantragten und/oder genehmigten und/oder endausbezahlten Beihilfebeträge, das Datum der Genehmigung, sowie in der letzten Spalte die entsprechende Rechtsgrundlage angeführt werden. Bereits genehmigte „De-minimis"-Beihilfen sind dabei üblicherweise aus den Förderverträgen bzw Bewilligungs- oder Genehmigungsschreiben ersichtlich.

nehmen im Rahmen eines Unternehmensverbundes als „einziges Unternehmen" im Rahmen der „De-minimis"-Vorschriften gelten.

Die Schwellenwerte für De-minimis-Beihilfen gelten je Mitgliedstaat („von einem Mitgliedstaat"). Sollte demnach ein Unternehmensverbund die De-minimis-Schwelle für seine Unternehmensgruppe („einem einzigen Unternehmen") bereits in einem Mitgliedstaat ausgeschöpft haben, steht es ihm frei, weitere De-minimis-Beihilfen aus einem anderen Mitgliedstaat bis zum Erreichen des jeweiligen Schwellenwert zu beanspruchen.

Als „einziges Unternehmen" sind alle Unternehmen im Unternehmensverbund zu zählen, die zueinander in mindestens einer der folgenden Beziehungen stehen:

- Ein Unternehmen hält die Mehrheit der Stimmrechte der Anteilseigner oder Gesellschafter eines anderen Unternehmens;
- ein Unternehmen ist berechtigt, die Mehrheit der Mitglieder des Verwaltungs-, Leitungs- oder Aufsichtsgremiums eines anderen Unternehmens zu bestellen oder abzuberufen;
- ein Unternehmen ist gemäß einem mit einem anderen Unternehmen geschlossenen Vertrag oder aufgrund einer Klausel in einer Satzung berechtigt, einen beherrschenden Einfluss auf dieses Unternehmen auszuüben;
- ein Unternehmen, das Anteilseigner oder Gesellschafter eines anderen Unternehmens ist, übt gemäß einer mit anderen Anteilseignern oder Gesellschaftern dieses anderen Unternehmens getroffenen Vereinbarung die alleinige Kontrolle über die Mehrheit der Stimmrechte von dessen Anteilseignern aus;

Auch Unternehmen, die mittelbar über ein oder mehrere andere Unternehmen zueinander in vorgenannter Beziehung stehen, werden als ein einziges Unternehmen betrachtet.

Beispiel: *Beantragt eine Kapitalgesellschaft im Jänner 2021 eine „De-minimis"-Förderung, hat die Behörde zu ermitteln, in welcher Höhe der Antragsteller bereits „De-minimis"-Beihilfen erhalten hat. Dazu sind bereits erhaltene Vorförderungen des Antragstellers sowie mit diesem verflochtene Unternehmen (zum Unternehmensverbund gehörende Unternehmen) zu berücksichtigen.*

Für die Berechnung des De-minimis-Schwellenwerts im Konzerngeflecht ist außerdem auf die **KMU-Definition**[877] und den von der Kommission veröffentlichten KMU-Benutzerleitfaden[878] hinzuweisen.

877 Empfehlung der Kommission vom 6. Mai 2003 betreffend die Definition der Kleinstunternehmen sowie der kleinen und mittleren Unternehmen, ABl L 2003/124, 36; sowie Anhang I der VO (EU) 651/2014.

878 KOM, Benutzerleitfaden zur Definition von KMU (2015), abrufbar unter: https://publications.europa.eu/resource/cellar/79c0ce87-f4dc-11e6-8a35-01aa75ed71a1.0004.01/DOC_1.

3. Arten von De-minimis-Beihilfen

Die De-minimis-VO gilt nur für sog „**transparente Beihilfen**“, also Beihilfen, deren Bruttosubventionsäquivalent im Voraus genau berechnet werden kann, ohne dass eine Risikobewertung erforderlich ist.

Als transparente Beihilfen gelten **Zuschüsse** oder **Zinszuschüsse**, **Kapitalzuführungen** sowie **Risikofinanzierungsmaßnahmen**, die **in Form von Beteiligungen oder beteiligungsähnlichen Finanzierungsinstrumenten** gewährt werden. Der De-minimis-Schwellenwert darf bei allen Arten nicht überschritten werden.

Unter bestimmten Voraussetzungen können auch **Bürgschaften**, **Garantien** und **Darlehen** als transparente Beihilfen gelten.

De-minimis-Beihilfen in Form von Darlehen und Garantien dürfen dann nicht gewährt werden, wenn sich der Beihilfeempfänger in einem Insolvenzverfahren befindet oder die Voraussetzungen für die Eröffnung eines Insolvenzverfahrens vorliegen.[879]

Beispiel: *Die Bio-Obst-OG ist ein in der Gemeinde X bekanntes Unternehmen. Im Jahr 2019 schreibt das Unternehmen rote Zahlen und steht kurz vor der Insolvenz. Um das für die Gemeinde ökonomisch wichtige Unternehmen zu unterstützen, gewährt sie der Bio-Obst-OG eine Förderung in der Höhe von € 75.000. Die Förderung wird als De-minimis-Beihilfe ausgestaltet. Aufgrund des drohenden Insolvenzverfahrens ist zu prüfen, ob noch von einer transparenten Beihilfe gesprochen werden kann. Liegen die Voraussetzungen für die Eröffnung eines Insolvenzverfahrens vor, ist die De-minimis-Beihilfe unzulässig und damit nicht gerechtfertigt. Es läge eine unzulässige Beihilfe vor.*

4. Weitere De-minimis-Verordnungen

Neben der allgemeinen De-minimis-VO (EU) 2023/2831 gibt es für bestimmte Wirtschaftsbereiche (Agrarsektor[880], Fischerei und Aquakultur[881]) weitere De-minimis-VO, auf deren Grundlage, De-Minimis-Beihilfen gewährt werden kön-

[879] Um nach österreichischem Insolvenzrecht ein Insolvenzverfahren über ein Unternehmen zu eröffnen, muss der Schuldner insolvent sein. Dies bedeutet, dass materiellrechtlich ein Insolvenzgrund vorliegt. Damit ist die sog „materielle Insolvenz“ angesprochen (Zahlungsunfähigkeit bzw Überschuldung). Zudem muss ein Antrag auf ein Insolvenzverfahren beim Insolvenzgericht gestellt werden. Weiterführend siehe *Kodek*, Insolvenzrecht² (2022) Rz 206.

[880] Verordnung (EU) 1408/2013 der Kommission vom 18. Dezember 2013 über die Anwendung der Artikel 107 und 108 des Vertrags über die Arbeitsweise der Europäischen Union auf De-minimis-Beihilfen im Agrarsektor, ABl L 2013/352, 9.

[881] Verordnung (EU) 717/2014 der Kommission vom 27. Juni 2014 über die Anwendung der Artikel 107 und 108 des Vertrags über die Arbeitsweise der Europäischen Union auf De-minimis-Beihilfen im Fischerei- und Aquakultursektor, ABl L 2014/190, 45 zuletzt geändert durch VO (EU) 2023/2391, ABl L 2023/1, 11.

nen. Ferner gibt es im DAWI-Bereich eine eigene DAWI-De-Minimis-VO[882]. Besonderheiten ergeben sich bei diesen De-Minimis-VO im Vergleich zur allgemeinen De-minimis-VO vor allem im Hinblick auf den Anwendungsbereich und die jeweiligen Schwellenwerte.

Die VO (EU) 1408/2013 („**Agrar-De-minimis-VO**") gilt für Unternehmen, die in der Primärerzeugung landwirtschaftlicher Produkte tätig sind.[883] Dazu zählen die in Anhang I des AEUV angeführten landwirtschaftlichen Erzeugnisse. Die Verarbeitung und Vermarktung landwirtschaftlicher Erzeugnisse erfolgt hingegen im Anwendungsbereich der allgemeinen De-minimis-VO. Der Gesamtbetrag der einem einzigen Unternehmen gewährten Agrar-De-minimis-Beihilfen darf in einem Zeitraum von drei Steuerjahren **€ 15.000** nicht übersteigen.

Die VO (EU) 717/2014 („**Fischerei und Aquakultur-De-minimis-VO**") gilt für Unternehmen des Fischerei- und Aquakultursektors, also Unternehmen, die in der Erzeugung, Verarbeitung und Vermarktung von Erzeugnissen der Fischerei und Aquakultur tätig sind. Der Gesamtbetrag der De-minimis-Beihilfen, die einem einzigen Unternehmen des Fischerei- und Aquakultursektors gewährt werden, darf in drei Steuerjahren **€ 30.000** nicht übersteigen.

Abweichend davon kann ein Mitgliedstaat den Gesamtbetrag auf € 40.000 anheben, sofern dieser Mitgliedstaat über ein nationales Zentralregister für De-minimis-Beihilfen mit vollständigen Informationen über alle von Behörden in diesem Mitgliedstaat gewährten Beihilfen verfügt.[884]

Die VO (EU) 2023/2832 („**DAWI-De-minimis-VO**") gilt für Unternehmen, die eine Dienstleistung von allgemeinem wirtschaftlichem Interesse erbringen. Der Gesamtbetrag einer De-minimis-Beihilfe, die einem Unternehmen, das Dienstleistungen von allgemeinem wirtschaftlichem Interesse erbringt, gewährt wird, darf in drei Steuerjahren **€ 750.000** nicht übersteigen.

5. Kumulierung

Die Kumulierungsvorschriften der De-minimis-VO regeln das Verhältnis zu weiteren De-minimis-Beihilfen und auch das Verhältnis zu anderen Beihilfen,

[882] VO (EU) 2023/2832 der Kommission vom 13. Dezember 2023 über die Anwendung der Artikel 107 und 108 des Vertrags über die Arbeitsweise der Europäischen Union auf De-minimis-Beihilfen an Unternehmen, die Dienstleistungen von allgemeinem wirtschaftlichem Interesse erbringen.

[883] Davon ausgenommen sind Beihilfen, deren Höhe sich nach dem Preis oder der Menge vermarkteter Erzeugnisse richtet; Beihilfen für exportbezogene Tätigkeiten, die auf Drittländer oder Mitgliedstaaten ausgerichtet sind, dh Beihilfen, die unmittelbar mit den ausgeführten Mengen, mit der Errichtung und dem Betrieb eines Vertriebsnetzes oder mit anderen laufenden exportbezogenen Ausgaben in Zusammenhang stehen; Beihilfen, die davon abhängig sind, dass heimische Erzeugnisse Vorrang vor eingeführten Erzeugnissen erhalten.

[884] Art 6 Abs 2 VO (EU) 717/2014 idF VO (EU) 2023/2391

die entweder nach einer Gruppenfreistellungsverordnung freigestellt sind, oder von der EU-Kommission genehmigt wurden.

Allgemeine De-minimis-Beihilfen bzw Agrar-De-minimis-Beihilfen bzw. Fischerei und Aquakultur-De-minimis-Beihilfen dürfen mit DAWI-De-minimis-Beihilfen kumuliert werden, solange der Schwellenwert von € 750.000 nicht überschritten wird. Allgemeine De-minimis-Beihilfen dürfen mit Agrar-De-minimis-Beihilfen bzw Fischerei-De-minimis-Beihilfen kumuliert werden, solange der Schwellenwert von € 300.000 nicht überschritten wird. Agrar-De-minimis-Beihilfen dürfen mit Fischerei-De-minimis-Beihilfen kumuliert werden, solange der Schwellenwert von € 30.000 bzw € 40.000 nicht überschritten wird.

Die Kumulierungsbestimmung in Art 5 Abs 2 De-Minimis-VO ist so zu verstehen, dass der nach der Verordnung einzuhaltende Schwellenwert anhand des im Rahmen der einschlägigen nationalen Regelung geforderten Beihilfebetrags, kumuliert mit den Zahlungen, die für den Referenzzeitraum aufgrund dieser Regelung bereits bezogen wurden, zu beurteilen ist.[885] Dem Wortlaut von Art 3 Abs 7 De-minimis-VO zufolge ist für die Beurteilung, ob durch die Kumulierung mit anderen De-minimis-Beihilfen der De-minimis-Höchstbetrag überschritten wird, auf den Zeitpunkt der „Gewährung" der Beihilfe abzustellen.[886] Bewilligungszeitpunkt einer De-minimis-Beihilfe ist dabei jener Zeitpunkt, zu dem das Unternehmen nach dem geltenden nationalen Recht einen Rechtsanspruch auf die Beihilfe erwirbt, und zwar unabhängig davon, wann die De-minimis-Beihilfe tatsächlich an das Unternehmen ausgezahlt wird.[887]

Aus der Rechtsprechung: *Das Holzunternehmen Z stellt bei der Förderstelle I einen Förderantrag, um eine De-minimis-Beihilfe zu erlangen. Die Förderstelle bewilligte den Förderantrag von Z und spricht Z eine De-minimis-Beihilfe iHv € 230.000 zu. Es stellte sich jedoch später heraus, dass Z bereits vor Antragstellung bei I De-minimis-Beihilfen von insgesamt € 80.000 erhalten hat. Durch Hinzurechnung dieser Beträge wird die De-minimis-Höchstgrenze folglich überschritten. Für Z stellt sich die Frage, ob er das Überschreiten der Höchstgrenze durch eine Antragsänderung (also Änderung des benötigten Förderbetrags auf insgesamt € 210.000) verhindern kann.*

Die De-minimis-VO enthält keine Bestimmungen, nach denen die antragstellenden Unternehmen ihren Beihilfeantrag ändern könnten, indem sie die Höhe der Beihilfe verringern oder auf frühere Beihilfen verzichten, um den De-minimis-Höchstbetrag einzuhalten.[888] Wird wegen bestehender früherer gewährter De-minimis-Beihilfen der Höchstbetrag aber überschrittten, kann **bis zur Gewährung** dieser Beihilfe für die Verringerung der beantragten Mittel oder den vollständigen oder teilweisen Verzicht auf frühere bereits erhaltene Beihilfen optiert werden, um diesen Höchstbetrag nicht zu überschreiten.[889] Beihilfegebende Stellen sind aber nicht verpflichtet, den antragstellenden Unternehmen zu gestatten, ihren Beihilfeantrag vor der Gewährung der Beihilfe zu ändern, um den De-minimis-Höchstbetrag nicht zu überschreiten.[890] Jedenfalls sind die Mitgliedstaaten

---

[885] EuGH 12.01.2023, verb Rs C-702/20, C-17/21, *SIA „DOBELES HES" ua* Rn 93.
[886] EuGH 28.10.2020, C-608/19, *INAIL* Rn 29.
[887] EuGH 28.10.2020, C-608/19, *INAIL* Rn 30.
[888] EuGH 28.10.2020, C-608/19, *INAIL* Rn 38, 43.
[889] EuGH 28.10.2020, C-608/19, *INAIL* Rn 43.
[890] EuGH 28.10.2020, C-608/19, *INAIL* Rn 46.

aufgrund des Loyalitätsgrundsatzes verpflichtet für die praktische Wirksamkeit des Beihilferechts Sorge zu tragen.

6. Monitoring und Reporting

Art 6 Abs 1 De-minimis-VO:

„Die Mitgliedstaaten stellen sicher, dass Angaben zu gewährten De-minimis Beihilfen **ab dem 1. Januar 2026** in einem **Zentralregister auf nationaler oder Unionebene erfasst** werden.“

In das neue Zentralregister ist der Beihilfeempfänger, Beihilfebetrag, Tag der Gewährung, Bewilligungsbehörde, Wirtschaftszweig ua zu erfassen. Das Zentralregister ist so einzurichten, dass die Angaben leicht für die Öffentlichkeit zugänglich sind und die Einhaltung datenschutzrechtlicher Vorschriften gewährleistet ist.

Die Angaben zu allen De-minimis-Beihilfen sind innerhalb von 20 Arbeitstagen nach Gewährung der Beihilfe im Zentralregister zu erfassen. Mitgliedstaaten, die ein Zentralregister auf nationaler Ebene führen, haben bis zum 30. Juni jedes Jahres die Daten über die im Vorjahr gewährten De-minimis-Beihilfen der Kommission zu übermitteln. Die erste Datenübermittlung ist für zwischen dem 1. Januar und dem 31. Dezember 2026 gewährte De-minimis-Beihilfen vorgesehen.

Die Mitgliedstaaten sind verpflichtet, die erfassten Angaben zu De-minimis-Behilfen ab dem Tag der Gewährung zehn Jahre lang aufzubewahren.

Der Kommission steht es frei, die Maßnahmen jederzeit zu überprüfen. Dabei haben die Mitgliedstaaten gemäß Art 6 Abs 5 De-minimis-VO auf schriftliches Ersuchen innerhalb von 20 Arbeitstagen oder einer angegebenen längeren Frist ausführliche Informationen an die Kommission zu übermitteln.

Dritter Teil

Beihilfeverfahrensrecht

I. Grundlagen des EU-Beihilfeverfahrens

Literatur: *Bartosch*, Fünf Jahre Verfahrensverordnung in Beihilfesachen – Eine Zwischenbilanz, EuZW 2004; *ders*, Die Durchsetzung der Beihilferechtswidrigkeit staatlicher Maßnahmen vor nationalen Gerichten, EuZW 2005, 396; *ders*, Die Verfahrensverordnung in Beihilfesachen – Notwendigkeit und Chancen einer Generalüberholung, RJW 2007, 401; *ders*, EU-Beihilfenrecht[3] (2020); *Becker*, Die parallele Prüfung beihilferechtlicher Sachverhalte durch Kommission und nationale Gerichte – Entscheidungskompetenzen und –konflikte, EuZW 2012, 725; *Birnstiel/Bungenberg/Heinrich*, Europäisches Beihilfenrecht (2013); *Battista*, Is participation in the Commission's administrative procedure a necessary condition for legal standing? – Commentary on Case C-260/05 P, SNIACE v Commission, EStAL 2008, 91; *Calliess/Ruffert*, EUV/AEUV[6] (2022); *Dreher/Lübbig/Wolf-Posch*, Praxis des EU-Beihilferechts in Österreich (2017); *Einarsson/Kelekekis*, Time's up –Procedural Delays in State aid Cases, EStAL 2015, 130; *Fiebelkorn/Petzold*, Durchführungsverbot gemäß Art 88 III 3 EG, Rückforderungsverpflichtung und Nichtigkeitsfolge: Ist die BGH-Rechtsprechung praxisgerecht? EuZW 2009, 323; *dies*, Noch einmal: Beihilfenrechtliches Durchführungsverbot und Rechtsschutz des Wettbewerbers – Erwiderung zum Echo Martin-Ehlers/Strohmayr in EuZW 2009, 557, EuZW 2009, 598; *Franchi*, The Never Ending „Saga" of the Fallimento Traghetti del Mediterraneo – Annotation on the Judgment of the Court of Justice (First Chamber) of 23 January 2019 in Case C-387/17 Presidenza del Consiglio dei Mininistri v Fallimento Tragehtti del Mediteraneo, EStAL 2019, 391; *Frenz*, Handbuch Europarecht III: Beihilferecht[2] (2021); *Giesberts/Gayger*, Kein Akteneinsichtsrecht des Beihilfenempfängers?, EuZW 2019, 669; *Grabitz/Hilf/Nettesheim*, Das Recht der Europäischen Union: EUV/AEUV (Werkstand: 79. EL Mai 2023); *Harings*, Europäische Beihilfenkontrolle zwischen Konkurrentenschutz und Staatenbezogenheit, EWS 1999, 286; *Heidenhain*, Rechtsfolgen eines Verstoßes gegen das Durchführungsverbot des Art. 88 III EG, EuZW 2005, 135; *Immenga/Mestmäcker*, Wettbewerbsrecht V: Beihilfenrecht[6] (2022); *Jaeger*, Wienstrom/BMWA: another request for a preliminary ruling on the scope of the standstill obligation, EStAL 2008, 3; *ders*, The CELF-Judgement: a precarious conception of the stand-still obligation, EStAL 2008, 279; *ders*, CELF II: Settling into Weak effet utile Standard for Private State Aid Enforcement, JECL&P 2010, 319; *ders*, Beihilfe- und Förderungsrecht, in Holoubek/Potacs (Hrsg), Öffentliches Wirtschaftsrecht I[4] (2019) 717; *Jaeger/Haslinger/Kopetzki/Reitbauer*, Grundsätze der Beihilfekontrolle und Verfahren, in Haslinger/Jaeger (Hrsg), Jahrbuch Beihilferecht (2020) 11; *Jeneral*, Anwendung der neuen Beihilfeverfahrensverordnung in der Kommissionspraxis, in Haslinger/Jaeger (Hrsg), Jahrbuch Beihilferecht (2018) 413; *Kölbl*, Nationaler Rechtsschutz im EU-Beihilferecht – Private Enforcement (2023); *Kruse*, Bemerkungen zur gemeinschaftlichen Verfahrensverordnung für die Beihilfenkontrolle – Erwägungen zu einzelnen Verfahrensregelungen und zu Rechtsschutzmöglichkeiten, NVwZ 1999, 1049; *Keppenne*, L'évolution dans les systémes communautaires de contrôlle des aides d´état, RMUE 1998, 125; *Kuik*, State aid and the 2004 accession – overview of recent developments, EStAL 2004, 365; *Lentsch*, Der neue Verhaltenskodex für die Beihilfekontrolle, in Haslinger/Jaeger (Hrsg), Jahrbuch Beihilferecht (2019) 241; *Lindner*, Die EG-Verfahrensverordnung zur gemeinschaftlichen Beihilfenkontrolle – auf dem Weg zu einem allgemeinen Europäischen Verwaltungsrecht?, BayVBL 2002, 193; *Marmagio-*

li, State aid in the New Member States, in Rydelski (Hrsg), The EC State Aid Regime, 805; *Martin-Ehlers/Strohmayr*, Nationaler Rechtsschutz im Beihilfenrecht – Erwiderung zum Aufsatz Fiebelkorn/Petzold in EuZW 2009, 323; *Nehl*, The imperfect procedural status of beneficiaries of aid in EC State aid proceedings, EStAL 2006, 57; *ders*, 2013 Reform of EU State Aid Procedures: How to Exacerbate the Imbalance between Efficiency and Individual Protection, EStAL 2014, 235; *ders*, Neue Regeln des Beihilfe – Beschwerdeverfahrens: Kodifikation eines Beschwerderechts oder Entlastung der Kommission, in Haslinger/Jaeger (Hrsg), Jahrbuch Beihilferecht (2015) 481; *ders*, Justizielle Grundrechte und Verfahrensgarantien (Abschnitt 12) in Heselhaus/Nowak (Hrsg), Handbuch Europäische Grundrechte[2] (2019); *Nemitz*, General Report, in FIDE 2006 National Reports, Stae aid: the effective application of EU State aid procedures: form a plan to grant aid to the recovery of illegal aid – the role of national law and practice, 287; *Ordóñez-Solís*, Waiting for National Judges in Infringement Proceedings on State Aid, EStAL 2017., 377; *Prickartz/Hummelbrunner*, Ist die Maximalintensität der Beihilfekontrolle erreicht? Zum Verhältnis von Kommission und Gerichtshof, in Haslinger/Jaeger (Hrsg), Jahrbuch Beihilferecht (2020) 475; *Plappert*, Die neue Beihilfeverfahrensverordnung unter besonderer Beachtung der Auskunftsersuchen der Marktteilnehmer, EuZW 2014, 216; *Rosenfeld*, Das Verfahrensrecht der gemeinschaftlichen Beihilfenaufsicht: Die primärrechtliche Regelung und ihre Ausgestaltung durch die Verfahrensverordnung (2000); *Roth*, Die Europäische Kommission als Amicus curiae im Beihilfeverfahren vor nationalen Gerichten, in Haslinger/Jaeger (Hrsg), Jahrbuch Beihilferecht (2018) 425; *Säcker*, Münchner Kommentar Europäisches und Deutsches Wettbewerbsrecht V: Beihilfenrecht[4] (2022); *Streinz*, EUV/AEUV Kommentar[3] (2018); *Sinnaeve*, Der Kommissionsvorschlag zu einer neuen Verfahrensverordnung für die Beihilfenkontrolle, EuZW 1998, 268; *dies*, The Ferriere Judgment of the CFI: no surprises in EC State aid procedures, EStAL 2005, 63; *dies*, State aid procedures: developments since the entry into force of the Procedural Regulation, CMLR 2007, 965; *Sinnaeve/Slot*, The New Regulation on State Aid Procedures, CMLR 1999, 1153; *Soltész*, Das prozedurale binnenmarktrechtliche Beihilfenaufsichtsrecht, in Hatje/Müller-Graff (Hrsg), Enzyklopädie Europarecht IV: Europäisches Binnenmarkt- und Wirtschaftsordnungsrecht[2] (2021); *Vajda/Stuart*, Effects of the Standstill Obligation in National Courts – all said after CELF? An English Perspective, EStAL 2010, 629.

Judikatur: EuGH 11.12.1973, Rs 120/73, *Lorenz*; EuGH 22.03.1977, Rs 78/76, *Steinike & Weinlig*; EuGH 21.05.1987, Rs 133/85, *Walter Rau Lebensmittelwerke ua/Bundesanstalt für landwirtschaftliche Marktordnung*; EuGH 21.11.1991, C-354/90, *FNCE/Frankreich*; EuGH 09.03.1994, C-188/92, *Textilwerke Deggendorf*; EuGH 11.07.1996, C-39/94, *SFEI/Laposte*; EuGH 13.01.2005, C-174/02, *Streekgewest*; EuGH 05.10.2006, C-368/04, *Transalpine Ölleitung Österreich*; OLG Wien 05.02.2007, 2 R 150/06b; EuGH 12.02.2008, C-199/06, *CELF und Ministre de la Culture et de la Communication*; OGH 15.12.2008, 4 Ob 133/08z – Bank Burgenland; VfGH 01.07.2009, A 10/08, VfSlg 18.824/2009; OGH 19.01.2010, 4 Ob 154/09i – Landesforstrevier L; OGH 21.06.2011, 4 Ob 40/11b – Murpark; OGH 25.03.2014, 4 Ob 209/13h; EuGH 21.11.2013, C-284/12, *Lufthansa/Frankfurt Hahn*; OGH 03.05.2017, 4 Ob 236/16h; EuGH 25.07.2018, C-135/16, *Georgsmarienhütte/Deutschland*; EuGH 23.01.2019, C-387/17, *Traghetti del Mediterraneo SpA*; EuGH 05.03.2019, C-349/17, *Eesti Pagar*; EuGH 30.11.2021, C-466/21 P-R, *Land Rheinland-Pfalz/Lufthansa*; EuG 16.11.2022, T-469/20, *Niederlande/Kommission.*

Um der Gefahr eines Subventionswettbewerbs zwischen den Mitgliedstaaten vorzubeugen, legte man die Beihilfeaufsicht in die Hände einer starken supranationalen Instanz. Im Primärrecht findet sich in Artikel 108 AEUV lediglich ein Grundgerüst für das beihilferechtliche Verfahren und nennt nur rudimentär einzelne Regelungen.

Lange Zeit wurde die beihilferechtliche Verfahrenspraxis ausschließlich durch die Kommissionspraxis und durch die Rsp der Unionsgerichte geprägt und fortentwickelt, bis die Verfahrensbedingungen schrittweise in Verfahrensverordnungen gegossen wurden.[1]

Die nähere Ausgestaltung des Beihilfeverfahrens folgt aktuell aus der Verfahrensordnung **VO (EU) 2015/1589 (Verf-VO)**. Sie bildet nun die Grundlage für das Beihilfeverfahren.

Zusätzlich legt die Durchführungsverordnung VO (EG) 794/2004[2] formale und inhaltliche Anforderungen an eine Anmeldung durch die Mitgliedstaaten sowie den bei der Rückforderung einer rechtswidrigen Beihilfe anzuwendenden Zinssatz, fest. Durch die Einführung von Standardformularen wurde versucht, das Verfahren zu vereinfachen und zu beschleunigen.

Weitere Vorschriften zum beihilferechtlichen Verfahren finden sich im **Verhaltenskodex** für das Beihilfeverfahren („Best Practice"),[3] sowie weitere **besondere Verfahrensvorschriften** in einzelnen Verordnungen.

Im Verhaltskodex wird erklärt, wie Beihilfeverfahren durchgeführt werden und welche Maßnahmen die Kommission ergreift, um die Dauer der Verfahren zu verkürzen und ihre Transparenz und Vorhersehbarkeit zu steigern. Dargelegt wird, wie der Kontakt wischen der Kommission und den Behörden der Mitgliedstaaten abläuft und was in der Zeit vor der förmlichen Anmeldung der Beihilfen zu beachten ist; wie die Behörden der Mitgliedstaaten Maßnahmen, bei denen eine Beeinträchtigung des Wettbewerbs unwahrscheinlich ist, durchführen können, ohne sie förmlich bei der Kommission zur Genehmigung anzumelden; wie die Bearbeitung von Beihilfesachen dadurch erleichtert wird, dass die Mitgliedstaaten im Rahmen ihrer Zusammenarbeit mit der Kommission angeben können, welche Fälle für sie von besonders hoher Priorität sind; wie die Kommission über ein Netz nationaler Koordinatoren, das sie für die laufenden Kontakte mit den einzelnen Mitgliedstaaten unterhält, bei Auftreten von Problemen sofort Unterstützung leisten kann; wie die Kommission mit den Mitgliedstaaten im Bereich der Bewertung und Überwachung staatlicher Beihilfen zusammenarbeitet ua.[4]

So finden sich zB in der Allgemeinen Gruppenfreistellungsverordnung besondere Verfahrensvorschriften wie das Erfordernis einer Freistellungsmitteilung innerhalb von 20 Arbeitstagen nach Inkrafttreten der Beihilfemaßnahme über das elektronische Anmeldsystem der Kommission (SANI-System).[5]

---

[1] Siehe dazu *Sinnaeve*, EuZW 1998, 268; *Keppenne*, RMUE 1998, 125 ff; *Bartosch*, BeihilfenR[3] VO 2015/1589 Rz 1.

[2] VO (EG) 794/2004 der Kommission vom 21.04.2004 zur Durchführung der VO (EG) 659/1999 des Rates über besondere Vorschriften für die Anwendung von Artikel 93 des EG-Vertrags, ABL L 2004/140, 1, zuletzt geändert durch VO (EU) 2016/2105, ABl L 2016/327, 19.

[3] Verhaltenskodex für die Durchführung von Beihilfeverfahren, ABl C 2018/253, 5; Der Verhaltenskodex 2018 ersetzte zudem die Mitteilung der Kommission über ein vereinfachtes Verfahren: zur Vorgängerregelung Verhaltenskodex 2009 s Verhaltenskodex für die Durchführung von Beihilfeverfahren vom 29.04.2009, ABl C 2009/136, 13.

[4] S dazu KOM, Pressemitteilung vom 16.07.2018, IP/18/4544.

[5] Vgl dazu Art 11 AGVO.

A. Zuständigkeit

Literatur: *Bartosch*, EU-Beihilfenrecht[3] (2020); *Becker*, Die parallele Prüfung beihilferechtlicher Sachverhalte durch Kommission und nationale Gerichte – Entscheidungskompetenzen und -konflikte, EuZW 2012, 725; *Frenz*, Handbuch Europarecht III: Beihilferecht[2] (2021); *Prickartz/Hummelbrunner*, Ist die Maximalintensität der Beihilfekontrolle erreicht? Zum Verhältnis von Kommission und Gerichtshof, in Haslinger/Jaeger (Hrsg), Jahrbuch Beihilferecht (2020) 475; *Säcker*, Münchner Kommentar Europäisches und Deutsches Wettbewerbsrecht V: Beihilfenrecht[4] (2022); *Streinz*, EUV/AEUV Kommentar[3] (2018); *Scott*, Co-Operation and Good Faith: State Aid Rules and National Courts – Procedural and Interpretative Consequences, EStAL 2017, 354; *Soltész*, Das prozedurale binnenmarktrechtliche Beihilfenaufsichtsrecht, in Hatje/Müller-Graff (Hrsg), Enzyklopädie Europarecht IV: Europäisches Binnenmarkt- und Wirtschaftsordnungsrecht[2] (2021).

Judikatur: EuGH 11.12.1973, Rs 120/73, *Lorenz*; EuGH 22.03.1977, Rs 78/76, *Steinike & Weinlig*; EuGH 21.11.1991, C-354/90, *FNCE*; EuGH 11.07.1996, C-39/94, *SFEI ua*; EuGH 08.07.2004, T-198/01, *Technische Glaswerke Ilmenau*; EuGH 13.01.2005, C-174/02, *Streekgewest*; EuGH 06.09.2006, C-88/03, *Portugal/Kommission*; EuGH 18.07.2007, C-119/05, *Lucchini*; EuGH 08.12.2011, C-275/10, *Residex*.

Das Verfahren der Beihilfeaufsicht nach Art 108 AEUV ist ein **Verfahren zwischen dem jeweiligen Mitgliedstaat und der Kommission**. Die zentrale Beihilfekontrolle erfolgt dabei durch die Europäische Kommission. Die Beschlüsse der Kommission richten sich an den jeweiligen Mitgliedstaat. Zwischen dem Mitgliedstaat und der Kommission gilt eine unterschiedliche, aber klare Aufgabenverteilung.[6]

Im Rahmen der Kontrolle der Einhaltung der Verpflichtungen der Mitgliedstaaten aus den Art 107 und 108 AEUV fallen den nationalen Gerichten und der Kommission einander ergänzende und unterschiedliche Rollen zu.[7]

1. Kommission

Die **Kommission** besitzt das ausschließliche Monopol, eine Beihilfemaßnahme, die sämtliche Tatbestandsmerkmale in Art 107 Abs 1 AEUV erfüllt, auf ihre **Vereinbarkeit mit dem Binnenmarkt** zu **prüfen** und diese zu **genehmigen** (**Prüfungsmonopol der Kommission**).[8] Dabei unterliegt sie der Kontrolle des Gerichtshofes.[9] Die Kommission kann ferner auch die Aufhebung oder Umgestaltung einer Beihilfe anordnen.

Die Kommission entscheidet mit **Beschluss**. Der Beschluss ist dabei nicht an den Beihilfeempfänger, sondern **an** den jeweiligen **Mitgliedstaat adressiert**.

6 EuGH 08.12.2011, C-275/10, *Residex* Rn 25 ff; EuGH 18.07.2007, C-119/05, *Lucchini* Rn 50 ff.

7 EuGH 11.07.1996, C-39/94, *SFEI ua* Rn 41.

8 EuGH 22.03.1977, Rs 78/76, *Steinike & Weinlig* Rn 9; *Soltész* in Hatje/Müller-Graff, EnzEuR IV[2] § 15 Rz 1.

9 EuGH 11.07.1996, C-39/94, *SFEI ua* Rn 42; EuGH 21.11.1991, C-354/90, *FNCE* Rn 9.

Auch wenn die Beihilfe von einer staatlichen Untergliederung gewährt wird (Bundesländer, Gemeinden), sind Beschlüsse an den Mitgliedstaat gerichtet.[10]

2. Mitgliedstaat

Art 108 Abs 3 erster Satz AEUV:

„Die Kommission wird von jeder beabsichtigten Einführung oder Umgestaltung von Beihilfen so rechtzeitig unterrichtet, dass sie sich dazu äußern kann."

Der jeweilige Mitgliedstaat muss der Kommission ihre Vorhaben zur Gewährung neuer Beihilfen rechtzeitig im Rahmen einer „vollständigen Anmeldung" mitteilen. Man spricht von der sog „**Notifizierung**".

Der betreffende Mitgliedstaat übermittelt der Kommission in seiner Anmeldung alle sachdienlichen Auskünfte.[11] Nur der Mitgliedstaat und die Kommission sind Parteien des Beihilfeverfahrens.[12]

Die beihilferechtliche Kommunikation zwischen der Republik Österreich und der Europäischen Kommission (DG Wettbewerb) erfolgt grds bundeseinheitlich durch die zuständige Abteilung „EU-Beihilfenrecht" als koordinierende Stelle im Bundesministerium für Digitalisierung und Wirtschaftsstandort.

Beispiel: *Das Bundesland S beabsichtigt eine finanzielle Zuwendung an ein Großunternehmen zu gewähren. Die anmeldungspflichtige Beihilfemaßnahme muss bei der Kommission notifiziert werden. Das Bundesland S hat die Anmeldung über die koordinierende Stelle im Bundesministerium für Arbeit und Wirtschaft (BMAW) vorzunehmen.*

3. Aufgabenverteilung Kommission und nationale Gerichte

Literatur: *Achleitner*, The Interplay between the European Commission, Nationale Authorities and National Courts in State Aid Law: An Attempt to Cut the Gordian Knot, EStAL 2022, 173: *Becker*, Die parallele Prüfung beihilferechtlicher Sachverhalte durch Kommission und nationale Gerichte – Entscheidungskompetenzen und -konflikte, EuZW 2012, 725; *Prickartz/Hummelbrunner*, Ist die Maximalintensität der Beihilfekontrolle erreicht? Zum Verhältnis von Kommission und Gerichtshof, in Haslinger/Jaeger (Hrsg), Jahrbuch Beihilferecht (2020) 475; *Scott*, Co-Operation and Good Faith: State Aid Rules and National Courts – Procedural and Interpretative Consequences, EStAL 2017, 354.

Judikatur: EuGH 11.12.1973, Rs 120/73, *Lorenz*; EuGH 22.03.1977, Rs 78/76, *Steinike & Weinlig*; EuGH 21.11.1991, C-354/90, *FNCE*; EuGH 11.07.1996, C-39/94, *SFEI ua*; EuGH 12.01.2023, verb Rs C-702/20, C-17/21, *SIA „DOBELES HES" ua*; EuGH 19.03.2015, C-672/13, *OTP Bank.*

---

[10] Selbst bei autonomen staatlichen Untergliederungen: vgl EuGH 06.09.2006, C-88/03, *Portugal/Kommission.*

[11] Art 2 Abs 2 Verf-VO.

[12] Siehe dazu Dritter Teil Kapitel I Abschnitt D.

Der jeweilige **Mitgliedstaat** ist verpflichtet, die **Rechte des Einzelnen** gegen eine mögliche Verletzung des Durchführungsverbots zu **schützen**, und zwar unabhängig davon, ob die Beihilfe mit dem Binnenmarkt vereinbar ist oder nicht.[13] Die nationalen Gerichte haben dabei festzustellen, ob eine fragliche Maßnahme eine Beihilfe iSd Art 107 Abs 1 AEUV darstellt. Die nationalen Gerichte sind dementsprechend befugt, eine fragliche Beihilfemaßnahme iSd **Art 107 Abs 1 AEUV anzuwenden** und **auszulegen**.

Ein nationales Gericht kann sich veranlasst sehen, den Beihilfebegriff auszulegen und anzuwenden, um zu bestimmen, ob die EK von diesen Maßnahmen hätte unterrichtet werden müssen.[14]

Die nationalen Gerichte sind jedoch nicht befugt, zu prüfen, ob eine Beihilfemaßnahme mit dem Binnenmarkt vereinbar ist. Die **Vereinbarkeitsprüfung** mit dem Binnenmarkt obliegt **ausschließlich** der **Kommission**.

Der Erlass von Leitlinien wird als Ausdruck der ausschließlichen Zuständigkeit der Kommission für die Beurteilung der Vereinbarkeit von Beihilfemaßnahmen mit dem Binnenmarkt betrachtet.[15]

Zweifelt ein nationales Gericht an der Vereinbarkeit einer Beihilfemaßnahme, kann es das Verfahren aussetzen und die Sache dem EuGH ggf nach Art 267 AEUV zur Vorabentscheidung vorlegen, wenn sich nicht schon zweifelsfrei aus der Rsp der Unionsgerichte ergibt, ob die Maßnahme als Beihilfe zu beurteilen ist. Liegt eine Beihilfe vor, die nicht bei der Kommission angemeldet wurde, obwohl diese Verpflichtung bestand, hat das nationale Gericht die Beihilfe für rechtswidrig zu erklären und einen möglichen Antrag auf Zahlung einer Beihilfe zurückzuweisen.[16]

Das nationale Gericht kann überprüfen, ob es sich bei einer Maßnahme um eine Beihilfe nach Art 107 Abs 1 AEUV handelt. Es darf aber nicht prüfen, ob diese potenzielle Beihilfe mit dem Binnenmarkt vereinbar ist. Die Vereinbarkeitsprüfung fällt in die ausschließliche Zuständigkeit der Kommission, die dabei letztlich der Kontrolle des EuG und EuGH unterliegt.

B. Das Durchführungsverbot

Literatur: *Bartosch*, EU-Beihilfenrecht[3] (2020); *ders*, Aktuelle letztinstanzliche Urteile zur beihilferechtlichen Stillhalteverpflichtung, EuZW 2013, 208; *Birnstiel/Bungenberg/Heinrich*, Europäisches Beihilfenrecht (2013); *Dreher/Lübbig/Wolf-Posch*, Praxis des EU-Beihilferechts in Österreich (2017); *Frenz*, Handbuch Europarecht III: Beihilferecht[2] (2021); *Fiebelkorn/Petzold*, Durchführungsverbot gemäß Art 88 III 3 EG, Rückfor-

[13] EuGH 21.11.1991, C-354/90, *FNCE* Rn 9.

[14] EuGH 13.01.2005, C-174/02 Rn 17; EuGH 11.07.1996, C-39/94, *SFEI ua* Rn 53; EuGH 21.11.1991, C-354/90, *FNCE* Rn 9; EuGH 22.03.1977, Rs 78/76, *Steinike & Weinlig* Rn 14.

[15] EuGH 13.07.2023, verb Rs C-73/22 P u C-77/22 P, *Grupa Azoty ua/Kommission* Rn 58

[16] EuGH 12.01.2023, verb Rs C-702/20, C-17/21, *SIA „DOBELES HES" ua* Rn 119 ff; EuGH 19.03.2015, C-672/13, *OTP Bank* Rn 68 ff

derungsverpflichtung und Nichtigkeitsfolge: Ist die BGH-Rechtsprechung praxisgerecht? EuZW 2009, 323; *dies*, Noch einmal: Beihilfenrechtliches Durchführungsverbot und Rechtsschutz des Wettbewerbers – Erwiderung zum Echo Martin-Ehlers/Strohmayr in EuZW 2009, 557, EuZW 2009, 598; *Geiger/Khan/Kotzur*, EUV/AEUV[6] (2017); *Gundel*, Die Rückabwicklung von nicht notifizierten, aber schließlich genehmigten Beihilfen vor den nationalen Gerichten: Vorgaben für die Bewahrung des Durchführungsverbots, EWS 2008, 161; *Heidenhain*, Rechtsfolgen eines Verstoßes gegen das Durchführungsverbot des Art 88 III EG, EuZW 2005, 135; *Immenga/Mestmäcker*, Wettbewerbsrecht V: Beihilfenrecht[6] (2022); *Jaeger*, Wienstrom/BMWA: another request for a preliminary ruling on the scope of the standstill obligation, EStAL 2008, 3; *ders*, The CELF-Judgement: a precarious conception of the stand-still obligation, EStAL 2008, 279; *ders*, CELF II: Settling into Weak effet utile Standard for Private State Aid Enforcement, JECL&P 2010, 319; *ders*, Beihilfe- und Förderungsrecht, in Holoubek/Potacs (Hrsg), Öffentliches Wirtschaftsrecht I[4] (2019) 717; *Kölbl*, Nationaler Rechtsschutz im EU-Beihilferecht – Private Enforcement (2023); *Säcker*, Münchner Kommentar. Europäisches und Deutsches Wettbewerbsrecht V: Beihilfenrecht[4] (2022); *Soltész*, Das prozedurale binnenmarktrechtliche Beihilfenaufsichtsrecht, in Hatje/Müller-Graff (Hrsg), Enzyklopädie Europarecht IV: Europäisches Binnenmarkt- und Wirtschaftsordnungsrecht[2] (2021); *Vajda/Stuart*, Effects of the Standstill Obligation in National Courts – all said after CELF? An English Perspective, EStAL 2010, 629.

Judikatur: EuGH 07.11.1973, Rs 120/73 *Lorenz*; EuGH 21.11.1991, C-354/90, *FNCE*; EuGH 02.04.1998, C-367/95 P, *Sytraval*; EuGH 08.11.2001, C-143/99, *Adria-Wien Pipeline*; EuG 14.01.2004, T-109/01, *Fleuren Compost*; EuGH 11.03.2010, C-1/09, *CELF II*; EuGH 12.01.2023, verb Rs C-702/20, C-17/21, *SIA „DOBELES HES" ua*; EuGH 19.03.2015, C-672/13, *OTP Bank*, Rn 68

Art 108 Abs 3 dritter Satz AEUV:

„Der betreffende Mitgliedstaat darf die beabsichtigte Maßnahme nicht durchführen, bevor die Kommission einen abschließenden Beschluss erlassen hat."

Art 3 VO (EU) 2015/1589:

„Anmeldungspflichtige Beihilfen nach Artikel 2 Absatz 1 dürfen nicht eingeführt werden, bevor die Kommission einen diesbezüglichen Genehmigungsbeschluss erlassen hat oder die Beihilfe als genehmigt gilt."

Der Mitgliedstaat darf eine Beihilfe gemäß Art 108 Abs 3 S 3 AEUV vor der Anmeldung bei der Kommission (Notifizierung) und vor der Genehmigung durch die Kommission nicht gewähren. Man spricht vom sog „**Durchführungsverbot**".

Als durchgeführt ist eine Beihilfemaßnahme mit der Auszahlung der Beihilfe anzusehen.[17] Eine Durchführung liegt aber bereits auch dann vor, wenn der Mitgliedstaat rechtlich ohne weiteres zur Gewährung verpflichtet ist.[18]

[17] *Werner* in MüKoWettbR V: BeihilfenR[4] Art 108 AEUV Rz 138.
[18] EuGH 14.01.2004, T-109/01, *Fleuren Compost* Rn 74.

Das Durchführungsverbot dient nach Auffassung des OGH dem Schutz der Mitbewerber gegen Eingriffe des Staates in den Leistungswettbewerb.[19]

Wird gegen das Durchführungsverbot verstoßen, handelt es sich um eine **„rechtswidrige Beihilfe"**.

Wenn die nationalen Gerichte feststellen, die fragliche Maßnahme hätte bei der Kommission angemeldet werden müssen, sind sie verpflichtet zu prüfen, ob der betreffende Mitgliedstaat dieser Verpflichtung auch nachgekommen ist. Falls nicht, ist die Maßnahme von den Gerichten für rechtswidrig zu erklären.[20] Welche Konsequenzen sie dabei ziehen, ist den nationalen Gerichten dabei im Einklang mit nationalem Recht selbst überlassen.[21]

Beispiel: *Ist ein nationales Gericht mit einem Antrag auf Zahlung einer Beihilfe befasst, die rechtswidrig ist, weil sie bei der Kommission nicht angemeldet wurde, muss die ihm durch das Unionsrecht übertragene Aufgabe der Kontrolle staatlicher Beihilfen dazu führen, dass das Gericht den Antrag zurückweist.*[22]

Wird gegen das Durchführungsverbot verstoßen, spricht man von der **formellen Rechtswidrigkeit**. Davon zu unterscheiden ist eine Beihilfe, die mit dem Binnenmarkt unvereinbar ist (**materielle Rechtswidrigkeit**).

1. Geltungsbereich

Das Durchführungsverbot gilt nur für **tatbestandsmäßige Beihilfen**. Es muss also eine Beihilfe iSd Art 107 Abs 1 AEUV vorliegen, damit das Durchführungsverbot Geltung erlangt.

Eine Maßnahme, die nicht sämtliche Tatbestandsmerkmale des Art 107 Abs 1 AEUV erfüllt, stellt folglich keine Beihilfe dar. Für sie gilt das Durchführungsverbot nicht.

Beispiel: *Die COVID-19-Investitionsprämie des Bundes wurde als allgemeine Maßnahme (keine Selektivität) beihilfefrei ausgestaltet.*[23] *Die Maßnahme kann somit unmittelbar nach Inkrafttreten der zugrundeliegenden Rechtsgrundlage durchgeführt werden. Das Durchführungsverbot gilt für sie mangels Vorliegen einer Beihilfe nicht.*

Das Durchführungsverbot gilt nur für **anmeldepflichtige Beihilfen**.

Bestimmte Arten von Beihilfen können nämlich von der Kommission gemäß Art 108 Abs 4 AEUV durch Verordnung von der Anmeldepflicht ausgenommen werden. Dies ist etwa bei der AGVO, der De-minimis-VO oder im DAWI-Bereich der Fall.

---

19 OGH 29.01.2010, 4 Ob 154/09i. Damit nahm das Höchstgericht eine teilweise Übereinstimmung des beihilferechtlichen Durchführungsverbots mit dem Telos des Lauterkeitsrechts insb des Kartellrechts an.

20 EuGH 12.01.2023, verb Rs C-702/20, C-17/21, *SIA „DOBELES HES" ua* Rn 119; EuGH 19.03.2015, C-672/13, *OTP Bank* Rn 68.

21 EuGH 12.01.2023, verb Rs C-702/20, C-17/21, *SIA „DOBELES HES" ua* Rn 120; EuGH 19.03.2015, C-672/13, *OTP Bank* Rn 69.

22 EuGH 12.01.2023, verb Rs C-702/20, C-17/21, *SIA „DOBELES HES" ua* Rn 121.

23 Maßnahmen von rein allgemeinem Charakter, die nicht bestimmte Unternehmen oder Produktionszweige begünstigen, fallen nicht unter Artikel 107 Absatz 1 AEUV, da es am Merkmal der Selektivität fehlt (vgl Bekanntmachung Beihilfenbegriff Rn 117).

Das Durchführungsverbot gilt solange, bis die Kommission einen **abschließenden Genehmigungsbeschluss** erlässt.[24]

Das Durchführungsverbot wirkt nicht nur bis zur Anmeldung, sondern auch während des Prüfverfahrens. Das Durchführungsverbot endet erst mit dem Abschluss des Verfahrens. Es kann daher bereits mit Ende des vorläufigen Verfahrens enden oder aber nach der Eröffnung des förmlichen Prüfverfahrens bis zu dessen Ende gelten.[25]

Das Durchführungsverbot gilt für tatbestandsmäßige und anmeldepflichtige Beihilfen. Ein abschließender Genehmigungsbeschluss durch die Kommission beendet das Durchführungsverbot.

2. Folgen eines Verstoßes

Literatur: *Bartosch*, (Teil-)Nichtigkeit eines Kaufvertrages mit Beihilfenelementen – CEPS Pipeline, EuZW 2013, 759; *Dreher/Lübbig/Wolf-Posch*, Praxis des EU-Beihilferechts in Österreich (2017); *Heidenhain*, Rechtsfolgen eines Verstoßes gegen das Durchführungsverbot des Art 88 III EG, EuZW 2005, 135; *Immenga/Mestmäcker*, Wettbewerbsrecht V: Beihilfenrecht[6] (2022); *Kölbl*, Nationaler Rechtsschutz im EU-Beihilferecht – Private Enforcement (2023); *Lotze/Smolinski*, Zur (Teil-)Nichtigkeit von Kaufverträgen bei Verstößen gegen das Beihilferecht – Besprechung von BGH, Urt v 5.12.2012 – IZR 92/11 – „CEPS-Pipeline", BRZ 2014, 12; *Zellhofer/Solek*, Nationaler Rechtsschutz gegen formell rechtswidrige Beihilfen in Österreich, in Haslinger/Jaeger (Hrsg), Jahrbuch Beihilferecht (2014) 539.

Judikatur: EuGH 07.11.1973, Rs 120/73 *Lorenz*; EuGH 21.11.1991, C-354/90, *FNCE*; OLG Wien 05.02.2007, 2 R 150/06b.

Art 108 Abs 3 AEUV enthält keine ausdrückliche Rechtsfolge für den Fall eines Verstoßes gegen das Durchführungsverbot. Die Verletzung des Durchführungsverbots beeinträchtigt nach der Rechtsprechung des EuGH jedenfalls die Gültigkeit der Rechtsakte zur Durchführung der Beihilfemaßnahmen.[26]

Die nationalen Gerichte müssen daraus zugunsten der einzelnen, die sich auf eine solche Verletzung berufen können, sämtliche Folgerungen sowohl bezüglich der Gültigkeit der Rechtsakte zur Durchführung der Beihilfemaßnahmen als auch bezüglich der Beitreibung der unter Verletzung dieser Bestimmung gewährten finanziellen Unterstützungen oder eventueller vorläufiger Maßnahmen ziehen.[27]

Welche Konsequenz ein Verstoß gegen das Durchführungsverbot auf den zugrundliegenden Beihilfevertrag hat, ließ der OGH in seinen Entscheidungen bislang offen. Nach einer Entscheidung des OLG Wien ist der zugrundeliegende Beihilfevertrag bei einem Verstoß gegen das Durchführungsverbot bis zur Genehmigung durch die Kommission als schwebend unwirksam anzusehen.[28]

---

[24] EuGH 08.11.2001, C-143/99, *Adria-Wien Pipeline* Rn 24.

[25] EuGH 07.11.1973, Rs 120/73 *Lorenz* Rn 4; EuGH 02.04.1998, C-367/95 P, *Sytraval* Rn 37.

[26] EuGH 21.11.1991, C-354/90 Rn 12.

[27] EuGH 21.11.1991, C-354/90 Rn 12.

[28] OLG Wien 05.02.2007, 2 R 150/06b; so auch *Rüffler* in Studiengesellschaft WiR, BeihilfenR 158.

In der österreichischen Lehre wird zT vertreten, dass ein Verstoß gegen das Durchführungsverbot zur Nichtigkeit des Vertrags führt.[29]

Hier stellt sich auch die Frage nach der Teil- oder Gesamtnichtigkeit des Vertrags.[30]

Dagegen wird vorgebracht, dass der Zweck der Norm darin besteht, nur genehmigte Beihilfen auszubezahlen und ein dadurch entstandener Wettbewerbsvorteil mit der Rechtsfolge der Nichtigkeit unverhältnismäßig sei.[31]

Nach der herrschenden Lehre ist der zugrundeliegende Beihilfevertrag bei einem Verstoß gegen das Durchführungsverbot bis zur Genehmigung durch die Kommission schwebend unwirksam.[32]

Welche Rechtsfolge ein Verstoß gegen das Durchführungsverbot auf den zugrundeliegenden Rechtsakt hat, ließ der OGH bislang unbeantwortet. Die herrschende Lehre geht von einer schwebenden Unwirksamkeit des Vertrags bis zur Genehmigung durch die Kommission aus.

C. Einzelne Beihilfeformen im Beihilfeverfahren

Literatur: *Bartosch*, EU-Beihilfenrecht[3] (2020); *Birnstiel/Bungenberg/Heinrich*, Europäisches Beihilfenrecht (2013); *Calliess/Ruffert*, EUV/AEUV[6] (2022); *Dilkova*, The New Procedural Regulation in State aid – Whether „Modernisation" is in the right direction? ECLR 2014, 35; *Frenz*, Handbuch Europarecht III: Beihilferecht[2] (2021); *Grabitz/Hilf/Nettesheim*, Das Recht der Europäischen Union: EUV/AEUV (Werkstand: 79. EL Mai 2023); *Immenga/Mestmäcker*, Wettbewerbsrecht V: Beihilfenrecht[6] (2022); *Jaeger/Stöger* (Hrsg), EUV/AEUV Art 108 AEUV (Stand 01.01.2014, rdb.at); *Kuik*, State aid and the 2004 accession – overview of recent developments, EStAL 2004, 365; *Roebling*, Existing aid and enlargement, CPN 1/2003, 33; *Säcker*, Münchner Kommentar. Europäisches und Deutsches Wettbewerbsrecht V: Beihilfenrecht[4] (2022); *Sinnaeve*, State Aid Procedures, Developments since the Entry into Force of the Procedural Regulation, CMLR 2007, 965; *dies*, Die neue Verfahrensordnung in Beihilfesachen, EuZW 1999, 270; *dies*, Der Kommissionsvorschlag zu einer Verfahrensverordnung für die Beihilfenkontrolle, in Heidenhain, European State Aid Law 2010, EuZW 1999, 270; *Sollgruber*, Grundzüge des europäischen Beihilfenrechts (2007); *Soltész*, Das prozedurale binnenmarktrechtliche Beihilfenaufsichtsrecht, in Hatje/Müller-Graff (Hrsg), Enzyklopädie Europarecht IV: Europäisches Binnenmarkt- und Wirtschaftsordnungsrecht[2] (2021); *Streinz*, EUV/AEUV[3] (2018); *Sutter* in Mayer/Stöger (Hrsg), EUV/AEUV Art 108 AEUV (Stand 01.01.2014, rdb.at).

---

[29] *Eilmannsberger* in Koppensteiner, Österreichisches und europäisches Wirtschaftsprivatrecht, Teil 8/2, 81; *Jaeger*, ÖZW 2007, 75;

[30] Nach *Zellhofer/Solek* in Jahrbuch Beihilferecht (2014) 539 wäre eine Gesamtnichtigkeit überschießend, da eine Gesamtnichtigkeit die Vertragspartner vielmehr bestrafen würde, wenn sich die Beihilfeelemente eines Vertrags auch mithilfe der Teilnichtigkeit beseitigen ließen; vgl auch *Jaeger*, ÖZW 2007, 75.

[31] *Wöllik* in Jahrbuch Beihilferecht 2008 351.

[32] *Rüffler* in Studiengesellschaft WiR, BeihilfenR 158.

Judikatur: EuGH 07.11.1973, Rs 120/73, *Lorenz*; EuGH 15.05.1974, Rs 173/73, *Italien/Kommission*; EuGH 09.10.1984, verb Rs 91/83 u 127/83, *Heineken Brouwerijen*; EuGH 15.12.1988, verb Rs 166/86 u 220/86, *Irish Cement*; EuGH 09.08.1994, C-44/93, *Namur-Les assurances du crédit*; EuGH 02.04.1998, C-367/95 P, *Sytrava*; EuGH 24.03.1993, C-313/90, *CIRFS/Kommission*; EuGH 02.04.1998, C-198/91, *Cook*; EuGH 17.06.1999, C-295/97, *Piaggio*; EuGH 12.12.2000, T-128/98, *Aéroports de Paris*; EuGH 15.02.2001, C-99/98, *Österreich/Kommission*; EuGH 21.03.2002, C-36/00, *Spanien/Kommission*; EuGH 16.05.2002, C-321/99 P, *ARAP*; EuGH 11.07.2002, T-152/99, *Hijos de Andres Molina (HAMSA)*; EuGH 23.10.2002, verb Rs T-346/99 bis T-348/99, *Alava*; EuGH 24.10.2002, C-82/01 P, *Aéroports de Paris*; EuGH 21.10.2003, verb Rs C-261/01 u 262/01, *van Calster*; EuG 14.01.2004, T-109/01, *Fleuren Compost BV*; EuGH 15.07.2004, C-345/02, *Pearle*; EuGH 15.06.2005, T-171/02, *Sardinien/Kommission*; EuGH 10.06.2006, verb Rs C-442/05 P u C-471/05 P, *European Ferries*; EuGH 22.06.2006, verb Rs C-182/03 u C-217/03, *Belgien und Forum 187/Kommission*; EuG 21.03.2012, T-50/06, *RENV – Irland/Kommission*; EuGH 24.01.2013, C-73/11 P, *Frucona Košice/Kommission*; EuGH 21.11.2013, C-284/12, *Lufthansa/Flughafen Frankfurt-Hahn*; EuGH 07.12.2017, C-373/16 P, *Aughinish Alumina/Kommission*; EuG 11.07.2018, T-185/15, *Buonotourist/Kommission*; EuGH 29.07.2019, C-654/17 P, *BMW/Kommission*; EuGH 04.03.2020, C-586/18 P, *Buonotourist/Kommission.*

1. Bestehende Beihilfen

Literatur: *Kuik*, State aid and the 2004 accession – overview of recent developments, EStAL 2004, 365; *Roebling*, Existing aid and enlargement, CPN 1/2003, 33.

Judikatur: EuGH 07.11.1973, Rs 120/73, *Lorenz*; EuGH 15.05.1974, Rs 173/73, *Italien/Kommission*; EuGH 17.06.1999, C-295/97, *Piaggio*; EuGH 12.12.2000, T-128/98, *Aéroports de Paris*; EuGH 21.03.2002, C-36/00, *Spanien/Kommission*; EuGH 16.05.2002, C-321/99 P, *ARAP*; EuGH 11.07.2002, T-152/99, *Hijos de Andres Molina (HAMSA)*; EuGH 23.10.2002, verb Rs T-346/99 bis T-348/99, *Alava*; EuGH 24.10.2002, C-82/01 P, *Aéroports de Paris*; EuG 14.01.2004, T-109/01, *Fleuren Compost BV*; EuGH 22.06.2006, verb Rs C-182/03 u C-217/03, *Belgien und Forum 187/Kommission*; EuG 13.02.2012, verb Rs T-80/06 u T-182/09, *Budapesti Erómú/Kommission*; EuG 21.03.2012, T-50/06, *RENV – Irland/Kommission*; EuGH 24.01.2013, C-73/11 P, *Frucona Košice/Kommission*; EuGH 07.12.2017, C-373/16 P, *Aughinish Alumina/Kommission*; EuG 11.07.2018, T-185/15, *Buonotourist/Kommission*; EuGH 29.07.2019, C-654/17 P, *BMW/Kommission*; EuGH 04.03.2020, C-586/18 P, *Buonotourist/Kommission*; EuGH 12.01.2023, verb Rs C-702/20, C-17/21, *SIA „DOBELES HES" ua*.

Art 1 lit b Verf-VO definiert den Begriff „bestehende Beihilfe" und unterscheidet dabei verschiedene Gruppen:

Bestehende Beihilfen gelten als nicht rechtswidrig und müssen selbst bei einer Unvereinbarkeit nicht zurückgefordert werden.[33] Für bestehende Beihilfen ist ein besonderes Kontrollverfahren vorgesehen.

– Beihilfen, die **vor Inkrafttreten des [AEU]-Vertrages** eingeführt wurden;[34]

[33] *Unger* in MüKoWettbR V: BeihilfenR[4] Art 1 VO (EU) 2015/1589 Rz 4.

[34] EuGH 12.01.2023, verb Rs C-702/20, C-17/21, *SIA „DOBELES HES" ua* Rn 99.

Beihilfen, die vor dem 01.01.1958 bestanden haben, sind grds als bestehende Beihilfen anzusehen. Für neue Mitgliedstaaten wird auf den Zeitpunkt des Beitritts abgestellt.[35] Die Rechtslage wurde diesb allerdings verschärft.[36]

Für **Österreich** folgt aus Art 144 und 172 der Akte über den Beitritt Österreichs, Finnlands und Schwedens, dass alle Beihilfen (Einzelbeihilfen und Beihilferegelungen) als bestehend gelten, wenn sie entweder vor dem 01.01.1994 (Inkrafttreten des EWR-Abkommens) eingeführt worden waren oder in der Zeit von 1.1.1994 bis 31.12.1994 von der EFTA-Überwachungsbehörde genehmigt wurden.

– **Genehmigte** Beihilfen;

Alle Einzelbeihilfen und Beihilferegelungen, die von der Kommission oder vom Rat nach Art 108 Abs 2 UAbs 3 AEUV als mit dem Binnenmarkt für vereinbar erklärt worden sind. Eine nach der AGVO freigestellte Beihilfe, die sämtliche in der AGVO aufgestellten Voraussetzungen erfüllt, ist nicht als „genehmigte Beihilfe" und somit „bestehende Beihilfe" anzusehen.[37]

– Beihilfen, die **als genehmigt gelten (Genehmigungsfiktion)**;

Das ist etwa bei Beihilfen der Fall, die durch Fristablauf gemäß Art 4 Abs 6 Verf-VO als genehmigt gelten. Oder auch Beihilfen, die nach der „Lorenz-Rechtsprechung"[38] als bestehende Beihilfen einzustufen waren.[39]

– bereits **verjährte Beihilfen**;

Beihilfen, die gemäß Art 17 Verf-VO als bereits bestehende Beihilfen gelten, stellen nach Art 1 lit b Z iv Verf-VO ebenfalls bestehende Beihilfen dar. Es handelt sich somit um Beihilfen, die aufgrund der 10-Jahresfrist in Art 17 Abs 1 Verf-VO nicht mehr zurückgefordert werden dürfen. Jede Beihilfe, für die diese Frist ausgelaufen ist, gilt im Ergebnis als bestehende Beihilfe.[40]

– Maßnahmen, die durch die Binnenmarktentwicklung **zu Beihilfen werden**.

Dies trifft auf Maßnahmen zu, die erst aufgrund der Entwicklung des Binnenmarkts das Merkmal der Wettbewerbsverfälschung oder Handelsbeeinträchtigung erfüllen, weil es für das Produkt oder die Dienstleistung bislang noch keinen Markt und damit kein zwischenstaatliches Handeln gab.[41]

---

[35] Vgl dazu *Bacon*, European Union Law of State Aid[3] (2017) 18.15f; *Unger* in MüKoWettbR V: BeihilfenR[4] Art 1 VO (EU) 2015/1589 Rz 6.

[36] Weiterführend: *Bartosch*, BeihilfenR[3] VO 2015/1589 Rz 3.

[37] EuGH 29.07.2019, C-654/17 P, *BMW/Kommission*; vgl aber EuGH 04.03.2020, C-586/18 P, *Buonotourist/Kommission* Rn 52; EuG 11.07.2018, T-185/15, *Buonotourist/Kommission* Rn 120; siehe dazu auch *Unger* in MüKoWettbR V: BeihilfenR[4] Art 1 VO (EU) 2015/1589 Rz 7.

[38] EuGH 07.11.1973, Rs 120/73 Rn 4 ff.

[39] *Unger* in MüKoWettbR V: BeihilfenR[4] Art 1 VO (EU) 2015/1589 Rz 10 mwN.

[40] S dazu EuGH 12.01.2023, verb Rs C-702/20, C-17/21, *SIA „DOBELES HES" ua* Rn 106 ff; EuGH 26.04.2018, C-233/16, *ANGED*, Rn 79. Zur Verjährung einer Beihilfe nach Art 17 Verf-VO s ausführlich: Dritter Teil Kapitel II Abschnitt B, Punkt 4., Buchstabe c.

[41] *Kühling* in Streinz, EUV/AEUV[3] Art 108 Rn 6.

2. Neue Beihilfen

Judikatur: EuGH 09.10.1984, Rs 91/83 u 127/93, *Heineken*; EuGH 09.08.1994, C-44/93, *Namur-Les Assurances du Crédit*; EuGH 17.06.1999, C-295/97, *Piaggio*; EuG 30.04.2002, verb Rs T-195/01 u T-207/01, *Gibraltar/Kommission*; EuGH 21.07.2011, C-194/09 P, *Alcoa Trasformazioni/Kommission*; EuGH 22.03.2012, C-200/11 P, *Italien/Kommission*; EuGH 13.12.2018, C-492/17, *Südwestrundfunk/Rittinger*; EuGH 14.11.2019, C-585/17, *Dilly's Wellnesshotel II.*

Alle Beihilfen, also Beihilferegelungen und Einzelbeihilfen, die keine bestehenden Beihilfen sind, einschließlich Änderungen bestehender Beihilfen (Art 1 lit c Verf-VO).

Der Begriff „neue Beihilfen" ist für den Umfang der Anmeldepflicht und des Durchführungsverbots von Bedeutung, da nur neue Beihilfen bei der Kommission angemeldet werden müssen und bis zur Genehmigung nicht durchgeführt werden dürfen.

Eine **Änderung** muss die ursprüngliche Regelung in ihrem Kern betreffen.[42] Sie muss zudem von der übrigen Regelung **klar abtrennbar** sein.[43]

Der Begriff Änderung ist gleichbedeutend mit dem Begriff „Umgestaltung" gemäß Art 108 Abs 3 Satz 1 AEUV.[44]

Eine Änderung liegt dann vor, wenn dadurch die Beurteilung der Vereinbarkeit beeinflusst werden könnte und eine gesonderte Prüfung erforderlich machen würde.[45] Dies kann etwa bei einer Änderung der Natur des Vorteils bzw des Tätigkeitsbereichs des begünstigten Unternehmens der Fall sein.[46]

Keine Änderung liegt gemäß Art 4 Abs 1 Verf-DVO vor, wenn sie rein formaler oder verwaltungstechnischer Art ist. Eine bloße Verringerung einer bestehenden Beihilfe bewirkt noch keine Änderung.[47] Eine Erhöhung der Ausgangsmittel der bestehenden Beihilfe bis höchstens 20% wird ebenso wenig als Änderung angesehen.[48] Auch die Verlängerung einer bestehenden genehmigten Beihilferegelung mit oder ohne Erhöhung der Fördermittel ist keine Änderung. In der Verschärfung der Fördermittel sieht man im Schrifttum eine Änderung, zumal dadurch der Kern der genehmigten Beihilferegelung betroffen sein wird.[49]

---

[42] EuG 30.04.2002, verb Rs T-195/01 u T-207/01, *Gibraltar/Kommission* Rn 111; EuGH 09.08.1994, C-44/93, *Namur-Les Assurances du Crédit* Rn 28 ff.

[43] EuGH 09.10.1984, Rs 91/83 u 127/93, *Heineken* Rn 21 f: Bei einer Änderung gilt nur der abtrennbare Teil als neue Beihilfe und unterliegt folglich der Anmeldepflicht.

[44] *Bartosch*, EU-BeihilfenR[3] VO 2015/1589 Art 1 Rz 13.

[45] *Kühling* in Streinz, EUV/AEUV[3] Art 108 Rn 7 mwN; EuGH 14.11.2019, C-585/17, *Dilly's Wellnesshotel II* Rn 61; Vgl auch Art 4 Abs 1 Verf-DVO.

[46] EuGH 09.08.1994, C-44/93, *Namur-Les assurances du crédit* Rn 29.

[47] *Kühling* in Streinz, EUV/AEUV[3] Art 108 Rn 8.

[48] Art 4 Abs 1 letzter Satz Verf-DVO; Diese Regel wurde vom EuGH ausdrücklich anerkannt: EuGH 13.12.2018, C-492/17, *Südwestrundfunk/Rittinger* Rn 55; EuGH 22.03.2012, C-200/11 P, *Italien/Kommission* Rn 30f.

[49] *Unger* in MüKoWettbR V: BeihilfenR[4] Art 1 VO (EU) 2015/1589 Rz 20.

Beispiel: *Der Gerichtshof sah im Ersetzen der deutschen Rundfunkgebühr durch einen Rundfunkbeitrag keine anmeldungspflichtige Änderung.*[50]

Die **Abgrenzung** zwischen bestehenden und neuen Beihilfen hat nach objektiven Gesichtspunkten zu erfolgen.[51]

3. Rechtswidrige Beihilfen

Judikatur: EuGH 24.03.1993, C-313/90 *CIRFS/Kommission*; EuGH 21.03.2002, C-36/00, *Spanien/Kommission*; EuGH 21.11.2013, C-284/12, *Lufthansa/Flughafen Frankfurt-Hahn.*

Neue Beihilfen, die unter Verstoß gegen das Durchführungsverbot eingeführt werden, gelten als rechtswidrige Beihilfen und können von der Kommission vom betreffenden Mitgliedstaat zurückgefordert werden.

Rechtswidrig können nur neue Beihilfen sein. Das ist der Fall, wenn Beihilfen ohne Notifizierung bei der Kommission durchgeführt werden. Beihilfen sind auch dann rechtswidrig, wenn sie zwar bei der Kommission angemeldet, aber vor der Genehmigung durchgeführt werden.

Eine rechtswidrige Beihilfe liegt auch dann vor, wenn eine Beihilfe zwar auf der Grundlage einer genehmigten Beihilferegelung (Richtlinie) gewährt wird, aber gegen die Bedingungen der Beihilferegelung verstößt.[52]

Beispiel: *Ein Großunternehmen wird auf der Grundlage einer genehmigten KMU-Förderrichtlinie finanziell unterstützt.*[53] *Die Richtlinie ist nur auf KMU anwendbar. Da die KMU-Förderrichtlinie nicht auf Großunternehmen anwendbar ist, liegt bei der finanziellen Zuwendung an das Großunternehmen eine rechtswidrige Beihilfe vor.*

Rechtswidrige Beihilfen können von der Kommission zurückgefordert werden. Die Rückforderungskompetenz der Kommission ist dabei ausschließlich auf rechtswidrige Beihilfen beschränkt. Rechtswidrige Beihilfen spielen zudem für den Konkurrentenschutz der Wettbewerber eine entscheidende Rolle.

4. Missbräuchliche Beihilfen

Judikatur: EuGH 16.12.2010, C-537/08 P, *Kahla Thüringen Porzellan GmbH/Kommission.*

Bei einem Missbrauchsverdacht muss die Kommission das förmliche Prüfverfahren eröffnen. Sie kann aber – anders als bei rechtswidrigen Beihilfen – die

---

50 EuGH 13.12.2018, C-492/17, *Südwestrundfunk/Rittinger.*

51 EuGH 17.06.1999, C-295/97, *Piaggio* Rn 45; EuGH 21.07.2011, C-194/09 P, *Alcoa Trasformazioni/Kommission* Rn 125.

52 EuGH 21.03.2002, C-36/00 Rn 24 f.

53 Beispiel angelehnt an *Werner* in MüKoWettbR V: BeihilfenR[2] Art 1 VO (EU) 2015/1589 Rz 32.

Beihilfe gemäß Art 16 Verf-VO vom Mitgliedstaat nicht zurückfordern.[54] Insoweit ist die Differenzierung zwischen rechtswidrigen Beihilfen und missbräuchlich angewandten Beihilfen von besonderer Bedeutung.

Ein **Missbrauch** liegt vor, wenn der **Begünstigte** gegen einen (mit Auflagen oder Bedingungen versehenen) Genehmigungsbeschluss der Kommission am Ende der vorläufigen Prüfung oder am Ende des förmlichen Prüfverfahrens verstößt.

Der Missbrauch von Beihilfen ist damit auf jene Fälle beschränkt, in denen eine Beihilfe zwar (evtl unter Bedingungen oder Auflagen) von der Kommission genehmigt worden ist, der Beihilfeempfänger aber gegen den Beschluss verstößt.[55]

Beispiel: *Die Weiterleitung von Beihilfen an verbundene Unternehmen oder die Abrechnung von überhöhten Kosten stellen Fälle von missbräuchlichen Beihilfen dar.*[56]

Der Urheber bei der missbräuchlichen Anwendung von Beihilfen ist nicht der Mitgliedstaat, sondern der Begünstigte, der sich nicht an den Umfang der dem Mitgliedstaat erteilten Genehmigung hält.[57]

	Missbräuchliche Beihilfen	**Rechtswidrige Beihilfen**
Verfahren	Förmliches Prüfverfahren zwingend einzuleiten	Förmliches Prüfverfahren nicht zwingend einzuleiten
Rückforderung	Nein	Ja
Urheber	Begünstigter	Mitgliedstaat

D. Parteien und Beteiligte

Literatur: *Bartosch*, The Procedural Regulation in State Aid Matters – A Case for Profound Reform, EStAL 2007, 474; *Gambaro/Mazzocchi*, Private Parties and State Aid Procedures: A Critical Analysis of the Changes Brought by Regulation 734/2013, CMLR 2016, 385; *Säcker*, Münchner Kommentar. Europäisches und Deutsches Wettbewerbsrecht V: Beihilfenrecht[4] (2022); *Sinnaeve*, State aid procedures: Developments since the entry into force of the procedural regulation, CMLR 2007, 965; *Soltész*, Das prozedurale binnenmarktrechtliche Beihilfenaufsichtsrecht, in Hatje/Müller-Graff (Hrsg), Enzyklopädie Europarecht IV: Europäisches Binnenmarkt- und Wirtschaftsordnungsrecht[2] (2021).

Judikatur: EuGH 13.03.1985, Rs 323/82, *Intermills*; EuGH 19.05.1993, C-198/91, *Cook*; EuGH 15.06.1993, C-225/91, *Matra*; EuGH 02.04.1998, C-367/95, *Kommission/Sytraval*; EuGH 24.09.2002, C-74/00 P, *Falck*; EuGH 25.06.2003, T-41/01, *Rafael Perez*

---

54 *Unger* in MüKoWettbR V: BeihilfenR[4] Art 1 VO (EU) 2015/1589 Rz 34; *Bartosch*, BeihilfenR[3] VO 2015/1589 Art 20 Rz 3.

55 *von der Groeben/Schwarze/Hatje/Mederer*, EU-Kommentar Art 108 AEUV Rn 69; vgl auch *Unger* in MüKoWettbR V: BeihilfenR[4] Art 1 VO (EU) 2015/1589 Rz 29.

56 *Unger* in MüKoWettbR V: BeihilfenR[4] Art 1 VO (EU) 2015/1589 Rz 30; *Bartosch*, BeihilfenR[3] VO 2015/1589 Art 20 Rz 29; *von Wallenberg/Schütte* in Grabitz/Hilf/Nettesheim, Das Recht der Europäischen Union Art 108 AEUV Rn 131 (Werkstand: 79. EL Mai 2023).

57 *Bartosch*, BeihilfenR[3] VO 2015/1589 Rz 21.

Escolar; EuG 08.07.2004, T-198/01, *Technische Glaswerke Ilmenau/Kommission*; EuGH 06.10.2005, C-276/03 P, *Scott*; EuG 07.06.2006, T-613/97, *UFEX/Kommission*; EuGH 09.07.2009, C-319/07 P, *3F/Kommission*; EuGH 29.06.2010, C-137/07 P, *Kommission/Technische Glaswerke Ilmenau*; EuG 18.03.2011, T-457/09 R, *WLSGV/Kommission*; EuGH 24.05.2011, C-83/09 P, *Kommission/Kronoply und Kronotex*; EuG 12.05.2016, T-693/14, *Hamr-Sport/Kommission*; EuG 19.06.2019, T-373/15, *Ja zum Nürburgring/Kommission*; EuGH 03.09.2020, C-817/18 P, *Vereniging tot Behoud van Natuurmonumenten in Nederland ua/Kommission*; EuG 15.09.2021, T-777/19, *CAPA ua/Kommission*; EuG 08.02.2023, T-538/21, *PBL und WA/Kommission*; EuGH 10.05.2023, C-665/21 P, *MKB Multifunds/Kommission*; EuG 07.06.2023, *UNSA Energie/Kommission*; EuGH 14.09.2023, C-466/21 P, *Land Rheinland-Pfalz/Lufthansa.*

Die Verf-VO spricht nicht explizit von Parteien. Das beihilferechtliche Verfahren ist jedoch grds eines zwischen dem Mitgliedstaat und der Kommission. Als **Parteien** des Beihilfeverfahrens sind nur die **Kommission** und der betroffene **Mitgliedstaat anzusehen.**[58]

Vereinzelt sieht man in der Literatur nur den Mitgliedstaat als Partei, während man der Kommission die Rolle der Behörde beimisst. Wenn man der Kommission die Behördenrolle beimisst, würde man sie wohl als Amtspartei sehen können. Folglich sprechen bessere Gründe dafür, die Kommission und den Mitgliedstaat als Parteien anzusehen.

Darüber hinaus gibt es noch andere **Beteiligte**, die in der Verf-VO definiert werden.

Der **Beteiligtenbegriff** im Beihilfeverfahren ist weit zu verstehen und geht auf das Intermills-Urteil[59] zurück. Beteiligte sind die **Mitgliedstaaten**, **Personen**, **Unternehmen** oder Unternehmensvereinigungen, deren Interessen aufgrund der Gewährung einer Beihilfe beeinträchtigt sein können, insbesondere der **Beihilfeempfänger**, **Wettbewerber** und **Berufsverbände**. Beteiligte können außerdem **Gewerkschaften**,[60] oder **Interessensverbände**[61] sein.

„[...] nicht nur das oder die Unternehmen, die durch die Beihilfe begünstigt werden, sondern in gleichem Maße die durch die Gewährung der Beihilfe eventuell in ihren Interessen verletzten Personen, Unternehmen oder Vereinigungen, insbesondere die konkurrierenden Unternehmen und die Berufsverbände. Es handelt sich in anderen Worten um eine unbestimmte Vielzahl von Adressaten. "[62] ***(Intermills-Formel)***

Der Beteiligte muss allerdings in rechtlich hinreichender Weise dartun, dass sich die Beihilfe auf seine Situation konkret auswirken kann.[63]

---

[58] EuG 18.03.2011, T-457/09 R, *WLSGV/Kommission* Rn 72; *Soltész* in Hatje/Müller-Graff, EnzEuR IV[2] § 15 Rz 4.

[59] EuGH 13.03.1985, Rs 323/82, *Intermills.*

[60] EuGH 09.07.2009, C-319/07 P, *3F/Kommission* Rn 33.

[61] EuG 19.06.2019, T-373/15, *Ja zum Nürburgring/Kommission*, Rn 84.

[62] EuGH 13.03.1985, Rs 323/82, *Intermills* Rn 16.

[63] EuGH 24.05.2011, C-83/09 P, *Kommission/Kronoply und Kronotex* Rn 65; EuG 15.09.2021, T-777/19, *CAPA ua/Kommission* Rn 64.

Beispiel: *Ein Unternehmen, das kein direkter Wettbewerber des Beihilfeempfängers ist, wohl aber denselben Rohstoff im Rahmen seines Produktionsprozesses benötigt, ist als Beteiligter anzusehen, sofern es geltend macht, dass seine Interessen durch die Gewährung der Beihilfe beeinträchtigt werden könnten.*[64]

Nur unmittelbare Wettbewerber sind als Beteiligte anzusehen.[65] Ein Unternehmen, das kein direkter Wettbewerber des Beihilfeempfängers ist, kann ebenfalls Beteiligter sein. Entscheidend dafür ist in rechtlich hinreichender Weise darzutun, dass sich die betreffende Beihilfe auf die Situation des Wettbewerbers konkret auswirken kann,[66] die Auswirkungen auf die Gewährung der Beihilfe somit selbst zurückzuführen sind.[67]

Beispiel: *Fischer, die in der handwerklichen Küstenfischerei tätig sind und gegen Beihilfen zugunsten eines Offshore-Windpark-Betreibers geklagt haben, wurden vom Gerichtshof nicht als Beteiligte angesehen, da sie auf völlig verschiedenen Märkten tätig sind und nur mittelbar im Wettbewerb zueinanderstehen.*

Der eigentlich begünstigte **Beihilfeempfänger** ist **nicht Partei** des Verfahrens.[68] Er hat auch keinen Anspruch auf rechtliches Gehör.

Der Beihilfebegünstigte hat lediglich das Recht, am Verwaltungsverfahren ggf angemessen beteiligt zu werden.[69]

Beteiligte sind weder unmittelbare Parteien des Verfahrens, haben im förmlichen Prüfverfahren aber bestimmte **Beteiligungs- und Informationsrechte**. Man spricht auch von eingeschränkten Verfahrensrechten.[70]

Die Beteiligten haben keinen Anspruch auf rechtliches Gehör[71] oder Akteneinsicht[72]. Beteiligte können auch nicht auf Basis der allgemeinen Transparenzverordnung einen solchen Anspruch auf Dokumentenzugang geltend machen.[73]

Beteiligte können nach dem Beschluss zur Eröffnung des förmlichen Prüfverfahrens eine Stellungnahme nach Art 6 Verf-VO abgeben.[74] Beteiligte können eine Beschwerde einbringen, um die Kommission über mutmaßliche rechtswidrige Beihilfen oder die mut-

---

64 EuGH 24.05.2011, C-83/09 P, *Kommission/Kronoply und Kronotex* Rn 64;

65 EuG 15.09.2021, T-777/19, *CAPA ua/Kommission* Rn 70; EuGH 24.05.2011, C-83/09 P, *Kommission/Kronoply und Kronotex* Rn 63, 64; EuGH 03.09.2020, C-817/18 P, *Vereniging tot Behoud van Natuurmonumenten in Nederland ua/Kommission* Rn 50.

66 EuG 15.09.2021, T-777/19, *CAPA ua/Kommission* Rn 73; EuGH 24.05.2011, C-83/09 P, *Kommission/Kronoply und Kronotex* Rn 65; EuGH 14.09.2023, C-466/21 P, *Land Rheinland-Pfalz/Lufthansa* Rn 86.

67 EuG 15.09.2021, T-777/19, *CAPA ua/Kommission* Rn 89.

68 In der Literatur wird gefordert, dem Beihilfeempfänger als dem eigentlich Begünstigten die Stellung als volle Partei im Beihilfeverfahren zuzuerkennen: *Bartosch*, EStAL 2007, 474 (479); *Sinnaeve*, CMLR 2007, 965 (1033); *Werner* in MüKoWettbR V: BeihilfenR[4] Art 108 Rz 11.

69 EuGH 24.09.2002, C-74/00 P, *Falck* Rn 81.

70 *Sinnaeve* in Heidenhain, Handbuch des Beihilferechts § 37 Rz 1 mwN.

71 EuGH 02.04.1998, C-367/95, *Kommission/Sytraval* Rn 58 f.

72 EuG 07.06.2006, T-613/97, *UFEX/Kommission* Rn 86 ff; EuG 08.07.2004, T-198/01, *Technische Glaswerke Ilmenau/Kommission*.

73 EuGH 29.06.2010, C-137/07 P Rn 69.

74 Art 24 Abs 1 Verf-VO.

maßliche missbräuchliche Anwendung von Beihilfen zu informieren.[75] Beteiligte können auf Antrag eine Kopie eines Beschlusses über Beendigung der vorläufigen Prüfung gemäß Art 4 Verf-VO, eines Beschlusses über den Abschluss des förmlichen Prüfverfahrens[76] oder eines Beschlusses zur Anordnung zur Auskunftserteilung an den Mitgliedstaat gemäß Art 12 Abs 3 Verf-VO verlangen.

Der EuGH betrachtet Mitteilungen der Beteiligten wohl als Informationsquelle im Rahmen des Beihilfeverfahrens.[77]

II. Überblick über das Beihilfeverfahren

Literatur: *Bartosch*, EU-Beihilfenrecht³ (2020); *Birnstiel/Bungenberg/Heinrich*, Europäisches Beihilfenrecht (2013); *Calliess/Ruffert*, EUV/AEUV⁶ (2022); *Dilkova*, The New Procedural Regulation in State aid – Whether „Modernisation“ is in the right direction? ECLR 2014, 35; *Grabitz/Hilf/Nettesheim*, Das Recht der Europäischen Union: EUV/AEUV (Werkstand: 79. EL Mai 2023); *Hancher/Ottervanger/Slot*, EU State Aids⁵ (2016); *Immenga/Mestmäcker*, Wettbewerbsrecht V: Beihilfenrecht⁶ (2022); *Jaeger/Stöger* (Hrsg), EUV/AEUV Art 108 AEUV (Stand 01.01.2014, rdb.at); *Ortiz Blanco*, EU Competition Procedure⁴ (2021); *Säcker*, Münchner Kommentar. Europäisches und Deutsches Wettbewerbsrecht V: Beihilfenrecht⁴ (2022); *Sinnaeve*, State Aid Procedures, Developments since the Entry into Force of the Procedural Regulation, CMLR 2007, 965; *dies*, Die neue Verfahrensordnung in Beihilfesachen, EuZW 1999, 270; *dies*, Der Kommissionsvorschlag zu einer Verfahrensverordnung für die Beihilfenkontrolle, in Heidenhain, European State Aid Law 2010, EuZW 1999, 270; *Sollgruber*, Grundzüge des europäischen Beihilfenrechts (2007); *Soltész*, Das prozedurale binnenmarktrechtliche Beihilfenaufsichtsrecht, in Hatje/Müller-Graff (Hrsg), Enzyklopädie Europarecht IV: Europäisches Binnenmarkt- und Wirtschaftsordnungsrecht² (2021); *Streinz*, EUV/AEUV³ (2018).

Judikatur: EuGH 14.07.1972, Rs 52/69, *Geigy/Kommission*; EuGH 11.12.1973, Rs 120/73, *Gebrüder Lorenz/Deutschland*; EuGH 15.02.1978, Rs 96/77, *Bauche/Französische Zollverwaltung*; EuGH 30.09.1982, Rs 108/81, *Amylum/Rat*; EuGH 21.02.1984, Rs 86/82, *Hasselblad/Kommission*; EuGH 14.11.1984, C-323/82, *Intermills/Kommission*; EuGH 15.12.1988, verb Rs 166/86 u 220/86, *Irish Cement*; EuGH 21.03.1990, C-142/87, *Belgien/Kommission*; EuGH 14.02.1990, C-301/87, *Frankreich/Kommission (Boussac)*; EuGH 21.03.1991, C-303/88, *Italien/Kommission*; EuGH 04.02.1992, C-294/90, *British Aerospace/Kommission*; EuGH 24.03.1993, C-313/90, *CIRFS/Kommission*; EuGH 15.03.1994, C-387/92, *Banco Exterior de España/Ayuntamiento de Valencia*; EuGH 13.04.1994, verb Rs C-324/90 u C-342/90, *Deutschland und Pleuger/Kommission*; EuGH 04.04.1995, C-350/93, *Kommission/Italien*; EuGH 02.02.1998, Rs 293/85, *Kommission/Belgien*; EuGH 02.04.1998, C-367/95 P, *Kommission/Sytraval*; EuG 15.09.1998, T-95/96, *Gestevision Telecino/Kommission*; EuG 15.09.1998, verb Rs T-126/96 u T-127/96, *Breda Fucine Meridionali SpA (BFM)/Kommission*; EuGH 17.06.1999, C-75/97, *Belgien/Kommission*; EuGH 15.02.2001, C-99/98, *Österreich/Kommission*; EuG 15.03.2001, T-73/98, *Prayon-Rupel*; EuGH 03.05.2001, C-204/97, *Portugal/Kommission*; KOM 22.08.2001, *Qualifizierungsbeihilfe für Landwirte im Allgäu*, ABl C 2001/236, 3; EuGH 30.04.2002, verb Rs T-195/01 u T-207/01, *Gibraltar/Kommission*; EuGH 13.06.2002, C-382/99, *Nie-*

[75] Art 24 Abs 2 Verf-VO.

[76] Art 24 Abs 3 iVm Art 9 Verf-VO.

[77] EuGH 02.04.1998, C-367/95, *Kommission/Sytraval* Rn 45.

derlande/Kommission; EuGH 24.09.2002, verb Rs C-74/00 P u C-75/00 P, *Falck SpA und Acciaierie di Bolzano SpA/Kommission*; EuG 10.04.2003, T-360/00, *Scott/Kommission*; EuGH 03.07.2003, C-457/00, *Belgien/Kommission*; EuGH 27.11.2003, T-190/00, *Regione Siciliana/Kommission*; EuGH 29.04.2004, C-298/00 P, *Italien/Kommission*; EuGH 29.04.2004, C-372/97, *Italien/Kommission*; EuGH 15.07.2004, C-345/02, *Pearle*; EuG 11.05.2005, verb Rs T-111/01 u T-133/01, *Saxonia Edelmetalle/Kommission*; EuGH 15.06.2005, T-171/02, *Sardinien/Kommission*; EuGH 06.10.2005, C-276/03, *Scott/Kommission*; EuGH 23.02.2006, verb Rs C-346/03 u C-529/03, *Atzeni/Regione autonoma della Sardegna*; EuGH 31.05.2006, T-354/99, *Kuwait Petroleum/Kommission*; EuGH 10.06.2006, C-442/05 P u C-471/05 P, *European Ferries*; EuGH 22.06.2006, verb Rs C-182/03 u C-217/03, *Belgien und Forum 187 ASBL/Kommission*; EuGH 13.09.2006, T-210/02, *British Aggregates*; EuGH 22.04.2008, C-408/04 P, *Kommission/Salzgitter AG*; EuG 06.05.2008, T-318/00, *Freistaat Thüringen/Kommission*; EuG 10.02.2009, T-388/03, *Deutsche Post u DHL/Kommission*; EuGH 20.02.2009, C-369/08, *Kommission/Deutschland*; EuG 04.03.2009, T-445/05, *Associazione italiana del risparmio gestito and Fineco Asset Management SpA/Kommission*; EuG 11.06.2009, T-297/02, *ACEA SpA/Kommission*; EuGH 07.07.2009, C-369/07, *Kommission/Griechenland*; EuGH 16.12.2010, verb Rs T-231/06 u T-237/06, *Stichting/Kommission*; EuGH 28.07.2011, C-403/10 P, *Mediaset SpA/Kommission*; EuGH 13.10.2011, verb Rs C-463/10 P u C-475/10 P, *Deutsche Post/ Kommission*; EuGH 08.12.2011, C-275/10, *Residex Capital IV/Gemeente Rotterdam*; EuGH 19.12.2012, C-288/11 P, *Flughafen Leipzig-Halle/Kommission*; EuG 12.11.2013, T-570/08, *Deutsche Post AG/Kommission*; EuG 17.12.2015, T-242/12, *SNCF/Kommission*; EuGH 07.03.2018, C-127/16 P, *SNCF Mobilités/Kommission*; EuGH 05.03.2019, C-349/17, *Eesti Pagar*; EuG 20.06.2019, T-578/17, *a&o hostel and hotel Berlin GmbH*; EuGH 29.07.2019, C-654/17 P, *BMW/Kommission.*

Das EU-Beihilferecht unterscheidet grds **vier** unterschiedliche **Verfahrensarten**, die in Art 108 AEUV nur rudimentär geregelt sind. Die detaillierte Ausgestaltung einzelner Verfahrensarten erfolgt durch die Verf-VO. Das Beihilfeverfahren differenziert zwischen einem **präventiv**en und drei **repressiv**en Kontrollverfahren.[78]

- Verfahren bei **angemeldeten Beihilfen** (präventiv);
- Verfahren bei **rechtswidrigen Beihilfen** (repressiv);
- Verfahren bei **missbräuchlicher Anwendung von Beihilfen** (repressiv);
- Verfahren bei **bestehenden Beihilferegelungen** (repressiv).

Die Verfahren zur Beihilfeaufsicht sind dabei **zweistufig** ausgestaltet. Im ersten Schritt folgt eine vorläufige Prüfung (**Vorprüfungsverfahren**). Daran schließt im zweiten Schritt gegebenenfalls das förmliche Prüfverfahren (**Hauptverfahren**). Die vier Verfahrensarten werden dabei jeweils unterschiedlich eingeleitet.

Das präventive Verfahren neuer oder umgestalteter Beihilfen beginnt mit der Notifizierung, das Verfahren bei rechtswidrigen oder missbräuchlichen Beihilfen mit einer Beschwerde oder von Amts wegen. Im repressiven Verfahren zur Überprüfung bestehender Beihilferegelungen überprüft die Kommission fortlaufend bestehende Beihilfen.

[78] Zur Differenzierung zwischen Genehmigungsverfahren und Kontrollverfahren s ausführlich *Frenz*, Handbuch EuR III² Rz 2393 ff und 2476 ff.

Das Beihilfeverfahren kennt vier unterschiedliche Verfahrensarten. Ein Verfahren dient der präventiven Kontrolle: 1) Das Verfahren bei angemeldeten Beihilfen. Drei weitere Verfahrensarten dienen der Kontrolle von Beihilfen: 2) Verfahren bei rechtswidrigen Beihilfen, 3) Verfahren bei missbräuchlicher Anwendung von Beihilfen, und 4) Verfahren bei bestehenden Beihilferegelungen. Die Verfahren sind zweistufig ausgestaltet.

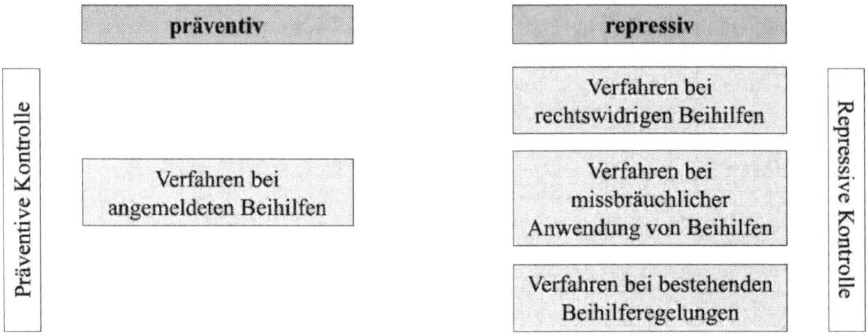

A. Verfahren bei angemeldeten Beihilfen

Literatur: *Bartosch*, EU-Beihilfenrecht[3] (2020); *Birnstiel/Bungenberg/Heinrich*, Europäisches Beihilfenrecht (2013); *Calliess/Ruffert*, EUV/AEUV[6] (2022); *Dilkova*, The New Procedural Regulation in State aid – Whether „Modernisation" is in the right direction? ECLR 2014, 35; *Grabitz/Hilf/Nettesheim*, Das Recht der Europäischen Union: EUV/AEUV (Werkstand: 79. EL Mai 2023); *Hancher/Ottervanger/Slot*, EU State Aids[5] (2016); *Immenga/Mestmäcker*, Wettbewerbsrecht V: Beihilfenrecht[6] (2022); *Jaeger/Stöger* (Hrsg), EUV/AEUV Art 108 AEUV (Stand 01.01.2014, rdb.at); *Ortiz Blanco*, EU Competition Procedure[4] (2021); *Säcker*, Münchner Kommentar. Europäisches und Deutsches Wettbewerbsrecht V: Beihilfenrecht[4] (2022); *Sinnaeve*, State Aid Procedures, Developments since the Entry into Force of the Procedural Regulation, CMLR 2007, 965; *dies*, Die neue Verfahrensordnung in Beihilfesachen, EuZW 1999, 270; *dies*, Der Kommissionsvorschlag zu einer Verfahrensverordnung für die Beihilfenkontrolle, in Heidenhain, European State Aid Law 2010, EuZW 1999, 270; *Sollgruber*, Grundzüge des europäischen Beihilfenrechts (2007); *Soltész*, Das prozedurale binnenmarktrechtliche Beihilfenaufsichtsrecht, in Hatje/Müller-Graff (Hrsg), Enzyklopädie Europarecht IV: Europäisches Binnenmarkt- und Wirtschaftsordnungsrecht[2] (2021); *Streinz*, EUV/AEUV[3] (2018).

Judikatur: EuGH 11.12.1973, Rs 120/73, *Lorenz*; EuGH 21.02.1984, Rs 86/82, *Hasselblad/Kommission*; EuGH 14.11.1984, C-323/82, *Intermills/Kommission*; EuGH 15.12.1988, Rs 166/86 u 220/86, *Irish Cement*; EuGH 04.02.1992, C-294/90, *British Aerospace/Kommission*; EuGH 02.02.1998, Rs 293/85, *Kommission/Belgien*; EuGH 02.04.1998, C-367/95 P, *Kommission/Sytraval*; EuGH 15.02.2001, C-99/98, *Österreich/Kommission*; EuG 15.03.2001, T-73/98, *Prayon-Rupel*; EuGH 03.05.2001, C-204/97, *Portugal/Kommission*; KOM 22.08.2001, *Qualifizierungsbeihilfe für Landwirte im Allgäu*, ABl C 2001/236, 3; EuGH 30.04.2002, verb Rs T-195/01 u T-207/01, *Gibraltar/Kommission*; EuGH 27.11.2003, T-190/00, *Regione Siciliana/Kommission*; EuGH

15.07.2004, C-345/02, *Pearle*; EuGH 15.06.2005, T-171/02, *Sardinien/Kommission*; EuGH 31.05.2006, T-354/99, *Kuwait Petroleum/Kommission*; EuGH 10.06.2006, C-442/05 P u C-471/05 P, *European Ferries*; EuGH 13.09.2006, T-210/02, *British Aggregates*; EuG 10.02.2009, T-388/03, *Deutsche Post u DHL/Kommission*; EuGH 16.12.2010, verb Rs T-231/06 u T-237/06, *Niederlande, Nederlandse Omroep Stichting/Kommission*; EuGH 13.10.2011, verb Rs C-463/10 P u C-475/10 P, *Deutsche Post/Kommission*; EuG 17.12.2015, T-242/12, *SNCF/Kommission*; EuG 20.06.2019, T-578/17, *a&o hostel and hotel Berlin GmbH*; EuGH 14.09.2023, C-466/21 P, *Land Rheinland-Pfalz/Lufthansa*.

Das Verfahren bei angemeldeten oder umgestalteten Beihilfen ist das in der Praxis häufigste Verfahren. Es wird mit der Anmeldung der Beihilfe (**Notifizierung**) eingeleitet. Anschließend folgen **zwei Phasen**:
- die **vorläufige Prüfung** (Vorprüfungsverfahren) und
- das **förmliche Prüfverfahren** (Hauptprüfungsverfahren).

Das Verfahren anzumeldender Beihilfen wird durch die Notifizierung eröffnet. Die vorläufige Prüfung soll es der Kommission ermöglichen, sich eine **erste Meinungsbildung über** die teilweise oder völlige **Vereinbarkeit** der ihr angezeigten Vorhaben **mit dem Binnenmarkt** zu bilden.[79] Erst wenn sie in die Lage versetzt worden ist, sich diese Meinung zu bilden, hat sie unverzüglich das förmliche Prüfverfahren einzuleiten, falls sie das Vorhaben für mit dem Binnenmarkt unvereinbar hält.[80]

1. Notifizierungspflicht

Literatur: *Sinnaeve*, State aid procedures: developments since the entry into force of the Procedural Regulation, CMLR 2007, 965.

Judikatur: EuGH 15.05.1974, Rs 173/73, *Italien/Kommission*; EuGH 15.12.1988, verb Rs 166/86 u 220/86, *Irish Cement*; EuGH 05.10.1994, C-47/91, *Italien/Kommission*; EuGH 10.06.2006, verb Rs C-442/03 P u C-471/03 P, *European Ferries*.

a. Voranmeldephase (Vorabkontakte, Pränotifikation)

Bevor die Mitgliedstaaten geplante Beihilfemaßnahmen bei der Kommission förmlich zur Genehmigung anmelden, können sie die Kommissiondienststellen im Rahmen der Voranmeldephase informieren.[81] Diese Voranmeldephase wird auch als „**Pränotifikation**" bzw Vorabkontakte[82] bezeichnet. Dabei handelt es sich um eine informelle Abstimmung zwischen dem Mitgliedstaat und der Kommission.

[79] EuGH 11.12.1973, Rs 120/73, *Lorenz* Rn 3.
[80] EuGH 11.12.1973, Rs 120/73, *Lorenz* Rn 3.
[81] Verhaltenskodex für die Durchführung von Beihilfeverfahren, ABl C 2018/253, 14 Tz 9.
[82] Verhaltenskodex Beihilfeverfahren, Tz 9.

Im Rahmen der Voranmeldephase kann erörtert werden, welche Informationen vorzulegen sind, damit eine Anmeldung als vollständig angesehen werden kann.[83] Deshalb führt eine Pränotifikation oftmals zu besseren und vollständigeren Anmeldungen.[84] Der Voranmeldezeitraum wird in der Praxis oft dazu genutzt, um von der Europäischen Kommission eine Rückmeldung zu offenen Fragen zu erhalten. Zudem können die rechtlichen und wirtschaftlichen Aspekte einer geplanten Beihilfemaßnahme vor der förmlichen Anmeldung informell und vertraulich erörtert werden.[85] Die Kommission bewertet die Voranmeldung und antwortet üblicherweise mit Fragen und Erläuterungsbitten (letter of request). Vorabkontakte sollen höchstens 6 Monate dauern.[86]

Ist die Voranmeldephase abgeschlossen, fordert die Europäische Kommission den Mitgliedstaat zur formalen Anmeldung (**Notifikation**) auf.

b. Anmeldung neuer Beihilfen

Der Mitgliedstaat ist verpflichtet, die Kommission von einer beabsichtigten Beihilfemaßnahme zu informieren. Die beabsichtigte Einführung einer Beihilfe muss bei der Kommission angemeldet (notifiziert) werden. Durch die **Notifizierung** soll die Kommission in die Lage versetzt werden, sich eine erste Meinung zum Beihilfecharakter und zur Vereinbarkeit mit dem Binnenmarkt zu bilden. Gegebenenfalls leitet sie anschließend das förmliche Prüfverfahren ein.

Die Notifizierungspflicht erfasst alle Beihilfen (Einzelbeihilfen und Beihilferegelungen). Sie bezieht sich nur auf **Beihilfen**, also Maßnahmen, die sämtliche Tatbestandsmerkmale in Art 107 Abs 1 AEUV erfüllen. Es kann aber auch eine Maßnahme als „Nicht-Beihilfe" angemeldet werden. Einzelbeihilfen, die aufgrund einer genehmigten Beihilfenregelung (Richtlinie) gewährt werden, sind grds nicht anmeldepflichtig.[87]

Die Notifizierungspflicht trifft dabei den Mitgliedstaat, unabhängig welche nachgeordnete staatliche Stelle (Bundesländer, Regionen, Gemeinden), die Beihilfe gewährt.

Das Verfahren bei angemeldeten Beihilfen erfolgt in zwei Schritten: 1) Vorläufige Prüfung und 2) förmliches Prüfverfahren. Durch die Anmeldung des jeweiligen Mitgliedstaates bei der Kommission wird das Verfahren eingeleitet.

c. Inhalt und Form

Die genauen Einzelheiten über Inhalt und Form an eine anzumeldende Beihilfe sind in der Verf-DVO festgelegt.

---

83 Verhaltenskodex Beihilfeverfahren, Tz 10.
84 Verhaltenskodex Beihilfeverfahren, Tz 10.
85 Verhaltenskodex Beihilfeverfahren, Tz 11.
86 Verhaltenskodex Beihilfeverfahren, Tz 16.
87 EuGH 15.12.1988, Rs 166/86 u 220/86, *Irish Cement*.

Zum Anmeldeformular für neue Beihilfen siehe Anhang I Teil I der Verf-DVO. Die Anmeldung erfolgt über ein elektronisches System (State Aid Notification Interactive – SANI). In Österreich nimmt das Bundesministerium für Arbeit und Wirtschaft die Anmeldungen neuer Beihilfen vor. In Deutschland erfolgt dies durch das Bundesministerium für Wirtschaft (BMWi).

Das Verfahren anzumeldender Beihilfen beginnt in der Praxis oft mit Vorabkontakten und der Pränotifikation. Anschließend erfolgt dann die offizielle Anmeldung (Notifikation). Nach der formalen Anmeldung folgt das zweistufige Verfahren 1) vorläufige Prüfung und 2) förmliches Prüfverfahren.

d. Portfolio-Ansatz und Einvernehmliche Planung

Der Beihilfekodex sieht den Begriff „**Portfolio-Ansatz**" vor. Die Mitgliedstaaten können die Dienststellen der Kommission ersuchen, prioritäre Fälle, innerhalb besser vorhersehbarer Fristen zu behandeln.[88]

Zweimal[89] jährlich fordern die Kommissionsdienststellen die Mitgliedstaaten auf, ihnen mitzuteilen, welche der angemeldeten Maßnahmen die Mitgliedstaaten in ihrem Portfolio höher bzw geringer priorisieren. Wenn Mitgliedstaaten an dem Verfahren teilnehmen möchten, müssen sie der Aufforderung innerhalb der vorgegebenen Frist nachkommen. Sobald die Kommissionsdienststellen die entsprechenden Informationen erhalten haben, können sie unter Berücksichtigung der verfügbaren Ressourcen und der übrigen laufenden Beihilfesachen, die den antragstellenden Mitgliedstaat betreffen, eine einvernehmliche Planung für diese Beihilfesachen vorlegen, um zu gewährleisten, dass sie umgehend und in vorhersehbarer Weise behandelt werden.[90]

Mithilfe der **einvernehmlichen Planung** kann die wahrscheinliche Dauer einer beihilferechtlichen Untersuchung transparenter und berechenbarer gemacht werden.[91]

Über das Instrument der „Einvernehmlichen Planung" können sich die Mitgliedstaaten und die Kommission über einen zeitlichen Ablauf eines Verfahrens einigen. Zu diesem Zweck verständigen sich die Kommissionsdienststellen und der betreffende Mitgliedstaat auf den voraussichtlichen zeitlichen Ablauf der Untersuchung eines konkreten Falls und in bestimmten Fällen auch auf den wahrscheinlichen Verlauf der Untersuchung.[92]

2. Vorläufige Prüfung

Literatur: *Bartosch*, EU-Beihilfenrecht³ (2020); *Birnstiel/Bungenberg/Heinrich*, Europäisches Beihilfenrecht (2013); *Calliess/Ruffert*, EUV/AEUV⁶ (2022); *Grabitz/Hilf/Nettesheim*, Das Recht der Europäischen Union: EUV/AEUV (Werkstand: 79. EL Mai

[88] Verhaltenskodex Beihilfeverfahren, Tz 23.
[89] Derzeit Ende Jänner und Ende September.
[90] Verhaltenskodex Beihilfeverfahren, Tz 23.
[91] Verhaltenskodex Beihilfeverfahren, Tz 24.
[92] Verhaltenskodex Beihilfeverfahren, Tz 24.

2023); *Hancher/Ottervanger/Slot*, EU State Aids[5] (2016); *Immenga/Mestmäcker*, Wettbewerbsrecht V: Beihilfenrecht[6] (2022); *Jaeger/Stöger* (Hrsg), EUV/AEUV Art 108 AEUV (Stand 01.01.2014, rdb.at); *Lübbig/Martin-Ehlers*, Beihilfenrecht der EU[2] (2009); *Säcker*, Münchner Kommentar Europäisches und Deutsches Wettbewerbsrecht V: Beihilfenrecht[4] (2022); *Ortiz Blanco*, EU Competition Procedure[4] (2021); *Sinnaeve*, State aid procedures: developments since the entry into force of the Procedural Regulation, CMLR 2007, 965; *Streinz*, EUV/AEUV Kommentar[3] (2018).

Judikatur: EuGH 03.05.2001, C-204/97, *Portugal/Kommission*; EuGH 30.04.2002, T-195/01 u T-207/01, *Gibraltar/Kommission*; EuGH 13.09.2006, T-210/02, *British Aggregates*; EuG 10.02.2009, T-388/03, *Deutsche Post u DHL/Kommission*; EuGH 14.09.2023, C-466/21 P, *Land Rheinland-Pfalz/Lufthansa*.

Die vorläufige Prüfung soll es der Kommission ermöglichen, sich eine **erste Meinungsbildung über** die teilweise oder völlige **Vereinbarkeit** der ihr angezeigten Vorhaben **mit dem Binnenmarkt** zu bilden.[93]

Die Kommission prüft die Anmeldung unmittelbar nach ihrem Eingang. Die Kommission setzt sich dabei mit der vollständigen Anmeldung der Beihilfemaßnahme auseinander und erlässt einen Beschluss.

Die Kommission kann die vorläufige Prüfung durch **drei Arten** von Beschlüssen **beenden**:

– durch Beschluss, dass die angemeldete Maßnahme **keine Beihilfe** darstellt;

Gelangt die Kommission gemäß Art 4 Abs 2 Verf-VO nach einer vorläufigen Prüfung zu dem Schluss, dass die angemeldete Maßnahme keine Beihilfe darstellt, so stellt sie dies mittels Beschluss fest.

– durch Beschluss, **keine Einwände** zu erheben;

Stellt die Kommission nach einer vorläufigen Prüfung fest, dass die angemeldete Maßnahme, keinen Anlass zu Bedenken hinsichtlich ihrer Vereinbarkeit mit dem Binnenmarkt gibt, so beschließt sie, dass die Maßnahme mit dem Binnenmarkt vereinbar ist.

Ein Beschluss, keine Einwände zu erheben, gilt nur für den Fall, dass die angemeldete Maßnahme auch in den Anwendungsbereich des Art 107 Abs 1 AEUV fällt. In diesem Beschluss ist anzugeben, welche Ausnahmevorschrift des AEUV zur Anwendung gelangt.

– durch Beschluss über die **Eröffnung des förmlichen Prüfverfahrens**.

Stellt die Kommission nach einer vorläufigen Prüfung fest, dass die angemeldete Maßnahme Anlass zu Bedenken bzw ernsthafte Schwierigkeiten hinsichtlich ihrer Vereinbarkeit mit dem Binnenmarkt gibt, so beschließt sie, das förmliche Prüfverfahren nach Art 108 Abs 2 AEUV zu eröffnen. Die Kommission muss dabei **ernsthafte Bedenken** gegen die Vereinbarkeit haben.[94] In diesem Fall darf sich die Kommission nicht auf die vorläufige Prüfung beschränken.[95] Ein Hinweis auf solche Bedenken kann sich durch wiederholtes Fragen der Kommission,[96] aus offensichtlichen Widersprüchen zwischen dem

[93] EuGH 11.12.1973, Rs 120/73, *Lorenz* Rn 3; EuGH 14.09.2023, C-466/21 P, *Land Rheinland-Pfalz/Lufthansa*, Rn 78.

[94] *Werner* in MüKoWettbR V: BeihilfenR[4] Art 108 Rz 45.

[95] EuG 15.03.2001, T-73/98, *Prayon-Rupel* Rn 42 ff.

[96] EuG 15.03.2001, T-73/98, *Prayon-Rupel* Rn 107.

Wortlaut des Beschlusses und den Informationen, die der Kommission zum Beschlusszeitpunkt vorlagen,[97] oder aus einer unzureichenden Begründung hinsichtlich eines zentralen Punktes der Beschwerde,[98] ergeben.

Alle drei Beschlussformen werden innerhalb von **zwei Monaten** erlassen. Die Frist beginnt dabei am Tag nach dem Eingang der vollständigen Anmeldung zu laufen. Fordert die Kommission innerhalb dieser Frist keine weiteren Informationen an, gilt die Anmeldung als vollständig.[99]

Mit Zustimmung der Kommission und des betreffenden Mitgliedstaats kann die Frist verlängert werden.[100] Zudem kann die Kommission auch bei Bedarf kürzere Fristen festlegen.[101]

Darüber hinaus sieht Art 4 Abs 6 Verf-VO auch eine **Genehmigungsfiktion** vor, wenn die Kommission innerhalb von zwei Monaten ab Eingang der vollständigen Anmeldung keinen Beschluss fasst.

In diesem Fall kann der Mitgliedstaat die betreffende Beihilfemaßnahme durchführen, nachdem er die Kommission hiervon in Kenntnis gesetzt hat. Die Kommission kann aber innerhalb von 15 Arbeitstagen nach Erhalt der Benachrichtigung der beabsichtigten Durchführung der Beihilfemaßnahme einen Beschluss erlassen.

Vorläufige Prüfung

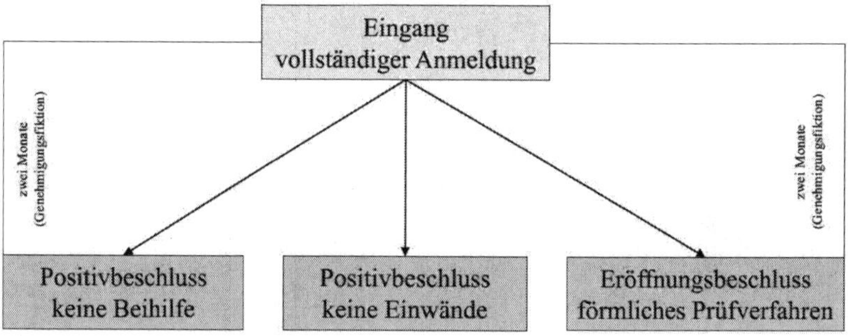

Die **vorläufige Prüfung** kann **auf drei Arten beendet** werden:

(1) Durch Positivbeschluss, keine Einwände zu erheben; (2) durch Positivbeschluss, dass keine Beihilfe vorliegt oder wenn ernsthafte Bedenken bzw ernsthafte Schwierigkeiten gegen die Vereinbarkeit mit dem Binnenmarkt bestehen, (3) durch Beschluss, das förmliche Prüfverfahren, zu eröffnen.

[97] EuG 15.03.2001, T-73/98, *Prayon-Rupel* Rn 78.
[98] EuGH 03.05.2001, C-204/97, *Portugal/Kommission* Rn 36 ff.
[99] Art 4 Abs 5 dritter Satz Verf-VO.
[100] Art 4 Abs 5 vierter Satz Verf-VO.
[101] Art 4 Abs 5 fünfter Satz Verf-VO.

3. Förmliches Prüfverfahren

Literatur: *Bacon*, European Union Law of State Aid[3] (2017); *Bartosch*, EU-Beihilfenrecht[3] (2020); *Birnstiel/Bungenberg/Heinrich*, Europäisches Beihilfenrecht (2013); *Calliess/Ruffert*, EUV/AEUV[6] (2022); *Ehricke*, Auflagen, Bedingungen und Zusagen in Beihilfeentscheidungen der Europäischen Kommission, EWS 2006, 241; *Grabitz/Hilf/Nettesheim*, Das Recht der Europäischen Union: EUV/AEUV (Werkstand: 79. EL Mai 2023); *Immenga/Mestmäcker*, Wettbewerbsrecht V: Beihilfenrecht[6] (2022); *Hancher/Ottervanger/Slot*, EU State Aids[5] (2016); *Heidenhain*, Handbuch des Europäischen Beihilfenrechts (2003); *Jaeger/Stöger* (Hrsg), EUV/AEUV Art 108 AEUV (Stand 01.01.2014, rdb.at); *Laprevote*, A Missed Opportunity? State aid Modernization and Effective Third Parties Rights in State aid Proceedings, EStAL 2014, 426; *Lübbig/Martin-Ehlers*, Beihilfenrecht der EU[2] (2009); *Ortiz Blanco*, EU Competition Procedure[4] (2021); *Säcker*, Münchner Kommentar Europäisches und Deutsches Wettbewerbsrecht V: Beihilfenrecht[4] (2022); *Sinnaeve*, State aid procedures: developments since the entry into force of the Procedural Regulation, CMLR 2007, 965; *dies* in Heidenhain (Hrsg), Handbuch des Europäischen Beihilfenrechts (2003); *Streinz*, EUV/AEUV Kommentar[3] (2018); *Sinnaeve*, State aid procedures: developments since the entry into force of the Procedural Regulation, CMLR 2007, 965; *dies*, Der Kommissionsvorschlag zu einer Verfahrensverordnung für die Beihilfenkontrolle, in Heidenhain, European State Aid Law (2010).

Judikatur: EuGH 11.12.1973, Rs 120/73, *Gebrüder Lorenz/Deutschland*; EuGH 21.02.1984, Rs 86/82, *Hasselblad/Kommission*; EuGH 04.02.1992, C-294/90, *British Aerospace/Kommission*; EuGH 02.02.1998, Rs 293/85, *Kommission/Belgien*; EuGH 15.02.2001, C-99/98, *Österreich/Kommission*; EuGH 27.11.2003, T-190/00, *Regione Siciliana/Kommission*; EuGH 15.06.2005, T-171/02, *Sardinien/Kommission*; EuGH 31.05.2006, T-354/99, *Kuwait Petroleum/Kommission*; EuGH 13.10.2011, verb Rs C-463/10 P u C-475/10 P, *Deutsche Post/Kommission.*

Erst wenn die Kommission in die Lage versetzt worden ist, sich die erste Meinung im Rahmen der vorläufigen Prüfung zu bilden, hat sie unverzüglich das förmliche Prüfverfahren einzuleiten, falls sie das Vorhaben für mit dem Binnenmarkt unvereinbar hält.[102]

a. Eröffnung des förmlichen Prüfverfahrens

Wenn die Kommission im Rahmen der vorläufigen Prüfung (Vorprüfungsverfahren) **ernsthafte Bedenken** hinsichtlich der Vereinbarkeit der Beihilfemaßnahme äußert, leitet sie mit Beschluss das förmliche Prüfverfahren ein (Beschluss über die Eröffnung des förmlichen Prüfverfahrens).

Die Unionsgerichte haben den Terminus „Bedenken“ iSd Art 4 Abs 3 und 4 Verf-VO mit „ernsten“ oder „ernsthaften Schwierigkeiten“ gleichgesetzt.[103] Ob die Kommission

[102] EuGH 11.12.1973, Rs 120/73, *Lorenz* Rn 3.

[103] S dazu EuG 13.09.2006, T-210/02, *British Aggregates/Kommission* Rn 165; EuGH 21.12.2016, C-131/15 P, *Club Hotel Loutraki ua/Kommission* Rn 30 ff; EuG 09.09.2020, T-745/17, *Kerkosand/Kommission* Rn 106; von „Beurteilungsschwierigkeiten“ spricht EuG 27.09.2011, T-30/03, *RENV* Rn 71f.

auf „ernste Schwierigkeiten“ gestoßen ist, ist eine objektive Frage.[104] Der Kommission wird dabei auch kein Ermessensspielraum eingeräumt.[105] Ernsthafte Bedenken können sich zB aus der Dauer der vorläufigen Prüfung, einer unzureichenden oder unvollständigen Prüfung,[106] widersprüchlicher Einlassungen in der Begründung,[107] oder aus schwerwiegenden Beurteilungsfehlern ergeben.[108]

Nach der Rechtsprechung des EuG ist das förmliche Prüfverfahren dann einzuleiten, wenn die Kommission bei der Vorprüfung die Beihilfeeigenschaft nicht abschließend festgestellt hat.[109]

Der Eröffnungsbeschluss enthält eine **Zusammenfassung der wesentlichen Sach- und Rechtsfragen**, eine vorläufige Würdigung des Beihilfecharakters der geplanten Maßnahme und Ausführungen über die Bedenken der Kommission hinsichtlich der Vereinbarkeit mit dem Binnenmarkt.[110]

Im Eröffnungsbeschluss setzt die Kommission dem betreffenden Mitgliedstaat und den anderen Beteiligten eine Frist von normalerweise höchstens einem Monat, in welcher sie **zur Stellungnahme aufgefordert** werden.[111]

In ordnungsgemäß begründeten Fällen kann die Kommission die Frist zur Stellungnahme verlängern.[112] Ist die Frist zu kurz oder wird keine Frist gesetzt, liegt ein wesentlicher Verfahrensfehler vor.[113] Die Frist zur Stellungnahme beginnt für den Mitgliedstaat ab Zustellung,[114] für die anderen Beteiligten mit der Veröffentlichung im Amtsblatt.[115]

Die Stellungnahmen anderer Beteiligter, die die Kommission erhalten hat, sind dem betreffenden Mitgliedstaat zu übermitteln.[116] Die Kommission muss sich in ihrem abschließenden Beschluss zur Beendigung des förmlichen Prüfverfahrens (Art 9 Verf-VO) mit allen Stellungnahmen beschäftigen.[117]

Ein Recht zur Stellungnahme kommt ausschließlich dem Mitgliedstaat zu, selbst wenn die Beihilfe durch nachgeordnete staatliche Stellen (Bundesländer, Gemeinden) er-

---

104 Statt vieler EuGH 21.12.2016, C-131/15 P, *Club Hotel Loutraki ua/Kommission* Rn 31.

105 Vgl dazu etwa *Zeller*, Ausgleichszahlung für Schließung eines Kohlekraftwerks als mögliche (unzulässige) Beihilfe, NR 2023, 191 (194) mit Bezugnahme auf EuG 16.11.2022, T-469/20, *Niederlande/Kommission.*

106 EuG 09.09.2010, T-359/04, *British Aggregates/Kommission* Rn 90; s dazu *Unger* in MüKoWettbR V: BeihilfenR[4] Art 4 VO (EU) 2015/1589 Rz 13.

107 EuGH 20.03.1984, Rs 84/82, *Deutschland/Kommission* Rn 16.

108 *Bartosch*, EU-BeihilfenR[3] Art 4 VO 2015/1589 Rz 7; *Unger* in MüKoWettbR V: BeihilfenR[4] Art 4 VO (EU) 2015/1589 Rz 13.

109 Gegen die Entscheidung wurde am 26.01.2023 Rechtsmittel eingebracht und ist nun aktuell beim EuGH anhängig.

110 Art 6 Abs 1 Verf-VO.

111 Art 6 Abs 1 Verf-VO

112 Art 6 Abs 1 letzter Satz Verf-VO.

113 EuGH 02.02.1998, Rs 293/85, *Kommission/Belgien.*

114 *Unger* in MüKoWettbR V: BeihilfenR[4] Art 6 VO (EU) 2015/1589 Rz 9.

115 EuGH 31.05.2006, T-354/99, *Kuwait Petroleum/Kommission* Rn 81.

116 Art 6 Abs 2 Verf-VO.

117 EuGH 21.02.1984, Rs 86/82, *Hasselblad/Kommission*; *Werner* in MüKoWettbR V: BeihilfenR[2] Art 6 VO (EU) 2015/1589 Rz 11.

folgt. Im Rahmen des förmlichen Prüfverfahrens finden zT auch Treffen zwischen dem Mitgliedstaat, der Kommission und dem Beihilfeempfänger (Begünstigten) statt.[118]

b. Auskunftsmöglichkeiten

Der Kommission stehen zur Einholung von Auskünften zwei Instrumente zur Verfügung:

Vertritt die Kommission die Auffassung, dass die ihr vom Mitgliedstaat vorgelegten Informationen über eine anzumeldende Beihilfemaßnahme unvollständig[119] sind, kann sie alle sachdienlichen ergänzenden **Auskünfte vom anzumeldenden Mitgliedstaat** anfordern.[120]

Wird eine vom Mitgliedstaat verlangte Auskunft innerhalb der von der Kommission gesetzten Frist nicht vollständig erteilt, übermittelt die Kommission ein Erinnerungsschreiben mit einer zusätzlichen Frist.[121] Kommt der Mitgliedstaat dieser Aufforderung trotz des Erinnerungsschreibens erneut nicht nach, gilt die Anmeldung der Beihilfemaßnahme als zurückgezogen (Vermutung der Anmeldungsrücknahme).[122] Der Eintritt der Vermutungsregel kann durch einvernehmliche Verlängerung zwischen Mitgliedstaat und Kommission verhindert werden.[123]

Die Kommission kann auch **Auskünfte an andere Auskunftsgeber** (Mitgliedstaaten, Unternehmen oder Unternehmensvereinigungen) stellen, um ihr erforderliche Marktauskünfte zur Verfügung zu stellen. Dieses Auskunftsersuchen ist an bestimmte Bedingungen geknüpft.

Die Kommission darf das Auskunftsersuchen nur im Rahmen eines förmlichen Prüfverfahrens, das sich ihrer Einschätzung nach bisher als wirkungslos[124] erwiesen hat, stellen.[125] Zudem muss der betreffende Mitgliedstaat, bei einem Ersuchen an den Beihilfeempfänger, sein Einverständnis erklären.[126] Marktauskünfte an Unternehmen oder Unternehmensvereinigungen können durch einfaches Ersuchen,[127] oder durch förmlichen Beschluss[128] angefordert werden. Im

[118] *Hancher/Ottervanger/Slot*, EU State Aids[5] (2016) 29-062.

[119] Zum Vollständigkeitsbegriff siehe: EuGH 15.02.2001, C-99/98, *Österreich/Kommission* Rn 53 ff, Anm *Lübbig*, EuZW 2001, 174.

[120] Art 5 Abs 1 Verf-VO.

[121] Art 5 Abs 2 Verf-VO.

[122] Art 5 Abs 3 Verf-VO.

[123] Art 5 Abs 3 Verf-VO.

[124] Die Wirkungslosigkeit soll nach der Rechtsprechung durch getrennten Beschluss festzustellen sein, der vom Mitgliedstaat auch angefochten werden kann: EuGH 13.10.2011, C-463/10 P u C-475/10 P, *Deutsche Post/Kommission*.

[125] Art 7 Abs 2 lit a Verf-VO.

[126] Art 7 Abs 2 lit b Verf-VO.

[127] Art 7 Abs 6 Verf-VO.

[128] Art 7 Abs 7 Verf-VO.

letztgenannten Fall kann die Kommission auch Zwangsgelder und Geldbußen gegen das Unternehmen verhängen.[129]

c. Abschluss des förmlichen Prüfverfahrens

Die Kommission beendet das förmliche Prüfverfahren mit **Beschluss**.

Eröffnet die Kommission im Rahmen der vorläufigen Prüfung das förmliche Prüfverfahren, schließt sie es durch einen Beschluss gemäß Art 9 Verf-VO ab. Der **Beschluss** richtet sich dabei ausschließlich an den Mitgliedstaat und stellt eine zu **begründende Entscheidung** iSv Art 288, 296 AEUV dar.

Die Kommission kann das förmliche Prüfverfahren durch vier **Beschlussformen** beenden:

- durch Beschluss, dass die angemeldete Maßnahme **keine Beihilfe** darstellt;

  Gelangt die Kommission gemäß Art 9 Abs 2 Verf-VO zu dem Schluss, dass die angemeldete Maßnahme keine Beihilfe darstellt, so stellt sie dies durch Beschluss fest.

- durch Beschluss, dass die Beihilfe mit dem Binnenmarkt vereinbar ist (**Positivbeschluss**);

  Stellt die Kommission fest, dass die Bedenken hinsichtlich der Vereinbarkeit der angemeldeten Maßnahme ausgeräumt sind, so beschließt sie, dass die Beihilfe mit dem Binnenmarkt vereinbar ist.[130] Die Kommission stellt damit fest, dass die angemeldete Maßnahme eine Beihilfe ist, die mit dem Binnenmarkt vereinbar ist.[131] In diesem Beschluss wird auch angeführt, welche Ausnahmevorschrift des AEUV zur Anwendung gelangt.[132] Durch den Positivbeschluss wird die angemeldete Maßnahme zu einer bestehenden Beihilfe, die fortan nur im Verfahren für bestehende Beihilfen überprüft werden kann.[133]

- durch Beschluss, dass die Beihilfe unter Bedingungen und Auflagen mit dem Binnenmarkt vereinbar ist (**mit Bedingungen und Auflagen verbundener Positivbeschluss**);

  Die Kommission kann einen Positivbeschluss mit Bedingungen und Auflagen verbinden, die ihr ermöglichen, die Beihilfe für mit dem Binnenmarkt vereinbar zu erklären bzw die Befolgung ihres Beschlusses zu überwachen.[134] Bei der Auswahl und Gestaltung der Auflagen und Bedingungen verfügt die Kommission über ein weites Ermessen.[135] Es kann sich dabei um Einschränkungen hinsichtlich der Art, der Höhe, der berechtigten Empfänger, des Zwecks oder der Dauer der Beihilfe handeln.[136]

---

[129] Art 7 Abs 7 iVm Art 8 Abs 1 und Abs 2 Verf-VO.

[130] Art 9 Abs 3 Verf-VO.

[131] *Köster* in MüKoWettbR V: BeihilfenR[4] Art 9 VO (EU) 2015/1589 Rz 4

[132] Art 9 Abs 3 letzter Satz Verf-VO.

[133] *Köster* in MüKoWettbR V: BeihilfenR[4] Art 9 VO (EU) 2015/1589 Rz 4.

[134] Art 9 Abs 4 Verf-VO.

[135] *Köster* in MüKoWettbR V: BeihilfenR[4] Art 9 VO (EU) 2015/1589 Rz 6.

[136] *Sinnaeve* in Heidenhain (Hrsg), Handbuch des Europäischen Beihilfenrechts (2003) § 33 Rn 48.

Wird gegen einen mit Bedingungen und Auflagen verbundenen Positivbeschluss verstoßen, ist die Kommission berechtigt, den Gerichtshof der EU, gestützt auf Art 108 Abs 2 AEUV, unmittelbar anzurufen.[137] Durch einen Verstoß gegen Bedingungen oder Auflagen wird die gewährte Beihilfe zu einer rechtswidrigen Beihilfe, zumal die ursprünglich erteilte Genehmigung der Kommission die gewährte Beihilfe nicht mehr deckt.[138] Darüber hinaus ist auch das Vorliegen einer missbräuchlichen Anwendung einer Beihilfe denkbar, wenn der Verstoß gegen Bedingungen oder Auflagen auf das Verhalten des Beihilfeempfängers oder eines Dritten zurückzuführen ist.[139]

– durch Beschluss, dass die Beihilfe mit dem Binnenmarkt unvereinbar ist (**Negativbeschluss**).

Gelangt die Kommission zu dem Schluss, dass die angemeldete Beihilfe mit dem Binnenmarkt unvereinbar ist, so beschließt sie, dass diese Beihilfe nicht eingeführt werden darf.[140] Der Mitgliedstaat darf diese Beihilfe dann auch nicht gewähren.

Sämtliche Beschlussformen werden erlassen, sobald sämtliche Bedenken ausgeräumt wurden. Die Kommission sollte möglichst innerhalb von **18 Monaten** nach Eröffnung des Prüfverfahrens einen Beschluss erlassen.[141]

Die 18 Monate sind nicht zwingend, sondern eine bloße Zielvorschrift.[142] Die Frist kann von der Kommission und dem betreffenden Mitgliedstaat einvernehmlich verlängert werden (verlängerbare Ordnungsfrist)[143].[144] Der Mitgliedstaat kann jedoch nach Ablauf der Frist verlangen, innerhalb von weiteren 2 Monaten auf Basis der Informationen, die der Kommission vorliegen, zu entscheiden.

Der Beschluss wird im **Amtsblatt** veröffentlicht.

Positivbeschlüsse werden im C-Teil des Amtsblatts, bedingte und Negativbeschlüsse im L-Teil des Amtsblatts veröffentlicht.

Förmliches Prüfverfahren

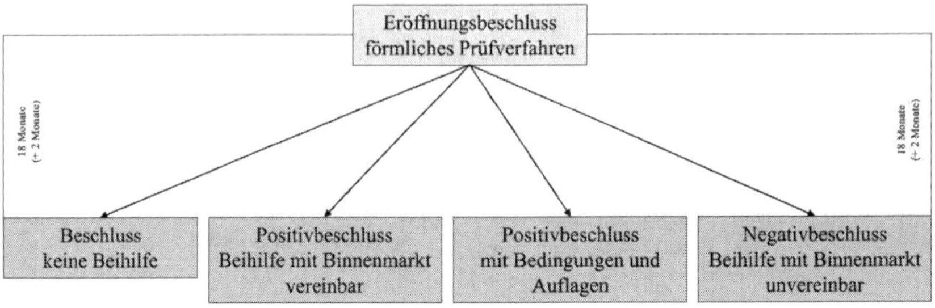

[137] Art 28 Verf-VO; EuGH 04.02.1992, C-294/90, *British Aerospace/Kommission* Rn 11 ff.

[138] *Köster* in MüKoWettbR V: BeihilfenR[4] Art 9 VO (EU) 2015/1589 Rz 22.

[139] *Köster* in MüKoWettbR V: BeihilfenR[4] Art 9 VO (EU) 2015/1589 Rz 22.

[140] Art 9 Abs 5 Verf-VO.

[141] Art 9 Abs 6 Verf-VO.

[142] EuGH 27.11.2003, T-190/00, *Regione Siciliana/Kommission* Rn 138 f.

[143] S *Rusche* in Immenga/Mestmäcker, WettbR V: BeihilfenR[6] Art 9 Rn 3 Beihilfenverf-VO.

[144] Art 9 Abs 6 letzter Satz Verf-VO.

Das **förmliche Prüfverfahren** kann **auf vier Arten beendet** werden: (1) Durch Beschluss, dass keine Beihilfe vorliegt, (2) durch Positivbeschluss, dass die Beihilfe mit dem Binnenmarkt vereinbar ist, (3) durch einen mit Auflagen oder Bedingungen versehenen Positivbeschluss oder (4) durch Negativbeschluss, dass die Beihilfe mit dem Binnenmarkt unvereinbar ist.

4. Rücknahme der Anmeldung

Literatur: *Heidenhain*, Handbuch des Europäischen Beihilfenrechts (2003); *Ortiz Blanco*, EU Competition Procedure[4] (2021); *Säcker*, Münchner Kommentar Europäisches und Deutsches Wettbewerbsrecht V: Beihilfenrecht[4] (2022); *Sinnaeve* in Heidenhain (Hrsg), Handbuch des Europäischen Beihilfenrechts (2003).

Judikatur: KOM 22.08.2001, *Qualifizierungsbeihilfe für Landwirte im Allgäu*, ABl C 2001/236, 3.

Der betreffende Mitgliedstaat kann die Anmeldung der Beihilfemaßnahme innerhalb einer angemessenen Frist, bevor die Kommission die vorläufige Prüfung oder das förmliche Prüfverfahren mit Beschluss beendet, zurücknehmen.[145]

Eine Rücknahme der Anmeldung ist in Fällen denkbar, in denen sich für den Mitgliedstaat die Eröffnung des förmlichen Prüfverfahrens oder ein Negativbeschluss durch die Kommission abzeichnet.[146]

Auf die Rücknahme der Anmeldung folgt in der Praxis häufig eine neue Anmeldung in abgeänderter Form. Durch die Rücknahme der Anmeldung und der Neuanmeldung kann das Beihilfeverfahren oft auch zügiger abgeschlossen werden.[147]

Wird die Anmeldung vom betreffenden Mitgliedstaat erst nach Eröffnung des förmlichen Prüfverfahrens zurückgenommen, ist die Kommission verpflichtet das förmliche Prüfverfahren einzustellen.[148]

In einem solchen Fall veröffentlicht die Kommission gemäß Art 32 Abs 4 Verf-VO eine entsprechende Mitteilung im Amtsblatt.

Der Mitgliedstaat kann eine angemeldete Beihilfemaßnahme bis zur Beschlussfassung im Rahmen der vorläufigen Prüfung oder des förmlichen Prüfverfahrens zurücknehmen. Im letztgenannten Fall ist das förmliche Prüfverfahren sogleich einzustellen.

5. Widerruf einer Entscheidung

Literatur: *Heidenhain*, Handbuch des Europäischen Beihilfenrechts (2003); *Ortiz Blanco*, EU Competition Procedure[4] (2021); *Säcker*, Münchner Kommentar Europäisches

[145] Art 10 Abs 1 Verf-VO.
[146] *Köster* in MüKoWettbR V: BeihilfenR[4] Art 10 VO (EU) 2015/1589 Rz 1.
[147] *Köster* in MüKoWettbR V: BeihilfenR[4] Art 10 VO (EU) 2015/1589 Rz 2.
[148] Art 10 Abs 2 Verf-VO.

und Deutsches Wettbewerbsrecht V: Beihilfenrecht[4] (2022); *Sinnaeve* in Heidenhain (Hrsg), Handbuch des Europäischen Beihilfenrechts (2003).

Judikatur: KOM 22.08.2001, *Qualifizierungsbeihilfe für Landwirte im Allgäu*, ABl C 2001/236, 3.

Die Kommission kann Beschlüsse in Fällen widerrufen, in denen der Beschluss auf unrichtigen Informationen beruht. Die Unrichtigkeit des Beschlusses muss auf Umstände zurückzuführen sein, die außerhalb des Kontrollbereichs der Kommission liegen und die fraglichen falschen Informationen müssen **von ausschlaggebender Bedeutung** für den Beschluss gewesen sein.

Die Informationen müssen für den Beschluss erheblich sein und die Auslegung des Beschlusses muss ergeben, dass der Tenor des Beschlusses ohne die unrichtigen Informationen einen Begründungsmangel gemäß Art 296 AEUV aufweisen würde. Die Kommission hätte bei Kenntnis der richtigen Sachlage anders entschieden.[149]

Unrichtige Informationen sind nur die vom Mitgliedstaat im Beihilfeverfahren selbst übermittelten Informationen. Von anderen Beteiligten übermittelte Informationen setzen eine Stellungnahme des betreffenden Mitgliedstaats voraus.[150]

Nicht nur unrichtige Informationen, sondern auch irreführende Informationen sollen zum Widerruf berechtigen.[151]

Ein Beschluss kann nur dann von der Kommission widerrufen werden, wenn dem Mitgliedstaat Gelegenheit gegeben wurde, zu den falschen Informationen Stellung zu nehmen.[152]

Vor dem Widerruf eines Beschlusses und dem Erlass eines neuen Beschlusses eröffnet die Kommission das förmliche Prüfverfahren.[153]

Beruht ein Beschluss auf unrichtigen Angaben, kann die Kommission den Beschluss gemäß Art 11 Verf-VO widerrufen.

B. Verfahren bei rechtswidrigen Beihilfen

Literatur: *Bartosch*, EU-Beihilfenrecht[3] (2020); *Bär-Bouyssiére* in Schwarze (Hrsg), EU-Kommentar[4] (2019) Art 108 AEUV; *Birnstiel/Bungenberg/Heinrich*, Europäisches Beihilfenrecht (2013); *Calliess/Ruffert*, EUV/AEUV[6] (2018); *Dilkova*, The New Procedural Regulation in State aid – Whether „Modernisation" is in the right direction? ECLR 2014, 35; *Frenz*, Handbuch Europarecht III: Beihilferecht[2] (2021); *Grabitz/Hilf/Nettesheim*, Das Recht der Europäischen Union: EUV/AEUV (Werkstand: 79. EL Mai 2023); *Hancher/Ottervanger/Slot*, EU State Aids[5] (2016); *Immenga/Mestmäcker*, Wettbewerbsrecht V: Beihilfenrecht[6] (2022); *Jaeger/Stöger* (Hrsg), EUV/AEUV Art 108 AEUV (Stand 01.01.2014, rdb.at); *Ortiz Blanco*, EU Competition Procedure[4] (2021); *Sinnaeve*, State

[149] *Köster* in MüKoWettbR V: BeihilfenR[4] Art 11 VO (EU) 2015/1589 Rz 2 f.

[150] *Köster* in MüKoWettbR V: BeihilfenR[4] Art 11 VO (EU) 2015/1589 Rz 4.

[151] *Sinnaeve* in Heidenhain (Hrsg), Handbuch des Europäischen Beihilfenrechts (2003) § 33 Rn 50; *Köster* in MüKoWettbR V: BeihilfenR[4] Art 11 VO (EU) 2015/1589 Rz 5.

[152] Art 11 Verf-VO.

[153] Art 11 vorletzter Satz Verf-VO.

Aid Procedures, Developments since the Entry into Force of the Procedural Regulation, CMLR 2007, 965; *dies*, Die neue Verfahrensordnung in Beihilfesachen, EuZW 1999, 270; *dies*, Der Kommissionsvorschlag zu einer Verfahrensverordnung für die Beihilfenkontrolle, in Heidenhain, European State Aid Law (2010); *Säcker*, Münchner Kommentar. Europäisches und Deutsches Wettbewerbsrecht V: Beihilfenrecht^4 (2022); *Soltész*, Das prozedurale binnenmarktrechtliche Beihilfenaufsichtsrecht, in Hatje/Müller-Graff (Hrsg), Enzyklopädie Europarecht IV: Europäisches Binnenmarkt- und Wirtschaftsordnungsrecht^2 (2021).

Judikatur: EuGH 14.07.1972, Rs 52/69, *Geigy/Kommission*; EuGH 15.02.1978, Rs 96/77, *Bauche/Französische Zollverwaltung*; EuGH 30.09.1982, Rs 108/81, *Amylum/Rat*; EuGH 21.03.1990, C-142/87, *Belgien/Kommission*; EuGH 14.02.1990, C-301/87, *Frankreich/Kommission (Boussac)*; EuGH 21.03.1991, C-303/88, *Italien/Kommission*; EuGH 13.04.1994, verb Rs C-324/90 u C-342/90, *Deutschland und Pleuger/Kommission*; EuGH 04.04.1995, C-350/93, *Kommission/Italien*; EuG 15.09.1998, T-95/96, *Gestevision Telecino/Kommission*; EuG 15.09.1998, verb Rs T-126/96 u T-127/96, *Breda Fucine Meridionali SpA (BFM)/Kommission*; EuGH 17.06.1999, C-75/97, *Belgien/Kommission*; EuGH 24.09.2002, verb Rs C-74/00 P u C-75/00 P, *Falck SpA und Acciaierie di Bolzano SpA/Kommission*; EuGH 13.06.2002, C-382/99, *Niederlande/Kommission*; EuG 10.04.2003, T-360/00, *Scott/Kommission*; EuGH 03.07.2003, C-457/00, *Belgien/Kommission*; EuGH 29.04.2004, C-298/00 P, *Italien/Kommission*; EuGH 29.04.2004, C-372/97, *Italien/Kommission*; EuG 11.05.2005, T-111/01 u T-133/01, *Saxonia Edelmetalle/Kommission*; EuGH 06.10.2005, C-276/03, *Scott/Kommission*; EuGH 23.02.2006, verb Rs C-346/03 u C-529/03, *Atzeni/Regione autonoma della Sardegna*; EuGH 22.04.2008, C-408/04 P, *Kommission/Salzgitter AG*; EuGH 20.02.2009, C-369/08, *Kommission/Deutschland*; EuG 04.03.2009, T-445/05, *Associazione italiana del risparmio gestito and Fineco Asset Management SpA/Kommission*; EuG 11.06.2009, T-297/02; *ACEA SpA/Kommission*; EuGH 07.07.2009, C-369/07, *Kommission/Griechenland*; EuGH 28.07.2011, C-403/10 P, *Mediaset SpA/Kommission*; EuGH 08.12.2011, C-275/10, *Residex Capital IV/Gemeente Rotterdam*; EuGH 19.12.2012, C-288/11 P, *Flughafen Leipzig-Halle/Kommission*; EuG 12.11.2013, T-570/08, *Deutsche Post AG/Kommission*; EuGH 21.12.2016, C-164/15 P u C-165/15 P, *Kommission/Aer Lingus ua*; EuGH 05.03.2019, C-349/17, *Eesti Pagar*; EuGH 29.07.2019, C-654/17 P, *BMW/Kommission*; EuGH 02.02.2023, C-649/20 P, C-658/20 P, C-662/20 P, *Spanien/Kommission*.

Den Fall, dass Beihilfevorhaben von den betreffenden Mitgliedstaaten vor der Anmeldung der Kommission bereits gewährt wurden, regelt der AEUV nicht. Die Rückforderung von rechtswidrigen Beihilfen wurde als logische Folge der Rechtswidrigkeit angesehen.[154] Dabei gilt: Die Lage vor der Gewährung der rechtswidrigen Beihilfe ist wiederherzustellen.[155]

Das Verfahren für rechtswidrige Beihilfen orientiert sich an der Rsp[156] des EuGH und gliedert sich in eine **vorläufige Prüfung** und ein **förmliches Prüfverfahren**.[157]

---

[154] EuGH 14.02.1990, C-301/87, *Frankreich/Kommission* Rn 18.

[155] EuGH 17.06.1999, C-75/97, *Belgien Kommission* Rn 64; EuGH 04.04.1995, C-350/93, *Kommission/Italien*; EuGH 07.07.2009, C-369/07, *Kommission/Griechenland*.

[156] EuGH 14.02.1990, C-301/87, *Frankreich/Kommission*; EuGH 21.03.1990, C-142/87, *Belgien/Kommission*.

[157] *Frenz*, Handbuch EuR III^2 Rz 2477.

Die Umsetzung der Rückforderung ist in einer eigenen Mitteilung (Rückforderungsmitteilung) näher geregelt.[158]

Grafische Übersicht über das Verfahren:

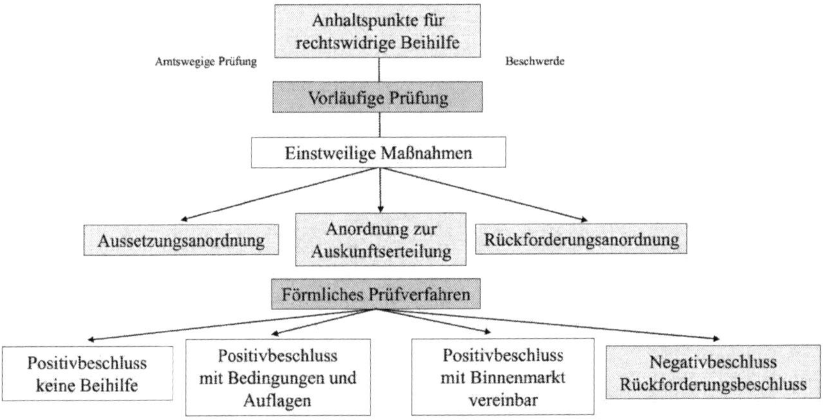

1. Vorläufige Prüfung

Die Kommission ist verpflichtet die Gewährung rechtswidriger Beihilfen aufgrund von **Beschwerden** oder **von Amts wegen** zu überprüfen.

Beschwerden können von Beteiligten gemäß Art 24 Abs 2 Verf-VO eingebracht werden. Dies geschieht mit Hilfe eines Beschwerdeformulars. Die Kommission kann aber auch auf andere Weise auf rechtswidrige Beihilfen aufmerksam werden (zB Presseberichte, Anfragen durch nationale Gerichte)[159] und von Amts wegen tätig werden.

Die Kommission ist verpflichtet, die ihr vorliegenden Informationen über die Gewährung rechtswidriger Beihilfen sorgfältig und unvoreingenommen zu überprüfen.[160] Diese weitere Aufklärung des Sachverhaltes ist nur dann erforderlich, wenn die erste Prüfung der vorliegenden Informationen ergeben hat, dass zumindest aufgrund des ersten Anscheins hinreichende Anhaltspunkte für die Gewährung rechtswidriger Beihilfen gegeben sind, nicht aber bei offensichtlich unbegründeten Beschwerden oder nicht substantiierten Anschuldigungen eines Beteiligten.[161] Die Kommission stellt zudem sicher, dass der betreffende Mitgliedstaat in vollem Umfang über den Stand und das Ergebnis der Prüfung informiert wird.[162]

Sobald der Kommission tatsächlich **Anhaltspunkte** für die Gewährung einer rechtswidrigen Beihilfe vorliegen, leitet sie die **vorläufige Prüfung** ein. Im Rah-

[158] Bekanntmachung der Kommission über die Rückforderung rechtswidriger mit dem Binnenmarkt unvereinbarer staatlicher Beihilfen, ABl C 2019/247, 1.

[159] *Frenz*, Handbuch EuR III² Rz 2480.

[160] EuGH 02.04.1998, C-367/95 P, *Kommission/Sytraval* Rn 57 ff.

[161] *Köster* in MüKoWettbR V: BeihilfenR⁴ Art 12 VO (EU) 2015/1589 Rz 3.

[162] Art 12 Abs 1 zweiter Satz Verf-VO.

men der vorläufigen Prüfung richtet die Kommission regelmäßig Fragen an die Mitgliedstaaten und bittet den jeweiligen Mitgliedstaat um Auskünfte.[163]

Die Generaldirektion Wettbewerb (GD Wettbewerb) richtet in diesem Fall ein Schreiben an den Mitgliedstaat, in dem dieser binnen einer angemessenen Frist aufgefordert wird, bestimmte Auskünfte mitzuteilen. Der Mitgliedstaat ist verpflichtet diese Auskünfte zu erteilen, es sei denn, dadurch werden wesentliche Sicherheitsinteressen des betreffenden Mitgliedstaats berührt.[164] In der Praxis wird den Mitgliedstaaten üblicherweise eine Kopie der Beschwerde mit der Aufforderung um Stellungnahme übermittelt.[165]

Bei der Prüfung rechtswidriger Beihilfen kann die Kommission bereits vor der Eröffnung des förmlichen Prüfverfahrens mehrere **einstweilige Maßnahmen** erlassen, indem sie entweder:

- Auskünfte vom betreffenden Mitgliedstaat verlangt (**Anordnung zur Auskunftserteilung**),
- den rechtswidrigen Zustand aussetzt (**Aussetzungsanordnung**) oder
- die rechtswidrige Beihilfe einstweilig rückgängig macht (**Rückforderungsanordnung**).

Im Verfahren über mutmaßlich rechtswidrige Beihilfen unterliegt die Kommission grds **kein**en entsprechenden **Fristen**.[166]

Die vorläufige Prüfung wird beendet, indem die Kommission mit Beschluss entscheidet, dass die Maßnahme 1) **keine Beihilfe** darstellt, 2) **keine Einwände** gegen die Beihilfe erhoben werden oder 3) das **förmliche Prüfverfahren zu eröffnen** ist.[167]

2. Einstweilige Maßnahmen

Die verschiedenen einstweiligen Maßnahmen vor der Eröffnung des förmlichen Prüfverfahrens dienen dazu, die Kommission in die gleiche Lage zu versetzen wie beim Verfahren bei angemeldeten Beihilfen.[168]

Diese einstweiligen Maßnahmen stehen der Kommission aber auch im weiteren Verlauf des Verfahrens (förmliches Prüfverfahren) noch zur Verfügung.[169]

Die Mitgliedstaaten sind verpflichtet die entsprechenden Maßnahmen auch zu ergreifen.[170]

---

[163] *Soltész* in Hatje/Müller-Graff, EnzEuR IV² § 15 Rz 38; *Frenz*, Handbuch EuR III² Rz 2479.
[164] *Köster* in MüKoWettbR V: BeihilfenR⁴ Art 12 VO (EU) 2015/1589 Rz 4 mwN.
[165] *Soltész* in Hatje/Müller-Graff, EnzEuR IV² § 15 Rz 38.
[166] Art 15 Abs 2 Verf-VO.
[167] *Soltész* in Hatje/Müller-Graff, EnzEuR IV² § 15 Rz 41.
[168] *Sinnaeve*, EuZW 1999, 273.
[169] *Frenz*, Handbuch EuR III² Rz 2482.
[170] EuGH 05.03.2019, C-349/17, *Eesti Pagar* Rn 89, 92, 100 und 130.

a. Anordnung zur Auskunftserteilung

Die Kommission kann bei Vorliegen von Anhaltspunkten über die Gewährung einer mutmaßlichen rechtswidrigen Beihilfe vom Mitgliedstaat, falls erforderlich, Auskünfte erteilen.

Werden vom betreffenden Mitgliedstaat trotz eines Erinnerungsschreibens die verlangten Auskünfte innerhalb einer von ihr festgesetzten angemessenen Frist nicht oder nicht vollständig erfüllt, so ist die Kommission berechtigt, Auskünfte durch Beschluss anzuordnen (**Anordnung zur Auskunftserteilung**).

Zu dieser Anordnung ist die Kommission verpflichtet, wenn die Auskünfte des betreffenden Mitgliedstaates fehlen oder unvollständig sind.[171]

b. Aussetzungsanordnung

Mit einer **Aussetzungsanordnung** wird dem betreffenden Mitgliedstaat durch Beschluss von der Kommission aufgetragen, alle rechtswidrigen Beihilfen so lange auszusetzen, bis die Kommission einen Beschluss über die Vereinbarkeit der Beihilfe mit dem Binnenmarkt erlassen hat.

In der Aussetzungsanordnung muss die Kommission das Vorliegen einer Beihilfe begründen, die entgegen dem Durchführungsverbot gewährt wurde.[172] Dem betreffenden Mitgliedstaat muss in diesem Fall aber Gelegenheit zur Äußerung gegeben werden.[173] Es liegt dabei im Ermessen der Kommission eine solche Aussetzungsanordnung zu erlassen. Dazu verpflichtet ist sie aber nicht. Mit der Aussetzungsanordnung soll der Zustand erreicht werden, der bestehen würde, wenn der betreffende Mitgliedstaat das Durchführungsverbot gemäß Art 108 Abs 3 AEUV beachtet hätte.[174]

Kommt der betreffende Mitgliedstaat einer Aussetzungsanordnung nicht nach, kann die Kommission die **Prüfung** aufgrund der ihr vorliegenden Informationen **fortsetzen** oder aber den **Gerichtshof der EU** mit der Angelegenheit **befassen** und dabei um Feststellung ersuchen, dass die Nichtbefolgung einen Verstoß gegen den AEUV darstellt.[175]

c. Rückforderungsanordnung

Mit einer Rückforderungsanordnung wird dem betreffenden Mitgliedstaat durch Beschluss von der Kommission aufgetragen, alle rechtswidrigen Beihilfen

---

171 *von Wallenberg/Schütte* in Grabitz/Hilf/Nettesheim, Das Recht der Europäischen Union Art 108 AEUV Rn 105 (Werkstand: 69. EL Februar 2020).

172 *Soltész* in Hatje/Müller-Graff, EnzEuR IV^2 § 15 Rz 40.

173 Art 13 Abs 1 Verf-VO.

174 *von Wallenberg/Schütte* in Grabitz/Hilf/Nettesheim, Das Recht der Europäischen Union Art 108 AEUV Rn 107 (Werkstand: 69. EL Februar 2020).

175 Art 14 Verf-VO.

einstweilig zurückzufordern, bis die Kommission einen Beschluss über die Vereinbarkeit der Beihilfe mit dem Binnenmarkt erlassen hat („**Rückforderungsanordnung**").

Dem betreffenden Mitgliedstaat muss in diesem Fall jedoch Gelegenheit zur Äußerung gegeben werden.[176]

Eine Rückforderungsanordnung kann nur erlassen werden wenn:

- nach geltender Praxis **hinsichtlich des Beihilfecharakters** der betreffenden Beihilfemaßnahme **keinerlei Zweifel** bestehen;[177]
- ein **Tätigwerden dringend geboten** ist,[178] **und**
- ein erheblicher und **nicht wiedergutzumachender Schaden für einen Konkurrenten ernsthaft zu befürchten** ist.[179]

Eine Rückforderungsanordnung ist nur zulässig, wenn sämtliche Kriterien in Art 13 Abs 2 lit a bis c Verf-VO kumulativ erfüllt sind.

Die Anordnung zu einer einstweiligen Rückforderung kann vom betreffenden Mitgliedstaat etwa durch Zahlungen auf ein Treuhandkonto erreicht werden. Dadurch wird dem Unternehmen die Verfügungsgewalt über die Beihilfe entzogen, ohne zugleich haushaltsreichliche Konsequenzen auszulösen.[180] Im Fall MTW Schiffswerft wurde die Beihilfe freiwillig auf ein Treuhandkonto zurückgezahlt, was dazu führte, dass die Beihilfe später durch die Kommission genehmigt wurde.[181]

Kommt der betreffende Mitgliedstaat einer Rückforderungsanordnung nicht nach, kann die Kommission die **Prüfung** aufgrund der ihr vorliegenden Informationen **fortsetzen** oder den **EuGH** mit der Angelegenheit **befassen**.

Wird der EuGH angerufen, ersucht die Kommission um Feststellung, dass die Nichtbefolgung einen Verstoß gegen den AEUV darstellt.

Der Kommission stehen mehrere einstweilige Maßnahmen zur Verfügung: 1) Anordnung zur Auskunftserteilung, 2) Aussetzungsanordnung, 3) Rückforderungsanordnung.

Bei Nichtbefolgung einer Aussetzungs- oder Rückforderungsanordnung kann die Prüfung fortgesetzt werden oder aber der EuGH angerufen werden. Die Nichtbefolgung einer Anordnung zur Auskunftserteilung bleibt dagegen ohne Sanktion.

---

176 Art 13 Abs 1 Verf-VO.

177 Art 13 Abs 2 lit a Verf-VO.

178 Art 13 Abs 2 lit b Verf-VO.

179 Art 13 Abs 2 lit c Verf-VO.

180 *von Wallenberg/Schütte* in Grabitz/Hilf/Nettesheim, Das Recht der Europäischen Union Art 108 AEUV Rn 109 (69. EL Februar 2020).

181 *von Wallenberg/Schütte* in Grabitz/Hilf/Nettesheim, Das Recht der Europäischen Union Art 108 AEUV Rn 110 FN 1 mwN (69. EL Februar 2020).

3. Förmliches Prüfverfahren

Gelangt die Kommission im Rahmen der vorläufigen Prüfung zum Ergebnis, dass es sich möglicherweise um eine rechtswidrige Beihilfe handelt, **führt** sie **das Verfahren wie bei angemeldeten Beihilfen fort**. Sie eröffnet das förmliche Prüfverfahren wenn sie ernsthafte Bedenken hinsichtlich der Vereinbarkeit der Beihilfemaßnahme äußert und beendet das förmliche Prüfverfahren durch Beschluss.

In den Entscheidungen der Kommission findet sich bis 2010 das Kürzel „NN"-Beihilfe (not notifié).

Eröffnet die Kommission im Rahmen der vorläufigen Prüfung das förmliche Prüfverfahren, schließt sie es durch einen an den Mitgliedstaat gerichteten Beschluss gemäß Art 9 Verf-VO ab.

Die Kommission kann das förmliche Prüfverfahren gemäß Art 15 Abs 1 erster Satz Verf-VO durch **vier Arten** von Beschlüssen beenden:

Durch Beschluss, dass
- die angemeldete Maßnahme **keine Beihilfe** darstellt;
- die Beihilfe mit dem Binnenmarkt vereinbar ist (**Positivbeschluss**);
- die Beihilfe unter Bedingungen und Auflagen mit dem Binnenmarkt vereinbar ist (**mit Bedingungen und Auflagen verbundener Positivbeschluss**);
- die Beihilfe mit dem Binnenmarkt unvereinbar ist (**Negativbeschluss**).

Kommt die Kommission im förmlichen Prüfverfahren zu dem Ergebnis, dass die Beihilfe mit dem Binnenmarkt unvereinbar ist, erlässt sie einen Negativbeschluss und ordnet dem betreffenden Mitgliedstaat an, alle notwendigen Maßnahmen zu ergreifen, um die Beihilfe vom jeweiligen Empfänger zurückzufordern („**Rückforderungsbeschluss**").

Die Kommission darf nicht allein wegen einer unterbliebenen Anmeldung (**formelle Rechtswidrigkeit**) einen abschließenden Rückforderungsbeschluss erlassen.[182] Vielmehr muss sie auch die Unvereinbarkeit der Beihilfe mit dem Binnenmarkt (**materielle Rechtswidrigkeit**) in vollem Umfang prüfen.[183] Ein Rückforderungsbeschluss setzt somit eine materiell- und formell-rechtswidrige Beihilfe voraus.

Die Rückforderung darf nur in Ausnahmefällen unterbleiben, wenn gegen einen allgemeinen Grundsatz des Unionsrechts (Vertrauensschutz, Rechtssicherheit, Verhältnismäßigkeit)[184] verstoßen wird.[185]

---

182 *Koenig/Ghazaria* in Streinz, EUV/AEUV³ Art 108 AEUV Rn 31.

183 EuGH 12.02.2008, C-199/06, *CELF*; EuGH 21.11.1991, C-354/90, *FNCE*; siehe dazu Art 16 Abs 1 Verf-VO.

184 EuGH 19.12.2012, C-288/11 P, *Mitteldeutsche Flughafen und Flughafen Leipzig-Halle/ Kommission*; EuGH 30.09.1982, Rs 108/81, *Amylum/Rat*; EuGH 15.02.1978, Rs 96/77, *Bauche/Französische Zollverwaltung*.

185 Art 16 Abs 1 Verf-VO.

Die Rückforderung der gesamten Beihilfe sieht der EuGH als logische Restitutionsfolge der Wettbewerbsverfälschung, die aus der rechtswidrigen Beihilfe resultiert.[186]

4. Rückforderung

Gelangt die Kommission im förmlichen Prüfverfahren zum Ergebnis, dass die Beihilfe mit dem Binnenmarkt unvereinbar ist, entscheidet sie mit einem Negativbeschluss, in dem sie dem betreffenden Mitgliedstaat anordnet, alle notwendigen Maßnahmen zu ergreifen, um die Beihilfe vom jeweiligen Empfänger zurückzufordern („**Rückforderungsbeschluss**").

a. Rückforderungsschuldner

Judikatur: EuGH 04.04.1995, C-350/93, *Kommission/Italien*; EuGH 03.07.2003, C-457/00, *Belgien/Kommission*; EuG 11.05.2005, verb Rs T-111/01 u T-133/01, *Saxonia Edelmetalle/Kommission*; EuG 04.03.2009, T-445/05, *Associazione italiana del risparmio gestito and Fineco Asset Management SpA Kommission*; EuG 11.06.2009, T-297/02; *ACEA SpA/Kommission.*

Der Rückzahlungsschuldner einer rechtswidrigen Beihilfe ist grds der **Beihilfeempfänger**.[187]

Rückforderungsschuldner ist der Rechtsträger des tatsächlich begünstigten Unternehmens.[188] Rückzahlungsgläubiger ist diejenige staatliche Stelle im Staatsgefüge, die die Beihilfe gewährt hat.[189]

Der Adressatenkreis wurde durch die Entscheidungspraxis der Kommission über die Jahre auf Dritte ausgedehnt.

Erfasst wurden damit jene, die zwar selbst keine Beihilfe erhalten, jedoch einen wesentlichen Teil der Vermögensgegenstände vom Beihilfeempfänger erworben haben. Andernfalls hätte sich der Beihilfeempfänger durch eine Übertragung des wesentlichen Vermögens einer Rückzahlung der Beihilfe entziehen können.[190]

---

186 EuGH 08.12.2011, C-275/10, *Residex*; EuGH 28.07.2011, C-403/10 P, *Mediaset/Kommission*; EuGH 29.04.2004, C-277/00, *Deutschland/Kommission*; EuGH 12.12.2002, C-209/00, *Kommission/Deutschland.*

187 Art 14 Abs 1 Verf-VO.

188 EuG 11.06.2009, T-297/02; *ACEA/Kommission*; EuG 04.03.2009, T-445/05, *Associazione italiana del risparmio gestito and Fineco Asset Management SpA Kommission*; EuGH 03.07.2003, C-457/00, *Belgien/Kommission.*

189 EuGH 04.04.1995, C-350/93, *Kommission/Italien* Rn 22; *Koenig/Ghazaria* in Streinz, EUV/AEUV[3] Art 108 Rn 39.

190 *Cremer* in Calliess/Ruffert, EUV/AEUV[5] Art 108 Rn 35.

b. Durchsetzung der Rückforderung

Judikatur: EuG 29.03.2007, T-369/00, *Département du Loire/Kommission*; EuGH 05.03.2019, C-349/17, *Eesti Pagar.*

Rechtswidrige Beihilfen werden nach dem nationalen Verfahren des jeweiligen Mitgliedstaates rückabgewickelt. Durch die Verf-VO wurde keine Harmonisierung der nationalen Vorschriften über die Rückforderung bewirkt.

Die Mitgliedstaaten sind zu einer sofortigen und effektiven Rückforderung verpflichtet. Um das zu erreichen, haben die Mitgliedstaaten im Falle eines Verfahrens vor einem nationalen Gericht alle erforderlichen (einstweiligen) Maßnahmen zu ergreifen.[191]

Rechtswidrige Beihilfen sind mit **Zinsen** zurückzuzahlen.

Eine mit dem Binnenmarkt unvereinbare Beihilfe ist von der beihilfegebenden Stelle zurückzufordern. Dies dient dem Ziel, die früherer Lage wiederherzustellen, wie sie sich vor der Beihilfegewährung darstellte. Dieses Ziel gilt als erreicht, wenn die fraglichen Beihilfen zuzüglich Verzugszinsen, vom Begünstigten oder dem Unternehmen, das den tatsächlichen Nutzen aus der Beihilfe gezogen hat, zurückgezahlt wurden. Erst durch die Rückzahlung verliert der Begünstigte den Vorteil, den er auf dem Markt gegenüber seinem Konkurrenten besaß und die Lage vor der Zahlung der Beihilfe wird wiederhergestellt.[192]

Die aufgrund eines Rückforderungsbeschlusses zurückzufordernde Beihilfe umfasst Zinsen, die nach einem von der Kommission festgelegten angemessenen Satz berechnet werden.[193] Auch Zinseszinsen sind vorgesehen.[194] Die Zinsen sind von dem Zeitpunkt, ab dem die rechtswidrige Beihilfe dem Empfänger zur Verfügung stand, bis zu ihrer tatsächlichen Rückzahlung zahlbar.[195] Welche Zinsen einzuheben und wie sie zu berechnen sind, regelt die Kommission in der Verf-DVO (EG) 794/2004.[196]

Die Durchsetzung von Rückforderungen hat die Kommission in einer eigenen **Mitteilung**[197] näher geregelt.

c. Verjährung der Rückforderung

Literatur: *Lübbig/Martin-Ehlers*, Beihilfenrecht der EU^2 (2009); *Nehl*, The imperfect procedural status of beneficiaries of aid in EC State aid proceedings, EStAL 2006, 57; *Ortiz Blanco*, EU Competition Procedure^4 (2021); *Sinnaeve*, Die neue Verfahrensordnung in Beihilfesachen, EuZW 1999, 270.

---

191 Art 16 Abs 3 zweiter Satz Verf-VO.

192 EuGH 21.12.2016, C-164/15 P u C-165/15 P, *Kommission/Aer Lingus ua* Rn 89 und 90 mwN; EuGH 02.02.2023, C-649/20 P, C-658/20 P, C-662/20 P, *Spanien/Kommission* Rn 130.

193 Art 16 Abs 2 erster Satz Verf-VO.

194 Vgl EuG 29.03.2007, T-369/00, *Département du Loire/Kommission.*

195 Art 16 Abs 2 zweiter Satz Verf-VO.

196 S dazu auch die Mitteilung der Kommission über die aktuellen bei Beihilfe-Rückforderungen angewandten Zinssätze sowie Referenz- und Abzinsungssätze, anwendbar ab 1. Juli 2023, ABl C 2023/206, 6.

197 Rückforderungsmitteilung, ABl C 2019/247, 1.

Judikatur: EuGH 24.11.1987, Rs 223/85, *Rijn-Schelde-Verolme (RSV) Machinefabrieken en Scheepswerven NV/Kommission*; EuG 10.04.2003, T-360/00, *Scott/Kommission*; EuGH 06.10.2005, C-276/03, *Scott/Kommission*; EuGH 08.12.2011, C-81/10 P, *France Télécom/Kommission*; EuGH 26.04.2018, C-233/16, *ANGED*; EuGH 12.01.2023, verb Rs C-702/20, C-17/21, *SIA „DOBELES HES" ua.*

Eine rechtswidrige Beihilfe kann von der Kommission innerhalb einer Frist von **zehn Jahren** zurückverlangt werden.[198]

Diese Frist beginnt mit dem Tag zu laufen, an dem die rechtswidrige Beihilfe dem Beihilfeempfänger als Einzelbeihilfe oder auf der Grundlage einer Beihilferegelung gewährt wird.[199]

Maßgeblich ist jener Zeitpunkt, mit dem nach geltendem nationalem Recht ein Rechtsanspruch erworben und tatsächlich an den Beihilfeempfänger vergeben wurde.[200]. Nicht entscheidend ist der Tag des Erlasses einer Beihilferegelung.[201] Jedenfalls kann der Beginn der Frist nicht vor dem Zeitpunkt liegen, zu dem die rechtswidrige Beihilfe gezahlt wurde.[202]

Jede **Unterbrechung** der Frist löst den Fristenlauf erneut aus.[203]

Die Frist wird unterbrochen, wenn die Kommission oder der Mitgliedstaat auf Antrag der Kommission Maßnahmen ergreifen, die sich auf die rechtswidrige Beihilfe beziehen. So reicht bereits ein einfaches Auskunftsersuchen der Kommission aus, um den Fristenlauf zu unterbrechen.[204] Für die Unterbrechung der Frist ist es nicht von Belang, ob der Beihilfeempfänger Kenntnis von einem Auskunftsersuchen der Kommission hat.[205] Eine Beschwerde eines Beteiligten reicht für sich genommen noch nicht aus, um die Verjährung zu unterbrechen, da es an einer Maßnahme der Kommission fehlt.[206]

Mit **Ablauf** der Verjährungsfrist gilt die rechtswidrige Beihilfe als bestehende Beihilfe.[207]

Bestehende Beihilfen können nicht mehr zurückgefordert werden.[208]

Rechtswidrige Beihilfen können innerhalb von zehn Jahren von der Kommission zurückverlangt werden. Mit jeder Unterbrechung der Frist beginnt die 10 Jahresfrist erneut zu laufen. Mit Ablauf der 10 Jahre gilt die rechtswidrige Beihilfe als bestehende Beihilfe und kann von der Kommission nicht mehr zurückgefordert werden.

---

198 Art 17 Abs 1 Verf-VO.

199 Art 17 Abs 2 Verf-VO.

200 EuGH 12.01.2023, verb Rs C-702/20, C-17/21, *SIA „DOBELES HES" ua* Rn 109; EuGH 08.12.2011, C-81/10 P, *France Télécom/Kommission* Rn 82.

201 EuGH 12.01.2023, verb Rs C-702/20, C-17/21, *SIA „DOBELES HES" ua* Rn 108; EuGH 08.12.2011, C-81/10 P, *France Télécom/Kommission* Rn 81.

202 EuGH 12.01.2023, verb Rs C-702/20, C-17/21, *SIA „DOBELES HES" ua* Rn 110.

203 Art 17 Abs 2 Verf-VO.

204 EuG 10.04.2003, T-360/00, *Scott/Kommission* Rn 57 ff.

205 *Köster* in MüKoWettbR V: BeihilfenR[4] Art 17 VO (EU) 2015/1589 Rz 5.

206 *Rusche* in Immenga/Mestmäcker, WettbR V: BeihilfenR[6] Art 17 Beihilfeverf-VO Rn 4.

207 EuGH 12.01.2023, verb Rs C-702/20, C-17/21, *SIA „DOBELES HES" ua* Rn 106; EuGH 26.04.2018, C-233/16, *ANGED*, Rn 79

208 Zu „bestehenden Beihilfen" s Dritter Teil Kapitel I Abschnitt C, Punkt 1.

d. Vertrauensschutz

Literatur: *Bungenberg*, Die Praxis des Subventions- und Beihilfenrechts in Deutschland, Wiverw 2013, 76; *G. Eisenberger/Holzmann*, Unionsrechtlicher Vertrauensschutzgrundsatz im Zusammenhang mit der Rückforderung von COVID-19-Beihilfen, BRZ 2023, 73; *Jaeger*, Rückforderung genehmigter Beihilfen, ecolex 2008, 484; *Kühling/Schwendlinger*, Rechtskraftdurchbrechung durch EU-(Beihilfen)Recht – Die Tragweite der EuGH-Vorlage des LG Münster, EWS 2015, 1; *Petzold,* Immer noch: Vertrauensschutz vs. Rechtsdurchsetzung – Anmerkung zur Entscheidung des EuGH in der Rechtssache Scott und Kimberley Clark, EuR 2011, 437.

Judikatur: EuGH 20.09.1990 C-5/89, *BUG-Alutechnik*; EuGH 20.03.1997, C-24/95, *Alcan Deutschland*; EuGH 18.05.2000, C-107/97, *Rombi und Arkopharma*; EuG 29.09.2000, T-55/99, *CETM/Kommission*; EuGH 22.06.2006, C-182/03 und C-217/03, *Belgien/Kommission*; EuGH 18.07.2007, C-119/05, *Lucchini*; EuGH 12.02.2008, C-199/06, *CELF I*; EuGH 22.04.2008, C-408/04, *Kommission/Salzgitter*; EuGH 11.03.2010, C-1/09, *CELF II ua*; EuGH 22.12.2010, C-507/08, *Frucona*; EuGH 24.03.2011, C-369/09, *ISD Polska et al/Kommission*; EuGH 21.03.2013, C-129/12, *Magdeburger Mühlenwerke GmbH*; EuGH 13.06.2013, C-630/11 P, C-633/11 P, *HGA ua/Kommission*; EuGH 02.03.2023, C-649/20 P, C-658/20 P u C-662/20 P, *Spanien/Kommission.*

Die Rückforderung einer rechtswidrigen Beihilfe ist ausgeschlossen, wenn allgemeine Rechtsgrundsätze[209] des Unionsrechts wie zB der **Vertrauensschutz** dem entgegenstehen.

Eine Verletzung des Vertrauensschutzes ist vor der Erlassung einer Rückforderungsanordnung bzw im Rechtsmittel gegen die Rückforderungsanordnung und bis zur Rechtskraft geltend zu machen.[210]

Um sich gegen die Rückforderung einer Beihilfe zu wehren, kann ein berechtigtes Vertrauen in die Ordnungsmäßigkeit einer staatlichen Beihilfe aber nur **unter außergewöhnlichen Umständen** geltend gemacht werden.[211]

Ist die Klagefrist noch nicht abgelaufen bzw die Entscheidung noch nicht endgültig, kann kein berechtigtes Vertrauen begründet werden.[212] Ein Aufeinanderfolgen von drei Nichtigerklärungen durch das EuG mag zwar ungewöhnlich sein, ist aber vielmehr geeignet, die Zweifel des Beihilfeempfängers an der Vereinbarkeit einer Beihilfe zu mehren.[213] Zudem kann sich nur derjenige auf den Vertrauensschutz berufen, wenn die Gemeinschaftsverwaltung durch bestimmte Zusicherungen begründete Erwartungen bei ihm geweckt hat.[214] Die Situation mit der das Vertrauen geweckt wurde, muss vom Unionsorgan selbst geschaffen worden sein und das Verhalten muss geeignet sein, Vertrauen zu begründen.[215]

---

[209] Zu den allgemeinen Rechtsgrundsätzen des Unionsrechts zählen auch die Rechtssicherheit, die absolute Unmöglichkeit und die Verhältnismäßigkeit.

[210] *Bartosch*, EU-BeihilfenR[3] Art 16 VO 2015/1589 Rz 6 ff.

[211] EuGH 22.04.2008, C-408/04, *Kommission/Salzgitter* Rn 107; EuGH 02.03.2023, C-649/20 P, C-658/20 P u C-662/20 P, *Spanien/Kommission* Rn 82; EuGH 13.06.2013, C-630/11 P, C-633/11 P, *HGA ua/Kommission* Rn 134.

[212] EuGH 11.03.2010, C-1/09, *CELF I* Rn 45

[213] EuGH 11.03.2010, C-1/09, *CELF I* Rn 50 f.

[214] EuGH 24.03.2011, C-369/09, *ISD Polska et al/Kommission* Rn 123; EuGH 18.05.2000, C-107/97, Rombi und Arkopharma Rn 66.

[215] Vgl dazu auch *G. Eisenberger/Holzmann*, BRZ 2023, 73 (78 f).

Der Vertrauensschutz als Einwand gegen die Rückforderung einer Beihilfe wurde in der Judikatur nur **in den seltensten Fällen** für **zulässig** erachtet.

Ab der Veröffentlichung der Einleitung eines förmlichen Prüfverfahrens im Amtsblatt scheidet ein berechtigtes Vertrauen auf die Gewährung einer Beihilfe aus. Die Einleitung eines förmlichen Prüfverfahrens bedeutet nämlich, dass die Kommission ernsthafte Zweifel an der Vereinbarkeit der fraglichen Beihilfe mit dem Unionsrecht hegt. Somit kann sich ein umsichtiger Wirtschaftsteilnehmer von diesem Zeitpunkt an auch nicht mehr auf das Fortbestehen der Beihilfe verlassen.[216]

Der Gerichtshof hatte sich in der Rs *Lucchini*[217] bereits mit der Frage befasst, ob aus der unmittelbaren Anwendbarkeit des Unionsrechts auch die Durchbrechung der Rechtskraft einer E folgt, indem man eine Beihilfe vom Beihilfeempfänger zurückfordert, obwohl die Verpflichtung zur Auszahlung der Beihilfe bereits rechtskräftig entschieden worden ist. Auf die Ordnungsmäßigkeit einer Beihilfe dürfen Unternehmen nur dann vertrauen, wenn die Beihilfe unter Beachtung des vorgesehenen Verfahrens gewährt wurde. Dabei ist es einem sorgfältig handelnden Unternehmer idR möglich, sich zu vergewissern, ob dieses Verfahren beachtet wurde.[218]

Auch eine falsche Beratung der nationalen Behörden beseitigt die Vergewisserungspflicht nicht.[219] In der Unionsgerichtsbarkeit wurde der Vertrauensschutz nämlich in jenen Fällen verneint, in denen „formell rechtswidrige Beihilfen“ gewährt wurden.[220] Liegt hingegen eine genehmigte Beihilfe(regelung) vor, kann der Beihilfeempfänger sich mE auch zurecht auf den Vertrauensschutz berufen, zumal er sich auch vergewissern konnte, dass das Anmeldeverfahren eingehalten worden ist.[221]

Der Rückforderungsumfang einer rechtswidrigen Beihilfe ist umstritten.

Im Schrifttum sieht man im Rückforderungsumfang keine Frage des nationalen Rechts, da der Vertrauensschutz im Unionsrecht verankert ist.[222]

Der **Vertrauensschutz** kann gegen die Rückforderung rechtswidriger Beihilfen **unter folgenden Voraussetzungen eingewendet** werden: 1) Geeignetheit des Kommissionsverhaltens, Vertrauen in die Beihilfe zu begründen, 2) Schaffung einer vertrauenserweckenden Situation durch die Kommission selbst, 3) Die Zusicherungen müssen konkret sein; 4) keine offene Klagefrist gegen Beihilfebeschluss und 5) kein Verstoß gegen das Durchführungsverbot.

---

216 EuGH 21.03.2013, C-129/12, *Magdeburger Mühlenwerke GmbH* Rn 47.

217 EuGH 18.07.2007, C-119/05, *Lucchini.*

218 EuGH 20.03.1997, C-24/95, *Alcan/Deutschland* Rn 25; EuGH 20.09.1990, C-5/89, *Kommission/Deutschland* Rn 14; EuGH 14.01.1997, C-169/95, *Spanien/Kommission* Rn 51; EuG 29.09.2000, T-55/99, *CETM/Kommission* Rn 121; vgl dazu auch *Cremer* in Calliess/Ruffert, EUV/AEUV[6] (2022) Art 108 Rz 29.

219 EuGH 20. 03.1997, C-24/95, *Alcan/Deutschland* Rn 25 und 41

220 EuGH 22.12.2010, C-507/08, *Frucona*; EuGH 18.07.2007, C-119/05, *Lucchini.*

221 Vgl auch *G. Eisenberger/Holzmann*, BRZ 2023, 73 (81).

222 EuGH 20.03.1997, C-24/95, *Alcan/Deutschland* Rn 25; EuGH 14.01.1997, C-169/95, *Spanien/Kommission* Rn 51; EuGH 20.09.1990 C-5/89, *BUG-Alutechnik* Rn 13 f; vgl dazu *Jaeger*, ecolex 2008, 484 (487); Die Frage des Vertrauensschutzes wäre *Jaeger* zufolge in der Rs CELF I auch vom EuGH zu entscheiden gewesen.

C. Verfahren bei missbräuchlichen Beihilfen

Literatur: *Bartosch*, EU-Beihilfenrecht[3] (2020); *Birnstiel/Bungenberg/Heinrich*, Europäisches Beihilfenrecht (2013); *Calliess/Ruffert*, EUV/AEUV[6] (2022); *Dilkova*, The New Procedural Regulation in State aid – Whether „Modernisation" is in the right direction? ECLR 2014, 35; *Grabitz/Hilf/Nettesheim*, Das Recht der Europäischen Union: EUV/AEUV (Werkstand: 79. EL Mai 2023); *Hancher/Ottervanger/Slot*, EU State Aids[5] (2016); *Heidenhain*, European State Aid Law (2010); *ders*, Handbuch des Europäischen Beihilfenrechts (2003); *Immenga/Mestmäcker*, Wettbewerbsrecht V: Beihilfenrecht[6] (2022); *Jaeger/Stöger* (Hrsg), EUV/AEUV Art 108 AEUV (Stand 01.01.2014, rdb.at); *Ortiz Blanco*, EU Competition Procedure[4] (2021); *Säcker*, Münchner Kommentar. Europäisches und Deutsches Wettbewerbsrecht V: Beihilfenrecht[4] (2022); *Sinnaeve* in Heidenhain (Hrsg), European State Aid Law (2010); *dies*, State Aid Procedures, Developments since the Entry into Force of the Procedural Regulation, CMLR 2007, 965; *dies* in Heidenhain (Hrsg), Handbuch des Europäischen Beihilfenrechts (2003) *dies*, Die neue Verfahrensordnung in Beihilfesachen, EuZW 1999, 270.

Judikatur: EuG 11.05.2005, verb Rs T-111/01 u T-133/01, *Saxonia Edelmetalle/Kommission*; EuG 06.05.2008, T-318/00, *Freistaat Thüringen/Kommission*; EuG 17.12.2015, T-242/12, *SNCF/Kommission*; EuGH 07.03.2018, C-127/16 P, *SNCF Mobilités/Kommission.*

Art 20 Verf-VO sieht bei missbräuchlicher Anwendung von Beihilfen ein eigenes Verfahren vor. Es folgt dabei grds dem Verfahren über angemeldete und rechtswidrige Beihilfen.[223]

Bei einer missbräuchlichen Beihilfe ist nicht der Mitgliedstaat, sondern der Beihilfeempfänger für den Verstoß verantwortlich, während bei einer rechtswidrigen Beihilfe der betreffende Mitgliedstaat den Verstoß begeht.

Jeder Beteiligte kann der Kommission eine angeblich missbräuchliche Anwendung einer Beihilfe mitteilen.[224] Nach Erhalt dieser Informationen prüft die Kommission wie im Verfahren bei rechtswidrigen Beihilfen. Ergeben sich aus den vorliegenden Informationen tatsächlich Anhaltspunkte, dass eine missbräuchliche Anwendung einer Beihilfe vorliegt, kann die Kommission vom betreffenden Mitgliedstaat **Auskünfte** verlangen.[225]

Wie bei der Prüfung rechtswidriger Beihilfen kann die Kommission auch im Verfahren über die missbräuchliche Anwendung einer Beihilfe bereits vor der Eröffnung des förmlichen Prüfverfahrens mehrere einstweilige Maßnahmen erlassen, indem sie entweder:

- Auskünfte vom betreffenden Mitgliedstaat verlangt (**Anordnung zur Auskunftserteilung**)[226] oder

[223] *Bartosch*, BeihilfenR[3] VO 2015/1589 Art 20 Rn 1.

[224] *von Wallenberg/Schütte* in Grabitz/Hilf/Nettesheim, Das Recht der Europäischen Union Art 108 AEUV Rn 133 (Werkstand: 69. EL Februar 2020).

[225] Art 20 iVm Art 12 Abs 2 Verf-VO.

[226] Art 20 iVm Art 12 Abs 3 Verf-VO.

– den rechtswidrigen Zustand aussetzt (**Aussetzungsanordnung**).[227]

Im Verfahren bei missbräuchlicher Anwendung von Beihilfen kann **keine Rückforderungsanordnung** ergehen.[228]

Gelangt die Kommission im Kontrollverfahren zum Ergebnis, dass es sich möglicherweise um eine missbräuchliche Beihilfe handelt, hat die Kommission nach dem Wortlaut der Verf-VO zwei Handlungsmöglichkeiten:

- Einleitung eines **erleichterten Vertragsverletzungsverfahrens** (Art 28 Verf-VO); oder
- Einleitung eines **förmlichen Prüfverfahrens** (Art 20 Abs 1 iVm Art 4 Abs 4 Verf-VO)

Die Einleitung eines förmlichen Prüfverfahrens soll dabei im Ermessen der Kommission liegen.[229] Das Ermessen bezieht sich wohl aber auf die Wahlmöglichkeit zwischen der Einleitung eines erleichterten Vertragsverletzungsverfahrens und eines förmlichen Prüfverfahrens.[230]

Wenn die Kommission Kenntnis über eine angeblich missbräuchliche Beihilfe erlangt und sie kein erleichtertes Vertragsverletzungsverfahren einleitet, eröffnet sie das förmliche Prüfverfahren. Eine vorläufige Prüfung soll bei missbräuchlichen Beihilfen nicht vorgesehen sein.[231]

Der unmittelbare Eintritt in das förmliche Prüfverfahren erklärt sich aus der Notwendigkeit, bei Missbrauchsverdacht dem „beschuldigten" Beihilfeempfänger sofort rechtliches Gehör einzuräumen.[232]

Das förmliche Prüfverfahren folgt dabei den allgemeinen Regeln wie im Verfahren bei rechtswidrigen und angemeldeten Beihilfen. Die Kommission beendet das förmliche Prüfverfahren gemäß Art 20 Verf-VO iVm Art 9 Verf-VO mit einer in Art 9 Abs 2 bis 5 Verf-VO genannten Entscheidung.

227 Art 20 iVm Art 13 Abs 1 Verf-VO.

228 Art 20 Verf-VO verweist nur auf Art 13 Abs 1 Verf-VO nicht aber auf Art 13 Abs 2 Verf-VO. Ebenso *Bartosch*, BeihilfeR³ VO 2015/1589 Art 20 Rn 3; so auch *von Wallenberg/Schütte* in Grabitz/Hilf/Nettesheim, Das Recht der Europäischen Union Art 108 AEUV Rn 132 (69. EL Februar 2020).

229 *Ehricke* in Immenga/Mestmäcker, WettbR⁴ (2007) EGV Art 88 Art 16 Rn 176; Art 108 Abs 2 UAbs 1 AEUV macht es der Kommission vielmehr zur Pflicht ein förmliches Prüfverfahren zu eröffnen; so *Bartosch*, BeihilfeR³ VO 2015/1589 Art 1 Rn 21.

230 *Bartosch*, BeihilfeR³ VO 2015/1589 Art 20 Rn 1; *Sinnaeve* in Heidenhain (Hrsg), European State Aid Law (2010) § 33 Rn 5.

231 Art 20 Abs 1 Verf-VO verweist auf Art 4 Abs 4 Verf-VO und impliziert zwar eine vorläufige Prüfung, ein ausdrücklicher Verweis findet sich aber nicht; Vgl *Bartosch*, BeihilfeR³ VO 2015/1589 Art 1 Rn 21; auch nach *Sutter* in Mayer/Stöger, EUV/AEUV Art 108 AEUV Rz 99 fehlen die Bestimmungen über das Vorprüfverfahren; dagegen von einem gleichen Verfahren wie bei rechtswidrigen Beihilfen sprechen *von Wallenberg/Schütte* in Grabitz/Hilf/Nettesheim, Das Recht der Europäischen Union Art 108 AEUV Rn 131 (69. EL Februar 2020).

232 *Sinnaeve* in Heidenhain (Hrsg), Handbuch des Europäischen Beihilfenrechts (2003) § 35 Rz 2; *Sutter* in Mayer/Stöger, EUV/AEUV Art 108 AEUV Rz 99.

Art 9 Verf-VO nennt zwar keinen Beschluss, dass keine missbräuchliche Beihilfe vorliegt, doch ist diese Entscheidungsmöglichkeit analog Art 20 Verf-VO iVm 9 Abs 2 Verf-VO anzunehmen.[233]

Als Ergebnis einer Prüfung einer missbräuchlichen Anwendung von Beihilfen ist gemäß Art 16 Verf-VO auch eine **Rückforderung** möglich.

Kommt die Kommission im förmlichen Prüfverfahren somit zum Ergebnis, dass die Beihilfe mit dem Binnenmarkt unvereinbar ist, erlässt sie einen Negativbeschluss und ordnet den betreffenden Mitgliedstaat an, alle notwendigen Maßnahmen zu ergreifen, um die Beihilfe vom jeweiligen Empfänger zurückzufordern („**Rückforderungsbeschluss**").

Im Verfahren über die missbräuchliche Anwendung einer Beihilfe ist auch der Widerruf einer Genehmigungsentscheidung möglich.[234]

D. Verfahren bei bestehenden Beihilferegelungen

Literatur: *Bartosch*, EU-Beihilfenrecht[3] (2020); *Birnstiel/Bungenberg/Heinrich*, Europäisches Beihilfenrecht (2013); *Calliess/Ruffert*, EUV/AEUV[6] (2022); *Dilkova*, The New Procedural Regulation in State aid – Whether „Modernisation" is in the right direction? ECLR 2014, 35; *Grabitz/Hilf/Nettesheim*, Das Recht der Europäischen Union: EUV/AEUV (Werkstand: 79. EL Mai 2023); *Hancher/Ottervanger/Slot*, EU State Aids[5] (2016); *Heidenhain*, European State Aid Law (2010); *ders*, Handbuch des Europäischen Beihilfenrechts (2003); *Immenga/Mestmäcker*, Wettbewerbsrecht V: Beihilfenrecht[6] (2022); *Koenig/Roth/Schön*, Aktuelle Fragen des EG-Beihilferechts (2001); *Jaeger/Stöger* (Hrsg), EUV/AEUV Art 108 AEUV (Stand 01.01.2014, rdb.at); *Ortiz Blanco*, EU Competition Procedure[4] (2021); *Säcker*, Münchner Kommentar. Europäisches und Deutsches Wettbewerbsrecht V: Beihilfenrecht[4] (2022); *Schwarze*, EU-Kommentar[4] (2019); *Sinnaeve* in Heidenhain (Hrsg), European State Aid Law (2010); *dies*, State Aid Procedures, Developments since the Entry into Force of the Procedural Regulation, CMLR 2007, 965; *dies* in Heidenhain (Hrsg), Handbuch des Europäischen Beihilfenrechts (2003) *dies*, Die neue Verfahrensordnung in Beihilfesachen, EuZW 1999, 270; *Sinnaeve/Slot*, The New Regulation on State Aid Procedures, CMLR 1999, 1153; *Soltész*, Das prozedurale binnenmarktrechtliche Beihilfenaufsichtsrecht, in Hatje/Müller-Graff (Hrsg), Enzyklopädie Europarecht IV: Europäisches Binnenmarkt- und Wirtschaftsordnungsrecht[2] (2021).

Judikatur: EuGH 24.03.1993, C-313/90, *CIRFS/Kommission*; EuGH 15.03.1994, C-387/92, *Banco Exterior de España/Ayuntamiento de Valencia*; EuGH 29.06.1995, C-135/93, *Spanien/Kommission*; EuGH 15.10.1996, C-311/94, *IJssel Vilet/Minister van Econimische Zaken*; EuGH 15.04.1997, C-292/95, *Spanien/Kommission*; EuGH 05.10.2000, C-288/96, *Deutschland/Kommission*; EuGH 18.06.2002, C-242/00, *Deutschland/Kommission*; EuGH 22.06.2006, verb Rs C-182/03 u C-217/03, *Belgien und Forum 187 ASBL/Kommission.*

Art 108 Abs 1 AEUV und Art 21-23 Verf-VO bilden die Grundlage für das Verfahren bei bestehenden Beihilferegelungen.

233 *Bartosch*, BeihilfeR[3] VO 2015/1589 Art 20 Rn 3.

234 Art 20 Verf-VO iVm Art 11 Verf-VO.

Die Kommission ist verpflichtet, bestehende Beihilferegelungen fortlaufend in Zusammenarbeit mit den Mitgliedstaaten zu überprüfen. Diese Überprüfung gilt **nur** für **Beihilferegelungen**.

Bestehende Einzelbeihilfen können von der Kommission somit nicht mehr überprüft werden.

Zum Begriff der Beihilferegelung s Zweiter Teil Kapitel II Abschnitt A. Zum Terminus „bestehende Beihilfe" s Dritter Teil Kapitel I Abschnitt C Punkt 1.

Beihilferegelungen sind zB Richtlinien des Bundes oder der Länder, mit denen bestimmte Beihilfen gewährt werden (FFG-Richtlinie 2015,[235] Richtlinie für eine KMU-Digitalisierungsförderung „KMU.E-Commerce"[236]).

Das Verfahren über bestehende Beihilferegelungen kann etwa zur punktuellen Überprüfung einzelner Beihilferegelungen oder aber zur allgemeinen Überprüfung bestehender Beihilferegelungen eines bestimmten Themenkomplexes dienen.

So kommt es in der beihilferechtlichen Praxis vor, dass die Kommission im Anschluss an eine Änderung eines bestehenden Unionsrahmens gemäß Art 22 Verf-VO zweckdienliche Maßnahmen zur Anpassung oder Änderung der in diesem Bereich bestehenden Regelungen vorschlägt.[237]

Die Mitgliedstaaten sind verpflichtet, die Kommission bei ihrer Arbeit zu unterstützen. Die Mitgliedstaaten müssen jährlich über alle bestehenden Beihilferegelungen berichten.

In der Praxis geschieht dies durch das jährliche Reporting über das elektronische System (SARI), in das die Mitgliedstaaten alle erforderlichen Informationen über bestehende Beihilferegelungen einpflegen müssen.

[235] Richtlinie für die Österreichische Forschungsförderungsgesellschaft mbH zur Förderung der angewandten Forschung, Entwicklung und Innovation (FFG-Richtlinie 2015), FFG-RL KMU des Bundesministeriums für Verkehr, Innovation und Technologie (GZ BMVIT-609.986/0012-III/I2/2014) und des Bundesministers für Wissenschaft, Forschung und Wirtschaft (GZ BMWFW-98.310/0102-C1/10/2015) mit Geltung ab 1.1.2015.

[236] Richtlinie für eine KMU-Digitalisierungsförderung „KMU.E-Commerce" des Bundesministeriums für Digitalisierung und Wirtschaft gemäß Bundesgesetz über besondere Förderungen von kleinen und mittleren Unternehmen (KMU-Förderungsgesetz), BGBl 432/1996 idgF.

[237] Vgl dazu etwa EuGH 15.04.1997, C-292/95, *Spanien/Kommission*; EuGH 29.06.1995, C-135/93, *Spanien/Kommission*; weiterführend *Bartosch*, BeihilfeR[3] VO 2015/1589 Art 20 Rn 4.

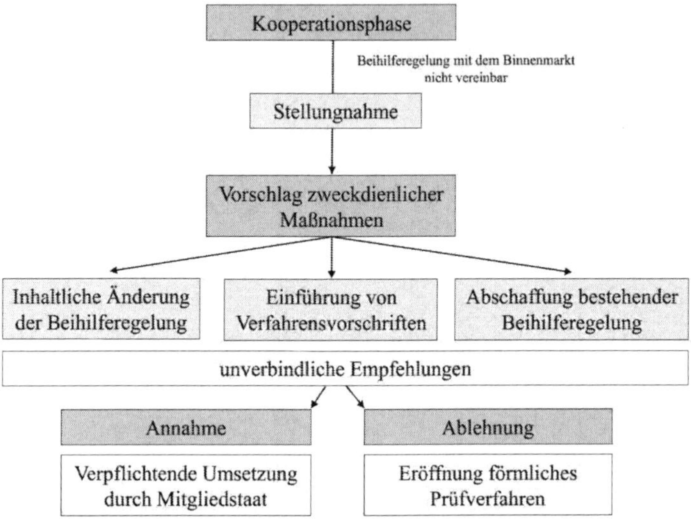

1. Kooperationsphase

Die Kommission prüft in Zusammenarbeit mit dem betreffenden Mitgliedstaat die bestehenden Beihilferegelungen. Art 21 Verf-VO sieht dafür ein sog **Kooperationsverfahren** zwischen der Kommission und dem betreffenden Mitgliedstaat vor.

Im ersten Schritt des Verfahrens holt die Kommission beim betreffenden Mitgliedstaat alle erforderlichen Auskünfte ein.[238]

Dafür ist ein Anfangsverdacht hinsichtlich einer unrechtmäßigen Anwendung notwendig.[239]

Wenn die Kommission aufgrund dieser Informationen zur vorläufigen Auffassung gelangt, dass eine bestehende Beihilferegelung nicht oder nicht mehr mit dem Binnenmarkt vereinbar ist, so setzt sie den betreffenden Mitgliedstaat davon in Kenntnis und gibt ihm Gelegenheit zur Stellungnahme innerhalb einer Frist von einem Monat.[240]

In ordnungsgemäß begründeten Fällen kann die Kommission diese Frist verlängern.[241]

---

[238] Art 21 Abs 1 Verf-VO.
[239] *Bartosch*, BeihilfeR[3] VO 2015/1589 Art 21 Rn 1; *Sinnaeve/Slot*, CMLR 1999, 1153 (1181).
[240] Art 21 Abs 2 Verf-VO.
[241] Art 21 Abs 2 letzter Satz Verf-VO.

2. Vorschlag zweckdienlicher Maßnahmen

Judikatur: EuG 17.11.1995, T-330/94, *Salt Union Ltd/Kommission.*

Wenn die Kommission auf der Grundlage, der ihr übermittelten Auskünfte zur Auffassung gelangt, dass die bestehende Beihilferegelung mit dem Binnenmarkt nicht oder nicht mehr vereinbar ist, schlägt sie dem betreffenden Mitgliedstaat zweckdienliche Maßnahmen vor.

Der Kommission stehen dabei mehrere Empfehlungen zur Verfügung:
- Vorschlag, die **Beihilferegelung inhaltlich** zu **ändern**,[242]
- Vorschlag, **Verfahrensvorschriften einzuführen**[243] oder
- Vorschlag, die bestehende **Beihilferegelung abzuschaffen**.[244]

Bei den vorgeschlagenen zweckdienlichen Maßnahmen handelt es sich um unverbindliche Empfehlungen.[245]

3. Rechtsfolgen

Judikatur: EuGH 24.03.1993, C-313/90, *CIRFS/Kommission*; EuGH 15.03.1994, C-387/92, *Banco Exterior de España/Ayuntamiento de Valencia*; EuGH 29.06.1995, C-135/93, *Spanien/Kommission*; EuGH 15.10.1996, C-311/94, *IJssel Vilet/Minister van Economische Zaken*; EuGH 15.04.1997, C-292/95, *Spanien/Kommission*; EuGH 05.10.2000, C-288/96, *Deutschland/Kommission*; EuGH 18.06.2002, C-242/00, *Deutschland/Kommission.*

Der betreffende Mitgliedstaat kann den **vorgeschlagenen Maßnahmen** entweder **zustimmen** oder sie **ablehnen**.

Stimmt der betreffende Mitgliedstaat den vorgeschlagenen Maßnahmen **zu**, setzt er die Kommission davon in Kenntnis. Die Kommission bestätigt dem Mitgliedstaat den Eingang der Zustimmung sodann durch ein entsprechendes Verwaltungsschreiben.[246] Der Mitgliedstaat ist aufgrund seiner Zustimmung verpflichtet, die zweckdienlichen Maßnahmen durchzuführen.[247]

Die Zustimmung des Mitgliedstaats verleiht der zweckdienlichen Maßnahme bindende Wirkung.[248]

---

[242] Art 22 lit a Verf-VO.

[243] Art 22 lit b Verf-VO.

[244] Art 22 lit c Verf-VO.

[245] *Soltész* in Hatje/Müller-Graff, EnzEuR IV[2] § 15 Rz 76; *Köster* in MüKoWettbR V: BeihilfenR[4] Art 22 VO (EU) 2015/1589 Rz 3; *Kühling/Rüchardt* in Streinz, EUV/AEUV[3] Art 108 AEUV Rn 12.

[246] Art 23 Abs 1 Verf-VO; *Köster* in MüKoWettbR V: BeihilfenR[4] Art 23 VO (EU) 2015/1589 Rz 1; *Soltész* in Hatje/Müller-Graff, EnzEuR IV[2] § 15 Rz 77.

[247] Art 23 Abs 1 Verf-VO.

[248] EuGH 18.06.2002, C-242/00, *Deutschland/Kommission* Rn 28; EuGH 05.10.2000, C-288/96, *Deutschland/Kommission* Rn 65; EuGH 15.10.1996, C-311/94, *IJssel Vilet/Minister van Economische Zaken* Rn 42 f.

Stimmt der betreffende Mitgliedstaat den vorgeschlagenen Maßnahmen **nicht zu**, und vertritt die Kommission nach wie vor die Auffassung, die Maßnahme sei notwendig, um die Vereinbarkeit der bestehenden Beihilferegelung mit dem Binnenmarkt sicherzustellen, eröffnet sie das förmliche Prüfverfahren.[249]

Die zweckdienliche Maßnahme wird dem betreffenden Mitgliedstaat damit quasi aufgezwungen.[250]

Das Verfahren für bestehende Beihilferegelungen ist damit potenziell **zweistufig** aufgebaut: 1) In der Kooperationsphase holt die Kommission für die Überprüfung Auskünfte beim betreffenden Mitgliedstaat ein. Gelangt sie sodann zum Ergebnis, dass die bestehende Beihilfe nicht mehr mit dem Binnenmarkt vereinbar ist, gibt sie dem MS Gelegenheit zur Stellungnahme und schlägt gegebenenfalls **zweckdienliche Maßnahmen** vor. 2) Stimmt der MS den vorgeschlagenen zweckdienlichen Maßnahmen nicht zu, leitet die Kommission das **förmliche Prüfverfahren** ein.[251]

Das Verfahren bei angemeldeten Beihilfen wird auf der ersten Verfahrensstufe mit dem Beschluss, keine Einwände zu erheben, beendet. Bei Bedenken hinsichtlich der Vereinbarkeit der Beihilfemaßnahme mit dem Binnenmarkt, setzt sie das Verfahren in der zweiten Stufe (förmliches Prüfverfahren) fort und schließt dieses mit einer verbindlichen Entscheidung ab. Im Verfahren bei bestehenden Beihilfen wird das Verfahren in der ersten Verfahrensstufe mit der Annahme der zweckdienlichen Maßnahme durch den Mitgliedstaat beendet. Stimmt der Mitgliedstaat diesen Maßnahmen allerdings nicht zu, setzt die Kommission das Verfahren in der zweiten Stufe fort, indem sie das förmliche Prüfverfahren einleitet.[252]

Exkurs:
Verfahren bei drittstaatlichen Subventionen

Literatur: *Arhold*, Foreign Subsidies Regulation – Verordnung über Drittstaatssubventionen: Neue beihilfenrechtliche Herausforderungen insbesondere in den Bereichen M&A und Vergabe, EWS 2022, 310; *Barbist*, Die Verordnung über den Binnenmarkt verzerrende drittstaatliche Subventionen: Eine Einführung samt kritischer Auseinandersetzung mit den Vorschriften über Zusammenschlüsse, ZöR 2023, 227; *Bürger/Uzunçakmak/Weiß*, Die Foreign Subsidies Regulation – Ein weiteres Kontrollregime tritt in Kraft, Newsdienst Compliance 2023, 220002; *Ebrecht*, Foreign Subsidies Regulation and EU International Procurement – Necessity, Changes and Challengers, ZEuS 2022, 487; *Huber*, Kann die VO über Drittstaatssubventionen Europas Selbstbestimmung und Einfluss

249 Art 23 Abs 2 Verf-VO.

250 Vgl dazu etwa EuGH 15.04.1997, C-292/95, *Spanien/Kommission*; EuGH 29.06.1995, C-135/93, *Spanien/Kommission*.

251 *Lessenich* in von der Groeben/Schwarze/Hatje/Mederer, EU-Kommentar Art 108 AEUV Rn 5.

252 *Lessenich* in von der Groeben/Schwarze/Hatje/Mederer, EU-Kommentar Art 108 AEUV Rn 5.

in der Welt sichern?, in Jaeger/Haslinger (Hrsg), Jahrbuch Beihilferecht (2023) 409; *Müller-Ibold/Herrmann*, Die Entwicklung des Europäischen Außenwirtschaftsrechts (2020-2022), EuZW 2022, 1085; *Quardt/Hanke*, Neues „Level Playing Field“ für die Subventionskontrolle im Binnenmarkt?, BRZ 2021, 187; *Reichling/Montgomery Vollert*, Die Teilnahme (dritt-)staatlich begünstigter Wirtschaftsteilnehmer an Vergabeverfahren, GewArch 2022, 496; *Rump/Noßke*, Die neue EU-Drittstaatensubventionsverordnung – Eine neue Säule in der Wettbewerbspraxis, BB 2023, 131; *Soltész*, Drittstaatensubventionsverordnung und Transaktionspraxis – EU-Kommission gibt Vorgeschmack, NZKart 2023, 121; *ders*, Foreign Subsidies Control: A Bureauccratic Monster?, EStAL 2023, 175; *ders*, Neue Wettbewerbsinstrumente aus Brüssel: Das Weißbuch zu Drittstaatensubventionen, BB 2020, 1730; *Trapp*, Das Weißbuch der Kommission zur Gewährleistung fairer Wettbewerbsbedingungen bei Subventionen aus Drittstaaten, EuZW 2020, 964; *von Brauneck*, Zum Vorschlag einer EU-Verordnung über den Binnenmarkt verzerrende drittstaatliche Subventionen, WM 2021, 2319; *Weiß*, Die Kommissionsaufsicht über Subventionen aus Drittstaaten von Amts wegen im Vergleich zur Beihilfenaufsicht, EuZW 2022, 507; *ders*, Ex Officio Third Country Subsidies' Review – Similarities with and Differences to State Aid Procedures, ZEuS 2022, 467; *Weiß/Imhof*, Verordnung über wettbewerbsverfälschende Subventionen – eine Zeitenwende im EU-Subventionsrecht, ecolex 2023/33, 60.

Das Prüfverfahren über drittstaatliche Subventionen ist **zweistufig** und wird mit einer Vorprüfung eingeleitet. Die Europäische Kommission wurde dabei mit weitreichenden Befugnissen ausgestattet (zB einstweilige Maßnahmen und Überwachung). Das Verfahren ähnelt in seinem Aufbau jenem über die Anmeldung neuer Beihilfen, doch ist die Terminologie anders.

Das Verfahren über drittstaatliche Subventionen gliedert sich in **zwei Phasen**:

- die **Vorprüfung** und
- die **eingehende Prüfung**.

Zum Ende der eingehenden Prüfung wird entschieden, ob und welche Verpflichtungen dem betroffenen Unternehmen auferlegt werden. Die verfahrensrechtlichen Bestimmungen der FSR sind amtswegig wahrzunehmen und gelten auch für gemeldete Prüfungen. Die als „Vorprüfung“ bezeichnete Vorstufe ähnelt der vorläufigen Prüfung. Die eingehende Prüfung ist dem förmlichen Prüfverfahren nachgebildet.

Die Überwachung drittstaatlicher Subventionen liegt allein in der Zuständigkeit der Europäischen Kommission. Geplant ist dafür auch eine neue „Taskforce“.

Das Verfahren über drittstaatliche Subventionen ist zweistufig und wird mit der Vorprüfung eingeleitet. Anschließend folgt darauf die eingehende Prüfung.

1. Vorprüfung

Die Kommission ist verpflichtet, die Gewährung drittstaatlicher Subventionen aufgrund von **Beschwerden** oder **von Amts wegen** zu überprüfen.

Auch bei Vorliegen drittstaatlicher Subventionen sind Beschwerden von Beteiligten gemäß Art 24 Abs 2 Verf-VO denkbar. Die Kommission kann aber auch auf andere Weise auf drittstaatliche Subventionen aufmerksam werden (zB Presseberichte, Anfragen durch nationale Behörden) und von Amts wegen tätig werden.

Die vorläufige Prüfung soll es der Kommission ermöglichen, sich eine **erste Meinungsbildung über** die teilweise oder völlige **Vereinbarkeit** der ihr angezeigten Vorhaben **mit dem Binnenmarkt** zu bilden.[253]

Liegen Hinweise auf eine den Binnenmarkt verzerrende drittstaatliche Subvention vor, hat die Kommission eine Vorprüfung durchzuführen. Diese Vorprüfung ähnelt dem förmlichen Prüfverfahren nach der Beihilfeverfahrensverordnung.

Deuten die Hinweise darauf hin, dass eine den Binnenmarkt verzerrende drittstaatliche Subvention vorliegen könnte, so holt die Kommission alle Informationen ein, die sie für erforderlich hält, um vorläufig zu beurteilen, ob die geprüfte finanzielle Zuwendung eine drittstaatliche Subvention darstellt und ob sie den Binnenmarkt verzerrt.

Leitet die Kommission ein Vorprüfungsverfahren ein, so hat sie eine Frist zu bestimmen, in der das Unternehmen, das Gegenstand der Prüfung ist, andere natürliche oder juristische Personen, Mitgliedstaaten und der Drittstaat, der die drittstaatliche Subvention gewährt hat, schriftlich Stellung zu nehmen haben.

Diese Frist beträgt in der Regel höchstens einen Monat ab dem Tag, an dem das Unternehmen über den Beschluss in Kenntnis gesetzt wurde bzw ab dem Tag der Veröffentlichung der Zusammenfassung des Beschlusses im Amtsblatt der Europäischen Union.[254]

Die Kommission kann für die Einholung von Informationen **Auskunftverlangen**[255] stellen. Sie kann aber auch **Nachprüfungen innerhalb**[256] und **außerhalb**[257] **der Union** durchführen.

Im Zuge der Vorprüfung untersucht die Kommission, ob überhaupt eine drittstaatliche Subvention vorliegt.

Die Kommission kann die Vorprüfung auf **zwei Arten beenden**:

– durch Beschluss, dass **keine hinreichenden Anhaltspunkte** für die Einleitung einer eingehenden Prüfung vorliegen; oder

Gelangt die Kommission während einer Vorprüfung zu dem Ergebnis, dass keine hinreichenden Anhaltspunkte für die Einleitung einer eingehenden Prüfung vorliegen, weil entweder keine drittstaatliche Subvention vorliegt oder keine hinreichenden Anhaltspunkte für eine tatsächliche oder potenzielle Verzerrung auf dem Binnenmarkt vorliegen, schließt sie die Vorprüfung ab und setzt das Unternehmen, das Gegenstand der Prüfung ist und die unterrichteten Mitgliedstaaten davon in Kenntnis.[258]

---

[253] EuGH 11.12.1973, Rs 120/73, *Lorenz* Rn 3.

[254] Art 8 Abs 1 DVO (EU) 2023/1441 zur Festlegung detaillierter Vorschriften für die Durchführung von Verfahren nach der Verordnung (EU) 2022/2560 des Europäischen Parlaments und des Rates über den Binnenmarkt verzerrende drittstaatliche Subventionen durch die Kommission.

[255] Art 13 FSR.

[256] Art 14 FSR.

[257] Art 15 FSR.

[258] Art 10 Abs 4 FSR.

Wenn die Vorprüfung im Rahmen eines öffentlichen Vergabeverfahrens eingeleitet wurde, werden die betreffenden öffentlichen Auftraggeber bzw der betreffende Auftraggeber davon in Kenntnis gesetzt.[259]

– durch Beschluss zur **Einleitung einer eingehenden Prüfung**.

Liegen der Kommission auf der Grundlage der Vorprüfung hinreichende Anhaltspunkte dafür vor, dass einem Unternehmen eine den Binnenmarkt verzerrende drittstaatliche Subvention gewährt wurde, leitet sie eine eingehende Prüfung mit Beschluss ein.[260]

Während für den Beschluss zur Beendigung der eingehenden Prüfung eine Frist für die Kommission vorgesehen ist,[261] besteht für die Beendigung der Vorprüfung keine Frist.

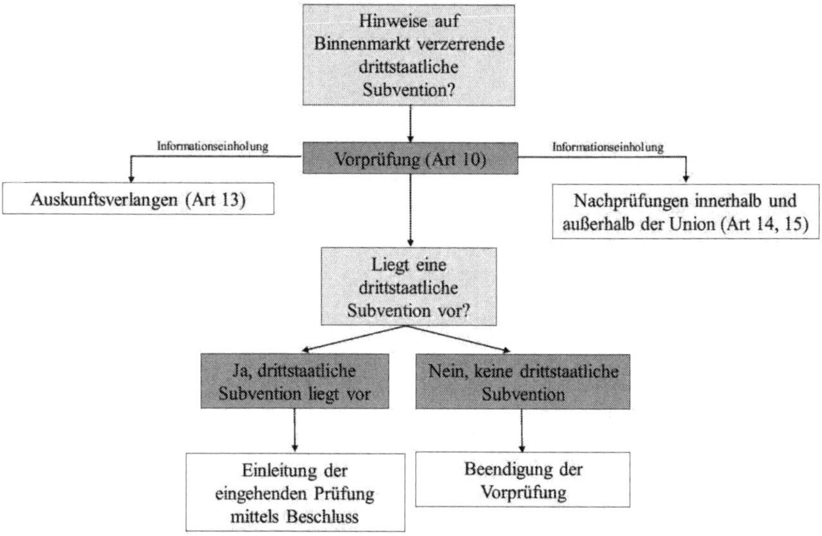

Die Vorprüfung kann **auf zwei Arten beendet** werden:

(1) Durch Beschluss zur Einleitung einer eingehenden Prüfung; (2) durch Beschluss, dass keine hinreichenden Anhaltspunkte für die Einleitung einer eingehenden Prüfung vorliegen.

2. Eingehende Prüfung

Erst bei hinreichenden Anhaltspunkten für die Gewährung einer drittstaatlichen Subvention an ein EU-Unternehmen leitet die Kommission die eingehende Prüfung ein.

[259] Art 10 Abs 4 FSR.
[260] Art 10 Abs 3 FSR.
[261] Art 11 Abs 5 FSR.

a. Eröffnung der eingehenden Prüfung

Wenn der Kommission im Rahmen der Vorprüfung („Vorprüfungsverfahren") **hinreichende Anhaltspunkte** dafür vorliegen, dass einem Unternehmen eine drittstaatliche Subvention gewährt wurde, die den Binnenmarkt verzerrt, leitet sie mit Beschluss die eingehende Prüfung ein (Beschluss über die Einleitung der eingehenden Prüfung) -„Hauptprüfverfahren".[262]

Der Eröffnungsbeschluss enthält eine **Zusammenfassung der relevanten Sach- und Rechtsfragen**, eine vorläufige Beurteilung hinsichtlich des Vorliegens einer drittstaatlichen Subvention und der tatsächlichen oder potenziellen Verzerrung auf dem Binnenmarkt.[263]

Im Zuge des Eröffnungsbeschlusses setzt die Kommission weitere Maßnahmen:

- sie informiert das **Unternehmen**, das Gegenstand der Prüfung ist und die **Mitgliedstaaten**,
- veröffentlicht im **Amtsblatt** eine Bekanntmachung mit der **Aufforderung zur Stellungnahme** binnen einer bestimmten Frist, und
- informiert den betreffenden öffentlichen Auftraggeber bzw den Auftraggeber, sollte die Vorprüfung im Rahmen eines öffentlichen **Vergabeverfahrens** eingeleitet worden sein.

b. Ablauf der eingehenden Prüfung

Im Rahmen der eingehenden Prüfung drittstaatlicher Subventionen prüft die Kommission vertieft, ob die **drittstaatliche Subvention wettbewerbsverzerrende Auswirkungen** hat und ob diese durch die positiven Auswirkungen der Subvention kompensiert werden.[264]

Die eingehende Prüfung ähnelt dem förmlichen Prüfverfahren nach der Beihilfeverfahrensverordnung.

Die Kommission prüft zunächst das Vorliegen einer **Wettbewerbsverzerrung** anhand von Indikatoren.[265] Bestimmte Situationen werden bereits ex lege zu Fällen erklärt, in denen es höchst wahrscheinlich zu einer Verzerrung des Wettbewerbs kommt.[266]

Es handelt sich um Kategorien drittstaatlicher Subventionen, bei denen gemäß Art 5 Abs 1 FSR mit größter Wahrscheinlichkeit eine Verzerrung des Binnenmarkts stattfindet.

---

262 ErwGr 5 DVO (EU) 2023/1441.

263 Art 10 Abs 3 FSR.

264 Art 11 Abs 1 FSR; ErwGr 30 zur FSR.

265 S dazu Art 4 Abs 1 FSR.

266 Diese Fälle werden in Art 5 Abs 1 FSR angeführt.

Einstweilige Maßnahmen setzen voraus, dass es **hinreichende Anhaltspunkte** dafür gibt, dass eine finanzielle Zuwendung eine drittstaatliche Subvention darstellt **und** den Binnenmarkt verzerrt und die **Gefahr eines schweren und nicht wiedergutzumachenden Schadens** für den Wettbewerb auf dem Binnenmarkt besteht.[290] Die einstweiligen Maßnahmen gelten entweder für einen bestimmten Zeitraum, der erforderlich und angemessen verlängert werden kann oder bis der endgültige Beschluss erlassen wurde.[291]

d. Verteidigungsrechte des Subventionsempfängers

Das zu prüfende begünstigende Unternehmen hat Gelegenheit, sich zu den Gründen, aus denen die Kommission einen Beschluss zu erlassen beabsichtigt, Stellung zu nehmen.[292] Ihnen gebührt hierzu auch ein volles **Akteneinsichtsrecht**.[293]

Dafür hat die Kommission das Unternehmen, das Gegenstand der Prüfung ist über die Gründe, aus denen sie ihren Beschluss zu erlassen beabsichtigt, zu unterrichten. Damit setzt sie eine Frist von mindestens zehn Arbeitstagen, innerhalb derer sich das Unternehmen dazu äußern kann. Die Kommission ist nicht verpflichtet, Stellungnahmen zu berücksichtigen, die nach Ablauf der Frist eingegangen sind.[294]

Hier unterscheidet sich das Verfahren über drittstaatliche Subventionen auch deutlich vom klassischen Beihilfeverfahren nach der Verf-VO. Im Beihilfekontrollverfahren wird der Beihilfeempfänger eher als Informationsquelle angesehen.

e. Abschluss der eingehenden Prüfung

Die Kommission beendet die eingehende Prüfung mit **Beschluss**.

Leitet die Kommission im Rahmen der Vorprüfung die eingehende Prüfung ein, schließt sie es mit einem Beschluss gemäß Art 11 FSR ab. Der Beschluss richtet sich dabei ausschließlich an den Mitgliedstaat und stellt eine zu begründende Entscheidung iSv Art 288, 296 AEUV dar.

Die Kommission kann die eingehende Prüfung durch drei **Beschlussformen** beenden:

- durch Beschluss zur **Auferlegung von Abhilfemaßnahmen**;[295]

Stellt die Kommission nach den Art 4 bis 6 FSR fest, dass eine drittstaatliche Subvention den Binnenmarkt verzerrt, so kann sie einen Durchführungsrechtsakt in Form

[290] Art 12 Abs 2 FSR.

[291] Art 12 Abs 3 FSR.

[292] Art 42 Abs 3 FSR.

[293] Art 42 Abs 4 FSR. Von der Akteneinsicht sind vertrauliche Informationen wie interne Schriftstücke der Kommission oder der Mitgliedstaaten ausgenommen sowie auch die Korrespondenz zwischen der Kommission und den Mitgliedstaaten.

[294] Art 17 Abs 1 DVO (EU) 2023/1441.

[295] Art 11 Abs 2 FSR.

eines Beschlusses, mit dem Abhilfemaßnahmen auferlegt werden, erlassen. Der Durchführungsrechtsakt wird in einem Beratungsverfahren erlassen.[296]

Abhilfemaßnahmen können etwa sein: die Verringerung der Marktpräsenz oder der Kapazitäten, die vorübergehende Beschränkung der Geschäftstätigkeit; der Verzicht auf bestimmte Investitionen; eine Lizenzvergabe zu fairen, diskriminierungsfreien und angemessenen Bedingungen für Vermögenswerte, die mithilfe drittstaatlicher Subventionen erworben oder entwickelt wurden; die Veräußerung bestimmter Vermögenswerte; die Veröffentlichung der Ergebnisse von Forschung und Entwicklung; die Rückzahlung der drittstaatlichen Subvention, einschließlich einer angemessenen Verzinsung; die Anordnung, den betreffenden Zusammenschluss rückgängig zu machen; die Anordnung, die Governance-Struktur der beteiligten Unternehmer anzupassen oder aber auch die Untersagung einer Auftragsvergabe oder des Zusammenschlusses.

Abhilfemaßnahmen müssen jedenfalls verhältnismäßig und geeignet sein, die betreffende Binnenmarktverzerrung wirksam zu beseitigen.[297]

– durch Beschluss, mit dem die Verpflichtungszusagen des betroffenen begünstigten Unternehmens für bindend erklärt werden (**Verpflichtungsbeschluss**);[298]

Wenn die Kommission feststellt, dass eine drittstaatliche Subvention den Binnenmarkt verzerrt und das betroffene Unternehmen Verpflichtungen anbietet, die die Kommission für geeignet und hinreichend hält, um die Verzerrung vollständig und wirksam zu beseitigen, so kann sie einen Durchführungsbeschluss erlassen, um die Verpflichtungszusagen des Unternehmens für bindend zu erklären („Verpflichtungsbeschluss“).[299] Schlägt das betroffene Unternehmen vor, die drittstaatliche Subvention samt Zinsen zurückzuzahlen und wird dies von der Kommission genehmigt, gilt dies als Verpflichtungsbeschluss.[300] Auch der Verpflichtungsbeschluss wird in einem Beratungsverfahren erlassen.[301]

– durch Beschluss, **keine Einwände** zu erheben.[302]

Wenn die Kommission feststellt, dass sich die zur Einleitung einer eingehenden Prüfung dargelegte vorläufige Beurteilung nicht bestätigt oder im Rahmen der Interessensabwägung die positiven Auswirkungen schwerer wiegen als eine Binnenmarktverzerrung, erlässt die Kommission einen Beschluss, keine Einwände zu erheben.

Auch dieser Beschluss ist ein Durchführungsrechtsakt, der im Beratungsverfahren erlassen wird.[303]

Die Kommission sollte möglichst innerhalb von **18 Monaten** nach Einleitung der eingehenden Prüfung einen Beschluss erlassen.[304]

Die 18 Monate sind nicht zwingend, sondern eine bloße Zielvorschrift.[305] Die Frist kann von der Kommission und dem betreffenden Mitgliedstaat einvernehmlich verlängert werden.

---

296 Art 11 Abs 2 FSR iVm Art 48 Abs 2 FSR.
297 ErwGr 22 FSR.
298 Art 11 Abs 3 FSR.
299 Art 11 Abs 3 FSR.
300 Art 11 Abs 3 FSR iVm Art 7 Abs 6 FSR.
301 Art 11 Abs 3 FSR iVm Art 48 Abs 2 FSR.
302 Art 11 Abs 4 FSR.
303 Art 11 Abs 4 FSR iVm Art 48 Abs 2 FSR.
304 Art 11 Abs 5 FSR.
305 EuGH 27.11.2003, T-190/00, *Regione Siciliana/Kommission* Rn 138 f.

Der Beschluss wird im **Amtsblatt** veröffentlicht.

Eingehende Prüfung

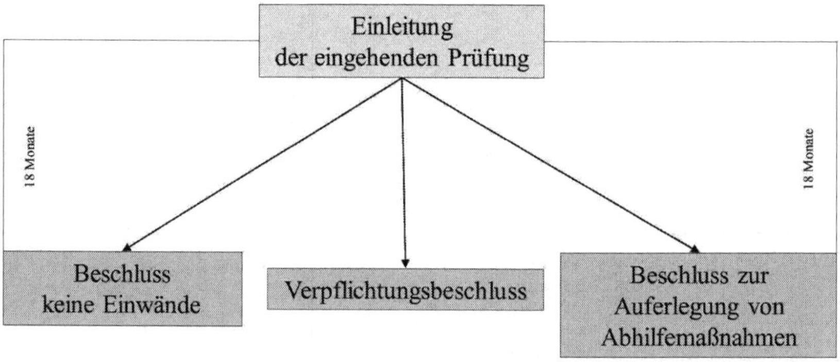

Die Prüfung drittstaatlicher Subventionen erfolgt als **zweistufiges Verfahren**:

1) Im Rahmen der **Vorprüfung** wird vorläufig beurteilt, ob die zu prüfende finanzielle Zuwendung eine drittstaatliche Subvention darstellt und ob sie den Binnenmarkt verzerrt.
2) Ergeben sich im Zuge der Vorprüfung hinreichende Anhaltspunkte hierfür, leitet die Kommission ein **eingehendes Prüfverfahren** ein, das mit einem Beschluss zur Auferlegung von Abhilfemaßnahmen beendet wird, sollte sich die vorläufige Beurteilung bestätigen.

f. Widerruf

In bestimmten Fällen kann die Kommission einen die eingehende Prüfung beendenden Beschluss aufheben und einen neuen Durchführungsrechtsakt in Form eines Beschlusses erlassen, wenn:

- das Unternehmen, an das der ursprüngliche Beschluss gerichtet war, gegen die eingegangenen Verpflichtungen oder die auferlegten Abhilfemaßnahmen verstößt;[306]
- der ursprüngliche Beschluss auf unvollständigen, unrichtigen oder irreführenden Angaben beruhte,[307]
- die Verpflichtung oder die Abhilfemaßnahmen nicht gewirkt haben.[308]

306 Art 18 Abs 1 lit a FSR.
307 Art 18 Abs 1 lit b FSR.
308 Art 18 Abs 1 lit c FSR.

Im ersten Schritt erfolgt somit die Aufhebung des Beschlusses, bevor anschließend im zweiten Schritt ein neuer Durchführungsbeschluss erlassen wird.

g. Sanktionen

In bestimmten Fällen kann die Kommission mit Beschluss (iSd Art 288 Abs 4 AEUV) **Geldbußen** oder **Zwangsgelder** verhängen, wenn das begünstigte Unternehmen ihre auferlegten verfahrensrechtlichen Verpflichtungen grob fahrlässig oder vorsätzlich missachtet.

Die Bußgeldtatbestände sind abschließend in Art 17 Abs 1 und 5 FSR aufgezählt. Abs 1 normiert dabei die Verstöße gegen Duldungs-, Informations- und Mitwirkungspflichten.[309] Abs 5 regelt Zuwiderhandlungen gegen Kommissionsbeschlüsse.[310] Auffallend ist, dass letztere deutlich schärfer sanktioniert werden.

Die Kommission kann Geldbußen oder Zwangsgelder verhängen, wenn auf ein Auskunftsverlangen unvollständig, unrichtig oder irreführend geantwortet wird bzw die im Zuge einer Nachprüfung angeforderten Bücher oder Geschäftsunterlagen unvollständig vorgelegt werden.

Aber auch dann, wenn im Zuge einer Nachprüfung innerhalb der Union Vertreter oder Beschäftigte des Unternehmens gemäß Art 14 Abs 2 lit c FSR zu Sachverhalten oder Unterlagen befragt werden und dabei unrichtige oder irreführende Antworten erteilen, ua.[311]

Eine härtere Sanktionierung eines Unternehmens wird ermöglicht, wenn das Unternehmen einem Verpflichtungsbeschluss, einem Beschluss zur Anordnung einstweiliger Maßnahmen oder einem Beschluss mit Abhilfemaßnahmen nicht nachkommt. Neben der schärferen Sanktionierung ist es im Gegensatz zu Art 17 Abs 1 FSR nicht erforderlich, dass das Unternehmen schuldhaft handelt. Vielmehr ist eine objektive Pflichtwidrigkeit ausreichend, um den Tatbestand des Abs 5 zu erfüllen.[312]

Adressat des Buß- und Zwangsgeldbeschlusses ist das Unternehmen oder die Unternehmensvereinigung.

Eine Beschränkung gibt es nicht. So können auch weitere Unternehmen oder Unternehmensvereinigungen Gegenstand der Sanktionen sein, soweit sie ihren Mitwirkungspflichten nicht nachkommen. Adressaten eines Beschlusses können jedoch nur Unternehmen und Unternehmensvereinigungen sein, die zuvor Gegenstand einer Untersuchung der Kommission waren.

Natürliche Personen sowie **Drittstaaten** können nicht sanktioniert werden.[313]

Verwirklicht ein Unternehmen einen Tatbestand des Art 17 Abs 1 FSR, kann die Kommission Geldbußen bis zu einem Betrag von höchstens 1 % des Gesamtumsatzes

---

[309] Art 17 Abs 1 FSR.

[310] Art 17 Abs 5 FSR.

[311] Zu den Tatbeständen, bei denen die Kommission befugt ist, Geldbußen oder Zwangsgelder zu verhängen s ausführlich Art 17 Abs 1 FSR.

[312] *Zimmermann* in Krenzler/Herrmann/Niestedt (Hrsg), EU-Außenwirtschafts- und Zollrecht VO (EU) 2022/2560 Art 17 Rn 11 (21. EL April 2023).

[313] *Zimmermann* in Krenzler/Herrmann/Niestedt (Hrsg), EU-Außenwirtschafts- und Zollrecht VO (EU) 2022/2560 Art 17 Rn 4,5 (21. EL April 2023).

des missachtenden Unternehmens im vorangegangenen Geschäftsjahr verhängen.[314] Bei Zwangsgeldern bis zu 5 % des im vorangegangenen Geschäftsjahr erzielten durchschnittlichen täglichen Gesamtumsatzes für jeden Arbeitstag, um den die Frist laut Beschluss überschritten wird.[315]

Erfüllt ein Unternehmen den Tatbestand des Art 17 Abs 1 lit a FSR, hat die Kommission eine Frist von zwei Wochen zu setzen, in der das Unternehmen die fehlenden Angaben nachholen kann.[316]

Verstößt ein Unternehmen gegen einen Verpflichtungsbeschluss, einen Beschluss zur Anordnung einstweiliger Maßnahmen oder einen Beschluss mit Abhilfemaßnahmen, kann die Kommission durch Beschluss Geldbußen von höchstens 10 % des Gesamtumsatzes im vorangegangenen Geschäftsjahr[317] oder Zwangsgelder bis zu 5 % des im vorangegangenen Geschäftsjahr erzielten durchschnittlichen täglichen Gesamtumsatzes für jeden Arbeitstag, um den die Frist laut Beschluss überschritten wird, verhängen.[318]

Die Berechnung des (Gesamt-)Umsatzes der Unternehmen und Unternehmensvereinigungen lässt sich aus Art 17 FSR nicht ableiten. Insoweit wird vermutlich auf die in Art 22 FSR aufgestellten Regeln zurückgegriffen werden müssen.

Die Kommission hat bei der Festsetzung der Höhe der Geldbuße oder des Zwangsgelds **die Art, die Schwere und Dauer der Zuwiderhandlung** in die Bemessung miteinzubeziehen. Auch muss der Grundsatz der **Verhältnismäßigkeit** sowie der **Angemessenheit** beachtet werden.[319]

Kommt das Unternehmen seinen Verpflichtungen nach, zu deren Erfüllung ein Zwangsgeld festgesetzt worden ist, kann die Kommission die endgültige Höhe herabsetzen.[320] Damit wird der Beugefunktion Rechnung getragen.

Beispiel: *Die LNG GmbH mit Sitz in Hamburg erhält eine finanzielle Zuwendung durch das in China ansässige Mutterunternehmen SIN. Nachdem die Kommission beschlossen hat, eine eingehende Prüfung einzuleiten, ordnet sie mit Beschluss an, dass die LNG GmbH auf die Investition verzichten müsste („Beschluss zur Auferlegung von Abhilfemaßnahmen"). Die LNG GmbH weigert sich jedoch, auf die Investition zu verzichten und wendet ein, der Beschluss verstoße gegen die GRC. Da die LNG GmbH gegen den Beschluss zur Auferlegung von Abhilfemaßnahmen verstößt, erlässt die Kommission eine Geldbuße iHv 10 % des im vorangegangenen Geschäftsjahr erzielten Gesamtumsatzes der LNG GmbH.*

Vor Erlassung eines Beschlusses bedarf es nach Art 42 Abs 1 FSR einer vorherigen Anhörung des betroffenen Unternehmens. Dabei haben die Unternehmen das Recht auf Akteneinsicht nach Art 42 Abs 4 FSR. Den darauffolgenden Beschluss hat die Kommission ausschließlich auf Gründe zu stützen, zu denen das betroffene Unternehmen Gelegenheit zur Stellungnahme erhalten hat.[321]

314 Art 17 Abs 2 FSR.
315 Art 17 Abs 3 FSR.
316 Art 17 Abs 4 FSR.
317 Art 17 Abs 5 lit a FSR.
318 Art 17 Abs 5 lit b FSR.
319 Art 17 Abs 6 FSR.
320 Art 17 Abs 7 FSR.
321 Art 42 Abs 3 FSR.

	Art 17 Abs 1 FSR	Art 17 Abs 5 FSR
Befugnis der Kommission	Verhängung von Geldbußen oder Zwangsgeldern	Verhängung von Geldbußen oder Zwangsgeldern
Tatbestand	Unvollständige, unrichtige oder irreführende Angaben auf ein Auskunftsverlangen (Art 13 FSR) Unvollständige Vorlage der Bücher u. sonstigen Geschäftsunterlagen bei Nachprüfungen (Art 14 FSR) Unrichtige, unvollständige oder irreführende Antwort auf eine nach Art 14 Abs 2 lit c FSR gestellte Frage Nichtduldung einer Nachprüfung (Art 14 FSR) oder Brechen eines Siegels (Art 14 Abs 2 lit d FSR) Nichteinhaltung der Bedingungen für Akteneinsicht oder Offenlegung (Art 42 Abs 4 FSR)	Verstoß gegen Verpflichtungsbeschluss (Art 11 Abs 3 FSR) Verstoß gegen Beschluss zur Anordnung einstweiliger Maßnahmen (Art 12 FSR) Verstoß gegen Beschluss mit Abhilfemaßnahmen (Art 11 Abs 2 FSR)
Voraussetzung	Objektive und subjektive Pflichtwidrigkeit	Objektive Pflichtwidrigkeit
Höhe der Sanktion	Geldbußen: Höchstens 1 % des Gesamtumsatzes im vorangegangenen Geschäftsjahr Zwangsgelder: Höchstens 5 % des im vorangegangenen Geschäftsjahr erzielten durchschnittlichen täglichen Gesamtumsatzes für jeden Arbeitstag, um den die Frist laut Beschluss überschritten wird	Geldbußen: Höchstens 10 % des Gesamtumsatzes im vorangegangenen Geschäftsjahr Zwangsgelder: Höchstens 5 % des im vorangegangenen Geschäftsjahr erzielten durchschnittlichen täglichen Gesamtumsatzes für jeden Arbeitstag, um den die Frist laut Beschluss überschritten wird

h. Verjährung

Die Verjährungsfrist für die Vorprüfung und eingehende Prüfung beträgt **zehn Jahre** ab dem Tag, an dem einem Unternehmen eine drittstaatliche Subvention gewährt wurde.

Jede Maßnahme der Kommission nach Art 10, 13, 14 oder 15 FSR (Auskunftsverlangen, Nachprüfungen, usw) in Bezug auf eine drittstaatliche Subvention unterbricht die Verjährungsfrist. Die Verjährungsfrist wird zudem gehemmt, solange der Beschluss der Kommission beim Gerichtshof der EU anhängig ist.[322] Nach jeder Unterbrechung beginnt die Verjährungsfrist von zehn Jahren wieder neu zu laufen.

Für die Befugnisse der Kommission zur Verhängung von Geldbußen der Zwangsgeldern gemäß Art 17 FSR gilt eine Verjährungsfrist von **drei Jahren**, ab dem Tag, an dem die Zuwiderhandlung stattgefunden hat.[323]

Für Beschlüsse zur Verhängung von Geldbußen oder Zwangsgeldern nach Art 17 FSR gilt eine Verjährungsfrist von **fünf Jahren**, ab dem Tag, an dem der Beschluss der Kommission zur Verhängung von Geldbußen bzw Zwangsgeldern erlassen wurde.[324]

322 Art 38 Abs 5 FSR.
323 Art 38 Abs 2 FSR.
324 Art 38 Abs 3 FSR.

E. Überwachung

Literatur: *Bartosch*, EU-Beihilfenrecht[3] (2020); *Bär-Bouyssiére* in Schwarze (Hrsg), EU-Kommentar[4] (2019) Art 108 AEUV; *Birnstiel/Bungenberg/Heinrich*, Europäisches Beihilfenrecht (2013); *Calliess/Ruffert*, EUV/AEUV[6] (2018); *Dilkova*, The New Procedural Regulation in State aid – Whether „Modernisation" is in the right direction? ECLR 2014, 35; *Grabitz/Hilf/Nettesheim*, Das Recht der Europäischen Union: EUV/AEUV (Werkstand: 79. EL Mai 2023); *Hancher/Ottervanger/Slot*, EU State Aids[5] (2016); *Heidenhain*, European State Aid Law (2010); *ders*, Handbuch des Europäischen Beihilfenrechts (2003); *Immenga/Mestmäcker*, Wettbewerbsrecht V: Beihilfenrecht[6] (2022); *Ortiz Blanco*, EU Competition Procedure[4] (2021); *Säcker*, Münchner Kommentar. Europäisches und Deutsches Wettbewerbsrecht V: Beihilfenrecht[4] (2022); *Schwarze*, EU-Kommentar[4] (2019); *Sinnaeve* in Heidenhain (Hrsg), European State Aid Law (2010); *dies* in Heidenhain (Hrsg), Handbuch des Europäischen Beihilfenrechts (2003) *dies*, Die neue Verfahrensordnung in Beihilfesachen, EuZW 1999, 270; *Sinnaeve/Slot*, The New Regulation on State Aid Procedures, CMLR 1999, 1153.

Die Mitgliedstaaten unterbreiten der Kommission Jahresberichte über alle bestehenden Beihilferegelungen, für die keine besonderen Berichterstattungspflichten gelten.

Um alle bestehenden Beihilferegelungen effektiv überwachen zu können, normiert Art 26 Verf-VO eine **Berichterstattungspflicht** der Mitgliedstaaten. Kommt der betreffende Mitgliedstaat dieser Pflicht trotz Erinnerungsschreibens nicht nach, kann die Kommission zweckdienliche Maßnahmen vorschlagen.

Die Mitgliedstaaten kommen der Verpflichtung zur Vorlage der Jahresberichte oft nur verspätet nach.[325]

Form und Inhalt der Jahresberichte regelt die Verf-DVO.

Die Jahresberichte gemäß Art 26 Verf-VO sind in Form der im Anhang der Verf-DVO abgedruckten Standardberichtsformulare zu erstellen.

Die Jahresberichte enthalten vor allem Angaben allgemeiner Natur zu Beihilfebetrag und zur Art der Beihilfe.[326]

Die Jahresberichte sind von den Mitgliedstaaten in elektronischer Form **bis zum 30. Juni** des Folgejahres an die Kommission zu übermitteln.

Die Jahresberichte werden seit dem Jahr 2020 über das elektronische SARI System eingegeben und übermittelt. In Österreich ist jede Förderstelle für die Eingaben verantwortlich. Die Zusammenführung übernimmt die beihilferechtliche Abteilung im Bundesministerium für Arbeit und Wirtschaft (BMAW) als koordinierende Stelle.

Um die jährliche Berichterstattung über staatliche Beihilfen weiter zu vereinfachen und zu verbessern, stellt die Kommission den Mitgliedstaaten jedes Jahr zum 1. März

[325] Vgl den Bericht des Europäischen Rechnungshof, Sonderbericht Nr 15/2011: Ist durch die Verfahren der Kommission eine wirksame Verwaltung der Kontrolle staatlicher Beihilfen gewährleistet (2011) abrufbar unter https://www.eca.europa.eu/de/Pages/NewsItem.aspx?nid=1475.

[326] Weiterführend: *Köster* in MüKoWettbR V: BeihilfenR[4] Art 26 VO (EU) 2015/1589.

eine vorformatierte zugriffsbasierte Online-Plattform mit ausführlichen Angaben zu allen bestehenden Beihilferegelungen und Einzelbeihilfen zur Verfügung. Die Mitgliedstaaten müssen diese Angaben dann bis zum 30. Juni desselben Jahres prüfen und ergänzen. Auf diese Weise kann die Kommission die Angaben zu den staatlichen Beihilfen für den jeweiligen Berichtszeitraum veröffentlichen.

Die Angaben auf der Plattform werden von der Kommission zum größten Teil bereits anhand der Daten, die zum Zeitpunkt der Genehmigung der Beihilfe übermittelt wurden, vorab eingegeben. Die Mitgliedstaaten müssen die Angaben zu den Beihilferegelungen und Einzelbeihilfen lediglich überprüfen, erforderlichenfalls ändern und um die jährlichen Ausgaben für das jeweilige berichtspflichtige Jahr ergänzen. Die Angaben zum Ziel der Beihilfe und zum Wirtschaftszweig, für den sie bestimmt ist, beziehen sich auf den Zeitpunkt der Genehmigung der Beihilfe und auf das Rechtsinstrument, auf dessen Grundlage die Beihilfe genehmigt wurde.

Die Jahresberichte der Mitgliedstaaten können jedenfalls nicht eine Anmeldung einer Beihilfe ersetzen.[327]

III. Rechtsschutz im EU-Beihilferecht

Literatur: *Arturo*, Zum Rechtsschutz im Beihilfenrecht – Gemeinschaftsrechtlicher und privatrechtlicher Rahmen staatlicher Beihilfen (1999); *Barbist/Halder*, Die Rückforderung staatlicher Beihilfen am Beispiel des Verkaufs der Bank Burgenland, BRZ 2010, 83; *Barbist/Halder/Schachl*, Praxisstudie: Bank Burgenland Vertiefung ausgewählter Themen, in Haslinger/Jaeger (Hrsg), Jahrbuch Beihilferecht (2012) 551; *Bartosch*, Beihilfenrechtliches Verfahren und gerichtlicher Rechtsschutz, ZIP 2000, 601; *ders*, EU-Beihilfenrecht[3] (2020); *Birnstiel/Bungenberg/Heinrich*, Europäisches Beihilfenrecht (2013); *Calliess/Ruffert*, EUV/AEUV[6] (2022); *Dorn*, Private und administrative Rechtsdurchsetzung im europäischen Beihilfenrecht (2017); *Dreher/Lübbig/Wolf-Posch*, Praxis des EU-Beihilferechts in Österreich (2017); *Eilmansberger*, Zivilrechtsfolgen gemeinschaftswidriger Beihilfegewährung in Koppensteiner (Hrsg), Österreichisches und europäisches Wirtschaftsprivatrecht 8/2 (2000) 209; *Eilmansberger/Jaeger*, Zum Begriff der Durchführung rechtswidriger Beihilfen – Eine Untersuchung am Beispiel der österreichischen KWK-Förderung, wbl 2009, 482; *ders*, Zivilrechtsfolgen gemeinschaftswidriger Beihilfegewährung in Koppensteiner (Hrsg), Österreichisches und europäisches Wirtschaftsprivatrecht 8/2 (2000) 209; *Frenz*, Die Beihilfenkontrolle in der internationalen Wirtschaft, EWS 2017, 194; *Grabitz/Hilf/Nettesheim*, Das Recht der Europäischen Union: EUV/AEUV (Werkstand: 79. EL Mai 2023); *Griller*, Das Beihilfenrecht der WTO, in Studiengesellschaft für Wirtschaft und Recht (Hrsg), Beihilfenrecht (2004) 179; *Hahn*, Internationales Subventionsrecht, in *Birnstiel/Bungenberg/Heinrich*, Europäisches Beihilfenrecht (2013); *Hancher/Ottervanger/Slot*, EU State Aids[5] (2016); *Heidenhain*, European State Aid Law (2010); *ders*, Handbuch des Europäischen Beihilfenrechts (2003); *Horak*, Kein Anspruch auf Rückabwicklung eines Vertrags bei Verstoß gegen Beihilfenrecht, ecolex 2014, 623; *Immenga/Mestmäcker*, Wettbewerbsrecht V: Beihilfenrecht[6] (2022); *Jaeger*, Die höchstrichterliche Beihilfejudikatur in Deutschland: Ein Vorbild für Österreich?, wbl 2012, 9; *ders*, Hürden der Durchsetzung von Wettbewerbsrecht vor den Zivilgerichten, ÖZW 2007, 73; *ders*, Durchführungsverbot und rückwirkende Beihilfengenehmigung: Eine Kritik der österreichischen Rechtsprechung zu rechtswidrig durchgeführten, mit

[327] Vgl Art 7 Verf-DVO.

dem Gemeinsamen Markt vereinbaren Beihilfen, ZfV 2003, 645; *Jaeger/Stöger* (Hrsg), EUV/AEUV Art 108 AEUV (Stand 01.01.2014, rdb.at); *Kohl/Schwab*, Die nationalen Durchsetzungsinstrumente des Beihilfenrechts in Österreich, ecolex 2018, 439; *Kölbl*, Nationaler Rechtsschutz im EU-Beihilferecht – Private Enforcement (2023); *Krajewski*, Wirtschaftsvölkerrecht[5] (2021); *Lang*, Rechtsschutzfragen abgabenrechtlicher Beihilfengewährung, in Studiengesellschaft für Wirtschaft und Recht (Hrsg), Beihilfenrecht (2004) 69; *Laprévote/Kang*, Subsidies Issues in the WTO – An Update, EStAL 2011, 445; *Lintschinger*, Private Durchsetzung des Beihilfeverbots und neuere Judikatur österr und dt Gerichte, in Haslinger/Jaeger (Hrsg), Jahrbuch Beihilferecht (2012) 505; *ders*, Zur gerichtlichen Durchsetzung des Durchführungsverbots nach Art 108 Abs 3 AEUV in Österreich, BRZ 2010, 139; *Lotze*, Die zivilrechtliche Feststellungsklage als Instrument der Geltendmachung von Beihilfeverstößen durch Wettbewerber, BRZ 2011, 131; *Martin-Ehlers*, Die Bindungswirkung einer Eröffnungsentscheidung der Kommission im Beihilferecht, EuZW 2014, 247; *Ortiz Blanco*, EU Competition Procedure[4] (2021); *Pechstein*, EU-Prozessrecht[4] (2011); *Potacs*, Rechtsschutzfragen öffentlich-rechtlicher Beihilfengewährung, in Studiengesellschaft für Wirtschaft und Recht (Hrsg), Beihilfenrecht (2004) 91; *Rabl*, Private Enforcement: Unterlassung bei Verstoß gegen beihilferechtliches Durchführungsverbot, ecolex 2010, 1010; *Rabl/Mrvošević*, Private enforcement im Beihilferecht: Eine Standortbestimmung, BRZ 2018, 59; *N. Raschauer*, Rechtsmittel der Bank Burgenland zurückgewiesen, ZFR 2013, 312; *Rebhahn*, Beihilfen- und Subventionsrecht, in Raschauer (Hrsg), Grundriss des österreichischen Wirtschaftsrechts[2] (2003) 359; *Rennert*, Beihilferechtliche Konkurrentenklagen vor deutschen Verwaltungsgerichten, EuZW 2011, 576; *Rüffler*, Rechtsfolgen gesetzwidriger Beihilfengewährung, in Studiengesellschaft für Wirtschaft und Recht (Hrsg), Beihilfenrecht (2004) 141; *Säcker*, Münchner Kommentar. Europäisches und Deutsches Wettbewerbsrecht V: Beihilfenrecht[4] (2022); *Schwarze*, EU-Kommentar[4] (2019); *Senti*, Welthandelsorganisation WTO[2] (2021); *Soltész*, Private Enforcement im EU-Beihilferecht – Noch immer in den Kinderschuhen, NZKart 2018, 553; *ders*, Das prozedurale binnenmarktrechtliche Beihilfenaufsichtsrecht, in Hatje/Müller-Graff (Hrsg), Enzyklopädie Europarecht IV: Europäisches Binnenmarkt- und Wirtschaftsordnungsrecht[2] (2021); *Wiebe*, Wettbewerbs- und Immaterialgüterrecht[4] (2018); *Wiebe/Kodek*, UWG[2] (Stand 1.2.2020, rdb.at); *Zellhofer/Solek*, Nationaler Rechtsschutz gegen formell rechtswidrige Beihilfen in Österreich, in Haslinger/Jager (Hrsg), Jahrbuch Beihilferecht (2014) 539.

Judikatur: EuGH 11.12.1973, Rs 120/73, *Lorenz*; EuGH 15.07.1963, Rs 25/62, *Plaumann/Kommission*; EuGH 17.09.1980, Rs 730/79, *Philip Morris/Kommission*; EuGH 11.11.1981, C-60/81, *IBM/Kommission*; EuGH 17.01.1985, Rs 11/82, *SA Piraiki-Patraiki ua/Kommission*; EuGH 28.01.1986, Rs 169/84, *Cofaz/Kommission*; EuGH 21.05.1987, Rs 133/85, *Walter Rau Lebensmittelwerke ua/Bundesanstalt für landwirtschaftliche Marktordnung*; EuGH 02.02.1988, Rs 67/85, *van der Kooy BV ua/Kommission*; EuGH 11.05.1989, verb Rs 193/87 u 194/87, *Maurissen/Rechnungshof*; EuGH 14.02.1990, C-301/87, *Frankreich/Kommission*; EuGH 21.11.1991, C-354/90, *FNCE/Frankreich*; EuGH 30.06.1993, verb Rs C-181/91 u C-248/91, *Parlament/Rat und Kommission*; EuGH 09.03.1994, C-188/92, *Textilwerke Deggendorf*; EuG 27.04.1995, T-443/93, *Casillo Grani SNC/Kommission*; EuG 08.05.1995, T-2/93, *Air France/Kommission*; EuG 08.06.1995, T-459/93, *Siemens/Kommission*; EuGH 29.02.1996, C-56/93, *Belgien/Kommission*; EuGH 11.07.1996, C-39/94, *SFEI/Laposte*; EuGH 21.03.1997, C-95/97, *Wallonische Region/Kommission*; EuGH 01.10.1997, C-180/97, *Regione Toscana/Kommission*; EuGH 02.04.1998, C-321/95 P, *Stichting Greenpeace Council (Greenpeace International) ua/Kommission*; EuG 30.04.1998, T-214/95, *Vlaams Gewest/Kommission*; EuG 15.06.1999, T-288/97, *Regione autonoma Friuli Venezia Giulia/Kommission*; EuGH 17.06.1999, C-295/97, *Industrie Aeronautiche e Meccaniche Rinaldo Piaggio SpA/International Factors Italia SpA (Ifitalia), Dornier Luftfahrt GmbH und*

Ministero della Difesa; EuG 15.12.1999, verb Rs T-132/96 u T-143/96, *Freistaat Sachsen und VW/Kommission*; EuG 13.06.2000, verb Rs T-204/97 u T-270/97, *EPAC/Kommission*; EuGH 03.05.2001, C-204/97, *Portugal/Kommission*; EuGH 07.03.2002, C-310/99, *Italien/Kommission*; EuG 03.05.2002, T-177/01, *Jégo-Quéré & Cie SA/Kommission*; EuGH 25.07.2002, C-50/00, *Unión de Pequeños Agricultores/Rat*; EuG 10.03.2003, T-353/00, *Jean-Marie Le Pen/Europäisches Parlament*; EuGH 30.09.2003, C-57/00 P, *Freistaat Sachsen und VW/ Kommission*; EuGH 21.10.2003, verb Rs C-261/01 u C-262/01, *Belgien/Van Calster*; EuG 05.11.2003, T-130/02, *Kronoply GmbH & Co KG/Kommission*; EuG 17.11.2003, T-190/00, *Regione Siciliana/Kommission*; EuGH 29.04.2004, C-298/00 P, *Italien/Kommission*; EuG 21.10.2004, T-36/99, *Lenzing AG/Kommission*; EuGH 13.01.2005, C-174/02, *Streekgewest*; EuGH 10.05.2005, C-400/99, *Italien/Kommission*; EuGH 13.12.2005, C-78/03 P, *Kommission/Aktionsgemeinschaft Recht und Eigentum eV*; EuGH 23.03.2006, C-237/04, *Enirisorse/ Sotacarbo*; EuG 05.04.2006, T-351/02, *Deutsche Bahn AG/Kommission*; EuGH 05.10.2006, C-368/04, *Transalpine Ölleitung Österreich*; OLG Wien 05.02.2007, 2 R 150/06b; EuGH 13.09.2007, *Land Oberösterreich/Kommission*; EuGH 22.11.2007, C-260/05 P, *Sniace/ Kommission*; EuGH 22.11.2007, C-525/04 P, *Spanien/Kommission*; EuGH 12.02.2008, C-199/06, *CELF und Ministre de la Culture et de la Communication*; OGH 15.12.2008, 4 Ob 133/08z – Bank Burgenland; VfGH 01.07.2009, A 10/08, VfSlG 18.824/2009; EuGH 17.09.2009, C-519/07 P, *Kommission/Koninklijke FrieslandCampina NV*; OGH 19.01.2010, 4 Ob 154/09i – Landesforstrevier L; EuGH 18.11.2010, C-322/09 P, *NDSHT Nya Destination Stockholm Hotell & Teaterpaket AB/Kommission*; EuGH 16.12.2010, C-362/09 P, *Athinaïki Techniki AE/Kommission*; EuGH 08.09.2010, C-279/08 P, *Kommission/Niederlande*; EuGH 24.05.2011, C-83/09 P, *Kommission/Kronopoly*; OGH 21.06.2011, 4 Ob 40/11b – Murpark; EuGH 22.09.2011, C-148/09 P, *Belgien/Deutsche Post AG u DHL International*; EuGH 13.10.2011, verb Rs C-463/10 P u C-475/10 P, *Deutsche Post AG u Deutschland/ Kommission*; EuGH 27.10.2011, C-47/10 P, *Österreich/Kommission*; EuGH 24.10.2013, C-77/12 P, *Deutsche Post AG/ Kommission*; EuGH 21.11.2013, C-284/12, *Deutsche Lufthansa AG/Flughafen Frankfurt-Hahn GmbH*; EuGH 13.02.2014, C-69/13, *Mediaset/ Ministero dello Sviluppo economico*; OGH 25.03.2014, 4 Ob 209/13h; EuG 16.10.2014, T-517/12, *Alro SA/Kommission*; EuG 15.06.2016, T-76/14, *Morningstar/Kommission*; EuGH 26.10.2016, C-590/14 P, *DEI/Kommission*; OGH 03.05.2017, 4 Ob 236/16h; EuGH 06.03.2018, C-284/16, *Slowakische Republik/Achmea BV*; EuGH 25.07.2018, C-135/16, *Georgsmarienhütte/Deutschland*; EuGH 23.01.2019, C-387/17, *Traghetti del Mediterraneo SpA*; EuGH 05.03.2019, C-349/17, *Eesti Pagar*; Panel Report 02.12.2019, WT/DS316/ RW2, *European Communities and certain member states – measures affecting trade in large civil aircraft*; EuGH 19.05.2021, T-218/18, *Deutsche Lufthansa AG/Kommission*; EuGH 19.05.2021, T-628/20, *Ryanair DAC/Kommission*; EuGH 19.05.2021, T-643/20, R*yanair DAC/Kommission.*

Für die beihilferechtlichen Akteure (Beihilfegeber, Beihilfeempfänger, Wettbewerber) bedarf es eines **gerichtlichen Rechtsschutzes**.[328] Im EU-Beihilferecht wirken die Unionsgerichte und die innerstaatlichen Gerichte zusammen.[329] Es bestehen somit teils parallele sowie teils einander überschneidende Rechtsschutzmöglichkeiten auf europäischer und nationaler Ebene.

Die Ausgestaltung dieses Zusammenwirkens resultiert mangels eigener beihilferechtlicher Regelungen aus dem Anwendungsvorrang des Unionsrechts.[330]

[328] *Frenz*, Handbuch EuR III² Rz 2766.

[329] EuGH 21.11.2013, C-284/12, *Deutsche Lufthansa AG/Flughafen Frankfurt-Hahn GmbH*; EuGH 26.10.2016, C-590/14 P, *DEI/Kommission* Rn 96.

[330] *Frenz*, Handbuch EuR III² Rz 2765.

Der **Schwerpunkt** im Rechtsschutz liegt **auf europäischer Ebene**.[331] Daneben stehen auch auf **nationaler Ebene** bestimmte Rechtsschutzmöglichkeiten zur Verfügung.

Im EU-Beihilferecht besteht in erster Linie auf europäischer Ebene Rechtsschutz für die beihilferechtlichen Akteure. Daneben ist allerdings auch auf nationaler Ebene Rechtsschutz zu gewährleisten. Die Unionsgerichte und nationalen Gerichte wirken im EU-Beihilferecht zusammen.

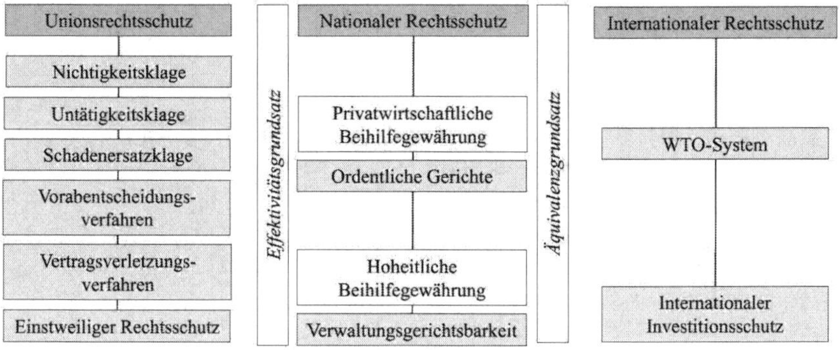

A. Unionsrechtsschutz

Literatur: *Bartosch*, EU-Beihilfenrecht[3] (2020); *ders*, Beihilfenrechtliches Verfahren und gerichtlicher Rechtsschutz, ZIP 2000, 601; *Birnstiel/Bungenberg/Heinrich*, Europäisches Beihilfenrecht (2013); *Calliess/Ruffert*, EUV/AEUV[6] (2022); *Dorn*, Private und administrative Rechtsdurchsetzung im europäischen Beihilfenrecht (2017); *Grabitz/Hilf/Nettesheim*, Das Recht der Europäischen Union: EUV/AEUV (Werkstand: 79. EL Mai 2023); *Hakenberg/Seyr*, Verfahren vor dem Gerichtshof der EU[4] (2020); *Hancher/Ottervanger/Slot*, EU State Aids[5] (2016); *Heidenhain*, European State Aid Law (2010); *ders*, Handbuch des Europäischen Beihilfenrechts (2003); *Immenga/Mestmäcker*, Wettbewerbsrecht V: Beihilfenrecht[6] (2022); *Jaeger/Stöger* (Hrsg), EUV/AEUV Art 108 AEUV (Stand 01.01.2014, rdb.at); *Ortiz Blanco*, EU Competition Procedure[4] (2021); *Pechstein*, EU-Prozessrecht[4] (2011); *Säcker*, Münchner Kommentar. Europäisches und Deutsches Wettbewerbsrecht V: Beihilfenrecht[4] (2022); *Schwarze*, EU-Kommentar[4] (2019); *Sutter* in Mayer/Stöger (Hrsg), EUV/AEUV Art 108 AEUV (Stand 01.01.2014, rdb.at).

Judikatur: EuGH 15.07.1963, Rs 25/62, *Plaumann/Kommission*; EuGH 17.09.1980, Rs 730/79, *Philip Morris/Kommission*; EuGH 11.11.1981, C-60/81, *IBM/Kommission*; EuGH 17.01.1985, Rs 11/82, *SA Piraiki-Patraiki ua/Kommission*; EuGH 28.01.1986, Rs 169/84, *Cofaz/Kommission*; EuGH 02.02.1988, Rs 67/85, *van der Kooy BV ua/Kommission*; EuGH 11.05.1989, verb Rs 193/87 u 194/87, *Maurissen/Rechnungshof*; EuGH 14.02.1990, C-301/87, *Frankreich/Kommission*; EuGH 30.06.1993, verb Rs C-181/91

[331] EuGH 21.11.1991, C-354/90, *FNCE/Frankreich*; EuGH 11.07.1996, C-39/94, *SFEI/Laposte*.

u C-248/91, *Parlament/Rat und Kommission*; EuGH 09.03.1994, C-188/92, *Textilwerke Deggendorf*; EuG 27.04.1995, T-443/93, *Casillo Grani SNC/Kommission*; EuG 08.05.1995, T-2/93, *Air France/Kommission*; EuG 08.06.1995, T-459/93, *Siemens/Kommission*; EuGH 29.02.1996, C-56/93, *Belgien/Kommission*; EuGH 21.03.1997, C-95/97, *Wallonische Region/Kommission*; EuGH 01.10.1997, C-180/97, *Regione Toscana/Kommission*; EuGH 02.04.1998, C-321/95 P, St*ichting Greenpeace Council (Greenpeace International) ua/Kommission*; EuG 30.04.1998, T-214/95, *Vlaams Gewest/Kommission*; EuG 15.06.1999, T-288/97, *Regione autonoma Friuli Venezia Giulia/Kommission*; EuGH 17.06.1999, C-295/97, *Industrie Aeronautiche e Meccaniche Rinaldo Piaggio SpA/International Factors Italia SpA (Ifitalia), Dornier Luftfahrt GmbH und Ministero della Difesa*; EuG 15.12.1999, verb Rs T-132/96 u T-143/96, *Freistaat Sachsen und VW/Kommission*; EuG 13.06.2000, verb Rs T-204/97 u T-270/97, *EPAC/Kommission*; EuGH 03.05.2001, C-204/97, *Portugal/Kommission*; EuGH 07.03.2002, C-310/99, *Italien/Kommission*; EuG 03.05.2002, T-177/01, *Jégo-Quéré & Cie SA/Kommission*; EuGH 25.07.2002, C-50/00, *Unión de Pequeños Agricultores/Rat*; EuG 10.03.2003, T-353/00, *Jean-Marie Le Pen/ Europäisches Parlament*; EuGH 30.09.2003, C-57/00 P, *Freistaat Sachsen und VW/ Kommission*; EuGH 21.10.2003, verb Rs C-261/01 u C-262/01, *Belgien/Van Calster*; EuG 05.11.2003, T-130/02, *Kronoply GmbH/Kommission*; EuG 17.11.2003, T-190/00, *Regione Siciliana/Kommission*; EuGH 29.04.2004, C-298/00 P, *Italien/Kommission*; EuG 21.10.2004, T-36/99, *Lenzing AG/Kommission*; EuGH 10.05.2005, C-400/99, *Italien/Kommission*; EuGH 13.12.2005, C-78/03 P, K*ommission/Aktionsgemeinschaft Recht und Eigentum eV*; EuGH 23.03.2006, C-237/04, *Enirisorse/Sotacarbo*; EuG 05.04.2006, T-351/02, *Deutsche Bahn AG/Kommission*; EuGH 05.10.2006, C-368/04, *Transalpine Ölleitung GmbH ua/Finanzlandesdirektion für Tirol ua*; EuGH 13.09.2007, *Land Oberösterreich/Kommission*; EuGH 22.11.2007, C-260/05 P, *Sniace/Kommission*; EuGH 22.11.2007, C-525/04 P, *Spanien/Kommission*; EuGH 12.02.2008, C-199/06, *CELF*; EuGH 17.09.2009, C-519/07 P, *Kommission/Koninklijke Friesland Campina NV*; EuGH 18.11.2010, C-322/09 P, *NDSHT Nya Destination Stockholm Hotell & Teaterpaket AB/ Kommission*; EuGH 16.12.2010, C-362/09 P, *Athinaïki Techniki/Kommission*; EuGH 08.09.2010, C-279/08 P, *Kommission/Niederlande*; EuGH 24.05.2011, C-83/09 P, *Kommission/Kronopoly*; EuGH 22.09.2011, C-148/09 P, *Belgien/Deutsche Post u DHL*; EuGH 13.10.2011, verb Rs C-463/10 P u C-475/10 P, D*eutsche Post u Deutschland/Kommission*; EuGH 27.10.2011, C-47/10 P, *Österreich/Kommission*; EuGH 24.10.2013, C-77/12 P, *Deutsche Post /Kommission*; EuGH 21.11.2013, C-284/12, *Lufthansa/Flughafen Frankfurt-Hahn*; EuGH 13.02.2014, C-69/13, *Mediaset*; EuG 16.10.2014, T-517/12, *Alro/ Kommission*; EuG 15.06.2016, T-76/14, *Morningstar/Kommission*; EuGH 19.05.2021, T-218/18, *Deutsche Lufthansa AG/Kommission*; EuGH 19.05.2021, T-628/20, *Ryanair DAC/Kommission*; EuGH 19.05.2021, T-643/20, *Ryanair DAC/Kommission.*

Das Beihilferecht kann auf EU-Ebene durch die Kommission, den Beihilfegeber, den Beihilfeempfänger sowie auch durch seine Mitbewerber durchgesetzt werden.[332] Sämtliche Beschlüsse der Kommission unterliegen der Kontrolle des Gerichtshofs[333] der Europäischen Union.[334] Zuständig für diese Klagen sind der EuGH und das EuG.

332 *Bungenberg* in Immenga/Mestmäcker, WettbR V: BeihilfenR[6] Rechtsschutz Rn 101.

333 Gemäß Art 19 Abs 1 EUV umfasst der Gerichtshof der Europäischen Union den Gerichtshof (EuGH), das Gericht (EuG) und Fachgerichte.

334 EuGH 17.06.1999, C-295/97, *Piaggio* Rn 31; EuGH 21.10.2003, verb Rs C-261/01 u C-262/01, *Van Calster*; EuGH 23.03.2006, C-237/04, *Enirisorse*; EuGH 05.10.2006, C-368/04, *Transalpine Ölleitung*; EuGH 12.02.2008, C-199/06, *CELF I*; EuGH 21.11.2013, C-284/12, *Deutsche Lufthansa* Rn 28; EuGH 13.02.2014, C-69/13, *Mediaset.*

Klagen durch die jeweiligen Mitgliedstaaten sind idR beim EuGH einzubringen. Für Klagen natürlicher oder juristischer Personen ist das EuG zuständig.[335]

Auf Unionsebene wird der Rechtsschutz in Beihilfesachen durch Nichtigkeitsklagen, Untätigkeitsklagen und Schadenersatzklagen gewährleistet. Daneben können beihilferechtliche Fragen auch im Vertragsverletzungsverfahren oder Vorabentscheidungsverfahren Gegenstand sein. Schließlich kann auch vorläufiger Rechtsschutz beantragt werden.

Die häufigste Klage in Beihilfesachen stellt die **Nichtigkeitsklage** gemäß Art 263 AEUV dar. Sie richtet sich gegen die Beschlüsse der Kommission.

Daneben stehen der beihilfegewährenden Stelle, dem Beihilfeempfänger und den Wettbewerbern unter bestimmten Umständen auch die **Untätigkeitsklage** sowie die **Schadenersatzklage** offen.

Mit der Untätigkeitsklage gemäß Art 265 AEUV kann in beihilferechtlichen Angelegenheiten die Rechtmäßigkeit der Untätigkeit der Kommission überprüft werden. Mit der Schadenersatzklage gemäß Art 268, 340 Abs 2 AEUV können erlittene Schäden, die aufgrund eines rechtswidrigen Beschlusses oder des Unterlassens der Kommission entstanden sind, verlangt werden.

Auslegungsfragen im Beihilferecht können zudem im Wege des **Vorabentscheidungsverfahrens** gemäß Art 267 AEUV dem EuGH vorgelegt werden.

Ist sich ein nationales Gericht bei einer möglichen Maßnahme nicht sicher, ob sie Beihilfeelemente enthält und damit den Beihilfebegriff erfüllt, kann ein vorlageberechtigtes (und muss ein vorlagepflichtiges) Gericht dem EuGH die Sache vorlegen.[336]

Darüber hinaus ist auch ein Vertragsverletzungsverfahren denkbar. In Beihilfesachen ist das allgemeine Vertragsverletzungsverfahren gemäß Art 258, 259 AEUV jedoch nicht anwendbar. Es gilt vielmehr ein **besonderes Vertragsverletzungsverfahren** gemäß Art 108 Abs 2 AEUV.

Die Kommission oder ein anderer Mitgliedstaat kann ggf den EuGH direkt anrufen, wenn ein Mitgliedstaat einer an ihn adressierten Entscheidung nicht nachkommt. Wird eine Vertragsverletzung vom EuGH festgestellt, hat der Mitgliedstaat sie unverzüglich abzustellen. Bei einer erneuten Missachtung der Anordnung der Kommission, ist der EuGH befugt ein Zwangsgeld zu verhängen.[337]

1. Nichtigkeitsklage

Literatur: *Bartosch*, Beihilfenrechtliches Verfahren und gerichtlicher Rechtsschutz, ZIP 2000, 601; *Birnstiel/Bungenberg/Heinrich*, Europäisches Beihilfenrecht (2013); *Dorn*, Private und administrative Rechtsdurchsetzung im europäischen Beihilfenrecht (2017); *Grabitz/Hilf/Nettesheim*, Das Recht der Europäischen Union: EUV/AEUV

[335] Art 256 Abs 1 AEUV iVm Art 51 EuGH-Satzung.

[336] Zu beachten ist eine mögliche Vorlagepräklusion: s EuGH 25.07.2018, C-135/16, *Georgsmarienhütte/Deutschland.*

[337] Art 260 AEUV.

(Werkstand: 79. EL Mai 2023); *Hakenberg/Seyr*, Verfahren vor dem Gerichtshof der EU[4] (2020); *Immenga/Mestmäcker*, Wettbewerbsrecht V: Beihilfenrecht[6] (2022); *Lorenz*, Weitere Stärkung der privaten Durchsetzung des Beihilfeverbots – „Athinaiki Techniki", EWS 2008, 505; *Ortiz Blanco*, EU Competition Procedure[4] (2021); *Pechstein*, EU-Prozessrecht[4] (2011); *Quardt*, Zur Abschaffung von Anstaltslast und Gewährträgerhaftung, EuZW 2002, 424; *Säcker*, Münchner Kommentar. Europäisches und Deutsches Wettbewerbsrecht V: Beihilfenrecht[4] (2022); *Schwarze*, EU-Kommentar[4] (2019); *Winter*, The Rights of Complaints in State Aid Cases: Judicial Review of Commision Decisions Adopted under Article 88 (Ex 93) Ec, CMLR 1999, 521.

Judikatur: EuGH 15.07.1963, Rs 25/62, *Plaumann/Kommission*; EuGH 17.09.1980, Rs 730/79, *Philip Morris/Kommission*; EuGH 11.11.1981, C-60/81, *IBM/Kommission*; EuGH 17.01.1985, Rs 11/82, *SA Piraiki-Patraiki ua/Kommission*; EuGH 28.01.1986, Rs 169/84, *Cofaz*; EuGH 24.06.1986, Rs 53/85, *AKZO Chemie;* EuGH 10.07.1986, Rs 282/85, *DEFI*; EuGH 02.02.1988, Rs 67/85, *van der Kooy BV ua/Kommission*; EuGH 11.05.1989, verb Rs 193/87 u 194/87, *Maurissen/Rechnungshof*; EuGH 14.02.1990, C-301/87, *Frankreich/Kommission*; EuGH 30.06.1993, verb Rs C-181/91 u C-248/91, *Parlament/Rat u Kommission*; EuGH 09.03.1994, C-188/92, *Textilwerke Deggendorf*; EuG 27.04.1995, T-443/93, *Casillo Grani SNC/Kommission*; EuG 08.05.1995, T-2/93, *Air France/Kommission*; EuG 08.06.1995, T-459/93, *Siemens/Kommission*; EuGH 29.02.1996, C-56/93, *Belgien/Kommission*; EuGH 21.03.1997, C-95/97, *Wallonische Region/Kommission*; EuGH 01.10.1997, C-180/97, *Regione Toscana/Kommission*; EuGH 02.04.1998, C-321/95 P, *Stichting Greenpeace Council (Greenpeace International) ua/ Kommission*; EuG 30.04.1998, T-214/95, *Vlaams Gewest/Kommission*; EuG 03.06.1999, T-17/96, *TF1/Kommission*; EuG 15.06.1999, T-288/97, *Regione autonoma Friuli Venezia Giulia/Kommission*; EuG 15.12.1999, verb Rs T-132/96 u T-143/96, *Freistaat Sachsen u VW/Kommission*; EuG 13.06.2000, verb Rs T-204/97 u T-270/97, *EPAC/Kommission*; EuGH 27.06.2000, C-404/97, *Kommission/Portugal*; EuGH 22.03.2001, C-261/99, *Kommission/Frankreich*; EuGH 03.05.2001, C-204/97, *Portugal/Kommission*; EuGH 07.03.2002, C-310/99, *Italien/Kommission*; EuG 03.05.2002, T-177/01, *Jégo-Quéré & Cie SA/Kommission*; EuGH 25.07.2002, C-50/00, *Unión de Pequeños Agricultores/ Rat*; EuG 10.03.2003, T-353/00, *Jean-Marie Le Pen/Europäisches Parlament*; EuGH 30.09.2003, C-57/00 P, *Freistaat Sachsen und VW/Kommission*; EuG 05.11.2003, T-130/02, *Kronoply GmbH & Co. KG/Kommission*; EuG 17.11.2003, T-190/00, *Regione Siciliana/Kommission*; EuGH 29.04.2004, C-298/00 P, *Italien/Kommission*; EuG 21.10.2004, T-36/99, *Lenzing AG/Kommission*; EuGH 10.05.2005, C-400/99, *Italien/ Kommission*; EuGH 13.12.2005, C-78/03 P, *Kommission/Aktionsgemeinschaft Recht und Eigentum eV*; EuG 05.04.2006, T-351/02, *Deutsche Bahn AG/Kommission*; EuGH 13.09.2007, *Land Oberösterreich/Kommission*; EuGH 22.11.2007, C-260/05 P, *Sniace/ Kommission*; EuGH 22.11.2007, C-525/04 P, *Spanien/Kommission*; EuGH 17.09.2009, C-519/07 P, *Kommission/Koninklijke FrieslandCampina NV*; EuGH 18.11.2010, C-322/09 P, *NDSHT Nya Destination Stockholm Hotell & Teaterpaket AB/Kommission*; EuGH 16.12.2010, C-362/09 P, *Athinaïki Techniki AE/Kommission*; EuGH 08.09.2010, C-279/08 P, *Kommission/Niederlande*; EuGH 24.05.2011, C-83/09 P, *Kommission/Kronopoly*; EuGH 22.09.2011, C-148/09 P, *Belgien/Deutsche Post AG u DHL International*; EuGH 13.10.2011, verb Rs C-463/10 P u C-475/10 P, *Deutsche Post AG u Deutschland/ Kommission*; EuGH 27.10.2011, C-47/10 P, *Österreich/Kommission*; EuGH 24.10.2013, C-77/12 P, *Deutsche Post AG/Kommission*; EuG 16.10.2014, T-517/12, *Alro SA/Kommission*; EuG 15.06.2016, T-76/14, *Morningstar/Kommission*; EuGH 19.05.2021, T-218/18, *Deutsche Lufthansa AG/Kommission*; EuGH 19.05.2021, T-628/20, R*yanair DAC/Kommission*; EuGH 19.05.2021, T-643/20, *Ryanair DAC/Kommission*; EuG 30.11.2022, T-101/18, *Österreich/Kommission (Paks II).*

Die häufigste und relevanteste Klageform auf EU-Ebene ist in Beihilfesachen die Nichtigkeitsklage gemäß Art 263 AEUV.

a. Zuständigkeit

Sachlich zuständig ist für Nichtigkeitsklagen nach Art 263 Abs 1 AEUV – auch in Beihilfesachen – der Gerichtshof der Europäischen Union.

Gemäß Art 19 Abs 1 EUV umfasst der Gerichtshof der Europäischen Union den Gerichtshof (EuGH), das Gericht (EuG) und die Fachgerichte. Der Gerichtshof der EU sichert die Wahrung des Rechts bei der Auslegung und Anwendung der Verträge.

Für Klagen natürlicher oder juristischer Personen (nichtprivilegierte Kläger) ist funktionell das EuG zuständig. Der EuGH ist **funktionell** grds für Klagen der Mitgliedstaaten oder der Unionsorgane (privilegierte bzw teilprivilegierte Kläger) und damit auch der Kommission zuständig.[338]

In **Beihilfesachen** ist das **EuG** aber auch für Nichtigkeitsklagen der Mitgliedstaaten zuständig, die gegen die Kommission erhoben werden.[339]

Auch für Entscheidungen des Rates zur Zulassung mitgliedstaatlicher Beihilfen gemäß Art 108 Abs 2 UAbs 3 AEUV ist das EuG funktionell zuständig.[340]

Beispiel: *Die Republik Österreich gewährt eine Beihilfe an ein österreichisches Luftfahrtunternehmen. Die Kommission erklärt die Beihilfe mit dem Binnenmarkt für unvereinbar und erlässt einen Negativbeschluss. Will die Republik Österreich eine Nichtigkeitsklage gegen diesen Negativbeschluss der Kommission einbringen, so ist das EuG sachlich und funktionell zuständig. Entschließt sich hingegen das Luftfahrtunternehmen selbst als Beihilfeempfänger mit Nichtigkeitsklage vorzugehen, ist ebenfalls das EuG sachlich und funktionell zuständig.*

b. Klagefrist

Nichtigkeitsklagen sind gemäß Art 263 Abs 6 AEUV binnen **zwei Monaten** zu erheben.

Diese Frist beginnt mit der Bekanntgabe der betreffenden Handlung, ihrer Mitteilung an den Kläger oder von dem Zeitpunkt an, zu dem der Kläger von dieser Handlung Kenntnis erlangt hat, zu laufen.

---

338 Art 263 AEUV iVm Art 51 EuGH-Satzung.

339 Art 256 Abs 1 AEUV iVm Art 263 AEUV iVm Art 51 EuGH-Satzung; vgl auch *Wegener* in Calliess/Ruffert, EUV/AEUV[6] (2022) Art 256 AEUV Rz 4; So war das EuG bspw funktionell zuständig für die von der Republik Österreich eingebrachte Nichtigkeitsklage gegen den Beschluss der Kommission über die Beihilfegewährung für den Bau von zwei Kernreaktoren im Atomkraftwerk Paks II: EuG 30.11.2022, T-101/18, *Österreich/Kommission (Paks II)*.

340 Art 256 Abs 1 AEUV iVm Art 263 AEUV iVm Art 51 EuGH-Satzung.

In Beihilfesachen ist die Nichtigkeitsklage binnen zwei Monaten nach Zustellung der angefochtenen Entscheidung zu erheben. Wettbewerbern wird der Kommissionsbeschluss regelmäßig nicht zugestellt, wodurch die Gefahr eines Fristversäumnisses entstehen kann.[341] Dieser Gefahr kann jedoch durch Blick ins Amtsblatt der EU und der Wahrnehmung der zur Verfügung stehenden Informations- und Beteiligungsrechte[342] wirksam begegnet werden.

Wird ein Beschluss nicht innerhalb der zweimonatigen Frist angefochten, wird er bestandskräftig.

Unterbleibt die Anfechtung eines Beschlusses durch einen Beihilfeempfänger auf Unionsebene in Form einer Nichtigkeitsklage, kann dieser Beschluss auch vor einem nationalen Gericht nicht mehr angefochten werden, zumal nationale Gerichte an die Entscheidung der Kommission gebunden sind (Präklusionswirkung).[343]

c. Klagegegenstand

Eine Nichtigkeitsklage kann gegen alle Handlungen von Organen oder Einrichtungen der Union erhoben werden. Nach der Rechtsprechung des Gerichtshofs sind darunter alle Maßnahmen zu verstehen, die **verbindlichen** Charakter haben und **Rechtswirkungen nach außen** entfalten. Ausgeschlossen sind Empfehlungen und Stellungnahmen.

Tauglicher Klagegegenstand ist grds **jeder rechtsverbindliche Beschluss der Kommission**, der geeignet ist, die Rechtsstellung des Klägers qualifiziert zu verändern.[344]

Zulässige Klagegegenstände sind Positiv- und Negativbeschlüsse, die die vorläufige Prüfung oder das förmliche Prüfverfahren beenden.[345] Nichtigkeitsklage kann gegen Aussetzungsanordnungen[346], Rückforderungsanordnungen[347] und auch gegen eine Anordnung zur Auskunftserteilung[348] erhoben werden.

---

341 *Bungenberg* in Immenga/Mestmäcker, WettbR V: BeihilfenR[6] Rechtsschutz Rn 192.

342 Dazu Art 24 Abs 1 Verf-VO wonach jeder Beteiligte, nach dem Beschluss zur Eröffnung des förmlichen Prüfverfahrens eine Stellungnahme nach Art 6 Verf-VO abgeben und dadurch eine Kopie des von der Kommission gemäß Art 9 Verf-VO erlassenen Beschlusses verlangen kann.

343 EuGH 09.03.1994, C-188/92, *Textilwerke Deggendorf*; *Streinz*, Europarecht[10] (2016) Rz 671.

344 EuGH 11.11.1981, C-60/81, *IBM/Kommission* Rn 9; EuG 05.04.2006, T-351/02, *Deutsche Bahn AG/Kommission* Rn 35; EuG 10.03.2003, T-353/00, *Jean-Marie Le Pen/Europäisches Parlament*; demgegenüber EuG 05.11.2003, T-130/02, *Kronoply GmbH & Co KG/Kommission* Rn 42 ff;

345 EuG 17.11.2003, T-190/00, *Regione Siciliana/Kommission*; EuGH 24.10.2013, C-77/12 P, *Deutsche Post AG/Kommission*; EuG 16.10.2014, T-517/12, *Alro SA/Kommission.*

346 EuGH 14.02.1990, C-301/87, *Frankreich/Kommission* Rn 18; EuGH 10.05.2005, C-400/99, *Italien/Kommission* Rn 51.

347 EuGH 10.05.2005, C-400/99, *Italien/Kommission.*

348 EuGH 13.10.2011, verb Rs C-463/10 P u C-475/10 P, *Deutsche Post AG u Deutschland/Kommission.*

Beschlüsse über die Eröffnung eines förmlichen Prüfverfahrens, es sei denn, sie erzeugen Rechtswirkungen[349] und die Nichteröffnung eines förmlichen Prüfverfahrens sind hingegen grds **nicht anfechtbar**.[350]

Typischer Klagegegenstand eines Beihilfeempfängers ist ein negativer Beschluss der Kommission, mit dem eine den Beihilfeempfänger begünstigende Beihilfemaßnahme mit dem Binnenmarkt für unvereinbar erklärt wird. Denkbar ist auch eine Nichtigkeitsklage, die sich gegen einen Kommissionsbeschluss richtet, der ein bestimmtes staatliches Verhalten als staatliche Beihilfe qualifiziert.[351]

Ob der Beihilfeempfänger auch gegen Maßnahmen bestehender Beihilfen betreffend mit Nichtigkeitsklage anfechten kann, ist unklar.[352] Einem Teil der Lehre zufolge kann die „Vereinbarung" zwischen der Kommission und dem Mitgliedstaat durch den Beihilfeempfänger angefochten werden.[353]

Von besonderer Bedeutung ist die Nichtigkeitsklage im Bereich sog Wettbewerberklagen. Mitbewerber des Beihilfeempfängers können als Beteiligte von der Beschwerdemöglichkeit iSd Art 24 Abs 2 Verf-VO Gebrauch machen. Wird nach einer diesb Prüfung der Kommission ein Beschluss gefasst, kann dieser den Gegenstand einer Nichtigkeitsklage bilden. Beschlüsse über den Abschluss der vorläufigen Prüfung[354] und des förmlichen Prüfverfahrens können von Wettbewerbern mit Nichtigkeitsklage angefochten werden.[355]

Beispiel: *Das Königreich Schweden gewährt der heimischen Luftfahrtgesellschaft eine Beihilfe zur Überwindung der COVID-19 Krise. Der Mitbewerber besagter schwedischer Fluggesellschaft erblickt in der Beihilfe eine Wettbewerbsverfälschung und erhebt Nichtigkeitsklage gegen den Positivbeschluss, mit dem die Kommission ihre vorläufige Prüfung beendet. Der Mitbewerber der schwedischen Fluggesellschaft muss nachweisen, durch den an den Mitgliedstaat Schweden gerichteten Beschluss, individuell und unmittelbar betroffen zu sein.*[356]

d. Klagebefugnis

Der betreffende **Mitgliedstaat** kann als Adressat eines Genehmigungsbeschlusses Nichtigkeitsklage gemäß Art 263 AEUV beim EuGH einbringen. Der betroffene Mitgliedstaat ist als **privilegierter Kläger** unabhängig der Vo-

[349] *Bungenberg* in Immenga/Mestmäcker, WettbR V: BeihilfenR[6] Rechtsschutz Rn 144, 155. Nach Ansicht des EuGH bieten Klagen gegen verfahrensabschließende Beschlüsse ausreichenden Schutz: EuGH 24.06.1986, Rs 53/85, *AKZO Chemie/Kommission* Rn 19; EuG 11.03.2009, T-354/05, *TF1/Kommission* Rn 60 ff.

[350] EuGH 18.11.2010, C-322/09 P, *NDSHT Nya Destination Stockholm Hotell & Teaterpaket AB/Kommission* Rn 53; EuGH 16.12.2010, C-362/09 P, *Athinaïki Techniki AE/Kommission* Rn 67.

[351] *Bungenberg* in Immenga/Mestmäcker, WettbR V: BeihilfenR[6] Rechtsschutz Rn 154.

[352] *Bungenberg* in Immenga/Mestmäcker, WettbR V: BeihilfenR[6] Rechtsschutz Rn 158.

[353] *Quardt*, EuZW 2002, 424, 428.

[354] EuGH 19.05.2021, T-218/18, *Deutsche Lufthansa AG/Kommission*; EuGH 19.05.2021, T-628/20, *Ryanair DAC/Kommission*; EuGH 19.05.2021, T-643/20, *Ryanair DAC/Kommission*.

[355] EuGH 28.01.1986, Rs 169/84, *Cofaz/Kommission*.

[356] Vgl dazu EuGH 19.05.2021, T-643/20, *Ryanair DAC/Kommission* Rn 21.

raussetzungen des Art 263 Abs 4 AEUV klagebefugt. Er muss aber **beschwert** sein.

Bei einem Negativbeschluss ist der Mitgliedstaat ohne jeden Zweifel beschwert.[357] Unproblematisch ist die Beschwer auch bei einem Beschluss, der eine Beihilfe teils für rechtswidrig und teils für rechtmäßig erklärt.[358] Bei Positivbeschlüssen kommt es auf den Einzelfall an. Die Kommission stellt aber keine hohen Anforderungen an die Beschwer des betroffenen Mitgliedstaats bei Nichtigkeitsklagen die sich gegen einen Positivbeschluss richten.[359]

Ebenfalls als Kläger in Betracht kommen **andere Mitgliedstaaten**, die nicht Adressat des Beschlusses sind.[360]

Eine Klageerhebung durch einen anderen Mitgliedstaat wäre etwa bei einem Genehmigungsbeschluss gemäß Art 107 Abs 3 AEUV denkbar.[361]

Für **nicht privilegierte Kläger** wie nachgeordnete Stellen, den Beihilfeempfänger oder dessen Mitbewerber ist die unmittelbare und individuelle Betroffenheit von besonderer Bedeutung.

Der sog Plaumann-Formel zufolge können andere Personen als der Adressat des Kommissionsbeschlusses (Adressat in Beihilfesachen ist der Mitgliedstaat) nur dann individuell betroffen sein, wenn der Beschluss sie wegen bestimmter persönlicher Eigenschaften oder besonderer, sie aus dem Kreis aller übrigen Personen heraushebender, Umstände berührt und sie dadurch in ähnlicher Weise individualisiert wie einen Adressaten.[362]

Nachgeordnete staatliche Stellen (**Bundesländer, Regionen, Gemeinden**) müssen als nicht privilegierte Kläger die unmittelbare und individuelle Betroffenheit im Einzelnen darlegen.[363]

Voraussetzung ist die eigene Rechtspersönlichkeit, die nach nationalem Recht zu bestimmen ist.

Die individuelle Betroffenheit ist von der Herkunft der Beihilfe abhängig. Gewährt ein Bundesland die Beihilfe aus eigenen finanziellen Mitteln, ist es auch individuell betroffen.[364] Unmittelbare Betroffenheit ist dann anzunehmen, wenn die nachgeordnete

---

[357] *Bungenberg* in Immenga/Mestmäcker, WettbR V: BeihilfenR[6] Rechtsschutz Rn 136.

[358] EuGH 07.03.2002, C-310/99, *Italien/Kommission* Rn 65.

[359] Siehe dazu ausführlich *Bungenberg* in WettbR V: BeihilfenR[6] Rechtsschutz Rn 137.

[360] *Bungenberg* in WettbR V: BeihilfenR[6] Rechtsschutz Rn 135.

[361] Vgl EuGH 29.02.1996, C-56/93, *Belgien/Kommission*; EuGH 03.05.2001, C-204/97, *Portugal/Kommission.*

[362] EuGH 15.07.1963, Rs 25/62, *Plaumann/Kommission*; EuGH 02.04.1998, C-321/95 P, *Stichting Greenpeace Council (Greenpeace International) ua/Kommission*; EuG 08.05.1995, T-2/93, *Air France/Kommission*; EuG 21.10.2004, T-36/99, *Lenzing AG/ Kommission* Rn 73; EuGH 14.04.2005, T-88/1, *Sniace/Kommission*; EuGH 22.11.2007, C-525/04 P, *Spanien/Kommission.*

[363] EuGH 21.03.1997, C-95/97, *Wallonische Region/Kommission* Rn 6; EuGH 01.10.1997, C-180/97, *Regione Toscana/Kommission*; EuG 30.04.1998, T-214/95, *Vlaams Gewest/ Kommission.*

[364] EuG 15.06.1999, T-288/97, *Regione autonoma Friuli Venezia Giulia/Kommission* Rn 34; EuG 15.12.1999, verb Rs T-132/96 u T-143/96, *Freistaat Sachsen und VW/Kommission*; EuGH 30.09.2003, C-57/00 P, *Freistaat Sachsen und VW/Kommission.*

staatliche Stelle zu einem bestimmten Handeln oder Unterlassen verpflichtet ist, indem sie eine Gebietskörperschaft daran hindert, eine Beihilfe zu gewähren.[365]

Die Klagebefugnis ist nicht gegeben, wenn letztlich nicht die nachgeordnete staatliche Stelle, sondern die mitgliedstaatliche Regierung die politisch relevante Entscheidung trifft.[366]

Auch der **Beihilfeempfänger** muss eine unmittelbare und individuelle Betroffenheit nachweisen.

Der Beihilfeempfänger ist unmittelbar betroffen, wenn eine Einzelbeihilfe untersagt wird.[367] Unmittelbare Betroffenheit liegt auch bei der Rückforderung der an einen Beihilfeempfänger bereits ausgezahlten Beihilfe vor.[368]

Bei Beihilferegelungen ist die Klagebefugnis eines Beihilfeempfängers umstritten.[369] Keine unmittelbare Betroffenheit liegt etwa dann vor, wenn der Beschluss den Beihilfeempfänger wie jeden anderen Marktteilnehmer betrifft, der tatsächlich oder potentiell in der gleichen Lage wie der Beihilfeempfänger ist.[370] Bei allgemeinen Beihilferegelungen wird die individuelle Betroffenheit nur ausnahmsweise bejaht.[371] Bei sektoralen Beihilferegelungen begründet die reine Zugehörigkeit zum fraglichen Sektor noch keine individuelle Betroffenheit.[372]

Ein **Mitbewerber** des Beihilfeempfängers ist dann klagebefugt, wenn er unmittelbar und individuell betroffen ist.

Unmittelbar betroffen ist ein Wettbewerber dann, wenn eine Einzelbeihilfe unter Missachtung des Durchführungsverbots gewährt wird.[373]

Die individuelle Betroffenheit ist je nach Verfahrensstadium unterschiedlich. Im Rahmen der vorläufigen Prüfung ist es für den Wettbewerber ausreichend, wenn er geltend macht, dass er sich am förmlichen Prüfverfahren nicht beteiligen und folglich seine Verfahrensrechte nicht geltend machen konnte.[374] Lehnt die Kommission die Eröffnung des förmlichen Prüfverfahrens ab, ist jeder Beteiligte individuell betroffen.[375]

---

[365] *Bungenberg* in WettbR V: BeihilfenR[6] Rechtsschutz Rn 142.

[366] EuGH 10.07.1986, Rs 282/85, *DEFI* Rn 18 ff; EuG 15.06.1999, T-288/97, *Regione autonoma Friuli Venezia Giulia/Kommission.*

[367] *Winter*, The Rights of Complaints in State Aid Cases: Judicial Review of Commision Decisions Adopted under Article 88 (Ex 93) Ec, CMLR1999, 521 (525).

[368] EuG 13.06.2000, verb Rs T-204/97 u T-270/97, *EPAC/Kommission*; EuG 08.06.1995, T-459/93, *Siemens/Kommission*; EuGH 17.09.1980, Rs 730/79, *Philip Morris/Kommission.*

[369] Dazu *Bungenberg* in WettbR V: BeihilfenR[6] Rechtsschutz Rn 161 ff mwN.

[370] Dazu etwa EuGH 17.01.1985, Rs 11/82, *SA Piraiki-Patraiki ua/Kommission* Rn 14.

[371] Für eine extensive Auslegung der individuellen Betroffenheit: EuG 03.05.2002, T-177/01, *Jégo-Quéré & Cie SA/Kommission*; Restriktiv hingegen EuGH 25.07.2002, C-50/00, *Unión de Pequeños Agricultores/Rat* Rn 36 ff.

[372] EuGH 02.02.1988, Rs 67/85, *van der Kooy BV ua/Kommission* Rn 15; EuGH 29.04.2004, C-298/00 P, *Italien/Kommission* Rn 37; EuGH 17.09.2009, C-519/07 P, *Kommission/Koninklijke FrieslandCampina NV.*

[373] EuG 03.06.1999, T-17/96, *TF1/Kommission* Rn 30; *Soltész* in Hatje/Müller-Graff, EnzEuR IV[2] § 15 Rz 129; *Lorenz*, EWS 2008, 505.

[374] Dazu *Bungenberg* in WettbR V: BeihilfenR[6] Rechtsschutz Rn 183.

[375] EuGH 24.05.2011, C-83/09 P, *Kommission/Kronopoly* Rn 43 ff; EuGH 27.10.2011,

Im Rahmen des förmlichen Prüfverfahrens sind zwei Faktoren entscheidend: Erstens muss sich der Wettbewerber innerhalb des vorprozessualen Verfahrens aktiv beteiligen[376] und zweitens muss die Marktstellung des Wettbewerbers spürbar beeinträchtigt sein.[377]

e. Rechtsschutzinteresse

Nicht privilegierte Kläger (Beihilfeempfänger, Wettbewerber, nachgeordnete staatliche Stellen) müssen außerdem ein Rechtsschutzinteresse nachweisen.

Kann die unmittelbare und individuelle Betroffenheit bejaht werden, ist von einem Rechtsschutzinteresse auszugehen.[378]

Ein Rechtsschutzinteresse des Beihilfeempfängers liegt nicht vor, wenn eine angemeldete Beihilfe mit dem Binnenmarkt für vereinbar erklärt wird.[379] Ebenso wenig liegt ein Rechtsschutzinteresse vor, wenn zwischen dem Beihilfeempfänger und dem Wettbewerber kein Wettbewerbsverhältnis besteht.[380]

f. Aufschiebende Wirkung

Die Nichtigkeitsklage hat **keine aufschiebende Wirkung** (Suspensiveffekt).[381]

Ein Kommissionsbeschluss ist damit trotz einer eingebrachten Nichtigkeitsklage sofort und tatsächlich vollstreckbar. Um dies zu verhindern, muss gemäß Art 278 zweiter Satz AEUV sowie Art 279 AEUV einstweiliger Rechtsschutz gewährt werden. Letzteres kommt in nur sehr seltenen Fällen vor.[382]

Der betreffende Mitgliedstaat hat bei einem Rückforderungsbeschluss der Kommission trotz eingebrachter Nichtigkeitsklage die Beihilfe vom Beihilfeempfänger zurückzufordern.[383]

2. Untätigkeitsklage

Literatur: *Conte*, The EC Rules concerning existing aid: substantial and procedural aspects, Liber Amicorum Francisco Santaolalla Gadea: EC State Aid Law 2008, 289; *Daig*, Nichtigkeits- und Untätigkeitsklagen im Recht der Europäischen Gemeinschaften

C-47/10 P, *Österreich/Kommission* Rn 40 ff; EuGH 22.09.2011, C-148/09 P, *Belgien/Deutsche Post AG u DHL International* Rn 52 ff.

376 EuGH 28.01.1986, Rs 169/84, *Cofaz/Kommission* Rn 24 ff; EuG 21.10.2004, T-36/99, *Lenzing AG/Kommission* Rn 74 f; EuGH 22.11.2007, C-260/05 P, *Sniace/Kommission*; EuGH 22.11.2007, C-525/04 P, *Spanien/Kommission*;

377 EuGH 28.01.1986, Rs 169/84, *Cofaz/Kommission* Rn 25; EuGH 13.12.2005, C-78/03 P, *Kommission/Aktionsgemeinschaft Recht und Eigentum eV* Rn 37; EuG 15.06.2016, T-76/14, *Morningstar/Kommission* Rn 27 ff.

378 *Bungenberg* in WettbR V: BeihilfenR[6] Rechtsschutz Rn 142.

379 *Soltész* in Hatje/Müller-Graff, EnzEuR IV[2] § 15 Rz 109.

380 EuG 27.04.1995, T-443/93, *Casillo Grani SNC/Kommission.*

381 Art 278 erster Satz AEUV; Art 60 Abs 1 EuGH-Satzung.

382 *Kühling/Rüchardt* in Streinz, EUV/AEUV[3] Art 108 AEUV Rn 58.

383 Dazu aber EuGH 27.06.2000, C-404/97, *Kommission/Portugal*; EuGH 22.03.2001, C-261/99, *Kommission/Frankreich.*

(1985); *Frenz*, Handbuch Europarecht V: Wirkungen und Rechtsschutz (2010); *Gundel*, Die Untätigkeitsklage als neuer Rechtsbehelf für Lebensmittelunternehmen gegen das Ausbleiben von Kommissions-Durchführungsakten? ZLR 2018, 55; *Hakenberg/Seyr*, Verfahren vor dem Gerichtshof der EU[4] (2020); *Lorenz*, Weitere Stärkung der privaten Durchsetzung des Beihilfeverbots – „Athinaiki Techniki", EWS 2008, 505; *Immenga/Mestmäcker*, Wettbewerbsrecht V: Beihilfenrecht[6] (2022); *Pechstein*, EU-Prozessrecht[4] (2011); *Säcker*, Münchner Kommentar. Europäisches und Deutsches Wettbewerbsrecht V: Beihilfenrecht[4] (2022); *Schedl*, Die Untätigkeitsklage von Drittparteien in der EG-Fusionskontrolle, EWS 2006, 257; *Soltész*, Das prozedurale binnenmarktrechtliche Beihilfenaufsichtsrecht, in Hatje/Müller-Graff (Hrsg), Enzyklopädie Europarecht IV: Europäisches Binnenmarkt- und Wirtschaftsordnungsrecht[2] (2021); *Streinz*, EUV/AEUV[3] (2018); *Thiele*, Europäisches Prozessrecht[2] (2019).

Judikatur: EuGH 11.07.1979, Rs 59/79, *Fédération Nationale des Producteurs de Vins de Table et Vins de Pays/Kommission*; EuGH 20.03.1984, Rs 84/82, *Kommission/Deutschland*; EuGH 12.05.1985, Rs 13/83, *Europäisches Parlament/Rat*; EuGH 24.11.1992, verb Rs C-15/91 u C-108/91, *Buckl ua/Kommission*; EuG 13.11.1995, T-126/95, *Dumez/Kommission*; EuGH 18.03.1997, C-282/95 P, *Guérin automobiles/Kommission*; EuG 15.09.1998, T-95/96, *Gestevisión Telecinco/Kommission*; EuG 03.06.1999, T-17/96, *Télévision française 1 SA (TF1)/Kommission*; EuG 19.05.2011, T-423/07, *Ryanair/Kommission*; EuG 29.09.2011, T-442/07, *Ryanair Ltd/Kommission*; EuG 09.01.2012, T-407/09, *Neubrandenburger Wohnungsgesellschaft/Kommission*; EuGH 15.11.2012, C-145/12 P, *Neubrandenburger Wohnungsgesellschaft/Kommission*; EuGH 16.05.2013, C-615/11 P, *Kommission/Ryanair DAC*; EuG 01.02.2023, T-708/21, *NO/Kommission*.

Mit der Untätigkeitsklage wird überprüft, ob die Untätigkeit eines Organs, einer Einrichtung oder einer sonstigen Stelle der EU rechtmäßig ist. Ihrer Natur nach handelt es sich bei der Untätigkeitsklage um eine Feststellungsklage.[384]

Die Untätigkeitsklage gemäß Art 265 AEUV ist eine Feststellungsklage, mit der die Rechtswidrigkeit der Untätigkeit (zB der Kommission) festgestellt wird. Das Urteil stellt folglich ein Feststellungsurteil dar.

Im Verhältnis zur Nichtigkeitsklage gemäß Art 263 AEUV ist die Untätigkeitsklage subsidiär.[385] Der Unterschied zwischen den beiden Klagen: bei der Nichtigkeitsklage wird eine unrechtmäßige Aktion sanktioniert, währenddessen mit der Untätigkeitsklage die Beendigung eines unrechtmäßigen Unterlassens angestrebt wird.[386]

Auch wenn die Untätigkeitsklage für die Mitgliedstaaten bisher im Beihilferecht vollständig bedeutungslos geworden ist,[387] bietet sie für den Wettbewerber eines Beihilfeempfängers die Möglichkeit, nach einer eingebrachten Beschwerde auf ein Untätigwerden der Kommission zu reagieren.

384 *Dörr* in Grabitz/Hilf/Nettesheim, Das Recht der Europäischen Union Art 265 AEUV Rn 2 (Werkstand: 79. EL August 2023); *Niejhar* in MüKoWettbR V: BeihilfenR[4] Rechtsschutz vor den Unionsgerichten Rn 143.

385 *Niejhar* in MüKoWettbR V: BeihilfenR[4] Rechtsschutz vor den Unionsgerichten Rn 143.

386 *Gundel*, Die Untätigkeitsklage als neuer Rechtsbehelf für Lebensmittelunternehmen gegen das Ausbleiben von Kommissions-Durchführungsakten? ZLR 2018, 55.

387 *Niejhar* in MüKoWettbR V: BeihilfenR[4] Rechtsschutz vor den Unionsgerichten Rn 146.

Die **sachliche Zuständigkeit** hängt davon ab, ob die Klage durch einen privilegierten oder nicht privilegierten Kläger eingebracht wird.[388]

Bei Klagen durch privilegierte Kläger ist entscheidend, gegen wen die Klage eingebracht wird. Für Klagen natürlicher oder juristischer Personen (**nichtprivilegierte Kläger**) ist funktionell das **EuG** zuständig. Der EuGH hingegen ist grds für interinstitutionelle Klagen (zwischen Organen) zuständig.[389]

Bringt ein Mitgliedstaat als privilegierter Kläger eine Klage gegen die Kommission ein, ist idR das EuG zuständig. Bei Klagen gegen den Rat, EP und den Europäischen Rat ist der EuGH zuständig.

Beispiel: *Die Republik Österreich bringt gegen die Kommission eine Untätigkeitsklage ein. Funktionell ist dafür das EuG zuständig. Bringt etwa ein individuell und unmittelbar betroffener Wettbewerber eine Untätigkeitsklage gegen die Kommission ein, ist auch das EuG zuständig.*

Tauglicher Klagegegenstand einer Untätigkeitsklage ist gemäß Art 265 AEUV das **Unterlassen einer Beschlussfassung** trotz einer primärrechtlichen Verpflichtung.[390]

Ein unterbliebener Beschluss umfasst dabei jeden Rechtshandlungstyp iSd Art 288 AEUV sowie alle sonstigen verbindlichen und unverbindlichen Handlungsformen.[391]

Untätigkeitsklagen von Beihilfeempfängern oder anderen Beteiligten sind in der Praxis äußerst selten.[392] Eine Untätigkeitsklage kommt vielmehr dann in Betracht, wenn die Kommission trotz einer Beschwerde eines Wettbewerbers keinerlei Maßnahmen setzt.[393]

Denkbar wäre eine Untätigkeitsklage mE wohl auch bei einem von der Europäischen Kommission unbeachteten Auskunftsverlangen in Beihilfesachen, wenn etwa die Kommission schriftlich aufgefordert wird, zu einer beihilferechtlich begründeten Angelegenheit Stellung zu nehmen.

Eine Untätigkeitsklage nach Art 265 Abs 2 AEUV setzt ein Vorverfahren voraus. Dabei ist der Beklagte **zum Tätigwerden aufzufordern** und hat anschließend zwei Monate Zeit, Stellung zu nehmen. Erst nach weiterer Untätigkeit und Verstreichen der Frist kann innerhalb weiterer zwei Monate Klage beim zuständigen Gericht erhoben werden.

Diese Frist wird um die pauschale Entfernungsfrist von zehn Tagen nach Art 51 der Verfahrensordnung des Gerichtshofs bzw Art 60 der Verfahrensordnung des Gerichts ver-

---

388 Art 256 Abs 1 AEUV iVm Art 51 EuGH-Satzung.

389 Für Untätigkeitsklagen der Mitgliedstaaten und der Unionsorgane (interinstitutionelle Klagen) ist demnach abweichend von der Grundregel in Art 256 Abs 1 erster Satz AEUV, der eine Zuständigkeit des EuG für Klagen gemäß Art 265 AEUV vorsieht, der EuGH sachlich zuständig: *Cremer* in Calliess/Ruffert, EUV/AEUV[6] (2022) Art 265 AEUV Rz 2. Weitführend s dazu auch *Ehricke* in Streinz, EUV/AEUV[3] (2018) Art 265 AEUV Rz 3.

390 *Streinz*, Europarecht[10] Rz 680.

391 *Schröder*, Grundkurs Europarecht[6] (2019) § 9 Rz 55.

392 *Pechstein*, EU-ProzessR[4] Rn 634.

393 *Soltész* in Hatje/Müller-Graff, EnzEuR IV[2] § 15 Rz 138.

längert. Die Aufforderung hat schriftlich zu erfolgen. Erfolgt eine Stellungnahme innerhalb der ersten zwei Monate nach Aufforderung, ist die Untätigkeit beendet. Eine darauffolgende Klage wäre daher gegenstandlos und unzulässig.

Die Zulässigkeit der Untätigkeitsklage setzt somit voraus, dass das untätige Organ **zum Tätigwerden erfolglos aufgefordert** wurde und es innerhalb von zwei Monaten nach dieser Aufforderung nicht Stellung genommen hat.[394]

In Beihilfesachen hat ein Wettbewerber folglich zuerst ein Aufforderungsschreiben an die Kommission zu richten. Dies erfolgt durch das Beschwerdeformular gemäß Art 24 Abs 2 Verf-VO. Erst wenn die Kommission binnen zwei Monaten nicht Stellung genommen hat, ist die Untätigkeitsklage zulässig.[395] Die Kommission ist somit aufzufordern, eine sorgfältige und unparteiische Prüfung vorzunehmen, mit der behauptet wird, dass die beihilfegebende Stelle rechtswidrige und mit dem Binnenmarkt unvereinbare Beihilfen gewährt.[396]

Beispiel: *Der Unternehmer N bringt bei der Kommission zwei Beschwerden ein. Mit der ersten Beschwerde rügt er kartellrechtliche Verstöße, mit der zweiten Beschwerde bringt er mehrere Verstöße gegen Unionsrecht vor. Wenn mit einer Untätigkeitsklage auch Verstöße gegen das Beihilferecht vorgebracht werden sollen, hat N dafür zwingend das Beschwerdeformular für Beihilfen gemäß Art 24 Abs 2 Verf-VO zu nutzen, bevor er eine Untätigkeitsklage bei der Kommission einbringt. Andernfalls wird die Untätigkeitsklage ohne Erfolg bleiben.*[397]

Eine Untätigkeitsklage ist begründet, wenn zum Zeitpunkt der Aufforderung eine **Pflicht zum Handeln** bestand.[398]

Das kann dann der Fall sein, wenn ein Wettbewerber zwar eine Beschwerde gegen einen Kommissionsbeschluss einbringt, die Kommission aber keinen Beschluss in der Sache trifft und damit untätig bleibt.[399] Beendet die Kommission die vorläufige Prüfung nicht mit einem beendenden Beschluss, kommt eine Untätigkeitsklage ebenfalls in Betracht.[400]

---

394 EuGH 11.07.1979, Rs 59/79, *Fédération Nationale des Producteurs de Vins de Table et Vins de Pays/Kommission* Rn 2; EuGH 20.03.1984, Rs 84/82, *Kommission/Deutschland* Rn 23; *Niejhar* in MüKoWettbR V: BeihilfenR[4] Rechtsschutz vor den Unionsgerichten Rn 150 f; *Soltész* in Hatje/Müller-Graff, EnzEuR IV[2] § 15 Rz 138.

395 *Niejhar* in MüKoWettbR V: BeihilfenR[4] Rechtsschutz vor den Unionsgerichten Rn 150 f.

396 EuG 01.02.2023, T-708/21, *NO/Kommission* Rn 48 ff.

397 Vgl dazu EuG 01.02.2023, T-708/21, *NO/Kommission* Rn 48 ff.

398 EuG 03.06.1999, T-17/96, *Télévision française 1 SA (TF1)/Kommission*; EuG 29.09.2011, T-442/07, *Ryanair Ltd/Kommission.*

399 *Kühling/Rüchardt* in Streinz, EUV/AEUV[3] Art 108 Rn 64; *Niejhar* in MüKoWettbR V: BeihilfenR[4] Rechtsschutz vor den Unionsgerichten Rn 148. Zur Problematik von Untätigkeitsklagen von Wettbewerbern siehe *Conte*, The EC Rules concerning existing aid: substantial and procedural aspects, Liber Amicorum Francisco Santaolalla Gadea: EC State Aid Law 2008, 289 (307 f).

400 *Pechstein*, EU-ProzessR[4] Rn 635.

Wird das förmliche Prüfverfahren nicht innerhalb der 18-monatigen Frist abgeschlossen (und wird die Frist auch nicht verlängert), erscheint eine Untätigkeitsklage sowohl seitens des Beihilfeempfängers als auch eines Wettbewerbers möglich.[401]

In Verfahren bei rechtswidrigen Beihilfen ist die Kommission an keine Fristen gebunden. Eine Untätigkeitsklage ist jedenfalls dann zu erheben, wenn die vorläufige Prüfung unangemessen lange dauert.[402]

In den Rs *Ryanair/Kommission*[403] ist die Kommission auf eine Beschwerde hin völlig passiv geblieben. Die Untätigkeitsklagen von Ryanair waren erfolgreich.

Beispiel: *Der Mitgliedstaat S meldet bei der Kommission eine Beihilfe zugunsten eines heimischen Großunternehmens an. Aufgrund der COVID-19-Krise erlässt die Kommission nach mittlerweile 19 Monaten noch immer keinen Beschluss. S kann folglich eine Untätigkeitsklage gemäß Art 265 AEUV einbringen. Der Gerichtshof der EU wird die Untätigkeit der Kommission feststellen.*

3. Schadenersatzklage

Literatur: *Bacon*, European Union Law of State Aid[3] (2017); *Beljin*, Staatshaftung im Europarecht (2000); *Capelli/Nehls*, Die außervertragliche Haftung der Europäischen Gemeinschaft und Rechtsbehelfe zur Erlangung von Schadensersatz gemäß Art 215 EGV – Wertung, Kritik und Reformvorschlag, EuR 1997, 132; *Ehlers*, Die Schadensersatzklage des europäischen Gemeinschaftsrechts, Jura 2009, 187; *Eilmansberger*, Rechtsfolgen und subjektives Recht im Gemeinschaftsrecht (1997); *Ewert*, Die Funktion der allgemeinen Rechtsgrundsätze im Schadensersatzrecht der EWG (1991); *Koenig*, Haftung der Europäischen Gemeinschaft gem Art 288 II EG wegen rechtswidriger Kommissionsentscheidungen in Beihilfensachen, EuZW 2005, 202; *Ossenbühl/Cornils*, Staatshaftungsrecht[6] (2013); *Säcker*, Münchner Kommentar. Europäisches und Deutsches Wettbewerbsrecht V: Beihilfenrecht[4] (2022); *Soltész*, Das prozedurale binnenmarktrechtliche Beihilfenaufsichtsrecht, in Hatje/Müller-Graff (Hrsg), Enzyklopädie Europarecht IV: Europäisches Binnenmarkt- und Wirtschaftsordnungsrecht[2] (2021).

Judikatur: EuGH 14.07.1967, Rs 5/66 ua, *Kampffmeyer ua/Kommission*; EuGH 21.01.1976, Rs 40/75, *Produits Bertrand/Kommission*; EuGH 15.01.1987, Rs 253/84, *Groupement agricole d'exploitation en commun (GAEC) de la Ségaude/Rat u Kommission*; EuGH 30.01.1992, verb Rs C-363/88 u C-364/88, *Societá Finanziaria siderurgica Finsider ua/Kommission*; EuGH 05.03.1996, verb Rs C-46/93 u C-48/93, *Brasserie du Pécheur u Factortame*; EuG 28.01.1999, T-230/95, *Bretagne Angleterre Irlande (BAI)/ Kommission*; EuGH 04.07.2000, C-352/98 P, *Bergaderm u Goupi/Kommission*; EuGH 10.12.2002, C-312/00 P, *Kommission/Camar u Tico*; EuG 19.07.2007, T-344/04, *Denis Bouychou/Kommission*; EuG 08.11.2011, T-88/09, *Idromacchine*; EuGH 03.09.2013,

[401] *Bungenberg* in WettbR V: BeihilfenR[6] Rechtsschutz Rz 198.

[402] EuG 15.09.1998, T-95/96, *Gestevisión Telecinco/Kommission* Rn 73 f; EuG 03.06.1999, T-17/96, *Télévision française 1 SA (TF1)/Kommission*; *Soltész* in Hatje/Müller-Graff, EnzEuR IV[2] § 15 Rz 139.

[403] EuG 29.09.2011, T-442/07, *Ryanair Ltd/Kommission*; EuG 19.05.2011, T-423/07, *Ryanair/Kommission*.

C-34/12 P, *Idromacchine ua/Kommission*; EuG 13.01.2017, T-88/09, *Idromacchine ua/ Kommission.*

Auf Unionsebene kann mit einer Schadenersatzklage gemäß Art 268, 340 Abs 2 AEUV der in Ausübung einer Amtstätigkeit der Organe oder Bediensteten der Union verursachte Schaden verlangt werden. Die Schadenersatzklage richtet sich gegen ein Fehlverhalten der Unionsorgane.

Eine Schadenersatzklage in Beihilfesachen wird sich grds gegen die Kommission richten. Denkbar wäre aber auch eine Klage gegen den Rat wegen eines nach Art 108 Abs 2 UAbs 3 AEUV erlassenen rechtswidrigen Beschlusses.[404]

Als mögliche Kläger kommen grds Beihilfeempfänger und Wettbewerber in Betracht.

Der Beihilfeempfänger könnte dabei jenen Schaden geltend machen, der ihm durch einen Negativbeschluss entstanden ist.[405] Fraglich ist, ob auch der Schaden eingefordert werden kann, der dem Empfänger durch einen Positivbeschluss entstanden ist. Das wäre dann denkbar, wenn ein Mitgliedstaat auf Basis einer durch die EK genehmigten Beihilferegelung eine Beihilfe vom Beihilfeempfänger zurückfordert mit dem Argument, die Beihilferegelung fußt auf einer offenkundigen Beihilferechtswidrigkeit. In diesem Fall könnte man im Genehmigungszeitpunkt ein verursachtes Fehlverhalten der EK verorten, indem den Beihilfeempfängern durch das Vertrauen in die Rechtmäßigkeit der genehmigten Beihilferegelung ein Schaden entstanden sein kann. Daneben könnten aber auch Wettbewerber den Schaden geltend machen, der ihnen durch eine rechtswidrige Genehmigungsentscheidung oder dadurch entstanden ist, dass gegen eine rechtswidrige Beihilfegewährung von der Kommission nicht vorgegangen wurde.[406]

Eine Schadenersatzklage ist jedoch an mehrere Haftungsvoraussetzungen geknüpft. Art 340 Abs 2 AEUV wurde im Hinblick auf die allgemeinen Rechtsgrundsätze vom EuGH durch richterliche Rechtsfortbildung konkretisiert.[407]

Eine Schadenersatzklage ist begründet, wenn 1) das dem Unionsorgan vorgeworfene Verhalten oder Unterlassen rechtswidrig war, 2) ein Schaden eingetreten ist und 3) ein Kausalzusammenhang zwischen Schaden und dem Verhalten des Unionsorgans besteht.[408]

Eine Haftung der Union liegt nicht bei jedem rechtswidrigen Handeln der Kommission vor. Es muss vielmehr eine höherrangige Rechtsnorm, die den Einzelnen schützt, hinreichend qualifiziert verletzt sein.[409]

---

404 EuGH 15.01.1987, Rs 253/84, *Groupement agricole d'exploitation en commun (GAEC) de la Ségaude/Rat u Kommission.*

405 EuG 19.07.2007, T-344/04, *Denis Bouychou/Kommission.* Der Anwendungsbereich solcher Klage dürfte sehr beschränkt bleiben: EuGH 14.07.1967, Rs 5/66 ua, *Kampffmeyer ua/Kommission.*

406 *Soltész* in Hatje/Müller-Graff, EnzEuR IV[2] § 15 Rz 122, 144.

407 *Schröder*, Europarecht[6] § 10 Rz 4.

408 EuG 18.11.2004, T-176/01, *Ferriere Nord/Kommission* Rn 170 mwN.

409 Dazu *Niejhar* in MüKoWettbR V: BeihilfenR[4] Rechtsschutz vor den Unionsgerichten Rn 165.

Die Verletzung des Durchführungsverbots gemäß Art 108 Abs 3 AEUV ist unmittelbar anwendbar und schützt die Interessen der Geschädigten.[410]

Die **Rechtsverletzung** muss **hinreichend qualifiziert**, somit offenkundig und erheblich sein. Bei einem Beschluss, mit dem die Vereinbarkeit mit dem Binnenmarkt iSd Art 107 Abs 3 AEUV geprüft wird, ist ein solcher Verstoß aufgrund des weiten Ermessens der Kommission problematisch.[411]

Das Bestehen und der Umfang des Schadens sind vom Kläger zu beweisen.

Der Schaden umfasst dabei auch den entgangenen Gewinn und die Zinsen beginnend mit dem Tag der Urteilsverkündung.

Der Kausalzusammenhang zwischen dem erlittenen Schaden und dem Verhalten der Kommission wird oft schwer darzulegen sein.

So müsste der Wettbewerber etwa darlegen, dass sein Umsatzrückgang allein durch das rechtswidrige Verhalten der Kommission entstanden ist.[412] Alternativursachen für die Verluste (zB unternehmerisches Fehlverhalten) müssen ausgeschlossen sein.[413] Schadenersatzklagen sind wegen der hohen Anforderungen an die Kausalität, nur selten erfolgreich.

Ein Verschulden ist nicht erforderlich.

In der Rs *BAI/Kommission* versuchte ein Wettbewerber erfolglos den Verspätungsschaden, der ihm durch die verspätete Zustellung des Genehmigungsbeschlusses (nach 6 Monaten) entstanden ist, einzuklagen.

In der Rs *Idromacchine* wurde der begehrte Schadenersatz iHv ca € 5 Mio schließlich auf lediglich € 20.000 herabgesetzt.[414]

4. Vorabentscheidungsverfahren

Literatur: *L. Burgstaller*, CILFIT-Doktrin bestätigt und ergänzt, RdU 2022/41, 74; *Hakenberg/Seyr*, Verfahren vor dem Gerichtshof der EU[4] (2020); *Hilpold*, Stärkung der Vorlagepflicht letztinstanzlicher Gerichte, NJW 2021, 3290; *Immenga/Mestmäcker*, Wettbewerbsrecht V: Beihilfenrecht[6] (2022); *Jann*, Das Vorabentscheidungsverfahren: Grundfragen, Verfahrensablauf und aktuelle Entwicklungen, in Holoubek/Lang (Hrsg), Das EuGH-Verfahren in Steuersachen (2000) 13; *Klinger*, Die Vorlage an den Europäischen Gerichtshof im Rahmen des österreichischen Zivilverfahrens, European Law Reporter 2014, 72; *Lanser*, In dubio pro Vorlagepflicht, ecolex 2016, 1030; *Latzel/Streinz*, Das

---

410 EuGH 11.12.1973, Rs 120/73, *Lorenz*; EuGH 21.11.1991, C-354/90, *FNCE/Frankreich*; EuGH 11.07.1996, C-392/94, *SFEI*.

411 Vgl dazu aber EuGH 10.12.2002, C-312/00 P, *Kommission/Camar u Tico*; EuG 13.01.2017, T-88/09, *Idromacchine ua/Kommission*; *Soltész* in Hatje/Müller-Graff, EnzEuR IV[2] § 15 Rz 144.

412 Dazu EuGH 21.01.1976, Rs 40/75, *Produits Bertrand/Kommission* Rn 9 ff.

413 Dazu EuG 28.01.1999, T-230/95, *Bretagne Angleterre Irlande (BAI)/Kommission*; *Soltész* in Hatje/Müller-Graff, EnzEuR IV[2] § 15 Rz 144.

414 EuG 08.11.2011, T-88/09, *Idromacchine*.

richtige Vorabentscheidungsersuchen, NJOZ 2013, 97; *Obert*, Zur Zukunft der CILFIT-Doktrin: Zugleich eine Anmerkung zu den Schlussanträgen von GA Bobek in C-561/19, Consorzio Italian Management, Catania Multiservizi SpA/Rete/Ferroviaria Italiana SpA, GPR 2021, 150; *Schima*, Das Vorabentscheidungsverfahren vor dem EuGH³ (2015); *ders*, Die Gerichtseigenschaft als Voraussetzung der Vorlagefähigkeit, in Holoubek/Lang (Hrsg), Das EuGH-Verfahren in Steuersachen (2000) 25; *Stoll*, Zur europarechtlichen Vorlagepflicht der neuen Verwaltungsgerichte, JRP 2014, 228.

Judikatur: EuGH 06.10.1982, Rs 283/81, *CILFIT und Lanificio di Gavardo/Ministero della Sanità CILFIT*; EuGH 22.10.1987, C-314/85, *Foto-Frost/Hauptzollamt Lübeck-Ost*; EuGH 21.02.1991, verb Rs C-143/88 u C-92/89, *Zuckerfabrik Süderdithmarschen/ Hauptzollamt Itzehoe und Zuckerfabrik Soest GmbH/Hauptzollamt Paderborn*; VfGH 11.12.1995, B 2300/95, VfSlg 14.390/1995; EuGH 11.09.2008, verb Rs C-428/06 u C-434/06, *Unión General de Trabajadores de La Rioja (UGT-Rioja) ua/Juntas Generales del Territorio Histórico de Vizcaya ua*; EuGH 28.07.2016, C-379/15, *Association France Nature Environnement/Premier ministre und Ministre de l'Écologie, du Développement durable et de l'Énergie*; EuGH 06.10.2021, C-561/19, *Consorzio Italian Management.*

Das Vorabentscheidungsverfahren nach Art 267 AEUV verbindet den nationalen Rechtsschutz und den Unionsrechtsschutz.

Jedes Gericht iSd Art 267 AEUV ist **vorlageberechtigt**, **letztinstanzliche Gerichte** sind **vorlagepflichtig**. Nationale Gerichte können somit bei **Auslegungsfragen** im Hinblick auf das Beihilferecht den EuGH um Vorabentscheidung ersuchen.[415]

Maßgeblich ist dabei der unionsrechtliche Gerichtsbegriff.[416] Die ordentlichen Gerichte,[417] die Verwaltungsgerichte,[418] der OGH, VwGH und VfGH sind Gerichte iSd Art 267 AEUV.[419] Letztinstanzliches Gericht ist dabei nicht das in der Gerichtshierarchie jeweils oberste Gericht, sondern das Gericht, gegen dessen Entscheidung kein Rechtsmittel mehr eingelegt werden kann.[420] Die durchschnittliche Verfahrensdauer bei Vorabentscheidungsverfahren beträgt ca 17 Monate. Es gibt mittlerweile Vorschläge, in

---

415 Art 267 Abs 2 AEUV.

416 Weiterführend *Schima* in Holoubek/Lang, EuGH-Verfahren in Steuersachen, 25.

417 *Klinger*, ELR 2014, 72.

418 *Stoll*, JRP 2014, 228.

419 Keine Gerichte sind Schiedsgerichte oder bloße Registergerichte (zB in Grundbuchssachen, da keine Befassung mit einem Rechtsstreit gegeben ist). Dazu EuGH 15.03.2001, C-178/99, *Salzmann I.*

420 Im zivilgerichtlichen Verfahren muss im Einzelfall geprüft werden, ob noch ein Rechtsmittel gegen die Entscheidung zulässig ist. Im Verwaltungsverfahren ist der VwGH letztinstanzliches Gericht. In Fällen, in denen eine Revision gegen ihre Entscheidungen von Gesetzes wegen (Art 133 Abs zweiter Satz und Abs 9 zweiter Satz iVm § 25a Abs 2 und 4 VwGG) ausgeschlossen ist, sind die Verwaltungsgerichte letztinstanzliche Gerichte und damit vorlagepflichtig. Der VfGH ist vorlagepflichtiges Gericht, wenn er eine umfassende Nachprüfung aufgrund einer offenkundigen Verletzung von Unionsrecht noch vornehmen kann (denkunmögliche Anwendung), bei der Wahlgerichtsbarkeit oder bei der Beurteilung von Individualanträgen. Kann er das nicht mehr, gilt bereits die Instanz vor dem VfGH als letztinstanzlich und ist vorlagepflichtig. Im Bereich der GRC ist das Charta-Erkenntnis (VfSlg 19.632) zu beachten.

bestimmten Rechtsgebieten Vorabentscheidungsersuchen künftig auch an das EuG zu richten.[421]

Eine Vorlagepflicht für letztinstanzliche Gerichte besteht **nur bei Zweifel über die Auslegung** des Unionsrechts.

Ist die Auslegung des Unionsrechts aus der Rechtsprechung klar abzuleiten, oder besteht kein Raum für vernünftige Zweifel, so ist ein letztinstanzliches Gericht nicht verpflichtet, dem EuGH die Sache zur Vorabentscheidung vorzulegen (acte clair-Doktrin).[422] Ein vorlagepflichtiges Gericht muss eine mögliche Ausnahme von der Vorlagepflicht nach der Jud des EuGH auch begründen.[423] Es steht ihm vielmehr frei, dies zu tun.[424] Bei Fragen zur Gültigkeit von Sekundärrecht muss das nationale Gericht vorlegen (**Verwerfungsmonopol** des EuGH).[425]

In Beihilfesachen sind nationale Gerichte berechtigt, das Vorliegen einer Beihilfe am Tatbestand des Art 107 Abs 1 AEUV – nicht jedoch die Vereinbarkeit mit dem Binnenmarkt – zu prüfen.[426] Bei Zweifel über die Auslegung des Beihilfebegriffs **kann** ein **vorlageberichtigtes Gericht**, und **muss** ein **vorlagepflichtiges** Gericht diese Frage dem EuGH zur Vorabentscheidung gemäß Art 267 AEUV vorlegen.

Ist sich ein nationales Gericht nicht sicher, ob eine Beihilfe vorliegt, kann es zunächst auch die Kommission um Übermittlung von Informationen, die sich im Besitz der Kommission befinden oder um Stellungnahme zu Fragen, die die Anwendung der beihilferechtlichen Vorschriften betreffen, bitten (amicus curiae).[427] Davon unberührt bleibt die Vorabentscheidungsberechtigung/-verpflichtung.

---

421 Im Februar 2023 wurde eine Reform der EuGH-Satzung unter Beifall des EuGH angedacht, mit der künftig das EuG mit Vorabentscheidungsersuchen in bestimmten Aufgabengebieten (zB Mehrwertsteuer, Verbrauchsteuern, Fluggastrechte, Treibhausgasemmissionszertifikate, ua) befasst werden soll. Dadurch soll auch eine Entlastung des EuGH in Vorabentscheidungsverfahren erzielt werden. S dazu https://curia.europa.eu/jcms/upload/docs/application/pdf/2022-12/demande_transfert_ddp_tribunal_en.pdf.

422 EuGH 06.10.1982, Rs 283/81, *CILFIT und Lanificio di Gavardo/Ministero della Sanità*; EuGH 28.07.2016, C-379/15, *Association France Nature Environnement/Premier ministre und Ministre de l'Écologie, du Développement durable et de l'Énergie*.

423 EuGH 06.10.2021, C-561/19, *Consorzio Italian Management* Rn 22, worin der EuGH eine detaillierte Begründung der Gerichte verlangt, wenn sie von der Ausnahme einer Vorlagepflicht ausgehen. Der EuGH stärkte mit diesem Urteil grds die Vorlagepflicht letztinstanzlicher Gerichte und entwickelte die CILFIT-Doktrin fort: S dazu *Hilpold*, Stärkung der Vorlagepflicht letztinstanzlicher Gerichte, NJW 2021, 3290 (3292); *Obert*, Zur Zukunft der CILFIT-Doktrin: Zugleich eine Anmerkung zu den Schlussanträgen von GA Bobek in C-561/19, Consorzio Italian Management, Catania Multiservizi SpA/Rete/Ferroviaria Italiana SpA, GPR 2021, 150; so auch *L. Burgstaller*, CILFIT-Doktrin bestätigt und ergänzt, RdU 2022/41, 74; vgl auch die die bemerkenswerten Schlussanträge des GA 15.04.2021, C-561/19, *Consorzio Italian Management*.

424 EuGH 06.10.1982, Rs 283/81, *CILFIT und Lanificio di Gavardo/Ministero della Sanità* Rn 14 ff; EuGH 11.09.2008, verb Rs C-428/06 u C-434/06, *Unión General de Trabajadores de La Rioja (UGT-Rioja) ua/Juntas Generales del Territorio Histórico de Vizcaya ua* Rn 42 ff.

425 EuGH 22.10.1987, C-314/85, *Foto-Frost/Hauptzollamt Lübeck-Ost*.

426 EuGH 22.03.1977, Rs 78/76, *Steinike & Weinlig*; EuGH 21.11.1991, C-354/90, *FNCE/Kommission*; EuGH 05.10.2006, C-368/04, *Transalpine Ölleitung*.

427 Vgl Art 29 Abs 1 Verf-VO.

Eine Verletzung der Vorlagepflicht wird vom VfGH als Verletzung des Rechts auf den gesetzlichen Richter gewertet.[428]

5. Vertragsverletzungsverfahren

Literatur: *Frenz*, Handbuch Europarecht III: Beihilferecht² (2021); *Hakenberg/Seyr*, Verfahren vor dem Gerichtshof der EU⁴ (2020); *Immenga/Mestmäcker*, Wettbewerbsrecht V: Beihilfenrecht⁶ (2022); *Säcker*, Münchner Kommentar. Europäisches und Deutsches Wettbewerbsrecht V: Beihilfenrecht⁴ (2022); *Soltész*, Das prozedurale binnenmarktrechtliche Beihilfenaufsichtsrecht, in Hatje/Müller-Graff (Hrsg), Enzyklopädie Europarecht IV: Europäisches Binnenmarkt- und Wirtschaftsordnungsrecht² (2021); *Streinz*, EUV/AEUV³ (2018).

Judikatur: EuGH 14.02.1989, Rs 247/87, *Star Fruit/Kommission*; EuG 13.11.1995, T-128/95, *Aéroports de Paris/Kommission*; EuGH 27.06.2000, C-404/97, *Kommission/Portugal*; EuGH 22.03.2001, C-261/99, *Kommission/Frankreich*; EuGH 03.07.2001, C-378/98, *Kommission/Belgien*.

Wenn ein Mitgliedstaat einem Beschluss der Kommission nicht nachkommt, kann die Kommission unmittelbar den EuGH wegen Vertragsverletzung durch den Mitgliedstaat, der die rechtswidrige oder missbräuchliche Beihilfe gewährt hat, anrufen.[429] Diese Klagemöglichkeit der Kommission stellt eine speziell für die Beihilfekontrolle vorgesehene **Sonderform des Vertragsverletzungsverfahrens** (Aufsichtsklage, Staatenklage)[430] dar.[431]

Gegenstand des Verfahrens ist allein die Frage, ob der Mitgliedstaat die Pflichten verletzt hat, die ihm durch den Kommissionsbeschluss auferlegt wurden.[432]

Der Mitgliedstaat kann sich dabei nicht auf die Rechtswidrigkeit des Beschlusses berufen, auch dann nicht, wenn er in Rechtskraft erwachsen ist.[433]

Die Kommission verfügt bei der Entscheidung über die Einleitung eines Vertragsverletzungsverfahrens über ein **weites Ermessen**.[434]

Für die Anwendung des besonderen Vertragsverletzungsverfahrens kann nur die Frist gelten, die in der Entscheidung vorgesehen war, deren Nichtdurchführung beanstandet wird oder gegebenenfalls diejenige, die die Kommission anschließend festgesetzt hat.[435]

---

428 VfSlg 14.390/1995.

429 Art 108 Abs 2 UAbs 2 AEUV; Art 28 Abs 1 Verf-VO.

430 Zum Begriff Aufsichtsklage bzw Staatenklage siehe *Bungenberg* in WettbR V: BeihilfenR⁶ Rechtsschutz Rz 215 ff.

431 *Köster* in MüKoWettbR V: BeihilfenR⁴ Art 28 VO (EU) 2015/1589 Rz 2 mwN; *Bungenberg* in WettbR V: BeihilfenR⁶ Rechtsschutz Rz 215.

432 *Kühling/Rüchardt* in Streinz, EUV/AEUV³ Art 108 AEUV Rz 66; *Bungenberg* in WettbR V: BeihilfenR⁶ Rechtsschutz Rz 219.

433 EuGH 27.06.2000, C-404/97, *Kommission/Portugal* Rn 34; EuGH 22.03.2001, C-261/99, *Kommission/Frankreich* Rn 18 ff.

434 EuGH 14.02.1989, Rs 247/87, *Star Fruit/Kommission* Rn 11; EuG 13.11.1995, T-128/95, *Aéroports de Paris/Kommission* Rn 43.

435 EuGH 03.07.2001, C-378/98, *Kommission/Belgien* Rn 26.

Die Klagemöglichkeit der Kommission für die Beihilfekontrolle ist eine Sonderform des Vertragsverletzungsverfahrens.

6. Einstweiliger Rechtsschutz

Literatur: *Burianski*, Vorläufiger Rechtsschutz gegen belastende EG-Rechtsakte – Lasset alle Hoffnung fahren?, EWS 2006, 304; *Frenz*, Handbuch Europarecht III: Beihilferecht[2] (2021); *M. Jaeger*, Eilverfahren vor dem Gericht der Europäischen Union, EuR 2013, 3; *Immenga/Mestmäcker*, Wettbewerbsrecht V: Beihilfenrecht[6] (2022); *Soltész*, Das prozedurale binnenmarktrechtliche Beihilfenaufsichtsrecht, in Hatje/Müller-Graff (Hrsg), Enzyklopädie Europarecht IV: Europäisches Binnenmarkt- und Wirtschaftsordnungsrecht[2] (2021).

Judikatur: EuGH 20.09.1983, Rs 171/83, *Kommission/Frankreich*; EuGH 18.10.1991, C-213/91 R, *Abertal/Kommission*; EuG 02.08.2001, T-111/01 R, *Saxonia Edelmetalle/Kommission*; EuG 19.12.2001, T-195/01 R, *Government of Gibralter/Kommission*; EuG 10.06.2011, T-207/07 R, *Eurallumina/Kommission*; EuG 21.06.2011, T-209/11 R, *MB System/Kommission*; EuG 15.05.2018, T-901/16 R, *Elche Club de Fútbol/Kommission*; EuG 22.11.2018, C-315/18 P, *Valencia Club de Fútbol/Kommission*; EuG 03.11.2021, T-538/21 R, *Penya Barça Lyon/Kommission*; EuGH 30.11.2021, C-466/21 P-R, *Land Rheinland-Pfalz/Lufthansa.*; EuG 14.07.2023, T-126/23 R, *VC/EU-OSHA.*

Klagen vor dem EuG und dem EuGH haben keine aufschiebende Wirkung.[436] Beihilferechtliche Entscheidungen können daher vollzogen werden, obwohl klageweise um Rechtsschutz vor den Unionsgerichten ersucht wurde.[437] Es steht aber frei, einstweiligen Rechtsschutz zu beantragen.

Funktionell zuständig ist entweder der EuGH oder das EuG. Dies ist abhängig von der Entscheidungskompetenz im Hauptsacheverfahren. Für die Zuständigkeitsabgrenzung ist folglich Art 256 AEUV iVm Art 51 EuGH-Satzung maßgeblich.

Aufgrund der enormen wirtschaftlichen Relevanz von Beihilfen für Unternehmen und der Tatsache, dass das Ausbleiben von Beihilfen sogar bis zur Insolvenz reichen kann, hat der vorläufige Rechtsschutz in Beihilfesachen eine besondere Bedeutung.[438] Der unionsrechtliche Eilrechtsschutz hat in der beihilferechtlichen Praxis größtenteils aber keine große Aussicht auf Erfolg,[439] weshalb

---

[436] Art 278 erster Satz AEUV.

[437] *Frenz*, Handbuch EuR III Rz 2841.

[438] *Frenz*, Handbuch EuR III Rz 2842; *Bungenberg* in WettbR V: BeihilfenR[6] Rechtsschutz Rz 228 mwN.

[439] Im Schrifttum wird auch angemerkt, dass Anträge auf einstweiligen Rechtsschutz nur selten begehrt werden, was in Beihilfessachen wohl nicht ganz zutrifft, denn in jüngster Zeit ist zu beobachten, dass Anträge auf einstweiligen Rechtsschutz häufiger begehrt werden, wenn auch keiner dieser Anträge Aussicht auf Erfolg hatte: vgl dazu etwa EuGH 30.11.2021, C-466/21 P-R, *Land Rheinland-Pfalz/Lufthansa*; vgl auch *Burianski*, Vorläufiger Rechtsschutz gegen belastende EG-Rechtsakte – Lasset alle Hoffnung fahren?, EWS 2006, 304 (305).

ihm wenig praktische Bedeutung zugeschrieben wird.[440] Der Grund dafür liegt in den sehr hohen Anforderungen an die Begründetheit eines solchen Antrags.[441]

Der Antrag auf vorläufigen Rechtsschutz soll den Eintritt eines **nicht oder schwer wiedergutzumachenden Schadens** verhindern.

Ein Vermögensschaden ist abgesehen von außergewöhnlichen Umständen, nicht als ein „nicht oder schwer wiedergutzumachender Schaden" anzusehen.[442] Es ist die Schwere eines solchen Schadens ua im Hinblick auf die Größe und den Umsatz des Unternehmens sowie auf die Merkmale des Konzerns, zu dem es gehört, zu prüfen.[443] Die Judikatur verlangt dabei die Vorlage spezifischer und genauer Informationen, die durch detaillierte und beglaubigte Urkunden gestützt werden, aus denen eine Folgenabschätzung möglich ist.[444]

So muss einerseits die Notwendigkeit in tatsächlicher und rechtlicher Sicht glaubhaft gemacht werden (**fumus boni iuris**);[445] und der Antrag muss **dringlich** sein. Die Voraussetzungen sind **kumulativ**, sodass bei Fehlen eines Merkmals der Antrag zurückzuweisen ist.[446]

Der Kläger hat somit die Gründe anzugeben, aus denen sich die Dringlichkeit ergibt. Die Dringlichkeit bemisst sich danach, ob eine vorläufige Entscheidung notwendig ist, um einen schweren und nicht wiedergutzumachenden Schaden für den Kläger abzuwenden.[447] Dringlichkeit liegt etwa dann vor, wenn ohne den einstweiligen Rechtsschutz ein Insolvenzantrag gestellt werden müsste, der zur Vernichtung der Existenz des Antragstellers führt, ehe das Gericht in der Hauptsache entschieden hat.[448] Dringlichkeit liegt nach stRsp auch dann vor, wenn der befürchtete schwere oder nicht wiedergutzumachende Schaden in der Weise unmittelbar bevorsteht, dass sein Eintreten mit einem hinreichenden Grad an Wahrscheinlichkeit vorhersehbar ist. Die Tatsachen sind dabei zu beweisen, die die Erwartung eines solchen Schadens begründen sollen, wobei ein rein hypothetischer Schaden, soweit er vom Eintritt künftiger und ungewisser Ereignisse abhängt, den Erlass einstweiliger Anordnungen nicht rechtfertigen kann.[449]

---

440 *Soltész* in Hatje/Müller-Graff, EnzEuR IV² § 15 Rz 157 mwN, *Frenz*, Handbuch EuR III² Rz 2842.

441 EuG 10.06.2011, T-207/07 R, *Eurallumina/Kommission*; EuG 21.06.2011, T-209/11 R, *MB System/Kommission*; EuG 15.05.2018, T-901/16 R, *Elche Club de Fútbol/Kommission*; EuG 22.11.2018, C-315/18 P, *Valencia Club de Fútbol/Kommission.*

442 EuG 14.07.2023, T-126/23 R, *VC/EU-OSHA* Rz 27.

443 EuG 14.07.2023, T-126/23 R, *VC/EU-OSHA* Rz 28; EuG 21.01.2019, T-574/18 R, *Agrochem Maks/Kommission* Rn 33-34.

444 EuG 14.07.2023, T-126/23 R, *VC/EU-OSHA* Rz 29.

445 EuGH 30.11.2021, C-466/21 P-R, *Land Rheinland-Pfalz/Lufthansa*, Rn 20.

446 Die bloße Darlegung eines fumus boni iuris, und sei er noch so ausgeprägt, kann das völlige Fehlen der Darlegung der Dringlichkeit nur unter ganz außergewöhnlichen Umständen ausgleichen: vgl dazu EuG 15.12.2020, T-579/20 R, *Genekam Biotechnology/Kommission* Rn 38.

447 EuG 19.12.2001, T-195/01 R, *Government of Gibralter/Kommission*; *Soltész* in Hatje/Müller-Graff, EnzEuR IV² § 15 Rz 159.

448 EuG 28.05.2001, T-53/01 R, *Poste Italiana*, Rn 120.

449 EuG 16.02.2017, T-624/16 R, *Gollnisch/Parlament* Rn 25; EuG 15.12.2020, T-579/20 R, *Genekam Biotechnology/Kommission* Rn 30.

Hohe Anforderungen werden an die Geltendmachung finanzieller Einbußen gestellt. In Beihilfeverfahren scheitern die Kläger deshalb oft schon daran, dass ein finanzieller Schaden nicht als solcher Schaden angesehen wird.[450]

Die Gewährung vorläufigen Rechtsschutzes ist begründet, wenn dargetan ist, dass die Anordnungen dem ersten Anschein nach sachlich und rechtlich gerechtfertigt sind (**fumus boni iuris**) und dass sie in dem Sinne **dringlich** sind, dass es zur **Verhinderung eines schweren und nicht wiedergutzumachenden Schadens** für die Interessen des Antragsstellers erforderlich ist, dass sie vor der Entscheidung zur Hauptsache ergehen und Wirkungen entfalten.

Gemessen an der Erfolgsquote eines Antrags auf einstweiligen Rechtsschutz vor dem Gerichtshof der EU ist ein solcher Antrag vergleichbar mit dem Antrag auf aufschiebende Wirkung vor den Gerichtshöfen öffentlichen Rechts nach österreichischem Recht.

Beispiel: *Das Land Rheinland-Pfalz beantragte vorläufigen Rechtsschutz und brachte vor, dass bei den zu ergreifenden Maßnahmen (Rückforderung der Beihilfe) der Beihilfeempfänger in eine finanzielle Situation geriete, die ein Insolvenzverfahren erfordern und sogar zur Einstellung des Betriebs des Flughafens führen würde. Die vorgelegten Belege und Angaben reichten dem EuGH nicht aus, um die aktuelle finanzielle Situation des Beihilfeempfängers beurteilen zu können ua was die Höhe der Verluste im operativen Geschäft angeht. Im Ergebnis konnte rechtlich weder der schwere und nicht wiedergutzumachende Schaden noch die Dringlichkeit hinreichend nachgewiesen werden.*

Der einstweilige Rechtsschutz ist im EU-Beihilferecht im Ergebnis eine absolute Ausnahmeerscheinung, da die hohen Anforderungen die Kläger an derartigen Anträgen hindern.

Exkurs: Rechtsschutz bei drittstaatlichen Subventionen

Literatur: *Arhold*, Foreign Subsidies Regulation – Verordnung über Drittstaatssubventionen: Neue beihilfenrechtliche Herausforderungen insbesondere in den Bereichen M&A und Vergabe, EWS 2022, 310; *Bürger/Uzunçakmak/Weiß*, Die Foreign Subsidies Regulation – Ein weiteres Kontrollregime tritt in Kraft, Newsdienst Compliance 2023, 220002; *Ebrecht*, Foreign Subsidies Regulation and EU International Procurement – Necessity, Changes and Challengers, ZEuS 2022, 487; *Huber*, Kann die VO über Drittstaatssubventionen Europas Selbstbestimmung und Einfluss in der Welt sichern?, in Jaeger/Haslinger (Hrsg), Jahrbuch Beihilferecht (2023) 409; *Müller-Ibold/Herrmann*, Die Entwicklung des Europäischen Außenwirtschaftsrechts (2020-2022), EuZW 2022, 1085; *Quardt/Hanke*, Neues „Level Playing Field" für die Subventionskontrolle im Binnenmarkt?, BRZ 2021, 187; *Reichling/Montgomery Vollert*, Die Teilnahme (dritt-)staatlich begünstigter Wirtschaftsteilnehmer an Vergabeverfahren, GewArch 2022, 496; *Rump/*

[450] EuGH 18.10.1991, C-213/91 R, *Abertal/Kommission* Rn 24; EuG 21.06.2011, T-209/11 R, *MB System/Kommission* Rn 29.

Noßke, Die neue EU-Drittstaatensubventionsverordnung – Eine neue Säule in der Wettbewerbspraxis, BB 2023, 131; *Soltész*, Drittstaatensubventionsverordnung und Transaktionspraxis – EU-Kommission gibt Vorgeschmack, NZKart 2023, 121; *ders*, Neue Wettbewerbsinstrumente aus Brüssel: Das Weißbuch zu Drittstaatensubventionen, BB 2020, 1730; *Trapp*, Das Weißbuch der Kommission zur Gewährleistung fairer Wettbewerbsbedingungen bei Subventionen aus Drittstaaten, EuZW 2020, 964; *von Brauneck*, Zum Vorschlag einer EU-Verordnung über den Binnenmarkt verzerrende drittstaatliche Subventionen, WM 2021, 2319; *Weiß*, Die Kommissionsaufsicht über Subventionen aus Drittstaaten von Amts wegen im Vergleich zur Beihilfenaufsicht, EuZW 2022, 507; *ders*, Ex Officio Third Country Subsidies' Review – Similarities with and Differences to State Aid Procedures, ZEuS 2022, 467; *Weiß/Imhof*, Verordnung über wettbewerbsverfälschende Subventionen – eine Zeitenwende im EU-Subventionsrecht, ecolex 2023/33, 60.

Der Gerichtshof der EU hat die Befugnis zu unbeschränkter Ermessensnachprüfung von Beschlüssen, mit denen die Kommission Geldbußen oder Zwangsgelder verhängt hat. Er kann die verhängten Geldbußen oder Zwangsgelder aufheben, herabsetzen oder erhöhen (Art 45 FSR).

Die Beschlüsse der Europäischen Kommission richten sich an die betroffenen Unternehmen als Subventionsbegünstigte und können daher mit einer **Nichtigkeitsklage** angefochten werden.

Das von der drittstaatlichen Subvention begünstigte Unternehmen hat dabei ein Rechtsschutzinteresse vorzuweisen.

Andere Wettbewerber müssen (wahrscheinlich) ein besonderes Wettbewerbsverhältnis zu dem angeblichen Subventionsempfänger nachweisen, um einen akzeptierenden Beschluss der Europäischen Kommission angreifen zu können.

Ergeht kein Beschluss der Kommission, kann eine **Untätigkeitsklage** erhoben werden.[451]

B. Nationaler Rechtsschutz

Literatur: *Arturo*, Zum Rechtsschutz im Beihilfenrecht – Gemeinschaftsrechtlicher und privatrechtlicher Rahmen staatlicher Beihilfen (1999); *Barbist/Halder*, Die Rückforderung staatlicher Beihilfen am Beispiel des Verkaufs der Bank Burgenland, BRZ 2010, 83; *Barbist/Halder/Schachl*, Praxisstudie: Bank Burgenland Vertiefung ausgewählter Themen, in Haslinger/Jaeger (Hrsg), Jahrbuch Beihilferecht (2012) 551; *Barbist/Kröll*, Praxisstudie Durchsetzung des EU-Beihilferechts in der Europäischen Union im Lichte der „Study on the enforcement of State aid rules and decisions by national courts", in Jaeger /Haslinger (Hrsg), Jahrbuch Beihilferecht (2020) 521; *Bartosch*, Beihilfenrechtliches Verfahren und gerichtlicher Rechtsschutz, ZIP 2000, 601; *Bär-Bouyssiére* in Schwarze (Hrsg), EU-Kommentar[4] (2019) Art 108 AEUV; *Birnstiel/Bungenberg/Heinrich*, Europäisches Beihilfenrecht (2013); *Dorn*, Private und administrative Rechtsdurchsetzung im europäischen Beihilfenrecht (2017); *Dreher/Lübbig/Wolf-Posch*, Praxis des EU-Beihilferechts in Österreich (2017); *Eilmansberger*, Zivilrechtsfolgen gemeinschaftswidriger

[451] Art 265 AEUV.

Beihilfegewährung in Koppensteiner (Hrsg), Österreichisches und europäisches Wirtschaftsprivatrecht 8/2 (2000) 209; *Eilmansberger/Jaeger*, Zum Begriff der Durchführung rechtswidriger Beihilfen – Eine Untersuchung am Beispiel der österreichischen KWK-Förderung, wbl 2009, 482; *ders*, Zivilrechtsfolgen gemeinschaftswidriger Beihilfegewährung in Koppensteiner (Hrsg), Österreichisches und europäisches Wirtschaftsprivatrecht 8/2 (2000) 209; *Grabitz/Hilf/Nettesheim*, Das Recht der Europäischen Union: EUV/AEUV[72] (2021); *Horak*, Kein Anspruch auf Rückabwicklung eines Vertrags bei Verstoß gegen Beihilfenrecht, ecolex 2014, 623; *Jaeger*, Die höchstrichterliche Beihilfejudikatur in Deutschland: Ein Vorbild für Österreich?, wbl 2012, 9; *ders*, Facelifting für die nationale Durchsetzung des Beihilfeverbots, ecolex 2009, 369; *ders*, Hürden der Durchsetzung von Wettbewerbsrecht vor den Zivilgerichten, ÖZW 2007, 73; *ders*, Durchführungsverbot und rückwirkende Beihilfengenehmigung: Eine Kritik der österreichischen Rechtsprechung zu rechtswidrig durchgeführten, mit dem Gemeinsamen Markt vereinbaren Beihilfen, ZfV 2003, 645; *G. Kodek/Wutscher*, Praxisfragen der Rückforderung unionsrechtswidriger Beihilfen, ÖJZ 2017/143, 1041; *Kohl/Schwab*, Die nationalen Durchsetzungsinstrumente des Beihilfenrechts in Österreich, ecolex 2018, 439; *Kölbl*, „Kammerbeiträge" als staatliche Mittel iSd Art 107 Abs 1 AEUV? Zugleich eine Anmerkung zu VwGH 14.6.2022, Ra 2019/04/0072, ecolex 2023/156, 261; *ders*, Rechtsschutzpräklusion als Hindernis für den Wettbewerber beim beihilferechtlichen private enforcement?, BRZ 2022/3, 123; *ders*, Das beihilferechtliche Durchführungsverbot gemäß Art 108 Abs 3 AEUV als Schutzgesetz iSd § 1311 S 2 ABGB. Die E Frankfurt-Hahn als Vorbild für Österreich, ecolex 2022/233, 350; *ders*, Nationaler Rechtsschutz im EU-Beihilferecht – Private Enforcement (2023); *Lang*, Rechtsschutzfragen abgabenrechtlicher Beihilfengewährung, in Studiengesellschaft für Wirtschaft und Recht (Hrsg), Beihilfenrecht (2004) 69; *Lintschinger*, Private Durchsetzung des Beihilfeverbots und neuere Judikatur österr. und dt Gerichte, in Haslinger/Jaeger (Hrsg), Jahrbuch Beihilferecht (2012) 505; *ders*, Zur gerichtlichen Durchsetzung des Durchführungsverbots nach Art 108 Abs 3 AEUV in Österreich, BRZ 2010, 139; *Lotze*, Die zivilrechtliche Feststellungsklage als Instrument der Geltendmachung von Beihilfeverstößen durch Wettbewerber, BRZ 2011, 131; *Martin-Ehlers*, Die Bindungswirkung einer Eröffnungsentscheidung der Kommission im Beihilferecht, EuZW 2014, 247; *Potacs*, Rechtsschutzfragen öffentlich-rechtlicher Beihilfengewährung, in Studiengesellschaft für Wirtschaft und Recht (Hrsg), Beihilfenrecht (2004) 91; *Rabl*, Private Enforcement: Unterlassung bei Verstoß gegen beihilferechtliches Durchführungsverbot, ecolex 2010, 1010; *Rabl/Mrvošević*, Private enforcement im Beihilferecht: Eine Standortbestimmung, BRZ 2018, 59; *N. Raschauer*, Rechtsmittel der Bank Burgenlandzurückgewiesen, ZFR 2013, 312; *Rebhahn*, Beihilfen- und Subventionsrecht, in Raschauer (Hrsg), Grundriss des österreichischen Wirtschaftsrechts[2] (2003) 359; *Rennert*, Beihilferechtliche Konkurrentenklagen vor deutschen Verwaltungsgerichten, EuZW 2011, 576; *Rüffler*, Rechtsfolgen gesetzwidriger Beihilfengewährung, in Studiengesellschaft für Wirtschaft und Recht (Hrsg), Beihilfenrecht (2004) 141; *Soltész*, Private Enforcement im EU-Beihilferecht – Noch immer in den Kinderschuhen, NZKart 2018, 553; *Wiebe*, Wettbewerbs- und Immaterialgüterrecht[4] (2018); *Wiebe/Kodek*, UWG[2] (Stand 1.2.2020, rdb.at); *Zellhofer/Solek*, Nationaler Rechtsschutz gegen formell rechtswidrige Beihilfen in Österreich, in Haslinger/Jager (Hrsg), Jahrbuch Beihilferecht (2014) 539.

Judikatur: EuGH 11.12.1973, Rs 120/73, *Lorenz*; EuGH 21.05.1987, Rs 133/85, *Walter Rau Lebensmittelwerke ua/Bundesanstalt für landwirtschaftliche Marktordnung*; EuGH 21.11.1991, C-354/90, *FNCE/Frankreich*; EuGH 09.03.1994, C-188/92, *Textilwerke Deggendorf*; EuGH 11.07.1996, C-39/94, *SFEI/Laposte*; EuGH 13.01.2005, C-174/02, *Streekgewest*; EuGH 05.10.2006, C-368/04, *Transalpine Ölleitung Österreich*; OLG Wien 05.02.2007, 2 R 150/06b; EuGH 12.02.2008, C-199/06, *CELF und Ministre* *de la Culture et de la Communication*; OGH 15.12.2008, 4 Ob 133/08z – Bank Burgenland; VfGH 01.07.2009, A 10/08, VfSlG 18.824/2009; OGH 19.01.2010, 4 Ob 154/09i – Landesforstrevier L; OGH 21.06.2011, 4 Ob 40/11b – Murpark; OGH 25.03.2014, 4 Ob 209/13h; EuGH 21.11.2013, C-284/12, *Lufthansa/Frankfurt Hahn*; OGH 03.05.2017, 4 Ob 236/16h; EuGH 25.07.2018, C-135/16, *Georgsmarienhütte/Deutschland*; EuGH 23.01.2019, C-387/17, *Traghetti del Mediterraneo SpA*; EuGH 05.03.2019, C-349/17, *Eesti Pagar*.

Neben den Rechtsschutzmöglichkeiten auf Unionsebene (Nichtigkeitsklage, Untätigkeitsklage, Schadenersatzklage, etc) stehen den beihilferechtlichen Akteuren (Beihilfegeber, Beihilfeempfänger, Wettbewerber) auch auf nationaler Ebene Rechtsschutzmöglichkeiten zur Verfügung.

Der Unionsrechtsschutz schließt den nationalen Rechtsschutz keinesfalls aus, sondern besteht neben ihm.[452] In einer Beihilfekonstellation kann es somit durchaus vorkommen, dass das nationale Gericht und der Gerichtshof der Europäischen Union gleichzeitig tätig werden.[453]

In Österreich existiert kein eigenes Beihilfegesetz, das verfahrensrechtliche Regelungen über den Rechtsschutzweg vorsieht. Die Ausgestaltung des nationalen Rechtsschutzes in Beihilfesachen erfolgt nach den unionsrechtlichen Vorgaben und der Rechtsfortbildung durch den EuGH.

Das Durchführungsverbot ist unmittelbar anwendbar und begründet Rechte der Einzelnen, die vor den nationalen Gerichten zu beachten sind.[454] Die rechtstechnischen Vorschriften richten sich dabei nach dem internen Recht des jeweiligen Mitgliedstaates.[455] Die nationalen Gerichte müssen zugunsten des Einzelnen, entsprechend ihrem nationalen Recht sämtliche Folgerungen sowohl bezüglich der Gültigkeit der Rechtsakte zur Durchführung der Beihilfemaßnahmen als auch bezüglich der Betreibung der unter Verletzung des Durchführungsverbotes gewährten finanziellen Unterstützungen oder vorläufige Maßnahmen ziehen.[456]

Die Feststellung, dass eine Beihilfe unter Verstoß gegen das Durchführungsverbot gewährt worden ist, hat zur Folge, dass die Beihilfe unter Beachtung der innerstaatlichen Verfahrensvorschriften erstattet werden muss.[457]

Die Bestimmungen der zuständigen Gerichte und die Ausgestaltung des Verfahrens für die Klagen, die den Schutz der dem Einzelnen aus dem Unionsrecht erwachsenden Rechte gewährleisten soll, ist Sache der nationalen Rechtsordnung der einzelnen Mitgliedstaaten.[458] Dabei dürfen diese Bedingungen freilich nicht weniger günstig sein als diejenigen, die nationale Rechte betreffen

[452] EuGH 21.05.1987, Rs 133/85, *Walter Rau Lebensmittelwerke ua/Bundesanstalt für landwirtschaftliche Marktordnung* Rz 11.

[453] *Bungenberg* in WettbR V: BeihilfenR[6] Rechtsschutz Rz 7.

[454] EuGH 11.12.1973, Rs 120/73, *Lorenz* Rn 8.

[455] EuGH 11.12.1973, Rs 120/73, *Lorenz* Rn 9.

[456] EuGH 21.11.1991, C-354/90, *FNCE/Frankreich* Rn 12; EuGH 07.12.2023, C-700/22, *RegioJet, ua.*

[457] EuGH 11.07.1996, C-39/94, *SFEI/Laposte* Rn 68.

[458] EuGH 05.10.2006, C-368/04, *Transalpine Ölleitung* Rn 45.

(**Äquivalenzgrundsatz**) und sie dürfen die Ausübung des Durchführungsverbotes nicht praktisch unmöglich machen oder übermäßig erschweren (**Effektivitätsgrundsatz**).[459]

Aufgrund des unmittelbar anwendbaren Durchführungsverbots können sich die beihilferechtlichen Akteure direkt an die nationalen Gerichte wenden und einen Beihilfeverstoß geltend machen.

Zwischen der Kommission und den nationalen Gerichten besteht eine klare Aufgabenverteilung.

Die Kompetenz nationaler Gerichte umfasst die Auslegung des Beihilfebegriffs, nicht jedoch die Vereinbarkeitsprüfung einer Beihilfe mit dem Binnenmarkt. Letzteres fällt nämlich ausschließlich in die Zuständigkeit der Kommission, die der Kontrolle durch den Gerichthof der EU unterliegt.

Die nationalen Behörden verfügen über eine Rückabwicklungskompetenz bezüglich rechtswidrig gewährter Beihilfen.

Wird eine rechtswidrige Beihilfe gewährt und ordnet die Kommission dem betreffenden Mitgliedstaat die Rückforderung mittels Beschluss an, ist der Mitgliedstaat verpflichtet, den rechtswidrigen Zustand zu beseitigen, indem die Beihilfe zurückgefordert wird.

Erblickt die Kommission in einer Maßnahme Beihilfeelemente und eröffnet das förmliche Prüfverfahren, sind die nationalen Behörden verpflichtet, alle erforderlichen Maßnahmen zu treffen, um die Konsequenz aus einem eventuellen Verstoß gegen die Pflicht zur Aussetzung der Durchführung dieser Maßnahmen zu ziehen (**Bindungswirkung**).[460]

Für den Fall widerstreitender Rechtsansichten in Bezug auf das Vorliegen der Tatbestandsvoraussetzungen in Art 107 Abs 1 AEUV sind die nationalen Behörden an die Rechtsansicht der Kommission gebunden, sofern sie ein förmliches Prüfverfahren eingeleitet hat.

Für den nationalen Rechtsschutz kann zudem auch entscheidend sein, ob auf Unionsebene mit Nichtigkeitsklage gegen den Kommissionsbeschluss vorgegangen wurde.

Der EuGH hat nämlich für die Rechtsposition des Beihilfeempfängers klargestellt, dass der Beihilfeempfänger vor den nationalen Gerichten dann nicht die Rechtmäßigkeit des Kommissionsbeschlusses in Frage stellen kann, wenn er es nach Kenntnis des Beihilfebeschlusses versäumt hat, Nichtigkeitsklage binnen der Klagefrist auf Unionsebene zu erheben (**Präklusionswirkung**).[461] Das nationale Gericht ist vielmehr durch die Bestandskraft an die Entscheidung der Kommission gebunden. Das gilt im Übrigen auch für das Verfahren zur Vorabentscheidung (**Vorlagepräklusion**).[462]

---

[459] EuGH 05.10.2006, C-368/04, *Transalpine Ölleitung* Rn 45.

[460] EuGH 21.11.2013, C-284/12, *Lufthansa/Frankfurt Hahn* Rn 38, 42.

[461] EuGH 09.03.1994, C-188/92, *Textilwerke Deggendorf* Rn 17, 25.

[462] EuGH 25.07.2018, C-135/16, *Georgsmarienhütte/Deutschland* Rn 43. Zur Vorlagepräklusion s auch *Kölbl*, Rechtsschutzpräklusion als Hindernis für den Wettbewerber beim beihilferechtlichen private enforcement?, BRZ 2022/3, 123.; *ders*, Private Enforcement, 140 ff.

Die **Zuständigkeit** der nationalen Behörden und die **Ausgestaltung des Verfahrens** für die Klagen, die den Schutz der dem Einzelnen aus dem Unionsrecht erwachsenden Rechte gewährleisten soll, erfolgt **nach den nationalen Verfahrensvorschriften**.

Die Art der Beihilfegewährung bestimmt in weiterer Folge die zur Verfügung stehenden Rechtsschutzmöglichkeiten. Es ist zwischen zwei Arten der Beihilfegewährung zu differenzieren:

- die Beihilfe wird im Rahmen der **Privatwirtschaftsverwaltung** gewährt (durch Fördervertrag),
- die Beihilfe wird in **Form eines hoheitlichen Akts** gewährt (durch Bescheid, Gesetz).

Erfolgt die Beihilfevergabe durch einen Fördervertrag, müssen die staatlichen Mittel im **Zivilrechtsweg** zurückgefordert werden. Ist die Grundlage der Beihilfegewährung ein Bescheid, ist die Rückforderung im **Verwaltungsverfahren** (oder Abgabeverfahren) durchzusetzen.

Öffentlich-rechtlich gewährte Beihilfen werden vom Beihilfeempfänger mittels Bescheid zurückgefordert.[463] Erfolgt eine Beihilfegewährung durch einen Fördervertrag und muss der betreffende Mitgliedstaat die Beihilfe zurückfordern, ist Klage beim zuständigen Zivilgericht einzubringen.[464]

In Österreich können Beihilfen entweder im Wege der Privatwirtschaftsverwaltung (durch privatrechtlichen Vertrag) oder aber durch einen hoheitlichen Akt (zB durch Bescheid) gewährt werden. Die Art der Beihilfegewährung bestimmt das weitere Verfahren, indem entweder der Zivilrechtsweg (privatwirtschaftliche Beihilfevergabe) oder der Verwaltungsrechtsweg (öffentliche Beihilfevergabe) beschritten werden muss.

1. Privatwirtschaftliche Beihilfengewährung

Literatur: *Arturo*, Zum Rechtsschutz im Beihilfenrecht – Gemeinschaftsrechtlicher und privatrechtlicher Rahmen staatlicher Beihilfen (1999); *Barbist/Halder*, Die Rückforderung staatlicher Beihilfen am Beispiel des Verkaufs der Bank Burgenland, BRZ 2010, 83; *Barbist/Halder/Schachl*, Praxisstudie: Bank Burgenland Vertiefung ausgewählter Themen, in Haslinger/Jaeger (Hrsg), Jahrbuch Beihilferecht (2012) 551; *Barbist/Kröll*, Praxisstudie Durchsetzung des EU-Beihilferechts in der Europäischen Union im Lichte der „Study on the enforcement of State aid rules and decisions by national courts“, in Jaeger /Haslinger (Hrsg), Jahrbuch Beihilferecht (2020) 521; *Eilmansberger*, Zivilrechtsfolgen gemeinschaftswidriger Beihilfegewährung in Koppensteiner (Hrsg), Österreichisches und europäisches Wirtschaftsprivatrecht 8/2 (2000) 209; *Jaeger*, Hürden der Durchsetzung von Wettbewerbsrecht vor den Zivilgerichten, ÖZW 2007, 73; *ders*, Facelifting für die nationale Durchsetzung des Beihilfeverbots, ecolex 2009, 369; *G. Kodek/Wutscher*,

[463] *Dreher/Lübbig/Wolf-Posch*, EU-Beihilferecht Rz 431.

[464] Dazu der Fall Bank Burgenland OGH 15.12.2008, 4 Ob 133/08z – Bank Burgenland.

Praxisfragen der Rückforderung unionsrechtswidriger Beihilfen, ÖJZ 2017/143, 1041; *Kölbl*, Nationaler Rechtsschutz im EU-Beihilferecht – Private Enforcement (2023); *ders*, Das beihilferechtliche Durchführungsverbot gemäß Art 108 Abs 3 AEUV als Schutzgesetz iSd § 1311 S 2 ABGB. Die E Frankfurt-Hahn als Vorbild für Österreich, ecolex 2022/233, 350; *Lintschinger*, Private Durchsetzung des Beihilfeverbots und neuere Judikatur österr und dt Gerichte, in Haslinger/Jaeger (Hrsg), Jahrbuch Beihilferecht (2012) 505; *Lotze*, Die zivilrechtliche Feststellungsklage als Instrument der Geltendmachung von Beihilfeverstößen durch Wettbewerber, BRZ 2011, 131; *Rabl/Mrvošević*, Private enforcement im Beihilferecht: Eine Standortbestimmung, BRZ 2018, 59; *B.Raschauer/Ennöckl/N.Raschauer*, Wirtschaftsrecht^4 (2021); *Rüffler*, Rechtsfolgen gesetzwidriger Beihilfengewährung, in Studiengesellschaft für Wirtschaft und Recht (Hrsg), Beihilfenrecht (2004) 141; *Wiebe*, Wettbewerbs- und Immaterialgüterrecht^4 (2018); *Wiebe/Kodek*, UWG^2 (Stand 1.2.2020, rdb.at); *Zellhofer/Solek*, Nationaler Rechtsschutz gegen formell rechtswidrige Beihilfen in Österreich, in Haslinger/Jaeger (Hrsg), Jahrbuch Beihilferecht (2014) 539.

Judikatur: EuGH 11.07.1996, C-39/94, *SFEI ua*; EuGH 05.10.2006, C-368/04, *Transalpine Ölleitung*; EuGH 12.02.2008, C-199/06, *CELF*; OGH 15.12.2008, 4 Ob 133/08z – Bank Burgenland; OGH 19.01.2010, 4 Ob 154/09i – Landesforstrevier L; OGH 21.06.2011, 4 Ob 40/11b – Murpark; OGH 25.03.2014, 4 Ob 209/13h – Bank Burgenland; OGH 03.05.2017, 4 Ob 236/16h; OGH 22.04.2022, 4 Ob 47/22y.

In Österreich werden Beihilfen überwiegend im Wege der Privatwirtschaftsverwaltung gewährt.[465] Die Grundlage für die Beihilfegewährung ist dann ein zwischen Beihilfeempfänger und Beihilfegeber geschlossener **Vertrag**.

Für die Rückforderung rechtswidriger Beihilfen bedeutet das, dass privatrechtlich gewährte Beihilfen in einem **Zivilverfahren** zurückzufordern sind.[466]

Die beihilferechtlichen Akteure (Beihilfegeber, Beihilfeempfänger, Wettbewerber) können sich bei einer Verletzung des Durchführungsverbotes vor nationalen Gerichten auf die unmittelbare Anwendbarkeit berufen. Die Gerichte haben sodann die Rechte des Einzelnen zu schützen und etwaige Maßnahmen in Bezug auf die Gültigkeit des Rechtsaktes und die Rückerstattung bzw vorläufige Maßnahmen anzuordnen.

Auf nationaler Ebene wird sich primär die Frage nach dem Rechtsschutz von **Wettbewerbern** stellen.[467]

Beispiel: *In der Finanzkrise gewährt die Republik Österreich einem heimischen Großunternehmen ein Wandeldarlehen in der Höhe von € 150 Mio. Die Kommission erklärt diese Beihilfe als mit dem Binnenmarkt vereinbar und übermittelt der Republik Österreich den positiven Genehmigungsbeschluss. Ein französisches Großunternehmen sieht darin eine erhebliche Wettbewerbsverfälschung und will gegen den Kommissionsbeschluss vorgehen.*

---

465 *Dreher/Lübbig/Wolf-Posch*, EU-Beihilferecht Rz 442; *Rüffler*, Rechtsfolgen gesetzwidriger Beihilfengewährung, in Studiengesellschaft für Wirtschaft und Recht (Hrsg), Beihilfenrecht (2004) 141 (144).

466 *Dreher/Lübbig/Wolf-Posch*, EU-Beihilferecht Rz 431, 442.

467 S dazu die Entscheidungen OGH 15.12.2008, 4 Ob 133/08z – Bank Burgenland; OGH 19.01.2010, 4 Ob 154/09i – Landesforstrevier L.

a. Rückforderung durch den Mitgliedstaat

Der Mitgliedstaat hat bei einem Verstoß gegen das Durchführungsverbot die Erstattung der Beihilfe nach innerstaatlichem Recht zu veranlassen.[468] Als Adressat des Beschlusses stellt sich vor allem für den Mitgliedstaat die Frage, wie eine rechtswidrige Beihilfe zurückzufordern ist, wenn Beihilfen nicht durch den Bund, sondern durch die Länder oder Gemeinden gewährt worden sind.[469]

Im Fall Bank Burgenland[470] hat die Kommission die Republik Österreich zum ersten Mal zur Rückforderung einer Beihilfe verpflichtet. Adressat der Rückforderungsentscheidung ist der jeweilige Mitgliedstaat und nicht der eigentliche Beihilfegeber (Land Burgenland). Da im Zivilverfahren nur der eigentliche Beihilfegeber Partei ist, stellt sich die Frage, mit welchen Mitteln der Bund dennoch unmittelbar Einfluss auf ein allfälliges Zivilverfahren zur Rückforderung der Beihilfe hat.[471] Eine Rückforderung durch Hoheitsakt (Rückzahlungsbescheid) als kostengünstigere und raschere Variante, bedürfte entsprechender gesetzgeberischer Maßnahmen.[472]

Zu dieser komplexen Konstellation werden im Schrifttum zwei Lösungsvarianten diskutiert:

Der eine Teil der Lehre prolongiert eine Art „Vertretertheorie", indem eine gesetzliche Vertretung des Bundes gestützt auf Art 23d Abs 5 B-VG konstruiert und der Bund als gesetzlicher Vertreter jenes Bundeslandes angesehen wird, das die Beihilfe gewährt hat und sich weigert diese zurückzufordern.[473] Der andere Teil der Lehre spricht sich für einen allgemeinen deliktischen Anspruch des Bundes gegen den Beihilfeempfänger auf Beseitigung des im Behalten der rechtswidrigen Beihilfe liegenden unionsrechtswidrigen Zustands aus.[474] Meines Erachtens ist die „Vertretertheorie" im Rahmen einer Einpassung des Zuständigkeitsübergangs kraft Art 23d Abs 5 B-VG in das System des Zivilverfahrensrechts als unionsrechtswidrig abzulehnen. Dieser Ansatz würde voraussetzen, dass der Begriff „Gerichtshof der EU" unionsrechtskonform dahingehend erweitert würde, dass auch die Kommission darunter erfasst ist. Eine interpretative Erweiterung dahingehend, dass auch die Feststellung der Säumnis durch die EK unter den Begriff Gerichtshof der EU subsumierbar ist, widerspricht nicht nur dem primären Unionsrecht, sondern führt de lege lata zu einem unzulässigen Auslegungsergebnis contra legem.[475]

Aus der Sicht des Effektivitätsgrundsatzes sprechen die besseren Argumente für die Sichtweise von *G. Kodek/Wutscher*, indem man einen allgemeinen deliktischen Anspruch des Bundes gegen den Beihilfeempfänger auf Beseitigung des im Behalten der rechtswidrigen Beihilfe liegenden unionsrechtswidrigen Zustands annimmt. Mittels eines Beseitigungsanspruchs erreicht der Bund, dass der rechtswidrige Zustand, der im Behalten

468 EuGH 11.07.1996, C-39/94, *SFEI ua*, Rz 68.

469 Zur Problematik siehe ausführlich *Barbist/Halder/Schachl* in Jahrbuch Beihilferecht (2012), 551; s auch *Barbist/Halder*, Die Rückforderung staatlicher Beihilfen am Beispiel des Verkaufs der Bank Burgenland, BRZ 2010, 79.

470 OGH 15.12.2008, 4 Ob 133/08z; OGH 25.03.2014, 4 Ob 209/13h.

471 *Barbist/Halder/Schachl* in Jahrbuch Beihilferecht (2012) 551 (561 f)

472 *Barbist/Halder*, BRZ 2010, 79 (85 f); *Barbist/Halder/Schachl* in Jahrbuch Beihilferecht 2012, 551 (561).

473 *Barbist/Halder/Schachl* in Jahrbuch Beihilferecht (2012), 551 (561).

474 *G. Kodek/Wutscher*, ÖJZ 2017/143, 1041 (1045

475 *Kölbl*, Private Enforcement, 143.

der rechtswidrigen Beihilfe liegt, rückgängig gemacht wird. Sieht man in Art 108 Abs 3 AEUV ein Schutzgesetz,[476] könnte man zudem einen vom UWG losgelösten allgemeinen quasi-negatorischen Beseitigungsanspruch vertreten.[477]

Das wohl prominenteste österreichische Beispiel einer beihilferechtlichen Rückforderung im Wege der Privatwirtschaftsverwaltung ist die Rechtssache Bank Burgenland.

b. Informationsrückstand

Der Informationsrückstand[478] über gewährte Beihilfen betrifft vor allem die Wettbewerber des Beihilfeempfängers. Wettbewerber werden in aller Regel von den Beihilfemaßnahmen zugunsten des Beihilfeempfängers nichts wissen und liegen somit klar im Nachteil. Bis auf die unionsrechtlichen beihilferechtlichen Veröffentlichungspflichten über die Beihilfetransparenzdatenbank wird er wenig Einsicht in die Beihilfepraxis von Bund, Ländern oder Gemeinden haben.

Zudem gibt es zwar eine beim BMF eingerichtete Transparenzdatenbank, in der bestimmte Informationen über einzelne Förderungen und bestimmte Informationen über deren Beihilfecharakter enthalten sind, doch weist die Transparenzdatenbank auch einige Schwächen auf, indem daraus bspw nicht sämtliche Leistungen der Länder und Gemeinden hervorgehen.[479]

Auf der Grundlage des Auskunftspflichtgesetzes könnte man sich nach den Beihilfemaßnahmen bei den beihilfegebenden Stellen erkundigen. Die Auskunft kann von den beihilfegebenden Stellen in der Praxis aber auch verweigert werden.

Im Zweifel kann die beihilfegebende Stelle mit Verweis auf die Amtsverschwiegenheit[480] gemäß Art 20 Abs 3 und 4 B-VG, verfahrensökonomischen oder datenschutzrechtlichen Argumenten die Anfrage blockieren. Bei meldepflichtigen Beihilfen wird mE aber davon auszugehen sein, dass die beihilfegebende Stelle diese Auskunft zu erteilen hat, andernfalls der Bescheid im Instanzenzug bekämpft werden kann.

---

[476] LG Eisenstadt 18.08.2015, 2 Cg 26/09x: Zur Diskussion der Qualifikation des Durchführungsverbot als Schutzgesetz vgl *Kölbl*, Das beihilferechtliche Durchführungsverbot gemäß Art 108 Abs 3 AEUV als Schutzgesetz iSd § 1311 S 2 ABGB. Die E Frankfurt-Hahn als Vorbild für Österreich, ecolex 2022/233, 350; *Kölbl*, Private Enforcement, 128.

[477] *G. Kodek/Wutscher*, Praxisfragen der Rückforderung unionsrechtswidriger Beihilfen, ÖJZ 2017/143, 1041 (1045); *E. Wagner*, Gesetzliche Unterlassungsansprüche im Zivilrecht (2006) 438.

[478] Ausführlich dazu *Kölbl*, Private Enforcement, 219 ff.

[479] Weiterführend dazu *Schmidl*, Die Transparenzdatenbank, in Baumgartner (Hrsg), Jahrbuch Öffentliches Recht (2014) 307 (320).

[480] S dazu einzelne Anfragen von NGOs an die Förderstellen, die mittels Bescheidbeschwerden bekämpft werden mussten: So etwa eine Anfrage über von der LReg gewährte Medienförderungen: LVwG NÖ 27.05.2022, LVwG-AV-642/001-2021; zur Anfrage einer Rechercheplattform an diverse Gemeinden, um eine eigene Transparenzdatenbank zu erstellen: s den LVwG Stmk 07.08.2019, LVwG 41.11-323/2019.

Beispiel: *Der Mitbewerber eines Microfaserherstellers Y erfährt über die Medien von Förderungen iHv mehreren Millionen Euro zugunsten seines Mitbewerbers Z. Er möchte sich nun über die ihn wettbewerbsbenachteiligenden Maßnahmen bei der zuständigen beihilfegewährenden Stelle informieren. Y könnte zunächst versuchen über die Transparenzdatenbank nach Förderungen zugunsten von Z zu suchen. Zudem könnte er über diverse beihilfegebende Stellen einen Auskunftsanspruch nach dem jeweiligen Auskunftspflichtsgesetz stellen.*

Im zivilgerichtlichen Verfahren wird die prozessuale Hürde regelmäßig darin bestehen, dass ein klagender Wettbewerber in seiner Klage alle beihilferelevanten Tatsachen vorzutragen hat, wozu er aufgrund des Informationsdefizites oftmals aber nicht in der Lage sein wird.[481]

Der Nachweis, dass überhaupt eine Beihilfe gewährt wurde oder im konkreten Fall eine Notifzierungspflicht bestand, wird vom Wettbewerber schwer zu führen sein.[482]

Auch für die nationalen Gerichte gestaltet sich die Überprüfung der Voraussetzungen für das Vorliegen einer Beihilfe als eine sehr schwierige Aufgabe.[483]

Im zivilgerichtlichen Verfahren trägt jede Partei die Beweislast für das Vorliegen aller tatsächlichen Voraussetzungen der ihr günstigen Rechtsnorm (sog „Rosenbergsche" Formel). Mit der Beweislast korreliert auch die Behauptungslast die die Partei zwingt, die für sie günstigen Tatsachen vorzubringen.

Mangels nat Beihilfenormen insb beihilferechtsspezifischer Beweisregeln trifft den Wettbewerber damit nach allgemeinen Beweisregeln die volle Beweislast. Der Wettbewerber trägt sohin auch das Risiko eines non liquet.[484] Schließlich hat der Wettbewerber bestimmte beihilferelevante Tatsachen vor dem nat Richter nachzuweisen.[485] Verglichen zum Wettbewerber gestaltet sich die Lage des Beihilfeempfängers komfortabler, da der Wettbewerber idR auch nicht über alle vertraulichen Informationen verfügen wird, die erforderlich sind, um den Nachweis einer rechtswidrigen Beihilfe auch tatsächlich darlegen zu können.[486]

---

481 *Soltész*, ZWeR 2006, 388 (391); s auch *Unger/Hug*, Private Enforcement in Germany, in Wollenschlager/Wurmnest/M. J. Möllers (Hrsg), Private Enforcement of European Competition and State Aid Law. Current Challenges and the Way Forward (2020) 249 (257 f).

482 Hinzu kommt der Umstand, dass Beihilfen in vielerlei Gestalt auftreten können: Als Kapitalbeteiligungen, unternehmensspezifische Ausbildungsbeihilfen, Verzichte auf bestimmte Leistungen oder auch die Nichtdurchsetzung bestimmter staatlicher Forderungen. Zu den verschiedensten Arten von Beihilfen vgl Zweiter Teil Kapitel II.

483 In diesem Zusammenhang ist auf die komplexen betriebswirtschaftlichen Zusammenhänge beim sog Private Investor Test hinzuweisen.

484 Kann eine bestimmte tatbestandsrelevante Tatsache nicht erwiesen, aber auch nicht widerlegt werden, bleibt der Sachverhalt unklar („non liquet").

485 Vgl dazu auch zum deutschen Recht: *Soltész*, Private Rechtsdurchsetzung durch Wettbewerber im europäischen Beihilferecht – Vision oder Illusion?, ZWeR 2006, 388 (393).

486 *Barbist/Kröll* in Jahrbuch Beihilferecht (2020) 521 (528); *Jaeger*, ÖZW 2007, 73 (80); *Soltész*, Der Rechtsschutz des Konkurrenten gegen gemeinschaftswidrige Beihilfen vor nationalen Gerichten, EuZW 2001, 202 (205 ff).

Im Schrifttum versucht man dieses Problem mit **Beweislasterleichterungen**[487] oder mit dem **Effektivitätsgrundsatz**[488] zu überwinden.

Der Effektivitätsgrundsatz kann nämlich auf die Beweisregeln durchschlagen, indem etwa die Beweisvorlage die Durchsetzung des Durchführungsverbots unmöglich macht oder übermäßig erschwert.

Eine mögliche Anspruchsgrundlage bestünde auch in einer unionsrechtskonformen Auslegung von § 303 ZPO. Behauptet nämlich eine Partei (zB Wettbewerber), dass sich eine für ihre Beweisführung erhebliche Urkunde in den Händen des Gegners (zB Beihilfeempfänger oder –geber) befindet, so kann das Gericht auf ihren Antrag dem Gegner die Urkundenvorlage mit Beschluss auftragen. Im Antrag müsste aber freilich glaubhaft gemacht werden, dass die Urkunde im Besitz des Gegners ist. Auch die kartellrechtlichen Beweislasterleichterungen wurden de lege ferenda mit Verweis auf den Effektivitätsgrundsatz auch für das Beihilferecht als mögliches Vorbild gesehen.[489]

In der Literatur[490] wurde für die vorprozessuale Informationsbeschaffung auch die **Stufenklage** nach Art XL II Abs 3 EGZPO[491] als mögliche Anspruchsgrundlage erwogen.

Die Stufenklage enthält ein zweistufiges Klagebegehren, indem zunächst die Rechnungslegung bzw die eidliche Vermögens- oder Schuldenangabe und anschließend dessen Herausgabe begehrt wird. Mit der Stufenklage kann der Kläger somit Forderungen einklagen, deren Höhe er mangels Kenntnisstandes nicht beziffern kann, da der Beklagte über diese Informationen verfügt.[492] In der öst Jud wurde die Stufenklage in den ersichtlichen beihilferechtlichen E bisher nicht erwogen.

So könnte mit Hilfe einer Stufenklage auf der ersten Stufe Auskunft über die Beihilfegewährung verlangt werden, um auf der zweiten Stufe auf der Grundlage der erhaltenen Informationen mögliche Unterlassungs-, Beseitigungs- oder Schadenersatzansprüche ggü dem Beihilfegeber oder -empfänger durchzusetzen.[493]

---

[487] *Bungenberg* in WettbR V: BeihilfenR[6] Rechtsschutz Rz 99; mit Verweis auf eine großzügige Auslegung bestehender Beweislasterleichterungen im deutschen Recht abl *Schuhmacher*, Die zunehmende Bedeutung der Rechtsdurchsetzung durch Wettbewerber im Bereich des EU-Beihilfenrechts. Erhöhte Risiken für Kommunen und kommunale Unternehmen, KommJur 2012, 179 (182); vgl dazu auch weiterführend *Kölbl*, Private Enforcement, 224 ff.

[488] So bereits die KOM, Durchsetzungsbekanntmachung 2009, Tz 76; dazu auch *Jaeger*, ecolex 2009, 369 (371); vgl auch KOM, Durchsetzungsbekanntmachung 2021, Pkt 4.2.3.4

[489] S dazu *Kölbl*, Private Enforcement, 222.

[490] Vgl *Zellhofer/Solek* in Jahrbuch Beihilferecht (2014) 539 (557); Mit Verweis auf die deutsche Beihilfepraxis und Geltendmachung von Stufenklagen in Deutschland s *Lintschinger* in Jahrbuch Beihilferecht (2012) 505 (524); s auch *Hoffberger-Pippan*, Aktuelle beihilfenrechtliche Judikatur österreichischer und deutscher Gerichte, in Jaeger (Hrsg), Jahrbuch Beihilferecht (2018) 451 (467); vgl auch *Martin-Ehlers*, Drittschutz im Beihilfenrecht – Paradigmenwechsel in der deutschen Rechtsprechung, EuZW 2011, 583 (584); *Koenig/Hellstern*, Der EU-beihilferechtliche Effektivitätsgrundsatz im nationalen Prozessrecht, EuZW 2011, 702 (703); *Kölbl*, Private Enforcement, 224 ff.

[491] Gesetz vom 1. August 1895, betreffend die Einführung des Gesetzes über das gerichtliche Verfahren in bürgerlichen Rechtsstreitigkeiten (Civilprocessordnung), RBGl 112/1895 idF BGBl I 30/2009.

[492] S bspw OGH 05.11.2002, 4 Ob 237/02k; *G. Kodek/Mayr*, Zivilprozessrecht[5], Rz 535.

[493] Vgl dazu auch die Judikatur in Deutschland: BGH 10.02.2011, I ZR 136/09; BGH 10.02.2011, I ZR 213/08 (Flughafen Lübeck). Unter Verweis auf § 914 ABGB und der

c. Durchsetzungswege nach UWG

Ein Verstoß gegen das Durchführungsverbot kann nach § 1 Abs 1 Z 1 UWG im Wege einer **Unterlassungsklage** oder bei Verschulden mittels einer **Schadenersatzklage** durchgesetzt werden.

Wurde die Beihilfe bereits gewährt, kann die Rückabwicklung der Beihilfe über einen **Beseitigungsanspruch** nach §§ 1, 15 UWG geltend gemacht werden.[494]

Der Beseitigungsanspruch kann sich gegen den Mitgliedstaat oder den Beihilfeempfänger richten, wobei der auf den Mitgliedstaat gerichtete Anspruch auf Beseitigung und der auf den Beihilfeempfänger gerichtete Anspruch auf die Rückzahlung der Beihilfe abzielt.[495]

Gemäß § 1 Abs 1 Z 1 UWG kann auf Unterlassung – bzw bei Verschulden auf Schadenersatz – in Anspruch genommen werden, wer **im geschäftlichen Verkehr** eine unlautere Geschäftspraktik oder eine **sonstige unlautere Handlung** anwendet, die geeignet ist, den **Wettbewerb** zum Nachteil von Unternehmen **nicht nur unerheblich** zu **beeinflussen**.

Durch die Rechtsprechung geklärt ist, dass ein Verstoß gegen das Durchführungsverbot nach Art 108 Abs 3 AEUV eine sonstige unlautere Handlung iSd § 1 Abs 1 Z 1 UWG begründet und einen **Rechtsbruch** darstellt.[496]

Handeln im geschäftlichen Verkehr ist jede selbstständige, auf Erwerb gerichtete Tätigkeit. Also jede geschäftliche Betätigung im weitesten Sinn ohne dass eine Gewinnabsicht notwendig wäre; vielmehr genügt jede selbstständige, zu wirtschaftlichen Zwecken ausgeübte Tätigkeit, in der die Teilnahme am Erwerbsleben zum Ausdruck kommt.

Im Rahmen der Privatwirtschaftsverwaltung können Rechtshandlungen der öffentlichen Hand im geschäftlichen Verkehr erfolgen. Kein Handeln im geschäftlichen Verkehr liegt vor, wenn die Leistungen der öffentlichen Hand im überwiegenden öffentlichen Interesse erbracht werden.[497]

Beispiel: *Der Staat handelt etwa dann im geschäftlichen Verkehr, wenn er nicht als Träger seiner hoheitlichen Befugnisse auftritt, sondern sich jener Rechtsformen bedient,*

---

darin normierten „Übung des redlichen Verkehrs" wäre dies auch für Österreich denkbar: So etwa *Jaeger*, wbl 2012, 9 (11).

494 § 15 UWG normiert: „Der Anspruch auf Unterlassung umfasst auch das Recht, die Beseitigung des den Vorschriften des Gesetzes widerstreitenden Zustandes vom Verpflichteten, soweit ihm die Verfügung hierüber zusteht, zu verlangen."

495 *Dreher/Lübbig/Wolf-Posch*, Beihilferecht, Rz 463.

496 OGH 21.06.2011, 4 Ob 40/11b – Murpark; OGH 19.01.2010, 4 Ob 154/09i – Landesforstrevier L.

497 OGH 13.06.2019, 4 Ob 59/19h; mit Beihilfekontext s OGH 21.06.2011, 4 Ob 40/11b; OGH 22.04.2022, 4 Ob 47/22y.

die auch einem Rechtsunterworfenen zur Verfügung stehen – wie etwa ein Vertrag.[498] *Eine bescheidmäßige Subventionsvergabe schließt hingegen ein Handeln im geschäftlichen Verkehr aus, da der Staat in diesem Fall als Träger seiner hoheitlichen Befugnisse auftritt.*[499]

Der Staat bediente sich in den E *Bank Burgenland* und E *Landesforstrevier L* jener gängigen Rechtsformen, die auch von Rechtsunterworfenen verwendet werden.

Eine eigene Erwerbstätigkeit des Beihilfegebers ist nicht erforderlich, denn auch die Förderung fremden Wettbewerbs kann „Handeln im geschäftlichen Verkehr" bewirken.

Tritt der Beihilfegeber nicht als Marktteilnehmer auf, sondern fördert fremden Wettbewerb, handelt er dann unlauter, wenn die Handlung des Beihilfegebers geeignet[500] ist, fremden Wettbewerb zu fördern. Keine Förderung fremden Wettbewerbs liegt vor, wenn bei objektiver Betrachtung eine andere Zielsetzung eindeutig überwiegt.[501] Eine Förderung fremden Wettbewerbs liegt auch dann nicht vor, wenn einzelne Unternehmer aus solchen Maßnahmen mittelbar bzw faktisch als Reflexwirkung einen Vorteil ziehen.[502]

Beispiel: *Aufgrund einer völkerrechtlichen Verpflichtung überlässt die Republik Österreich einem, von der UNO ausgewählten Verein, eine Liegenschaft zu einem günstigen jährlichen Baurechtszins. Ein Wettbewerber fordert, die Republik Österreich möge es unterlassen, die Liegenschaft dem Verein für den günstigen Betrag und unter ihrem Marktwert zu überlassen. Die Republik Österreich würde damit gegen § 1 Abs 1 Z 1 UWG verstoßen, weil sie fremden Wettbewerb in marktverzerrender Weise fördert.*[503]

Nach Ansicht des OGH erfüllt die Republik Österreich durch die Überlassung der Liegenschaft ihre völkerrechtliche Verpflichtung aus dem Staatsvertrag. Soweit damit allenfalls auch faktisch der Wettbewerb des Vereins gefördert wird, ist dies als bloßer Reflex dieser, eindeutig einem anderen Zweck dienenden, Tätigkeit zu werten.

Die Beeinträchtigung muss gemäß § 1 UWG zudem erheblich also **spürbar** sein. Der Gesetzgeber versteht darunter eine gewisse Mindestintensität an Beeinflussung der Marktverhältnisse (**Erheblichkeitsschwelle**).

Bei einer unter Art 107 Abs 1 AEUV fallenden Beihilfe liegt regelmäßig eine nicht bloß unerhebliche Wettbewerbsbeeinflussung vor. Dies folgt bereits aus der Natur der Beihilfe, die dem Beihilfeempfänger einen Wettbewerbsvorteil verschafft.[504]

---

498 OGH 13.07.1993, 4 Ob 82/93, SZ 66/84; OGH 12.03.1996, 4 Ob 10/96, SZ 69/59.

499 Vgl dazu *Dreher/Lübbig/Wolf-Posch*, Beihilferecht, 172; *Potacs* in Studiengesellschaft WiR, 91 (95 ff); *Sutter*, EG-Beihilfenverbot, 344 ff; vgl auch *Rabl/Mrvošević*, BRZ 2018, 59 (64).

500 Seit der UWG-Novelle 2007 kommt es nicht mehr auf die Absicht, sondern auf die Eignung an, fremden Wettbewerbs zu fördern.

501 OGH 28.02.2012, 4 Ob 165/11k – Deckungsvergleich; OGH 10.07.2012, 4 Ob 76/12y – Media-Analyse II; OGH 27.07.2017, 4 Ob 78/17z – Geheimhaltungsverpflichtung; OGH 12.08.2020, 4 Ob 77/20g – *Normungsorganisation*; mit Beihilfekontext: OGH 21.06.2011, 4 Ob 40/11b; OGH 22.04.2022, 4 Ob 47/22y.

502 OGH 28.02.2012, 4 Ob 222/11t – Reifengroßhändlerin.

503 OGH 22.04.2022, 4 Ob 47/22y.

504 OGH 29.01.2010, 4 Ob 154/09i.

Tritt der Staat in Beihilfesachen nicht als Träger seiner hoheitlichen Befugnisse auf, sondern bedient er sich jener Rechtsformen, die auch einem Rechtsunterworfenen zur Verfügung stehen (zB Fördervereinbarungen), handelt er im geschäftlichen Verkehr.

Auch die Förderung fremden Wettbewerbs kann unlauter sein, es sei denn der Beihilfeempfänger zieht durch eine Maßnahmen bloß mittelbar bzw faktisch einen Vorteil („Reflexwirkung").

Kein Verstoß gegen § 1 UWG liegt hingegen dann vor, wenn die Auslegung einer Norm unklar ist und die vertretene Auslegung der angeblich verletzten Norm mit gutem Grund vertreten werden kann (**vertretbare Rechtsansicht**).[505] In Ausnahmefällen – so auch im Beihilferecht – weicht der OGH vom Grundsatz der vertretbaren Rechtsansicht ab und sieht bereits den objektiven Verstoß gegen eine Norm als ausreichend an.[506]

Bei einem Verstoß gegen das Durchführungsverbot ist nicht auf die Vertretbarkeit der dem Verstoß zugrundeliegenden Rechtsansicht abzustellen, sondern es genügt bereits der objektive Verstoß gegen Art 108 Abs 3 AEUV.[507]

Bei einem Verstoß gegen das Durchführungsverbot kommt es auf ein Vertretbarkeitskriterium nicht an.

Bei einem (drohenden) objektiven Verstoß gegen das Durchführungsverbot kommt ein lauterkeitsrechtlicher **Unterlassungsanspruch** in Betracht, wenn die Behörde objektiv gegen das Durchführungsverbot verstoßen hat (**Wiederholungsgefahr**) oder dagegen zu verstoßen droht (**Erstbegehungsgefahr**).

Wurde die Beihilfe bereits gewährt, kann die Rückabwicklung der Beihilfe über einen **Beseitigungsanspruch** nach §§ 1, 15 UWG veranlasst werden.

Bei Verschulden kann ein Verstoß gegen das Durchführungsverbot auch eine **Schadenersatzpflicht** begründen.

d. Rechtsschutz für den Beihilfegeber

Beispiel: *Für die Errichtung eines Technologiezentrums im Gemeindegebiet der Stadtgemeinde M übernimmt die Gemeinde die Haftung als Bürge und Zahler für einen bei der Bank C aufgenommenen Kredit zur Finanzierung des Erwerbs für die Errichtung des Technologiezentrums notwendigen Liegenschaften. Die Gemeinde M verpflichtet sich zudem, einen Teil der Annuitäten dieses Kredits zu bedienen. Da sich aber herausstellte, dass diese Leistungen rechtswidrige Beihilfen darstellen würden, bediente M die Annuitäten zwei Jahre lang nicht mehr.*

---

505 *Wiebe*, Wettbewerbs- und Immaterialgüterrecht[4] 343; *Heidinger/Handig/Wiebe/Frauenberger/Burgstaller* in Wiebe/Kodek, UWG[2] § 1 Rz 871.

506 OGH 11.03.2008, 4 Ob 225/07b – Stadtrundfahrten.

507 OGH 19.01.2010, 4 Ob 154/09i – Landesforstrevier L.

Eine Gebietskörperschaft, die eine rechtswidrige Beihilfe zugesagt hat, kann sich selbst gegenüber dem Beihilfeempfänger auf die Unionsrechtswidrigkeit berufen und die Auszahlung der Beihilfe verweigern.[508]

In der E OGH 6 Ob 235/16a verweigerte die Stadtgemeinde die weitere Auszahlung der zugesagten Leistungen an den Beihilfeempfänger, weil es sich um eine unionsrechtswidrige Beihilfe gehandelt hat. Die strittigen Beihilfen waren bei der Europäischen Kommission nicht notifiziert und von dieser somit nicht genehmigt worden. Die Frage, ob eine rechtswidrige Beihilfe vorlag, war im Verfahren unstrittig. Die Verweigerung der Auszahlung erfolgte aufgrund des Durchführungsverbots nach Ansicht des 6. Senats des OGH zu Recht.[509]

In der Rs *Residex* nahm der EuGH Bezug zu einer der Stadtgemeinde Rotterdam zuzurechnenden Bürgschaft für ein Darlehen. Im Ausgangsrechtsstreit hatte die Gemeinde die Zahlung aus der Bürgschaft mit der Begründung verweigert, diese sei nichtig, weil sie gegen das EU-Beihilferecht verstoße.[510]

Die beihilfegebende Stelle kann mit Verweis auf den Verstoß gegen das Durchführungsverbot die Auszahlung einer Beihilfe gegenüber dem Beihilfeempfänger verweigern.

e. Rechtsschutz für den Beihilfeempfänger

Der Beihilfeempfänger kann gegen den betreffenden Mitgliedstaat Schadenersatz verlangen, wenn dem Beihilfeempfänger durch ein schuldhaftes Verhalten des Mitgliedstaats ein Schaden entstanden ist (culpa in contrahendo).[511]

Ein Schaden kann dem Beihilfeempfänger etwa dadurch entstehen, dass der Mitgliedstaat eine anmeldepflichtige Beihilfe unter Verstoß gegen das Durchführungsverbot an ihn gewährt und später rückfordern muss.[512] Ein solcher Nachweis wird sich aufgrund vieler für das Wettbewerbsgeschehen maßgeblicher, wirtschaftlicher Parameter aber schwierig gestalten.[513] Ein Verschulden wird regelmäßig gegeben sein, da zumindest leichte Fahrlässigkeit bei einem Verstoß gegen einen Negativbeschluss der Kommission ausreichen wird.

f. Rechtsschutz für den Wettbewerber

Die EU-Beihilfekontrolle schützt nicht nur die Mitgliedstaaten vor einem binnenmarktfeindlichen Subventionswettlauf, sondern auch jene Unternehmen,

508 OLG Wien 26.02.2018, 1 R 163/17y.

509 OGH 29.03.2017, 6 Ob 235/16a.

510 EuGH 08.12.2011, C-275/10, *Residex*; vgl auch *Quardt*, Rechtsfolgen für eine Staatliche Bürgschaft bei Verstoß gegen das beihilferechtliche Durchführungsverbot des Art 108 Abs 3 AEUV, BRZ 2012, 3.

511 *Eilmannsberger* in Koppensteiner, Wirtschaftsprivatrecht, 95; *Arturo*, Rechtsschutz im Beihilfenrecht 115; *Dreher/Lübbig/Wolf-Posch*, EU-Beihilferecht Rz 435.

512 *Eilmannsberger* in Koppensteiner, Wirtschaftsprivatrecht, 185 ff.

513 *Dreher/Lübbig/Wolf-Posch*, EU-Beihilferecht Rz 435.

die im Wettbewerb mit dem begünstigen Unternehmen stehen.[514] Umso wichtiger ist es auf die Rechtschutzmöglichkeiten des Wettbewerbers hinzuweisen.

Die private Rechtsdurchsetzung im Beihilferecht (sog *private enforcement*) steht in der österreichischen Lehre noch am Beginn der Diskussion.

Mittlerweile sind bereits mehrere höchstgerichtliche Urteile iZm der privaten Rechtsdurchsetzung ergangen, dennoch bestehen einige Unklarheiten, die einer Klarstellung durch die Höchstgerichte bedürfen.[515]

Zunächst ist danach zu unterscheiden, ob eine Beihilfe unter Verstoß gegen das Durchführungsverbot gemäß Art 108 Abs 3 AEUV bereits erfolgt ist (Rechtsschutz **nach Beihilfegewährung**) oder die rechtswidrige Beihilfegewährung unmittelbar bevorsteht (Rechtsschutz **vor Beihilfegewährung**).

Beispiel: *Wettbewerber A erfährt über die Medien, dass die Stadtgemeinde S als beihilfegebende Stelle* ***beabsichtigt****, seinem Mitbewerber B eine Förderung unter Verstoß gegen das Durchführungsverbot nach Art 108 Abs 3 AEUV – also eine formell* ***rechtswidrige Beihilfe*** *– zu gewähren.*

Wurde eine Beihilfe noch nicht gewährt, steht aber die Gewährung unmittelbar bevor, kann der Wettbewerber mit einer **vorbeugenden Unterlassungsklage** dagegen vorgehen.

Die Aktivlegitmation des Wettbewerbers folgt aus § 14 Abs 1 UWG. Auf der Grundlage dieser Bestimmung ist ein Wettbewerber somit aktivlegitimiert, um einen Verstoß gegen das beihilferechtliche Durchführungsverbot nach Art 108 Abs 3 AEUV mit einer vorbeugenden Unterlassungsklage aufzugreifen.[516]

Die Wiederholungsgefahr wird nach der Rsp des OGH bereits bei einem objektiven Verstoß gegen Art 108 Abs 3 AEUV angenommen. Die Erstbegehungsgefahr wird im Schrifttum bei der (Teil-)Auszahlung der Beihilfe und bei der Ankündigung der Beihilfe bejaht.[517] Tatsächlich wird die Erstbegehungsgefahr aber bereits im Genehmigungszeitpunkt der Beihilfe verwirklicht werden, da in diesem Zeitpunkt auch die Meldepflichten ausgelöst und der Beihilfeempfänger einen Rechtsanspruch erwirbt.[518] Solange bis die Europäische Kommission endgültig über die Beihilfe entscheidet oder die vorläufige Prüfung gemäß Art 4 Abs 2 Verf-VO bzw Art 4 Abs 3 Verf-VO beendet, ist ein Unterlassungsanspruch mE begründet.

Beispiel: *Wettbewerber A erfährt über die Medien, dass die Stadtgemeinde S als beihilfegebende Stelle, seinem Mitbewerber B unter Missachtung des Durchführungsverbots nach Art 108 Abs 3 AEUV eine* ***rechtswidrige Beihilfe bereits gewährt*** *hat.*

---

514 *Gundel*, Der Schutz des Wettbewerbers im EU-Beihilferecht, WiVerW 2011, 242.

515 OGH 22.04.2022, 4 Ob 47/22y; OGH 03.05.2017, 4 Ob 236/16h; OGH 19.01.2010, 4 Ob 154/09i, SZ 2010/1; OGH 21.06.2011, 4 Ob 40/11b – Murpark, SZ 2011/75; OGH 25.03.2014, 4 Ob 209/13h – Bank Burgenland.

516 Vgl dazu auch OGH 15.12.2008, 4 Ob 133/08z; OGH 19.11.2013, 4 Ob 209/13h; OGH 25.03.2014, 4 Ob 209/13h; OGH 29.01.2010, 4 Ob 154/09i.

517 *Eilmansberger* in Koppensteiner, Wirtschaftsprivatrecht 8/2, 205; zur Darstellung s *Kölbl*, Private Enforcement, 255.

518 *Kölbl*, Private Enforcement, 255.

Privatwirtschaftlich gewährte formell rechtswidrige Beihilfen können vom Wettbewerber mit einer lauterkeitsrechtlichen **Unterlassungs-**, **Beseitigungs-** oder **Schadenersatzklage** bekämpft werden.

Auch ein Schadenersatzanspruch nach AHG und ABGB ist denkbar, zumal das beihilferechtliche Durchführungsverbot als Schutzgesetz iSd § 1311 Satz 2 ABGB angesehen werden kann. Vorläufiger Rechtsschutz kann im Wege einer einstweiligen Verfügung erreicht werden.

Der Wettbewerber könnte auch mit einer **Feststellungsklage** gegen die rechtswidrige Beihilfe vorgehen.

Mit einer Feststellungsklage kann die Gültigkeit bzw Ungültigkeit des zu beanstandenden Beihilfeakts geltend gemacht werden. Nicht nur eine geplante Beihilfemaßnahme, sondern auch ein bereits zustande gekommenes, beihilfegewährendes Rechtsverhältnis kann als feststellungsfähiges Rechtsverhältnis angesehen werden. Verfolgt ein Wettbewerber den Ausgleich jenes Vorteils, der durch die rechtswidrige Beihilfegewährung entstanden ist oder ist der rechtserzeugende Sachverhalt noch nicht vollständig konkretisiert, scheidet eine Feststellungsklage aus.

Ein rechtliches Interesse wird idR vorliegen, da es sich auf die Rechtsposition des Wettbewerbers auswirkt.

Eine Feststellungsklage scheint zur effektiven Durchsetzung des beihilferechtlichen Durchführungsverbots jedoch nicht erforderlich zu sein, zumal subsidiäre Rechtsschutzmöglichkeiten in Form von Unterlassungs-, Beseitigungs- und Schadenersatzansprüchen zur Verfügung stehen.[519]

Der Wettbewerber kann mit einer **echten Unterlassungsklage** gegen den Beihilfegeber vorgehen. Die Passivlegitimation des Beihilfeempfängers ist bislang umstritten.

Nach hA kann ein Unterlassungsanspruch gegen den Beihilfegeber als unmittelbarer „Störer“ geltend gemacht werden, da nach der Rsp des EuGH nur der Beihilfegeber haftbar zu machen ist. Die vom Wettbewerber nachzuweisende Wiederholungsgefahr besteht bereits bei einem objektiven Verstoß gegen Art 108 Abs 3 AEUV. Das Unterlassungsbegehren darf dabei aber nicht zu weit gefasst sein.[520] Der Unterlassungsanspruch soll dabei solange begründet sein, bis die Kommission abschließend über den Beihilfecharakter entscheidet oder einen Beschluss gem Art 4 Verf-VO fasst.[521]

Die Passivlegitimation des Beihilfeempfängers wird nach der hM zwar befürwortet, erscheint jedoch unionsrechtlich nicht geboten. Vereinzelt wird auch bereits in der Annah-

[519] Nach der Jud des OGH scheint mittlerweile auch klar zu sein, dass mangels rechtlichen Interesses eine Feststellungsklage dann unzulässig ist, wenn der Wettbewerber eine noch nicht durchgeführte, bevorstehende Beihilfegewährung etwa mit einer Unterlassungsklage verhindern kann.

[520] Ob eine Einschränkung des Unterlassungsbegehren darauf, zukünftig Handlungen zu unterlassen, die gegen das beihilferechtliche Durchführungsverbot verstoßen, als zu weit gefasst ist, lässt sich bislang nicht aus der Jud ableiten.

[521] Sobald die EK abschließend über den Beihilfecharakter entscheidet oder die EK aufgrund einer Beschwerde des Wettbewerbers auf Unionsebene im Rahmen der vorläufigen Prüfung nach Art 4 Verf-VO ausspricht, dass keine Einwände gegen die Beihilfe bestehen bzw keine Beihilfe vorliegt, wird der Unterlassungsanspruch demnach nicht mehr begründet sein.

me der Beihilfe durch den Beihilfeempfänger die Passivlegitimation argumentiert. Aus systematischer Sicht ist die Passivlegitimation aber zu verneinen, da der Adressat des Beihilfebeschlusses nicht der Beihilfeempfänger, sondern der Beihilfegeber ist.

Auch eine **Rückforderungsklage** im Wege eines Beseitigungsanspruchs gegen den Beihilfegeber ist möglich.

Liegt ein Verstoß gegen das Durchführungsverbot vor, kann ein Wettbewerber auf der Grundlage des UWG mit einem Beseitigungsanspruch gem § 15 UWG gegen den Beihilfegeber vorgehen. Dies ist nicht nur unionsrechtlich geboten, sondern auch vom OGH durch die E *Bank Burgenland* bestätigt worden. Die Aktivlegitimation des Beihilfegebers ist nach der hA anerkannt, da der Beihilfegeber als Adressat der Verpflichtung auch gegen das beihilferechtliche Durchführungsverbot verstößt und auch die Verfügungsbefugnis besitzt, faktisch oder rechtlich die Rückforderung der rechtswidrigen Beihilfemaßnahme durchzusetzen.

Alternativ wäre eine Rückforderungsklage auch gestützt auf § 72 BHG 2013 möglich. Begründet wird dies ua mit einem Größenschluss, da im Lichte des Effektitvitätsgrundsatzes auch eine rechtswidrige Leistung (Beihilfe) zurückzufordern sein wird, wenn bereits eine irrtümliche Leistung auf dieser Grundlage zurückzufordern ist.[522]

Umstritten ist, ob ein **Beseitigungsanspruch** zugunsten des Wettbewerbers auch **gegen** den **Beihilfeempfänger** möglich ist.

Dafür spricht die Verfügungsmacht des Beihilfeempfängers, den gesetzwidrigen Zustand wiederherstellen zu können. Aber auch Effektivitätsgründe würden diese Ansicht stützen, da der Beihilfeempfänger tatsächlich und rechtlich über die Beihilfe verfügen und aus eigener Initiative die Neutralisierung des Beihilfevorteils bewirken kann. Dagegen spricht die dogmatische Überlegung, dass die Beseitigungsverpflichtung nur denjenigen treffen kann, der den Verstoß gegen Art 108 Abs 3 AEUV gesetzt hat: also den Beihilfegeber.

Ein gegen den Beihilfeempfänger gerichteter Beseitigungsanspruch zielt auf die Rückzahlung der Beihilfe ab.[523]

Eine **Schadenersatzklage** gegen den Beihilfegeber gestützt auf die Verletzung des beihilferechtlichen Durchführungsverbots ist möglich.

Dies folgt bereits aus dem Unionsrecht.[524] Der Anspruch besteht dabei sowohl nach UWG als auch nach dem AHG. Gemäß § 1 UWG iVm § 16 Abs 1 UWG kann sowohl der positive Schaden als auch der entgangene Gewinn geltend gemacht werden.

Die Ermittlung der Schadenshöhe bereitet in der Praxis Schwierigkeiten. Im Schriftum rückt man die unionsrechtskonforme Auslegung von § 273 ZPO ins Zentrum. Die Schadenshöhe ist sodann in einem kontrafaktischen Szenario zu ermitteln, indem darauf abzustellen ist, welchen zusätzlichen Gewinn der Wettbewerber erzielt hätte, wenn die gewährte Beihilfe weggedacht wird.[525]

---

[522] *Kölbl*, Private Enforcement, 260 ff.

[523] *Dreher/Lübbig/Wolf-Posch*, EU-Beihilferecht Rz 463.

[524] EuGH 12.02.2008, C-199/06, *CELF*; EuGH 05.10.2006, C-368/04, *Transalpine Ölleitung*.

[525] *Kirchhoff*, Private Enforcement im Beihilferecht, ZWeR 2021, 393 (400) *Eilmansberger* in Koppensteiner, Wirtschaftsprivatrecht 8/2, 201; *Rüffler* in Studiengesellschaft WiR, 141 (157); *Kölbl*, Private Enforcement, 278 ff.

De lege ferenda erscheint jedoch eine ähnliche Regelung wie in § 37 c Abs 2 KartG aus Gründen der Rechtssicherheit geboten. Die Kausalitätsproblematik kann durch eine doppelte Kausalitätsprüfung überwunden werden, indem man eine „upstream- Kausalitätsprüfung" und eine „downstream-Kausalitätsprüfung" durchführt.[526] Verschulden wird idR gegeben sein da der Beh zumindest fahrlässiges Verhalten vorgeworfen werden kann.

Die **Passivlegitimation des Beihilfeempfängers** bei einem **Schadenersatzanspruch** des Wettbewerbers ist nach derzeitigem Stand strittig.

Ein Teil[527] der Lehre vertritt die Auffassung, dass es einem sorgfältig handelnden Gewerbetreibenden durchaus zuzumuten ist, sich über den „Anmeldestatus" einer Beihilfe zu vergewissern. Die hL[528] lehnt eine Haftung des Beihilfeempfängers allerdings ab und begründet diese Ansicht damit, dass nicht der Beihilfeempfänger Adressat des Durchführungsverbots ist und ihn daher auch kein Annahmeverbot trifft. Andere Stimmen wiederum betrachten den Beihilfeempfänger als Gehilfen des Beihilfegebers und sprechen sich für die Haftung aus.[529]

Selbst bei einer Qualifikation des beihilferechtlichen Durchführungsverbots als Schutzgesetz iSd § 1311 Satz 2 ABGB, könnte man eine Schutzgesetzverletzung nur gegenüber dem Adressaten einer Verbotsnorm geltend machen, sodass der Beihilfeempfänger wohl nicht in Betracht kommen kann.

Ein Schadenersatzanspruch gegenüber dem Beihilfegeber ist nach hA zulässig. Eine Passivlegitimation des Beihilfeempfängers ist umstritten. Die Problematik wird in der Praxis jedenfalls in der Feststellung des Schadens liegen.

Ein Antrag auf **einstweilige Verfügung** gegen die rechtswidrige Beihilfegewährung kann bis zum Erlass einer Eröffnungsentscheidung der Europäischen Kommission gestellt werden.

Als Anspruchsgrundlagen können sich sowohl § 24 UWG als auch § 381 EO eignen. Mögliche Sicherungsmittel sind der Transfer der Beihilfe auf ein Sperrkonto, die vorzeitige Leistungsverfügung sowie die Unterlassungsverfügung. Eine Gefährdung liegt dann vor, wenn aus einer prima-facie Beurteilung die Qualifikation als Beihilfe resultiert. Liegen die CELF II-Kriterien vor, ist einstweiliger Rechtsschutz zwingend zu gewähren.[530]

Nach Erlass einer Entscheidung durch die Europäische Kommission folgt aus der Bindungswirkung eine Verpflichtung zum Erlass einer einstweiligen Verfügung.

Ein auf Verstoß gegen Art 108 Abs 3 gerichteter Antrag auf einstweilige Verfügung wird dann zu bejahen sein, wenn die Beihilfe unzweifelhaft als Beihilfe qualifiziert werden kann, die Durchführung der Beihilfe unmittelbar bevorsteht oder die Beihilfe bereits durchgeführt wurde und keine außergewöhnliche Umstände vorliegen, die eine Rückforderung unangemessen erscheinen lassen.

---

526 Zur Kausalitätsproblematik und den Lösungsvorschlägen eingehend *Kölbl*, Private Enforcement, 282 ff.

527 *Thurnher*, ecolex 1996, 279 (281).

528 *Eilmansberger* in Koppensteiner, Wirtschaftsprivatrecht 8/2, 200 f; aA *Dreher/Lübbig/Wolf-Posch*, Beihilferecht, Rz 471; *Nordberg*, ecolex 2000, 260 (263); differenzierend *Kölbl*, Private Enforcement, 295.

529 *Dreher/Lübbig/Wolf-Posch*, Beihilferecht, Rz 471.

530 *Kölbl*, Private Enforcement, 298 ff.

g. *Standortwettbewerb der Gebietskörperschaften*

Gebietskörperschaften, die sich mit dem Beihilfegeber in einem Standortwettbewerb[531] befinden, können vom persönlichen und sachlichen Schutzzweck des Art 108 Abs 3 AEUV erfasst sein. Gebietskörperschaften, die ein rechtliches Interesse am Verstoß gegen Art 108 Abs 3 AEUV vorweisen können, wären somit vom Schutzzweck des Durchführungsverbots umfasst.

Ein solches Interesse wäre etwa denkbar, wenn sich Gebietskörperschaften unterschiedlicher Bundesländer im Standortwettbewerb befinden und sich ein Bundesland durch rechtswidrige Beihilfen einen Standortvorteil sichert, der zur Abwanderung von Arbeitskräften führt. Die aus einem beihilfebedingten verfälschten Standortwettbewerb resultierenden Schäden, könnten dann gerichtlich durchgesetzt werden.

2. Hoheitliche Beihilfegewährung

Literatur: *Barbist/Halder/Schachl*, Praxisstudie: Bank Burgenland Vertiefung ausgewählter Themen, in Haslinger/Jaeger (Hrsg), Jahrbuch Beihilferecht (2012) 551; *Birnstiel/Bungenberg/Heinrich*, Europäisches Beihilfenrecht (2013); *Dreher/Lübbig/Wolf-Posch*, Praxis des EU-Beihilferechts in Österreich (2017); *Eilmansberger/Jaeger*, Zum Begriff der Durchführung rechtswidriger Beihilfen – Eine Untersuchung am Beispiel der österreichischen KWK-Förderung, wbl 2009, 482; *Hengstschläger/Leeb*, Verwaltungsverfahrensrecht. Verfahren vor den Verwaltungsbehörden und Verwaltungsgerichten[6] (2018); *Jaeger*, Die höchstrichterliche Beihilfejudikatur in Deutschland: Ein Vorbild für Österreich?, wbl 2012, 9; *ders*, Hürden der Durchsetzung von Wettbewerbsrecht vor den Zivilgerichten, ÖZW 2007, 73; *Kölbl*, Nationaler Rechtsschutz im EU-Beihilferecht – Private Enforcement (2023); *ders*, „Kammerbeiträge“ als staatliche Mittel iSd Art 107 Abs 1 AEUV? Zugleich eine Anmerkung zu VwGH 14.6.2022, Ra 2019/04/0072, ecolex 2023/156, 261; *Lintschinger*, Private Durchsetzung des Beihilfeverbots und neuere Judikatur österr und dt Gerichte, in Haslinger/Jaeger (Hrsg), Jahrbuch Beihilferecht (2012) 505; *Nordberg*, Unternehmenssanierung durch die öffentliche Hand und EU-Beihilfenrecht, ecolex 2000, 260; *Öhlinger/Potacs*, EU-Recht und staatliches Recht: Die Anwendung des Europarechts im innerstaatlichen Bereich[7] (2020); *Pechan*, Rechtswegaspekte bei der Bekämpfung hoheitlicher Subventionen, ecolex 2001, 785; *Potacs*, Rechtsschutzfragen öffentlich-rechtlicher Beihilfengewährung, in Studiengesellschaft für Wirtschaft und Recht (Hrsg), Beihilfenrecht (2004) 91; *Rabl/Mrvošević*, Private enforcement im Beihilferecht: Eine Standortbestimmung, BRZ 2018, 59; *B.Raschauer/Ennöckl/N.Raschauer*, Wirtschaftsrecht[4] (2021); *N. Raschauer*, Rechtsmittel der Bank Burgenland zurückgewiesen, ZFR 2013, 312; *Rebhahn*, Beihilfen- und Subventionsrecht, in Raschauer (Hrsg), Grundriss des österreichischen Wirtschaftsrechts[2] (2003) 359; *Rennert*, Beihilferechtliche Konkurrentenklagen vor deutschen Verwaltungsgerichten, EuZW 2011, 576; *Thurnher*, Konkurrentenklagen gegen frühzeitige Beihilfen?, ecolex 1996, 279.

Judikatur: EuGH 28.01.1986, Rs 169/84, *Cofaz/Kommission*; VwGH 26.11.1991, 91/05/0165; VwGH 06.03.2001, 2000/05/05/0257; VfGH 06.03.2001, A 23/00 ua, VfSlg 16.107/2001; VwGH 18.10.2001, 2000/07/0229; VfGH 10.10.2003, A 36/00, VfSlg

[531] Zur Frage der beihilferechtlichen Relevanz vgl ausführlich *Kölbl*, Private Enforcement, 299 f; *Eilmansberger* in Koppensteiner, Wirtschaftsprivatrecht 8/2, 165 ff; *Rüffler* in Studiengesellschaft WiR, 141 (165).

17.019/2003; VwGH 16.09.2010, 2010/12/0126; VfGH 27.09.2018, G 149/2018, VfSlg 20.272/2018; VwGH 18.12.2019, Ro 2016/15/0041; EuGH 19.05.2021, T-218/18, *Deutsche Lufthansa AG/Kommission*; EuGH 19.05.2021, T-628/20, *Ryanair DAC/Kommission*; EuGH 19.05.2021, T-643/20, *Ryanair DAC/Kommission*; EuGH 07.04.2022, C-102/21 u C-103/21, *Autonome Provinz Bozen*; VwGH 14.06.2022, Ra 2019/04/0072.

Wenngleich die hoheitliche Beihilfevergabe in Österreich die Ausnahme ist, können Beihilfen auch hoheitlich gewährt werden (zB durch einen **Subventionsbescheid** oder durch **Gesetz**).

Die Republik Österreich gewährt auf der Grundlage eines Bundesgesetzes (KWK-Gesetz)[532] eine Förderung neuer hocheffizienter KWK-Anlagen durch Investitionszuschüsse, soweit diese Anlagen nicht bereits durch andere staatliche Mittel gefördert werden.

a. Aktivlegitimation

Personen, insoweit sie an der Sache vermöge eines Rechtsanspruches oder eines rechtlichen Interesses beteiligt sind, sind gemäß § 8 AVG als **Parteien** anzusehen. Beteiligte sind hingegen Personen, die eine Tätigkeit der Behörde in Anspruch nehmen oder auf die sich die Tätigkeit der Behörde bezieht.

Die Frage, wer im konkreten Verwaltungsverfahren Parteistellung besitzt, muss regelmäßig anhand der materiellen Rechtsvorschriften[533] oder aus der Gesamtrechtsordnung[534] beurteilt werden. Nach der Rsp des VwGH ist für die Beurteilung des subjektiven Rechts der Schutzzweck der Norm maßgeblich.[535] Die Parteistellung muss sich jedoch nicht zwingend aus innerstaatlichen öffentlich-rechtlichen Vorschriften ergeben, sondern kann auch aus unmittelbar anwendbaren Normen des Unionsrechts resultieren.[536]

Unstrittig ist die Parteistellung des Beihilfeempfängers und die des Beihilfegebers, da das rechtliche Interesse auf der Hand liegt. Strittig ist hingegen die Aktivlegitimation des Wettbewerbers.

Ein Teil der Lehre bejaht die Parteistellung des Wettbewerbers mit Verweis auf das unmittelbar anwendbare Durchführungsverbot.[537] Die Zuerkennung einer Parteistellung vermag aber einem anderen Teil der Lehre zufolge, nicht dem System des österreichischen

---

532 Bundesgesetz, mit dem Bestimmungen auf dem Gebiet der Kraft-Wärme-Kopplung neu erlassen werden (KWK-Gesetz), BGBl I 111/2008 idgF.

533 VwGH 27.08.2013, 2013/06/0128; VwGH 17.12.2012, 2011/04/0023, ecolex 2013, 387 (*Primosch*); VwGH 23.05.2002, 2001/07/0133, VwSlg 15.836 A.

534 VwGH 17.09.2002, 2002/01/0377, VwSlg 15.904 A; VwGH 09.09.2003, 2002/01/0133, VwSlg 16.151 A.

535 VwGH 18.04.1994, 92/03/0259, VwSlg 14.037 A/1994; VwGH 24.11.2005, 2005/07/0078, VwSlg 16.759 A/2005. Die Begriffe „Rechtsanspruch" und „rechtliches Interesse" gewinnen erst durch die jeweils anwendbare Verwaltungsvorschrift an einem konkreten Inhalt.

536 VwGH 06.03.2001, 2000/05/05/0257; VwGH 18.10.2001, 2000/07/0229, *Öhlinger/Potacs*, EU-Recht und staatliches Recht[7], 65 ff; *Hengstschläger/Leeb*, AVG § 8 Rz 5 (Stand 01.01.2014, rdb.at).

537 *Nordberg*, ecolex 2000, 260 (264); aA *Potacs* in Studiengesellschaft für WiR, BeihilfenR 91 (100); *Tiefenthaler*, wbl 1996, 509 (516).

Verwaltungsrechts zu entsprechen.[538] Denkbar wäre schließlich auch, dem Wettbewerber die Rechtsstellung einer übergangenen Partei zuzusprechen oder die Präklusionsregelung des § 42 Abs 1 AVG auf Wettbewerber anzuwenden.[539] Der Wettbewerber wird im Schrifttum auch als atypische Nebenpartei betrachtet, dem in Bezug auf beihilferechtliche Vorschriften eine Parteistellung zukommt.[540]

Aufgrund der unmittelbaren Anwendbarkeit von Art 108 Abs 3 AEUV und aus der „Schutznormtheorie" kann eine Parteistellung für den Wettbewerber abgeleitet werden, doch bedarf es einer Einschränkung iSd Verfahrensökonomie. Die verträglichste Lösung liegt mE darin, den Wettbewerber als „atypische Nebenpartei" anzusehen und seine Parteistellung zweifach einzuschränken. Erstens ist seine Parteistellung nicht allgemein auf beihilferechtliche Vorschriften, sondern vielmehr auf den Verstoß des beihilferechtlichen Durchführungsverbots einzuschränken. In einem zweiten Schritt ist die Parteistellung eines Wettbewerbers dahingehend einzugrenzen, als nur der in seiner Wettbewerberstellung individuell und spürbar beeinträchtige Wettbewerber Parteistellung hat.[541]

b. Verwaltungsgerichtsbarkeit

Über Rechtswidrigkeiten von Bescheiden entscheiden die Verwaltungsgerichte (**VwG**).[542]

Für eine zulässige Bescheidbeschwerde muss der Beschwerdeführer Partei iSd § 8 AVG sein. Die Frage der Parteistellung ist bei einem Wettbewerber umstritten.

Die Parteistellung im Verwaltungsverfahren und die Beschwerdelegitimation hängen aber unmittelbar zusammen.[543] Das betroffene subjektive Recht bedingt somit die Parteistellung gemäß § 8 AVG im Verwaltungsverfahren.[544] Die Parteistellung muss sich jedoch nicht zwingend aus innerstaatlichen öffentlich-rechtlichen Vorschriften ergeben, sondern kann auch aus unmittelbar anwendbaren Normen des Unionsrechts resultieren.[545] Ob sich auch ein Wettbewerber gegen einen rechtswidrigen Beihilfebescheid vor den VwG zur Wehr setzen kann, hängt demzufolge von der Parteistellung im Verwaltungsverfahren ab.[546]

---

538 *Dreher/Lübbig/Wolf-Posch*, EU-Beihilferecht Rz 480; *Hengstschläger/Leeb*, AVG § 56 Rz 77 ff (Stand 01.07.2005, rdb.at); krit *Potacs*, in Studiengesellschaft für WiR, BeihilfenR 91 (100).

539 *Potacs* in Studiengesellschaft für WiR, BeihilfenR 91 (100 f).

540 *R. Winkler*, in Jahrbuch Beihilferecht (2008) 325 (333 ff).

541 *Kölbl*, Private Enforcement, 163 ff.

542 Art 131 Abs 1 Z 1 B-VG.

543 VwGH 28.03.2018, Ra 2015/07/0055; vgl auch VwGH 28.10.2015, Ro 2014/10/0127; VwGH 26.11.2015, Ra 2015/07/0051; VfGH 12.06.2015, E 385/2015; VfGH 10.06.2016, E 427/2016.

544 *Hauer*, Gerichtsbarkeit des öffentlichen Rechts[3] (2014) Rz 149; *Hengstschläger/Leeb*, Verwaltungsverfahrensrecht[6], Rz 1027; *Wiederin*, ÖJZ 2014, 149 (153); vgl auch *Rosenkranz* in Kahl/Khakzadeh/Schmid (Hrsg), Bundesverfassungsrecht Art 132 B-VG Rz 8.

545 VwGH 06.03.2001, 2000/05/05/0257; VwGH 18.10.2001, 2000/07/0229, *Öhlinger/Potacs*, EU-Recht und staatliches Recht[7], 65 ff; *Hengstschläger/Leeb*, AVG § 8 Rz 5 (Stand 01.01.2014, rdb.at).

546 krit *Jaeger* in Holoubek/Potacs, Öffentls WirtschaftsR I[4], 717 (837): Er spricht sich für eine Beschwerdelegitimation nach dem Vorbild der deutschen Rsp aus.

Der VwGH befindet über Revisionen „wegen Rechtswidrigkeit" eines Erkenntnisses eines Verwaltungsgerichts. Die Verwaltungsgerichte und der **VwGH** sind somit auch für Anfechtungen wegen Verletzungen von Unionsrecht zuständig.[547]

Der Begriff Rechtswidrigkeit umfasst im Lichte des Äquivalenzprinzips nämlich auch Verstöße gegen unionsrechtliche Vorschriften.[548]

Die Verwaltungsgerichte und – für den Fall einer Revision gegen Erkenntnisse der VwG der VwGH – entscheiden somit auch über beihilferechtliche Fragen (wie zB über einen Verstoß gegen das Durchführungsverbot gemäß Art 108 Abs 3 AEUV). So hatte sich der VwGH kürzlich mit der Frage zu befassen, ob die Kammerbeiträge an die Wirtschaftskammer als staatliche Beihilfen zu qualifizieren sind.[549]

Wird hingegen ein willkürlicher und daher gleichheitswidriger Verstoß gegen Unionsrecht (Verfassungswidrigkeit) behauptet, dann ist der Bescheid gemäß Art 144 B-VG beim **VfGH** bekämpfbar.[550]

Ein Bescheid, mit dem gegen das Durchführungsverbot – und damit gegen Unionsrecht – verstoßen wird, ist als rechtswidrig einzustufen. Gegen diesen Bescheid kann grds eine Bescheidbeschwerde beim VwG eingebracht werden.

c. Konkurrentenklage nach UWG

Beispiel: *Dem Unternehmen X wird vom Staat mit Bescheid eine finanzielle Zuwendung in der Höhe von € 250.000 gewährt. Der mit X im Wettbewerb stehende Unternehmer Y will gegen den Bescheid rechtlich vorgehen.*

Diskutiert wird im Schrifttum auch über die Möglichkeit, den Wettbewerbern des Beihilfeempfängers bei einer hoheitlichen Beihilfevergabe eine Klagemöglichkeit auf der Grundlage des UWG zu ermöglichen.[551] In diesem Fall wird von der sog **„Konkurrentenklage"**[552] bzw **„Wettbewerberklage"**[553] gesprochen.

[547] *Hauer*, Gerichtsbarkeit des öffentlichen Rechts^4 (2019) Rz 265; *Öhlinger/Potacs*, EU-Recht und staatliches Recht^7, 177 mwN.

[548] *Öhlinger/Potacs*, EU-Recht und staatliches Recht^7, 177.

[549] VwGH 14.06.2022, Ra 2019/04/0072; s dazu auch *Kölbl* Kammerbeiträge" als staatliche Mittel iSd Art 107 Abs 1 AEUV? Zugleich eine Anmerkung zu VwGH 14.6.2022, Ra 2019/04/0072, ecolex 2023/156, 261.

[550] *Potacs*, Subjektives Recht gegen Feinstaubbelastung?, ZfV 2009, 878; *Urbanitsch*, Europäisierung der Energieregulierung, ÖJZ 2009, 854; VwGH 16.09.2010, 2010/12/0126; *Öhlinger/Potacs*, EU-Recht und staatliches Recht^7, 178.

[551] Zur Diskussion im Schrifttum s *Rabl/Mrvošević*, BRZ 2018, 59 (64); *Dreher/Lübbig/Wolf-Posch*, Beihilferecht, 172 f; *Potacs* in Studiengesellschaft WiR, 91 (95 f).

[552] Der Begriff der „Konkurrentenklage" findet sich im dt Schrifttum, zumal dort die öffentlich-rechtliche Konkurrentenklage eine etablierte Rechtsschutzmöglichkeit gegen nationale Subventionen darstellt: s dazu etwa *Tilmann/Schreibauer*, GRUR 2002, 212 (218); Im öst Schrifttum findet sich überwiegend der Begriff „Konkurrentenklage" s *Thurnher*, ecolex 1996, 279; zum Begriff UWG-Klage s auch *R.Winkler* in Jahrbuch Beihilferecht (2008) 325 (341); *Dreher/Lübbig/Wolf-Posch*, Beihilferecht, 172.

[553] *Thurnher*, ecolex 1996, 279 (280).

Mittels dieses Instrumentariums würde ein Wettbewerber gegen einen hoheitlichen Subventionsbescheid nach dem UWG vorgehen können.

Ansprüche nach dem UWG setzen aber Handlungen **„im geschäftlichen Verkehr“** voraus.

Bei Handlungen im geschäftlichen Verkehr bietet § 1 UWG eine mögliche Anspruchsgrundlage.

Hoheitliches Handeln stellt jedoch kein Handeln im geschäftlichen Verkehr dar. Dennoch ist eine Konkurrentenklage grds nicht ausgeschlossen.

In der Literatur spricht man sich überwiegend gegen die Anwendbarkeit des UWG mit dem Argument aus, dass der Staat im Fall hoheitlichen Handelns nicht „im geschäftlichen Verkehr“ handelt.[554] Zudem widerspreche es dem Prinzip der Gewaltenteilung, da ein Gericht ansonsten eine mit Bescheid gewährte Beihilfe mit Urteil versagen könne.[555] Eine Konkurrentenklage ist hingegen einem Teil der Lehre zufolge zulässig, da lediglich das Verhältnis zwischen Beihilfegeber und Beihilfeempfänger als hoheitlich zu qualifizieren ist und der Bescheid nur dieses Rechtsverhältnis gestaltet. Das Verhältnis zwischen Wettbewerber und Beihilfeempfänger bleibt davon aber unberührt.[556] Demnach soll eine Klage des Wettbewerbers gegen den Beihilfeempfänger, der die Beihilfe nicht hätte annehmen dürfen, zulässig sein.[557]

Seit der VerwG-Nov 2012[558] eröffnet Art 94 Abs 2 B-VG allerdings „in einzelnen Angelegenheiten“ die Möglichkeit, einen Instanzenzug von der VwBeh an ein ordentliches Gericht vorzusehen. Die unmittelbare Überprüfung eines Bescheids durch ein ordentliches Gericht ist demnach ausnahmsweise zulässig.[559] Die Zulässigkeit einer „Konkurrentenklage“ ist aus verfassungsrechtlicher Sicht somit nicht gänzlich mehr ausgeschlossen. Es mag verwundern, dass in der Lit Art 94 Abs 2 B-VG in der Argumentation kaum herangezogen wurde. Einzig und allein *Fuchs/Thalmann* bemerken, dass die Fragen iZm Gewaltenteilung durch die VerwG-Nov 2012 an Gewicht verloren hätten.[560]

---

554 *Potacs* in Studiengesellschaft für WiR, BeihilfenR 91 (95); *Dreher/Lübbig/Wolf-Posch*, EU-Beihilferecht Rz 478.

555 *Potacs* in Studiengesellschaft für WiR, BeihilfenR 91 (96 ff); *Dreher/Lübbig/Wolf-Posch*, EU-Beihilferecht Rz 478.

556 *Pechan*, ecolex 2001, 786 f mwN.

557 *Lintschinger*, Private Durchsetzung des Beihilfeverbots und neuere Judikatur österr. und dt. Gerichte, in Haslinger/Jaeger (Hrsg), Jahrbuch Beihilferecht 2012, 505 (510) mwN; Zur Diskussion s *Kölbl*, Private Enforcement, 171 ff.

558 Ausführlich zur VerwG-Nov 2012: *Pabel*, Verwaltungsgerichtsbarkeit NEU (2013); *Holoubek/Lang*, Die Verwaltungsgerichtsbarkeit erster Instanz (2013).

559 Nach den Mat soll die Bestimmung vor allem eine einwandfreie verfassungsrechtliche Grundlage für Fälle von sog „sukzessiver Kompetenz“ schaffen: s dazu ErlRV 1618 BlgNR XXIV. GP 11; vgl dazu auch *Muzak*, B-VG[6] Art 94 Rz 5; Es muss sich demnach um Ausnahmefälle handeln und diese Bestimmung ist auch streng auszulegen: *Forster*, Die Kontrolle der Verwaltung durch die ordentliche Gerichtsbarkeit, ZfV 2014, 312 (318). Bestimmte Anwendungsfälle wurden in den Mat angesprochen, die Gründe für eine derartige Zuordnung zur ordentlichen Gerichtsbarkeit sind jedoch nicht ersichtlich

560 *Fuchs/Thalmann* in Raschauer/Ennöckl/Raschauer (Hrsg), Wirtschaftsrecht[4], Rz 1188. Freilich darf aber auch nicht übersehen werden, dass sich die überwiegende Lehre vor der VerwG-Nov 2012 mit der Konkurrentenklage bei einer hoheitlichen Beihilfegewährung auseinandergesetzt hat.

Unter Berücksichtigung der durch die VerwG-Nov 2012 geschaffenen Möglichkeit in Ausnahmefällen einzelne Angelegenheiten in die ordentliche Gerichtsbarkeit zu übertragen, ist mE die Zulässigkeit einer Wettbewerberklage auf Grundlage des UWG gegen eine öffentlich-rechtlich gewährte Beihilfe unter Berücksichtigung des Grundsatzes der praktischen Wirksamkeit – entgegen der älteren Lehre – nicht mehr gänzlich ausgeschlossen. So könnte sich auch aus Art 4 Abs 3 EUV eine Verpflichtung zur Öffnung des Instituts einer öffentlich-rechtlichen Wettbewerberklage ergeben, um den Schutz des „Einzelnen" gegen Missachtungen des beihilferechtlichen Durchführungsverbots sicherzustellen.[561]

Eine Klage auf der Grundlage des UWG (**Konkurrentenklage**) ist im Hinblick auf das Prinzip der Gewaltenteilung zwar nicht mehr gänzlich ausgeschlossen, aber dennoch kritisch zu bewerten.

d. Feststellungsbescheid

Mit Feststellungsbescheiden wird das Bestehen oder Nichtbestehen eines Rechts, dh strittige Rechtsverhältnisse, verbindlich festgestellt.[562]

Beispiel: *Die Gebietskörperschaft G gewährt dem heimischen Unternehmen U ein partiarisches Darlehen iHv € 2 Mio. Die Beihilfe wird mittels Subventionsbescheid gewährt. Der Wettbewerber W erachtet diese hoheitliche Beihilfe als unzulässig und möchte die bescheidmäßige Feststellung der Unzulässigkeit der Beihilfe erwirken.*

Anders als in der ZPO enthält das AVG keine eigene entsprechende Regelung zur Erlassung von Feststellungsbescheiden. Die Zulässigkeit eines Feststellungsbescheids bestimmt sich somit durch die Rsp des VwGH.[563]

Ein Feststellungsbescheid ist etwa dann zulässig, wenn er für die beantragende Partei ein notwendiges Mittel zweckentsprechender Rechtsverfolgung darstellt, mit dem sie eine zukünftige Rechtsgefährdung abzuwenden vermag.[564]

Es muss ein rechtliches Interesse vorliegen, die Klarstellung muss für die Zukunft von Bedeutung sein und die streitige Rechtsfrage darf nicht im Rahmen eines anderen gesetzlich vorgezeichneten Verfahrens zu beantworten sein.[565]

In Beihilfesachen wäre demnach ein Anspruch auf bescheidmäßige Feststellung denkbar, um die Unzulässigkeit einer gewährten hoheitlichen Beihilfe zu erwirken. Dieser Anspruch könnte jedoch daran scheitern, dass die Klarstellung

[561] EuGH 11.12.1973, 120/73, *Lorenz* Rn 8; Vgl zur deutschen Rechtslage *Tilmann/Schreibauer*, GRUR 2002, 212 (218) mit Verweis auf die Rsp des EuGH 19.06.1990, C-213/89 Rn 21; GA 17.05.1990, C-213/89, *Factortame* Rn 26; vgl auch *Weiß*, Rechtsschutz und Rechtswirkung von Eröffnungsbeschlüssen der Kommission im EU-Beihilferecht, ZWeR 2015, 364 (372).

[562] VwGH 26.11.1991, 91/05/0165; VfSlg 4032/1961; *Hengstschläger/Leeb*, Verwaltungsverfahrensrecht[6] Rz 425.

[563] S dazu *Hengstschläger/Leeb*, Verwaltungsverfahrensrecht[6] Rz 425.

[564] VwGH 22.04.1991, 90/12/0329, VwSlg 13.425 A/1991; VfGH 10.06.1988, B 240/88, VfSlg 11.697/1988; VwGH 18.11.2021, Ra 2021/09/0215.

[565] *Hengstschläger/Leeb*, Verwaltungsverfahrensrecht[6] Rz 425 mwN.

für die Zukunft von Bedeutung sein muss. Die Feststellung der Unzulässigkeit einer bereits erteilten Subvention liegt hingegen in der Vergangenheit, wodurch ein Feststellungsantrag vermutlich scheitern würde.[566]

Besonders für die Konkurrenten des Beihilfeempfängers bestünde in der Umsetzung der Konkurrentenklage in einem eigenen Feststellungsverfahren der Vorteil, dass ihm ein, vom Verwaltungsverfahren des vermeintlich Begünstigten losgelöstes, Forum zur Behandlung ihrer beihilferechtlichen Bedenken offen steht.[567]

Mit einem Feststellungsantrag kann grds die Unzulässigkeit einer gewährten hoheitlichen Beihilfe erwirkt werden. Die Klarstellung muss allerdings mit der Rsp im Einklang stehen und für die Zukunft von Bedeutung sein, was regelmäßig bei der Feststellung einer bereits erteilten (und in der Vergangenheit liegenden) Subvention nicht der Fall sein wird.

e. Amtswegige Rückforderung

Der Gerichtshof verlangt von den nationalen Behörden eine rechtswidrige Beihilfe auf eigene Initiative zurückzufordern.[568] Der EuGH fordert bei einem Verstoß gegen Art 108 Abs 3 AEUV sämtliche Folgerungen in Bezug auf den Beihilferechtsakt zu ziehen.

Eine explizite Rechtsgrundlage zur Rückforderung staatlicher Beihilfen findet sich in den österreichischen Verwaltungsverfahrensvorschriften nicht. Eine mögliche Anspruchsgrundlage wurde im Rahmen von § 68 AVG diskutiert.[569]

Ein formell rechtswidriger Beihilfebescheid könnte demnach entweder auf der Grundlage von § 68 Abs 4 Z 4 AVG oder § 68 Abs 6 AVG amtswegig zurückgefordert werden.

Beide Bestimmungen sehen diese Möglichkeit zwar nicht unmittelbar vor, sondern sind aufgrund des Effektivitätsgebots vielmehr unionsrechtskonform auszulegen, um die volle Wirksamkeit des beihilferechtlichen Durchführungsverbots sicherzustellen. Ein formell rechtswidriger Beihilfebescheid ist rechtlich existent aber nicht absolut nichtig. Nach der Lehre vom Fehlerkalkül ist der Bescheid als rechtswidrig anzusehen, kann aber für „nichtig erklärt" also aufgehoben werden.[570] Nach der Rsp des VwGH wirkt die Aufhebung ex nunc, weshalb man im behilferechtlichen Schrifttum eine ex tunc-Wirkung fordert.

Die Aufhebung des Bescheids erfolgt mit Ersatzbescheid, wobei die aufschiebende Wirkung gem § 64 Abs 2 AVG bzw § 13 Abs 2 VwGVG mit Blick auf den Effektivitätsgrundsatz auszuschließen ist.

566 S dazu *Dreher/Lübbig/Wolf-Posch*, EU-Beihilferecht Rz 481; *Potacs* in Studiengesellschaft für WiR, BeihilfenR 91 (103).

567 *Sutter* in Mayer/Stöger, EUV/AEUV Art 108 AEUV Rz 130 mwN.

568 Zuletzt ausdrücklich EuGH 07.04.2022, C-102/21 u C-103/21, *Autonome Provinz Bozen.*

569 Diskussion s *Kölbl*, Private Enforcement, 190 ff.

570 Diese Ansicht deckt sich auch mit der Rsp des BVerwG in Deutschland, wonach die formelle Rechtswidrigkeit der Beihilfe nicht bereits zur absoluten Nichtigkeit führt, sondern nach nationalem Recht zu beurteilen ist.

Ein Antragsrecht sui generis zugunsten eines Wettbewerbers lehnt man im Schrifttum aufgrund des reinen Wortlauts von § 68 Abs 7 AVG ab.[571]

Dem Wettbewerber steht es allerdings frei, eine Rückforderung bei der Beh anzuregen.

Aus der Rsp des EuGH und dem Grundsatz der loyalen Zusammenarbeit in Art 4 Abs 3 EUV folgt die Verpflichtung für die Behörde, eine formell rechtswidrige Beihilfe bzw aufgrund einer Rückforderungsentscheidung der Kommission, auf eigene Initiative tätig zu werden und die rechtswidrige Beihilfe zurückzufordern.[572]

f. Wiederaufnahme des Verfahrens

Ob auch ein **Antrag auf Wiederaufnahme des Verfahrens** im Fall einer rechtswidrigen Beihilfe gestellt werden kann, ist strittig.[573]

Aus dem Blickwinkel des Effektivitätsgrundsatzes wäre ein begründeter Antrag auf Wiederaufnahme des Verfahrens bei Vorliegen eines formell rechtswidrigen Beihilfebescheids zuzulassen. Die Wendung „Vorfragen, die als Hauptfragen von anderen Verwaltungsbehörden oder von den Gerichten zu entscheiden wären" würde nur durch eine unionsrechtskonforme Auslegung gelöst werden können; und zwar dahingehend, dass auch eine Vorfragenbeurteilung durch eine übergeordnete Behörde wie die Europäische Kommission in Beihilfesachen die Wirkung einer Entscheidung in einer Hauptfrage hat. Zudem resultiert aus der Bindungswirkung eine im Bereich der Wiederaufnahme beachtliche Präjudizwirkung für nat Behörden.

Sieht man den Wettbewerber als „atypische Nebenpartei" an, wäre ihm ein Antragsrecht auf Wiederaufnahme des Verfahrens einzuräumen, sofern die Behörde bzw das Verwaltungsgericht untätig bleibt.[574]

g. Amtshaftungsklage

Beispiel: *Die Behörde gewährt dem Großunternehmen X mittels Subventionsbescheid eine finanzielle Zuwendung iHv € 10 Mio. Der Subventionsbescheid wurde unter Verstoß gegen das Durchführungsverbot gewährt. Die Behörde weigert sich den Bescheid aufzuheben. Ein Wettbewerber von X erwägt nun rechtliche Schritte und bereitet eine Amtshaftungsklage gegen den Bund vor.*

In Österreich besteht kein spezifischer Rechtsrahmen zur Durchsetzung von Ansprüchen, die sich auf Staathaftung stützen. Bei **unionsrechtswidrigen Akten der Verwaltung** erfolgt die Durchsetzung nach den Bestimmungen des Amtshaftungsgesetzes (AHG) vor den ordentlichen Gerichten.

571 *Kölbl*, Private Enforcement, 201 ff.

572 EuGH 07.04.2022, C-102/21 u C-103/21, *Autonome Provinz Bozen* Rz 45-48. Die hL sieht im Falle einer Rückforderungsentscheidung der Europäischen Kommission für die Behörden kein Ermessen mehr, wodurch dem Wettbewerber ein Antragsrecht einzuräumen wäre: *Potacs* in Studiengesellschaft WiR, 91 (107); *Budischowsky*, ZfV 2000, 2 (10).

573 Zur Diskussion s *Kölbl*, Private Enforcement, 204.

574 S dazu *Kölbl*, Private Enforcement, 203.

Der Staat haftet gemäß § 1 AHG für den Schaden am Vermögen oder an der Person, den die als ihre Organe handelnden Personen **in Vollziehung der Gesetze** durch ein rechtswidriges Verhalten wem auch immer schuldhaft zugefügt haben. Der Schaden ist gemäß § 1 Abs 1 letzter Satz AHG nur in Geld zu ersetzen.

So könnte etwa die Weigerung der Behörde einen Subventionsbescheid trotz eines Verstoßes gegen das Durchführungsverbot aufzuheben, einen Amtshaftungsanspruch begründen.[575] Der VfGH sieht in der Verletzung der Anmeldepflicht bei einer anmeldepflichtigen Beihilfe einen hinreichend qualifizierten Verstoß.[576] Auch aus einer Unterlassung zur Vorlagepflicht kann sich ein Amtshaftungsanspruch ableiten. Allein aus der Tatsache, dass ein anderes (nationales) Gericht bereits ein Vorabentscheidungsverfahren zu einer bestimmten Rechtsfrage gestellt hat, lässt sich allerdings kein Amtshaftungsanspruch begründen.[577]

Im Fall von **legislativem**[578] und **judikativem**[579] **Unrecht** steht Artikel 137 B-VG als Anspruchsgrundlage zur Verfügung, wodurch eine Zuständigkeit des VfGH begründet wird.

In bestimmten Fällen können vermögensrechtliche Ansprüche gegen Bund, Länder und Gemeinden auf der Grundlage von Art 137-B-VG geltend gemacht werden, indem etwa die Kommission eine gesetzliche Beihilferegelung als mit dem Binnenmarkt unvereinbar erklärt.[580]

Der VfGH ließ im Jahr 2009 zB eine auf Art 137 B-VG gestützte Klage gegen die Republik Österreich zu, die auf Rückzahlung von KWK-Zuschlägen gerichtet war. Hintergrund dieser Klage war, dass die Kommission die Förderung von Ökostrom über einen Förderbeitrag zuvor als Beihilfe qualifiziert hatte. Die auf der Grundlage des ÖkostromG geleisteten KWK-Zuschläge an die Energie-Control-GmbH erwiesen sich folglich als rechtsgrundlose Leistung, die einen unionsrechtlichen Rückforderungsanspruch begründeten.[581]

Schadenersatzansprüche im Zusammenhang mit einer öffentlich-rechtlichen Beihilfevergabe können nach dem Amtshaftungsgesetz vor den ordentlichen Gerichten oder auf der Grundlage von Art 137 B-VG geltend gemacht werden.

C. Internationaler Rechtsschutz

Literatur: *Bartosch*, EU-Beihilfenrecht[3] (2020); *Birnstiel/Bungenberg/Heinrich*, Europäisches Beihilfenrecht (2013); *Bungenberg/Schelhaas*, Beihilfenrechtliche Regelungen in (Freihandels-)Abkommen der EU, in Haslinger/Jaeger (Hrsg), Jahrbuch Beihilferecht (2017) 591; *Dauses/Ludwigs*, Handbuch des EU-Wirtschaftsrechts[52] (Werkstand:

575 *Nordberg*, ecolex 2000, 260 ff.
576 VfSlg 18.824/2009.
577 OGH 20.12.2022, 1 Ob 247/22p.
578 VfSlg 16.107/2001.
579 VfSlg 17.019/2003.
580 *Lintschinger* in Jahrbuch Beihilferecht (2012) 505 (510).
581 Dazu ausführlich *Lintschinger* in Jahrbuch Beihilferecht (2012) 513 (510).

52. EL 2021 Loseblatt); *Frenz*, Handbuch Europarecht III: Beihilferecht[2] (2021); *ders*, Die Beihilfenkontrolle in der internationalen Wirtschaft, EWS 2017, 194; *Griller*, Das Beihilfenrecht der WTO, in Studiengesellschaft für Wirtschaft und Recht (Hrsg), Beihilfenrecht (2004) 179; *Hahn*, Internationales Subventionsrecht, in *Birnstiel/Bungenberg/Heinrich*, Europäisches Beihilfenrecht (2013); *Immenga/Mestmäcker*, Wettbewerbsrecht V: Beihilfenrecht[6] (2022); *Krajewski*, Wirtschaftsvölkerrecht[5] (2021); *Jaeger*, Beihilfe- und Förderungsrecht, in Holoubek/Potacs (Hrsg), Öffentliches Wirtschaftsrecht I[4] (2019) 717; *Laprévote/Kang*, Subsidies Issues in the WTO – An Update, EStAL 2011, 445; *Ohlhoff*, Verbotene Beihilfen nach dem Subventionsabkommen der WTO im Lichte aktueller Rechtsprechung, EuZW 2000, 645; *Schwarze*, EU-Kommentar[4] (2019); *Senti*, Welthandelsorganisation WTO[2] (2021).

Judikatur: Panel Report 21.01.2000, WT/DS126/AB/RW, *Australia – Automotive Leather II (Article 21.5 – US)*; Appellate Body Report 18.05.2011, WT/DS316/AB/R, *European Communities and certain Member States – Measures affecting Trade in Large Civil Aircraft (Airbus)*; EuGH 06.03.2018, C-284/16, *Slowakische Republik/Achmea BV*; Panel Report 02.12.2019, WT/DS316/RW2, *European Communities and certain member states – measures affecting trade in large civil aircraft*; EuGH 25.01.2022, C-638/19 P, *Kommission/European Food ua*.

Auf internationaler Ebene bieten multilaterale bzw bilaterale völkerrechtliche Verträge wie das **WTO-System** und der **Internationale Investitionsschutz** die Grundlage für Rechtsschutzmöglichkeiten, um gegen bestimmte staatliche Subventions- bzw Beihilfepraktiken vorzugehen.

Im Welthandelsrecht sind Subventionen gesondert geregelt.[582]

Art VI und XVI GATT sowie das multilaterale Übereinkommen über Subventionen und Ausgleichsmaßnahmen (ASCM) befassen sich mit Subventionen.[583] In den Art 3 und 4 ASCM sind die verbotenen Subventionen geregelt. Art 5-7 ASCM regeln die anfechtbaren Subventionen.[584] Das WTO-System kennt verschiedene, im ASCM geregelte, Verfahrensalternativen, um gegen Subventionen vorzugehen: Ausgleichsmaßnahmen gegen verbotene und anfechtbare Subventionen (Track I) und das ausschließlich den WTO-Mitgliedern vorbehaltene Streitbeilegungsverfahren der WTO (Track II), das neben den Track I-Maßnahmen besteht. Schließlich kann mittels der Antisubventionsverordnung 2016[585] auch gegen Subventionen vorgegangen werden, die sich in der EU auswirken.

Für die Verletzung der Interessen von Unionsunternehmen in Drittstaaten sieht die sog Trade Barrier Regulation (TBR)[586] Regelungen vor.

---

582 Zum Subventionsbegriff im WTO-Recht s *Ohlhoff*, EuZW 2000, 645.

583 Weiterführend zur Ausgestaltung des Rechtsschutzes auf völkerrechtlicher Ebene s *Bungenberg* in WettbR V: BeihilfenR[6] Rechtsschutz Rz 257 ff; *Frenz*, EuR III[2] Rz 336 ff.

584 Gemäß Art 5 ASCM können alle nicht unter einen spezielleren Tatbestand fallenden spezifischen Subventionen angefochten werden, sofern sie nachteilige Auswirkungen auf die Interessen anderer WTO-Mitglieder haben.

585 Verordnung (EU) 2016/1037 des Europäischen Parlaments und des Rates vom 8. Juni 2016 über den Schutz gegen subventionierte Einfuhren aus nicht zur Europäischen Union gehörenden Ländern, ABl L 2016/176, 55.

586 Verordnung (EU) 2015/1843 des Europäischen Parlaments und des Rates vom 6. Oktober 2015 zur Festlegung der Verfahren der Union im Bereich der gemeinsamen Handelspolitik zur Ausübung der Rechte der Union nach internationalen Handelsregeln, insbesondere den im Rahmen der Welthandelsorganisation vereinbarten Regeln, ABl L 2018/272, 1; weiterführend auch den Bericht der Kommission vom 15.6.2020 an das Europäische Parlament

Beispiel: *Der US-amerikanische Bundestaat Washington gewährte dem heimischen Unternehmen Boeing zwischen 2013 bis 2015 im Zusammenhang mit der Produktion von Jets mehrere Subventionen in der Höhe von ca 325 Mio USD. Der europäische Konkurrent Airbus ging dagegen mit Unterstützung der EU vor. Die WTO wertete diese Subventionen als illegal.*[587]

Gegen beihilferechtlich relevante staatliche Entscheidungen kann auch mit den Mitteln des internationalen **Investitionsschutz**es vorgegangen werden, indem sich etwa ausländische private Investoren sich an internationale **Schiedsgerichte** wenden.

Bilaterale Investitionsschutzverträge sehen dabei einen Schutzstandard vor, wie zB den Grundsatz der gerechten und billigen Behandlung.

Neben dem EU-Beihilferecht können ausländische Investoren auf der Grundlage **bilateraler bzw multilateraler völkerrechtlicher Verträge** wie zB im Bereich des WTO-Systems oder des Internationalen Investitionsschutzes, **Rechtsschutz** gegen staatliche **Subventions- bzw Beihilfepraktiken** suchen.

und den Rat über Handels- und Investitionshindernisse 1. Januar 2019 – 31. Dezember 2019 COM(2020) 236 final.

587 Zum WTO-Fall Boeing siehe Pressemitteilung der Europäischen Kommission vom 9.11.2020: WTO-Fall Boeing: EU führt Gegenmaßnahmen auf US-Ausfuhren ein; vgl auch becklink 2005071.

Anhang

Hinweis: Die in den Dokumenten in eckige Klammer gesetzten Angaben sind austauschbar und richten sich jeweils nach dem maßgeblichen Sachverhalt. In runder Klammer finden sich Textbausteine, die als Formulierungsvorschläge dienen und an den maßgeblichen Sachverhalt anzupassen sind.

I. Beihilfevermerk (Beispiel)

[Institution]
[Bezeichnung der Abteilungen]
[Anschrift]
[XXX Stadt]

Beihilfevermerk [Bezeichnung der Beihilfemaßnahme]

1. Ausgangssituation / Zu beurteilende Beihilfemaßnahme

[…]

2. Beihilferechtliche Würdigung der Maßnahme und Prüfung der Vereinbarkeit der Maßnahme mit dem Binnenmarkt

– Vorliegen einer Beihilfe

(Beihilfemaßnahmen unterliegen gemäß Art 107 Abs 1 AEUV dann dem Anwendungsbereich des EU-Beihilferechts, wenn es sich dabei um staatliche oder aus staatlichen Mitteln gewährte Beihilfen gleich welcher Art handelt, die durch die Begünstigung bestimmter Unternehmen oder Produktionszweige den Wettbewerb verfälschen oder zu verfälschen drohen, soweit sie den Handel zwischen den Mitgliedstaaten beeinträchtigen. Damit eine verbotene staatliche Beihilfe vorliegt, müssen sämtliche Merkmale auf Tatbestandsebene des Art 107 Abs 1 AEUV gänzlich vorliegen.)

[…]

(Die Beihilfemaßnahme ist daher als staatliche Beihilfe im Sinne von Artikel 107 Absatz 1 AEUV zu betrachten.)

(Die Beihilfemaßnahme erfüllt nicht sämtliche Tatbestandsmerkmale in Artikel 107 Absatz 1 AEUV und ist daher nicht als staatliche Beihilfe im Sinne von Artikel 107 Absatz 1 AEUV zu betrachten.)

– Rechtmäßigkeit der Beihilfemaßnahme

(Mit der Anmeldung der geplanten Beihilfemaßnahme vor ihrer Durchführung ist der Mitgliedstaat seinen Verpflichtungen nach Artikel 108 Absatz 3 AEUV (und der Einzelanmeldepflicht nach Artikel 6 Absatz 2 der allgemeinen Gruppenfreistellungsverordnung) nachgekommen)

– Vereinbarkeit der Beihilfe mit dem Binnenmarkt (Rechtfertigungslösung)

(Nachdem die Institution zu dem Schluss gekommen ist, dass die Beihilfemaßnahme eine staatliche Beihilfe darstellt, ist folglich die Vereinbarkeit dieser Beihilfe mit dem Binnenmarkt zu prüfen (Rechtfertigungsmöglichkeiten)).

(Folglich muss die Vereinbarkeit der Beihilfe mit dem Binnenmarkt im Lichte des Artikels 107 Absatz 2 und 3 AEUV untersucht werden, in denen die Ausnahmen von der in Artikel 107 Absatz 1 festgelegten allgemeinen Regel der Unvereinbarkeit mit dem Binnenmarkt aufgeführt werden.)

(Im vorliegenden Fall kommt lediglich die in Artikel 107 Absatz 3 Buchstabe c vorgesehene Ausnahme in Betracht. Nach Artikel 107 Absatz 3 Buchstabe c können Beihilfe als zulässig angesehen werden, wenn sie zur Förderung der Entwicklung gewisser Wirtschaftszweige oder Wirtschaftsgebiete dienen, soweit sie die Handelsbedingungen nicht in einer Weise verändern, die dem gemeinsamen Interesse zuwider läuft.)

– Eingehende Prüfung der Beihilfemaßnahme

[…]

3. Schlussfolgerung

[Name der Institution] kommt zu dem Schluss, dass die geplante Beihilfemaßnahme zugunsten des Beihilfeempfängers nach Artikel 107 Absatz 1 AEUV [k] eine Beihilfe darstellt.

Die Beihilfemaßnahme ist zwar als staatliche Beihilfe nach Artikel 107 Absatz 1 AEUV zu betrachten, kann aber auf der Grundlage der [Rechtfertigungslösung[1]] [von der Anmeldepflicht freigestellt und][2] mit dem Binnenmarkt als vereinbar angesehen werden.

[1] Primär- (zB Art 107 Abs 3 AEUV), sekundär- (zB AGVO) bzw tertiärrechtliche Rechtsgrundlagen (zB Leitlinien für Regionalbeihilfen).

[2] Freistellungsmitteilung betrifft die AGVO.

II. Formular für die Anmeldung staatlicher Beihilfen

Hinweis: Im Anhang I zur Verf-DVO findet sich das Standardformular, das von den Mitgliedstaaten für die Anmeldung neuer Beihilferegelungen und Einzelbeihilfen gemäß Art 108 Abs 3 AEUV zu verwenden ist. Vorliegendes Muster wurde diesem Standardformular nachgebildet. Die Verwendung des Standardformulars in Anhang I zur Verf-DVO ist von den Mitgliedstaaten zu verwenden.

Das Formular gliedert sich in drei Teile:

I. Allgemeine Angaben (dieser Teil ist in allen Fällen auszufüllen)

II. Zusammenfassung zur Veröffentlichung im Amtsblatt

III. Fragebogen je nach Art der Beihilfe

Wird dieses Formular nicht korrekt ausgefüllt, kann die Anmeldung als unvollständig zurückgewiesen werden. Das ausgefüllte Formular wird der Kommission von der Ständigen Vertretung des betreffenden Mitgliedstaats zugeleitet. Es ist an den Generalsekretär der Kommission zu richten.[3]

Nachstehend wird der erste Teil auszugsweise als Muster abgebildet, um dem Anwender einen Eindruck über den Aufbau des Formulars zu verschaffen

TEIL I

ALLGEMEINE ANGABEN

1. Anmeldung

Handelt es sich um

a) ☐ eine Voranmeldung? Falls ja, müssen Sie zum jetzigen Zeitpunkt möglicherweise nicht das ganze Formular ausfüllen, sondern mit den Dienststellen der Kommission absprechen, welche Informationen für eine vorläufige Würdigung der geplanten Maßnahme benötigt werden

b) ☐ eine Anmeldung nach Artikel 108 Absatz 3 des Vertrags über die Arbeitsweise der Europäischen Union (AEUV)?

c) ☐ eine vereinfachte Anmeldung nach Artikel 4 Absatz 2 der Verordnung (EG) Nr. 794/2004? Falls ja, füllen Sie bitte nur das Anmeldeformular für das vereinfachte Verfahren in Anhang II aus.

d) ☐ eine Maßnahme, die keine staatliche Beihilfe im Sinne des Artikels 107 Absatz 1 AEUV darstellt, die jedoch aus Gründen der Rechtssicherheit bei der Kommission angemeldet wird?

3 Anhang I Verf-DVO.

Wenn Sie Buchstabe d gewählt haben, geben Sie bitte unten an, weshalb der anmeldende Mitgliedstaat die Auffassung vertritt, dass die Maßnahme keine staatliche Beihilfe im Sinne des Artikels 107 Absatz 1 AEUV darstellt. Bitte legen Sie unter Berücksichtigung der folgenden vier Kriterien eine umfassende Beurteilung zu der Maßnahme vor, in der Sie besonders ausführlich auf diejenigen Kriterien eingehen, die Ihrer Ansicht nach bei der geplanten Maßnahme nicht erfüllt sind:

Geht die angemeldete Maßnahme mit der Übertragung öffentlicher Mittel einher oder ist sie dem Staat zuzurechnen?

....

Verschafft die angemeldete Maßnahme Unternehmen einen Vorteil?

....

Ist die Gewährung der Maßnahme Gegenstand einer Ermessensentscheidung, steht sie nur einer begrenzten Anzahl von Unternehmen in einer begrenzten Anzahl von Wirtschaftszweigen zur Verfügung oder sieht sie territoriale Beschränkungen vor?

....

Verfälscht die Maßnahme den Wettbewerb im Binnenmarkt oder droht sie, den Handel innerhalb der Union zu beeinträchtigen?

....

2. Beihilfegeber

Mitgliedstaat:

....

Region(en) des Mitgliedstaats (NUTS-Ebene 2), einschließlich Förderstatus:

....

Kontaktperson(en):

Name: ....

Anschrift: ....

Telefon: ....

E-Mail: ....

Geben Sie bitte Name, Anschrift (einschließlich Internetadresse) und E-Mail-Adresse der Bewilligungsbehörde an:

Name: ....

Anschrift: ....

Internetadresse: ....

E-Mail: ....

Kontaktperson in der Ständigen Vertretung:

Name: ....

Anschrift: ....

Telefon: ....

Soll eine Kopie der Schreiben der Kommission an den Mitgliedstaat auch anderen nationalen Behörden übermittelt werden, geben Sie bitte Name, Anschrift (einschließlich Internetadresse) und E-Mail-Adresse dieser Behörden an:

Name: ....

Anschrift: ....

Internetadresse: ....

E-Mail: ....

3. Beihilfeempfänger

3.1. Standort der Beihilfeempfänger:

a) ☐ in (einem) nicht beihilfefähigen Gebiet(en): ....

b) ☐ in (einem) Fördergebiet(en) im Sinne des Artikels 107 Absatz 3 Buchstabe a AEUV (geben Sie bitte das/die Fördergebiet(e) auf NUTS-Ebene 2 an):

....

c) ☐ in (einem) Fördergebiet(en) im Sinne des Artikels 107 Absatz 3 Buchstabe c AEUV (geben Sie bitte das/die Fördergebiet(e) auf NUTS-Ebene 3 oder darunter an):

....

3.2. Standort des (der) Vorhaben(s) (falls zutreffend):

a) ☐ in (einem) nicht beihilfefähigen Gebiet(en):

....

b) ☐ in (einem) Fördergebiet(en) im Sinne des Artikels 107 Absatz 3 Buchstabe a AEUV (geben Sie bitte das/die Fördergebiet(e) auf NUTS-Ebene 2 an):

....

c) ☐ in (einem) Fördergebiet(en) im Sinne des Artikels 107 Absatz 3 Buchstabe c AEUV (geben Sie bitte das/die Fördergebiet(e) auf NUTS-Ebene 3 oder darunter an):

....

3.3. Wirtschaftszweig(e), für den (die) die Beihilfemaßnahme gilt (d. h. in dem (denen) die Beihilfeempfänger tätig sind):

a) ☐ Alle Wirtschaftszweige

b) ☐ Bestimmte(r) Wirtschaftszweig(e). Geben Sie in diesem Fall bitte den (die) Wirtschaftszweig(e) auf Ebene der NACE-Gruppe an:

....

3.4. Im Falle einer Beihilferegelung:

3.4.1. Art der Beihilfeempfänger:

a) ☐ Große Unternehmen

b) ☐ Kleine und mittlere Unternehmen (KMU)

c) ☐ Mittlere Unternehmen

d) ☐ Kleine Unternehmen

e) ☐ Kleinstunternehmen

3.4.2. Voraussichtliche Zahl der Beihilfeempfänger:

a) ☐ weniger als 10

b) ☐ 11 bis 50

c) ☐ 51 bis 100

d) ☐ 101 bis 500

e) ☐ 501 bis 1000

f) ☐ mehr als 1000

3.5. Im Falle einer Einzelbeihilfe, die entweder auf der Grundlage einer Beihilferegelung oder als Ad-hoc-Beihilfe gewährt wird:

3.5.1. Name des (der) Beihilfeempfänger(s):

....

3.5.2. Art des (der) Beihilfeempfänger(s):

....

☐ KMU

Zahl der Beschäftigten:

Jahresumsatz (voller Betrag in Landeswährung, im letzten Geschäftsjahr):

....

Jahresbilanzsumme (voller Betrag in Landeswährung, im letzten Geschäftsjahr):

....

Verbundene Unternehmen oder Partnerunternehmen (fügen Sie bitte eine Erklärung nach Artikel 3 Absatz 5 des Anhangs der KMU-Empfehlung der Kommission bei, aus der hervorgeht, dass es sich bei dem Beihilfeempfänger um ein eigenständiges Unternehmen, ein verbundenes Unternehmen oder ein Partnerunternehmen handelt):

....

☐ Großes Unternehmen

3.6. Handelt es sich bei den Beihilfeempfängern um Unternehmen in Schwierigkeiten?

☐ Ja ☐ Nein

3.7. Offene Rückzahlungsanordnungen

3.7.1. Im Falle einer Einzelbeihilfe:

Die Behörden des Mitgliedstaats verpflichten sich, für den Fall, dass dem Beihilfeempfänger noch eine frühere rechtswidrige Beihilfe zur Verfügung steht, die (als Einzelbeihilfe oder als Beihilfe auf der Grundlage einer für mit dem Binnenmarkt unvereinbar erklärten Beihilferegelung) durch einen Beschluss der Kommission für mit dem Binnenmarkt unvereinbar erklärt wurde, die Gewährung und/oder Zahlung der angemeldeten Beihilfe auszusetzen, bis der Beihilfeempfänger den Gesamtbetrag der rechtswidrigen und mit dem Binnenmarkt unvereinbaren Beihilfe einschließlich der entsprechenden Rückforderungszinsen zurückgezahlt oder auf ein Sperrkonto überwiesen hat.

☐ Ja ☐ Nein

Geben Sie bitte die Fundstelle der einschlägigen nationalen Rechtsgrundlage an:

....

3.7.2. Im Falle einer Beihilferegelung:

Die Behörden des Mitgliedstaats verpflichten sich, die Gewährung und/oder Zahlung von Beihilfen auf der Grundlage der angemeldeten Beihilferegelung für Unternehmen auszusetzen, die frühere rechtswidrige Beihilfen erhalten haben, die (als Einzelbeihilfen oder als Beihilfen auf der Grundlage einer für mit dem Binnenmarkt unvereinbar erklärten Beihilferegelung) durch einen Beschluss der Kommission für mit dem Binnenmarkt unvereinbar erklärt wurden, bis das betreffende Unternehmen den Gesamtbetrag der rechtswidrigen und mit dem Binnenmarkt unvereinbaren Beihilfe einschließlich der entsprechenden Rückforderungszinsen zurückgezahlt oder auf ein Sperrkonto überwiesen hat.

☐ Ja ☐ Nein

Geben Sie bitte die Fundstelle der einschlägigen nationalen Rechtsgrundlage an:

....

4. Nationale Rechtsgrundlage

4.1. Geben Sie bitte die nationale Rechtsgrundlage für die Beihilfemaßnahme einschließlich der Durchführungsvorschriften und der betreffenden Fundstellen an:

Nationale Rechtsgrundlage: ....

....

Durchführungsvorschriften (falls zutreffend):

....

....

Fundstellen (falls zutreffend):

....

4.2. Fügen Sie dieser Anmeldung bitte Folgendes bei:

a) ☐ eine Kopie der einschlägigen Auszüge aus der endgültigen Fassung der Rechtsgrundlage (gegebenenfalls zusammen mit einer Internetadresse, die direkten Zugang dazu bietet); oder

b) ☐ eine Kopie der einschlägigen Auszüge aus dem Entwurf der Rechtsgrundlage (gegebenenfalls zusammen mit einer Internetadresse, die direkten Zugang dazu bietet).

4.3. Enthält die Rechtsgrundlage, falls es sich um die endgültige Fassung handelt, eine Stillhalteklausel, nach der die Beihilfe erst gewährt werden darf, nachdem sie von der Kommission genehmigt wurde?

☐ Ja

☐ Nein: Ist eine entsprechende Bestimmung in den Entwurf aufgenommen worden?

  ☐ Ja

  ☐ Nein: Erläutern Sie bitte, warum eine solche Bestimmung nicht in die Rechtsgrundlage aufgenommen wurde.

....

4.4. Falls die Rechtsgrundlage eine Stillhalteklausel enthält, geben Sie bitte den Tag der Gewährung der Beihilfe an:

☐ Tag der Genehmigung durch die Kommission

☐ Tag der Zusage der nationalen Behörden, die Beihilfe vorbehaltlich der Genehmigung durch die Kommission zu gewähren

....

5. Angabe zur Beihilfe, Ziel und Laufzeit

5.1. Titel der Beihilfemaßnahme (oder Name des Empfängers der Einzelbeihilfe)

....

5.2. Kurze Beschreibung des Ziels der Beihilfe

....

5.3. Bezieht sich die Maßnahme auf die nationale Kofinanzierung eines im Rahmen des Europäischen Fonds für strategische Investitionen (EFSI) geförderten Vorhabens?

☐ Nein

☐ Ja: Bitte fügen Sie dem Anmeldeformular das Antragsformular der Europäischen Investitionsbank bei.

5.4. Art der Beihilfe

5.4.1. Bezieht sich die Anmeldung auf eine Beihilferegelung?

[...]

5.4.2. Bezieht sich die Anmeldung auf eine Einzelbeihilfe?

[...]

5.4.3. Ist die Finanzierung fester Bestandteil der Beihilfemaßnahme (z. B. wenn steuerähnliche Abgaben erhoben werden, um die für die Gewährung der Beihilfen erforderlichen Mittel aufzubringen)?

[...]

5.5. Laufzeit

☐ Beihilferegelung

Geben Sie den vorgesehenen letzten Tag an, an dem auf der Grundlage der Beihilferegelung Einzelbeihilfen gewährt werden können. Bei einer Laufzeit von mehr als 6 Jahren geben Sie bitte an, weshalb eine längere Laufzeit unerlässlich ist, um die Ziele der Beihilferegelung zu erreichen.

....

☐ Einzelbeihilfe

Geben Sie den für die Gewährung der Beihilfe vorgesehenen Tag an: ....

Falls die Beihilfe in Tranchen ausgezahlt wird, geben Sie den für jede Tranche vorgesehenen Auszahlungstag an: ....

6. Vereinbarkeit der Beihilfe mit dem Binnenmarkt

Allgemeine Grundsätze für die beihilferechtliche Würdigung

(Die Abschnitte 6.2 bis 6.7 gelten nicht für Beihilfen in den Bereichen Landwirtschaft, Fischerei und Aquakultur)

6.1. Geben Sie bitte das Hauptziel und gegebenenfalls das (die) Nebenziel(e) von gemeinsamem Interesse an, zu dem (denen) die Beihilfe beiträgt:

☐ Landwirtschaft, Forstwirtschaft, ländliche Gebiete

☐ Breitbandinfrastrukturen

☐ Stilllegungsbeihilfen

☐ Ausgleich für Schäden aufgrund von Naturkatastrophen oder sonstigen außergewöhnlichen Ereignissen

☐ Kultur

☐ Beihilfen für benachteiligte Arbeitnehmer und/oder Arbeitnehmer mit Behinderungen

☐ Energieinfrastrukturen

☐ Energieeffizienz

☐ Umweltschutz

☐ Durchführung eines wichtigen Vorhabens von gemeinsamem europäischem Interesse

☐ Fischerei und Aquakultur

☐ Erhaltung des kulturellen Erbes

☐ Förderung von Export und Auslandsbeteiligungen

☐ Regionale Entwicklung (einschließlich der territorialen Zusammenarbeit)

☐ Behebung einer beträchtlichen Störung im Wirtschaftsleben eines Mitgliedstaats

- ☐ Erneuerbare Energien
- ☐ Rettung von Unternehmen in Schwierigkeiten
- ☐ Forschung, Entwicklung und Innovation
- ☐ Umstrukturierung von Unternehmen in Schwierigkeiten
- ☐ Risikofinanzierung
- ☐ Sektorale Entwicklung
- ☐ Dienstleistungen von allgemeinem wirtschaftlichem Interesse (DAWI)
- ☐ KMU
- ☐ Soziale Unterstützung einzelner Verbraucher
- ☐ Sportinfrastrukturen und multifunktionale Freizeitinfrastrukturen
- ☐ Ausbildung
- ☐ Flughafeninfrastruktur oder -ausrüstung
- ☐ Flughafenbetrieb
- ☐ Anlaufbeihilfen für Luftverkehrsgesellschaften für die Einrichtung neuer Strecken
- ☐ Verkehrskoordinierung

6.2. Erläutern Sie bitte die Erforderlichkeit des staatlichen Eingreifens. Die Beihilfe darf nur dann gewährt werden, wenn sie durch Behebung eines genau definierten Marktversagens wesentliche Verbesserungen bewirken kann, die der Markt selbst nicht herbeiführen kann.

....

....

6.3. Begründen Sie bitte, warum die Beihilfe ein geeignetes Instrument zur Verfolgung des unter Nummer 6.1 genannten Ziels von gemeinsamem Interesse ist. Die Beihilfe wird nicht als mit dem Binnenmarkt vereinbar angesehen, wenn derselbe positive Beitrag mit Maßnahmen erreicht werden kann, die den Wettbewerb weniger verfälschen.

....

....

6.4. Hat die Beihilfe einen Anreizeffekt (dieser liegt vor, wenn die Beihilfe insofern zu einer Verhaltensänderung eines Unternehmens führt, als es zusätzliche Tätigkeiten aufnimmt, die es ohne die Beihilfe nicht, nur in geringerem Umfang oder auf andere Weise ausgeübt hätte)?

☐ Ja ☐ Nein

Geben Sie bitte an, ob vor Stellung eines Beihilfeantrags aufgenommene Tätigkeiten beihilfefähig sind.

☐ Ja ☐ Nein

Wenn sie beihilfefähig sind, erläutern Sie bitte, inwieweit das Erfordernis des Anreizeffekts erfüllt ist.

....

....

6.5. Begründen Sie bitte, warum die gewährte Beihilfe angemessen in dem Sinne ist, dass sie dem für die Förderung von Investitionen oder Tätigkeiten erforderlichen Minimum entspricht.

....

....

6.6. Geben Sie bitte die möglichen negativen Auswirkungen der Beihilfe auf Wettbewerb und Handel an und präzisieren Sie, inwieweit die positiven Auswirkungen überwiegen.

....

....

6.7. Geben Sie bitte im Einklang mit der Transparenzmitteilung an, ob die folgenden Informationen auf einer zentralen nationalen oder regionalen Website veröffentlicht werden: vollständiger Wortlaut der genehmigten Beihilferegelung oder des Gewährungsbeschlusses für Einzelbeihilfen, einschließlich ihrer Durchführungsbestimmungen, oder ein Link dazu, Name der Bewilligungsbehörde(n), Name der einzelnen Beihilfeempfänger, Beihilfeinstrument und Beihilfebetrag je Beihilfeempfänger, Ziel der Beihilfe, Tag der Gewährung, Art des Unternehmens (zum Beispiel KMU oder großes Unternehmen), Nummer der Beihilfemaßnahme bei der Kommission, Gebiet (NUTS-Ebene 2), in dem der Beihilfeempfänger seinen Standort hat, sowie Hauptwirtschaftszweig (auf Ebene der NACE-Gruppe), in dem der Beihilfeempfänger tätig ist.

☐ Ja ☐ Nein

6.7.1. Geben Sie bitte die Adresse(n) der Website(s) an, auf denen die Informationen bereitgestellt werden:

....

....

6.7.2. Geben Sie bitte gegebenenfalls die Adresse(n) der zentralen Website an, die Informationen von den/der regionalen Website(s) abruft:

....

....

6.7.3. Wenn die Adresse(n) der unter Nummer 6.7.2 genannten Website zum Zeitpunkt der Anmeldung noch nicht bekannt ist, verpflichtet sich der Mitgliedstaat, die Kommission zu informieren, sobald die betreffende Website eingerichtet und ihre Adresse bekannt ist.

7. Beihilfeinstrument, Beihilfebetrag, Beihilfeintensität und Finanzierung

7.1. Beihilfeinstrument und Beihilfebetrag

Geben Sie (gegebenenfalls für jede Maßnahme) an, in welcher Form und Höhe die Beihilfe dem (den) Empfänger(n) zur Verfügung gestellt wird:

☐ **Zuschuss (oder Maßnahme mit ähnlicher Wirkung)**

a) Direkter Zuschuss ☐

b) Zinszuschuss ☐

c) Schuldenerlass ☐

☐ **Darlehen (oder Maßnahme mit ähnlicher Wirkung)**

a) Zinsgünstiges Darlehen (einschließlich Angaben zu Besicherung und Laufzeit)

b) Rückzahlbarer Vorschuss

c) Steueraufschub

☐ **Garantie**

Nehmen Sie gegebenenfalls auf den Beschluss der Kommission zur Genehmigung der Methode für die Berechnung des Bruttosubventionsäquivalents Bezug und machen Sie Angaben zum besicherten Darlehen oder zur durch die Garantie gedeckte Finanztransaktion, zur verlangten Besicherung und zur zahlenden Prämie und zur Laufzeit, usw.

…

☐ **Beteiligungen oder beteiligungsähnliche Investitionen** in jeder Form

…

☐ **Steuerermäßigung oder Steuerbefreiung**

a) Steuerfreibetrag

b) Senkung der Steuerbemessungsgrundlage

c) Steuersatzermäßigung

d) Ermäßigung der Sozialabgaben

e) Sonstige (bitte angeben)…

☐ **Sonstiges** (bitte angeben)

……………………………………………………………………………………………………

Geben Sie bitte an, welchen Instrumenten die Maßnahme hinsichtlich ihrer Wirkung am ehesten entspricht.

……………………………………………………………………………………………………

Bei Garantien: Geben Sie bitte den Höchstbetrag der besicherten Darlehen an:

……………………………………………………………………………………………………

Bei Darlehen: Geben Sie bitte den (nominalen) Höchstbetrag des gewährten Darlehens an:

……………………………………………………………………………………………………

7.2. Beschreibung des Beihilfeinstruments

Beschreiben Sie bitte für jedes aus der Liste unter Nummer 7.1 ausgewählte Beihilfeinstrument die Modalitäten der Beihilfegewährung (zum Beispiel steuerliche Behandlung, automatische Gewährung anhand bestimmter objektiver Kriterien oder Bestehen eines Ermessens der Bewilligungsbehörden):

....

....

7.3. Finanzierung

7.3.1. Geben Sie an, wie die Beihilfe finanziert wird:

a) ☐ aus dem nationalen/regionalen/lokalen Haushalt

b) ☐ über parafiskalische Abgaben oder Steuern, die für einen Beihilfeempfänger bestimmt sind. Beschreiben Sie bitte genau die Abgaben und die Waren/Tätigkeiten, auf die sie erhoben werden (insbesondere, ob auch aus anderen Mitgliedstaaten eingeführte Waren den Abgaben unterliegen). Fügen Sie gegebenenfalls eine Kopie der Rechtsgrundlage für die Finanzierung bei.

....

....

c) ☐ Kumulierte Rücklagen

d) ☐ Öffentliche Unternehmen

e) ☐ Kofinanzierung aus den Strukturfonds

f) ☐ Sonstiges (bitte angeben)

....

....

7.3.2. Wird die Mittelausstattung jährlich beschlossen?

☐ Ja

☐ Nein. Geben Sie bitte den Zeitraum an, für den sie gilt: ....

7.3.3. Bezieht sich die Anmeldung auf die Änderung einer bestehenden Beihilferegelung, dann geben Sie bitte für jedes Beihilfeinstrument, das Gegenstand der angemeldeten Änderungen ist, die Auswirkungen auf die Mittelausstattung an:

Gesamtmittelausstattung ....

Jährliche Mittelausstattung ....

7.4. Kumulierung

Kann die Beihilfe mit Beihilfen oder De-minimis-Beihilfen aus anderen lokalen, regionalen oder nationalen Quellen zur Deckung derselben beihilfefähigen Kosten kumuliert werden?

☐ Ja. Geben Sie bitte, sofern verfügbar, Titel, Zweck und Ziel der Beihilfe an:

....

....

Erläutern Sie bitte auch, durch welche Mechanismen sichergestellt wird, dass die Kumulierungsvorschriften eingehalten werden:

☐ Nein.

8. Evaluierung

8.1. Ist eine Evaluierung der Beihilferegelung vorgesehen?

[…]

8.2. Wurde bereits eine Ex-post-Evaluierung für eine ähnliche Beihilferegelung durchgeführt (geben Sie gegebenenfalls bitte die Fundstelle und einen Link zu den maßgeblichen Websites an)?

....

9. Berichterstattung und Monitoring

Damit die Kommission die Beihilferegelung und die Einzelbeihilfen verfolgen kann, verpflichtet sich der anmeldende Mitgliedstaat,

☐ der Kommission jährlich den in Artikel 26 der Verordnung (EU) 2015/1589 des Rates vorgesehenen Bericht zu übermitteln.

☐ mindestens 10 Jahre ab dem Tag der Gewährung der Beihilfe (Einzelbeihilfe oder auf der Grundlage der Beihilferegelung gewährte Beihilfe) ausführliche Aufzeichnungen mit den Informationen und Belegen, die notwendig sind, um feststellen zu können, dass alle Vereinbarkeitsvoraussetzungen erfüllt sind, zu führen und sie der Kommission auf schriftliches Ersuchen innerhalb von 20 Arbeitstagen oder eines in dem Ersuchen festgesetzten längeren Zeitraums zu übermitteln.

Für steuerliche Beihilferegelungen:

☐ Im Falle von Beihilferegelungen, nach denen auf der Grundlage der Steuererklärungen der Beihilfeempfänger steuerliche Beihilfen automatisch gewährt werden und bei denen nicht ex ante kontrolliert wird, ob bei jedem Beihilfeempfänger alle Voraussetzungen erfüllt sind, verpflichtet sich der Mitgliedstaat, einen geeigneten Kontrollmechanismus einzurichten, mit dem er regelmäßig (zum Beispiel einmal im Steuerjahr) zumindest ex post und anhand einer Stichprobe prüft, ob alle Vereinbarkeitsvoraussetzungen erfüllt sind, und im Falle von Betrug Sanktionen zu verhängen. Damit die Kommission steuerliche Beihilferegelungen prüfen kann, verpflichtet sich der anmeldende Mitgliedstaat, mindestens 10 Jahre ab dem Tag der Kontrollen ausführliche Aufzeichnungen über die Kontrollen zu führen und sie der Kommission auf schriftliches Ersuchen innerhalb von 20 Arbeitstagen oder eines in dem Ersuchen festgesetzten längeren Zeitraums zu übermitteln.

10. Vertraulichkeit

Enthält die Anmeldung vertrauliche Informationen, die Dritten gegenüber nicht offengelegt werden sollten?

☐ Ja. Geben Sie bitte an, welche Teile des Formulars vertraulich sind und warum.

....

☐ Nein

11. Sonstige Informationen

Machen Sie hier bitte gegebenenfalls sonstige Angaben, die für die Würdigung der Beihilfe von Belang sind:

....

....

12. Anlagen

Führen Sie bitte alle der Anmeldung beigefügten Unterlagen auf und übermitteln Sie entweder Kopien in Papierform oder geben Sie die Internetadressen an, unter denen die betreffenden Unterlagen zugänglich sind.

....

....

13. Erklärung

Ich erkläre nach bestem Wissen und Gewissen, dass die Angaben in diesem Formular sowie in den Anhängen und Anlagen richtig und vollständig sind.

Ort und Tag der Unterzeichnung ....

Unterschrift ....

Name und Funktion des Unterzeichners ....

14. Ergänzender Fragebogen

14.1. Wählen Sie bitte auf der Grundlage der im Formular ‚Allgemeine Angaben' übermittelten Informationen den entsprechenden ergänzenden Fragebogen aus:

a) ☐ Ergänzende Fragebögen zu Regionalbeihilfen

   1. ☐ Investitionsbeihilfen
   2. ☐ Betriebsbeihilfen
   3. ☐ Einzelbeihilfen

b) ☐ Ergänzender Fragebogen zu Forschungs-, Entwicklungs- und Innovationsbeihilfen

c) ☐ Ergänzende Fragebögen zu Beihilfen zur Rettung und Umstrukturierung von Unternehmen in Schwierigkeiten

   1. ☐ Rettungsbeihilfen
   2. ☐ Umstrukturierungsbeihilfen
   3. ☐ Beihilferegelungen

d) ☐ Ergänzender Fragebogen zu Beihilfen für audiovisuelle Werke

e) ☐ Ergänzender Fragebogen zu Breitbandbeihilfen

f) ☐ Ergänzender Fragebogen zu Umwelt- und Energiebeihilfen

g) ☐ Ergänzender Fragebogen zu Risikofinanzierungsbeihilfen

h) ☐ Ergänzender Fragebogen zu Beihilfen im Verkehrswesen

   1. ☐ Investitionsbeihilfen für Flughäfen

2. ☐ Betriebsbeihilfen für Flughäfen
3. ☐ Anlaufbeihilfen für Luftverkehrsgesellschaften
4. ☐ Beihilfen sozialer Art nach Artikel 107 Absatz 2 Buchstabe a AEUV
5. ☐ Beihilfen für den Seeverkehr

i) ☐ Ergänzender Fragebogen für die Anmeldung eines Evaluierungsplans

j) ☐ Ergänzende Fragebögen zu Beihilfen im Agrar- und Forstsektor und in ländlichen Gebieten

k) ☐ Ergänzender Fragebogen zu Beihilfen für den Fischerei- und Aquakultursektor

14.2. Falls die Beihilfen unter keinen dieser ergänzenden Fragebögen fällt, wählen Sie bitte die einschlägige Bestimmung des AEUV, der einschlägigen Leitlinien oder des sonstigen Textes aus, die für die staatliche Beihilfe maßgebend ist:

a) ☐ Kurzfristige Exportkredite

b) ☐ Emissionshandelssysteme_

c) ☐ Bankenmitteilung_

d) ☐ Mitteilung über wichtige Vorhaben von gemeinsamem europäischem Interesse_

e) ☐ Dienstleistungen von allgemeinem wirtschaftlichem Interesse (Artikel 106 Absatz 2 AEUV)

f) ☐ Artikel 93 AEUV

g) ☐ Artikel 107 Absatz 2 Buchstabe a AEUV

h) ☐ Artikel 107 Absatz 2 Buchstabe b AEUV

i) ☐ Artikel 107 Absatz 3 Buchstabe a AEUV

j) ☐ Artikel 107 Absatz 3 Buchstabe b AEUV

k) ☐ Artikel 107 Absatz 3 Buchstabe c AEUV

l) ☐ Artikel 107 Absatz 3 Buchstabe d AEUV

m) ☐ Sonstiges. Bitte angeben: ....

....

Begründen Sie bitte für die Beihilfen, die unter die ausgewählten Kategorien unter dieser Nummer fallen, warum sie mit dem Binnenmarkt vereinbar sind:

....

....

Aus praktischen Gründen wird empfohlen, die als Anlagen übermittelten Unterlagen zu nummerieren und in den einschlägigen Abschnitten der ergänzenden Fragebögen auf diese Nummern Bezug zu nehmen.“

III. Zusammenfassung einer Anmeldung

Hinweis: Nach Erhalt der Anmeldung veröffentlichen die Kommissionsdienststellenauf der Website der GD Wettbewerb eine Zusammenfassung der Anmeldung und geben dabei an, dass die Beihilfemaßnahme möglicherweise für die Anwendung des gestrafften Verfahrens infrage kommt. Anschließend können Beteiligte innerhalb von 10 Arbeitstagen eine Stellungnahme übermitteln und sich insbesondere zu Umständen, die eine eingehendere Prüfung erforderlich machen könnten, äußern. Macht ein Beteiligter Bedenken geltend, die auf den ersten Blick stichhaltig erscheinen, wenden die Kommissionsdienststellen das normale Verfahren an und unterrichten den Mitgliedstaat und die Beteiligten entsprechend.

Zusammenfassung einer Anmeldung: Aufforderung zur Stellungnahme von Beteiligten Anmeldung einer staatlichen Beihilfe

Am … ist die Anmeldung einer Beihilfemaßnahme nach Artikel 108 des Vertrags über die Arbeitsweise der Europäischen Union bei der Kommission eingegangen. Die Kommission hat nach einer vorläufigen Prüfung festgestellt, dass die angemeldete Maßnahme für ein gestrafftes Verfahren nach Abschnitt 6 der Mitteilung der Kommission über einen Verhaltenskodex für die Durchführung von Beihilfeverfahren (ABl. C … vom … 2018, S. …) infrage kommen könnte.

Alle Beteiligten können bei der Kommission zu der geplanten Beihilfemaßnahme Stellung nehmen.

Hauptmerkmale der Beihilfemaßnahme:

Nummer der Beihilfe: SA …

Mitgliedstaat:

Referenznummer des Mitgliedstaats:

Region:

Bewilligungsbehörde:

Titel der Beihilfemaßnahme:

Nationale Rechtsgrundlage:

Vorgeschlagene unionsrechtliche Grundlage für die Prüfung: … Leitlinien oder gefestigte Beschlusspraxis der Kommission (siehe Kommissionsbeschlüsse 1, 2 und 3)

Art der Maßnahme: Beihilferegelung/Ad-hoc-Beihilfe

Änderung einer bestehenden Beihilfemaßnahme:

Laufzeit (Regelung):

Tag der Gewährung:

Betroffene Wirtschaftszweige:

Art des Beihilfeempfängers (KMU/Großunternehmen):

Mittelausstattung:

Beihilfeinstrument (Zuschuss, Zinsvergünstigung …):

Stellungnahmen, in denen wettbewerbsrechtliche Bedenken hinsichtlich der angemeldeten Maßnahme geltend gemacht werden, müssen bei der Kommission spätestens 10 Arbeitstage nach dieser Veröffentlichung eingehen und eine nichtvertrauliche Fassung enthalten, die dem betreffenden Mitgliedstaat und/ oder anderen Beteiligten übermittelt werden kann. Stellungnahmen können unter Angabe der Beihilfenummer SA … per Fax, per Post oder per E-Mail an folgende Adresse gerichtet werden:

Europäische Kommission
Generaldirektion Wettbewerb
Registratur Staatliche Beihilfen
1049 Bruxelles/Brussel
BELGIQUE/BELGIË
Fax +32 22961242
E-Mail: stateaidgreffe@ec.europa.eu

IV. Standardberichtsformular für bestehende Beihilfen

Hinweis: Im Anhang III zur Verf-DVO findet sich das Standardberichtsformular, das von den Mitgliedstaaten für das Monitoring bestehender Beihilferegelungen und Einzelbeihilfen zu verwenden ist. Vorliegendes Muster wurde diesem Standardberichtsformular nachgebildet. Die Verwendung des Standardberichtsformular in Anhang III zur Verf-DVO ist von den Mitgliedstaaten zu verwenden.

1. Alle Wirtschaftszweige (ausgenommen Landwirtschaft)

Um die jährliche Berichterstattung über staatliche Beihilfen weiter zu vereinfachen und zu verbessern, stellt die Kommission den Mitgliedstaaten jedes Jahr zum 1. März eine vorformatierte zugriffsbasierte Online-Plattform mit ausführlichen Angaben zu allen bestehenden Beihilferegelungen und Einzelbeihilfen zur Verfügung. Die Mitgliedstaaten müssen diese Angaben dann bis zum 30. Juni desselben Jahres prüfen und ergänzen. Auf diese Weise kann die Kommission die Angaben zu den staatlichen Beihilfen für den Berichtszeitraum t – 1 im Jahr t (t = Jahr, in dem die Daten angefordert werden) veröffentlichen.

Die Angaben auf der Plattform werden von der Kommission zum größten Teil bereits anhand der Daten, die zum Zeitpunkt der Genehmigung der Beihilfe übermittelt wurden, vorab eingegeben. Die Mitgliedstaaten müssen die Angaben zu den Beihilferegelungen und Einzelbeihilfen lediglich überprüfen, erforderlichenfalls ändern und um die jährlichen Ausgaben für das vergangene Jahr (t – 1) ergänzen.

Die Angaben zum Ziel der Beihilfe und zum Wirtschaftszweig, für den sie bestimmt ist, beziehen sich auf den Zeitpunkt der Genehmigung der Beihilfe und auf das Rechtsinstrument, auf dessen Grundlage die Beihilfe genehmigt wurde.

Es müssen folgende Angaben übermittelt werden:

(1) Titel

(2) Nummer der Beihilfe

(3) Frühere Beihilfenummern (z. B. nach Verlängerung einer Regelung)

(4) Wirtschaftszweig
Die Angabe des Wirtschaftszweigs muss sich weitgehend auf die NACE (2) [dreistellige Ebene] stützen.

(5) Ziel

(6) Gebiet(e)
Eine Beihilfemaßnahme kann zum Zeitpunkt ihrer Genehmigung ausschließlich für ein Gebiet oder mehrere Gebiete im Sinne des Artikels 107 Absatz 3 Buchstabe a oder c AEUV bestimmt sein.

(7) Beihilfeinstrument(e)
Es ist zwischen mehreren Instrumenten zu unterscheiden: Zuschuss, bezuschusste Dienstleistung, Zinszuschuss, Darlehen, Garantie, Steuervergünstigung, rückzahlbarer Vorschuss, Kapitalbeteiligung und sonstige.

(8) Form der Beihilfe
Es ist zwischen drei Formen zu unterscheiden: Regelung, Einzelbeihilfe auf der Grundlage einer Regelung und Einzelbeihilfe außerhalb einer Regelung (Ad-hoc-Beihilfe).

V. Beschluss über die Eröffnung des förmlichen Prüfverfahrens

Hinweis: Das vorliegende Muster wurde vom Autor erstellt und an eine Reihe an veröffentlichten Kommissionsbeschlüssen über die Eröffnung des förmlichen Prüfverfahrens angelehnt und soll lediglich eine erste Vorstellung über den Aufbau eines Beschlusses über die Eröffnung des förmlichen Prüfverfahrens geben. Das Muster begründet somit keine abschließende Darstellung eines solchen Vereinbarkeitsbeschlusses.

EUROPÄISCHE KOMMISSION

Brüssel,
XX.XX.XXXX
C(XXXX) XXXX final

Staatliche Beihilfe SA.68520[4] – Mitgliedstaat – [Vorhaben] – Beihilfe für [Musterfirma]

Sehr geehrte/r Frau/Herr Bundesminister/in

die Kommission teilt [Mitgliedstaat] mit, dass sie nach Prüfung der von [Mitgliedstaat] übermittelten Angaben zu der vorgenannten Beihilfemaßnahme beschlossen hat, das Verfahren nach Artikel 108 Absatz 2 des Vertrags über die Arbeitsweise der Europäischen Union (im Folgenden „AEUV“) zu eröffnen.

1. Verfahren

[…]

2. Beschreibung des Vorhabens und der Beihilfemaßnahme

[…] Der/Die Beihilfeempfänger ...

Das Vorhaben ...

Finanzierung des Vorhabens ...

Rechtsgrundlage ...

Beihilfebetrag ...

Allgemeine Bestimmungen ...

[…]

4 Fantasiebezeichnung.

3. Beihilferechtliche Würdigung der Maßnahme und Prüfung der Vereinbarkeit der Maßnahme mit dem Binnenmarkt

- Vorliegen einer Beihilfe
- Rechtmäßigkeit der Beihilfemaßnahme
- Vereinbarkeit der Beihilfe mit dem Binnenmarkt

[...]

4. Wettbewerbsrechtliche Bedenken und Gründe für die Eröffnung des Verfahrens

[...]

5. Beschluss

Aus den vorstehenden Gründen fordert die Kommission [Mitgliedstaat] im Rahmen des Verfahrens nach Artikel 108 Absatz 2 AEUV auf, innerhalb eines Monats nach Eingang dieses Schreibens Stellung zu nehmen und alle für die Würdigung der Beihilfemaßnahme sachdienlichen Informationen zu übermitteln. [Mitgliedstaat] wird aufgefordert, unverzüglich eine Kopie dieses Schreibens an den potenziellen Beihilfeempfänger weiterzuleiten.

Die Kommission erinnert [Mitgliedstaat] an die aufschiebende Wirkung von Artikel 108 Absatz 3 AEUV und verweist auf Artikel 16 der Verordnung (EU) Nr 2015/1589 des Rates, wonach alle rechtswidrigen Beihilfen vom Empfänger zurückzufordern sind.

Die Kommission weist die [Vertretung des Mitgliedstaates (Regierung, Bundesregierung, usw)] darauf hin, dass sie die Beteiligten durch Veröffentlichung des vorliegenden Schreibens und einer aussagekräftigen Zusammenfassung dieses Schreibens im Amtsblatt der Europäischen Union von der Beihilfesache in Kenntnis setzen wird. Außerdem wird sie die Beteiligten in den EFTA-Staaten, die das EWR-Abkommen unterzeichnet haben, durch Veröffentlichung einer Bekanntmachung in der EWR-Beilage des Amtsblattes der Europäischen Union und die EFTA-Überwachungsbehörde durch Übermittlung einer Kopie dieses Schreibens in Kenntnis setzen. Alle genannten Beteiligten werden aufgefordert, innerhalb eines Monats ab dem Datum dieser Veröffentlichung Stellung zu nehmen.

Falls dieses Schreiben vertrauliche Angaben enthält, die nicht veröffentlicht werden sollen, werden Sie gebeten, bei der Kommission innerhalb von 15 Arbeitstagen nach Eingang des Schreibens einen mit Gründen versehenen Antrag auf vertrauliche Behandlung zu stellen. Andernfalls geht die Kommission davon aus, dass Sie mit der Veröffentlichung des vollständigen Wortlauts dieses Schreibens einverstanden sind. Bitte richten Sie Ihren Antrag, in dem die entsprechenden Angaben zu präzisieren sind, per Einschreiben oder Fax an:

Europäische Kommission
Generaldirektion Wettbewerb
Registratur Staatliche Beihilfen
B-1049 Bruxelles/Belgien
Fax +32 XXXXXXXXX

Brüssel, den 23.09.2020

Mit vorzüglicher Hochachtung

Für die Kommission
Max Mustermann
Mitglied der Kommission

VI. Vereinbarkeitsbeschluss (Positivbeschluss)

Hinweis: Das vorliegende Muster wurde vom Autor erstellt und an eine Reihe an veröffentlichten Vereinbarkeitsbeschlüssen der Kommission angelehnt und soll lediglich eine erste Vorstellung über den Aufbau eines Beschlusses über die Eröffnung des förmlichen Prüfverfahrens geben. Das Muster begründet somit keine abschließende Darstellung eines solchen Vereinbarkeitsbeschlusses.

BESCHLUSS DER KOMMISSION

vom 01.09.2021

ÜBER DIE STAATLICHE BEIHILFE

SA.68520 (2012/C) (ex 2011/N),[5]

die [Mitgliedstaat] zugunsten der [Muster-AG] für ein [Vorhaben] in [Musterstadt] gewähren will

(nur der deutsche Text ist verbindlich)[6]

(Text von Bedeutung für den EWR)

DIE EUROPÄISCHE KOMMISSION -

gestützt auf den Vertrag über die Arbeitsweise der Europäischen Union, insbesondere auf Artikel 108 Abs 2 Unterabsatz 1,

gestützt auf das Abkommen über den Europäischen Wirtschaftsraum, insbesondere auf Artikel 62, Absatz 1, Buchstabe a,

nach Aufforderung der Beteiligten zur Äußerung/Stellungnahme gemäß den vorgenannten Artikeln,

in Erwägung nachstehender Gründe:

---

5 Im Muster handelt es sich um Fantasiebezeichnungen, die auf keinen speziellen Fall bezogen sind.

6 Variiert je nach Mitgliedstaat.

1. Verfahren

[…]

2. (Detaillierte) Beschreibung der Beihilfemaßnahme

[…]

Ziel der Maßnahme ...

Der/Die Beihilfeempfänger ...

Das Vorhaben ...

Finanzierung des Vorhabens ...

Rechtsgrundlage ...

Beihilfebetrag ... Beihilfefähige Kosten ... Beihilfeintensität

Allgemeine Bestimmungen ...

Die Beihilfemaßnahme

[…]

3. Zweifel und Gründe für die Eröffnung des förmlichen Prüfverfahrens

[…]

4. Stellungnahme von Beteiligten

[…]

5. Stellungnahme Mitgliedstaat

[…]

6. Beihilferechtliche Würdigung der Maßnahme und Prüfung der Vereinbarkeit der Maßnahme mit dem Binnenmarkt

– Vorliegen einer Beihilfe

[Die Beihilfemaßnahme ist daher als staatliche Beihilfe im Sinne von Artikel 107 Absatz 1 AEUV zu betrachten.]

– Rechtmäßigkeit der Beihilfemaßnahme

[Mit der Anmeldung der geplanten Beihilfemaßnahme vor ihrer Durchführung ist der Mitgliedstaat seinen Verpflichtungen nach Artikel 108 Absatz 3 AEUV (und der Einzelanmeldepflicht nach Artikel 6 Absatz 2 der allgemeinen Gruppenfreistellungsverordnung) nachgekommen]

– Vereinbarkeit der Beihilfe mit dem Binnenmarkt

[Nachdem die Kommission zu dem Schluss gekommen ist, dass die Beihilfemaßnahme eine staatliche Beihilfe darstellt, hat die Kommission die Vereinbarkeit dieser Beihilfe mit dem Binnenmarkt zu prüfen. Folglich muss die Vereinbarkeit der Beihilfe mit dem Binnenmarkt im Lichte des Artikels 107 Absatz 2 und 3 AEUV untersucht werden, in denen die Ausnahmen von der in Artikel 107 Absatz 1 festgelegten allgemeinen Regel der Unvereinbarkeit mit dem Binnenmarkt aufgeführt werden.]

[Im vorliegenden Fall kommt lediglich die in Artikel 107 Absatz 3 Buchstabe c vorgesehene Ausnahme in Betracht. Nach Artikel 107 Absatz 3 Buchstabe c können Beihilfe als zulässig angesehen werden, wenn sie zur Förderung der Entwicklung gewisser Wirtschaftszweige oder Wirtschaftsgebiete dienen, soweit sie die Handelsbedingungen nicht in einer Weise verändern, die dem gemeinsamen Interesse zuwider läuft.]

- Eingehende Prüfung der Beihilfemaßnahme

  […]

7. Schlussfolgerung

Die Kommission kommt zu dem Schluss, dass die geplante Beihilfemaßnahme zugunsten des Beihilfeempfängers, die vor dem tt.mm.jjjj vorbehaltlich der Genehmigung durch die Kommission gewährt worden ist, alle Voraussetzungen nach Maßgabe der [jeweiligen Rechtsgrundlage (Regionalbeihilfeleitlinien, usw)] und der Prüfkriterien erfüllt und folglich nach (Artikel 107 Absatz 3 Buchstabe c AEUV) als mit dem Binnenmarkt vereinbar angesehen werden kann -

HAT FOLGENDEN BESCHLUSS ERLASSEN

Artikel 1

Die von [Mitgliedstaat] geplante staatliche Beihilfe zugunsten [der/des Beihilfeempfänger(s)] ist [vorbehaltlich der in Artikel 2 genannten Bedingungen und Auflagen] nach Artikel 107 Absatz 3 Buchstabe c AEUV mit dem Binnenmarkt vereinbar.

[Die Durchführung der in Artikel 1 Absatz 1 genannten Beihilfe wird genehmigt, sofern sie vor dem tt.mm.jjjj gewährt wird]

[Die Beihilfe darf daher nur bis zu dem Betrag [xxx] EUR gewährt werden]

Artikel 2

[Beschreibung der Auflagen und Bedingungen]

- Der Mitgliedstaat übermittelt der Kommission innerhalb von zwei Monaten nach Gewährung der Beihilfe eine Kopie der für die Beihilfemaßnahme relevanten Unterlagen,

- Der Mitgliedstaat übermittelt der Kommission ab dem Zeitpunkt der Genehmigung der Beihilfe durch die Kommission einen Zwischenbericht (mit Angaben zu den gezahlten Beihilfebeträgen, zur Durchführung des Beihilfevertrags […]);
- Der Mitgliedstaat übermittelt der Kommission einen ausführlichen Abschlussbericht.
- Der Mitgliedstaat ergreift die notwendigen Maßnahmen, damit […]
- Der Mitgliedstaat legt der Kommission bis zum 14.02.2025 einen Bericht über [Fortschritte, usw]
- Der Mitgliedstaat legt der Kommission jährliche Berichte über die Umsetzung […]

Artikel 3

Dieser Beschluss ist an [Mitgliedstaat] gerichtet

Brüssel, den 23.09.2020

Für die Kommission
Max Mustermann
Mitglied der Kommission

VII. Beschwerdeformular über mutmaßlich staatliche Beihilfen oder eine mutmaßlich missbräuchliche Anwendung von Beihilfen

Hinweis: Auf der Homepage der Europäischen Kommission ist ein Beschwerdeformular zu finden, das heruntergeladen werden kann. Vorliegendes Muster wurde diesem Beschwerdeformular nachgebildet. Die Verwendung eines Beschwerdeformulars ist nach Art 24 Abs 2 Verf-VO vorgeschrieben. Nach Art 11a Abs 2 Verf-DVO müssen Beteiligte ordnungsgemäß das Formular in Anhang IV ausfüllen.

An die Europäische Kommission
Generaldirektion Wettbewerb
Registratur Staatliche Beihilfen
B-1049 Brüssel
Belgien
Fax (XX-X) XXX XX XX
stateaidgreffe@ec.europa.eu

Die Pflichtfelder sind mit einem Stern (*) gekennzeichnet.

1. **Angaben zum Beschwerdeführer**

   Vorname:*

   Familienname:*

   Anschrift (1. Zeile):*

   Anschrift (2. Zeile):

   Ort:*

   Bundesland/Region/Provinz:

   Postleitzahl:*

   Land:*

   Telefon:

   Mobiltelefon:

   E-Mail:*

   Fax:

2. Ich reiche die Beschwerde im Namen Dritter (einer Person oder eines Unternehmens) ein:

Ja* Nein*

Wenn ja, machen Sie bitte auch folgende Angaben:

Name der Person/des Unternehmens, die/das Sie vertreten:*

Registrierungsnummer des Unternehmens:

Anschrift (1. Zeile):*

Anschrift (2. Zeile):

Ort:*

Bundesland/Region/Provinz:

Postleitzahl:*

Land:*

Telefon 1:

Telefon 2:

E-Mail:*

Fax:

Bitte fügen Sie einen Beleg dafür bei, dass der Vertreter/die Vertreterin bevollmächtigt ist, im Namen dieser Person bzw. dieses Unternehmens zu handeln.*

3. Bitte wählen Sie eine der folgenden Optionen zu Ihrer eigenen Beschreibung:*

a) Wettbewerber des Beihilfeempfängers oder der Beihilfeempfänger

b) Handelsverband, der die Interessen von Wettbewerbern vertritt

c) Nichtregierungsorganisation

d) Gewerkschaft

e) EU-Bürger/Bürgerin

f) Sonstiges (bitte angeben)

Warum und inwiefern berührt die mutmaßliche staatliche Beihilfe Ihre Wettbewerbsposition oder die der Person/des Unternehmens, die/das Sie vertreten? Bitte führen Sie möglichst viele konkrete Belege an.

Hinweis: Nach Artikel 20 Absatz 2 der Verordnung (EG) Nr. 659/1999 vom 22. März 1999 über besondere Vorschriften für die Anwendung von Artikel 108 des Vertrags über die Arbeitsweise der Europäischen Union (AEUV) können nur Beteiligte im Sinne des Artikels 1 Buchstabe h dieser Verordnung förmliche Beschwerden einreichen. Wenn Sie nicht nachweisen, dass Sie Beteiligter sind, wird dieses Formular daher nicht als Beschwerde registriert, und die darin enthaltenen Informationen werden als allgemeine Marktauskünfte behandelt.

4. Bitte kreuzen Sie wie zutreffend an:*

☐ Ja, meine Identität darf offengelegt werden.

☐ Nein, meine Identität darf nicht offengelegt werden.

Falls nein, warum nicht?

Vertraulichkeit: Soll Ihre Identität nicht preisgegeben oder sollen bestimmte Dokumente oder Informationen vertraulich behandelt werden, teilen Sie uns dies bitte ausdrücklich und unter Angabe von Gründen mit und kennzeichnen Sie die vertraulichen Passagen der Dokumente. Ohne Angaben zur Vertraulichkeit Ihrer Identität oder bestimmter Dokumente oder Daten werden diese Informationen als nicht vertraulich eingestuft und können dem Mitgliedstaat, der mutmaßlich die betreffende staatliche Beihilfe gewährt, mitgeteilt werden. Die Angaben zu den Punkten 5 und 6 können nicht vertraulich behandelt werden.

5. Angaben zum Mitgliedstaat, der die Beihilfe gewährt*

Bitte beachten Sie, dass die hier gemachten Angaben als nicht vertraulich betrachtet werden.

a) Land:

b) Sofern bekannt, Angabe der Institution oder Stelle, die die mutmaßlich rechtswidrige Beihilfe gewährt hat:

Zentralregierung:

Bundesland/Region (bitte angeben):

Sonstige (bitte angeben):

6. Angaben zur mutmaßlichen Beihilfemaßnahme*

Bitte beachten Sie, dass die hier gemachten Angaben als nicht vertraulich betrachtet werden

a) Bitte beschreiben Sie die mutmaßliche Beihilfe und geben Sie an, in welcher Form sie gewährt wurde (Kredite, Zuschüsse, Garantien, steuerliche Anreize, Steuerbefreiungen usw.).

b) Wofür wurde die mutmaßliche Beihilfe gewährt (sofern bekannt)?

c) Auf welche Summe beläuft sich die mutmaßliche Beihilfe (sofern bekannt)? Falls Sie den genauen Betrag nicht kennen, nehmen Sie bitte eine Schätzung vor und führen Sie möglichst viele Belege zu deren Fundierung an.

d) Wer ist der Begünstigte? Bitte machen Sie so umfassende Angaben wie möglich und beschreiben Sie die Haupttätigkeiten der fraglichen Begünstigten/Unternehmen.

e) Wann wurde Ihres Wissens die mutmaßliche Beihilfe gewährt?

f) Bitte kreuzen Sie wie zutreffend an:

- ☐ Eine Anmeldung der Beihilfe bei der Kommission ist meines Wissens nicht erfolgt.
- ☐ Die Beihilfe wurde meines Wissens zwar angemeldet, aber bereits vor dem Beschluss der Kommission gewährt. Geben Sie bitte das Aktenzeichen oder das Datum der Anmeldung der Beihilfe an (sofern bekannt).

- ☐ Die Beihilfe wurde meines Wissens zwar angemeldet und von der Kommission genehmigt, ihre Durchführung entsprach jedoch nicht den geltenden Bedingungen. Geben Sie bitte das Aktenzeichen oder das Datum der Anmeldung und das Datum der Genehmigung der Beihilfe an (sofern bekannt).

- ☐ Die Beihilfe wurde meines Wissens auf der Grundlage einer Gruppenfreistellungsverordnung gewährt, ihre Durchführung entsprach jedoch nicht den geltenden Bedingungen.

7. Grund der Beschwerde*

Um als staatliche Beihilfe im Sinne des Artikels 107 Absatz 1 AEUV zu gelten, muss die mutmaßliche Beihilfe von einem Mitgliedstaat oder aus staatlichen Mitteln gewährt werden, durch die Begünstigung bestimmter Unternehmen oder Produktionszweige den Wettbewerb verfälschen oder zu verfälschen drohen und den Handel zwischen Mitgliedstaaten beeinträchtigen.

a) Erläutern Sie bitte, in welchem Umfang öffentliche Mittel gewährt wurden (sofern bekannt) und, falls die Maßnahme nicht von einer Behörde (sondern beispielsweise von einem öffentlichen Unternehmen) getroffen wurde, warum sie Ihres Erachtens den Behörden eines Mitgliedstaats zuzurechnen ist.

b) Erläutern Sie bitte, warum Ihres Erachtens die mutmaßliche staatliche Beihilfe selektiv ist (also bestimmte Unternehmen oder Produktionszweige begünstigt).

c) Erläutern Sie bitte, warum Ihres Erachtens die mutmaßliche staatliche Beihilfe dem/den Begünstigten einen wirtschaftlichen Vorteil verschafft.

d) Erläutern Sie bitte, warum Ihres Erachtens die mutmaßliche staatliche Beihilfe den Wettbewerb verfälscht oder zu verfälschen droht.

e) Erläutern Sie bitte, warum Ihres Erachtens die mutmaßliche staatliche Beihilfe den Handel zwischen Mitgliedstaaten beeinträchtigt.

8. Vereinbarkeit der Beihilfe mit dem Binnenmarkt

Führen Sie bitte die Gründe an, aus denen die mutmaßliche Beihilfe Ihres Erachtens nicht mit dem Binnenmarkt vereinbar ist.

9. Angaben zu mutmaßlichen Verstößen gegen andere Rechtsvorschriften der Europäischen Union und zu anderen Verfahren

a) Geben Sie bitte an, welche anderen EU-Rechtsvorschriften Ihres Erachtens durch die mutmaßliche Beihilfe verletzt wurden. (Hinweis: Diese potenziellen Verstöße werden nicht zwangsläufig im Rahmen des beihilferechtlichen Prüfverfahrens behandelt.)

b) Haben Sie sich in derselben Angelegenheit bereits an Dienststellen der Kommission oder andere europäische Institutionen gewandt? *

Ja ☐ Nein ☐

Wenn ja, fügen Sie bitte Kopien des Schriftverkehrs bei.

c) Haben Sie sich in derselben Angelegenheit bereits an nationale Behörden oder Gerichte gewandt? *

Ja ☐ Nein ☐

Wenn ja, geben Sie bitte diese Behörden oder Gerichte an; wenn bereits eine Entscheidung oder ein Urteil vorliegt, fügen Sie bitte eine Kopie bei (falls verfügbar); wenn die Sache dagegen noch anhängig ist, geben Sie bitte das Aktenzeichen an (falls verfügbar).

d) Machen Sie bitte weitere Angaben, die für die Prüfung dieser Sache von Belang sein könnten.

10. Sachdienliche Unterlagen

Führen Sie bitte sämtliche zur Stützung Ihrer Beschwerde beigefügten Dokumente oder Belege auf und fügen Sie ggf. Anlagen bei.

- Nach Möglichkeit ist eine Kopie des Gesetzes oder sonstigen Rechtsakts, auf den sich die Auszahlung der mutmaßlichen Beihilfe stützt, beizufügen.
- Fügen Sie nach Möglichkeit jeden verfügbaren Beleg für die Gewährung der Beihilfe bei (Pressemitteilung, veröffentlichte Abschlüsse usw.).
- Wird die Beschwerde im Namen Dritter (einer Person oder eines Unternehmens) eingereicht, fügen Sie bitte einen Nachweis bei, dass Sie zu deren Vertretung bevollmächtigt sind.
- Gab es in derselben Sache bereits Schriftverkehr mit der Europäischen Kommission oder anderen europäischen oder nationalen Institutionen, fügen Sie bitte Kopien davon bei.
- Wurde die Sache bereits von einem nationalen Gericht oder einer nationalen Behörde behandelt, fügen Sie bitte eine Kopie des Urteils bzw. der Entscheidung bei (falls verfügbar).

Ich erkläre, alle Angaben in diesem Formular und seinen Anhängen nach bestem Wissen und Gewissen gemacht zu haben.

Ort, Datum und Unterschrift des Beschwerdeführers“

VIII. TAM-Meldung

Hinweis: Die Mitgliedstaaten bauen ihre ausführlichen Beihilfewebsites, auf denen die in Art 9 Abs 1 festgelegten Informationen veröffentlicht werden so auf, dass die Informationen leicht zugänglich sind. Die Informationen werden in einem Tabellenkalkulationsformat (zB CSV oder XML) veröffentlicht, das es ermöglicht, Daten zu suchen, zu extrahieren und problemlos im Internet zu veröffentlichen. Der Zugang zur Website wird jedem Interessierten ohne Einschränkungen gewährt. Eine vorherige Anmeldung als Nutzer ist für den Zugang zur Website nicht erforderlich.[7]

Nach Art 9 Abs 1 lit c sind folgende Informationen über Einzelbeihilfen zu veröffentlichen:[8]

- Name des Empfängers
- Identifikator des Empfängers
- Art des Unternehmens (KMU/großes Unternehmen) zum Zeitpunkt der Gewährung
- Region, in der der Beihilfeempfänger seinen Standort hat, auf NUTS-II-Ebene
- Wirtschaftszweig auf Ebene der NACE-Gruppe
- Beihilfeelement, in voller Höhe, in Landeswährung
- Beihilfeinstrument (Zuschuss/Zinszuschuss, Kredit/rückzahlbare Vorschüsse/rückzahlbarer Zuschuss/Garantie, Steuerermäßigung oder Steuerbefreiung, Risikofinanzierung, Sonstiges (bitte nähere Angaben)
- Tag der Gewährung
- Ziel der Beihilfe
- Bewilligungsbehörde
- bei Regelungen, die unter Artikel 16 oder Artikel 21 fallen, der Name der betrauten Einrichtung und die Namen der ausgewählten Finanzintermediäre
- Nummer der Beihilfemaßnahme

Hinweis: Ein Meldeblatt kann intern für die jeweiligen Sachbearbeiter der öffentlichen Institution wie folgt gestaltet werden, um alle in Art 9 Abs 1 AGVO iVm Anhang III AGVO genannten Informationen abzubilden. Die Informationen über die Einzelbeihilfen können dann vom zuständigen SARI-Beauftragen anhand der TAM-Meldeblätter eingemeldet werden.

---

7 Anhang III zur AGVO.

8 Anhang III zur AGVO.

Transparenzverpflichtung für gewährte Einzelbeihilfen nach der AGVO (Art. 9 iVm. Anhang III AGVO Nr 651/2014)

	Betroffene AGVO Regelung	☐ Titel der freigestellten Beihilfe-regelung [SA. Beihilfennummer] ☐ Titel der freigestellten Beihilfe-regelung [SA. Beihilfennummer] ☐ Titel der freigestellten Beihilfe-regelung [SA. Beihilfennummer]
1	Name und Adresse des Förderempfängers	
2	Firmenbuchnummer:	
3	Art des Unternehmens (KMU/GU) zum Zeitpunkt der Gewährung:	☐ Gebietskörperschaft öffentl. Einrichtung ☐ Kleinunternehmen ☐ Mittleres Unternehmen ☐ Großunternehmen ☐ sonstige private Einrichtungen
4	NUTS II Region	
5	Wirtschaftszweig (auf Ebene der NACE-Gruppe):	
6	Beihilfeinstrument	☐ Zuschuss/Zinszuschuss ☐ Kredit/rückzahlbare Vor- u. Zuschüsse ☐ Garantie ☐ Steuerermäßigung oder Steuerbefreiung ☐ Risikofinanzierung ☐ sonstiges
7	Tag der Gewährung (Genehmigung Regierung)	
8	Ziel der Beihilfe	
9	Bewilligungsbehörde	
10	Beihilfenelement in voller Höhe (EUR)	EUR
11	Regelungen die unter Art 16 (regionale Stadtentwicklungs-beihilfen) oder Art. 21 (Risikokapitalbeihilfen) fallen	☐ nicht anwendbar
12	Nummer der Beihilfenmaßnahme	(wird vom System vergeben)

IX. Nationale Fördergebietskarten

In den von den Mitgliedstaaten notifizierten Regionalfördergebietskarten werden die Fördergebiete dargestellt und ausgewiesen. Es wird darin festgelegt, bei welchen Gebieten es sich um sog A-Fördergebiete bzw C-Fördergebiete handelt.

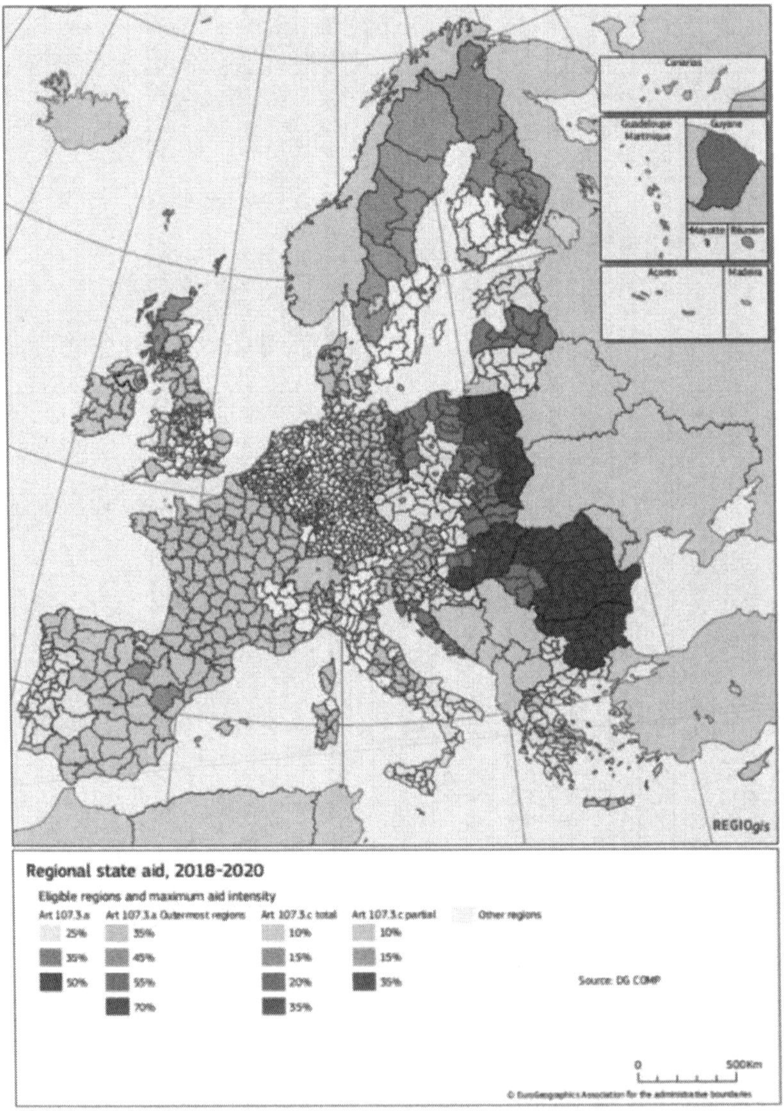

Österreich

Mit Beschluss vom 20.01.2022, C(2022) 289 final wurde die Fördergebietskarte für Österreich für den Zeitraum 1. Jänner 2022 bis 31. Dezember 2027:[9]

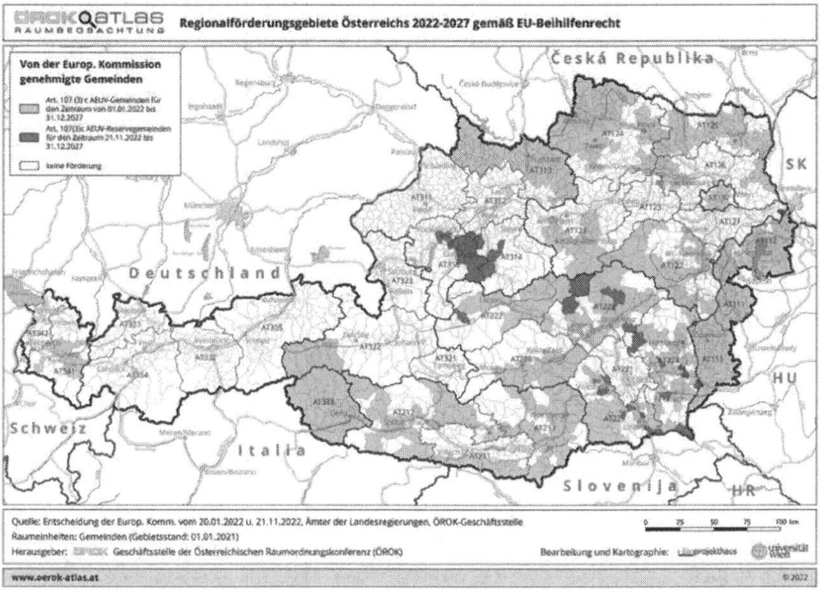

[9] https://ec.europa.eu/competition/state_aid/cases1/202206/SA_64462_D0F0B97E-0000-C866-96D6-C80B8B542254_79_1.pdf

Die maximalen Beihilfeintensitäten österreichischer Fördergebiete, gelistet nach NUTS-3-Regionen der nationalen Regionalfördergebiete Österreichs für die Förderperiode 2022-2027 ergeben sich wie folgt:

NUTS3	NUTS-3-Regionsname	Beihilfeintensität für große Unternehmen	Beihilfeintensität für mittlere Unternehmen	Beihilfeintensität für kleine Unternehmen
AT111	Mittelburgenland	15%	25%	35%
AT112	Nordburgenland	15%	25%	35%
AT113	Südburgenland	15%	25%	35%
AT121	Mostviertel-Eisenwurzen	10%	20%	30%
AT122	Niederösterreich-Süd	15%	25%	35%
AT124	Waldviertel	15%	25%	35%
AT125	Weinviertel	15%	25%	35%
AT126	Wiener Umland/Nordteil	15%	25%	35%
AT211	Klagenfurt-Villach	10%	20%	30%
AT212	Oberkärnten	15%	25%	35%
AT213	Unterkärnten	15%	25%	35%
AT222	Liezen	10%	20%	30%
AT223	Östliche Obersteiermark	10%	20%	30%
AT224	Oststeiermark	15%	25%	35%
AT225	West- und Südsteiermark	15%	25%	35%
AT226	Westliche Obersteiermark	15%	25%	35%
AT313	Mühlviertel	15%	25%	35%
AT314	Steyr-Kirchdorf	10%	20%	30%
AT315	Traunviertel	10%	20%	30%
AT322	Pinzgau-Pongau	10%	20%	30%
AT333	Osttirol	10%	20%	30%
AT341	Bludenz-Bregenzer Wald	10%	20%	30%

Deutschland

Mit Beschluss vom 15.12.2021, C(2021) 9080 final wurde die Fördergebietskarte für Deutschland für den Zeitraum 1. Jänner 2022 bis 31. Dezember 2027 genehmigt.[10]

10 KOM 15.12.2021, SA.64020 (2021/N), Deutschland

Ausgewählte nationale Fördergebietskarten der EU-Mitgliedstaaten

Nachstehend gelangen Sie mittels QR-Codes zu ausgewählten nationalen Fördergebietskarten der Förderperiode 2014-2020 sowie der aktuellen Förderperiode 2022-2027:

Regionalfördergebietskarten Österreich

SA.37825	Nationale Fördergebietskarte 2014-2020
SA.64462	Nationale Fördergebietskarte 2022-2027

Regionalfördergebietskarten Deutschland

SA.37423	Nationale Fördergebietskarte 2014-2020
SA.64020	Nationale Fördergebietskarte 2022-2027

Regionalfördergebietskarten Frankreich

SA.38182 Nationale Fördergebietskarte 2014-2020

SA.100838 Nationale Fördergebietskarte 2022-2027

Regionalfördergebietskarten Italien

SA.38930 Nationale Fördergebietskarte 2014-2020

SA.100380 Nationale Fördergebietskarte 2022-2027

Regionalfördergebietskarten Slowenien

SA.38060 Nationale Fördergebietskarte 2014-2020

SA.100677 Nationale Fördergebietskarte 2022-2027

Regionalfördergebietskarten Kroatien

SA.38668 Nationale Fördergebietskarte 2014-2020

SA.64581 Nationale Fördergebietskarte 2022-2027

Regionalfördergebietskarten Ungarn

SA.37718 Nationale Fördergebietskarte 2014-2020

SA.63934 Nationale Fördergebietskarte 2022-2027

Regionalfördergebietskarten Tschechien

SA.37553 Nationale Fördergebietskarte 2014-2020

SA.63452 Nationale Fördergebietskarte 2022-2027

Stichwortverzeichnis